Earl Doherty

Das Jesus-Puzzle

Basiert das Christentum auf einer Legende?

Angelika Lenz Verlag

Besuchen Sie uns im Internet:

www.lenz-verlag.de

Die Originalausgabe erschien unter dem Titel:

The Jesus Puzzle
Did Christianity begin with a mythical Christ?
Challenging the existence of an historical Jesus

im Verlag Canadian Humanist Publications
Ottawa, Canada

aus dem Englischen übersetzt von Arnher E. Lenz

Angelika Lenz Verlag
Fasanenweg 8, 31535 Neustadt am Rübenberge
Printed in Germany 2003
ISBN 3-933037-26-3

Inhalt

Einführung

Es war einmal vor langer Zeit, da schrieb jemand über einen Mann, der ein Gott war.

Wir wissen nicht, wer dieser Jemand war oder wo er seine Geschichte schrieb. Wir wissen noch nicht einmal, wann er sie schrieb, aber wir wissen, dass mehrere Jahrzehnte seit den Ereignissen, von denen uns erzählt wird, vergangen waren. Spätere Generationen haben diesem Geschichtenerzähler den Namen „Markus" gegeben, doch wäre es reiner Zufall, wenn dies sein richtiger Name war.

Andere Schriftsteller folgten und erweiterten seine Geschichte. Sie übernahmen vieles von dem, was er geschrieben hatte, überarbeiteten es auf ihre besondere Weise und fügten manches zusätzliche Material hinzu. Nachdem ein weiteres halbes Jahrhundert vergangen war, wurde das Werk von fast allen Anhängern der Religion jener Geschichtenerzähler als ein Bericht über tatsächliche historische Ereignisse und einen wirklichen historischen Menschen betrachtet. Und ebenso machten es die Menschen später – nahezu 2000 Jahre lang.

Seit ungefähr zwei Jahrhunderten sind diese „Evangelien" Gegenstand gründlicher Untersuchung. Man fand nicht nur heraus, dass sie sich untereinander an entscheidenden Stellen widersprechen, sondern entdeckt auch, dass sie in einer Weise und aus Motiven konzipiert und komponiert wurden, die vermuten ließ, dass sie keine verlässlichen historischen Berichte sind. Ihr phantastischer und unkritischer Charakter, wie er sich an den Wundern oder dem Einbruch übernatürlicher göttlicher Ereignisse zeigt, stellt sie außerhalb des Genres Geschichtsschreibung, so wie wir sie kennen. Dieser Prozess der wissenschaftlichen Untersuchung ist bis heute weitergegangen, mit Resultaten, welche die Grundlagen des christlichen Glaubens unterminiert haben.

Vor kurzem eröffnete ein Wissenschaftler sein Buch über den historischen Jesus, den wirklichen Menschen und sein Leben, mit diesem Satz:

„An einem Frühlingsmorgen des Jahres 30 u.Z.[1] wurden drei Männer von den römischen Machthabern in Judäa exekutiert ..." (E. P. Sanders, *The Historical Figure of Jesus,* S. 1)

Aber ist nicht selbst diese Tatsache fraglich? Ist nicht sogar diese Begebenheit, die man zu den „unbestreitbaren Fakten“ zählt, ein Teil der Geschichte jenes Geschichtenerzählers, der das erste Evangelium verfasste? Ist die Existenz dieses dritten Mannes, der von den Römern auf einem Hügel in Judäa neben „Straßenräubern“ gekreuzigt wurde, überhaupt historisch wahrscheinlich?

Die Geschichte, die das Evangelium des Markus erzählt, taucht erst gegen Endes des ersten Jahrhunderts auf. Gleichwohl ist es eine eigenartige Tatsache, dass wir ihr nirgendwo begegnen, wenn wir nach ihr in der neutestamentlichen Briefliteratur suchen. Selbst in den Schriften, die später verfasst wurden und von denen einige erst aus der zweiten Hälfte des 2. Jahrhunderts stammen, fehlt sie.

Wenn wir allein auf die Briefe des frühesten Christentums angewiesen wären, d. h. auf die des Paulus und der übrigen neutestamentlichen Briefschreiber, würden wir schwerlich irgendwelche Ähnlichkeiten mit den in den Evangelien berichteten Begebenheiten entdecken. Falls wir nicht unsere aus den Evangelien stammenden Vorstellungen in das, was Paulus und die anderen über ihren Christus Jesus mitteilen, hineinlesen, können wir noch nicht einmal sagen, dass diese Gestalt – als Objekt ihrer Verehrung – ein Mensch war, der vor kurzem in Palästina lebte und von den römischen Machthabern mit Hilfe eines feindseligen jüdischen Establishments getötet wurde.

Könnte es sein, dass diese in der Tat gar nicht über eine solche Gestalt sprechen? Könnte es sein, dass wir, wenn wir unsere durch die Evangelien gefärbte Brille beim Lesen der frühchristlichen Schriftsteller beiseite legten, entdecken würden, dass sie alle, besonders Paulus, uns in einfachen, unmissverständlichen Begriffen sagen, woran die frühen Christen glaubten und was der von ihnen verehrte Christus in Wahrheit war?

Um ein plausibles Bild der frühchristlichen Bewegung zu gewinnen, für welche die Schriften des Paulus die wichtigsten uns erhaltenen Zeugnisse sind, ist es notwendig, dass wir uns näher mit der Geisteswelt dieses Zeitalters, der jüdischen ebenso wie der heidnischen, befassen: der Philosophie, den Anschauungen über das Universum und den verschiedenen Mythen, an welche die Menschen glaubten. Das Christentum ist, wie alle anderen menschlichen Ausdrucksformen, ein Produkt seiner Zeit und entstand nicht unabhängig von der geistigen

Umwelt. Das Christentum war von Anfang an eine Sekte, in der neue Ideen aufgenommen und propagiert wurden, die es in Konflikt mit dem Milieu brachten, aus dem es hervorwuchs. Darum muss seine Entwicklung im Kontext des Phänomens Sekten und ihres Verhältnisses zur Welt verstanden werden.

Als Teil der historischen Situation dieser Zeit müssen wir auf die wechselseitige Beeinflussung von Judentum und griechisch-römischer Gesellschaft, in der es existierte, achten. Selbst wenn sich die jüdische Kultur gegen Integration wehrte, absorbierte sie, besonders in der Diaspora (also in jenen jüdischen Enklaven, die rings über das Römische Weltreich verstreut waren) einen großen Teil der Kultur ihrer näheren Umgebung. Freilich war dieser Prozess keine Einbahnstraße. Jüdischer Monotheismus und jüdische Ethik wurden von einer großen Zahl von Heiden angenommen, welche die jüdischen Synagogen besuchten, sowie von verschiedenen Sekten, wobei es verschiedene Grade der Bekehrung gab. Zu den Kennzeichen des frühen Christentums gehört die Herausbildung heidnischer Gruppen, die jüdische Ideen und jüdisch-kultische Praxis übernahmen, indem sie sich selber als die neuen Erben der Verheißung des jüdischen Gottes betrachteten. Die wechselseitigen Einflüsse ließen einen neuen Glauben entstehen, der eine Kreuzung zwischen beiden Kulturen hervorbrachte – und eine Religion, welche die westliche Welt zukünftig prägen sollte.

Gleichwohl ist der Gebrauch des Wortes „Christentum“ oder der Ausdruck „christliche Bewegung“ vollkommen irreführend. Er besagt, dass das Phänomen, um das es geht, ein einheitliches war, dass es an einem besonderen Ort begann, außerhalb einer identifizierbaren Reihe von Umständen und Ereignissen. Es beinhaltet ebenso – jedenfalls nach der christlichen Tradition – dass dies alles durch eine besondere historische Gestalt in Gang gesetzt wurde, durch den Christus Jesus und durch die Taten derer, die ihm folgten. Tatsächlich war das „Christentum“ von seinen Anfängen her jedoch weiter verbreitet. Es bildete sich aus den verschiedenen Strömungen der Religionsphilosophie und Kultur der damaligen Zeit, Strömungen, die eines gemeinsamen Schnittpunktes oder einer gemeinsamen Gründergestalt entbehrten. Nur durch eine einzigartige Verkettung von Umständen flossen alle jene Strömungen zusammen und ergaben jenes Bild der christlichen Anfänge, wie es der Welt bis heute vor Augen steht.

Den Brennpunkt dieser Verschmelzung bildete das früheste Evangelium, das Evangelium des Markus, welcher die Gestalt des Jesus von Nazareth schuf und sie zur Personifikation all dieser vorangegangenen Strömungen machte. Nachdem diese Wendung erst einmal erfolgt war (nach meiner Meinung fand dies um 85-90 statt, wofür unten Argumente beigebracht werden), beeinflusste das auf diese Weise entstandene Bild die verschiedenen Formen der Bewegung, bis schließlich all jene, die sich selber als Christusgläubige betrachteten, meinten, dass ihr Glaube tatsächlich mit einem wirklichen Menschen begonnen habe, der vor kurzer Zeit in der Geschichte gelebt und den von ihnen übernommenen Glauben und Gottesdienst gestiftet habe.

Dieses Buch wird weiterhin die Worte „christlich" und „Christentum" benutzen; dennoch ist zu bedenken, dass sich diese Begriffe in der Anfangsperiode, bevor ihnen die Evangelien neue Bedeutung verliehen, auf eine große Vielfalt von Gruppen bezogen, jüdische und heidnische, die an einen Christus oder Sohn Gottes glaubten, den sie zwar als göttlichen Erlöser, aber noch nicht als irdisches Wesen betrachteten.

Zwei Traditionen

Nach dieser Übersicht liegen uns die wichtigsten Teile des Jesus-Puzzles vor. Das Evangelium ist eine Verschmelzung von zwei separaten Grundelementen, eine Verbindung, wenn man so will, zweier verschiedener Eltern. Es handelte sich um ein „Paar", das keine Verbindung zueinander hatte, welches möglicherweise niemals von der Existenz des anderen erfahren hätte – bis zu dem Zeitpunkt, wo jene einzigartigen Umstände eintraten, die Markus dazu veranlassten, es zusammen in sein Evangelium aufzunehmen.

Der eine „Elternteil" war eine jüdisch-prophetische Bewegung mit dem Schwerpunkt in Galiläa – wobei es scheint, als habe diese sich auch über die Region hinaus ausgedehnt (Galiläa ist ein Gebiet in Palästina, ungefähr 75 Meilen nördlich von Jerusalem, das an das Westufer des Sees von Genezareth angrenzt). Die Wanderpropheten der neuen „Gegenkultur" kündigten das Reich Gottes an und erwarteten die Ankunft einer himmlischen Gestalt mit dem Namen „Menschensohn", der die Welt richten würde. Sie lehrten eine neue Ethik und traten für eine neue Gesellschaft ein, sie behaupteten die Erscheinung von Wundern und erregten die Feindschaft des religiösen Establishments.

Manche Traditionen dieser Bewegung[2] kamen aus verschiedenen Quellen, so dass diese viele verschiedene Strömungen umfasste. Anfänglich existierte noch kein Jesus, sei dieser göttlich oder menschlich, obschon in der späteren Entwicklung eine Gruppe innerhalb der Reich-Gottes-Sekte eine Gründerfigur erfand, die zu der Erschaffung des Jesus des Evangeliums führte. Vor seinem Eintritt in das Markusevangelium war dieser Stifter aber noch nicht mit Tod und Auferstehung und den Ereignissen in Jerusalem verbunden. Um einen Terminus aus der modernen Wissenschaft zu gebrauchen, soll diese erste Hälfte unseres zusammengefügten Puzzlebildes vom frühen Christentum „Galiläa-Tradition" genannt werden.

Den zweiten „Elternteil" müssen wir anderswo lokalisieren. Obwohl diese Seite des Puzzles sich auf einen anderen von der Wissenschaft gebrauchten Terminus bezieht, die „Jerusalem-Tradition", und obwohl Jerusalem ein bedeutendes Zentrum dieser Hälfte unseres Puzzles darstellt, bestand sie in Wirklichkeit aus verschiedenen Strömungen. Sie kam an verschiedenen Orten der östlichen Hälfte des Römischen Reiches zur Welt und enthielt eine Reihe verschiedener Ideen. Es handelte sich ebenfalls um eine prophetische Bewegung auf jüdischer Grundlage, die jedoch jüdische und heidnische Traditionen miteinander verband. Sie wurde geleitet von Aposteln, die weit herumwanderten, um ihre Botschaft zu verkündigen und Gemeinden zu gründen.

Im Zentrum der Botschaft stand ein himmlischer Sohn Gottes, der als Mittler zwischen Gott und Welt und als Erlösergestalt angesehen wurde. Er wurde verschiedentlich „Jesus" oder „Yeshua" (das bedeutet auf hebräisch „Jahwe rettet") genannt, „Christus" (griechisch für das hebräische „Maschiach" oder Messias, was „der Gesalbte" bedeutet") und „Sohn". Einige sahen in diesem neuen Sohn Gottes einen Erlöser, der die erlösende göttliche Erkenntnis gebracht hatte, andere glaubten an seinen Opfertod und seine Auferstehung. Verschiedene Apostel reisten wie Paulus umher und verkündeten das göttliche Wesen, ohne in ihrer Verkündigung inhaltlich miteinander übereinzustimmen; tatsächlich konnten sie in gegenseitiger erbitterter Feindschaft leben, wie gewisse Stellen in den Paulsbriefen zeigen.

Dieser Sohn und Erlöser wurde noch nicht mit einem gegenwärtigen

Menschen identifiziert oder in eine irdische Umgebung versetzt, noch viel weniger wurde er als Lehrer und Wundertäter in Galiläa betrachtet. Statt dessen galt er als himmlische Gottheit, die ihr Erlösungswerk in einer übernatürlichen Welt verrichtet hatte. Große Ähnlichkeiten bestanden zu zwei anderen wichtigen Geistesströmungen der damaligen Zeit, so z.B. zu einer philosophischen Idee, die durch den Begriff „Mittler-Sohn" charakterisiert werden kann. Dieser stellte gleichsam ein spirituelles Verbindungsglied zwischen Gott und Menschheit dar. Hierbei handelte es sich um das herrschende philosophisch-religiöse Konzept des hellenistischen[3] Zeitalters. Eine zweite Parallele bezog sich auf die vielen heidnischen Erlösergottheiten, denen man in den griechisch-römischen „Mysterienkulten" begegnete – der vorherrschenden Form volkstümlicher Religion in dieser Periode, die auf antike Wurzeln zurückging. Wie vom paulinischen Christus glaubte man von diesen Erlösergottheiten, dass sie in einer übernatürlichen Welt Werke vollbracht hatten, die den Gläubigen Heiligung und Erlösung brachten. Solche Kulte besaßen Legenden und Erzählungen mythischen Charakters; die kultische Praxis war der christlichen Bewegung sehr ähnlich.

Wie jene, die das Reich Gottes in Galiläa predigten, glaubten die Apostel, die den Glauben an den Erlöser und Sohn Gottes verkündeten, sowie die Gemeinden, die sich aufgrund der Predigt über das Reich verbreitet hatten, an das bevorstehende Ende der gegenwärtigen Welt bzw. deren totale Umgestaltung. Sie sollte mit der Ankunft des Sohnes vom Himmel erfolgen. Deswegen waren solche Gruppen von Natur aus sektiererisch und erregten umgekehrt die Feindschaft der sie umgebenden Gesellschaft. Mehr als die galiläische Bewegung war der Glaube an den Sohn Gottes – zum Teil deswegen, weil er so weit verbreitet war – unkoordiniert, ohne eine leitende zentrale Autorität oder eine bestimmte Lehrdoktrin.

Gliederung des Buches

Weil diese beiden Seiten des frühen Christentums ursprünglich nichts miteinander zu tun hatten, müssen sie getrennt untersucht werden. Dieses Buch ist in drei Teile gegliedert. Die ersten zwei behandeln die zwei

Traditionen, der dritte ihre künstliche Verbindung in den Evangelien sowie die Frage, wie diese Vereinigung den Lauf des Christentums und der Weltgeschichte veränderte.

Der erste Teil wird die sogenannte Jerusalem-Tradition untersuchen (dieser Begriff wird in der Wissenschaft benutzt, weil das Bild der Evangelien zu der Annahme veranlasste, dass Tod und Auferstehung Christi, welche Paulus verkündete, irdische Ereignisse waren und in Jerusalem geschahen). Zeugnis für diese Sohn-Gottes-Bewegung sind die neutestamentlichen Briefe sowie andere frühchristliche Briefe und Schriften. Im christlichen Kanon – der von der Kirche als autoritativ und göttlich inspiriert betrachteten Schriftensammlung – stehen die Briefe hinter den vier Evangelien und der Apostelgeschichte, als ob sie sich alle auf dieselbe Jesusgestalt bezögen und als ob sie in natürlicher Konsequenz auf Evangelien und Apostelgeschichte folgten. Aber das „Neue Testament“[4] entstand in der Mitte des 2. Jahrhunderts. Die Mehrheit der Briefe, die aus allen Teilen der Ökumene stammen, wurden früher geschrieben als die Evangelien und zeigen keinerlei Kenntnis jener Evangelien und ihres Inhalts. Das tun möglicherweise noch nicht einmal jene Briefe, die später verfasst wurden.

Daher wird der erste Teil des Jesus-Puzzles die Sohn-Gottes-Bewegung des Paulus untersuchen, ihre Ideen und deren Herkunft, so wie sie sich aufgrund der Dokumente und der Berücksichtigung der näheren zeitgeschichtlichen Umstände darstellt. Außerdem wird er dem Schweigen jener Dokumente in Bezug auf alles, was mit dem Jesus der Evangelien und seiner Geschichte zu tun hat, im Detail nachgehen.

Der zweite Teil des Jesus-Puzzles wird die Galiläa-Tradition untersuchen. Die Reich-Gottes-Bewegung in Galiläa brachte all jene Traditionen über das Wirken Jesu hervor, die am Ende in die Evangelien einmündeten: Berichte über den Konflikt mit dem Establishment, über Heilungen und Wunder, die neue Ethik des Gottesreiches, die Botschaft vom bevorstehenden Ende der Welt und der Ankunft des Menschensohns. Der Beweis für die Existenz dieser Galiläischen Tradition liegt hauptsächlich in den Evangelien selber, besonders bei den drei Synoptikern,[5] Markus, Matthäus und Lukas. Der Schwerpunkt wird auf einem hypothetischen Dokument liegen, welches moderne Wissenschaftler aus gewissen Teilen von Matthäus und Lukas rekonstruiert haben. Sie haben es als „Q“ bezeichnet (für das Wort „Quelle“). Aufgrund dieser ansonsten verlorengegangenen Sammlung von Aussprüchen und Anekdoten haben moderne kritische Wissenschaftler zusammen mit einer kürzlich entdeckten Schrift außerhalb des Neuen Testaments – einer weiteren Sammlung von Jesus zugeschriebenen Aussprüchen, „Thomasevangelium" genannt – ihr Bild des „wirklichen Jesus" zusammengestellt, ein Bild, das, wie ich zeigen werde, der wissenschaftlichen Grundlage entbehrt.

Das Evangelium des Markus entstand außerhalb der Galiläischen Tradition. Sein Bild vom Wirken Jesu basiert auf der hinter Q stehenden prophetischen Bewegung (obschon Markus keine Kopie der von Matthäus und Lukas benutzen Spruchquelle Q besaß). In einem kühnen, revolutionären Streich versetzt der Evangelist die Idee des himmlischen Erlösers, der nach paulinischer Meinung starb und von den Toten auferstand, in sein Evangelium. Den Schauplatz der Geschichte verlegte Markus nach Jerusalem.

An diesem Punkt wird das Buch in einem Exkurs einen Blick auf die nichtchristlichen Zeugen für Jesus werfen, die wir in den jüdischen und heidnischen Schriften dieser Periode antreffen – bzw. nicht antreffen – mit einer besonderen Betrachtung des jüdischen Historikers Flavius Josephus.

Von hier aus wird ein dritter und letzter Abschnitt des Buches, „Das 2-Komponenten-Christentum", die Frage untersuchen, wie das Evangelium des Markus aufgebaut ist, wie ihm die anderen Evangelien nachfolgten und es erweiterten und wie die darin enthaltenen neuen Ideen sich allmählich verbreiteten, bis die zentrale Gestalt des Markus, Jesus von Nazareth, schließlich als der historische Gründer der ganzen Bewegung betrachtet wurde.

Symbolische Gründergestalten

Verschiedene Faktoren führten zur Entstehung des Jesus der Evangelien. Dabei gilt es ein grundsätzliches Prinzip zu berücksichtigen, das für deren Verständnis von grundlegender Bedeutung ist. Das Bild der Evangelien hat seinen Mittelpunkt in der Hauptperson Jesus von Nazareth. Er ist es, der die neuen Lehren verkündigt, er ist es, der Wunder tut, er ist es, der die Auseinandersetzung mit dem religiösen Establishment führt. Aus der Sicht orthodoxer Tradition ist Jesus selber die Quelle aller neuen Ideen und Reformen, welche die damalige religiöse Szene innerhalb und außerhalb Palästinas bewegten. Er war es, der die Ankunft des Reiches Gottes erneut erwartete. Diese Sicht wird nach wie vor von vielen modernen Wissenschaftlern vertreten, obschon die liberalsten unter ihnen den Katalog von tatsächlichen Worten und Taten, die sie Jesus zuschreiben wollen, in beträchtlichem Maße verringert haben.

Aber es gibt noch eine andere Weise, wie wir dieses Bild betrachten und wie wir verstehen können, wie die künstliche Gestalt eines Jesus überhaupt entstanden ist. Es gibt eine natürliche menschliche Neigung, Entwicklungen von fortschrittlichen Ideen, neue Technologien sowie bessere soziale und politische Systeme als das Produkt außergewöhnlicher Individuen, legendärer Wegbereiter, mitunter sogar als Tat von Göttern zu erklären. Die Realität sieht anders aus. Die Gesellschaft als ganze oder einzelne gesellschaftliche Gruppen erzeugen die neuen Ideen bzw. geben der Entwicklung eine ganz neue Richtung. Oft kann ein neuer Trend „in der Luft" liegen in der Gestalt einer Reihe von kaum wahrnehmbaren Veränderungsprozessen, die sich über einen längeren Zeitraum erstrecken. Schließlich werden diese Entwicklungen im volkstümlichen Verständnis mit einer berühmten Gestalt der Vergangenheit verknüpft, oder sie verkörpern sich in einer vollkommen fiktiven Persönlichkeit. Die Geschichte ist voll von erfundenen Religionsstiftern, Begründern sozialer oder nationaler Bewegungen wie z.B. der taoistische Lao-Tse, Lycurg von Sparta oder der zur Zeit der Gründung des Schweizer Bundesstaates lebende Wilhelm Tell. Es ist heute allgemein anerkannt, dass diese Personen und andere ihrer Art niemals gelebt haben. Eine berühmte Gestalt, deren Existenz erst neuerdings in Frage gestellt worden ist, ist der chinesische Philosoph Konfuzius.[6]

Das bedeutet, dass das meiste von dem, was Jesus zugeschrieben wird, also die Teile, die in das Bild der Evangelien eingegangen sind, in Wirklichkeit nur den Zustand jener Gemeinden reflektieren, die gleichsam den Wurzelboden für die Evangelien darstellen. Diese Dinge spiegeln die Erfahrungen ihrer Führer, Prediger und des kleinen „Fußvolks" wider, das die Aktivitäten der Sekte vorantrieb. Es ist die sektiererische Gemeinde selber, die sich im Konflikt mit dem Establishment der Umwelt befindet.

Die Idee der unmittelbar bevorstehenden Ankunft des Gottesreiches war eine der treibenden Kräfte des damaligen Zeitalters; Gruppen wie jene, die Q schufen, machten daraus das beherrschende Verkündigungsthema. Es waren die Propheten selber, die Wunder wirkten – ein Phänomen, das als erwartetes und unabdingbares Zeichen für das kommende Reich galt. Die neue Bewegung als ganze schuf eine neue Moral, indem sie dabei auf vorangehende oder zeitgenössische Quellen zurückgriff. Tatsächlich war der Antrieb zu solcher Reform als ein Versuch, die sozialen Ungerechtigkeiten des Zeitalters zu beseitigen, einer der wesentlichen und vorrangigen Impulse für diese Aktivitäten.

Vieles von dem, was der Mensch Jesus gesagt oder getan haben soll, ist einfach nur die Summe all dieser Strömungen. Gleichzeitig trieben andere Faktoren die Schaffung eines historischen Jesus voran, und zwar aufgrund der Tendenz, Ideen oder kultische Bräuche einem fiktiven, idealisierten Individuum zuzuschreiben – im Falle beider Traditionen innerhalb eines Sektenmilieus. Für die Erfordernisse des Lebens innerhalb der Sekte und deren Auseinandersetzungen mit der Umwelt war die Gestalt des Erneuerers und Begründers, zumal eines solchen mit heroischen oder göttlichen Ausmaßen, von enormem Vorteil. Die Worte und Taten, die diesem Gründer zugeschrieben wurden, erhielten stärkere Autorität; seitens des Establishments wurde ihnen größerer Respekt gezollt. Die Mitglieder der Sekte wurden zu größerem Eifer und zur Bereitschaft, ihren jeweiligen Leitern zu folgen, angefeuert. Die Entwicklung einer verherrlichten oder fiktiven Gründergestalt ist eine relativ verbreitete Erscheinung unter Sekten und Religionen – durch die ganze Geschichte hindurch und in der ganzen Welt. Wir werden auf solche Faktoren in der Verhaltensweise von Sekten zu achten haben, die zum Auftreten einer Gründergestalt in der Q-Gemeinde und zu einem Jesus von Nazareth in dem Markusevangelium beigetragen haben.

Jenen, die einem wachsenden modernen Trend folgend postulieren sollten, dass an der Basis dieser Prozesse eine wirkliche menschliche Gestalt existierte – selbst wenn dieser weder Gottes Sohn war noch es zu sein beanspruchte – möchte ich erwidern: Warten wir ab, bis die einzelnen Teile des Puzzles untersucht worden sind. Wir werden sehen, dass sie sich auf diese Weise niemals zusammenfügen.

I: Die Jerusalem-Tradition

Moderne Wissenschaftler haben inzwischen den tiefen Graben zwischen der Welt der Evangelien und der Welt der neutestamentlichen Briefe erkannt. Sie behaupten, dass das, was als Reaktion auf Jesu Wirken in Galiläa geschah, von dem, was als Reaktion auf den Tod Jesu in Jerusalem geschah, unterschieden werden müsse, da beide „Traditionen" anscheinend nichts miteinander gemeinsam haben. Die Zeugnisse, die von Jesu Wirken als Prediger in den Städten und auf dem Lande seiner Heimatprovinz berichten – die in Matthäus, Lukas und dem Thomasevangelium eingebettete Spruchquelle Q – erzählen uns nichts über seinen Weg nach Jerusalem oder über die Dinge, die sich bei seiner Ankunft ereigneten. Es gibt keinen Hinweis auf Tod und Auferstehung, noch wird die Gestalt Jesu in der Spruchquelle Q in der Rolle des Erlösers dargestellt. Auf der anderen Seite weiß die Botschaft oder das Kerygma (Verkündigung) von Aposteln wie Paulus, die durch das Römische Reich wanderten und den Sohn Gottes predigten, nichts von einem Wirken in Galiläa. Die Briefe kennen keine Lehren, keine Wunder, keine Erwählung von Aposteln, sie sprechen nicht über biographische Details aus dem Leben Jesu. Ihr Brennpunkt liegt ausschließlich auf dem Verhältnis der Gläubigen zum himmlischen Sohn, auf seinem Erlösungstod und der Auferstehung. Diese werden nirgendwo mit einer bestimmten historisch-irdischen Situation verknüpft.

Ein letzter Schritt ist notwendig. Die beiden Seiten des großen Grabens müssen vollkommen unabhängig voneinander betrachtet werden, da sie, wie wir gesehen haben, erstmals im Evangelium des Markus künstlich zusammengefügt wurden. Das neue Bild von den christlichen Ursprüngen spiegelt sich im dreiteiligen Aufbau des Jesus-Puzzles wider.

Der erste Abschnitt, die Jerusalem-Tradition, wird sich eingehender mit der Welt der neutestamentlichen Briefe beschäftigen, wobei andere Dokumente aus dem frühen Christentum hinzukommen, die ebenso einen Teil dieser Welt bilden. Teil 1: „Die Verkündigung des göttlichen Sohnes" (Kap. 1-5) wird die allgemeinen Züge des Sohn-Gottes-Glaubens darstellen: wie Apostel wie Paulus ihren Christus Jesus und seine Rolle im Erlösungsdrama beschreiben, was sie über Ethik und das bevorstehende Weltende lehren, wie die apostolische Bewegung funktionierte. Dabei wird der zeitgeschichtliche Hintergrund, aus dem der neue Glauben entstand, in unser Blickfeld treten.

Ein integraler Bestandteil des Bildes dieser Bewegung wird der Nachweis dessen sein, was *nicht* zu ihr gehört. Da die Elemente der Galiläa-Tradition, die später einem irdischen Jesus zugeschrieben wurden, seine Lehren, Wundertaten und apokalyptischen Prophezeiungen, in den Evangelien irreführenderweise mit dem paulinischen Gottessohn kombiniert wurden, ist zu zeigen, dass die Verkündigung eines Sohnes, wie sie in den Episteln zu finden ist, diese Dinge noch nicht enthält. Dem Schweigen über das allgemeine Wirken Jesu und über Jesus als Ursprung der Lehren jener Bewegung wird an verschiedenen Stellen des ersten Teils nachgegangen werden; dagegen soll das Schweigen über die Einzelheiten dessen, was die Evangelien über Jesu Leben und Tod berichten bzw. über *jegliches* historische Detail hinsichtlich des Menschen Jesus, in Teil 2 im Mittelpunkt stehen: „Leben im Verborgenen."

Teil 3: „Das Evangelium des Sohnes", geht den Quellen der paulinischen Sicht eines himmlischen Christus nach. Kapitel 8 wird sich mit jüdischen Quellen beschäftigen – Heilige Schriften, die dem christlichen Alten Testament mehr oder weniger gleichwertig sind – um zu zeigen, woher Paulus seine Ideen über Kreuzigung und Auferstehung zusammen mit vielem anderen erhielt. Kapitel 9 geht dem allgegenwärtigen „Mittler-Sohn"-Konzept im Denken der damaligen Zeit nach, der Idee einer spirituell vorgestellten göttlichen Emanation, die gleichsam als Kontaktkanal zwischen Gottheit und Menschheit diente – ein Phänomen, dessen Verständnis den Philosophen so viel Mühe bereitete.

In Teil 4: „Die Welt des Mythos und der Erlösergottheiten" betreten wir das vielstöckige geistige Universum der Alten Welt. Kapitel 10 und 11 werden die dort vertretene Anschauung untersuchen, die besagt, dass über der sichtbaren eine weite unsichtbare Welt liege, in der alle Arten von übernatürlichen Vorgängen zwischen Göttern und Geistern stattfinden. Hier ist der Schauplatz für die Erlösungs-Prozesse und die Aktivitäten der griechisch-römischen Erlösergottheiten. Hier ist der Ort, wo Paulus und das frühe Christentum ihren Christus Jesus und seine Erlösungstaten lokalisierten. Im 12. Kapitel werden diese Einsichten auf drei sehr aufschlussreiche neutestamentliche Passagen angewandt.

Schließlich werden wir in Kapitel 13 mit der Auslegung des Wirkens der Sohn-Gottes-Bewegung eine großangelegte Bestandsaufnahme des urchristlichen Terrains vornehmen und einen neuen Schauplatz für die Geburt des Christentums vorschlagen. Die unterschiedlichen Äußerungen der Jerusalem-Tradition, wie wir sie im ganzen Römischen Reich finden, werden das Ausmaß der christlichen Vielfalt sowie das Fehlen eines gemeinsamen Gründers oder eines bestimmten Anfangspunktes deutlich machen.

Teil eins

Die Verkündigung des Gottessohnes

1
Der himmlische Christus

Die neutestamentlichen Briefe werden oft als „Gelegenheitsschreiben" bezeichnet. Das soll heißen, dass jeder Brief anlässlich einer besonderen Situation verfasst wurde, mit der sich der Verfasser auseinandersetzt. Einige dieser Verfasser wie Paulus sollen ihre Briefe nicht selber geschrieben, sondern einem schreibenden Mitarbeiter oder professionellen Sekretär diktiert haben.

Ein solcher Brief könnte an einem Abend hastig niedergeschrieben und ohne jede weitere Prüfung oder Überarbeitung verschickt worden sein; in einigen Fällen könnte der Verfasser größere Sorgfalt angewendet haben. Auf der anderen Seite gibt es einige neutestamentliche Briefe, wie z. B. den Brief an die Hebräer, bei denen es sich mit Sicherheit nicht um solche Augenblicksschreiben, sondern um sorgfältig komponierte kleine Traktate handelt. Innerhalb des Corpus Paulinum fallen m. E. Schreiben wie der Römerbrief und der Epheserbrief in eine solche Kategorie, möglicherweise auch noch andere. Schließlich tragen einzelne Briefe, man denke vor allem an den 1. Johannesbrief, Spuren einer über einen längeren Zeitraum erfolgten Überarbeitung – spätere „Schichten" und Einfügungen in den ursprünglichen Text.

Was können wir vernünftigerweise in einer solchen zusammengewürfelten Ansammlung von Schriften an Entdeckungen erwarten?

Zuerst und vor allem, dass sich ihre Verfasser im Rahmen der Briefsituation mit ihrem Glauben an Jesus Christus beschäftigen. Sie dürften kaum versuchen, eine systematische Glaubenslehre zu entfalten – obwohl dagegen eingewandt werden könnte, dass dies im Hebräerbrief und in gewissem Grad auch im Römerbrief der Fall ist. Andererseits sollten wir annehmen, dass wir in dieser Sammlung frühchristlicher Korrespondenz (zu der man auch die Offenbarung zählen könnte) grundlegende dogmatische Abgrenzungen sowie (im Hintergrund) ein Bild der frühchristlichen Gemeinden vorfinden.

Was jedoch finden wir tatsächlich?

Auf der einen Seite sehen wir, dass wichtige Lehrgrundlagen ebenso wie das Bild der frühchristlichen Gemeinden, das wir aufgrund einer 2000-jährigen christlichen Tradition möglicherweise erwarteten, vollkommen fehlen. Um gleichwohl an dieser Tradition festzuhalten, legt man häufig Nachdruck auf den „Gelegenheitscharakter" der Schriften, als ob dies eine Entschuldigung dafür wäre, dass sie uns keine grundlegenden Informationen geben. Auf der anderen Seite scheinen uns die Verfasser der Briefe über die christliche Lehre und die Lage der Gemeinden Dinge mitzuteilen, die ein ganz anderes Bild präsentieren, als wir es aus unserer Tradition kennen.

Paulus begann seine bekannte Laufbahn als Verfolger des Sohn-Gottes-Glaubens und handelte im Auftrag der jüdischen Autoritäten. „Wie ich über die Maßen die Gemeinde Gottes verfolgte" sagt er uns im Galaterbrief (1:13). Nach seiner Bekehrung, ein Ereignis, über das er wenig mehr sagt, als dass es sich um eine „Berufung" durch Gott handelte, wurde er Anhänger dieses Glaubens. Nach einer geraumen Zeit nahm er in Jerusalem Kontakt mit einer Gruppe von „Brüdern" und Aposteln auf, zu der Männer wie Petrus und Jakobus gehörten, „die vor mir Apostel waren" (1:17). Im 1. Korintherbrief 15:11-12 sagt er, „so predigen wir, ... dass er (Christus) von den Toten auferstanden ist". Alle sind Träger derselben „Jerusalem-Tradition", indem sie den Glauben an die Erlösung durch einen sterbenden und wiederauferstehenden Christus verkünden – d.h. eine Gottheit, die nicht mit einem historischen Menschen der jüngsten Vergangenheit identifiziert werden kann.

Aber obwohl diese Jerusalemer Sekte um Petrus und Jakobus eine große Bedeutung innerhalb dieser Glaubensbewegung und beträchtlichen Einfluss bis hin nach Syrien hatte, besaß sie auf keinen Fall zentrale Autorität über sämtliche Apostel, die auf dem Gebiet der Verkündigung tätig waren, oder über all jene christlichen Gemeinden, welche über den Osten des Reiches versprengt waren. Ebensowenig kann, wie früher angedeutet, Jerusalem als einziger Ursprungsort der Bewegung angesehen werden.

Zugleich muss hervorgehoben werden, dass die Art der Sohn-Gottes-Verkündigung von einem Apostel und einer Gruppe zur anderen, von einem Dokument zum anderen, sehr unterschiedlich sein konnte. Während Paulus und die Jerusalemer Sekte Christus als Sohn verkündigten, der für unsere Sünden starb und vom Tode erweckt wurde, lehnten einige Rivalen des Paulus einen sterbenden und auferstehenden Christus ab. Sie verkündeten Christus als Sohn und Offenbarer, als Vermittler göttlicher Weisheit und Erkenntnis. Wir sehen eine solche Auseinandersetzung in der Verteidigung der „Weisheit Gottes" (d.h. dessen eigene) im 1. und 2. Korintherbrief. Daneben gab es noch andere Varianten. Hier werden wir uns zumeist auf den geopferten Sohn, wie wir ihn bei Paulus und den meisten anderen Briefen des Neuen Testaments finden, konzentrieren – mit einem kurzen Blick auf die übrigen Versionen am Rande. Es war der von Paulus verkündete Sohn und Christus, welcher am Ende die Theologie der Christenheit bestimmt, so wie wir sie bis heute kennen.

Die schriftlichen Zeugnisse

Jener Teil des Neuen Testaments, der auf die Evangelien und die Apostelgeschichte folgt, enthält 22 Schriften. Die meisten von ihnen sind nicht von jenen Autoren verfasst, deren Namen sie tragen. Unter den 13 dem Paulus zugeschriebenen Briefen hat die wissenschaftliche Untersuchung und die Computeranalyse 7 als echt erwiesen: den Römerbrief, den 1. und 2. Korintherbrief, den Galaterbrief, den Brief an die Philipper sowie den 1. Thessalonicherbrief und den Brief an Philemon[7] (der 2. Korintherbrief ist eine redaktionelle Komposition von wenigstens zwei ursprünglich unabhängigen Briefen; der 1. Korintherbrief könnte ebenfalls spätere Interpolationen und Redaktionen erfahren haben). Kolosser-, Epheser- und 2. Thessalonicherbrief sind wahrscheinlich innerhalb eines oder zweier Jahrzehnte nach dem Tode des Paulus

verfasst worden. Ihre Autoren benutzen den Namen des Paulus, um ihren Briefen größere Autorität zu verleihen. Die drei Pastoralbriefe (1. und 2. Timotheusbrief und Titusbrief) tragen ebenfalls den Namen des Paulus, aber sie zeigen uns das Bild einer späteren Zeit und werden im Allgemeinen dem frühen 2. Jahrhundert zugeschrieben, gewöhnlich 110-139.
Der Brief an die Hebräer ist anonym. Von den unter dem Namen des Petrus, Jakobus, Johannes und Judas erhaltenen Briefen wird heute keiner als authentisch betrachtet. D.h. sie sind nicht von den legendären Jesusjüngern dieses Namens verfasst worden. Diese Briefe könnten ursprünglich anonym verfasst worden sein; möglich auch, dass ihre ursprüngliche Adresse verlorenging und neue Namen hinzugefügt wurden – vielleicht zu der Zeit, als die Briefe gesammelt und zu einem Kanon zusammengestellt wurden (siehe Kapitel 24). Den antiken Brauch, den Namen einer berühmten Gestalt aus der Vergangenheit zu benutzen, um einem Schreiben größere Autorität zu verleihen, bezeichnet man als „Pseudepigraphie".

Die Datierung dieser Schriften ist anerkanntermaßen schwierig und große Spielräume sind üblich. Die traditionelle Wissenschaft tendiert dazu, den Hebräer- und Jakobusbrief früh – möglicherweise vor dem Jüdischen Krieg 66-70 – zu datieren. Der 1. Petrusbrief und die drei Johannesbriefe gehören möglicherweise in die Zeit zwischen 80-90. Der 2. Petrusbrief scheint späteren Datums zu sein, 100-120; das bedeutet, dass der Judasbrief früher entstanden sein muss, da einige Stellen dieses Briefes in den 2. Petrusbrief eingefügt wurden. Die Apokalypse des Johannes schließlich, verfasst von einem Propheten namens Johannes, der nicht mehr mit dem Verfasser des gleichnamigen Evangeliums identifiziert wird, wird im Allgemeinen in die Mitte der 90er Jahre datiert. Als Ganzes betrachtet geht der größte Teil des Briefcorpus den Evangelien zeitlich voran; möglicherweise sind alle Briefe entstanden, bevor die Evangelien allgemein verbreitet waren.

In unserer Übersicht sollen auch einige frühchristliche Schriften, die nicht in den neutestamentlichen Kanon eingingen, erwähnt werden: der 1. Clemensbrief, die Briefe des Ignatius, die „Kirchenlehre", genannt Didache, der Hirte des Hermas und die Briefe des Barnabas und Polykarp ebenso wie einige jüdische und griechisch-römische Schriften, die Licht auf das Bild des frühen Christentums werfen. Die dazugehörigen

Details und Daten werden zu gegebener Zeit mitgeteilt.

Alle Schriften des Neuen Testaments ebenso wie die meisten nichtkanonischen Schriften der ersten beiden Jahrhunderte wurden in der internationalen Sprache der damaligen Zeit, d.h. auf Griechisch abgefasst.

Eine fehlende Gleichung

Ausgehend von dem, was die neutestamentlichen Briefe *nicht* sagen, wollen wir uns einem Puzzlestein zuwenden, den ich als: „Die fehlende Gleichung“ bezeichnen möchte.

Die 22 Schriften im letzten Teil des Neuen Testaments enthalten ungefähr 80 000 Worte. Sie stammen von ungefähr einem Dutzend verschiedener Verfasser, von denen Paulus der bekannteste ist. Wir begegnen darin über 500 Hinweisen auf das Objekt des Glaubens der Verfasser: „Jesus“ oder „Christus“ oder einer Kombination dieser Namen, dazu dem „Sohn“ sowie einigen weiteren sich auf den „Herrn“ (Christus) beziehenden Begriffen.

Selbst wenn diese Schriften „Gelegenheitsschriften“ sein sollten: Ist es denkbar, dass der göttliche Sohn oder Christus, von dem überall die Rede ist, von dem Verfasser nirgendwo mit seiner irdischen Inkarnation identifiziert wird – sei dies der Mensch Jesus von Nazareth, wie er uns von den Evangelien her bekannt ist, geboren von Maria und gestorben unter Pilatus, oder irgendein anderer „wirklicher Jesus“, der von der modernen kritischen Forschung entdeckt wurde? Wie erstaunlich auch ein solches Schweigen erscheinen mag: Die entscheidende Gleichung: „Jesus von Nazareth war der Sohn Gottes und Messias“ fehlt in der frühen christlichen Briefliteratur. Vom Jesus der Briefe wird nicht gesprochen wie von einem Menschen, der jüngst gelebt hat.

Es gibt zwei Stellen in den Briefen, welche das eben Gesagte zu widerlegen scheinen, sowie eine dritte, von der das ebenfalls angenommen werden könnte. Mit ihnen wollen wir uns im Folgenden zur Absicherung unserer bisherigen Argumentation auseinandersetzen.

Eine der Stellen ist 1. Thess 2:15-16. Nach der Feststellung, dass die thessalonischen Christen von ihren eigenen Landsleuten verfolgt wurden, so wie die Christen in Judäa von ihren eigenen jüdischen Landsleuten verfolgt wurden, lesen wir folgenden zusätzlichen Kommentar über die Juden:

„... Die haben den Herrn Jesus getötet und die Propheten und haben uns verfolgt und gefallen Gott nicht und sind allen Menschen feind. Und um das Maß ihrer Sünden allewege vollzumachen, wehren sie uns, den Heiden zu predigen zu ihrem Heil. Aber der Zorn Gottes ist schon in vollem Maß über sie gekommen."

Der letzte Satz ist zweifellos eine Anspielung auf die Zerstörung Jerusalems, welche nach dem Tode des Paulus stattfand, viele Jahre, nachdem der Thessalonicherbrief verfasst wurde. Die in den zwei Versen zum Ausdruck kommenden Affekte sind uncharakteristisch für die Einstellung des Paulus zu seinen jüdischen Landsleuten, wie sie anderswo in den Briefen zum Ausdruck kommt. Aus diesen Gründen haben viele Wissenschaftler diese Verse für eine Interpolation gehalten, d.h. für einen in späterer Zeit erfolgten Texteinschub. Diese ist übrigens die einzige Stelle im gesamten Corpus der neutestamentlichen Briefe, die den Juden die Schuld am Tode Christi zuschreibt.

Die zweite „offensichtliche Ausnahme" finden wir im 1. Timotheusbrief 6:13, eine kurze Anspielung auf Christus und sein Bekenntnis vor Pontius Pilatus. Weil der Fall nicht ganz klar ist, sind einige der Kommentatoren der Meinung, dass die Anspielung nicht gut in den Zusammenhang des Textes passt. Daher kann man fragen, ob er Teil des ursprünglichen Briefes war. Da dieser Brief aus den ersten Jahrzehnten des 2. Jahrhunderts stammt, könnte sich in der Anspielung auf Pilatus in jedem Fall, wenn sie echt sein sollte, die erst vor kurzem aufgekommene Sicht widerspiegeln, dass Jesus zur Zeit des Pilatus lebte und unter dem römischen Prokurator getötet wurde (die umfassende Diskussion über die Authentizität der Passagen im 1. Thessalonicher- und 1. Timotheusbrief findet sich im Anhang 1.).

Die oben genannte dritte Passage ist die einzige Szene in sämtlichen Briefen des Paulus, die an die Evangelien erinnert: 1. Kor 11:23-26. Hier schreibt Paulus im Zusammenhang dessen, was er als „Herrenmahl" bezeichnet, Jesus Worte zu, die Brot und Wein des eucharistischen Mahls mit dem Fleisch und Blut Jesu identifizieren. Aber berichtet Paulus hier ein historisches Ereignis? Es gibt eine Reihe von Argumenten, die zeigen, dass dies nicht der Fall ist, und dass Paulus statt dessen etwas schildert, was im Bereich des Mythos liegt – wie ja auch der Kult des Erlösergottes Mithras einen Mythos über die Stiftung eines eigenen sakramentalen Mahles besaß. Tatsächlich weist der erste Satz der Passage darauf hin, dass Paulus seine Information durch eine Offenbarung und nicht durch einen Bericht anderer erhalten hat, die möglicherweise Teilnehmer eines solchen Ereignisses waren. Dies ist eine wichtige Passage, und wir werden sie unten ausführlich diskutieren. Vorerst brauchen wir darin jedoch keineswegs notwendig eine Anspielung auf einen historischen Jesus, der zu Lebzeiten des Paulus auf der Erde weilte, zu sehen.

Somit können wir feststellen, dass uns das gesamte neutestamentliche Briefcorpus keinen Hinweis darauf gibt, dass der göttliche Christus mit dem Menschen Jesus von Nazareth, den die Evangelien in das 1. Jahrhundert plazieren – oder mit irgendeinem anderen Menschen der jüngsten Vergangenheit – identifiziert wurde.

Es ist wichtig zu erkennen, dass die vielen Hinweise in den Briefen auf „Tod“ und „Auferstehung“ Christi nicht per se Hinweise auf Ereignisse in der physischen Welt oder in der Geschichte sind. Sie sind zusammen mit einigen wenigen „menschlich“ klingenden Begriffen Teil des *Mythos* über den Sohn; sie beziehen sich auf sein göttliches Wirken *in der übernatürlichen Welt.* Angesichts des krassen Missverhältnisses zu unseren modernen Anschauungen haben wir es hier zweifellos mit Gedanken zu tun, die dem philosophischen und mythischen Denken der damaligen Zeit entstammen. Es war in der Tat eine Anschauung, die von vielen heidnischen Erlösungskulten geteilt wurde, von denen jeder seinen eigenen Erlösergott hatte, der diese Taten in einer mythischen Welt vollbracht hatte. Wie der paulinische Christus wurden Erlösergottheiten wie Attis oder Osiris getötet; wie der paulinische Christus wurde Osiris nach seiner Verstümmelung begraben; wie Christus am dritten Tage auferweckt wurde, so wurden auch Adonis und Dionysos vom Tode erweckt. All diese Dinge wurden nicht als historisch betrachtet; sie fanden statt in einer mythischen Welt, in einer höheren Realität.

Ausgangspunkt Himmel

Um eine klarere Vorstellung von der „fehlenden Gleichung“ zu erhalten, wollen wir einen Blick auf eine Stelle in der Apostelgeschichte werfen – eine Schrift, die jetzt von vielen Wissenschaftlern in das 2. Jahrhundert datiert und nicht mehr als historisch zuverlässig betrachtet wird (siehe Kap. 24). In Apg 2,22-36 legt der Autor Petrus eine Rede in den Mund: Petrus sagt hier: „Ihr Männer von Israel, hört diese Worte: Jesus von Nazareth, von Gott unter euch ausgewiesen durch Taten und Wunder und Zeichen ...“ Er fährt fort, von diesem Jesus zu erzählen und schließt mit den Worten, „dass Gott diesen Jesus, den ihr gekreuzigt habt, zum Herrn und Christus gemacht hat“.

Dies – so sollten wir vermuten – wäre in der Tat der natürlichste und notwendige Weg gewesen, auf dem sich der christliche Glaube ausbreitete: Die christliche Bewegung als Reaktion auf einen wirklichen Menschen! Dieser Mann hätte dann einen solchen tiefen Eindruck auf die Menschen hinterlassen, dass sie alles in ihrem Leben verließen, um ihn zu verkünden; um ihm zu gefallen, entsagten sie allem, ja, gaben sogar preis, was ihnen als Juden heilig war. Er allein sollte die Mitte ihres Lebens sein. Eben dies scheint die Apostelgeschichte anzudeuten. Es folgt eine Rede nach der anderen, in der die christlichen Apostel jeweils bei dem Menschen Jesus *anfangen* und tatsächlich faktische Aussagen sowie Glaubensaussagen über ihn machen.

Was finden wir dagegen in den Briefen des Paulus und der übrigen Briefschreiber? Sie beginnen mit dem *göttlichen* Christus, der Gestalt des Sohnes im Himmel, über ihn machen sie ihre Glaubensaussagen. Es findet sich keinerlei Gleichsetzung mit einem historischen Menschen, einem menschlichen Lehrer, der vor kurzem lebte. Paulus glaubte *an* den Sohn Gottes, aber nicht daran, dass irgend ein Mensch Sohn Gottes war.

Hier eine summarische Zusammenfassung jenes Erlösungsglaubens, den Paulus in Korinth predigt:

„... dass Christus gestorben ist für unsre Sünden nach der Schrift; und dass er begraben worden ist; und dass er auferstanden ist am dritten Tage nach der Schrift.“ [1. Kor 15,3:4, Revidierte Lutherbibel 1984]

Fehlt hier nicht etwas? Konnten die Zuhörer des Paulus, wenn dieser in eine Stadt wanderte, um auf dem Marktplatz oder in der dortigen Synagoge zu predigen, daraus entnehmen, dass der Christus, von dem er sprach, ein Mensch war, der nur wenige Jahre zuvor gestorben und aus einem Grab auferstanden war? Müsste nicht ein entscheidender Teil dieses Evangeliums die Identität der menschlichen Inkarnation mit dem Sohn Gottes bzw. Christus sein – oder sogar die Tatsache der Inkarnation selber?

Aber vielleicht hat Paulus auf solche Einführungen verzichtet, wenn er den Kern seiner Botschaft verkündete. Und was ist mit seiner „Definition" von Vater und Sohn in 1. Kor 8:6?

„So haben wir doch nur einen Gott, den Vater, von dem alle Dinge sind und wir zu ihm; und einen Herrn, Jesus Christus, durch den alle Dinge sind und wir durch ihn."

Dies ist eine Sprache, die sehr an griechische Philosophie erinnert. Aber es könnte scheinen, dass die fundamentale Beschreibung des Sohnes nicht die Tatsache einschließen soll, dass er in der Person eines Menschen Jesus inkarniert wurde, dem Menschen, durch den die Nachricht über den Sohn Gottes vermutlich herrührte. Eine derartige Idee erwähnt Paulus nicht – weder hier noch an anderer Stelle.

In seinen Briefen hat Paulus überall viel über den Glauben zu sagen. Glaube an Jesus ist der Zugang zum ewigen Leben. Glaube, dass Gott Jesus von den Toten auferstehen ließ. (Sogar Jesu Tod, nach einigen Textstellen zu urteilen, scheint eine Angelegenheit des Glaubens zu sein.) Glaube, dass Gott sein großes Mysterium über Christus den Aposteln, wie ihm selbst, enthüllt hat. Aber er lässt aus, was sicherlich der wichtigste Glaube von allen ist, der, der vor allen anderen kommt, ohne den keiner der anderen ins Spiel kommt. Paulus ignoriert die Forderung, vor allem daran zu glauben, dass der Mensch Jesus die Wiedergeburt des göttlichen, erlösenden Sohnes ist, den er predigt.

Einige der Briefe enthalten Beschreibungen des Sohnes, die recht phantastisch sind. Hier ist ein Teil der Beschreibung im Kolosserbrief 1:15-20:

„Er ist das Ebenbild des unsichtbaren Gottes, der Erstgeborene vor aller Schöpfung. Denn in ihm ist alles geschaffen, was im Himmel und auf Erden ist ... Denn es hat Gott wohlgefallen, dass in ihm alle Fülle wohnen sollte und er durch ihn alles mit sich versöhnte ...“

Das sind tiefsinnige Worte, die sich eng mit anderen philosophischen Gedanken der damaligen Zeit berühren. Christus ist nicht nur ein Abbild Gottes, sondern sein Mittler, durch den alle Himmel und der Kosmos geschaffen wurden. Er hält das ganze All zusammen. Gleichwohl vergisst der Verfasser in seinem Brief zu erwähnen, dass diese gewaltige Kraft in der Person Jesu Christi auf Erden war. Sollte nicht eine solch merkwürdige Erhöhung des gekreuzigten Kriminellen zu kosmisch-göttlicher Höhe ein wichtiger Punkt in diesem Glaubensbekenntnis sein? Warum wird von keinem Verfasser eines Briefes eine Rechtfertigung oder Verteidigung für eine solche unerhörte Wandlung geboten?

Der Verfasser des Briefes an die Hebräer tönt ebenfalls in dramatischer Weise über den Sohn (1,2-3):

„... den er (Gott) eingesetzt hat zum Erben über alles, durch den er auch die Welt gemacht hat. Er ist der Abglanz seiner Herrlichkeit und das Ebenbild seines Wesens und trägt alle Dinge mit seinem kräftigen Wort.“

Obwohl dieser Autor dem Sohn ein Dutzend Kapitel widmet, in denen er uns ausführlich von dessen Erlösungswirken in einem himmlischen Heiligtum berichtet, identifiziert er ihn niemals mit dem Mann von Nazareth oder irgendeinem anderen menschlichen Wesen. Obwohl er die Worte des Sohnes in der Schrift zitieren kann, die „Stimme“, durch die Gott in dem gegenwärtigen Zeitalter gesprochen hat, teilt er seinen Lesern keinen einzigen Ausspruch mit, der auf den galiläischen Prediger des Evangeliums zurückgeht.

Diese und andere ähnliche Stellen in den Briefen illustrieren die Richtung des frühchristlichen Denkens. Sie beginnen mit dem göttlichen Christus und berichten ausführlich über dessen Wirken. Sie beginnen nicht mit dem menschlichen Wesen, um ihren göttlichen Christus damit zu identifizieren, wie dies in der Apostelgeschichte geschieht.

Jesus als Darsteller in einem mythologischen Drama

Ein flüchtiger Blick auf das frühchristliche Verständnis des „Sohnes" zeigt uns ein Bild, das von Wissenschaftlern schon seit langem als verblüffend empfunden wurde. Die Briefe weisen Jesus eine ausschließlich mythologische[8] und spirituelle Rolle zu, dagegen ignorieren sie die Tatsache der Inkarnation bzw. Identität mit dem Mann, dessen Wirken auf Erden dies alles in Gang setzte. Ein Wissenschaftler drückt das folgendermaßen aus (Hermann Ridderbos, *Paul and Jesus,* S. 3):

„Niemand, der die Evangelien untersucht, und dann die Briefe des Paulus liest, kann sich des Eindrucks erwehren, dass er sich in zwei vollkommen verschiedenen Sphären bewegt ... Wenn Paulus von Jesus als dem Christus schreibt, bleiben die historischen und menschlichen Spuren im Dunkel, und Christus scheint nur als transzendentes göttliches Wesen Bedeutung zu haben."

Aber die Frage, die Neutestamentler sich bisher niemals gestellt haben, ist in der Tat eine ganz einfache: Was ist, wenn Paulus diesen Entwicklungssprung niemals vollzogen hat? Wenn der paulinische Christus tatsächlich gar kein anderer als dieses transzendente göttliche Wesen ist, dessen Wirken nirgendwo mit der Historie oder einem bestimmten irdischen Ort verknüpft wurde – welche Legitimation gibt es dann noch dafür, zu glauben, der paulinische Christus sei aus Jesus von Nazareth entstanden, aus einer historischen Gestalt also, die erstmals ausschließlich in den Evangelien erscheint, die einige Zeit nach Paulus geschrieben wurden?

Diejenigen, die ihr Jesusbild aus den Evangelien schöpfen, mögen darüber erstaunt sein, wenn sie den rein transzendenten Charakter jenes Jesus, den die frühen Christen verkündeten, erkennen. Er ist ein Teil der Gottheit selbst. Seine Natur ist der des Vaters gleich. Und ihm wurden all jene Titel verliehen, die nach jüdischem Verständnis Gott allein vorbehalten waren.

Dieser Jesus ist präexistent: das heißt, er existierte vor allen Zeiten mit dem Vater, vor der Schöpfung der Welt. Tatsächlich geschah die Erschaffung der Welt durch ihn. Er ist die Kraft, durch die der Bestand des Universums gesichert wird. Weiterhin ist er in Gottes Heilsplan der von Gott gesandte Erlöser für die Menschheit, indem er das von Gott entfremdete Universum mit Gott versöhnte (Kol 1:20). Er ist die zusammenfassende Kraft des ganzen Universums (Eph 1:10). Er hat die dämonischen Geister besiegt, welche die Welt erfüllen und die Menschheit bedrängen; ihm wurde die Herrschaft gegeben über alle irdischen und überirdischen Gewalten.

Diese Erhöhung eines menschlichen Wesens ist atemberaubend. Insoweit Christen sich überhaupt damit beschäftigten, hatten sie fast 2000 Jahre Zeit, sich an solche hochtrabenden Ideen zu gewöhnen. Dabei haben wir aus dem Blick verloren, dass diese Ideen irgendwann einmal von einem oder mehreren Menschen auf ein menschliches Wesen bezogen und gepredigt werden mussten.

Ist es möglich, sich Umstände vorzustellen, in denen Anhänger eines solchen Menschen – eines unscheinbaren Predigers, dessen Taten, wie kritische Wissenschaftler nun bestätigen, kaum mit jenen, von denen die Evangelien sprechen, in Verbindung gebracht werden können – ihn zu solchem kosmischen Rang erhöht haben? Obschon Männer wie beispielsweise die römischen Herrscher als göttlich oder „Söhne Gottes" bezeichnet werden konnten, wäre der Grad der Erhöhung bei Jesus praktisch beispiellos in der ganzen Geschichte der Religion.[9]

Er ist insbesondere unter Juden unvorstellbar. Das jüdische Denken besitzt eine starke Aversion gegen alle Versuche, Menschliches mit Gott gleichzusetzen. Dieser darf nicht einmal durch die Andeutung eines Menschenbildes dargestellt werden. Juden hielten zu Tausenden ihren Hals unter das Schwert des Pilatus, nur um auf diese Weise dagegen zu protestieren, dass römische Militärstandarten mit menschlichen Bildern in die Stadt Jerusalem getragen wurden. Die Idee, dass ein Mensch wortwörtlich Teil Gottes sein könnte, wäre von fast allen Juden mit Entsetzen aufgenommen worden.[10]

Dennoch sollen wir nicht nur glauben, dass Juden einen gekreuzigten Kriminellen mit dem Gott Abrahams identifiziert haben sollen, sondern auch noch durch das Römische Reich gingen und praktisch über Nacht eine große Menge anderer Juden zu derselben frevelhaften und durch und durch gotteslästerlichen Lehre bekehrten. Innerhalb weniger Jahre nach Jesu angeblichem Tod gibt es bereits in vielen größeren Städten des Römischen Reiches christliche Gemeinden, deren Mitglieder sämtlich davon überzeugt gewesen sein müssten, dass ein Mensch, dem sie niemals zuvor begegnet waren und der als ein politischer Rebell außerhalb Jerusalems gekreuzigt wurde, von den Toten auferstand und tatsächlich der Sohn Gottes und Erlöser der Welt war.

Da viele christliche Gemeinden, in denen Paulus wirkte, vor ihm existierten und da seine Briefe nicht das Bild der Apostelgeschichte, die von einer intensiven Missionsarbeit seitens der Jerusalemer Gruppe um Petrus und Jakobus berichtet, bestätigen, sagt uns die Geschichte leider nicht, wie dieses erstaunliche Kunststück gelang.

Mehr noch, dies alles geschah offensichtlich ohne jedes Rechtfertigungsbedürfnis. Es findet sich in keinem der paulinischen Briefe oder in den anderen Episteln der leiseste Hinweis darauf, dass man auf christlicher Seite die Notwendigkeit empfunden hätte, derartige fremde Lehren zu verteidigen. Niemand scheint die christliche Verkündigung aus den genannten Gründen anzufechten, denn der Punkt wird nirgendwo angesprochen. Selbst im 1. Korintherbrief 1:18-24, wo Paulus die „Weisheit Gottes" (die von ihm verkündigte Botschaft) gegen die „Weisheit der Welt" verteidigt, unterlässt er es, irgendeine Erklärung für die Erhöhung des Jesus von Nazareth zum göttlichen Wesen vorzubringen. Er kann einräumen, dass die Lehre vom Kreuz – d.h. die Idee des gekreuzigten Messias – sowohl für Griechen wie Juden eine „Torheit" und ein „Ärgernis" darstellt. Aber das hat nichts damit zu tun, dass hier ein Mensch zu Gott gemacht wurde – eine „Torheit", die er nirgendwo diskutiert oder verteidigt, und ein „Ärgernis", das kein im traditionellen Glauben aufgewachsener Jude übergehen konnte. Dass seine Gegner sowie das jüdische Establishment allgemein ihn angesichts dessen nicht herausgefordert bzw. zur Rechtfertigung genötigt haben sollten, ist unvorstellbar.

Die rasante Übertragung aller damals im Umlauf befindlichen philosophischen und mythologischen Ideen auf Jesus wurde immer schon von Wissenschaftlern beobachtet. Aber sie sind unsicher, von wem sie vorgenommen wurde und warum. Sie war kaum das Produkt einfacher galiläischer Fischer, welche wahrscheinlich kaum in der Lage waren zu lesen, noch weniger, philosophische Ideen wie die des griechischen Logos oder der personifizierten Weisheit (die in Kapitel 9 untersucht werden soll) zu verstehen und so zu dem Schluss zu gelangen, dass ihr Lehrer, dem sie nachfolgten, eine Verkörperung dieser Ideen war.

Moderne Wissenschaftler wie Burton Mack[11] haben vermutet, dass heidnische Kreise an Orten wie Antiochien für die Übertragung der philosophischen Ideen auf Jesus von Nazareth verantwortlich waren und dass Paulus zu einem dieser „Christuskulte“ konvertierte. Aber auch diese Annahme stößt auf Probleme. Solche Gruppen, weit entfernt von den Stätten des Wirkens Jesu, hätten keinen Kontakt mit ihm gehabt. Es ist doch verwunderlich, dass jemand, ob Jude oder Heide, sich dazu veranlasst fühlen konnte, aus einem Menschen, den er nicht kannte, einen kosmischen Christus zu machen. Zweifellos ging das auf hellenistisch(-griechische) Ideen zurück, aber diese wurden nie zuvor auf eine historische Person übertragen. Daher dürfen wir annehmen, dass der Sprung vom historischen Jesus zum kosmischen Christus für sie ebenso beispiellos und schockierend gewesen sein dürfte wie für die jüdische Mehrheit.

Die Annahme basiert noch auf einer weiteren wichtigen Erwägung. Nach der Chronologie zu urteilen, die Paulus in Gal 1 und 2 gibt, hat seine Bekehrung irgendwann zwischen 32 und 36 stattgefunden, nur wenige Jahre nach Jesu vermeintlichem Tod. Da Paulus den Christus-Kult nicht selber erfand (er verfolgte ihn, und es gibt vorpaulinische Elemente in den Briefen, die von anderen stammen), existierte er bereits. Da nun aus den Paulusbriefen deutlich hervorgeht, dass die Jerusalemer Gruppe hinsichtlich der Gottheit Jesu ebenso dachte wie er,[12] musste es auch in Jerusalem einen Christus-Kult gegeben haben. Wer aber soll hier – im eigentlichen Herzen Israels – aus Jesus eine kosmische Gottheit gemacht und hellenistische Mythologien auf ihn übertragen haben? Hat der, wie er uns selber versichert, als Jude geborene und im jüdischen Glauben erzogene Paulus die blasphemische Lehre etwa fraglos akzeptiert? Hat er und viele andere Juden den Heiden etwa erlaubt, die geheiligten Prinzipen des jüdischen Erbes zu verraten und aus einem Menschen einen Gott zu machen?

Darüber hinaus muss die Frage beantwortet werden: Warum? Was konnte Paulus – oder Heiden weit im Norden Syriens – dazu veranlassen, aus einem einfachen Prediger, den sie nur vom Hörensagen kannten, eine kosmische Gottheit zu machen? Botschaft und Charisma des Lehrers konnten kaum den Anreiz dazu geben, da diese keine Rolle spielten. Wenn Paulus kein Interesse an dem Lehrer und seinen Lehren hatte, kein Interesse an dem Wundertäter oder apokalyptischen Propheten, welchen Nutzen hatte dann dieser Jesus für ihn als kosmischer

Erlöser? Mack und Robert Funk halten die Tatsache des „Heldentodes" Jesu für den Ausgangspunkt des paulinischen Kultes, aber ein „Heldentod" kommt in der Geschichte, einschließlich der jüdischen, häufig genug vor und hat niemals zuvor oder danach zu einem derartigen Vergöttlichungsprozess geführt. Die simple Tatsache eines vermeintlichen „Heldentodes" hätte einen im Glauben seiner Väter erzogenen, observanten Juden wie Paulus kaum dazu veranlasst, gegen die geheiligten Vorschriften der Überlieferung zu handeln und einen bestimmten Menschen mit Gott gleichzusetzen.[13]

Es lässt sich nicht leugnen, dass uns die frühesten christlichen Zeugnisse einen Jesus in ausschließlich mythologischen, transzendenten Kategorien präsentieren, ohne jeden Hinweis auf irgendeine menschliche Wirksamkeit oder irdisches Lehren und Wirken (ein Schweigen, das wir im Folgenden noch näher untersuchen wollen). Doch wenn eine Gruppe damit anfängt, ihren Lehrer zu vergöttlichen und sämtliche philosophischen Vorstellungen des Zeitalters auf ihn projiziert, warum wird dann zur gleichen Zeit all das fortgenommen, was mit seinem menschlichen Leben zu tun hat und das den Anstoß für den ganzen Vergöttlichungsprozess gegeben hat? Warum sollte man mythologische Aussagen, Hymnen und Glaubensbekenntnisse über ihn machen, die nicht einen einzigen Hinweis auf sein irdisches Wirken geben?

Wenn, wie die Wissenschaftler behaupten, die mythologische Überlagerung – d.h. Göttlichkeit, Präexistenz, Schöpfungsmittlerschaft, soteriologische Bedeutung – eine „Interpretation" des Jesus von Nazareth ist, wie können wir sie dann als solche verstehen, wenn das Objekt dieser Interpretation niemals genannt wird? Wenn die Briefschreiber selber keinen Hinweis darauf geben, dass sie einen Menschen „interpretieren", müssen sich dann nicht die Wissenschaftler den Vorwurf gefallen lassen, dass sie Dinge in die Schriften hineinlesen, die sie gerne darin sehen möchten, statt darin zu lesen, was sie wirklich sagen?

Würde es nicht mehr Sinn machen, endlich zu begreifen, dass uns die frühesten Zeugnisse einen Glauben an ein spirituelles Wesen zeigen, das erst im Nachhinein in ein historisches Gewand gekleidet wurde?

2
Die „Verschwörung des Schweigens“

Wenn wir keine anderen Zeugnisse als die Briefe des Neuen Testaments hätten, würden wir wahrscheinlich den Sohn Gottes, wie er von Aposteln wie Paulus verkündet wurde, als ein göttliches Wesen betrachten, das, wie alle anderen Götter der Zeit, in einer transzendenten Welt lebte und mit den Gläubigen und ihren Sprechern durch Inspiration, Visionen und spirituelle Offenbarungen kommunizierte. So hat man sich den Verkehr mit Göttern seit jeher vorgestellt. Der paulinische Christus wäre nichts anderes gewesen und darum für uns nicht schwerer verständlich.

Doch wenn auf der Grundlage der späteren Evangelienberichte behauptet wird, dass Paulus und seine Brüder von einem menschlichen Wesen sprechen, das erst kürzlich auf der Erde weilte und einen neuen Glauben stiftete, kann man sich das Schweigen der paulinischen Quellen in dieser Hinsicht nur schwer erklären. Es sei denn, wir nähmen zu der Erklärung Zuflucht, dass eine Art vorsätzlicher „Verschwörung des Schweigens“ vorlag. Doch mag diese Frage dahingestellt sein, wesentlich ist nur, dass wir uns über das Ausmaß dieses Schweigens bewusst werden.

Das Argumentum e silentio

Welche Schlussfolgerungen können aus dem Schweigen gezogen werden? Gilt hier das sogenannte „Argumentum e silentio“? Das hängt von mehreren Faktoren ab. Wir müssen uns fragen: Wie notwendig war für den Schreiber eine Bezugnahme auf das Thema? Folgte aus dem, was er sagt, ein selbstverständlicher, vielleicht unvermeidlicher Bezug darauf, sei es beiläufig, sei es als ein integraler Bestandteil seiner Argumentation? Wenn zum Beispiel ein christlicher Schreiber seinen Lesern ein bestimmtes Handeln anempfiehlt und der Gründer der christlichen Bewegung dafür bekannt war, genau das gelehrt zu haben, sollte sich daraus zwangsläufig ergeben, dass der Schreiber den Gründer zitiert oder erwähnt, um seinem Argument Gewicht und Überzeugungskraft zu verleihen. Mit anderen Worten, je mehr Anlass wir haben zu erwarten, dass etwas erwähnt werden sollte, was aber dann nicht erwähnt wird, um so mehr sind wir berechtigt, aus dem Schweigen zu schließen, dass das Thema dem Schreiber nicht bekannt ist.

Je häufiger wir nun dieses Schweigen in den urchristlichen Schriften antreffen und je allumfassender es ist, um so größer wird seine Beweiskraft. Wenn es sich praktisch auf jede einzelne Stelle bezieht, werden die Schlussfolgerungen, die daraus für uns zu ziehen sind, zwingend.

Benutzen wir eine Analogie. Stellen wir uns vor, dass der Nachkomme eines verstorbenen Menschen behauptet, dieser habe einmal einen Lotteriegewinn besessen. Wenn es keine Aufzeichnung aus früherer Zeit dafür gibt, keine Buchung einer großen Summe in seinen Bankauszügen, keine Erwähnung in seinem Tagebuch oder in eigenen Briefen bzw. denen seiner Nachkommen, keine Erinnerung an einen größeren Einkauf, hätten wir guten Grund, das „Argumentum e silentio" heranzuziehen und festzustellen, dass die Behauptung wahrscheinlich falsch ist und dass er tatsächlich nie in der Lotterie gewonnen hat.

Aber was ist, wenn wir weitergehen und erkennen, dass die Art, in der die Schreiber über bestimmte Dinge sprechen, praktisch jede Bezugnahme auf das fragliche Thema *ausschließt?* In diesem Fall würde uns die Logik zwingen vorauszusetzen, dass das Thema in den Köpfen und in der Erfahrung dieser Schreiber nicht existiert haben kann.

Wenn die frühen christlichen Zeugnisse uns ein derartiges Bild präsentieren und uns mit der unerklärlichen Abwesenheit des Jesus der Evangelien konfrontieren, wie wahrscheinlich ist dann die Möglichkeit, dass ein derartiger Mensch, von dem die Evangelien uns berichten, wirklich gelebt hat? Zumal dann, wenn er auf wesentliche menschliche Grundzüge reduziert wurde?

Die christliche Bewegung nahm ihren Anfang mit Jesus, dem Lehrer. So oder ähnlich erzählen es uns moderne Gelehrte. Obschon keine frühen Zeugnisse mehr vorhanden sind, die uns darüber informieren, behaupten sie, dass ein „authentischer" Jesus aufgrund „späterer Evidenz" freigelegt werden könne. Diese „Evidenz" sehen wir uns zur gegebenen Zeit an. Hier müssen wir uns mit jener Evidenz beschäftigen, für die wir wirklich Zeugnisse aus der frühesten Zeit besitzen und herausfinden, ob es möglich ist, sie mit einer derartigen Behauptung in Einklang zu bringen.

Es gibt mehrere Gründe, die von Gelehrten vorgebracht wurden, das Schweigen des Paulus über den Menschen Jesus zu erklären: Er interessierte sich nicht für den Menschen und sein Leben, er hatte keine Verwendung für irgendeinen Aspekt seines Erdenlebens in seiner kosmischen Theologie des auferstandenen Christus, er stand zu den Jerusalemer Aposteln in Konkurrenz und zog es vor, das Ansehen, das sie als Augen- und Ohrenzeugen Jesu in der Welt genossen, herunterzuspielen, und so weiter. Unabhängig von der Plausibilität derartiger Erklärungen, gibt es eine Reihe von Faktoren, die uns zeigen, dass ein bewusstes Ignorieren des Menschen Jesus durch Paulus ein Ding der Unmöglichkeit gewesen wäre.

Er hätte sonst niemals mit seinen missionarischen Aktivitäten Erfolg gehabt. Wenn Paulus einen Menschen gepredigt hätte, der zugleich ein Gott war, hätten seine Zuhörer und Bekehrten verlangt, mehr über das Leben dieses Menschen zu erfahren. Ob es ihm gefallen hätte oder nicht, Paulus hätte sich bemühen müssen, eine gewisse Menge an Informationen über das Leben Jesu in Erfahrung zu bringen. Es wäre eines der Diskussionsthemen zwischen ihm und seinen Gemeinden geworden, Einzelheiten daraus wären sicherlich in seinen Briefen zu Tage getreten. Dies ist nicht der Fall. (Siehe Anhang 2, eine imaginäre Unterhaltung zwischen Paulus und einer Gruppe Neubekehrter, welche die Unmöglichkeit aufzeigt, dass Paulus Jesu Erdenleben bei seiner Predigtmission ignoriert haben könnte.)

Auch gab es nicht viele Gelegenheiten für ihn, um an Einzelheiten über Jesu Leben zu gelangen. Im Galaterbrief 1 und 2 erzählt uns Paulus, dass er im Laufe von 17 Jahren nach seiner Bekehrung Mühe hatte, für einen nur zweiwöchigen Besuch nach Jerusalem zu kommen. Alles, was er zu der Zeit machte (1:18), war, so sagt er, „Kephas (Petrus) kennen zu lernen“ und Jakobus zu sehen. Haben sie ihm einen Schnellkurs über Jesu Leben und Wirken aus ihrer Erinnerung gegeben? Paulus deutet das nicht an, und es werden nirgendwo Einzelheiten an seine Leser weitergegeben.

Ich habe bereits die Notwendigkeit angesprochen, vor der Paulus gestanden hätte, um die christliche Erhöhung eines Sterblichen zur Göttlichkeit zu rechtfertigen, speziell angesichts jüdischer Empfindsamkeit.

Dafür wird nirgendwo eine Rechtfertigung geboten. Bei nichtjüdischen Zuhörern wäre die Situation eine andere gewesen. Die Erhöhung eines menschlichen Wesens zu derart kosmischer Höhe wäre selbst in der griechisch-römischen Welt ohne Präzedenzfall gewesen und hätte einer Rechtfertigung bedurft. Nicht, weil Heiden beleidigt worden wären, im Gegenteil. Hier existierte seit langer Zeit eine Faszination für die heldenhafte Persönlichkeit des „Göttlichen Menschen", eines außergewöhnlichen Herrschers oder berühmten Philosophen etc., dessen Leben höhere Weisheit, übermenschliche Qualitäten (Wundertätigkeit eingeschlossen) und Verwandtschaft mit den Göttern aufwies. Der Jesus des Evangeliums würde perfekt in diese Kategorie gepasst haben. Bei der Mission von Nichtjuden wären der Mensch Jesus und seine Taten ein ungeheurer Gewinn gewesen. Dies macht das Schweigen des Paulus über Jesu Wirken, seine Wunder und neuartigen Lehren vollkommen unerklärlich.

Das Christentum stand überdies im Wettbewerb mit den griechisch-römischen Mysterienkulten. Die meisten Erlösergötter (Osiris, Isis, Attis, Mithras etc.) schenkten ihren Anhängern irdische Segnungen, ähnlich denen, welche gläubige Christus-Anhänger genossen. Sehr wichtig war der Schutz vor feindlichen Dämonen, von denen Juden wie Heiden gleichermaßen glaubten, dass sie die Atmosphäre der Welt erfüllten und das Leben der Menschen bedrohten. Doch die Schreiber des Kolosser- und des Epheserbriefes, die ein besonderes Interesse an diesen Dingen haben, versäumen es, darauf hinzuweisen, dass Christus, anders als die anderen Erlösergottheiten, ein Mensch aus Fleisch und Blut war. Er hatte solche dämonischen Kräfte als Mensch auf der Erde erfahren und bekämpft. Er hatte seine Macht über die Geister durch seine Wunder bewiesen und sie von Kranken exorzisiert. Dies ist ja einer der Zwecke, denen solche Wunder in den Evangelien dienen. Die Evangelien beschreiben Jesus (zusammen mit ganz anderen Charakterzügen) als jemanden, der in seinem Leben Mitleid, Duldsamkeit und Großmut bewies. Es ist einfach undenkbar, dass Paulus bei seiner Predigt vor Nichtjuden und Juden diese Traditionen, wenn sie existierten, ignoriert hätte oder kein Interesse an dem besonderen Nutzen gehabt hätte, den der Mensch Jesus den Christen brachte.[14]

Und doch scheint jeder Aspekt dieses Lebens in den Kreisen, in denen sich Paulus bewegte, vollkommen im Dunkeln geblieben zu sein.

Auf der Suche nach dem jüdischen Rabbi

Wie groß nun ist dieses Dunkel? Wir wollen sehen, ob sich nicht irgendein Lichtschimmer entdecken lässt.

Was lehrte Jesus? Das Jesus-Seminar[15] hat rund drei Viertel der Aussprüche, die ihm in den Evangelien zugeschrieben werden, als nicht authentisch verworfen. Sogar das berühmte Gebot: „Liebe deinen Nächsten", das in der christlichen Geschichte immer als zentrale Aussage Jesu betrachtet wurde – obwohl er bewusst das biblische Buch Leviticus zitiert – ist als „grau" (unwahrscheinlich) beurteilt worden. Was können uns die Briefe des Neuen Testaments dazu sagen?

Im Verlauf unserer Untersuchung über das Schweigen der Briefe in Bezug auf Leben und Lehre Jesu wollen wir uns verschiedene Stellen aus den Evangelien ansehen. Dies wird die mit einschließen, an denen die kritische Wissenschaft gezweifelt oder die sie vollkommen verworfen hat – wie z.B. die apokalyptischen Reden oder die Geschichte des Judas. Wer Stellen wie diese als unhistorisch betrachtet, wird das Schweigen über sie bei den Verfassern der Briefe nicht als zwingenden Beweis für die Nichtexistenz Jesu ansehen. Wenn freilich in den Briefen und anderen frühen Schriften *keine* der Reden und Taten Jesu, die in den Evangelien gefunden werden, vorkommt, ist dies ein Hinweis darauf, dass (a) die Evangelien nicht als Quelle zuverlässiger historischer Daten akzeptiert werden können und daher (b) die Grundlage für die Historizität Jesu – nämlich die Evangelien, da er nirgendwo sonst in den erhaltenen frühen Berichten erscheint – ernsthaft in Frage gestellt ist.

Wenn zusätzlich keine irdischen Lehren und keine biographischen Details gefunden werden können, sind wir berechtigt, einen überzeugenden Beweis darin zu sehen, dass die Verfasser der Briefe nichts von derartigen Dingen wussten und dass die von ihnen repräsentierte Glaubensbewegung nicht auf dem Leben eines wirklichen Menschen basiert.

Andererseits glaubt die große Mehrheit der Christen bis heute, dass unser Evangeliumsbild überwiegend zuverlässig *ist,* einschließlich der Tatsache, dass Jesus lehrte, den Nächsten zu lieben. Wenn er das tat, werden wir freilich durch Textstellen wie Jakobus (2:8) verwirrt: „Wenn ihr das königliche Gesetz erfüllt nach der Schrift: ‘Liebe deinen

Nächsten wie dich selbst', so tut ihr recht." Hier lenkt der Schreiber keine Aufmerksamkeit auf Jesu Betonung dieses Gebots. Zweimal drückt sich Paulus genau so aus, wie Jesus es nach den Evangelien getan haben soll, und spricht von dem ganzen Gesetz, das in der zweifachen Forderung besteht, Gott und seinen Nächsten zu lieben (Röm 13:9 und Gal 5:14). Aber Paulus scheint nicht zu wissen, dass er damit Worte Jesu nachahmt. Tatsächlich sagt er im 1. Thessalonicherbrief 4:9 seinen Lesern: „denn ihr selbst seid *von Gott* gelehrt, euch untereinander zu lieben."

„Selig sind, die da geistig arm sind; denn ihrer ist das Himmelreich." Mit diesen denkwürdigen Zeilen beginnt Jesu berühmteste Predigt, wie sie im Matthäusevangelium wiedergegeben ist (5:3). Trotzdem kann der Verfasser des Jakobusbriefs ohne irgendeinen Bezug auf Jesus sagen: „Hört zu, meine lieben Brüder! Hat nicht Gott erwählt die Armen in der Welt, die im Glauben reich sind und Erben des Reichs, das er verheißen hat denen, die ihn lieb haben?" Man sollte meinen, er hätte das Bedürfnis empfunden, Jesu eigene Worte zu gebrauchen (die, die das Jesus-Seminar als wahrscheinlich authentisch beurteilt hat), um sein Argument seinen Zuhörern nachdrücklicher einzuprägen.

Nicht weniger bekannt ist Jesu Ausspruch: „Liebe deine Feinde". „... Wenn dich jemand auf deine rechte Backe schlägt, dem biete die andere auch dar," sagt Matthäus 5:39. Dies sind Aussprüche, die das Seminar als höchstwahrscheinlich authentisch beurteilt hat. Trotzdem können im 1. Petrusbrief (3:9) die Leser aufgefordert werden: „Vergeltet nicht Böses mit Bösem oder Scheltwort mit Scheltwort, sondern segnet vielmehr." Wie konnte es der Autor versäumen, aus Jesu eigenen Lehren zu schöpfen – oder wusste er nichts davon?

Paulus sagt im Römerbrief 14:13: „Darum lasst uns nicht mehr einer den andern richten." Der Verfasser des 1. Johannesbriefs 3:22 erklärt „und was wir bitten, werden wir von ihm (Gott) empfangen". „Demütigt euch vor dem Herrn, so wird er euch erhöhen", rät Jakobus (4:10). Hier hören wir ein Echo der Worte Jesu in den Evangelien, trotzdem verweist keiner der Autoren auf Jesus als Quelle. Derartige Beispiele könnten dutzendfach angeführt werden.

Wie sind Wissenschaftler mit dem Schweigen der Briefe über Jesu Lehre umgegangen? Die Kommentare enthalten verwirrende Beobachtungen, wie die von Helmut Koester in *Ancient Christian Gospels*

(S. 68): „Es ist überraschend, dass es keine Berufung auf das Zeugnis (im 1. Timotheusbrief) von Jesus gibt.“ Graham Stanton (*Gospel Truth,* S. 130-1) spricht von „Andeutungen“ der Lehre Jesu bei Paulus, gibt aber zu: „Es ist schwierig, sicher zu sein, dass die Redewendung oder der Satz von Jesus stammt und nicht auf eine jüdische oder griechische Quelle zurückgeht ... Dass Paulus es versäumt, sich öfter und ausführlicher auf die Handlungen und Lehren Jesu zu beziehen, ist verwirrend. ... An einer Anzahl von Stellen in seinen Schriften unterlässt es Paulus, auf einen Ausspruch Jesu Bezug zu nehmen, an genau den Stellen, wo er den Streit für sich hätte entscheiden können, indem er sich auf Jesus berufen hätte.“

Selbst Kompendien mit ethischen Maximen, die eine große Ähnlichkeit mit den Lehren Jesu in den Evangelien aufweisen, wie die „Zwei-Wege-Lehre“ aus der Didache (Lehre der zwölf Apostel) und der Barnabasbrief oder die Anweisungen im Brief an die Römer, Kap. 12 und 13, werden nicht mit Jesus in Verbindung gebracht. Die unausweichliche Schlussfolgerung muss sein, dass derartige Ethiken aus anderen Quellen stammen oder Teil eines allgemeinen Bestandes ethischen Materials der Zeit waren und erst später einem historischen Jesus zugeschrieben wurden.

Die Briefe des Paulus enthalten Erörterungen über die Notwendigkeit, jüdische Praktiken auf die neuen christlichen Gemeinden anzuwenden. Waren die strengen, von den Pharisäern geforderten Speisevorschriften mit ihrer großen Sorge in Bezug auf die Reinheit bestimmter Speisen noch anzuwenden? Dieses war eine brennende Frage in der neuen Glaubensbewegung. Paulus erklärt in Röm 14:14: „Ich weiß und bin gewiss in dem Herrn Jesus, dass nichts unrein ist an sich selbst.“ Wenn es eine Stelle gibt, an der man von Paulus erwartet, er würde Jesu Position als Beleg heranziehen, so ist es diese. Sein Schweigen zeigt nur, dass er sich offenkundig in Unkenntnis derartiger Traditionen befindet, wie sie sich in Markus 7 finden, wo Jesus die Pharisäer der Scheinheiligkeit anklagt und spricht: „Es gibt nichts, was von außen in den Menschen hineingeht, das ihn unrein machen könnte.“ Der Evangelist bringt es auf den Punkt, indem er sagt, „so erklärte er alle Speisen für rein“.

Die Unkenntnis des Paulus wird vom Verfasser des 1. Timotheusbriefes geteilt, der es gleichermaßen unterlässt, sich auf Jesus zu berufen, wenn er in einer Diskussion über Speisen versichert, dass „alles das Gott geschaffen hat, gut ist" (4:4). Der Barnabasbrief aus dem 2. Jahrhundert widmet ein ganzes Kapitel einem Versuch, die jüdischen Speisebeschränkungen zu diskreditieren; noch nicht einmal hier kennt ein christlicher Verfasser seine traditionellen heiligen Schriften genügend, um sich auf Jesu eigene Evangeliumsworte zum Thema zu beziehen.

Die Speisenfrage war nur ein Teil der zentralen Auseinandersetzung, die zur Zeit des Paulus drohte, die eben flügge gewordene Bewegung auseinanderzureißen. Als einer Sekte innerhalb des Judentums war die Befolgung des Mosaischen Gesetzes (der Gebote, die im Pentateuch, den ersten fünf Büchern der Hebräischen Bibel, enthalten sind) in allen Einzelheiten von der Christenheit zu fordern, insbesondere von ihren nichtjüdischen Konvertiten, die, insofern sie männlichen Geschlechts waren, über das Beschneidungsgebot kaum sonderlich erfreut gewesen sein werden. Paulus wusste, dass der Erfolg der neuen Religion in der nichtjüdischen Welt von dieser Frage abhing, und hier zog er seine Trennlinie. Das jüdisch/mosaische Gesetz, erklärte er, sei aufgehoben.

Und was hatte Jesus über diese entscheidende Frage gesagt? Die Frage ist von Paulus oder seinen Gegnern nie gestellt worden. Das Wort, das Jesus in Matthäus 5:18 und Lukas 16:17 in den Mund gelegt wurde, weder „der kleinste Buchstabe noch ein Tüpfelchen vom Gesetz" werde vergehen, stammt aus Q. Damit wäre die Position des Paulus erschüttert worden, doch der Ausspruch wird von niemandem erwähnt.

Aber ungeachtet dessen, ob Jesus tatsächlich etwas über die wichtige Frage der Geltung des Gesetzes für Christen sagte, kann festgestellt werden, dass es kaum sehr lange gedauert hätte, bis die eine oder andere Seite in der Debatte eben dies behauptet *hätte.* Wenn Jesus ein geachteter Lehrer war und Dispute wie dieser später aufkamen, war es unvermeidlich, dass Erklärungen über derartige Themen erfunden und ihm in den Mund gelegt worden wären. Aber die neutestamentlichen Briefe bieten keinerlei Hinweis darauf.

Worte des Herrn

Dieses tiefe Schweigen hindert die Wissenschaftler nicht daran zu behaupten, dass sie einen „Widerhall“ von Jesu Lehren bei Paulus entdecken könnten – auch, wenn dieser nirgendwo von einem lehrenden Jesus spricht. Statt dessen spricht Paulus viermal von Informationen, die er „vom Herrn“ erhalten habe.

Der 1. Thessalonicherbrief 4:16-17 ist ein apokalyptisches Orakel darüber, was mit den lebenden und toten Christen zu der Zeit der bald erwarteten Ankunft des Herrn geschehen wird. Es gibt keine Parallelen dazu in den Evangelien. 1. Kor 7:10-11 und 9:14 werden von Paulus als „Entscheidungen“ des Herrn bezüglich des Gemeinschaftslebens bezeichnet; erstens, dass Ehemänner und Frauen sich nicht scheiden lassen dürfen, zweitens, dass Apostel, die das Evangelium verkünden, finanziell unterstützt werden sollten. Beide Regeln haben Parallelen in den Evangelien, aber der Wortlaut ist unterschiedlich.

Stellt Paulus diese Dinge als Aussprüche des irdischen Jesus vor, als Worte, die er von denen bekam, die Jesu Anweisungen hörten? Es gibt viele Gelehrte, die meinen, dass es nicht so war.

Sie sehen diese Textstellen vielmehr als Reflex eines allgemeinen Phänomens der frühen christlichen Predigtbewegung an. Propheten wie Paulus wurden durch Visionen inspiriert, durch Deutung von Zungenreden (Glossolalie), durch ein Studium der Heiligen Schrift. Sie machten Verkündigungen, die, wie sie meinten, direkt vom spirituellen Christus im Himmel kamen. Paulus gibt an seine Leser Anweisungen und Verheißungen weiter, die er durch Inspiration erhielt.[16]

(Ob dies als eine Quelle der vierten Textstelle dieser Kategorie angesehen werden kann, siehe den „Bericht“ des Paulus über die Worte Jesu beim „Herrenmahl“ in 1. Kor 11:23f., wird in Kapitel 4 untersucht.)

Die Sprache des Paulus weist auf eine himmlische Quelle für seine „Worte des Herrn“ hin. Betrachten wir, was er einige Verse nach seinem Verbot der Ehescheidung in 1. Kor 7:25 sagt:

„Über die Jungfrauen habe ich kein Gebot des Herrn; ich sage aber meine Meinung als einer, der durch die Barmherzigkeit des Herrn Vertrauen verdient.“

Die Abfassung in der ersten Person zeigt, dass Paulus kein Gemeindewissen und keine Tradition zitiert, sondern etwas, was er selber erfahren hat. Insofern er diese Aussage als seine eigene Meinung vorstellt, basiert sie ganz auf seiner subjektiven Einschätzung für persönliche Bedeutung und Zuverlässigkeit in Gottes Augen.

Paulus weiß nichts von Jesus als einem ethischen Lehrer der jüngsten Vergangenheit. Für ihn ist Christus ein göttliches Wesen in den christlichen Gemeinden, das Offenbarung und Führung verleiht und einen Zugang zu Gott und zur Erkenntnis spiritueller Wahrheiten vermittelt. Christus ist in den christlichen Gläubigen selber präsent. Es ist die Stimme seines spirituellen Sohnes, die Christen hören, nicht die überlieferten Worte eines ehemaligen Lehrers. Und wie wir sehen werden, können diese seine Worte in der Heiligen Schrift gelesen werden; dies ist Gottes Art, der Menschheit neue Wahrheiten zu enthüllen.

Dies alles ist die Welt des Paulus. Gott und der himmlische Christus haben durch den Heiligen Geist auf Männer wie ihn gewirkt und auf Gläubige, die darauf im Glauben antworten. Im nächsten Kapitel werden wir sehen, wie Paulus und andere Schreiber dieses Handeln des Geistes beschreiben und auf welchem Wege sie vom Sohn Kenntnis bekamen. Doch zunächst wollen wir uns einem Hintergrundteil des Puzzles zuwenden und einen Blick auf das Zeitalter werfen, in dem ein derartiges Phänomen aufkam.

3
Bedürfnis nach Irrationalität

Im Jahre 334 v.u.Z., als Alexander der Große seine Armee von Mazedonien über Griechenland nach Asien führte, stieß er auf das antike Persische Reich und die noch ältere orientalische Welt mit ihren uralten gesellschaftlichen und religiösen Wurzeln. Zehn Jahre später – Alexander hatte nach einem bis nach Indien führenden Eroberungsfeldzug Babylon erreicht – lag das Persische Reich in Trümmern. Die antike Welt war griechisch geworden: griechische Städte, griechische Ideen, griechische Kultur. Die neue Klasse der Herrschenden bildete eine Oberschicht, die sich zwar nie vollständig mit der einheimischen Bevölkerung vermischte, gleichwohl brachte die Verbindung unausweichlich eine neue Kultur hervor. Vorherrschend griechisch, verbunden mit den alten, stets lebendigen einheimischen Elementen, begann für die östliche mediterrane Welt das hellenistische Zeitalter. Sein Geist blieb bis in die Ära des Imperium Romanum hinein lebendig, dessen eigene Kultur noch ausgiebig Anleihen beim griechischen Osten machte.

Alexanders große Vision einer neuen vereinigten Welt von Ost und West erwies sich als Totgeburt. Im Jahre 323, mit 33 Jahren, starb er in Babylon nach einem Bankett an einer Fiebererkrankung. Seine Generäle kämpften um das Erbe, das kurzlebige Riesenreich brach auseinander. Die östlichsten Regionen gingen schnell verloren, doch der Rest konsolidierte sich: vier neue Gottesreiche entstanden. Der Krieg zwischen ihnen wurde zum Dauerzustand. In der neuen politischen Situation lösten sich die alten gesellschaftlichen Strukturen auf. Die orientalische Tempelstaatsform des Nationalismus wich einem am griechischen Stadtstaat angelehnten Staatsgebilde, das freilich nicht mehr demokratisch war. Viele Menschen fühlten sich entwurzelt und entrechtet. Viele waren heimatlos, aber eine Rückkehr zu den alten vertrauten Strukturen war nicht mehr möglich. Die antike Welt war jetzt verwirrend multikulturell. Das Individuum war auf sich selbst gestellt.

Die Welt transzendieren

Früher war die Religion mit dem Staat verbunden und damit eine Sache öffentlichen Interesses. Alle waren daran als Teil des großen Ganzen beteiligt. Doch im hellenistischen Zeitalter wurde die Religion zu einer Angelegenheit des Individuums. In einer unruhigen, zerrissenen Welt wuchs das Bedürfnis der Menschen, die Welt zu verstehen und sie zu bewältigen. Aber noch mehr, sie zu transzendieren.

Statt Philosophie um der reinen Wahrheit willen zu betreiben und den Zustand des Staates zu verbessern, wie Platon und Aristoteles es noch getan hatten, ging es den Philosophenschulen nun darum, den Individuen dabei zu helfen, einen Platz in dem Jammertal der Welt zu finden und ihnen Seelenfrieden zu geben. Die wichtigsten waren die Stoiker, die Epikureer und die Platoniker. Für diese und andere Schulen stand die Betrachtung der Natur Gottes und des Verhältnisses des Menschen dazu im Mittelpunkt zusammen mit der Frage des richtigen und nützlichen moralischen Handelns. Nur in der Stoa gab es eine Konzentration auf die aktive Anteilnahme am öffentlichen Leben; im Übrigen war das Hauptziel, Freiheit und Unabhängigkeit von der Welt zu erreichen.

Solche Lehren wurden von Wanderphilosophen gepredigt. Sie waren eine Art „volkstümlicher Kleriker", die geistiges Wohlbefinden anboten – wofür sie freilich in der Regel eine Gebühr verlangten. Einige hatten einen großen Einfluss auf ein breites Publikum, wie zum Beispiel der stoische Philosoph Epiktet, der lehrte, dass das Universum von einer gütigen und weisen Vorsehung geleitet werde und dass alle Menschen Brüder seien.

Aber die Menschen suchten nicht nur philosophischen Rat. Heilgötter, Astrologen, Magier mit ihren Zauber-, Gift- und Arzneitränken und Zaubereien halfen, mit den bösen Kräften in der Welt fertig zu werden. Die Überzeugung, dass unsichtbare Geister und Schicksalskräfte gegen sie arbeiteten, steigerte die Not der Männer und Frauen. Man glaubte, dass Dämonen den Luftraum der Erde bevölkerten und Unheil hervorriefen, vom persönlichen Unfall und Krankheiten bis hin zu Naturkatastrophen. Sie sollten Gläubige in Versuchung bringen, vom Glauben abzufallen.

Wie die Erlösergottheiten der Mysterienkulte bot Jesus Christus Befreiung von diesen bösen Kräften, denn auch von dem geopferten Gott der Christen hieß es, dass er alle übernatürlichen Kräfte des Universums unterworfen habe.

Einige der neuen griechischen Systeme wollten nichts mit solchem Aberglauben zu tun haben. Stoa und Epikureismus nahmen ihren Anfang im Wesentlichen als rationalistische Philosophien. Sie zielten darauf ab, das Leben in Einklang mit der Natur oder nach einem rationalen Prinzip zu führen, durch das die empirische Welt verstanden werden oder zumindest bewältigt werden konnte. Ansichten über Gottheiten wurden mit dieser „natürlichen" Ansicht harmonisiert. Aber während des 1. Jahrhunderts v.u.Z. entwickelte sich eine grundlegende Verschiebung, und sie fiel mit der Wiederbelebung des Platonismus zusammen. Gemäß dieser neuen Auffassung, sagt John Dillon (*The Middle Platonists,* S. 192), ist „das höchste Ziel des menschlichen Lebens Ähnlichkeit mit Gott, nicht Übereinstimmung mit der Natur". Der Mittelplatonismus, der bald das philosophische Denken in der Zeit des frühen Christentums beherrschte, war durch und durch religiös und sogar mystisch. A. J. Fegustière (*Personal Religion Among the Greeks,* S. 51) sieht darin eine Verkörperung der Weltflucht: „Ah, diese Erde zu verlassen, in den Himmel zu fliegen, gleich den Göttern teilhaben an ihrer Glückseligkeit."

Dieses war das große religiöse Verlangen des Zeitalters: eine Metamorphose zu erleben, sich in eine neue Welt zu versetzen, unsterbliches Leben, Vereinigung mit dem Göttlichen in einem verwandelten Universum zu erlangen. Das Schlagwort war „Erlösung". Sie zu erhalten, wurde das zentrale Anliegen all der damaligen Schulen und Kulte, der hellenistischen ebenso wie der jüdischen.

Höhere und niedere Welten

Die Idee der Entfremdung des Menschen von der Welt, den Wunsch, darüber hinaus zu gelangen, verdanken wir vor allem dem Philosophen Platon und dem von ihm in Gang gesetzten Strom platonischen Denkens. Im Platonismus, der die frühen Vorstellungen von Pythagoras und den Mysterienreligionen, die als Orphik bekannt sind, wieder aufnahm, gab es eine klare Trennung zwischen der oberen Welt spiritueller höchster Realitäten (oberhalb der Erde), wo die Dinge vollkommen und unveränderlich existierten, und der irdischen-sinnlichen Welt der Materie, von denen die Menschen ein Teil waren. Als ein unvollkommenes Abbild der oberen Welt war diese niedere Welt der Veränderbarkeit und Vergänglichkeit unterworfen und somit minderen Ranges. Menschen besaßen jedoch einen Teil der höheren Wirklichkeit in dem, was als „Seele" bezeichnet wird. Sie hatte bereits vor der Geburt existiert, und galt als Teil der spirituellen Welt. Zwar war sie jetzt noch in den Körpern der Materie gefangen, aber am Ende würde sie daraus befreit werden und sich mit dem Göttlichen wiedervereinigen. Die Seele war unsterblich. Durch sie war der Mensch dazu bestimmt, mit einem höheren Sein zu verschmelzen.

Die platonische Herkunft dieser Ideen zeigt, dass entsprechende christliche Vorstellungen der Trennung von Körper und Seele, von niederer und höherer, dieser und zukünftiger Welt – von denen übrigens keine auf einer empirischen Erscheinung basiert – bereits eine respektable Abstammungslinie aufweisen. Zur Zeit des Paulus wird der griechische Rationalismus, wie er am umfassendsten von den Stoikern vertreten wurde, bereits offen diffamiert. Es ist „die Weisheit der Welt", die Gott als Torheit (durch Apostel wie Paulus) offenbart hat.

Auch aufgrund menschlicher Vernunft ließen sich keine neuen Erkenntnisse gewinnen, denn auch sie galt als „Torheit" und war überdies schlechten Einflüssen unterworfen. Die Notwendigkeit der Erlösung konnte nicht auf die als weltlich betrachtete Kraft des menschlichen Geistes gegründet werden. Im gewissen Sinn ließe sich sagen, dass die Menschen nach Erlösung von ihren eigenen menschlichen Schwächen und von einem Leben in einer allzu menschlich gewordenen Welt suchten. Die Mittel zu dieser Erlösung konnten eben deswegen aber nur außerhalb ihrer selbst liegen; sie selber mussten bereits ein Teil dessen sein, was man ersehnte. Erlösungswissen und die Methode, es zu erlangen, konnte nur von Gott kommen, durch den Glauben an göttliche Fügung.

Die Menschen waren davon überzeugt, dass sie direkte Offenbarung von der Gottheit selbst, durch Visionen und Aufstieg in den Himmel aufgrund von Träumen erhielten, durch inspiriertes Verständnis der heiligen Schriften, durch persönliche Berufung zu predigen. Gott wirkte in der Welt, man musste sich nur auf ihn einstellen. Die Sicherheit, die nicht durch menschliche Vernunft kommen konnte, kam statt dessen durch den Glauben.

Das Christentum und andere jüdische apokalyptische Sekten, verschiedene heidnische Erlösungskulte, sie alle hatten ihre Apostel, die über die Straßen des Reiches wanderten und alle Arten von Erlösung und zukünftiger Belohnung für den Gläubigen anboten. Während der Jahrzehnte in der Mitte des 1. Jahrhunderts war die Welt, mit den Worten von John Dillon (*The Middle Platonists,* S. 396), „eine brodelnde Masse von Sekten und Erlösungskulten", die in einem weiteren Umfeld von ethischen und philosophischen Schulen wirkten. Der früheste Zeuge der christlichen Bewegung, der auf diese Bühne tritt, ist einer, der uns den ersten überlieferten Glaubensbericht an einen neuen Erlöser und ein Erlösungssystem hinterlässt: der Wanderapostel Paulus.

Der Geist Gottes

Woher kam Paulus? Ist er durch Leben und Werk jenes Mannes inspiriert worden, den er angeblich predigte? Sieht er sich selbst als Fortsetzer des Werkes Jesu? Gehört er auch zu jener Bewegung, die ihre Dogmen und Vollmachten auf Gottes irdischen Sohn zurückführt?

Dafür gibt es weder bei Paulus noch bei irgendeinem anderen Verfasser der Briefe Anzeichen. Statt dessen wird Paulus von Inspirationen angetrieben, und diese kommen vom Geist Gottes. So erzählt er es uns immer wieder.

„Gott ist's aber, der uns befestigt samt euch in Christum und uns gesalbt und versiegelt und in unsre Herzen das Pfand, den Geist, gegeben hat." (2. Kor 1:21-22)

„Welches wir auch reden, nicht mit Worten, welche menschliche Weisheit lehren kann, sondern mit Worten, die der heilige Geist lehrt, und richten geistliche Sachen geistlich." (1. Kor 2:13)

„Oder ist das Wort Gottes von euch ausgekommen ? Oder ist's allein zu euch gekommen? So sich jemand lässt dünken, er sei ein Prophet oder geistlich, der erkenne, was ich euch schreibe; denn es sind des Herrn Gebote." (1. Kor 14:36-37) An anderer Stelle lässt sich Ähnliches konstatieren. Der Schreiber vom 1. Petrusbrief 1:12 erzählt seinen Lesern: „Was euch nun verkündigt ist durch die, so euch das Evangelium verkündigt haben durch den heiligen Geist, der vom Himmel gesandt ist.“

Wir haben es mit einer Predigtbewegung zu tun, die durch Gott initiiert und inspiriert wurde und in der sich der heilige Geist offenbarte. Es wird nicht ein Wort über einen menschlichen Jesus verloren, über das Leben eines historisch belegten Mannes, der vor kurzer Zeit lebte.

Der 2. Korintherbrief 5:5 sollte uns in Erstaunen versetzen: „Der uns aber dazu bereitet, das ist Gott, der uns das Pfand, den Geist, gegeben hat.“ Wie konnte Paulus darüber geschwiegen haben, dass Gott, um uns ewiges Leben zu geben, Jesus gesandt hatte? Allein Gott ist es, der über den Weg des heiligen Geistes handelt, er ist die einzige Offenbarungsquelle. Er ist es, der Gnade verliehen hat, es sind seine Geschenke. Röm 1:2 spricht vom „Evangelium Gottes“, 3:24 über „Gottes Gnade“. Es ist Gott, „der in euch angefangen hat das gute Werk“ im Philipperbrief 1:6. Der Hebräerbrief 13:7 bezieht sich auf die Apostel, „die euch das Wort Gottes gesagt haben“.

Somit ignorieren viele Schreiber offenkundig die zentrale Rolle Jesu. Noch im 1. Timotheusbrief spricht der Schreiber von „dem Evangelium von der Herrlichkeit des seligen Gottes“ (1:11). Derartiges Schweigen zieht sich durch die Korrespondenz des frühen Christentums. Im Sinne einer „kumulativen Evidenz“ sollte es nicht leicht übergangen werden.

Offenbarung des Geheimnisses von Gottes Sohn

Welche Erkenntnisse hat nun der Geist Gottes durch Offenbarung Männern wie Paulus geschenkt? In einem knappen Bekehrungsbericht erzählt Paulus den Galatern:

> „... dass er (Gott) seinen Sohn offenbarte in mir, dass ich ihn durchs Evangelium verkünden sollte unter den Heiden.“ [1:16]

Paulus behauptet, dass er das Medium für Gottes Offenbarung sei; durch ihn erfährt die Welt über den Sohn, den jetzt offenbarten Erlösungsmittler für Juden wie für Heiden. Der Kern der Offenbarung Gottes ist Christus selber: Die Existenz des Sohnes und die Rolle, die er in Gottes Erlösungsplan gespielt hat. Das alles basiert nicht auf historischen Berichten oder auf einem Menschen, der erst kürzlich gelebt hat. Es ist Teil eines göttlichen Mysteriums, ein Geheimnis bei Gott verborgen, das jetzt offenbart worden ist.

Bei der Verteidigung der christlichen Lehren im Einführungskapitel des 1. Korintherbriefes sagt Paulus: „Wir reden von der Weisheit Gottes, die im Geheimnis verborgen ist, die Gott vorherbestimmt hat vor aller Zeit zu unserer Herrlichkeit“ (2:7). Wann wurde das Geheimnis enthüllt? Auf welche Art und Weise?

Im Römerbrief 16:25 verkündet Paulus sein Evangelium.

„... über Jesus Christus gemäß der Offenbarung des Mysteriums, über das für lange Zeiten Stillschweigen bewahrt wurde, jetzt aber enthüllt ist und durch prophetische Schriften auf Geheiß Gottes bekannt gemacht wurde ...“ [meine Übersetzung]

Das Geheimnis Gottes war über lange Zeit in der Geschichte unbekannt. Es ist zum ersten Mal durch das Evangelium des Paulus enthüllt worden, die Quelle dessen liegt in der Heiligen Schrift. Im Kolosserbrief 2:2 sagt Pseudo-Paulus von den Laodicenern, sie lernten „das Geheimnis Gottes erkennen, das Christus ist, in welchem verborgen liegen alle Schätze der Weisheit und der Erkenntnis“.

Vorher (1:26) erklärt der Verfasser, dass das Geheimnis verborgen war seit ewigen Zeiten und Geschlechtern, nun aber ist es offenbart seinen Heiligen, denen Gott kundtun wollte, was der herrliche Reichtum dieses Geheimnisses unter den Heiden ist, nämlich Christus in euch, die Hoffnung der Herrlichkeit.“ Eine Textstelle im Epheserbrief (3:5-6) enthält alle Elemente des neuen Erlösungsdramas: „das Geheimnis Christi. Dies war in früheren Zeiten den Menschenkindern nicht kundgemacht, wie es jetzt offenbart ist seinen heiligen Aposteln und Propheten durch den Geist; nämlich dass die Heiden Miterben sind und mit zu seinem Leib gehören und Mitgenossen der Verheißung in Christus Jesus sind durch das Evangelium.“

Für Jesu Leben und Werk ist an diesen Stellen kein Platz. Die Offenbarung ist vom Geist gesandt an „geweihte“ Apostel wie Paulus, ein offenbartes Geheimnis, nachdem es in der bisherigen Geschichte bei Gott im Himmel verborgen war. In den beiden vorangehenden Passagen aus Kolosser- und Epheserbrief wird das „Geheimnis" genauer definiert („Christus in dir", „die Heiden als Teilhaber der Verheißung"). Manche mögen einwenden, dass Jesus diese Dinge nicht gelehrt habe. Aber kann man sich vorstellen, dass ein neutestamentlicher Autor nach dem andern über die Offenbarung von Gottes Geheimnis, das Christus umgibt, spricht, ohne gleichzeitig auf den Sohn Gottes auf Erden Bezug zu nehmen, welcher doch der erste und ursprüngliche Offenbarer dieser Dinge gewesen sein müsste?

Schauen wir uns den Titusbrief 1:2-3 als Rede des Paulus an.

„... in der Hoffnung auf das ewige Leben, das Gott, der nicht lügt, verheißen hat vor den Zeiten der Welt; aber zu seiner Zeit hat er sein Wort offenbart durch die Predigt, die mir anvertraut ist nach dem Befehl Gottes, unseres Heilands; ..."

Hier gibt es keine Nische, in der ein historischer Jesus Platz hätte. Gottes Verheißungen des ewigen Lebens liegen in der Vergangenheit; die Erfüllung seiner Verheißung besteht in der gegenwärtigen Offenbarung dieses Geheimnisses an Apostel wie Paulus, die auszogen, um die Botschaft zu verkünden. Von Jesu eigener Verkündigung des ewigen Lebens ist nicht die Rede. Hier haben wir einen Präzedenzfall für die Ausschließung eines historischen Jesus in der frühesten christlichen Verkündigung.

Die Sprache der Offenbarung

Christus ist in der Gegenwart offenbart worden. Die Verben, die dieses Geschehen beschreiben, stammen aus der Offenbarungssprache. Nirgendwo ist davon die Rede, dass Christus „auf die Erde kam" und hier „ein Leben führte". Übersetzungen lassen manchmal an die Inkarnation denken, indem sie in diese Worte die Vorstellungen der Evangelien von Jesu Erdenleben hineininterpretieren, aber derartige Assoziationen sind überflüssig und missverständlich.

Die revidierte Luther-Übersetzung bringt eine akzeptable Übersetzung vom 1. Petrusbrief 1:20:

„Er ist zwar zuvor ausersehen, ehe der Welt Grund gelegt wurde, aber offenbart am Ende der Zeiten um euretwillen."

„Offenbaren" oder „enthüllen" ist der vorherrschende Sinn des griechischen Verbs *„phaneroō"*. Es bedeutet „ans Licht bringen, (her)zeigen, bekanntmachen", Dinge, die für die Sinne oder die geistige Wahrnehmung bis dahin versteckt oder unbekannt waren, augenscheinlich machen. In einem religiösen Zusammenhang verweist es auf einen Gott (oder GOTT) und beweist seine Präsenz, oder es vermittelt Kenntnis über ihn (siehe Korinther 2:14), so in der religiösen Erfahrung. Manchmal kann es sich auch auf eine dramatische Erscheinung beziehen wie in der Wiederaufstehungsoffenbarung Jesu (im verfälschten Schluss des Markusevangeliums 16:12) oder bei seinem Kommen in der Endzeit (Kol 3:4, 1.; Petr 5:4). Das Verb kann sich jedoch kaum auf irgendeine Form der Inkarnation beziehen.

Das Bild in Texten wie z.B. im 1. Petrusbrief zeigt uns Gott, welcher der Welt Christus in diesen letzten Zeiten offenbart. Dies passt auch zu allem, was Paulus zu dem Thema sagt, obgleich Paulus das Wort *apokaluptō* (aufdecken, enthüllen, offenbaren, wie in apokalyptisch) bevorzugt. Auch dieses Verb kann kaum auf eine Inkarnation Anwendung finden.

Die Verfasser des Hebräerbriefes benutzen auch *phaneroō,* wenn sie über das sprechen, was sich in der Gegenwart ereignet hat (9:26). „Nun aber, am Ende der Welt, ist er ein für allemal erschienen." Auch hier gibt es keinen Grund dafür, das Verb nicht in seiner Grundbedeutung zu verstehen: Christus ist offenbart worden, Gott hat das Wissen über ihn enthüllt.

Im Römerbrief 3:21 sagt Paulus über Gottes Gerechtigkeit, sie sei „ans Licht gebracht" worden, er benutzt *phaneroō.* Er fährt damit fort zu sagen, dass Gott Christus und seine Sühnehandlung „gezeigt" oder „öffentlich bekanntgegeben" hat. Zum Schluss benutzen die Pastoralbriefe das Wort *epiphaneia,* „Erscheinung", welches sich in der hellenistischen Literatur auf das Anzeichen der Gegenwart eines Gottes bezieht, ohne die Bedeutung von Inkarnation.

Dass eine ganze Reihe christlicher Autoren vom Kommen Christi durchweg in der Gegenwart redet, nie mit einem ausdrücklichen Bezug auf ein Leben auf der Erde, ist, um es milde auszudrücken, seltsam. Die beiden Textstellen in den Briefen, die einen direkten Bezug auf menschliche Eigenschaften Christi zu haben scheinen (Röm 1:3 und Gal 4:4), werden im Einzelnen später abgehandelt werden.

Aber Paulus, inspiriert durch Gottes Offenbarung, hat mehr als nur die Existenz des Sohnes entdeckt. Er und die Kreise, in denen er sich bewegt, haben erfahren, als Teil des neu enthüllten Geheimnisses, dass dieser Sohn sich am Kreuz geopfert hat – in der höheren spirituellen Welt – und dass die Gläubigen daraus bestimmte Wohltaten für sich schöpfen können. Gott hat durch die Sühnehandlung Jesu die Mittel für eine Erlösung gleichsam auf einem himmlischen Bankkonto eingezahlt, und dieses Konto ist zur Abhebung geöffnet. Diese Schätze sind jetzt durch Glauben und Taufe verfügbar.

Die Art des Opfertodes Jesu und die folgende Auferstehung von den Toten wollen wir in Teil 4 untersuchen, in dem wir uns mit dem mythischen Reich beschäftigen, dem Schauplatz all dieser Geschehnisse. Zunächst aber wollen wir uns dem Bild jener apostolischen Bewegung zuwenden, die diese Dinge predigte.

4
Apostel und Apostolat

Wenn Jesus zu Lebzeiten des Paulus aufgetreten wäre, wäre die Erinnerung daran lange lebendig geblieben. In der religiös erhitzten Welt der damaligen Zeit wäre die Berufung auf Jesu eigene Worte und Handlungen, der Nachweis, eine direkte Verbindung zu Jesus selbst zu besitzen, um den Aposteln Ansehen und Glaubwürdigkeit bei der Verkündigung Christi zu verleihen, ein unvermeidliches Signum der frühen missionarischen Bewegung gewesen. Das musste auch für die von Jesus ausgewählten Apostel gelten, die noch die Worte gehört hatten, die er sprach. Noch später hätte man sich auf jene berufen, die wiederum von den Aposteln eingesetzt worden waren und denen von ihnen die richtige Lehre gegeben worden war.

Tatsächlich begegnen wir solchen Gedanken erstmals in der christlichen Literatur des 2. Jahrhunderts; sie sind als „apostolische Überlieferung“ bekannt.

Menschenfischer

Trotzdem ist es eine überraschende Tatsache, dass ein derartiger Gedanke in allen nicht zu den Evangelien gehörenden Zeugnissen des 1. Jahrhunderts noch vollkommen fehlt. Die schriftlichen Zeugnisse wissen einfach nichts von irgendeiner apostolischen Tradition.

Wenn ein irdischer Jesus persönliche Anhänger ausgewählt hätte - in den Evangelien und in der Apostelgeschichte als „Jünger“ bezeichnet - würden wir es nicht von Paulus oder anderen frühen Schreibern erfahren. Das Wort „Jünger“ erscheint nicht in den Schriften des Neuen Testaments außerhalb der Evangelien und der Apostelgeschichte, obgleich viele dieser Anhänger Jesu zur Zeit des Paulus noch gelebt haben und voll von Erinnerungen und Geschichten über ihre Erlebnisse mit dem Meister gewesen sein müssten. Die Briefe schweigen darüber.

Auf der anderen Seite bedeutet das Wort „Apostel“ = „Bote“, und in diesem Sinne wird das Wort in den Briefen verwendet. Es bezieht sich auf die, die „ausgesandt" sind, um eine Botschaft zu überbringen, z.B. von Gott. Wir dürfen nicht vergessen, dass wir uns in einem Zeitalter befinden, in dem sich viele von einer Gottheit berufen wähnten, um in die Welt hinaus zu gehen und ihre Erlösungsbotschaft feilzubieten. In den Evangelien bezieht sich der Begriff auf die, die durch Jesus ausgewählt und ausgesandt wurden; im engeren Sinne wurde er auf „die Zwölf" angewandt, die als Begleiter des irdischen Jesus auch als die „zwölf Jünger" bezeichnet werden können. Genau genommen wurden diese „Jünger" jedoch erst zu „Aposteln", als sie zur Verkündigung entsandt worden waren – sei es zu Lebzeiten Jesu oder danach (siehe Matthäus 10:1-2).

Trotzdem gibt uns Paulus keinen Hinweis darauf, dass diese von Jesus ausgewählten Jünger und Apostel für ihn irgendeine Rolle spielten. Im 1. Korintherbrief 12:28 sagt er, dass *Gott* in der Kirche „Apostel, Propheten und Lehrer" ernannt habe. In Gal 1 und 2 nennt er die Jerusalemer Gruppe „die, die vor mir Apostel waren", ohne einen Hinweis darauf, dass es einen Unterschied in der Qualität oder Art ihres jeweiligen Apostelamtes gab. In 2:8 erklärt er, dass Gott Petrus zum Apostel für die Juden gemacht habe, genauso wie er Paulus zum Apostel für die Heiden machte.[17] (Jeder Apostel betrachtete sich als „berufen" und jeder, der Anhänger von Jesus gewesen war, musste sich unbedingt als von ihm berufen betrachten.)

Die wichtigste Auseinandersetzung, die Paulus zu führen hatte, war freilich die Bedrohung seiner eigenen Legitimation als Apostel. Wie die Galater- und Korintherbriefe zeigen, werden Paulus und sein Evangelium von Konkurrenten herausgefordert. Seine Kompetenz, sein Ansehen, seine Zuverlässigkeit werden von ihnen in Frage gestellt. Und was ist der Maßstab für die Rechtmäßigkeit des Paulus? In 1. Kor 9:1 fragt er: „Bin ich nicht ein Apostel?" „Habe ich nicht unseren Herrn Jesus Christus gesehen?" Die Behauptung des Paulus, dass auch er „den Herrn gesehen" hat, impliziert, dass seine Art zu „sehen" – die unzweifelhaft die des Visionärs war – dieselbe ist wie die der Apostel, mit denen er sich vergleicht. Sonst wäre seine Berufung auf seine eigene Vision Gottes, um sich in legitimer Weise in ihre Reihen zu stellen, sinnlos. Aber jene anderen Apostel schließen Petrus und die Jerusalemgruppe ein. Daher muss die Schlussfolgerung sein, dass auch diese Männer den Herrn *nur* durch diese Art zu „sehen" kannten, nämlich durch visionäres Sehen.

In einer hoch emotionalen Apologie seines Apostelamtes im 2. Korintherbrief 10-12 vergleicht Paulus sich mit nicht genannten Rivalen, die um die Zuneigung der Korinther konkurrieren.

„Verlässt sich jemand darauf, dass er Christus angehört, der bedenke wiederum auch dies bei sich, dass, wie er Christus angehört, so auch wir!"

Die Frage einer Verbindung mit dem irdischen Jesus ist nirgends in Sicht. Sie kommt auch in Argumenten wie dem Folgenden nicht zum Vorschein (2. Kor 12:11-12):

„Ich bin ein Narr geworden! Dazu habt ihr mich gezwungen. Denn ich sollte von euch gelobt werden, da ich doch nicht weniger bin als die Überapostel, obwohl ich nichts bin. Denn es sind ja die Zeichen eines Apostels unter euch geschehen in aller Geduld, mit Zeichen und mit Wundern und mit Taten."

„Sind sie die Diener Christi?", fragt Paulus in 11:23. Er ist es auch, erklärt er; danach fährt er fort die Leiden und Rückschläge aufzuzählen, die er im Dienst des Evangeliums ertragen hat. Paulus beruft sich nur auf die Stärke und Zuverlässigkeit seiner eigenen Offenbarungen. Er ist im direkten Kontakt mit dem Himmel gewesen. Er ist ein Apostel, der sein Evangelium direkt Gott verdankt, sagt er,[18] nicht anderen Männern, die ihn die Ergebnisse ihrer eigenen Offenbarungen lehrten (Gal 1:11-12).

Wir erhalten hier das Bild einer weit verbreiteten, unkoordinierten Bewegung von Wanderaposteln, die einen göttlichen Sohn verkünden. Konkurrenten beschuldigen sich gegenseitig, nicht die richtige Lehre weiterzugeben, nicht qualifiziert zu sein, niemand jedoch beruft sich auf einen irdischen Jesus als Autorität, niemand führt irgend etwas auf Quellen zurück, die zu ihm führen.

Wo kam die „richtige Lehre" her? Im 2. Kor 11:4 verteidigt sich Paulus gegen die Apostel, die in seine Gemeinde in Korinth eingedrungen sind:

„Denn wenn einer zu euch kommt und einen andern Jesus predigt, den wir nicht gepredigt haben, oder ihr einen andern Geist empfangt, den ihr nicht empfangen habt, oder ein anderes Evangelium, das ihr nicht angenommen habt, so ertragt ihr das recht gern!“

Die Unterweisung dieser Konkurrenten, so wie seine eigene, sind nicht von einem menschlichen Jesus abgeleitet. Sie ist das Ergebnis eines Offenbarungsempfangs. Sie kommt durch den „Geist“, von dem jeder behauptet, ihn von Gott erhalten zu haben. Der Geist, den seine Konkurrenten empfangen haben, erklärt Paulus, ist anders und seinem eigenen unterlegen. Tatsächlich ist ihre Verkündigung eines „anderen Jesus“ so unverträglich mit seiner, dass er sie als „falsche Apostel, betrügerische Arbeiter“ verdammen kann, die sich „verstellen als Apostel Christi ...; deren Ende wird sein nach ihren Werken ...“ [11:13-15]

Eine derartige Sprache sollte uns zeigen, dass diese Apostel nicht die Gruppe aus Jerusalem um Petrus und Jakobus sein kann. Es wäre nicht nur unwahrscheinlich gewesen, von den Jerusalem-Aposteln zu sprechen, als sei ihr Jesusbild durch den Geist vermittelt worden (statt durch die Erinnerung), auch hätte Paulus niemals von ihnen in einer derartigen verunglimpfenden und ablehnenden Sprache reden können. An anderer Stelle ist sein Umgang mit Petrus und den anderen zumindest höflich, wenn auch mitunter etwas befangen. Schließlich ist Paulus während seines ganzen missionarischen Wirkens damit beschäftigt, Geldsammlungen von seinen Heidengemeinden für die Kirche in Jerusalem durchzuführen.

Bezüglich seiner Konkurrenten in Korinth ist Paulus gezwungen, unwillig zuzugeben, dass sie, nach einem objektiven Maßstab, den die Korinther akzeptieren, „Diener Christi“ sind. Dieses alles zeigt uns ein Bild der frühen Christenheit als einer buntgemischten, amorphen Bewegung von Gruppen und Individuen, inspiriert durch Offenbarung, für die keine Loyalitätspflicht gegenüber einer zentralen Autorität existiert, ohne einen einheitlichen Ursprung oder einheitliche Lehren. Jeder Apostel verkündete dem, der zuhören wollte, seine eigene Version eines spirituellen Christus.[19]

„Die Zwölf"

Paulus wendet den Begriff „Apostel" auf ganz verschiedene Arten von Missionaren an, auf sich selbst und Barnabas und ausgewählte andere Kollegen bis zu Konkurrenten, die er in Grund und Boden verdammt. Wie oben angemerkt, finden wir den Begriff erst seit den Evangelien, die ein halbes Jahrhundert oder mehr nach seinem angenommenen Tode geschrieben wurden, auf eine Gruppe angewandt, die von Jesus selbst ausgewählt wurde. Einige Gelehrte wie Rudolf Bultmann (*Theology of the New Testament I,* S. 37) haben die Historizität der Zwölf als eines inneren Kreises, der Jesus während seines Wirkens begleitete, ganz bestritten.

Gibt Paulus uns irgendeinen Hinweis auf die „zwölf" Apostel, wie sie die Evangelien präsentieren? Der Begriff erscheint in seinen Briefen einmal, als er die aufführt, die Christus-Visionen hatten (1. Kor 15:5-7):

„... er war gesehen worden von Kephas, danach von den Zwölfen ... er war gesehen worden von Jakobus, danach von allen Aposteln."

Hieraus könnte man schließen, dass Petrus (Kephas) kein Mitglied „der Zwölf" ist und dass die Gruppe, die als „die Apostel" bekannt ist, größer als die Zwölf ist und diese „die Zwölf" nicht einschloss. Was es mit dieser Gruppe zur Zeit des Paulus auf sich hatte, bleibt ein Geheimnis. Der Bericht des Paulus im Galaterbrief über seinen ersten Besuch in Jerusalem nach seiner Bekehrung erwähnt diese nicht als Gruppe, die einzigen Apostelnamen aus Jerusalem, die er in seinen Briefen aufführt, sind Petrus, Johannes und Jakobus, letzterer ist das Oberhaupt der Kirche in Jerusalem, nicht der Jakobus der Zwölf in der Evangeliumstradition.[20]

Apostolische Tradition

Als sich der Gedanke der „apostolischen Tradition" im 2. Jahrhundert entwickelte, diente er dem Bedürfnis der ständig wachsenden christlichen Bewegung. Nachdem man den Jesus der Evangelien als historische Persönlichkeit zu betrachten begann, empfanden christliche Gemeinden das Bedürfnis nach einer Rückbindung an ihn, nach einer Garantie dafür, dass die Lehren, die sie vertraten, richtig und durch Jesus selbst eingesetzt worden waren. Der Kontaktpunkt für diese Rückbindung wurde eine auserwählte Gruppe von Anhängern, die Jesus als Zeugen für seine Lehren, seinen Tod und seine Auferstehung berufen hatte. Dazu musste eine zuverlässige Verbindung zu diesen ursprünglichen Zeugen hergestellt werden, eine angeblich ununterbrochene Kette von Lehre und Zeugnis, angefangen von den frühesten Aposteln bis hin zur späteren Kirche. Als man feststellte, dass Berichte von Bischöfen und anderen christlichen Amtsträgern nicht existierten, wurden sie einfach gefälscht. Jede christliche Gruppe, orthodox oder häretisch, hatte schließlich ihre eigene Kette, die zu den frühen Aposteln führte, die als Gründer ihrer eigenen Gemeinde betrachtet wurden und als Garanten für die „Richtigkeit" der Lehre dienten.

Dass diese „apostolische Tradition" früher fehlte, lässt sich aus mehreren Zeugnissen entnehmen. Kapitel 11 der Didache enthält Anweisungen an die Gemeinde darüber, wie die Legitimität von Wanderaposteln zu beurteilen sei, sowohl im Hinblick auf ihre Lehren als auch auf ihre charismatischen Aktivitäten. Gleichwohl basiert kein Teil dieser Beurteilung auf dem Prinzip apostolischer Tradition; es ist nicht die Rede davon, Autorität oder richtiges Verhalten auf Jesus oder sogar auf frühere Apostel zurückzuführen. Im Hebräerbrief 13:7 sagt der Autor seinen Lesern: „Gedenket an eure Lehrer, die euch das Wort Gottes gesagt haben." Diese Lehrer liegen nicht nur nicht auf der Linie, die zu den frühen Aposteln zurückführt, auch ihre Botschaft kommt nicht von Jesus, sondern von Gott.

Wahrhaft verblüffendes Schweigen auch im 1. Johannesbrief 4:1.

„Ihr Lieben, glaubt nicht einem jeden Geist, sondern prüft die Geister, ob sie von Gott sind; denn es sind viele falsche Propheten ausgegangen in die Welt."

Durch welche Prüfung soll herausgefunden werden, ob ein christlicher Apostel die Wahrheit sagt? Der Brief wurde wahrscheinlich im letzten Jahrzehnt des 1. Jahrhunderts verfasst. Man sollte annehmen, dass die Christen zu dieser Zeit Schriften besaßen, die auf Jesus selber zurückgeführt werden konnten und die über Jahrzehnte durch bevollmächtigte Apostel und Führer weitergereicht wurden. Doch davon ist nirgends etwas in den Johannesbriefen zu finden. Es gibt nicht einmal den dürftigsten Ansatz einer Lehre, die von Generation zu Generation aus einer apostolischen Vergangenheit weitergereicht wurde. Statt dessen kommt die wahre Lehre – wie bei Paulus – direkt aus göttlicher Offenbarung, inspiriert durch den Heiligen Geist, obgleich einige „Geister" falsch sind und unmittelbar vom Teufel stammen. (Hier werden sie als „Antichrist" bezeichnet. Es ist das erste Mal, dass dieser Begriff in christlichen Dokumenten erscheint.)

Ich habe es vom Herrn empfangen, das ich euch gegeben habe

Bezieht sich Paulus nie auf apostolische Tradition? Das griechische Verb *„paralambanō"* wird in drei Schlüsselpassagen in seinen Briefen verwerdet. Es bedeutet „empfangen", etwas „übernehmen", das einem übergeben wurde, und bezieht sich gewöhnlich auf eine Information oder Anweisung. Zugleich war es auch ein Verb, das in den griechischen Mysterien und im Bereich der religiösen Erfahrungswelt gebraucht wurde, wo es sich auf den Empfang einer Offenbarung von einem Gott bezog. Paulus selber verwendet es auf beide Arten in einer entscheidenden Passage in Gal 1:11-12:

„Denn ich tue euch kund, liebe Brüder, dass das Evangelium, das von mir gepredigt ist, nicht von menschlicher Art ist. Denn ich habe es nicht von einem Menschen empfangen oder gelernt, sondern durch eine Offenbarung Jesu Christi."

In diesem einen Satz gebraucht Paulus *paralambanō* mit beiden Bedeutungen: etwas empfangen von anderen Menschen und etwas durch Offenbarung empfangen. (Das Verb wird in der zweiten Bedeutung verstanden, aber es kann nichts anderes sein als das Verb „empfangen", das vorher benutzt wurde; das Wort „gelernt" würde im Gegensatz zu der Vorstellung der Offenbarung stehen.) Hier stellt Paulus klar, dass er das Evangelium, das er über Christus predigt, durch Offenbarung empfangen hat – nicht durch Menschen, nicht von anderen Aposteln. Die

Einzelheiten dieses Evangeliums werden hier nicht dargelegt, aber nach dem, was er in den vorangegangenen Versen gesagt hat, muss Paulus sich auf seine Kernbotschaft über Christus beziehen, auf seine grundlegende Lehre.

Gal 1:11-12 kann uns helfen, die Aussage, die Paulus im 1. Korintherbrief 15:3-4 macht, richtig zu verstehen:

„Denn als erstes habe ich euch weitergegeben, was ich auch empfangen habe: Dass Christus gestorben ist für unsre Sünden nach der Schrift; und dass er begraben worden ist; und dass er auferstanden ist am dritten Tage nach der Schrift."

Hier haben wir eine Aussage über den Kern des paulinischen Evangeliums. In Gal 1:11-12 hat er erklärt, dass er sein Evangelium von keinem Menschen empfangen hat, sondern durch Offenbarung. Wenn wir nicht annehmen wollen, dass er sich selbst eklatant widerspricht, gebietet die Logik anzunehmen, dass „empfangen" in 1. Kor 15:3 bedeuten muss: „empfangen durch Offenbarung".

Wenn die Aussagen, dass Christus für unsere Sünden gestorben und auferstanden ist, Teile eines offenbarten Evangeliums sind, ergibt sich daraus logischerweise, dass Tod und Auferstehung Gegenstände des Glaubens und nicht der Geschichte sind. Es ist nicht wahrscheinlich, dass Paulus erklärt, er habe diese Dinge durch Offenbarung erfahren, wenn sie allgemeines Wissen aufgrund mündlicher Überlieferung sind. Wo hat Paulus seine Information über Christi Tod und Auferstehung erhalten? Er erzählt uns zweimal im 1. Korintherbrief 15:3-4: „nach der Schrift". Während Gelehrte meinen, es bedeute „in Erfüllung der Schriften" – obwohl dies eine Vorstellung ist, die Paulus nirgends vertritt –, kann die griechische Präposition *kata* auch eine Bedeutung des Satzes im Sinne: „wie wir aus den Schriften erfahren" ermöglichen.[21]

Insofern das „Empfangen" des paulinischen Evangeliums durch Offenbarung geschieht, sind wir nun in der Lage, die dritte wichtige Textstelle, in der das gleiche Verb benutzt wird, zu interpretieren. Dies ist entscheidend für die Erörterung der Mythostheorie, und es ist die dritte „offensichtliche Ausnahme" zu meiner „fehlenden Gleichung" , von der ich in Kapitel 1 sprach, die Textstelle, welche die einzige evangeliumsartige Szene in allen Paulusbriefen zu sein scheint.

1. Kor 11:23-26 fängt an:

„Denn ich empfing *(paralambanō)* vom Herrn das, was ich euch gegeben habe, dass der Herr Jesus in der Nacht, da er verraten ward, das Brot nahm, dankte und brach's und sprach: 'Das ist mein Leib, der für euch ist ...'" [meine Übersetzung]

Da *paralambanō* an anderen Stellen „empfangen durch Offenbarung" bedeutet und da Paulus im Allgemeinen sagt, dass er seine Lehre auf diesem Wege erhalten habe, haben wir den Text so zu verstehen, dass Paulus seine Information nach eigenem Selbstverständnis durch direkte Offenbarung vom Herrn Jesus selbst empfing.

Aber auch dann, wenn er meint, dass diese Information zu ihm durch Offenbarung kam, bezieht er sich kaum auf ein historisches Ereignis. In den Augen der Korinther wäre es lächerlich, wenn Paulus sagte, dass er seine Information vom Herrn erhalten habe, solange das Abendmahl und die dort gesprochenen Worte ein allen Christen wohlbekanntes historisches Ereignis darstellten. Freilich bestehen die meisten Gelehrten bis heute darauf, hierin (historische) Überlieferung zu sehen, wahrscheinlich von Aposteln wie Petrus stammend, die bei dem angeblichen Ereignis dabei waren.[22]

Wenn Paulus von diesem „Herrenmahl" nicht durch menschliche Berichterstattung, sondern durch persönliche Offenbarung weiß, erübrigt sich die Frage, ob die Szene historisch ist. Sie kann dem Reich des Mythos zugewiesen werden, zumal es in den Mysterienkulten ähnliche Szenen gab. Wir werden zum 1. Korintherbrief (11:23f.) zurückkehren und einige seiner anderen wichtigen Teile ansehen, wenn wir antike Mythen und die Mysterien in Teil 4 untersuchen.

Das Apostolat des Paulus

Wenn Paulus von seiner Arbeit als Apostel spricht, scheint er sich in keiner Weise dessen bewusst zu sein, dabei an Jesus anzuknüpfen. Es ist Paulus, der von Gott das „Amt der Versöhnung" empfangen hat (2. Kor 5:18-19), er ist es, den Gott zum „Diener des neuen Bundes" befähigt hat (2. Kor 3:6). Die Ignoranz des Paulus in Bezug auf Jesu

Amt der Versöhnung und auf seine Rolle im Neuen Bund ist erstaunlich. Die Parallele zur Herrlichkeit des Mose beim alten Bundesschluss ist nicht das erst seit kurzem existierende Versöhnungsamt Jesu, es ist die Herrlichkeit des durch den Geist vermittelten paulinischen Apostolats (2. Kor 3:7-11).

Die Rolle des irdischen Jesus scheint vergessen. „Gott ist's aber, der uns fest macht samt euch in Christus", sagt Paulus zu den Korinthern, „und versiegelt und in unsre Herzen als Unterpfand den Geist gegeben hat" (1. Kor 1:21-22). Es geschieht „durch Gottes eigenes Werk" (Gal 4:7), dass die Heiden Erben der Verheißung sind. Von einem Werk Jesu ist nirgendwo die Rede. „Denn was man von Gott erkennen kann, ist unter ihnen offenbar", sagt Paulus in Röm 1:19. Aber was hat Jesus auf der Erde getan, wenn er Gott nicht offenbart hat? Sind nicht Gottes Eigenschaften an ihm sichtbar gewesen?

Auch spielt Jesus für die Gläubigen keine Rolle. Es ist Gott, der die Korinther aufruft, „zur Gemeinschaft seines Sohnes Jesus Christi" (1. Kor 1:9), Gott, der an sie durch Paulus appelliert (2. Kor 5:20). Die Christen von Thessalonich sind zur „Heiligkeit berufen", nicht durch Jesus, sondern durch Gott (1. Thess 4:8), und wenn sie die Regel des Paulus missachten, missachten sie Gott, „der (ihnen) seinen heiligen Geist gegeben hat".

Die Lücke, die bei Paulus in Bezug auf Jesu Wirken sichtbar wird, ist nirgends offenkundiger als in Röm 10. Hier spricht er von der „Schuld" der Juden, da sie nicht auf die Botschaft Christi hörten, obgleich sie jede Gelegenheit hatten, es zu tun. Aber von welcher Gelegenheit ist die Rede? Paulus spricht nur über jene Apostel, die wie er selber ausgesandt wurden, die Botschaft zu verkünden (10:13-21). Wo wird von jener Gelegenheit gesprochen, welche die Juden hatten, als sie Jesus selber hörten? Denn wenigstens einige von ihnen waren Zeugen seines irdischen Wirkens gewesen. Wie konnte Paulus es unterlassen, darauf hinzuweisen, dass sogar der fleischgewordene Sohn Gottes von seinen eigenen Landsleuten verschmäht worden war?

In dieser Textstelle vergleicht Paulus die Juden mit den Heiden, welche die Botschaft des Evangeliums angenommen haben. Aber er übergeht den offensichtlichen Gegensatz: während die Juden die Botschaft verwarfen, obschon sie von Jesus selber verkündet wurde, nahmen die Heiden sie gewissermaßen aus zweiter Hand an.

Röm 11 enthält eine weiteres bemerkenswertes Schweigen. Bei seiner Kritik an den Juden, Männer wie ihn abzuweisen, bezieht er sich auf die Worte des Elias im 1. Buch der Könige: „Herr, sie haben deine Propheten getötet“. Der Gedanke, dass das jüdische Establishment die von Gott gesandten Propheten beseitigte, war ein in jüdischen Sektenkreisen populärer Topos, der sich freilich historisch kaum begründen lässt. Wenn Paulus in diesem Bericht das scheußlichste Verbrechen der Juden, die Tötung des Gottessohnes, nicht erwähnt, so ist dies Schweigen beredt.

5
Apokalyptische Erwartungen

Paulus und andere christliche Apostel predigen nicht nur Erlösung durch den Sohn. Sie sagen den unmittelbar bevorstehenden und in dramatischen Farben ausgemalten Untergang der gegenwärtigen Welt voraus.

Im 1. Thessalonicherbrief 4:15-17 informiert Paulus seine Leser:

„Denn das sagen wir euch mit einem Wort des Herrn, dass wir, die wir leben und übrigbleiben bis zur Ankunft des Herrn, denen nicht zuvorkommen werden, die entschlafen sind. Denn er selbst, der Herr, wird, wenn der Befehl ertönt, wenn die Stimme des Erzengels und die Posaune Gottes erschallen, herabkommen vom Himmel, und zuerst werden die Toten, die in Christus gestorben sind, auferstehen. Danach werden wir, die wir leben und übrigbleiben, zugleich mit ihnen entrückt werden auf den Wolken in die Luft, dem Herrn entgegen; und so werden wir bei dem Herrn sein allezeit."

Einige Verse später warnt Paulus: „... denn ihr selbst wisst genau, dass der Tag des Herrn kommen wird wie ein Dieb in der Nacht" (5:2). Das ähnelt den Worten Jesu in Matthäus 24:42 und Lukas 12:39, wo dieser vor der unvorhersagbaren Ankunft des Menschensohnes warnt; trotzdem gibt es bei Paulus kein Anzeichen dafür, dass er von einem derartigen Ausspruch Jesu Kenntnis hat. Mehrere andere Briefeschreiber prophezeien den kommenden Untergang, schwere Zeiten und die Ankunft eines himmlischen Richters, aber niemand verweist auf Jesu Vorhersagen in den Evangelien über den Tag des Herrn und seine eigene Ankunft zur Endzeit. Niemand erwähnt Jesus (Markus 13 par) als Propheten einer apokalyptischen Umwandlung der Welt.

Der Tag des Herrn

Die Erwartung eines „Tags des Herrn“ gehörte für einen Großteil des jüdischen Volkes zum bestimmenden mythischen Glauben. Er beeinflusste die ganze Periode nach dem Exil bis zur Zerstörung von Jerusalem und des jüdischen Staates in den beiden großen Aufständen gegen Rom: 66-70 u.Z. und 132-135 u.Z. Danach lebte das jüdische Volk für fast zwei Jahrtausende in der Zerstreuung.

Durch Jahrhunderte fremder Unterwerfung hindurch – die nur für ein Jahrhundert unter den Makkabäer-Königen beseitigt wurde – von der babylonischen Eroberung im 6. Jahrhundert v.u.Z., in der große Bevölkerungsteile ins Exil geschickt wurden, bis zu den aufeinanderfolgenden persischen, mazedonischen und römischen Herrschern arbeiteten Juden an einem einzigartigen Zukunftsmythos.

Dieser Mythos beinhaltete die Hoffnung, dass Gott eines Tages die Juden aus ihrer Not und Erniedrigung retten, einen neuen Bund mit seinem auserwählten Volk schließen und sie zu ihrer vorherbestimmten Herrschaft über die Nationen der Erde erheben würde. In einigen Kreisen sprach man davon, dass Gott dieses alles durch einen Messias (einen Gesalbten) vollenden würde, einen Eroberer und gerechten Herrscher, der von dem großen König aus Israels Vergangenheit abstammen würde.

Propheten zur Zeit des Exils hatten damit begonnen, die Wiederherstellung des von den Babyloniern zerstörten jüdischen Staates durch Gottes Hand zu verheißen. Aber obgleich viele Juden wieder aus Babylon zurückkehrten, um einen neuen Staat zu errichten, verblieb Israel auch noch unter fremdem Joch, als Kyros der Große das Babylonische Reich besiegte. Die von Ezechiel, Jeremia und Deuterojesaja zuversichtlich verheißene Wiederherstellung Israels blieb aus. Und so glaubte man, dass ihre Prophezeiungen, ergänzt durch die anderer Propheten, für eine spätere, noch nicht gekommene Zeit bestimmt seien. Je mehr Zeit verging, desto umfangreicher wurden die eschatologischen Hoffnungen. Verderben für Israels Feinde, Wunder und Auferstehung der Frommen, Neuerschaffung der Erde, dies alles gehörte inzwischen zu dem vom ganzen Volk akzeptierten Szenario des ungeduldig erwarteten Tages, an dem Gott oder sein Messias kommen würde, um über die Welt zu Gericht zu sitzen und sein Reich zu errichten. Das Reich

Gottes wurde zum Leitstern, der die sehnsüchtig erwartete Zukunft erhellte.

Alles jedoch hing von einer Bedingung ab: ob Israel seine Reinheit durch gehorsame Einhaltung der Gebote erlangen würde. Hier lag eine der Triebkräfte für das Studium und die Verfeinerung der Mosaischen Gesetze, musste man doch genau herauszufinden, was Gott von seinem Volk forderte. Das Problem bestand darin, dass diese Erlangung der nationalen Reinheit solange nicht in Sicht war, als das hellenistische Zeitalter fortschritt und das Eindringen der griechischen Kultur zu erheblichen Einbrüchen in der jüdischen Gesellschaft führte, besonders in der regierenden Klasse. Mit zunehmender Zeit verzweifelten viele – doch nun kam eine ganz neue Idee ins Spiel. Nur der Gerechte würde gerettet werden, während alle anderen, Juden und Heiden gleichermaßen einem vernichtenden Flammengericht übergeben werden sollten. Diese Erwartung einer gewaltsamen Umwandlung der Welt wird allgemein als „apokalyptische Erwartung" bezeichnet.[23]

Zu diesen nationalistischen Sehnsüchten gesellte sich ein soziales Moment. Vor allem die Armen, die gesellschaftlich Benachteiligten, die Unterdrückten sehnten sich nach einer umwälzenden Änderung der Verhältnisse, wo ihnen Gerechtigkeit zuteil werden und sich ihr Los wenden würde. Krieg, Krankheit, Besteuerung und Aberglaube heizten die Stimmung des Volkes weiter an, bis nur noch ein direktes Eingreifen Gottes als ein erfolgversprechender Ausweg angesehen wurde. Während der Zeit der Römer erhoben sich immer wieder Zelotenführer, um die große Menge des einfachen Volkes bei aufgeheizten Demonstrationen und Aufständen anzuführen. Sie wurden gewöhnlich sogleich durch das römische Militär niedergemetzelt.

Derartige Zustände und Erwartungen führten zur Bildung spezieller Sekten innerhalb der jüdischen Gesellschaft. Am Ende war die Klasse des den Tempelkult bejahenden „Mainstreams" von zahllosen Sekten umgeben, die ganz verschiedenen Philosophien und apokalyptischen Hoffnungen folgten. Sie befürworteten Reformen, einige verwarfen sogar den Tempelkult; Täufersekten riefen zur Buße auf und verwendeten rituelle Waschungen; es gab esoterische Gruppen, die sich auf eine eigenen Schriftauslegung stützten, wobei viele von Vorstellungen hellenistischer Theologie, Philosophie und Magie durchdrungen waren. Ein großer Teil der sektiererischen Aktivität fand außerhalb Palästinas statt, wo die griechischen Einflüsse besonders stark waren.

Inmitten der Vielzahl jüdischer apokalyptischer Sekten existierte eine Bewegung, die wir heute Christentum nennen. Sie war weder vom Ursprung noch vom Glauben her einheitlich, abgesehen von ihrer Verehrung eines göttlichen Christus. Aus der ehemals menschlichen Gestalt, dem Gesalbten Gottes, dem Nachfahren Davids, der auferstehen würde, um Gottes Königreich auf Erden zu errichten, war inzwischen ein göttliches Wesen geworden. Einige meinten gar, er sei zur Gottheit geworden, ein Teil Gottes, und er würde am Höhepunkt der Geschichte vom Himmel kommen.

Das Kommen des Herrn

Am Ende des 1. Korintherbriefes trägt Paulus eine eindringliche Bitte auf Aramäisch vor: *Marana tha* – Komm, oh Herr! Der Prophet Johannes bittet am Ende seiner schrecklichen Prophezeiung des Untergangs der Welt und ihrer Erneuerung, in dem Buch der Offenbarung, ebenso inbrünstig: „Komm, Herr Jesus!" Zwischenzeitlich nehmen die Briefeschreiber seit Paulus häufig Bezug auf die Ankunft des Sohnes in der Endzeit. Aber handelt es sich hier um ein *zweites* Kommen? Lesen wir die Texte genau:

Phil 1:6: „... der (Christus) in euch angefangen hat das gute Werk, der wird's auch vollenden bis an den Tag Christi Jesu."

Philipper 3:20: „Unser Bürgerrecht aber ist im Himmel; woher wir auch erwarten den Heiland, den Herrn Jesus Christus."

2. Thess 1:7: „(Gott wird uns Trost senden) wenn der Herr Jesus sich offenbaren wird vom Himmel her mit den Engeln seiner Macht."

1. Petr 1:7: „... damit euer Glaube als echt und viel kostbarer befunden werde, ... wenn offenbart wird Jesus Christus."

Wenn wir uns an dieser Stelle von unserer vorgefassten, durch die Evangelien beeinflussten Meinung befreien, werden wir feststellen, dass diese und andere ähnliche Stellen den eindeutigen Eindruck vermitteln, dass es sich hierbei um das erste und einzige Kommen des Herrn Jesus auf der Erde handelt und dass die Sehnsucht, Christus zu sehen, vorher noch in keiner Weise erfüllt wurde. Wir warten auf ein

Wort wie „zurückkehren“ oder das Wörtchen „wieder“. Wir warten darauf, dass diese Schreiber klarstellen und bestätigen, dass Jesus schon einmal auf der Erde gewesen ist, das Werk begonnen hatte, das er bei der Parusie (seinem Kommen zur Endzeit) vollenden wird; dass Männer und Frauen als Zeugen des Erlösungsgeschehens bei Jesu Tod und Auferstehung dabei waren; dass er als Mensch Jesus von Nazareth vor den Augen aller „offenbart“ wurde (eines der bevorzugten Worte des Paulus beim Sprechen über die Parusie). Aber wir finden keinen Widerhall derartiger Vorstellungen in unseren Texten.

Vielleicht die aufschlussreichste Stelle von allen ist Hebr 10:37:

„Denn nur noch eine kleine Weile, so wird kommen, der da kommen soll, und wird nicht lange ausbleiben (also sofort).“

Das stammt aus dem Buch Habakuk 2:3 (LXX[24]). Der Prophet bezog sich auf Gott selbst, aber in christlicher Zeit wurde die Stelle auf den Messias gedeutet. Tatsächlich wurde das griechische Partizip *erchomenos,* das auch von der Septuaginta (LXX) verwendet wurde, zu einem Titel, benutzt mit einem maskulinen Artikel: „*der* Kommende“. Es bezog sich auf die zur Endzeit erwartete Erlösergestalt. Hebräisch wird es eindeutig mit Bezug auf Christus benutzt.

Der Verfasser dieser Stelle fühlt sich in seinem Glauben bestätigt, dass „der Kommende kommen wird, und zwar bald“, denn eben so hat es der Prophet versprochen. Bezieht er sich nun auf den Jesus des Evangeliums und sein zweites Kommen in Herrlichkeit? Es ist sicherlich das Kommen in Herrlichkeit am Ende der Zeit, an das er denkt, aber wie kann es ein *zweites* Kommen sein, wenn der Verfasser nichts von einem ersten Kommen weiß? Wenn der Prophet Christi Kommen prophezeit hat, war dann nicht diese Prophezeiung bereits mit dem Erscheinen des irdischen Jesus von Nazareth erfüllt? Eben so haben Christen später all jene prophetischen Passagen über den Messias interpretiert: Sie bezogen sich auf sein irdisches Leben. Selbst wenn der Schreiber des Hebräerbriefes Habakuks Worte statt dessen auf die Parusie anwenden sollte, müsste er zumindest einige Kenntnisse über das frühere Kommen Jesus besitzen, um Verwirrung zu vermeiden. Sein Schweigen zeigt, dass für ihn Christi Kommen noch stattfinden wird und dass er nicht weiß, dass der Sohn Gottes schon dagewesen ist.

Wie 10:37 es ausdrückt, ist die Verheißung der Schrift in Bezug auf die Ankunft Christi noch nicht erfüllt worden.[25]

Obschon uns die Evangelien den Eindruck vermitteln, dass es Jesus ist, der am Ende der Zeiten kommen wird, die Welt zu richten und Gottes Gesetz zu errichten, sind frühe christliche Schriften keineswegs einig darin, dass tatsächlich der Sohn dazu bestimmt ist, diese Aufgabe zu vollbringen. Jakobus zum Beispiel spricht von der Parusie des Herrn (5:7) und meint damit eindeutig Gott selbst. Auch der 1. Johannesbrief scheint, obschon auch dies mitunter in Frage gestellt wird, die Ankunft Gottes, nicht die Jesu (2:28-3:2), darunter zu verstehen. Dasselbe trifft auf die Didache 16 zu, die Sacharja 14:5, „Der Herr wird kommen“, auf Gott bezieht.

Der Menschensohn

Keine Darstellung des endzeitlich wiederkehrenden Jesus sollte seine Identität mit dem Menschensohn ignorieren. Der Menschensohn begegnet uns überall in den Evangelien. Seine apokalyptische Gestalt, mit der sich Jesus in seinen eschatologischen Aussagen identifiziert, wird jedoch hartnäckig von Paulus und den anderen neutestamentlichen Verfassern der Briefe ignoriert.

Der Menschensohn begegnet uns erstmals in den eschatologischen Phantasien des Autors des Daniel-Buches. Dieses wurde wahrscheinlich während der Krise zur Zeit des Makkabäer-Aufstands (ca. 168 v.u.Z.) verfasst, als die Juden erfolgreich der Schändung des Tempels durch den damaligen griechischen Herrscher Antiochus IV. widerstanden. Der Autor gibt vor, Daniel zu sein, ein weiser Jude, der zur Zeit des babylonischen Exils lebte. (Dies machte sein „Vorhersagen“ über die dazwischenliegenden vier Jahrhunderte recht genau!) Daniel schaut die Visionen einer fernen Zukunft – die Zeit des Verfassers – in der den Juden vorhergesagt wird, alle fremden Unterdrücker zu stürzen und die Herrschaft über die Erde von Gott zu erhalten. Das letzte Ereignis wird durch die Visionsszene in 7:13-14 symbolisiert, in der „jemand wie ein Menschensohn“ sich dem göttlichen Thron nähert, „der ihm Gewalt gab, Ehre und Reich, dass ihm alle Völker, Leute und Zungen dienen sollten. Seine Gewalt ist ewig, die nicht vergeht, und sein Gottesreich hat kein Ende."

Ob der „Menschensohn" („wie ein Menschensohn") vom Verfasser als Engel betrachtet wird, als sohnartige göttliche Gestalt oder einfach als Metapher, ist umstritten. Durch den Engel, der die Vision (7:27) auf die „Heiligen des Höchsten" bezieht, wird er beschrieben, nämlich als das auserwählte Israel. Insofern ist er sein *Paradigma* (siehe Teil 4).

In der zweiten Hälfte des 1. Jahrhunderts u.Z. taucht Daniels Menschensohn in vielen jüdischen und christlichen Schriften auf (4 Ezra, 1. Henoch, Offenbarung des Johannes, Q und den Evangelien) und wird unterschiedlich interpretiert.

Er ist jetzt zu einer eigenständigen Größe geworden, eine vom Himmel stammende apokalyptische Gestalt, die mit der unmittelbar bevorstehenden Endzeit verbunden ist, gewöhnlich als Richter, Vertreter Gottes, messiasartig, vielleicht sogar göttlich. Nur in den Evangelien und den jüngsten Schichten von Q wird er mit einem historischen Jesus identifiziert.

Dass der Menschensohn keine Gestalt in den frühen christlichen Erwartungen war – ganz davon zu schweigen, dass er mit einem irdischen Jesus identifiziert wurde – ist durch das völlige Schweigen über ihn in allen Evangelien gewiss. Besonders bei Paulus nimmt der Gedanke des hereinbrechenden Endes großen Raum ein. Vorausgesetzt, das Bild, das uns die Evangelien bieten, wäre richtig, so ist es unvorstellbar, dass Paulus sich entweder der erklärten Rolle von Jesus als Menschensohn nicht bewusst gewesen wäre oder er sich entschieden hätte, diese zu ignorieren.

Die Äonenwende

Wenn man die frühchristliche Anschauung über die unmittelbar bevorstehende Umwandlung der Welt und die Errichtung des Reiches Gottes betrachtet, sollte man meinen, ein Apostel wie Paulus habe auf Leben und Wirken Jesu wie auf einen Meilenstein zurückgeblickt, wie auf einen entscheidenden Punkt im fortlaufenden Strom der Heilsgeschichte, die am Tag des Herrn den Höhepunkt erreichen sollte.

Die jüdische Konzeption von Zeit und Geschichte war recht einfach. Die Periode, die in die gegenwärtige Geschichte zurückreichte, war die

„alte Zeit“, eine Zeit der Sünde, des Bösen und der Dunkelheit, in der Gott Satan gestattet hatte zu regieren, in der die Aufrechten verfolgt wurden und die göttliche Gerechtigkeit aufgeschoben war. Die „neue Zeit“ würde mit der Ankunft einer himmlischen Gestalt oder eines messianischen Vertreters Gottes einsetzen, der die Vernichtung der Feinde Israels und der Kräfte des Bösen leiten würde. Dieser würde eine Zeit der Vorbereitung mit Leiden und Naturkatastrophen auf der Erde vorausgehen zur Prüfung der Gläubigen. In der Vorstellung einiger Gruppen würde eine archetypische Gestalt des Bösen, manchmal Satan selbst, manchmal sein Gehilfe, das endgültige Chaos einleiten, aber auch er würde schließlich vernichtet werden, und dann würde das Reich Gottes anbrechen. Später sollte diese Gestalt als Antichrist bekannt werden. Trotzdem fiel das Schema der Erlösungsgeschichte, das sich von der Vergangenheit bis in die Zukunft erstreckte, in zwei Abschnitte auseinander: Die alte Zeit und die neue. Wissenschaftler sprechen über dieses Schema als die „Zwei-Äonen-Lehre“.

Zu der orthodoxen Darstellung der christlichen Ursprünge wurde eine radikal neue Dimension hinzugefügt. Der Messias war gekommen, jedoch kam das Reich Gottes nicht mit ihm. Christus war gestorben und wiederauferstanden, das neue Zeitalter war jedoch noch nicht angebrochen. Das musste bis zu seiner Rückkehr verschoben werden, dann aber würde er in Herrlichkeit und als Richter bei der Parusie erscheinen. Zwischen den beiden Ankünften Christi musste das Evangelium – auch wenn diese Zeit nur kurz sein mochte – möglichst vielen Menschen verkündet werden und die Welt darauf vorbereitet werden.

Wenn dies tatsächlich das Szenario war, mit dem die ersten Generationen christlicher Prediger und Gläubigen konfrontiert waren, müssten wir zwei Dinge erwarten. Erstens eine signifikante Umgestaltung des Zwei-Äonen-Motivs. Das Kommen Jesu wäre als ein Angelpunkt des fortlaufenden Schemas der Erlösungsgeschichte angesehen worden. Zweitens hätte gerade das Scheitern der Erwartung eine Erklärung verlangt. Niemand konnte erwartet haben – und niemand erwartete es –, dass die Ankunft des Messias nicht von der Errichtung des Gottesreiches begleitet wurde. Man müsste annehmen, dass eine Art emsiger apologetischer Tätigkeit innerhalb der christlichen Bewegung eingesetzt hätte, um diese enttäuschende Wendung der Dinge zu erklären.

Doch finden wir das eine oder das andere Merkmal in den Briefen?

Wir haben einige Textstellen in den paulinischen Briefen betrachtet, die von dem lange verborgenen göttlichen „Geheimnis“ sprechen, das Gott jetzt den „Aposteln und Propheten“ enthüllt hat. Es gab dort kein Zeichen des Wirkens Jesu, keine Erwähnung einer bestimmten Phase zwischen Gottes Verheißungen und der gegenwärtigen missionarischen Bewegung, die das neue Zeitalter verkündet.

Die aufschlussreichsten Textstellen sind freilich die, in denen Paulus seine apokalyptischen Erwartungen zum Ausdruck bringt. Die erste, die wir uns ansehen, ist Röm 8:22-3:

„Denn wir wissen, dass die ganze Schöpfung bis zu diesem Augenblick mit uns seufzt und sich ängstet. Nicht allein aber sie, sondern auch wir selbst, die wir den Geist als Erstlingsgabe haben, seufzen in uns selbst und sehnen uns nach der Kindschaft, der Erlösung unseres Leibes.“

Hier orientiert sich Paulus an der Zukunft. Das ganze Universum sehnt sich, wartet. Wo ist der Gedanke vergangener Erfüllung im Leben und Wirken Jesu? Waren nicht einige der Schmerzen der Welt bereits durch sein Kommen gelindert? „Bis jetzt“, sagt Paulus, hat das Universum sich geplagt zu gebären und lässt keinen Platz für den dramatischen Angelpunkt von Christi eigener Geburt und seinem Wirken. Darüber hinaus, wenn Paulus sich auf gegenwärtige und gerade eben vergangene Ereignisse bezieht, welche sind das? Nur durch die Gabe des Geistes und durch die Offenbarung Gottes wurden Männer wie Paulus berufen, Christus und sein Kommen zu predigen. Hier haben wir keine grundlegende Abweichung von der traditionellen Zwei-Äonen-Darstellung.

Gehen wir weiter zu Röm 13:11-12:

„Und das tut, weil ihr die Zeit erkennt, ... denn unser Heil ist jetzt näher als zu der Zeit, da wir gläubig wurden. Die Nacht ist vorgerückt, der Tag aber nahe herbeigekommen.“

Aber ging nicht bereits eine „Morgendämmerung“ voraus, als der Sohn Gottes Mensch wurde? Hatte Jesu Anwesenheit auf der Erde es nicht fertiggebracht, die Dunkelheit der Nacht schon ein wenig zu lichten? Selbst die Erlösung ist etwas, das vollkommen in der Zukunft liegt, und der einzige Bezugspunkt in der Vergangenheit ist nicht die Erlösungshandlung Christi selbst, sondern der Augenblick, wo Christen zuerst glaubten.

Das ist keine nachmessianische Welt, sie ist nicht nachjesuanisch. Wenn Paulus sich einen Angelpunkt in der Vergangenheit vorstellt, dann ist es die Zeit der Offenbarung, die Gabe des Geistes, die Ankunft des Glaubens, als Gott Christus offenbarte und Menschen auf die Träger dieser Offenbarung (im Glauben) antworteten. Paulus schaut nur auf die Enthüllung des Geheimnisses über den Sohn zurück.

„ ... auf die das Ende der Zeiten gekommen ist."

So erklärt Paulus in 1. Kor 10:11 und verweist auf die Parusie, von welcher er glaubt, sie stünde nahe bevor. Aber wie kann Paulus es verhindern, die unvermeidliche Frage anzusprechen: Warum hat das tatsächliche Kommen des Messias nicht den Wechsel der Zeitalter bewirkt? Denn dieses war die Erwartung für Jahrhunderte gewesen.

Christus, „vorhergesagt" bei den Propheten. Der Tag der Erlösung in den Büchern offenbart. Aber war es das Leben Christi, das vorausgesagt worden war? Das historische Geschehen der Erlösung durch den Sohn in der unmittelbaren Vergangenheit des Paulus? Nicht nach 2. Kor 6:2 (hier wörtlich zitiert):

„Denn er (Gott) sagt: 'Zu genehmer Zeit erhörte ich dich, und am Tag der Rettung half ich dir.' Siehe, jetzt (ist) wohlangenehme Zeit, siehe, jetzt (ist) ein Tag (der) Rettung."

Das Zitat des Paulus geht auf Jesaja 49:8 zurück. Paulus kann zwar einerseits Jesu Wirken ignorieren und die Ehre des Apostolats und des Neuen Bundes für sich selbst beanspruchen. Aber etwas anderes ist es zu behaupten, dass die prophetischen Worte der Schrift nicht Jesu Leben als „wohlangenehme Zeit" voraussagen, nicht Jesu Sühnetod und Auferstehung als „den Tag der Erlösung" – sondern seine eigene Verkündigung der christlichen Botschaft!

Lukas würde darin eine große Unverhältnismäßigkeit gesehen haben (wenn er Paulus gelesen hätte), denn in 4:19 seines Evangeliums lässt er Jesus in einer Synagoge in Nazareth eine ähnliche Textstelle von Jesaja (61:1-2) lesen und der überraschten Versammlung erklären, dass er es ist, auf den sich diese heilige Prophezeiung bezieht.

Teil zwei

Leben im Verborgenen

6
Von Bethlehem nach Jerusalem

Wenn die Stimme Jesu, seine moralischen Lehren bis hin zu seinen apokalyptischen Prophezeiungen, in den frühchristlichen Briefen nirgendwo laut werden, wenn sich für seine Berufung von Aposteln während seines irdischen Wirkens nirgendwo in der frühen apostolischen Bewegung ein Widerhall findet, wie steht es dann mit den Details seiner Geburt, seines Wirkens und Leidens? Ist das in den Evangelien dargestellte Leben in der Zeit der beiden Tetrarchen Herodes und Pontius Pilatus in den Briefen des Neuen Testaments feststellbar?

Viele Stellen der Evangeliumsgeschichte sind durch die moderne kritische Wissenschaft als unhistorisch verworfen worden. Wir wollen zu zeigen versuchen, dass die Evangelien als historische Berichte unzuverlässig sind und keine Basis zur Stützung der Historizität Jesu liefern. Dieser Überblick wird auch zeigen, dass christliche Zeugnisse außerhalb der Evangelien, sogar am Ende des 1. Jahrhunderts und später, keinen Beweis dafür bieten, dass *irgendeine* mündliche Überlieferung bezüglich des Lebens und Wirkens Jesu in Umlauf war. Sogar für den Tod und die Auferstehung Jesu, auf die sich viele dieser Zeugnisse beziehen, gibt es keinen irdischen Schauplatz.

Wir werden uns zunächst das Schweigen der Briefe über die Evangeliumsgeschichte in zwei Kapiteln ansehen: in dem ersten von der Geburt Christi bis zum Herrenmahl, in dem zweiten von der Passionsszene bis zur Kreuzigung.

Marias sterblicher Sohn

Um das Jahr 107 herum wurde Ignatius, Bischof von Antiochia, von römischen Soldaten zur Hauptstadt des Reiches eskortiert, wo er dazu verurteilt wurde, den Tod eines Märtyrers in der Arena zu sterben. Auf dem Weg dahin schrieb er Briefe an einige christliche Kirchen in Kleinasien. In verschiedenen von ihnen sprach er in schneidender Schärfe über die Ketzerei. Diejenigen, die Lehren vertraten, die zu seiner eigenen im Widerspruch standen, wurden als „tollwütige Hunde" und „Bestien in Menschengestalt" abgestempelt.

Aber worin bestand diese Ketzerei? An die christliche Gemeinde in Tralles schrieb Ignatius:

„Seid also taub, wenn jemand zu euch redet ohne Jesus Christus, der aus dem Geschlecht Davids, aus Maria stammt, der wirklich geboren wurde, aß und trank, wirklich verfolgt wurde unter Pontius Pilatus, wirklich gekreuzigt wurde ... der auch wirklich von den Toten auferweckt wurde." (Brief an die Trallianer 9:1f.)

Das klingt so, als ob Ignatius für einen Glauben an die wirkliche Historizität dieser Ereignisse kämpft: dass Jesus der Sohn einer Frau namens Maria war, dass er unter Pontius Pilatus gelitten hatte und starb, dem berüchtigten römischen Statthalter von Judäa zur Zeit des Herodes Antipas. Dies ist der Jesus, den die, gegen die er polemisiert, nicht zu predigen scheinen (siehe Anhang 3 über die Frage des Doketismus).

Ignatius glaubt in dem ersten Jahrzehnt des 2. Jahrhunderts an Jesus, von Maria geboren, getauft durch Johannes, hingerichtet durch Pilatus in den Tagen des Herodes. Er scheint ein geschriebenes Evangelium nicht zu kennen, denn er weist auf keines hin, um seine Behauptungen zu untermauern. Hat irgend jemand vor ihm, der nicht zu den Evangelienschreibern gehört, diese biographischen Daten über Jesus besessen? Wenn wir nach der überlieferten christlichen Korrespondenz urteilten, müssten wir die Antwort verneinen. (Die Erwähnung des Pilatus in 1. Tim 6:13, kommt – sofern die Stelle echt ist – wahrscheinlich etwas später als Ignatius: siehe Anhang 1.)

Abgesehen von den Evangelien wissen die christlichen Schriften vor Ignatius nichts von Maria; ihr Name wird nie erwähnt. Auch erscheint Joseph, Jesu angeblicher Vater, niemals. Der Autor des 1. Petrusbriefes versäumt es, Maria als Vorbild in 3:1-6 zu präsentieren, wo er Frauen rät, keusch, in ihrem Verhalten gehorsam und ehrerbietig zu sein wie die, „die ihre Hoffnungen auf (Gott) richten". Statt dessen erwähnt er Sara als Gestalt des Alten Testaments.

Was die Geschichten über Christi Geburt bei Matthäus und Lukas betrifft, so werden wir zwar Jahr für Jahr in der Weihnachtszeit mit Bildern von der Geburt Jesu überhäuft, aber nirgends im 1. Jahrhundert findet sich etwas davon. Schäfer, Engel, die Heiligen Drei Könige, Krippen oder überfüllte Herbergen werden nie erwähnt; auch nicht die Stadt Bethlehem oder die große Volkszählung unter Kaiser Augustus. Kein Stern erhellt den Nachthimmel bei Jesu Geburt, weder in christlichen noch in heidnischen Schriften. Zwischen ihnen und dem grausamen Herodes und seinem Mord an unschuldigen Kindern – ein Ereignis, das von keinem Historiker der Zeit berichtet wird –, wird nirgendwo eine Verbindung hergestellt.

Und was ist mit der Offenbarung des Johannes, Kapitel 12? Zwischen den großen Vorzeichen der Endzeit, gezeichnet durch den Propheten Johannes, steht die Vision von der „mit der Sonne bekleideten Frau", der Frau, die, durch einen großen Drachen bedroht, „einen Sohn gebar, bestimmt, alle Nationen (also die Heiden) mit eisernem Stab zu regieren". Später fassten Christen dies als eine Anspielung auf Maria und das Jesuskind auf, aber der Schreiber der Offenbarung macht nicht den geringsten Versuch, seine Vision (deren Erfüllung in der Zukunft liegt) in irgendeine Überlieferung über Jesu Geburt und Herkunft einzupassen. Direkt nach der Geburt wird das Kind „entrückt zu Gott und seinem Thron", und die Mutter flieht in die Wüste. Es gibt nicht den leisesten Hinweis auf Jesu Leben. Keine Verbindung wird zwischen dem Knaben und dem geopferten Lamm, einer anderen der himmlischen, apokalyptischen Gestalten des Johannes, hergestellt.

Tatsächlich hat die Szene nichts mit Maria und Jesus zu tun. Sie bezieht sich auf die jüdische apokalyptische Mythologie (mit Anleihen an Motive des hellenistischen Mythos von Leto und Apollo) über die wunderbare Geburt des Messias, der im Himmel auf die Endzeit wartet. Aber das Schweigen des Johannes zeigt, dass er nichts von den Traditionen weiß, die uns aus den Evangelien bekannt sind, nichts über Maria oder eine menschliche Geburt Jesu. Wenn er sie gekannt hätte, hätten sie unvermeidlich seine Bearbeitung der Gestalten beeinflusst.

Bruder des Herrn

Hat Jesus einen Bruder gehabt? Markus gibt ihm vier, und im Galaterbrief 1:19 lesen wir die Worte: „Jakobus, der Bruder des Herrn". Es kann gut sein, dass gerade dieser Satz die Christen dazu bewog, Jakobus zum Leiter der Jerusalemer Gemeinde bis zu seinem Martyrium um 62 u.Z. zu machen, zu einem Bruder Jesu selbst. Aber dürfen wir dies alles schon bei Paulus voraussetzen?

Der Begriff „Bruder" *(adelphos)* erscheint in den Briefen des Paulus oft und war eine allgemeine Bezeichnung für Christen untereinander. Im 1. Korintherbrief 1:1 wird Sosthenes *adelphos* genannt, genauso wie Timotheus in Kol 1:1. Keiner von ihnen, auch nicht die mehr als 500 „Brüder", die eine Vision des spirituellen Christus in 1. Kor 15:6 hatten, sind als leibliche Brüder Jesu zu betrachten. Der Begriff „Brüder in dem Herrn" *(adelphōn en kuriō)* erscheint in Phil 1:14 (die New English Bible übersetzt es als „our fellow Christians" – „unsere Mitchristen"). Dieses ist ein deutlicher Hinweis auf die Bedeutung, die der Satz, auf Jakobus angewandt, gehabt haben könnte. Jakobus war der Leiter einer Gemeinde in Jerusalem, die den spirituellen Christus bezeugte, und diese Gruppe scheint sich selbst „Brüder des Herrn – Brüder in dem Herrn" genannt zu haben. Die hervorragende Position des Jakobus als Leiter dieser Gruppe könnte in seiner besonderen Rolle als Herrenbruder begründet gewesen sein.[26] Wir bemerken auch: die Rede ist immer von dem Bruder „des Herrn", niemals „von Jesus". Wir könnten auch anmerken, dass der Begriff *„adelphos"* in griechischen Kreisen üblicherweise benutzt wurde, um auf Initiierte (Eingeweihte) hinzuweisen, die zu den Mysterienkulten gehörten.

Aber es gibt noch ein weiteres Anzeichen dafür, dass die frühen Christen nichts über ein Geschwisterverhältnis zwischen Jakobus und Jesus wussten. Der Brief des Jakobus fängt wie folgt an: „Jakobus, Knecht Gottes und des Herrn Jesus Christus ..."

Wenige glauben, dass Jakobus diesen Brief wirklich geschrieben hat. Wenn ihn aber ein späterer Christ in seinem Namen geschrieben hätte, würde der gesunde Menschenverstand nahelegen, dass er Jakobus mit dem *Bruder* des Herrn Jesus identifiziert und ihn nicht einfach als „Knecht Jesu" bezeichnet hätte. Eine ähnliche Stelle gibt es auch beim Verfasser des Judasbriefes. Auch dieser Brief wird heute nur noch von wenigen Wissenschaftlern einem wirklichen Judas – wer immer dies auch gewesen sein mag – zugeschrieben. Der Brief fängt wie folgt an: „Judas, Knecht Jesu Christi, aber Bruder des Jakobus ...“

Wenn nun Jakobus Jesu leiblicher Bruder war und Judas der Bruder des Jakobus, würde dies Judas zu einem Bruder von Jesus machen, und als solcher erscheint er in Markus 6. Damit haben wir zwei Briefe von Christen, die zwei mutmaßlichen leiblichen Brüdern Jesu zugeschrieben werden, wobei keiner von ihnen dies zu erkennen gibt. Die für dieses Schweigen herangezogenen Erklärungen sind allesamt sehr gequält.[27] Sie lassen die maßgebliche Tatsache außer Acht, dass man sich in der polemischen Auseinandersetzung, die damals unter Christen geführt wurde und von denen die frühen Briefe überall Zeugnis ablegen, den Vorteil der leiblichen Verwandtschaft wohl kaum hätte entgehen lassen, wenn man die Autorität des Verfassers auf diese Weise hätte stärken können.

Die Wasser des Jordan

Die Evangelien eröffnen den Bericht über Jesu Wirken feierlich mit einer dramatischen Szene im Wasser des Jordan, als Jesus durch Johannes den Täufer getauft wird. Als Jesus wieder aus dem Wasser heraufsteigt, kommt eine Taube vom Himmel herab, und Gottes Stimme ertönt. Auch wenn der Heilige Geist und die göttlichen Worte eine spätere Bildung gewesen sein sollten, zeigen sie doch, dass die Taufe Jesu, selbst wenn sie ein historisches Ereignis war, sehr bald mit mystischen Elementen ausgeschmückt wurde.

Von Paulus erfahren wir darüber nichts. Für Paulus ist die Taufe das wichtigste Sakrament des christlichen Rituals, durch die der Konvertit seinem früheren sündigen Leben abstirbt und zu einem neuen aufersteht. In Röm 6:1-11 gliedert er das Taufritual in seine mystischen Bestandteile. Jedoch beziehen sich diese Bestandteile nie auf Jesu eigene Taufe. Die Herabkunft der Taube hat eine Parallele im Glauben des Paulus, dass bei der Taufe der Heilige Geist in den Gläubigen fährt. Die Stimme Gottes, die Jesus als den Geliebten Sohn proklamiert, hätte dazu dienen können, die These des Paulus (wie in Röm 8:14-17) zu illustrieren, dass die Gläubigen als Kinder Gottes angenommen worden sind. Doch von den christlichen Autoren des 1. Jahrhunderts würden wir nicht einmal wissen, dass Jesus getauft wurde.

Und wo ist der Täufer? In der christlichen Mythologie gibt es neben Jesus kaum eine profiliertere Gestalt. Der Vorläufer, der Vorbote im Kamelhaarmantel, die Geißel der Unbußfertigen, die Stimme, die laut in der Wildnis ruft. Bis die Evangelien erscheinen, hat man den Prediger offenbar in der Wüste vergessen, denn kein christlicher Schreiber verweist auf ihn. Selbst am Ende des 1. Jahrhunderts schweigt der Schreiber des 1. Clemensbriefs, ein Brief, von der Gemeinde in Rom an die Gemeinde in Korinth gesandt, über Johannes, wenn er sagt (17:1): „Nehmen wir uns die zum Beispiel, die in Schaffellen und Ziegenfellen umherwandern und des Messias Kommen verkünden; das heißt, Elia, Elisa und Ezechiel bei den Propheten, und weitere berühmte Namen.“ Die anderen berühmten Namen, die er fortfährt aufzuzählen, stammen alle aus dem Alten Testament.

Ironischerweise ist der einzige Autor des 1. Jahrhunderts (außerhalb des Evangeliums), der sich auf Johannes den Täufer bezieht, ein Nichtchrist: der jüdische Historiker Josephus (*Jüdische Altertümer* 18.5.2). Jedoch stellt er keine Verbindung zwischen Johannes und Jesus oder der christlichen Bewegung her (siehe Kapitel 21).

Es gab einen allgemeinen jüdischen Glauben, dass dem Kommen des Messias das Erscheinen des alten Propheten Elias vorausgehen würde, um das Ereignis anzukündigen. Wenn christliche Prediger des 1. Jahrhunderts sich überhaupt damit befassten, ihre Behauptung zu rechtfertigen, dass Jesus der Messias war, wäre Johannes der Täufer als eine Art Elia-Gestalt sehr hilfreich gewesen, diese Erwartung zu erfüllen.

Zeichen und Wunder

Das Vorkommen von Wundern und wunderbaren Ereignissen war ein unerlässliches Zeichen für die Ankunft des Gottesreiches. Jedermann, der behauptete, dass der Tag des Herrn nahe bevorstand, musste zum Beweis Zeichen und Wunder erbringen. Überall erwartete man Geschehnisse, wie sie bei Propheten wie Jesaja erwähnt wurden:

„Dann werden die Augen der Blinden aufgetan und die Ohren der

Tauben geöffnet werden. Dann werden die Lahmen springen wie ein Hirsch, und die Zunge der Stummen wird frohlocken.“ (35:5f.)

„Aber deine Toten werden leben, deine Leichname werden auferstehen. Wachet auf und rühmet, die ihr liegt unter der Erde!“ (26:19)

Moderne Wissenschaftler neigen dazu, die Evangelienberichte über Jesu Wunder als Übertreibungen, Halluzinationen oder späte mündliche Überlieferung abzutun. Aber derartige Überlieferungen würden keine lange Entwicklungszeit gehabt haben, wenn Jesus kurz nach seinem Tode zum Messias erklärt worden wäre.

In diesem Fall erscheint es seltsam, dass Paulus, der seine Leser auffordert, zuversichtlich auf das unmittelbar bevorstehende Erscheinen Jesu und des Reiches Gottes zu warten (z.B. Röm 8:19, 13:12), niemals auf Jesu Wundertätigkeit hinweist, die als Erfüllung der Erwartungen der damaligen Zeit betrachtet werden konnte. Im 1. Korintherbrief 1:22 verspottet er die Juden, die zum Beweis der christlichen Wahrheit Wunder fordern. Man möchte meinen, er habe die passende Antwort auf derartige Forderungen gehabt: die Zeichen, die Jesus selbst gegeben hat. Doch davon ist nicht die Rede.

Der Brief an die Hebräer 2:3-4 spricht von der Gelegenheit, in der die „Ankündigung der Erlösung“ gegeben wurde. Dieser Ankündigung soll Gott sein Zeugnis durch Zeichen und Wunder und durch die Austeilung der Gabe des Heiligen Geistes beigefügt haben. Wenn dies ein Hinweis auf Jesu irdische Tätigkeit wäre, wäre es angemessener gewesen, auf Jesu eigene Zeichen und Wunder hinzuweisen als auf einige imaginäre Beweise von Gott.

Die Evangelien erzählen uns, dass sich die Kranken drängten, um den Saum von Jesu Kleidung zu berühren; dass sie in den Straßen standen und nach ihm riefen, um von ihren Gebrechen befreit zu werden. Jesus hatte ihnen allen Erbarmen erwiesen (auch wenn man mit einer rationalistischen Bibelbetrachtung annehmen möchte, dass viele dieser Heilungen psychologischer Natur waren). Ihre Erwähnung in den Evangelien (und in Q) zeigt, dass derartige Dinge von ihm erwartet wurden, dass den Taten Jesu, der als Prediger des Gottesreiches auftrat, unweigerlich die Dimension eines Wundertäters angehängt wurde. Aus diesem Grunde mussten sich Überlieferungen über Heilungen und andere

Zeichen und Wunder spontan entwickeln.[28]

Freilich würden wir aus Jak 5:15 von alledem nichts erfahren:

„Und das Gebet des Glaubens wird dem Kranken helfen, und der Herr wird ihn aufrichten; und wenn er Sünden getan hat, wird ihm vergeben werden."

Man wird gewiss sagen können, dass der Verfasser dieser Zeilen es kaum versäumt haben würde, sich darauf zu berufen, dass Jesus selber eben diese Dinge bereits getan hatte – vorausgesetzt, er hätte über irgendwelche derartige Überlieferungen verfügt. Markus 2:1-12 führt uns eine Wunderszene vor, in der Jesus einerseits zum Gelähmten sagt: „Steh auf, nimm dein Bett und geh heim!", wobei er gleichzeitig die Sünden des Mannes vergibt. Der Verfasser des Jakobusbriefs hat offensichtlich nie davon gehört.

Auch nicht der Schreiber des 1. Clemensbriefes. In Kapitel 59 trägt „Clemens" ein langes Gebet vor, offenbar aus der Liturgie der Römischen Gemeinde. Darin heißt es:

„Wir bitten dich, Herr, unser Helfer und Beschützer zu sein. Unsere Bedrängten rette, die Gefallenen richte auf, den Betenden zeige dich, die Kranken heile, die Irrenden deines Volkes bringe auf den rechten Weg! Sättige die Hungernden, erlöse unsere Gefangenen, richte auf die Schwachen, tröste die Kleinmütigen! [dt. Version: *Fontes Christiani,* Bd. 15, Clemens von Rom: Brief an die Korinther, Herder 1994]

Die Evangelien erzählen uns, dass Jesus genau diese Dinge tat, vom Heilen der Kranken bis zur Speisung der Hungrigen. In Gottes Namen erbarmte er sich, half, tröstete, offenbarte Gott, als er über die Erde von Galiläa und Judäa wandelte. Doch Clemens und seine Gemeinde scheinen davon nichts zu wissen.

Die Behauptung, Jesus habe Menschen von den Toten auferweckt, wird heute von liberalen Gelehrten oder der allgemeinen Öffentlichkeit nicht ernst genommen, aber die Evangelien zeigen, dass man im 1. Jahrhundert keine Mühe hatte, derlei Wundertaten zu akzeptieren. Wenn Jesus Heilungen vollbrachte, die von späterer mündlicher Überlieferung, für welche die Evangelien als Beweis betrachtet werden, in

Auferstehungsgeschichten umgewandelt wurden, ist es verblüffend, dass kein Verfasser der Briefe irgendein Wissen darüber besitzt. (Noch einmal: Q könnte zeigen, dass Auferstehungen von den Toten schon zur Zeit des Paulus einem Jesus zugeschrieben wurden.)

Das Unwissen des Paulus darüber wird durch Textstellen wie 1. Kor 15:12f. belegt. Hier wendet er sich an die Korinther, die in Frage stellen, ob menschliche Wesen vom Tod wieder auferstehen können:

„Wie sagen dann einige unter euch: Es gibt keine Auferstehung der Toten?"

Nun, hätte Paulus darauf nicht ausgezeichnet mit einem Hinweis auf die Auferweckungen Jesu antworten können? Er hätte auf mündliche Überlieferungen verweisen können, auf die Wiedererweckung der Tochter des Jairus (Mark 5:21-43), auf das erstaunliche Erscheinen des Lazarus aus seinem Grabe (Joh 11:1-44). Auch wenn Lazarus noch einmal gestorben sein mochte, so konnten die von Jesus vollzogenen Auferweckungen als Präfigurationen einer ewigen Auferstehung betrachtet werden. Es ist schwer sich vorzustellen, dass Paulus sich nicht auf sie in seinen Ausführungen berufen hätte.

Auch ist es unwahrscheinlich, dass er es versäumt hätte, sich in diesem Zusammenhang auf Jesu eigene Verheißungen in den Evangelien zu berufen. Lukas bietet den folgenden Ausspruch: „Es wird dir aber vergolten werden in der Auferstehung der Gerechten" (14:14). Das Johannesevangelium enthält Jesu Verheißung, dass „er, der an mich glaubt, ewiges Leben haben" wird. Wären derartige Verheißungen, derartige Überlieferungen über Jesu Wunder in der christlichen Gemeinde zur Zeit des Paulus im Umlauf gewesen, hätte keine Notwendigkeit für seine besorgte Frage bestanden: „Wie sagen dann einige unter euch: Es gibt keine Auferstehung der Toten?"

Vier Jahrzehnte später haben christliche Schriftsteller immer noch nichts von Lazarus oder von den Verheißungen Jesu gehört. Der 1. Clemensbrief (24: 26) bietet stattdessen Beispiele aus der Natur über „den Vorgang der Auferstehung"; Gottes Verheißungen, dass der Heilige und der Gläubige auferstehen werden, stammen alle aus dem Alten Testament.

Zur Heiligen Stadt

Da in den neutestamentlichen Briefen nirgendwo von Jesu irdischem Wirken die Rede ist, sollte es nicht verwundern, dass sich darin auch keine Erwähnung von Galiläa findet. Am Ende seines Wirkens berichten die Evangelien von Jesu Reise nach Jerusalem, wo sich sein Schicksal erfüllen soll. Gibt es irgendeine andere Quelle im 1. Jahrhundert, in der Jesus die Heilige Stadt betritt?

Die Antwort lautet nein. Paulus bringt Jesus niemals mit einem Ort in Verbindung und auch das, was er über Tod und Auferstehung sagt, wird nicht mit historischen Daten verbunden. Hebr 13:11-13 sagt, dass Jesus „gelitten (hat) draußen vor dem Tor". Freilich wird keine Stadt erwähnt. Die Vorstellung scheint vielmehr aus der Heiligen Schrift abgeleitet. Für diesen Verfasser kann Jesu mythisches Schicksal (siehe Teil vier) nur in Parallele zu den Tieropfern, die nur „außerhalb des Lagers" stattfanden, mit Bezug auf Israels Lager am Sinai dargestellt werden. Der Opferkult, wie er im Exodus beschrieben wird, ist das Vorbild, mit dem Jesus in dem Brief verglichen wird.

Eine vorhergehende Textstelle in Hebr 7:1-3 zeigt auch, dass der Schreiber nicht daran denkt, dass Jesus jemals in oder nahe Jerusalem gewesen sein könnte. Jesus in seiner Rolle als himmlischer Hohepriester findet sein Urbild, seine Vorausoffenbarung in der Heiligen Schrift, in Melchisedek. Diese Gestalt war „König von Salem [das heißt Jerusalem] und Priester Gottes des Höchsten", wie im 1. Buch Mose 14:18-20. Der Vergleich zwischen Melchisedek und Jesus wird von dem Verfasser des Briefes peinlich genau durchgeführt. Trotzdem versäumt er den wichtigsten Punkt zu erwähnen: dass Melchisedek den Gottesdienst in derselben Stadt geleitet hatte, in der sich der Hohepriester Jesus selber opferte.

Wir stehen heute immer noch ergriffen vor jenen Szenen des Evangeliums, die uns Jesus bei seinem Einzug in die Stadt Jerusalem zeigen, demütig auf dem Rücken eines Esels sitzend, begrüßt von einer jubelnden Menge, die Palmzweige des Friedens und der Hoffnung schwenkt und Psalmen singt; als die Stadt durch die dramatische Konfrontation im Tempel erregt wurde, als Jesus die Geldwechsler und Viehhändler – ohne eine Reaktion der Behörden[29] – aus dem Tempel trieb. Dies ist der Stoff, aus dem schnell Legenden und Geschichten, die man beim Erzählen immer mehr ausschmückt, gebildet wurden. – In den Briefen des 1. Jahrhunderts ist von alledem nirgendwo die Rede. Auch werden sie von keinem Historiker der Zeit erwähnt, einschließlich Josephus.

Das Abendmahl

Nach der Kreuzigung ist das Abendmahl, das uns Jesus mit seinen zwölf Aposteln am Tisch sitzend bei einem Mahl zeigt, die bekannteste Evangeliumsszene aus fast 20 Jahrhunderten christlicher Kunstgeschichte. Es war das letzte Mahl, das er mit seinen Jüngern einnahm. Aber es sollte zugleich das erste sakramentale Mahl eines immerwährenden Totengedächtnisses sein, die Verkörperung einer Theologie der Buße und Erlösung, gegründet auf Jesu Opfer. Es war, in Jesu eigenen Worten, die Begründung des neuen Bundes.

In dem Brief an die Hebräer 9:19-20 lesen wir:

„Denn als Mose alle Gebote gemäß dem Gesetz allem Volk gesagt hatte, nahm er das Blut von Kälbern und Böcken mit Wasser und Scharlachwolle und Ysop und besprengte das Buch und alles Volk und sprach: ‘Das ist das Blut des Bundes, den Gott euch geboten hat.’“

Im Kern der Theologie dieses Schreibers steht der neue Bund, begründet durch Jesu Opfer, ein Opfer, das im Himmel geschieht. Seine Schriftauslegung kreist um die Parallelen zwischen dem Ritual und der Theologie seiner eigenen Gemeinde sowie der Verkörperung oder dem Vorbild dieser in den Heiligen Schriften gefundenen Dinge. Gleichwohl wird das Hauptereignis der Heiligen Schrift, das den alten Bund begründete, das von Moses durchgeführte Tierblutopfer und die zu diesem Ritual gesprochenen Worte (2. Moses 24:8), ohne einen Blick auf den von Jesus gestifteten neuen Bund dargestellt, wie aus den Worten, die Jesus über Brot und Wein beim Abendmahl gesprochen haben soll, hervorgeht.

Die Parallele zwischen dem alten und dem neuen Bund, die sehr verblüffende Ähnlichkeit zwischen den in Exodus gesprochenen Worten des Mose und den im Evangelium gesprochenen Worten Jesu bei dem sakramentalen Mahl war so auffällig, dass der Autor es kaum hätte vermeiden können, seine Aufmerksamkeit darauf zu lenken. Dass er dies nicht tut, zeigt eindeutig, dass er kein solches Ereignis und auch nichts von solchen beim Abendmahl gesprochenen Worten Jesu gewusst hat.

Noch einmal zeigt die Textstelle bezüglich Melchisedek in Hebräer 7:1-3 die Unkenntnis des Verfassers in Bezug auf das Abendmahl. Die oben erwähnte Textstelle aus Genesis 14:18-20 beginnt so: „Aber Melchisedek ... trug Brot und Wein heraus." Trotz seines Interesses an der peniblen parallelen Gegenüberstellung der beiden Gestalten sowie an der Gegenüberstellung seiner eigenen christlichen Theologie und ihrer Einbettung in die heiligen Schriften unterlässt es der Schreiber, auf „Brot und Wein" als eine vorbildhafte Darstellung von Brot und Kelch des von Jesus begründeten eucharistischen Sakramentes hinzuweisen.

Auch die Didache („Lehre", später als „Lehre der Zwölf Apostel" bezeichnet), eine christlichen Schrift, die gegen Ende des 1. Jahrhunderts zusammengestellt wurde, weiß nichts von Jesu Einsetzung der Eucharistie. In Kapitel 9-10 werden Gemeindegebete zusammen mit einer Erntedankmahlzeit zitiert. Hier haben das Brot und der Wein keine sakramentale Bedeutung, von Jesu Tod ist nicht die Rede. Nirgendwo in der Didache gibt es irgendeine Anspielung auf Jesu Leben und Tod. Jesu Rolle in der Theologie dieser Gemeinde scheint eher die eines Verbindungsglieds zu Gott zu sein, wie aus der folgenden Textstelle, in der ein Vers aus den Gebeten zitiert wird, hervorgeht:

„Was aber die Eucharistie betrifft, sagt folgendermaßen Dank: Zuerst beim Kelch: 'Wir danken dir, unser Vater für den heiligen Weinstock Davids, deines Knechtes, den du uns offenbar gemacht hast durch Jesus, deinen Knecht'" [Übers. Wilhelm Gerlings: *Fontes Christiani,* Bd. 1, Didache, Zwölf-Apostel-Lehre, Herder 1991 Christiani]

Da Jesu Lehre nicht erwähnt wird und sogar das Vaterunser und das „Evangelium" der Gemeinde als von Gott stammend betrachtet werden, müssen wir annehmen, dass das „offenbar machen" durch Jesus auf spirituellem Wege geschieht.[30]

Der Schreiber des 1. Clemensbriefes kann seine Gemeinde dazu aufrufen, Gott zu gefallen (*eucharisteito to theio* – Kap. 41), ohne dass ihm dabei die christliche Eucharistie in den Sinn kommt.

Dies bringt uns zu 1. Kor 11:23-26. Paulus nennt hier das Mahl „Herrenmahl“ (11:20), ein Begriff, der uns an keiner anderen Stelle im Neuen Testament begegnet. In Kapitel 4 sahen wir, wie aus den Eröffnungsworten hervorgeht, dass Paulus sein Wissen darüber nicht aufgrund historischer Überlieferung, sondern aufgrund persönlicher Offenbarung besitzt; in Kapitel 11 werden wir, wenn wir die heiligen Mahle anderer Mysterienkulte untersuchen, sehen, dass es sich dabei um einen Ursprungsmythos gleicher Art handelt, vermutlich von Paulus selber geschaffen. Auch angesichts dessen, dass in der restlichen frühchristlichen Literatur nirgendwo vom Abendmahl geredet wird, ist es extrem unwahrscheinlich, dass Paulus sich auf ein historisches Ereignis bezieht.[31]

7
Die Passionsgeschichte

Wir fahren mit unserer Untersuchung des Schweigens der Briefe über die Evangeliumsgeschichte fort und wenden uns dem Prozess Jesu, der Kreuzigung und der Auferstehung zu.

„Seht darauf, dass nicht jemand Gottes Gnade versäume; dass nicht etwa eine bittere Wurzel aufwachse und Unfrieden anrichte und viele durch sie unrein werden; dass nicht jemand sei ein Abtrünniger oder Gottloser wie Esau, der um der einen Speise willen seine Erstgeburt verkaufte. Ihr wisst ja, dass er hernach, als er den Segen ererben wollte, verworfen wurde." (Hebr. 12:15-12)

Dante versetzt Judas in seinem „Inferno" in eine Höllengrube, inmitten von Eis, gequält vom Satan. Der Erzverräter, der Jesus seinen heuchlerischen Kuss auf die Wange drückte und half, ihn dem Tode auszuliefern, sollte im späteren christlichen Denken ein Sinnbild für das treulose und ungläubige Judentum werden. Mit Judas wurde das Bild der Juden als Dämonen in die Geschichte eingeführt. Ein ganzes Volk hat für zwei Jahrtausende darunter heftig gelitten. Bevor allerdings Judas erscheint, um seine zwielichtige Rolle in der Passionsgeschichte von Markus zu spielen, gibt es noch keine Spuren dafür, dass sein Geist bereits in der christlichen Literatur herumgespukt wäre. Bemerkenswerterweise fehlt er in den oben zitieren Textstellen im Hebräerbrief. Dabei wäre der Verrat des Herrn für dreißig Silberlinge durch den verbitterten und eifersüchtigen Verräter gewiss ein viel angemesseneres Symbol für das bittere, giftige Unkraut gewesen, das ungehemmt in der Gemeinde der Heiligen wächst.

Auch wäre ein Bezug auf Judas in der Abendmahlsdarstellung des Paulus nicht unangebracht gewesen. Hier kritisiert er die Korinther für ihr Verhalten bei dem Gemeinschaftsmahl. Er spricht von Rivalität und „uneinigen Gruppen", von denen, die unverdienterweise „das Brot essen und den Kelch des Herrn trinken". Wenn irgend jemand sich solcher Dinge schuldig gemacht hatte, war es sicherlich Judas beim ersten

Abendmahl.

Der Schreiber des 1. Clemensbriefs befasst sich ebenfalls mit dem Thema Missgunst, aber er versäumt es, zu seiner Liste von Gestalten des Alten Testaments, die unter den Händen von missgünstigen Menschen litten, Jesus selbst hinzuzufügen, verraten durch den perfiden Apostel aus seiner eigenen Begleitung.

Die Evangelien sprechen noch an anderen Stellen in der Nacht der Gefangennahme Jesu vom Verrat der Jünger, der hier freilich weniger schwer wiegt. In den Briefen wird auf die große dreifache Verleugnung seines Meisters durch Petrus, seine bittere Reue beim dreimaligen Krähen des Hahnes, nirgends Bezug genommen. Bei Paulus finden wir Wutausbrüche und Verachtung gegenüber Petrus und anderen Mitgliedern der Jerusalem-Gruppe (wie im Galaterbrief, Kap. 2), aber niemals erwähnt er eine Verleugnung des Herrn durch Petrus, um diesem in den Rücken zu fallen. Davor hatten schon die drei Säulen, Petrus, Jakobus und Johannes, ihren Meister während des Gebetskampfes im Garten Gethsemane allein gelassen und, statt mit ihm zu wachen, geschlafen; die wunderbar gestaltete und emotional berührende Szene führt uns Jesus vor Augen, wie er einsam vor Gott kniet und voll menschlicher Angst wünscht, dass der Kelch an ihm vorbeigehen möge. Paulus erwähnt das nie. Auch keiner der anderen Epistelschreiber, die sich oft auf Situationen beziehen, in denen Christen Gefahr laufen, von ihrer Entschlossenheit und Hingabe abzulassen.

Vom Tod zum Leben

2000 Jahre lang überragte die Ikone des Kreuzes die westliche Gesellschaft. Sie hat unsere Philosophie, unsere Moral, unsere Psychologie, unsere Kunst bestimmt. Sie hat unseren Glauben und unsere Hoffnungen beherrscht. Kaum jemand, auf dessen Leben nicht in der einen oder anderen Weise der Schatten des Kreuzes gefallen wäre. Ein Mensch hängt an einem Stück Holz: Das Bild ist so bekannt, ist so sehr ein Teil unserer Welt, schmückt unsere Wände und Menschen, dass wir nicht nur das Empfinden für seine grausame Bedeutung verloren haben, sondern uns auch nicht mehr darüber wundern, warum an ein derartiges Bild so viele Hoffnungen geknüpft werden konnten.

Tatsächlich können wir uns schwer vorstellen, dass das Kreuz nicht von Anfang an das zentrale Leitmotiv des christlichen Glaubens gewesen sein soll. Kreuz und Auferstehung: Zusammen bildeten sie die beiden Säulen des christlichen Erlösungsglaubens. Zusammen ergaben sie den Katalysator für die religiöse Bewegung, die den jüdischen Wanderprediger zum Sohn Gottes machte und die Botschaft über ihn in die entferntesten Winkel der Erde brachte. Solange wir das glaubten, wurde uns vergeben.

Tatsache aber ist, dass sowohl der Tod Jesu als auch seine Auferstehung in wichtigen christlichen Zeugnissen fehlen. Es ist wahr: nicht bei Paulus. Es gibt keinen Mangel an einem gekreuzigten Christus in allem, was Paulus über Jesus zu sagen hat; und seine Aufstehung von den Toten bildet die Grundlage der paulinischen Hoffnung auf Unsterblichkeit. Gleichwohl wurde immer wieder darauf hingewiesen, dass Paulus nirgends dessen Tod und Auferstehung in einen historisch-irdischen Rahmen stellt. Das machen auch die übrigen Verfasser der Briefe nicht.

Außerhalb des Neuen Testaments geben mehrere Schriften, die als christlich gelten, keine Hinweise auf einen Christus, der starb und wiederauferstand. Eine haben wir bereits kennengelernt, die Didache; andere sind der Hirt des Hermas und die Psalmen Salomons. (Diese und andere Dokumente werden in Kapitel 13 näher betrachtet, das sich mit der großen Mannigfaltigkeit innerhalb des frühen Christentums beschäftigt.)

Im Neuen Testament selbst kann gezeigt werden, dass eine der den vielen Jesusaussprüchen bei Matthäus wie auch Lukas zugrunde liegenden Quellen, die Quelle Q, welche die Grundlage der Galiläa-Tradition bildet, keine Hinweise auf Jesu Leiden und Sterben enthält – von einer Auferstehung ganz zu schweigen. Das zu anderen frühen Quellen in Beziehung stehende nichtkanonische Thomasevangelium enthält ebenfalls eine Jesus zugeschriebene Spruchsammlung, die nichts von Jesu Tod weiß. Der 1. Johannesbrief mit seiner Fokussierung auf das „ewige Leben" weiß nichts über die Auferstehung zu sagen, und auch die spezifische Kreuzestheologie fehlt. In der jüngsten Schicht dieses Briefes finden sich Andeutungen an die Vorstellung eines Sühneopfers; in 3:16 wird erklärt, dass „Christus sein Leben für uns gelassen hat"; das aber ist der einzige Anklang an Golgatha. Die älteren Schichten enthalten die Vorstellung, dass – gemäß der ursprünglichen johanneischen Vorstellung – ewiges Leben durch das Wissen des Sohnes erlangt wird, nicht durch einen Sühnetod.

Der Brief des Jakobus wird sowohl aufgrund seines Hinweises in 2:1 auf „Jesum Christum, unsern Herrn der Herrlichkeit“ als christlich beurteilt als auch wegen seiner ethischen Grundsätze, die eine große Ähnlichkeit mit der Lehre Jesu in den Evangelien aufweisen, obgleich sie ihm nie ausdrücklich zugeschrieben werden. Aber Tod und Auferstehung Christi fehlen im Jakobusbrief. Nicht deshalb, weil es keine Gelegenheit gegeben hätte, sie zu erwähnen. In 1:21 fordert der Verfasser seine Leser auf: „Nehmet das Wort mit Sanftmut an, das in euch gepflanzt ist und Kraft hat, eure Seelen selig zu machen.“ Es ist die Annahme einer ethischen Botschaft, die „eure Seelen selig macht“, nicht Jesu Sühneopfer oder seine Auferstehung von den Toten. Darüber weiß Jakobus nichts zu sagen.

Wenn in 5:10 der Autor für „Geduld im Leiden“ plädiert – weist er dann auf das offensichtliche Beispiel Jesu bei seiner Passion hin? Nein, er sagt: „Nehmt zum Vorbild die Propheten, die geredet haben in dem Namen des Herrn.“ In 5:6 verdammt er die Reichen und Mächtigen dieser Welt und ihre Ungerechtigkeit gegenüber den Armen und Benachteiligten: „Ihr habt den Gerechten verurteilt und getötet, und er hat euch nicht widerstanden.“ Keine Parallele zu Jesu Schicksal scheint dem Verfasser hier in den Sinn zu kommen.

Auch die Didache kann uns, wie schon oben angemerkt, nichts über Tod und Auferstehung Jesu sagen. Der vorwiegend mit dem Opfertod Jesu beschäftigte Hebräerbrief versetzt Jesus in ein himmlisches Reich, ohne Golgatha zu erwähnen. Der Name Golgatha erscheint nirgendwo in den Briefen des Neuen Testaments. Auch über Ostern schweigt der Hebräerbrief; 13:20 bezieht sich kurz auf Gott, der Jesus „von den Toten heraufgeführt hat“, sagt aber nichts über das leere Grab oder die Auferstehungserscheinungen. In 7:16 preist der Autor Jesus als den, der sein Priesteramt „der Kraft eines Lebens verdankt, die nicht zerstört werden kann“. Beruht dies auf Jesu Sieg über den Tod aufgrund der Auferstehung? Nein, eine derartige Vorstellung wird nicht angedeutet. Stattdessen bezieht sich die Bemerkung auf eine Schriftpassage; in Psalm 110:4 heißt es bei einem Vergleich mit Melchisedek: „Du bist Priester in Ewigkeit!“

Prozess- und Kreuzigungsszene

Die von den Evangelien dargestellten Einzelheiten des Prozesses Jesu sind in unser kulturelles Erbe eingebettet: Pilatus, die Dornenkrone, Jesus am Kreuz zwischen den beiden Räubern, das Würfeln der Soldaten um seine Kleider, die Finsternis bei seinem Tode, Josef von Arimathäa, der Jesus in sein eigenes Grab legt. Trotzdem taucht keines dieser Details in der christlichen Literatur vor dem 2. Jahrhundert auf. „Wir predigen den gekreuzigten Christus", sagt Paulus. Aber er erzählt uns nicht, wo oder wann oder dass Römer oder Juden darin verwickelt waren. Keine der vielen Gestalten, die in den verschiedenen Stadien des Prozesses und der Kreuzigung im Evangelium vorkommen, werden jemals in seinen Briefen erwähnt. Paulus teilt uns noch nicht einmal mit, dass Jesus *vor Gericht gestellt wurde!*

Niemand zitiert irgendwelche Worte Jesu bei der Kreuzigung. Im Epheserbrief 4:32 fordert der Verfasser die Christen auf, sie müssten „einander vergeben, gleichwie Gott euch in Christo vergeben hat". Der Verfasser ist sich anscheinend der bewegenden Worte nicht bewusst, die uns Lukas wiedergibt (23:34), gesprochen von Jesus am Kreuz, Worte, die ein edles Beispiel der Nachfolge abgegeben hätten:

„Vater, vergib ihnen, denn sie wissen nicht, was sie tun."

Der Verfasser des 1. Clemensbriefes (53:4) sucht nach einer langen Abhandlung über Vergebung nach Worten, um seinen Kernpunkt zusammenzufassen. Es sind nicht die Worte Jesu am Kreuz, sondern die Bitte von Moses an Gott, dass er den ungehorsamen Israeliten vergeben möge.

Obschon Jesus am Kreuz solche Worte der Vergebung *sprach,* ist es den Christen nicht gelungen, sich daran zu halten. Über fast 2000 Jahre haben die Juden Verleumdung, Hass und Tod als „Christusmörder" ertragen. Der Autor des Matthäusevangeliums dramatisiert ihren frenetischen Ruf bei Jesu Prozess, Worte, die auf sie selbst den Zorn der Geschichte herniederzogen: „Kreuzigt ihn! Sein Blut komme über uns und unsere Kinder!" Freilich mag es für heutige Juden kaum ein Trost sein zu erfahren, dass vor der Entstehung der Evangelien noch niemand davon wusste, dass sie etwas mit Christi Tod zu tun haben sollten. Es ist wichtig, hier noch einmal zu wiederholen, dass die Passage „welche den Herrn Jesus getötet haben" im 1. Thessalonicherbrief 2:15-16, wo Paulus die Juden zu verdammen scheint, weitgehend als eine spätere Interpolation angesehen wird (siehe Anhang 1).

Wie schon früher diskutiert, hätte Paulus sich einen idealen Anlass für die Erwähnung der Tötung Jesu durch die Juden in Röm 11 geschaffen, wenn er die Schuld der Juden in der Beziehung zu ihrem Mangel an Glauben sieht. Er bezieht sich auf Elias Worte in 1. Könige: „Herr, sie haben deine Propheten getötet." Diese Schuld schließt offensichtlich nicht die Tötung des Sohnes Gottes selber ein, denn Paulus erwähnt ein derartiges Vorkommnis nicht.

Wenn Paulus und seine Zeitgenossen den Juden keine Schuld am Tode Jesu geben, wie sehen sie die Römer? Im Evangelium des Markus übernimmt Judas die Schurkenrolle, der Hohe Rat (Sanhedrin) ist die höchste jüdische religiöse Behörde, die Jesus eliminieren will, aber Pilatus war die Galionsfigur der kaiserlichen Justiz, die die Vollstreckung ausführte. Alle Evangelien geben Pontius Pilatus aus tendenziösen Gründen einen komplexen Charakter und waschen ihn von der Verantwortung für einen Tod rein, der von anderen (den Juden) gewollt war. Aber können wir uns vorstellen, dass dieser Mann, hätte er irgendeine Rolle beim Tod von Jesus gespielt, unmittelbar danach für rund ein dreiviertel Jahrhundert aus dem christlichen Bewusstsein verschwunden wäre? Was ist mit dem Versuch des Pilatus, einen Mann zu befreien, von dem er glaubte, dass er unschuldig war, seine dramatische Geste, als er seine Hände von Jesu Blut abwusch? Was ist mit seinem Angebot, Jesus freizulassen, das dann von einer Menge abgelehnt wird, die Barabbas an seiner Stelle fordert?[32] Könnten diese dramatischen Elemente sich nicht als interessant für die ersten drei Generationen von Christen erwiesen haben, die ihren Glauben auf das Ereignis von Jesu Hinrichtung gründeten?

Es dauerte rund 80 Jahre, bevor Pilatus in den Briefen des Ignatius ans Licht kam. In dieser Zeit könnte die erste und einzige Erwähnung des Pilatus in den Briefen des Neuen Testaments verfasst worden sein, 1. Timotheusbrief 6:13. Auch hier gibt es Anzeichen dafür, dass es sich dabei um eine spätere Hinzufügung handeln könnte (siehe Anhang 1).

Eine Gestalt wie Pilatus scheint kaum im Gesichtskreis des Paulus, wenn er in Röm 13:3-4 sagt:

„13:3 Denn vor denen, die Gewalt haben, muss man sich nicht fürchten wegen guter, sondern wegen böser Werke ... Denn sie (die Obrigkeit) ist Gottes Dienerin, dir zugut."

Konnte Paulus dieses schreiben und zugleich etwas über den historischen Prozess Jesu und die Kreuzigung gewusst haben? Pilatus, ob er nun an seine Unschuld glaubte oder nicht, übergab den Unschuldigen der Geißelung und Hinrichtung. Wenn die Geschichte eines derartigen Schicksals, erlitten von Jesus von Nazareth, jedem Christen im Gedächtnis gewesen wäre, hätte der Lobpreis des Paulus auf die Obrigkeit als „Gottes Dienerin" zu unserem Besten, von der die Unschuldigen nichts zu fürchten haben, wahrlich hohl geklungen.

Tatsächlich scheinen die frühen christlichen Autoren die Darstellung des Todes Jesu in den Evangelien nicht zu kennen: dass es sich dabei um die ungerechte Hinrichtung eines Unschuldigen handelte, Opfer von Verrat, falschen Anschuldigungen und einem mitleidlosen Establishment. Statt dessen rühmt Paulus in Röm 8:32 die Großmütigkeit Gottes, der „auch seinen eigenen Sohnes nicht verschont hat, sondern hat ihn für uns alle dahingegeben". Und für den Verfasser von Eph 5:2 ist es Christus selber, der in Liebe „sich selbst für uns gegeben als Gabe und Opfer, Gott zu einem lieblichen Geruch". Wo immer dieses Opfer für Paulus und andere frühchristliche Autoren des 1. Jahrhundert stattgefunden haben mag – es scheint in jedem Fall Lichtjahre von Golgatha entfernt gewesen zu sein.

Am dritten Tag

Alle Evangelien schließen mit der Geschichte vom leeren Grab und – abgesehen von der Urfassung des Markus – einem Bericht über verschiedene Erscheinungen des auferstandenen Jesus bei seinen Jüngern. Die Apostelgeschichte lässt ihn 40 Tage auf der Erde wandeln. Wie sehen die Briefeschreiber des 1. Jahrhunderts die Überlieferung des Osterwunders?

Nach der am weitesten verbreiteten frühchristlichen Meinung ist Jesus sofort nach seinem Tode zum Himmel gefahren. Die Verfasser der Briefe wissen nichts von einer körperlichen Auferstehung nach drei Tagen oder einer Zeit, in welcher der zum Himmel gefahrene Christus auf der Erde erscheint. Vor dem Hintergrund des orthodoxen Bildes des frühen Christentums, wonach dieses als Reaktion auf die Auferstehung Jesu aus seinem Grab ihren Anfang genommen haben soll, ist eine solche Lücke kaum vorstellbar.

Trotzdem wird diese durch die folgenden Textstellen bestätigt:

„und [Christus] ist getötet nach dem Fleisch, aber lebendig gemacht nach dem Geist ... [Die Taufe,] die jetzt auch euch rettet ... durch die Auferstehung Jesu Christi, welcher ist zur Rechten Gottes, aufgefahren gen Himmel, und es sind ihm untertan die Engel und die Gewaltigen und die Mächte.“

Hier spricht der Verfasser des 1. Petrusbriefs (3:18-22) von einer Himmelfahrt, die in einem imaginären geistigen Reich stattfand, aber er hat nichts über Jesu körperliche Erscheinungen auf der Erde zu sagen. (Die Bedeutung von „im Fleisch“ wird in Teil vier untersucht werden). – Oder Eph 1:20:

„...welche er gewirkt hat in Christo, da er ihn von den Toten auferweckt hat und gesetzt zu seiner Rechten im Himmel.“

In Hebräer 10:12 ist noch weniger Platz für eine Auferstehung: „Dieser aber hat ein Opfer für die Sünden dargebracht, und sitzt nun für immer zur Rechten Gottes.“ In 13:20 hat der Verfasser Gott Jesus von den Toten „heraufführen“ lassen. Beide Verse belegen das Fehlen des Gedankens der körperlichen Auferstehung im Hebräerbrief.

Dann erschien er

Gibt es bei Paulus den Gedanken einer (körperlichen) Wiederkunft Jesu zur Erde? Geht sein Gedanke einer Auferstehung weiter als die eben untersuchten Zeugnisse?

In 1. Kor 15:5-8 fährt Paulus nach einem kurzen Überblick über das Evangelium, das er predigt, mit einer Aufzählung von Christus-„Erscheinungen“ in Jerusalem fort. Die Art dieser Erscheinungen kann mit dem Bild der Evangelien nicht in Einklang gebracht werden.

Paulus verrät nirgends irgendein Wissen von der Geschichte des leeren Grabes. Er erwähnt nicht die Frauen, die es als erste entdeckt haben, auch nicht irgendwelche Details, die zu den Erscheinungsgeschichten der Evangelien passen. Andererseits scheinen den Evangelisten die Erscheinungen vor Jakobus und die vor „über 500 Brüdern auf einmal" unbekannt zu sein.

In dieser Beschreibung benutzt Paulus durchgängig das Wort *ōphthē* (war gesehen): Jesus war von XY gesehen worden. Hier gibt es keinen Beweis dafür, dass er irgend etwas anderes meinen könnte als eine Vision, und dieses wird dadurch bekräftigt, dass Paulus sein eigenes „Sehen" im selben Atemzuge nennt. Er macht zwischen ihnen keinen Unterschied. Da seine eigene Erfahrung des auferstandenen Christus – wie in der Apostelgeschichte beschrieben – eine Vision des körperlosen spirituellen Christus im Himmel ist, scheint es so zu sein, dass sie alle das gleiche erfahren haben. Moderne liberale Gelehrte, wie die des Jesus-Seminars,[33] haben erst kürzlich begonnen anzuerkennen, dass all diese Erscheinungen „Visionen" waren, und selbst dies mag noch ein zu starkes Wort sein.[34]

Wir müssen auch berücksichtigen, was Paulus einige Verse später sagt (15:12-16).

„[12]Wenn aber Christus gepredigt wird, dass er von den Toten auferstanden ist, wie sagen dann einige unter euch: Es gibt keine Auferstehung der Toten? [13]Gibt es keine Auferstehung der Toten, so ist auch Christus nicht auferstanden. [14]Ist aber Christus nicht auferstanden, so ist unsre Predigt vergeblich, so ist auch euer Glaube vergeblich. [15]Wir würden dann auch als falsche Zeugen Gottes befunden, weil wir gegen Gott bezeugt hätten, er habe Christus auferweckt, den er nicht auferweckt hätte, wenn doch die Toten nicht auferstehen. [16]Denn wenn die Toten nicht auferstehen, so ist Christus auch nicht auferstanden."

Es gibt einige wichtige Schlüsse, die aus dieser Textstelle zu ziehen sind. Paulus drückt sich aus, als ob die Auferstehung Christi von den Toten eine Glaubensangelegenheit sei, kein historischer Bericht, bewiesen durch Augenzeugen einer körperlichen Auferstehung Jesu zu Ostern. Der Glaube, dass die Toten auferstehen werden, ist ihm so wichtig, dass er bereit ist zu sagen – und er wiederholt es viermal – dass in dem Fall, dass sie nicht auferstehen, auch Christus „nicht auferstanden" sei. Wenn Augenzeugen existierten, die Paulus kannte und welche die wirkliche Wiederkehr Jesus aus dem Grabe bezeugen konnten, hätte er dies noch nicht einmal aus rhetorischen Gründen verneinen können.

Weiterhin wird das Verb für „bezeugen" *(martureō)* oft im Sinne von „Zeugnis ablegen" benutzt, „seinen Glauben an etwas zu erklären", und zwar einen Gegenstand des Glaubens, nicht einen faktischen Bericht (obgleich es das im letzteren Zusammenhang bedeuten kann). Vgl. Röm 10:9 „Denn wenn du mit deinem Munde bekennst, dass Jesus der Herr ist, und in deinem Herzen glaubst, dass ihn Gott von den Toten auferweckt hat, so wirst du gerettet." Auch hier scheint Paulus zu implizieren, dass die Auferstehung Jesu eine Glaubensangelegenheit sei. Im 1. Thessalonicherbrief 4:14, wo Paulus sagt: „Denn wenn wir glauben, dass Jesus gestorben und auferstanden ist", scheint sogar Jesu *Tod* ein Gegenstand des Glaubens zu sein.

Dass „bezeugen" in der oben zitierten Passage des 1. Korintherbriefs (Vers 15) eine solche Bedeutung haben könnte, wird weiterhin durch die folgenden Worte bestätigt: *kata tou theou,* oder „gegen Gott". Übersetzer scheinen oft unsicher über die genaue Bedeutung dieses Satzes zu sein, aber Bauers Lexikon erklärt es als „Zeugnis geben *in Widerspruch zu Gott".* Paulus scheint also seine Äußerung in der folgenden Weise rhetorisch zuzuspitzen: wenn Gott Jesus nicht wirklich von den Toten auferstehen ließ (was die Schlussfolgerung sein müsste, wenn die Toten nicht auferstehen), hätten Paulus und die anderen Apostel Gott widersprochen und bezüglich Jesu Auferstehung gelogen.

Paulus sagt also, dass das Wissen über Jesu Auferstehung von Gott gekommen ist und dass seine eigene Predigtoffenbarung, wahr oder falsch, sich auf Informationen bezieht, die von Gott gekommen sind – mit anderen Worten: durch Offenbarung. Nicht durch Geschichte, nicht durch apostolische Überlieferung über kürzlich stattgefundene Ereignisse auf der Erde. In all diesen Diskussionen über die Wirklichkeit der Auferstehung Christi ist der paulinische Maßstab der des Glaubens, Glaube, der auf Gottes Zeugnis aus der Schrift basiert. Historisches menschliches Zeugnis spielt keine Rolle.

Wie wir in Teil vier sehen werden, fand das Ereignis von Christi Tod und Auferstehung in der transzendenten Welt des Mythos statt, und insofern gibt es keine zeitliche Verbindung zwischen derartigen Ereignissen und den „Erscheinungen“ in 1. Kor 15:5-8. Paulus ist in der gleichen Position wie die anderen frühchristlichen Schreiber. Er weiß nichts über die Zeit zwischen Auferstehung und Himmelfahrt, er besitzt keine Vorstellung darüber, was Jesus zu dieser Zeit getan oder gesagt haben soll. Die anschaulichen Szenen, welche die Evangelien wie das Johannesevangelium uns geben, z. B. wie Thomas seine Finger in Jesu Seite legt (Luk 20:24ff.), sind Paulus völlig unbekannt. Ein ungläubiger Thomas wäre ein unschätzbarer Gewinn bei seiner Diskussion mit den zweifelnden Korinthern gewesen.

In Jesu Fußstapfen

Von Bethlehem bis nach Golgatha – überall in den frühchristlichen Briefen herrscht ein beredtes Schweigen über die Orte und Details des Lebens und Todes Jesu. In diesem Zusammenhang gibt es ein besonders auffallendes Phänomen. Es kann in einer Frage zusammengefasst werden: Wo sind die heiligen Stätten?

Von allen christlichen Autoren des 1. Jahrhunderts bringt, trotz aller Verehrung, die sie Christus und dem neuen Glauben zukommen lassen, nicht einer den Wunsch zum Ausdruck, den Geburtsort von Jesus zu sehen oder z.B. Nazareth, seine Heimatstadt, zu besuchen. Niemand spricht davon, an den Stätten seiner Predigt gewesen zu sein oder in dem Obergemach, wo er sein letztes Abendmahl abhielt, dem Hügel, auf dem er gekreuzigt wurde, oder dem Grab, in dem er beerdigt wurde und von den Toten auferstand. Nicht nur, dass wir keinen Anhaltspunkt dafür besitzen, dass irgendjemand ein Interesse daran zeigte, derartige Stätten zu besuchen – sie bleiben vollkommen unerwähnt. Die Worte Bethlehem, Nazareth und Galiläa erscheinen nie in den Briefen, und das Wort Jerusalem wird nie in Verbindung mit Jesus verwendet.

Am erstaunlichsten ist freilich, dass es keinen Hinweis auf Pilgerfahrten nach Golgatha selber gibt, wo doch die Erlösung der Menschheit stattgefunden haben soll. Hätte ein derartiger Ort nicht zum Zentrum christlicher Andacht werden müssen? Warum war er nicht zu einem Heiligtum gemacht worden? Sollte man nicht erwarten, dass die

Christen jedes Jahr zum Passahfest ihre eigene Andacht am Hügel außerhalb von Jerusalem gefeiert hätten und jeden Ostersonntag einen Gottesdienst auf dem Gelände der nahegelegenen Grabstätte begingen? Wäre es nicht sinnvoller gewesen, christliche Predigt und theologische Meditation an den realen *Erlösungsstätten* auszurichten, statt an abstrakten Ereignissen?

Vermieden es Christen aus Furcht, derartige Stätten aufzusuchen? Die Apostelgeschichte – sie bewahrt möglicherweise einen Kern historischer Realität – zeigt uns die Apostel, wie sie in der Anfangszeit furchtlos den Tempel besuchen und dort predigen, trotz der Furcht vor Verhaftung und Verfolgung. Aber selbst wenn die Verfolgungsgefahr in den ersten Jahrzehnten für die Christen keineswegs so groß war, wie man manchmal annimmt, hätte auch sie die ersten Christen kaum von heimlichen Besuchen abgehalten, zumal es noch viele andere Orte im Leben Jesu gab, wo Besuche nicht mit Gefahren verbunden gewesen wären. In jedem Fall sollte man sie gefahrlos in der Korrespondenz *erwähnen* können.

Wie konnte Paulus darüber schweigen? In Philipper 3:10 spricht er von seinem Wunsch, Christus:

„... zu erkennen ... und die Kraft seiner Auferstehung und die Gemeinschaft seiner Leiden...“!

Liegt es ihm also am Herzen, nach seiner Bekehrung Golgatha zu besuchen, um die Leiden intensiver zu erfahren, um unter seinen Füßen den mit dem Blut seines ermordeten Herrn getränkten heiligen Boden zu spüren? Steht er vor dem leeren Grab, um besser die Kraft von Jesu Auferstehung aufzunehmen, um sich der eigenen Auferstehung zu vergewissern? Die Briefe des Paulus offenbaren einen Mann, der voller Unsicherheiten und Selbstzweifel ist, von seinen eigenen Dämonen besessen, höchst emotional, ein Mann, getrieben zu predigen, wie er uns in 1. Kor 9:16 erzählt. Hätte er nicht großen Trost aus einem Besuch des Gartens Gethsemane gezogen, wo, wie berichtet wird, Jesus durch ähnliche Schrecken und Selbstzweifel ging? Wären seine Auffassungen über die Eucharistie, die er den Korinthern mitteilt (11:23f.), nicht möglicherweise durch einen Besuch des Obergemachs in Jerusalem bestärkt worden, wo es Gelegenheit gab, die Atmosphäre des geheiligten

Ortes und des Ereignisses in sich aufzunehmen?

Diese Art der Betrachtung zeigt uns noch einen weiteren Grund dafür, die rein apologetische Rechtfertigung, warum Paulus nicht am irdischen Leben Jesu interessiert gewesen sein sollte, als unakzeptabel zu betrachten. Abgesehen davon, dass es schwierig ist, sich vorzustellen, dass die frühe christliche Bewegung einem menschlichen Lehrer folgte, ohne irgendwelche biographischen Details seiner Laufbahn zu kennen – ob echt oder erfunden –, wäre zu erwarten, dass Paulus bei seiner Mission der Nichtjuden selbstverständlich mit den Lebensdaten, mit Erinnerungen an die Stätten, die Jesus häufig besucht hatte, vertraut sein musste, um die unausweichlichen Fragen seiner neuen Zuhörer zu beantworten, die sicher alle Einzelheiten über jenen Mann hören wollten, der zugleich Sohn Gottes und Erlöser der Welt gewesen war.

Was machte er stattdessen? Nach seinem eigenen Bericht im Galaterbrief wartete er drei Jahre nach seiner Bekehrung, bevor er einen kurzen Besuch in Jerusalem machte.

„... um Kephas kennenzulernen, und blieb fünfzehn Tage bei ihm. Von den andern Aposteln aber sah ich keinen außer Jakobus, des Herrn Bruder."

Auch kehrte er 14 Jahre nicht dorthin zurück. Hat Paulus alle Lebensdaten von Jesus bei dieser Gelegenheit kennen gelernt? Besuchte er die heiligen Stätten? Da er drei Jahre nicht das Bedürfnis verspürte, mag das Schweigen über derartige Dinge nicht überraschend sein. Aber wenn er seine eigene Pilgerreise nach Golgatha und zum leeren Grab machte – können wir dann glauben, dass er diese Erfahrungen nicht mit anderen geteilt hätte, z.B. mit seinen Lesern? Wenn nicht hier, dann zumindest an einigen anderen Stellen in seinen vielen Briefen?

Aber es sind nicht nur die Stätten von Jesu Leben und Tod, die in den frühen Berichten fehlen. Was ist mit den Reliquien? Jesu Kleider, Gegenstände, die er im alltäglichen Leben benutzte, Dinge, die er berührte? Warum sind solche Dinge nicht übrig geblieben, um gesammelt und hochgeschätzt zu werden, gesucht, angeschaut und berührt von den Gläubigen? Hätte nicht ein Apostel wie Paulus bestrebt sein müssen, ein derartiges Andenken (Memento) des Mannes, den er predigte, bei sich zu tragen? Hätte sich nicht ein Wettbewerb zwischen den Aposteln und christlichen Gemeinden entwickeln müssen (wie es später tatsächlich geschah), derartige Andenken und Reliquien für die Anbetung oder als Statussymbol zu erlangen? Wenn der Bericht der Evangelien auch nur irgendeine Grundlage hätte, müssten wir erwarten, allen Arten von Reliquien zu begegnen – so wie wir während des ganzen Mittelalters eine Menge von Reliquien finden, von denen behauptet wurde, dass sie auf Jesus zurückgingen.

Warum tauchen erst im 4. Jahrhundert Teile des „wahren Kreuzes" auf? Warum wird es Konstantin überlassen, das erste Heiligtum auf dem Hügel, auf dem Jesus nach den Evangelien gestorben sein soll, zu errichten und mit den Pilgerfahrten zu den heiligen Stätten zu beginnen, die bis zum heutigen Tag fortbestehen? Warum scheint kein Christ in den ersten hundert Jahren das Bedürfnis empfunden zu haben, denselben Grund und Boden zu betreten, über den der Sohn Gottes erst vor so kurzer Zeit gewandelt war? Das völlige Fehlen solcher Dinge in den ersten hundert Jahren ist vielleicht das stärkste Argument, den ganzen Bericht der Evangelien über Jesu Leben und Tod als reine literarische Erfindung zu betrachten.

Die kritische Wissenschaft, die inzwischen eingeräumt hat, dass ein Großteil der Evangeliumsgeschichte – und praktisch der ganze Passionsbericht – Fiktion[35] ist, könnten wir fragen: wenn die Evangeliumsgeschichte, warum nicht auch anderes? Warum nicht auch alle Orte und Relikte, die mit Jesu *Leben* zusammenhängen sollen? Sollten Paulus und die übrigen Vertreter der Jerusalem-Tradition an den Tod und die Auferstehung eines historischen Menschen geglaubt und diese gepredigt haben, ohne dass sie mit einem *bestimmten* Ort verbunden waren? Angenommen ein „echter Jesus" hätte gelebt und gepredigt und wäre unter irgendwelchen Umständen gestorben –, hätten die Erinnerungen an die Stätten, die mit seinem Leben verbunden sind, vollkommen verlorengehen können? Wären sie für Christen ohne jedes Interesse gewesen? Wenn gesagt wird, dass der frühen Christenheit keine Lebensdaten Jesu bekannt waren – eine Position, die in der Forschung heute immer häufiger vertreten wird –, woher dann die Energien, die das frühe Christentum überhaupt erst in Gang setzte, was hat es angesichts eines derartigen Vakuums an historischen Fakten und geographischen Daten überhaupt am Leben erhalten? In jedem Fall ist die Meinung, dass die Jerusalem-Tradition ihren Anfang mit dem Tod und der Auferstehung eines historischen Menschen genommen haben soll, obschon weiter nichts über die historischen Umständen dieser Ereignisse bekannt war, eine Position, die sich logisch nicht empfiehlt.

Teil drei

Das Evangelium des Sohnes

8
Das Wort Gottes in der Heiligen Schrift

Zeit des Glaubens

Wie schon im ersten Teil skizziert, erklären mehrere Textstellen in den Briefen des Neuen Testaments, dass Christus und sein Wirken Geheimnisse Gottes sind, die für lange Zeiten verborgen blieben (Röm 16:25, Kol 1:26; 2:2, Eph 3:5, Tit 1:3). Jetzt aber werden sie von erleuchteten Aposteln wie Paulus durch Offenbarung und Geist bekannt gemacht. Bei den Ereignissen der Gegenwart haben wir also keineswegs an das Leben und die Handlungen des irdischen Jesus zu denken, sondern an Gottes Handeln, an die Ankunft des Glaubens und die Sendung des Geistes seines Sohnes.

Wenn aber dies das Zeitalter ist, in dem der Glaube erschienen ist, worauf basiert er? Wenn Gott Christus offenbart, woher kam der Inhalt der Offenbarung? Paulus und andere Propheten hörten nicht einfach Stimmen, die ihnen vom unsichtbaren Sohn berichteten. Sie behaupten, dass sie ihre Inspiration durch Gottes Heiligen Geist empfangen haben. Aber woraufhin handelt der Geist? Eine mystische Erfahrung oder die feste Überzeugung, dass Gott eine Offenbarung gewährt hat, mögen psychologische Erlebnisse sein, und doch ereignen sie sich zumeist entweder als Reaktion auf das Studium Heiliger Schriften oder auf eine vorangegangene Meditation. Im Falle des Paulus und anderer jüdischer Propheten waren es die jüdischen (Heiligen) Schriften des Alten Testaments.

Offenbart durch die Heiligen Schriften

Eines der Hindernisse für die Akzeptanz der Mythostheorie ist die Schwierigkeit, sich eine Geschichte des Jesus von Nazareth vorzustellen, die ohne jegliche historische Grundlage entstanden sein soll. Aber wir müssen begreifen, wie sehr der gebildete antike Jude in der Vorstellungswelt seiner heiligen Schriften lebte und wie sehr dies auch viele der Nichtjuden taten, die sich dem Judentum zuwandten. Die jüdischen Schriften bildeten eine Welt für sich, in der sich Gelehrter und Prophet gleichermaßen bewegen und leben konnte. Sie lenkten ihr Leben durch die Schriften. So der jüdische Philosoph Philo aus Alexandria (Ägypten), der ganze philosophische Systeme aus der Schrift ableiten konnte, wobei ihm mitunter gewiss auch mystische Erfahrungen zu Hilfe kamen. Die antike Philosophie als Ganzes, ihre Sicht auf Gott und das Universum war das Ergebnis intellektuellen Nachsinnens. Die modernen Prinzipien der wissenschaftlichen und experimentellen Beobachtung waren praktisch unbekannt. Die wahre Realität lag außerhalb der empirischen Welt, letzte Wahrheiten wurden durch die Verwerfung der Welt und die Überwindung alles Körperlichen erreicht. Gott, so meinte man, offenbare sich zuerst in seinen Schriften, dann – für diejenigen, die glücklich genug waren, damit gesegnet zu sein – durch visionäre Offenbarungen.

Die Bibel war das Buch der Offenbarung Gottes und seines Wirkens. Der wichtigste Aspekt dieses Wirkens war die göttliche Ökonomie, der göttliche Heilsplan. Gottes Plan musste in den Schriften stehen, denn das war die Art, wie er sich der Welt offenbarte. Alles, was nötig war, war der richtige Schlüssel, die richtige Inspiration, um durch den Geist die kodierte Information zu erschließen. So wurden die Schriften der Propheten nicht so verstanden, wie sie tatsächlich zu ihrer Zeit gemeint waren – sie bezogen sich nicht auf die historischen Zustände der damaligen Zeit (was sie natürlich in allen Fällen taten) –, sondern als Prophezeiungen der Zukunft. Insofern war es nur konsequent, wenn die

Exegeten die Zukunftsaussagen der Schrift auf ihre eigene Gegenwart bezogen. Gottes prophetische Botschaft war für sie selbst bestimmt. Die Überzeugung des Paulus, dass der Geist ihn leitete, als er den Sinn der heiligen Texte suchte, garantierte, dass er die Botschaft erhalten würde, nach der er suchte.

Über mehrere Jahrhunderte haben Vertreter des Judentums die Frage gestellt: Wie erlöst Gott sein Volk? Wer würden die Mittler sein? In der Vorstellung vieler Menschen war der Mittler ein gesalbter König, der Messias, ein Nachkomme Davids. Das griechische Wort für „Gesalbter“ ist Christus. Es ist kein richtiger Name, sondern eine Bezeichnung, ein Titel. Streng genommen sollte er nicht als *Jesus Christus* gesprochen werden, sondern als *Jesus, der Christus.* Die Juden glaubten, dass die Informationen über den erwarteten Messias in prophetischen und anderen Schriften enthalten waren: die Anzahl der Textstellen, die sich auf ihn beziehen sollten, wuchs proportional zu der Anzahl derer, die nach derartigen Dingen suchten.

Für die meisten Juden war der Messias eine menschliche Gestalt, wenn auch eine, die dazu bestimmt war, durch Gott erhöht zu werden. Von anderen jedoch wurde der Erlöser spiritueller gedacht. Der „Menschensohn“ in Daniel 7:13 ist eine göttliche oder semi-göttliche Erlösergestalt. Im ausgehenden 1. Jahrhundert taucht ein solcher Vertreter Gottes der Endzeit in Q und in der Offenbarung des Johannes und schließlich in den kanonischen Evangelien auf. In den jüdischen Sekten erscheint er im 4. Esrabuch und im Buch Henoch, was beweist, dass sogar rein jüdische Gruppen begonnen hatten, sich eine übermenschliche Messiasgestalt vorzustellen, d.h. jemand, der im Himmel auf die Ankunft des großen Tages wartet, um den Gerechten Gottes Erlösung zu bringen.[36]

Von hier ist es nur ein kleiner Schritt bis zu der Erkenntnis, dass auch das Christentum in seiner frühesten Form nicht als eine „Reaktion“ auf ein bestimmtes menschliches Wesen betrachtet werden darf, sondern als ein religiöses und philosophisches Phänomen der gleichen Art. Zu den verschiedenen Glaubenskreisen gehörte eine unbekannte Anzahl nicht koordinierter jüdischer und nichtjüdischer Gruppen in Palästina und im ganzen Reich. (In Kapitel 13 werden wir die große Unterschiedlichkeit in der frühen Bewegung des „Christusglaubens“ untersuchen.) Sie präsentierten einen geistlichen Erlöser, einen vollkommen göttlichen Sohn Gottes. Die gleichen Schriftpassagen, die von den orthodoxen Juden auf einen zukünftigen menschlichen Messias gedeutet wurden, wurden nun auf einen spirituellen Christus bezogen, einen Sohn Gottes, der im Himmel auf die Endzeit wartete, bis er auf der Erde erscheinen würde.

Diesem himmlischen Christus gaben einige dieser Kreise – wenngleich nicht alle, wie wir sehen werden – den Namen „Jesus" (Jeschua/Josua), den Namen des Nachfolgers des Mose, der das Heilige Land eroberte. Der Name bedeutet „Jahwe ist Rettung" und stellt einen idealen und passenden Namen für eine Erlösergottheit dar. Einige dieser Kreise – wenngleich wiederum nicht alle – stellten sich vor, dass dieser Christus sich in der übernatürlichen Welt selbst geopfert habe, in derselben Sphäre, in der auch die Handlungen all der anderen Erlösergottheiten der damaligen Zeit stattfanden. Dass dieser Sohn und Christus durch Kreuzigung gestorben (einige sprechen darüber nur als „hängen"), dass er von den Toten auferstanden war, konnte in den Heiligen Schriften entdeckt werden.

Ein Evangelium aus der Schrift

In einigen Textpassagen teilt uns Paulus deutlich mit, dass er seine Information und sein Evangelium über Christus aus den Schriften erhalten hat. Im 1. Korintherbrief 15:3-4 sagt er, dass „Christus gestorben ist für unsere Sünden", dass „er auferstanden ist am dritten Tage" „gemäß den Schriften". Die letzte Redewendung kann, wie schon früher bemerkt, bedeuten: „wie wir aus den Schriften erfahren". In Röm 16:25 verkündet Paulus sein Evangelium und die Predigt „von Jesus Christus, durch die das Geheimnis offenbart ist, das seit ewigen Zeiten verschwiegen war, nun aber offenbart und kundgemacht ist durch die Schriften der Propheten nach dem Befehl des ewigen Gottes ..." Aus den Worten geht einfach hervor, dass Christus ein Geheimnis ist, das für lange Zeit verborgen blieb, jetzt aber durch Gott, durch die Schrift offenbart wurde.

Obgleich oft darauf hingewiesen wird, dass das orthodoxe Judentum in der damaligen Zeit keine Doktrin eines geopferten Messias aus ihren heiligen Schriften las, besagt das nicht, dass das *niemand tat.* Denn für das Evangelium des Paulus, dass „Christus für unsere Sünden nach der Schrift starb“, müssen wir nur auf Jesaja 53 blicken, um die mutmaßlichen Passagen zu finden, von denen Paulus spricht.

„[4]Er erträgt unsere Sünden, und leidet für uns ... [5]Aber er wurde wegen unserer Ungerechtigekit verwundet, wegen unserer Sünde geschlagen... [6]Wir alle sind wie Schafe irregegangen, jeder ist auf seinem Wege irregegangen, und der Herr lieferte ihn aus für unsere Sünden ... [12]weil er sein Leben dem Tod ausgeliefert hat ... und er trug die Sünden der Vielen und wurde wegen ihrer Sünde ausgeliefert“ [Übersetzt aus der LXX, ed. Rahlfs].

Obgleich der Schreiber des Deuterojesaja („Zweiter Jesaja“) in diesem sogenannten Gottesknechtlied (Jes. 40-55) von einem zeitgenössischen Propheten sprach – möglicherweise sogar über sich selber, obschon einige Wissenschaftler vermuten, dass diese Passage nach seinem Tode entstand und von einem anderen stammt – war für frühe Christen Jesaja 52:13-53:12 eine bedeutungsgeladene Textstelle. Sie wurde zur Quelle für alle Arten von Theologien und Ideen, zunächst für den spirituellen Christus, dann für die Passionsgeschichte der Evangelien. Paulus brauchte kaum mehr als diese eine Passage mit ihrem Hauptgedanken der „Auslieferung“[37] des „Knechtes“ (griechisch *pais,* auch als Kind oder Sohn zu übersetzen) durch Gott, um auf diese Weise zu seinem Evangelium von 1. Kor 15:3 zu gelangen. Die Auferstehung am dritten Tag, im nächsten Vers, ist mehr als wahrscheinlich durch Hosea 6:2 angeregt: „Nach zwei Tagen gibt er uns das Leben zurück, am dritten Tag richtet er uns wieder auf, und wir leben vor seinem Angesicht.“ Die Geschichte von Jona spricht auch von einer Rettung aus dem Bauch des Fisches nach drei Tagen und drei Nächten (2:1).

Aber wie verhält es sich mit der Todesart Christi? Das „verwundet“ aus Jesaja 53:5 oben wurde manchmal als „durchstochen“ übersetzt. Psalm 119:120 (in der Septuaginta) enthält die Wendung „durchbohre mein Fleisch mit deiner Angst“. Das Verb bedeutet in einigen Kontexten „befestigen mit Nägeln“. Psalm 22:16, ein anderer Text, der stark mit Einzelheiten der Passion aus dem Evangelium bestückt ist, sagt, „sie haben meine Hände und Füße durchstochen“. Sacharja 12:10 (der freilich von einer Person seiner eigenen Zeit spricht) verbindet das „Durchstechen“ mit einem „Sohn“:

„Und sie werden mich ansehen, den sie durchbohrt haben, und sie werden um ihn klagen, wie man klagt um ein einziges Kind, und werden sich um ihn betrüben, wie man sich betrübt um den Erstgeborenen.“

Das Johannesevangelium 19:37 weist auf diesen Vers des Sacharja hin als auf einen Text in der Schrift, den Christus erfüllt hat. Hinter der Aussage des Johannesevangeliums steht freilich, dass Verse wie Sacharja 12:10 die *Quelle* für die „Tatsache“ sind, dass Jesus gekreuzigt wurde.

Ein Charakteristikum der Schriftauslegung dieser Periode war die Gewohnheit, einzelne Passagen und Verse aus dem Zusammenhang zu reißen und alles zu einem großen Ganzen zu verknüpfen. Dabei war das Ganze häufig viel größer als die einzelnen Teile. Hierbei handelt es sich um eine der Schlüsselmethoden des „Midrasch“, einer speziell jüdischen Methode der Interpretation der Heiligen Schrift. (Darüber werden wir Näheres erfahren, wenn wir uns ansehen, wie die Evangelien konstruiert wurden.) Diese Verknüpfung weit auseinanderliegender Schriftzitate und die daraus folgende Ableitung von Bedeutungen und Szenarien bildete den geheimnisvollen Ursprung für die Entwicklung der frühchristlichen Botschaft. Die Heiligen Schriften des Alten Testaments enthielten noch nicht die voll entwickelte Vorstellung eines gekreuzigten Messias, aber sie enthielten alle notwendigen Bestandteile zur Entwicklung und Entstehung dieser Idee. Der jüdische Midrasch bildete gleichsam die Anleitung, nach der das christliche Rezept zusammengestellt und zur Lehre vom göttlichen Sohn entwickelt wurde, der um der Erlösung willen den Opfertod starb.

Die Verkündigung des Evangeliums nach der Schrift

Manchen mag es schwer fallen nachzuvollziehen, dass ein aus der Schrift herausgelesener spiritueller, gekreuzigter Messias und Sohn Gottes, der in keiner Beziehung zu irgendeinem historischen Ereignis stand, bei den Menschen, die missioniert werden sollten, auf große Begeisterung stoßen und von Aposteln wie Paulus über das Reich verbreitet werden konnte – es sei denn, er wäre zuvor mit einer Person aus Fleisch und Blut und mit historischen Worten und Taten verbunden worden.

Wie aber haben heidnische Missionare die Kulte von Attis oder Mithras oder irgendeinen anderen der Erlösergötter der Mysterienreligionen verbreitet? In ihren Kultlegenden, in denen sie die Geschichte des mystischen Erlösergottes schilderten, *existierte* in der Tat keine Verbindung zu irgendeinem historischen Ereignis. Philo von Alexandria formulierte seinen „Mythos" des Universums und dessen Erlösung einzig und allein durch Anwendung platonischer Philosophie auf die jüdischen Schriften. Er gelangte nicht zu der Vorstellung der Opferung des Sohnes, aber sein Gedanke eines Mittlers, des „Erstgeborenen Gottes", kann als ein ungefähres, wenngleich stärker abstraktes Gegenstück zum Christus des Paulus gelten, der um der Sünde willen stirbt.

Diejenigen, die Schwierigkeiten haben, sich eine religiöse Bewegung vorzustellen, die nicht mit einem historischen Menschen und seinen Worten und Taten verbunden ist, werden gleichwohl mit einem frühen Bericht konfrontiert, der den historischen Menschen völlig ignoriert und es unterlässt, ihm irgendwelche Lehren zuzuschreiben. Außerdem kann man kaum eine Seite in den Briefen aufschlagen, ohne darauf zu stoßen, dass der Verfasser sich auf die Schrift als Grundlage für seine Aussage beruft. Bei all den philosophischen und religiösen Einflüssen, die in der Zeit des frühen Christentums wirksam waren, ist es nicht schwer sich vorzustellen, dass bestimmte Schriftausleger sich selbst ihre eigene mythische Erlösergottheit aus den heiligen Schriften bei dem Versuch abgeleitet haben, „Wahrheit" und „Erlösung" gemäß der jüdischen kulturellen Tradition zu formulieren.

Gottes Evangelium des Sohnes

Ganz am Anfang der Briefsammlung des Neuen Testaments, in den Einleitungsversen des Römerbriefes, befindet sich eine Aussage, von der viele meinen, dass sie für unsere These tödlich sein müsse. Auch wenn Paulus sonst kein Wort über Jesus von Nazareth verliert, so enthält Vers 3 nach ihrer Meinung unfehlbar den Gedanken eines historischen Christus. Freilich verhält es sich genau umgekehrt. Diese aufschlussreiche Passage hat fast zwei Jahrtausende lang am Beginn des Corpus Paulinum gestanden und hätte uns schon eher etwas über den wirklichen Beginn des Christentums verraten können, aber auch über die Rolle, welche die Schrift darin gespielt hat und über die Abwesenheit des historischen Jesus im Denken des Paulus.

„[1]Paulus, ein Knecht Christi Jesu, berufen zum Apostel, ausgesondert, zu predigen das Evangelium Gottes, [2]das er zuvor verheißen hat durch seine Propheten in der heiligen Schrift, [3]von seinem Sohn ..."

Wie wir gleich sehen werden, fährt Paulus dann fort, zwei Elemente des Evangeliums über den Sohn einzeln aufzuführen. Betrachten wir aber zunächst, was Paulus in diesen Versen sagt und stellen wir uns die Frage, ob irgendetwas an diesem Bild nicht stimmt.

Das Evangelium ist Gottes Evangelium, durch Offenbarung empfangen. Nicht von anderen Menschen, nicht von Jesus selbst auf dem Wege apostolischer Übertragung. Dieses Evangelium war von Gott vorher verheißen oder angekündigt worden: beides sind gültige Übersetzungen des griechischen *proepangelō.* (Die Wurzel des Verbs ist dieselbe wie für „Engel", Gottes Bote.) Dieses Evangelium ist in der Schrift angekündigt worden, in den heiligen Schriften der Propheten. Das ist die Quelle des paulinischen Evangeliums über den Sohn. Es war alles schon vor der Zeit da, durch Gott verschlüsselt in den Schriften, auf die Entdeckung durch Paulus wartend. Gott hatte in der Schrift vorausgeschaut – *nicht auf Jesus, sondern auf das Evangelium, das von ihm erzählt.*

Wie kann Paulus diese Dinge auf eine so bizarre Art darstellen? Er erzählt den römischen Christen, dass die Schrift eine Vorhersage seines eigenen Evangeliums enthält, nicht die Vorhersage von Jesus und seinem Leben. Aber wenn Gott in der Schrift verschlüsselte Informationen über Jesus gegeben hätte, die einen Teil des paulinischen Evangeliums bilden, dann hätte er vor allen Dingen Jesus vorhersagen müssen. Wir würden erwarten, dass Paulus sagt, Gott habe vorher Informationen über Jesus bekanntgegeben, aber nicht über sein eigenes Evangelium.

Paulus stellt es so dar, als sei die Schrift nicht die Prophezeiung von Jesu Leben und Taten, sondern die Prophetie des Evangeliums, die von diesen Taten berichtete.

In dieses Bild passt zwischen Abfassung der Schrift und Offenbarung des Evangeliums an Paulus kein Leben Jesu. Wann immer und wo immer die Aktivitäten des Sohnes stattfanden, sie waren nicht in der Geschichte zwischen den beiden Ereignissen angesiedelt.

Das steht vollkommen mit der Art und Weise der Darstellung in den Briefen in Einklang, besonders in Verbindung mit der Offenbarung von Gottes „Geheimnis". Das Geheimnis Christi ist für lange Zeitalter verborgen gewesen, und die erste Enthüllung dieses Geheimnisses, die erste Handlung bezüglich Gottes uralter Verheißungen, hat nicht im Leben Jesu in der erst kurz zurückliegenden Vergangenheit stattgefunden, sondern in den Inspirationen und Aktivitäten von missionarischen Propheten wie Paulus.

Wir werden zu der Schlussfolgerung gebracht, dass es in der Vergangenheit des Paulus keinen historischen Jesus gab. Statt dessen haben sich die Aktivitäten des Sohnes, über die Gottes Evangelium in der Schrift berichtete, wie von Paulus interpretiert, im geistigen Reich abgespielt und waren nur durch Offenbarung zugänglich.

Aber fahren wir fort. In Röm 1:3-4 gibt Paulus uns weiterhin zwei Aussagen dieses Evangeliums über den Sohn, durch Gott verschlüsselt in der Schrift:

„[3] ... der geboren ist von dem Samen Davids nach dem Fleisch und eingesetzt ist als Sohn Gottes in Kraft nach dem Geist, der da heiligt, seit der Zeit, da er auferstanden ist von den Toten, Jesus Christus, unser Herr."

Dieser Teil des Satzes ist sehr dunkel, wie die vielen verschiedenen Übersetzungen, die davon existieren, deutlich machen. (Die obige Übersetzung von den Versen 3 und 4 ist teilweise meine eigene, in einem Versuch, sich dem wörtlichen Griechischen anzulehnen.) Hier macht Paulus zwei Aussagen über den Sohn. Eine ist *kata sarka,* wörtlich „nach dem Fleisch", eine vage und besonders rätselhafte Phrase, die in der ganzen frühchristlichen Literatur benutzt wurde mit einer Vielzahl unterschiedlicher subtiler Nuancen, oft mit unklarer Bedeutung. Die andere ist *kata pneuma,* wörtlich „nach dem Geist“. Ob letztere einen Bezug zum Heiligen Geist aufweist, ist ebenfalls ungewiss. Vielleicht benutzt Paulus *kata,* um auf etwas wie „in der Sphäre des Fleisches“ und „in der Sphäre des Geistes“ hinzuweisen. Diese Deutung wird von C. K. Barrett vorgeschlagen.[38] Eine derartige Übersetzung könnte tatsächlich recht brauchbar sein. Sehen wir uns jedoch erst einmal *kata sarka* an.

„... der geboren ist von dem Samen Davids nach dem Fleisch [oder, in der Sphäre des Fleisches] ...“

Ist das eine historische Information? Falls dies der Fall wäre, wäre es die einzige, die uns Paulus je gegeben hätte, denn nirgendwo sonst in seinen Briefen erscheint eine Anspielung auf Jesu Inkarnation. Aber die Tatsache, dass sie mit der Aussage „nach dem Geist“ verbunden ist, welches, wie wir sehen werden, vollständig von einem himmlischen Ereignis aus der Schrift abgeleitet werden kann, zeigt uns, dass der Bezug auf „ Samen Davids“ nicht biographisch gemeint sein kann.

Tatsächlich folgt es, grammatisch und logisch aus dem, was Paulus soeben sagte: Es ist ein Teil des Evangeliums über Gottes Sohn, der in der Schrift angekündigt worden war. Paulus sagt uns klar und unmissverständlich, dass er diese Information erlangt hat. In Vers 1-2 stand die Botschaft im Mittelpunkt, die in den heiligen Schriften gefunden werden kann. Warum sollte er plötzlich dieses zentrale Thema verlassen und ein biographisches Element über Jesus, abgeleitet aus historischem Wissen, einfügen – um dann zur Schrift zurückzukehren?

Paulus hatte es nicht nötig, sich hier auf die Geschichte zu berufen, denn die Schrift war voller Vorhersagen darüber, dass der Messias von David abstammen würde. Indem er diese las, wandte Paulus sie auf seine eigene Version des Christus an, den Christus, der ein spirituelles Dasein hatte, kein menschliches.

War es für den ausschließlich im spirituellen Reich beheimateten göttlichen Sohn möglich, von „Davids Samen/Stamm“ abzustammen, und zwar „in der Sphäre des Fleisches“? Ich meine, (in Teil vier), dass diese Frage bejaht werden muss und dass die Abstammung Christi „von David“ ein Charakteristikum *des spirituellen Christus* ist, ein mythologischer Zug.

Aber fahren wir mit dem zweiten Teil des paulinischen Evangeliums über den Sohn in Röm 1:3-4 fort:

„... und nach dem Geist, der heiligt, eingesetzt ist als Sohn Gottes in Kraft durch die Auferstehung von den Toten."

Hier haben wir es offenkundig mit einem rein spirituellen Ereignis zu tun, das im Himmel stattfindet nach Christi Tod und Auferstehung (die selbst spirituelle Ereignisse waren). Und wo bekam Paulus seine Information über diese spezielle himmlische Szene her?

Das obige Zitat enthält zwei wichtige Hinweise: Christi Bezeichnung als Sohn Gottes und den Ausdruck „in Kraft". Wo in den Heiligen Schriften konnte Paulus eine wichtige Passage gefunden haben, die diese zwei Elemente nebeneinander enthielt und die auf den Messias bezogen werden konnte?

Psalm 2 ist eine königliche Krönungshymne. Gott selber begrüßt und salbt seinen König, Der Verfasser warnt die fremden Völker, sich vor Intrigen und ehrgeizigen Plänen zu hüten. In Vers 7-8 verkündet Gott den Messias, und beide, Juden und Christen, fassten diese Worte als an den Christus, den Messias, gerichtet auf:

„Kundtun will ich den Ratschluss des Herrn. Er hat zu mir gesagt: 'Du bist mein Sohn, heute habe ich dich gezeugt. Bitte mich, so will ich dir Völker zum Erbe geben und der Welt Enden zum Eigentum.'"

Bei dieser Textstelle handelt es sich zweifellos um die Quelle für den zweiten Teil des von Paulus erwähnten Evangeliums: Jesus als Gottes Sohn, durch Gott selbst verkündet. Er ist mit Macht ausgestattet worden und erhält die Völker (Heiden) der Erde als sein Eigentum. (Der ursprüngliche Verfasser des Psalms hat Israel selbst bzw. seinen König, im Sinn, aber der Gedanke ist ohne Zweifel rhetorisch zu verstehen.) Das Thema Jesus als König läuft wie ein roter Faden durch die christliche Tradition; es basierte sicherlich nicht auf dem Leben Jesu, wie es von den Evangelien aufgezeichnet wurde.

Die zwei Teile, das eine in der Sphäre des „Fleisches" (das ich in der niedrigsten himmlischen Sphäre ansiedeln möchte und das mit der materiellen Welt assoziiert werden muss), das andere in der Sphäre des

„Geistes" (die höchste Sphäre Gottes, wo Jesus nach seinem „Tod" aufsteigt) gehen Hand in Hand. Sie sind beide Teil von Gottes Evangelium über seinen Sohn und beziehen sich auf die Handlungen des Sohnes in dem spirituellen Reich, das in der Schrift gefunden wird. Paulus predigt einen Jesus, der vollkommen aus der hebräischen Bibel abgeleitet ist.

Die Exegese in diesem Kapitel hat zu der Schlussfolgerung geführt, dass es die Heiligen Schriften sind, die das Bild eines spirituellen Christus geschaffen haben und viele seiner Charakterzüge bestimmen. Dem wird in späteren Kapiteln weiter nachgegangen werden. Für diejenigen, die an das Bild des „demütigen und milden Jesus" gewöhnt sind, der in seinem Leben Hoffnung, Heilung und weise Lehren mitteilt, mag es erschütternd sein, sich vorzustellen, dass Paulus und seine Zeitgenossen Liebe und Verehrung für eine Gestalt empfinden konnten, die nur auf interpretierten Worten eines Buches beruhen.

Gleichwohl waren dies die Worte Gottes. Sie sprachen von einem verborgenen Reich, dessen Existenz so real war wie das, in dem Männer und Frauen sich täglich bewegten. Die Juden glaubten, dass alles in dieser Welt im Himmel spiegelbildlich und vorausbestimmt war. Engel und Geister erfüllten die Sphären des Himmels über ihnen. Die mystische Dimension war real, sie bezeichnete einen Ort, nach dem man sich sehnen konnte, in den man durch Erlösung eingehen konnte. In der platonisch beherrschten Anschauung dieses Zeitalters war die Schrift Gottes Fenster in die wahre, vollkommene Realität, in das höhere Reich des Geistes.

Vor diesem Hintergrund war es keineswegs seltsam, dass Paulus und eine Menge Gläubige einen Christus, den niemand bis dahin gesehen hatte, lieben und sich ihm anvertrauen konnten. Andere um sie herum machten das gleiche. Philosophen bewegten sich in rein mystischen Sphären. Isis, Mithras und alle Erlösergottheiten hatten als mythische Gestalten nie die Erde mit ihrem Fuß betreten. Gott selbst war vollkommen transzendent. Er verließ nie den Himmel, trotzdem hatten unzählige Generationen von Juden ihm ihr Leben und ihr Schicksal geweiht.

Warum nicht einem Sohn Gottes?

9
Der Mittler-Sohn

Paulus hat Gottes Sohn in den heiligen Schriften Israels gefunden, und wir haben einige der Einflüsse angesprochen, die Paulus dazu brachten, dort nach diesem Ausschau zu halten. Aber zwei wichtige Faktoren in der damaligen Umwelt beeinflussten Menschen wie Paulus und trugen zur Schaffung eines spirituellen Sohnes und Christus bei. Der erste war ein philosophischer und ist der Gegenstand dieses Kapitels. Der zweite war religiös und mystisch und wird das Thema von Teil vier sein.

Griechische Philosophie und Logos

Die Idee des spirituellen Sohnes wurde nicht in Bethlehem geboren, sie hat nicht nur einen, sondern viele verschiedene Väter. Dabei handelte es sich um die grundlegende religiöse Vorstellung des Zeitalters, eine Vorstellung, die das Christentum auf seine Art aufnahm und an die Zukunft weitergab.

Das Judentum benötigte eine lange Geschichte – obgleich sie keineswegs so lang war, wie es selber später glaubte –, um seinen Gott über die Jahrhunderte hinweg als das höchste Wesen zu begreifen. Aber mehrere Jahrhunderte vor dem Christentum waren griechische Denker zu einer eigenen Konzeption des Monotheismus gelangt. Weil sie glaubten, dass sich das Universum nach einem festen Gesetz bewege, postulierten sie einen einzigen kosmischen Geist. Verschiedene vorplatonische Ideen wurden dann von Platon aufgenommen; aus seiner Schule stammten Ideen, die dem Meister, sofern sie nicht auf ihn selbst zurückgingen, zugeschrieben und als „Platonismus“ bezeichnet wurden.

In dieser platonischen Konzeption war Gott ein absolutes Wesen, reiner Geist in einer Welt reinen Geistes. Er konnte niemals Teil einer unvollkommenen materiellen, sinnlichen Welt sein, auch konnte er selbst keine Verbindung mit ihr eingehen. Für Menschen, welche die materielle, sich verändernde Welt bewohnten, war er unzugänglich und konnte nicht verstanden werden. Das ist die Bedeutung des Wortes „transzendent". Gott ist ein transzendentes Wesen, vollkommen getrennt vom materiellen Universum.

Im Gegensatz dazu bietet die Stoa einen „immanenten" Gott, weil Gott mit der Natur oder der Welt, also dem ganzen Universum, als identisch gedacht wird. Das herrschende Prinzip im Universum dachte man sich als den Geist Gottes, und diesen nannten die Stoiker „Logos". Menschen besaßen ihn in sich selbst (die stoische „Seele"), so dass sie an Gottes Natur teilhatten. Sie waren ein integraler Bestandteil der kosmischen Welt, in Kontinuität mit Gott.

Für den Rivalen der Stoa, den Platonismus, war die herrschende Kraft des Universums (Gott) etwas, das außerhalb der Materie lag. Gott war die wahre Realität, während die sichtbare Welt nur ein entferntes, mangelhaftes Spiegelbild davon darstellte. Somit war das Universum dualistisch (zweigeteilt). Offenkundig war, dass ein derartiges System zu starr war, um zu befriedigen. Da die Menschheit keinerlei Kontakt zu Gott besaß – etwas, was dem religiösen Geist kaum genügen konnte – wurde ein Kompromiss notwendig. Wie sollte Gott offenbart werden, wenn er keine Berührungspunkte zu der Welt aufwies? Wie sollte die Menschheit von Gottes Gaben profitieren können, wenn es keine Verbindung zwischen ihnen gab? Wie war die Welt entstanden, wenn Gott so fern war? Irgendeine vermittelnde Kraft oder ein vermittelndes Wesen musste postuliert werden. Die erste Aufgabe dieses Mittlers war die Schöpfung. Im Platonismus wird der Vorgang der Schöpfung folgendermaßen beschrieben: Der Geist Gottes produziert Ideen, während ein anderer Aspekt dieses Geistes, Gottes kreative Energie (die Platon „Demiurg" [Weltenschöpfer] nannte), diese Ideen bzw. Formen als materielle Abbilder darstellt und auf diese Weise die materielle, mit den Sinnen wahrgenommene Welt erschafft. Alle diese Elemente im Geist Gottes, seine Ideen ebenso wie die kreativen Kräfte, wurden als „vermittelt" betrachtet und mit der Zeit kollektiv mit dem Begriff *Logos* (wörtlich „Wort") bezeichnet.

Der platonische Logos war mithin eine Emanation Gottes und seine Kontaktstelle zur Welt. Zu seiner Funktion als Urheber der Schöpfung kam hinzu, dass der Logos Gott offenbarte, d.h. seine Natur und den göttlichen Willen, so dass er als Weg göttlicher Hilfe für die Welt galt. Der Logos galt zudem auch als das Bild Gottes, nach dem Menschen erschaffen wurden.

Platoniker sahen in dem Logos weniger ein persönliches Wesen als eine abstrakte Macht. Für einige jedoch brachte der Logos Erlösung. In einer aufschlussreichen kleinen Schrift, genannt *Mahnrede an die Griechen,* fälschlicherweise Justin zugeschrieben, sagt der Verfasser vom Logos, dieser würde unterweisen, „für uns fortwährende Sorge" tragen und menschliche Wesen zu Göttern" machen. Hier ist der Logos zu einer persönlichen Gottheit geworden, und obschon es keinen Hinweis auf Christus oder das Christentum in diesem Dokument gibt, ist es unbestreitbar von der gleichen intellektuellen Machart.

Eine wesentliche Triebfeder jenes Zeitalters bestand darin, das Mittler-Wesen zwischen Gott und der Welt näher an die Materie heranzubringen, es stärker zu personalisieren und dem menschlichen Niveau anzupassen. Ein strikter Monotheist wie Philo – der prominenteste Philosoph des hellenistischen Judentums[39] – war nicht mehr weit davon entfernt, seinen „Sohn" sowie den Logos zu einem persönlichen göttlichen Wesen zu machen, aber er hielt kurz vorher inne. Statt dessen begriff er Moses als einen Menschen, in den die Kraft und Eigenschaften des Logos gelegt waren. Andere Juden empfanden nicht die gleichen starren Beschränkungen in Bezug auf die Art und Weise, über Gott zu sprechen; sie konnten sich ihren Sohn als ein personenhaftes göttliches Wesen neben Gott im Himmel vorstellen. Vom Logos der griechischen und philonischen Philosophie zum Jesus Christus des Paulus ist es nur ein Schritt.

Jüdische personifizierte Weisheit

Hellenistische Juden wie Philo griffen die Logosvorstellungen auf und schufen daraus eine hebräisch-griechische Synthese. Aber das orthodoxe Judentum hatte seine eigene Mittler-Gestalt, die Jahrhunderte zurückging und sicherlich so alt war wie die des Platon. Für Juden war Gott niemals völlig unzugänglich, doch die Schreiber der nachexilischen Periode glaubten, dass sich Gott durch einen Teil seiner selbst, den sie „Weisheit"[40] nannten, in der Welt offenbarte und darin wirkte.

Dieser war freilich kein „Sohn" Gottes, denn die Gestalt der Weisheit war eine Frau (das Wort „Weisheit" hat im Hebräischen ein weibliches

Genus). Die Weisheit erhielt eine ganz eigene Stellung und Persönlichkeit. Aus der Vorstellung entwickelten sich eigene „Mythen“ über die Herabkunft auf die Erde, obgleich es niemals irgendeine Vorstellung von ihrer körperlichen Inkarnation gab.

In den Sprüchen Salomos im Alten Testament wird über die Weisheit folgendes gesagt (aus 8:1-36): „8:3 an den Toren am Ausgang der Stadt und am Eingang der Pforte ruft sie: ‘O ihr Männer, euch rufe ich ... 8:12 Ich, die Weisheit, wohne bei der Klugheit und weiß, guten Rat zu geben ... 8:22 Der Herr hat mich schon gehabt im Anfang seiner Wege, ehe er etwas schuf, von Anbeginn her. ... 8:27 Als er die Himmel bereitete, war ich da ... 8:30 ich war seine Lust täglich und spielte vor ihm allezeit... 8:34 Wohl dem Menschen, der mir gehorcht.’“

Es gibt hier zwei wichtige Aspekte der Weisheit. Erstens war sie schon da, ehe Gott etwas schuf, das heißt, sie war schon vor der Schöpfung der Welt bei Gott im Himmel präexistent. Sie war weiterhin gemeinsam mit Gott tätig und diente als dessen Instrument beim Vorgang der Schöpfung:

„Der Herr hat die Erde durch Weisheit gegründet und nach seiner Einsicht die Himmel bereitet ...“ (3:19)

Hier handelt es sich um zwei der primären Attribute, die der spirituelle Christus in der Vorstellungswelt des Paulus besitzt, die Präexistenz und seine Rolle als Schöpfungsmittler.

Im Baruchbuch 3:37 gibt es eine Zeile, die, obwohl sie sich ursprünglich auf die Tora bezieht (d.h. dem in den fünf biblischen Büchern des Moses enthaltenen jüdischen Gesetz), von großer Bedeutung für die Entwicklung des Weisheitsgedankens in der Zukunft sein sollte:

„Danach ist die Weisheit auf Erden erschienen und hat bei den Menschen gewohnt...“

War dies einer der Schritte auf jenem Weg, auf dem schließlich die entscheidende Emanation Gottes zur Erde gelangte – der Sohn? Vielleicht wandelte der Verfasser des Logoshymnus, welcher der endgültigen Gestalt des Johannesevangeliums als Prolog vorangeht, diesen Vers in ein Lied über die Inkarnation um: „Und das Wort (Logos) ward Fleisch und wohnte unter uns.“ (Joh 1:14)

In der „Weisheit Salomos“, vielleicht eines der wichtigsten noch erhaltenen Stücke einer hellenistisch-jüdischen Schrift, haben wir ein deutliches Beispiel für die fremdartige Kombination der Weisheit mit dem Logos vor Augen. Diese Schrift wurde mit an Sicherheit grenzender Wahrscheinlichkeit in Alexandria geschrieben, vermutlich im frühen 1. Jahrhundert u.Z. Wie der Logos ist die Weisheit jetzt eine göttliche Kraft, die in der Welt wirkt, der Geist, der alle Dinge durchdringt und beherrscht. Auch sie präexistiert und ist Schöpfungsmittlerin. Sie ist Gottes „Partner auf dem Thron“, einen Schritt von Christus entfernt zur Rechten Gottes sitzend.

„22Denn es wohnt in ihr ein Geist, der verständig ist, heilig, einzigartig, vielfältig, fein, behend, durchdringend, rein, klar, unversehrt, freundlich, scharfsinnig, ungehindert, wohltätig, 23menschenfreundlich, beständig, gewiss, ohne Sorge; sie vermag alles, sieht alles, und durchdringt selbst alle Geister, die verständig, lauter und sehr fein sind. 24Denn die Weisheit ist regsamer als alles, was sich regt, sie geht und dringt durch alles – so rein ist sie. 25Denn sie ist ein Hauch der göttlichen Kraft und ein reiner Strahl der Herrlichkeit des Allmächtigen; darum kann nichts Unreines in sie hineinkommen. 26Denn sie ist ein Abglanz des ewigen Lichts und ein fleckenloser Spiegel des göttlichen Wirkens und ein Bild seiner Güte. 27Obwohl sie nur eine ist, kann sie doch alles. Und obwohl sie bei sich selbst bleibt, erneuert sie das All, und von Geschlecht zu Geschlecht geht sie in heilige Seelen ein und macht sie zu Freunden Gottes und zu Propheten. 28Denn niemanden liebt Gott außer dem, der mit der Weisheit lebt. 29Denn sie ist herrlicher als die Sonne und übertrifft alle Sternbilder. Verglichen mit dem Licht hat sie den Vorrang. 30Denn das Licht muss der Nacht weichen, aber die Bosheit kann die Weisheit nicht überwältigen.“ [Weisheit 7:22-30 in der Luther-Übersetzung (1984)]

Der Sohn als Weisheit und der Logos

Die in der Weisheit Salomos zum Ausdruck kommende Denkweise finden wir auch in den Briefen des Neuen Testaments. Betrachten wir die Eröffnungsverse über die Natur des Sohnes im Hebräerbrief, eine Schrift, die entweder aus Alexandria stammt oder aus palästinensischen Kreisen mit engen Beziehungen zur Philosophie der Stadt.

„... Er ist der Abglanz seiner Herrlichkeit und das Ebenbild seines Wesens und trägt alle Dinge mit seinem kräftigen Wort ...“

Die Hymne in Kol 1:15-20 ist von den gleichen geistigen Bildern geprägt:

„Er ist das Ebenbild des unsichtbaren Gottes, der Erstgeborene vor aller Schöpfung. Denn in ihm ist alles geschaffen, was im Himmel und auf Erden ist ... Und er ist vor allem, und es besteht alles in ihm.“

Paulus selbst erzählt uns, dass Christus „Gottes Kraft und Gottes Weisheit“ (1. Kor 1:24) und dass er „das Ebenbild Gottes ist“ (2. Kor 4:4). In 1. Kor 8:6 macht er Christus zum Mittler der Schöpfung, der zur Quelle aller Dinge, die im Vater ruhen, führt:

„So haben wir doch nur einen Gott, den Vater, von dem alle Dinge sind und wir zu ihm; und einen Herrn, Jesus Christus, durch den alle Dinge sind und wir durch ihn.“

Paulus und andere frühe christliche Autoren sprechen von Christus in genau der gleichen Sprache, wie wir sie in der philosophischen Welt, in der griechischen wie der jüdischen, finden. Die Vorstellung des Paulus vom spirituellen Sohn hat sowohl den Logos wie die personifizierte Weisheit integriert. Bei der Lektüre der Schrift schöpft Paulus, in der Meinung zu seiner Betrachtung über Gottes Sohn inspiriert zu sein, aus dem philosophisch-theologischen Vorstellungsreservoir seiner Zeit und dessen uraltem Erbe.

Die Wissenschaft erkennt dies alles zwar durchaus an, aber sie behauptet, dass all diese Ideen auf Jesus *übertragen* wurden und dass seine Apostel und Jünger so durch die Macht seiner Persönlichkeit und die Dinge, die er gesagt und getan hatte, überwältigt waren, dass sie diese ganze komplizierte mythologische Theorie sofort nach seinem Tod und seiner Auferstehung zusammenstellten und sie dem kleinen jüdischen Wanderprediger zuschrieben, dem sie einst gefolgt waren. (Sie muss auch annehmen, dass bei diesem Prozess die Jünger ihr früheres Interesse an den Einzelheiten seines Lebens und seiner Lehren über Bord warfen.)

Der Irrtum, der diesem ganzen skurrilen Szenario zugrunde liegt, ist leicht erkennbar. In obigen Textstellen präsentieren frühe christliche Schreiber den Sohn als „das Ebenbild des unsichtbaren Gottes" etc. Sie beschreiben eine göttliche Gestalt mit göttlichen Attributen. Keine Gleichsetzung mit einem menschlichen Wesen findet je statt, kein Autor gibt uns einen Hinweis darauf, dass er dabei an einen historischen Jesus denkt. Wie schon früher gezeigt, machen sich Wissenschaftler immer wieder schuldig, Dinge in den Text hineinzulesen, von denen sie meinen, sie müssten darin enthalten sein.[41]

Die Verbindung zwischen Gott und der Welt

Der Christus des Paulus ist genau wie die Weisheit und der Logos Gottes Verbindung zur Welt. Paulus hat eine spezielle Ausdrucksweise, wenn er darüber spricht.

In seinen Briefen und in denen, die später im Namen des Paulus geschrieben wurden, finden wir den Ausdruck „in Jesus Christus" oder „durch Jesus Christus" über hundert Mal. Vor dem Hintergrund dessen, was wir über Weisheit und Logos erfahren haben, verstehen wir auch, was dieser Ausdruck bedeutet. In Röm 6:11 sagt Paulus:

„So auch ihr, haltet dafür, dass ihr der Sünde gestorben seid und lebt Gott in Christus Jesus *(en Christō Iēsou)*."

Hier benutzt Paulus den Ausdruck „in Christus", um die Verbindung mit Gott anzudeuten; Christus ist das Medium, durch welches Christen für Gott „lebendig" sind. Diese vermittelnde Verbindung ist eine gegenwärtige Macht, etwas Spirituelles; sie hat keinerlei Beziehung zu einem kürzlich stattgefundenen historischen Ereignis oder einer Person. Am Anfang des 1. Korintherbriefs sagt Paulus, dass die Gemeinde von Korinth „Gott in Jesus Christus geweiht (geheiligt)“ ist. Christus ist das Medium, welches die Gläubigen der Stadt mit Gott selber verbindet. Sehen wir uns Röm 8:39 an:

„Weder Hohes noch Tiefes noch eine andere Kreatur uns scheiden kann von der Liebe Gottes, die in Christus Jesus ist, unserm Herrn.“

Hier ist Christus die spirituelle Macht, welche Gottes Liebe verkörpert und überbringt. Wie der Logos, wenn auch in einem persönlicheren Sinn, erlaubt der Mittler-Christus der Menschheit, zu Gott zu gelangen und an seinen Gaben teilzuhaben. Es wird oft gesagt, dass Paulus von der Vorstellung des Logos durchdrungen ist, nur das Wort selbst fehlt. In Tit 3:4-6 heißt es :

„Als aber erschien die Freundlichkeit und Menschenliebe Gottes, unseres Heilandes, machte er uns selig – nicht um der Werke der Gerechtigkeit willen, die wir getan hatten, sondern nach seiner Barmherzigkeit – durch das Bad der Wiedergeburt und Erneuerung im heiligen Geist, den er über uns reichlich ausgegossen hat durch Jesus Christus, unsern Heiland...“

Die gegenwärtige Erlösung besteht nicht in den Ereignissen von Jesu Tod und Auferstehung. Gedacht ist vielmehr an das Gottesgeschenk der Taufe und an die Gabe des Heiligen Geistes. Jesus ist das vermittelnde Glied, durch das dieser Geist von Gott in die Welt gekommen ist.

Christus ist ausschließlich auf einer spirituellen Ebene wirksam. Er ist eine vermittelnde und sakramentale Kraft, welche Herzen und den Verstand der Gläubigen in der Gegenwart erfüllt. Das alles sind mystische Vorstellungen. Für das Bemühen vieler Wissenschaftler, den paulinischen Ausdruck „in“ oder „durch Christus“ als eine geheimnisvolle Zusammenfassung von Jesu Leben auf der Erde zu sehen, gibt es keinen Anhaltspunkt.

Die Sendung des Geistes Christi

Gottes Sohn ist ein Wesen, das erst jetzt der Welt offenbart wird; zugleich ist er aber auch der Sohn, der in die Welt „gesandt“ wurde. Frühe Christen glaubten, dass der spirituelle Christus auf eine reale Art anwesend sei und durch sie selbst handeln und sprechen würde. Wenn Paulus und andere Schreiber von dem von Gott gesandten „Geist“ sprechen, beziehen sie sich im Allgemeinen auf die traditionelle Vorstellung vom Heiligen Geist, jener machtvollen Präsenz Gottes, die in inspirierten Lehrern und Aposteln handelt. Dennoch sehen wir gelegentlich eine explizitere Gleichsetzung dieses Geistes mit Christus selber (wie in Phil 1:19) so, dass aus Christus eine eigenständige Geistkraft wird.

„Gott hat den Geist seines Sohnes gesandt in unsre Herzen“, heißt es im Galaterbrief 4:6. Im 1. Johannes 5:20 lesen wir: „Wir wissen aber, dass der Sohn Gottes gekommen ist und uns den Sinn dafür gegeben hat, dass wir den Wahrhaftigen erkennen.“ Die Wirkung des Sohnes wurde von den Christen der damaligen Zeit in der Vermittlung von göttlichem Wissen gesehen.

Auf die gleiche Art lässt sich das „Kommen“ in Eph 2:17 verstehen: „Und er ist gekommen und hat im Evangelium Frieden verkündigt euch...“ Was war der Inhalt der Nachricht?

„... Frieden euch, die ihr fern wart, und Frieden denen, die nahe waren.“

Statt die Gelegenheit zu benutzen und sich auf Lehren Jesu zu beziehen, zitiert der Schreiber der Schrift Jesaja 57:19, wo von der endzeitlichen Versöhnung der Menschheit die Rede ist. Sogar die einleitenden Worte über die Verkündigung der guten Nachricht (Botschaft) basieren auf Jesaja 52:7. Dies ist der Christus, der im Geist „gekommen“ ist und zu der Welt spricht – ein „Sprechen“, in der Schrift entdeckt. Der Schlusssatz des Zitats macht klar, dass es sich um eine spirituelle Verbindung zum Vater handelt.

Christus in der Schrift

Dies führte zu einer wichtigen Einsicht darüber, wie die frühen Christen Christus sahen. Nicht nur ist der Sohn in der Schrift offenbart, der Sohn *spricht* aus der Schrift. Bestimmte Passagen in der Heiligen Schrift wurden als die Stimme des Sohnes angesehen, die direkt zur Welt spricht.

Dies ist am offensichtlichsten in dem Brief an die Hebräer. Er fängt mit der Aussage an (1:2): „... hat er (Gott) in diesen letzten Tagen zu uns geredet durch den Sohn." Hierbei handelt es sich um etwas anderes als die Verkündigung Jesu von Nazareth, denn nicht ein einziger Evangeliumsspruch wird in den 13 Kapiteln des Briefes zitiert und nicht ein einziger Hinweis auf die Tatsache, dass Jesus zu Lebzeiten als Lehrer auftrat. Statt dessen bezieht sich der Autor, wenn er die Stimme des Sohnes „zitiert", auf Passagen der Schrift, die als des Sohnes eigene Worte betrachtet werden.

Wenn er danach zu illustrieren versucht (2:12), dass der Sohn Gläubige als seine Brüder betrachtet, zitiert er Psalm 22:23: „Ich will deinen Namen verkündigen meinen Brüdern." Mehr als ein Kommentator hat zu erklären versucht, warum der Schreiber nicht auf Sprüche aus den Evangelien zurückgriff, zum Beispiel in Markus 3:35: „Denn wer Gottes Willen tut, der ist mein Bruder ..."[42]

Den Sprüchen der Schrift wird „spricht er" – im Präsens – vorangestellt, um zu zeigen, dass nach Ansicht des Verfassers der Sohn ein bekanntes Wesen ist, das jetzt und heute durch die Heiligen Schriften zu uns spricht, und nicht durch das Leben eines irdischen Wanderpredigers in der Vergangenheit.

Eine noch aussagekräftigere „Stimme des Sohnes" wird in Hebr 10:5 genannt, die auch durch „er spricht" eingeleitet wird (darüber mehr, wenn das mythische Reich des Sohnes untersucht wird, der Ort seiner Versöhnungshandlung). Der Autor betrachtet die Schrift als Bild der spirituellen Welt, in der der Sohn wirkt und spricht. Dies ist der Sinn des Eröffnungssatzes des Briefes, denn Gott spricht in diesem Endzeitalter nicht durch die Lehren eines irdischen Jesus zur Welt, sondern durch eine neue Interpretation der Schrift, in der die Stimme des Sohnes zu hören ist.

Noch am Ende des Jahrhunderts finden wir einen ähnlichen Gedanken im 1. Clemensbrief. In Kapitel 22 sagt Clemens:

„All dies befestigt der Glaube in Christus; denn auch er ruft uns durch den Heiligen Geist folgendermaßen herbei: ‘Kommt her, Kinder, hört mich! Furcht des Herrn will ich euch lehren.’“

Clemens betrachtet dieses Zitat von Psalm 34 als eine persönliche Aufforderung Christi, als ob Christus den christlichen Lesern erzählt, dass er sie die Furcht des Herrn lehren wird. Wenn er früher (Kap. 16) Leiden Christi beschreibt, zitiert er eine Passage aus Psalm 22 und präsentiert sie wieder als die Stimme Christi selber, durch die Worte der Schrift über seine Leidenserfahrung und Verwerfung berichtend.

Diese frühen Schreiber lassen uns einen fundamentalen Zug des frühchristlichen Denkens erkennen. Christus war eine spirituelle Gestalt, eine gegenwärtige Macht, zu der der Gläubige durch die Heiligen Schriften Zugang hatte. *Die Schrift war nicht die Prophezeiung des Christus-Ereignisses, sondern sie selber war dieses Ereignis!* Der Sohn lebte in der spirituellen Welt der Schrift, war gleichsam ein Fenster Gottes zur unsichtbaren wahren Realität. Mit dieser unsichtbaren mythischen Welt wollen wir uns im Folgenden beschäftigen.

Teil vier

Die Welt des Mythos und der Erlösergottheiten

10

Wer kreuzigte Jesus?

Die Stücke des Jesus-Puzzles in Teil drei offenbarten, wie die Briefe des Neuen Testaments Christus als eine spirituelle Macht in der gegenwärtigen Zeit darstellen, als Mittler zwischen Gott und Menschheit. Aber es gibt noch eine andere, wichtigere Rolle, die ihm verliehen wurde. In irgendeiner nicht näher festgesetzten Zeit und an einem nicht festgesetzten Ort hat der paulinische Christus eine Erlösungstat begangen. Die Frucht der Erlösung ist erst jetzt offenbart und verfügbar.

In den Briefen liegt die Erlösungstat Christi nicht in der Gegenwart oder in der jüngsten Vergangenheit und gewiss nicht in dem historischen Rahmen, der uns aus den Evangelien geläufig ist. Christus hatte bereits vor Beginn der Zeit existiert; in einer nichthistorischen Zeit und an einem nichthistorischen Ort, in einem übernatürlichen Reich, verrichtete dieser Sohn Gottes das erlösende „Blut-Opfer".

Um diesen Rahmen zu verstehen, wollen wir uns zunächst die Vorstellung der Alten vom Universum ansehen, ihre Vorstellung vom Mythos und die Besonderheiten der heidnischen Erlösungskulte, die als „Mysterien" bekannt sind. In diesen wirkten eine Reihe Erlösergottheiten, die ähnlich wie Jesus ein seliges Leben nach dem Tode und Unsterblichkeit garantieren sollten.

Spirituelle und materielle Welten

In Kapitel 3 beschäftigten wir uns mit dem Platonismus und sahen, wie das Universum „dualistisch“ wahrgenommen wurde, geteilt in zwei Hauptabteilungen einer höheren spirituellen und einer niederen materiellen Welt. Die obere Welt war das Reich Gottes und der übernatürlichen Mächte; sie enthielt vollkommene und zeitlose Realitäten; die untere Welt war das Reich der Menschheit und Materie; hier waren die Dinge veränderlich und der Vergänglichkeit unterworfen, unvollkommene Abbilder der höheren, echten Realitäten. Dieses war reiner Platonismus. Anders lautete noch einmal die volkstümliche Meinung, in der verschiedene Denkrichtungen mit unterschiedlichen kulturellen und religiösen Hintergründen zusammenflossen.

Wenn das Auge eines antiken Philosophen oder das eines Laien zum Himmel aufschaute, sah es darin eine bevölkerte Geisterwelt, in der sich die Mehrzahl der Tätigkeiten des Universums ereignete. Im unteren Bereich dieses Systems, das aus mehreren Ebenen oder Sphären bestand, lag die Sphäre der Menschheit, die materielle Erde; nur Scheol oder Hades, die Unterwelt war tiefer. Verschiedene übernatürliche Ebenen oder Sphären (gewöhnlich sieben, durch die sieben astronomischen Himmelskörper kontrolliert) dehnten sich nach oben aus. Sie waren mit spirituellen Lebensformen angefüllt, die bis zum höchsten Himmel des reinen Geistes gingen, wo der höchste Gott wohnte in zeitloser Makellosigkeit. Die Natur dieser dualistischen Realität beinhaltete weitreichende Parallelen zwischen den höheren und niederen Reichen, zwischen Geist und Materie.

Schon vor Platon stellte sich die Mythologie des Nahen Ostens urtümliche oder archetypische Existenzformen im Himmel vor, die sich in der irdischen Welt widerspiegelten. Ein heiliger Ort wie der Tempel in Jerusalem war das irdische Gegenstück eines größeren, vollkommeneren himmlischen Tempels. Völker, Herrscher, Gruppen auf der Erde besaßen ein entsprechendes engelhaftes oder göttliches Wesen, das sie vertrat, ein höchstes Gegenstück im Himmel, einen Fürsprecher. Böse Völker besaßen böse Engel. Das Gegenstück im Himmel verkörperte die Qualitäten, die Menschen für sich beanspruchten oder dem sie sehnsüchtig bis zur Zeit der Erlösung entgegensahen. Ereignisse, von denen man erwartete, dass sie auf der Erde stattfinden würden, waren schon in einer Art archetypischem Prozess im himmlischen Reich oder im Geiste Gottes ausgearbeitet worden. Gestalten, die in der Zukunft offenbart werden sollen, existierten bereits oder bereiteten sich im Himmel darauf vor.

Paulus und die ersten Christen lebten somit zu einer Zeit, wo die Welt der Materie nur als eine Dimension der Realität angesehen wurde, die sichtbare Hälfte eines großen integrierten Ganzen. Die andere – unsichtbare – Hälfte wurde als die „echte" Realität angesehen, dem Intellekt zugänglich. Es war für mythologisches Denken charakteristisch, das himmlische Gegenstück für realer, beständiger und für älter zu halten als das irdische. (Siehe John J. Collins, *The Apocalyptic Imagination,* S. 150.) Eine derartige Sichtweise muss bei jeder Interpretation der frühesten christlichen Schriften berücksichtigt werden.

Die Welt des Mythos

Wenn eine Kultur von dem Bewusstsein beprägt wird, dass die bewohnte Welt gleichsam Außenposten oder Vorzimmer zu einer wichtigeren Welt darstellt, eine sichtbare Dimension neben oder unter einer unermesslichen unsichtbaren Dimension, muss sie sich dazu nicht nur ein bestimmtes Verhältnis vorstellen, sondern auch Verbindungen zwischen beiden.

Mythen stellen das andere Ende der Verbindung zwischen spiritueller und menschlicher Welt dar, durch welche letztere erhalten und belebt wird, Sinn und Zweck erhält. Vor dem Platonismus wurden Mythen im Allgemeinen in eine nebulöse, ferne Vergangenheit projiziert. Das war und ist auch weiterhin der Ansatz aller vorwissenschaftlichen Gesellschaften auf der ganzen Welt. Und obgleich zur Zeit des frühen Christentums das mythische Denken allmählich nach platonischen Ideen umgeformt zu werden begann, floss diese lange Tradition des primordialen (ursprünglichen) Mythos als Unterströmung weiter.

Religionsanthropologen wie Mircea Eliade[43] nennen diese ferne Zeit des Mythos die „heilige Vergangenheit". Hierbei handelt es sich um eine primordiale Zeit am Anfang der Dinge, als übernatürliche Wesen die Welt erschufen, Tätigkeiten verrichteten und Sitten etablierten, die das Beispiel für Verhalten und Glauben festlegten, dem die Gesellschaft jetzt folgt. Die primordiale Zeit hat das Modell etabliert, das *Paradigma;* die gegenwärtige Gesellschaft verkörpert ihr Abbild, ihre Nachbildung. Immer empfanden Menschen das Bedürfnis, ihren Glauben und ihre Handlungen und sogar ihre Leiden zu begründen, um sie durch Anbindung an einen göttlichen Präzedenzfall mit höherer als menschlicher Bedeutung auszustatten. Dies erklärt die grundlegende Anziehungskraft von Religion: Durch Mythos wird das Individuum mit Bedeutung ausgestattet; er oder sie wird mit Heiligkeit bekleidet durch Anerkennung einer göttlichen Abstammung und durch Eintreten in ein neues Stadium des Seins – eine Wiedergeburt in eine Vereinigung mit dem übernatürlichen Paradigma.

Deswegen musste eine passende Vergangenheit erschaffen werden sowie bestimmte Verbindungen dazu. Das ist der Zweck von Ritualen und Sakramenten, den wesentlichen Begleitstücken des Mythos. Durch Vollzug eines Ritus, welcher das primordiale (ursprüngliche) Ereignis erneut darstellt, erhält die Gesellschaft es lebendig, geschieht es erneut. Die freigewordenen Kräfte und der Nutzen, die von der göttlichen Handlung ursprünglich erzeugt wurden, werden in der Gegenwart wieder erzeugt. Diejenigen, die an dem Ritus teilnehmen, können aus der erneuerten Macht schöpfen. Primordiale Zeit wird, in der Sprache der Anthropologen, zu einem „eternal now" (einem ewigen Jetzt), immer zugänglich und wiederholbar. Ein Beispiel ist das christliche Sakrament der Eucharistie. Durch Inszenierung des Ritus in der Messfeier bezieht der Priester Christus in die Handlung ein und verkörpert in der Wiederinkraftsetzung die ursprüngliche Handlung Christi. Die Handlung bleibt immer lebendig, ihr Nutzen ist gläubigen Christen dauernd verfügbar.

Die antike Sicht des Mythos wurde zu Beginn des 1. Jahrhunderts in dramatischer Weise durch die platonische Philosophie beeinflusst. Obwohl Prozesse weiterhin in ähnlicher Weise wirkten, waren Zeit und Ort mythischer Ereignisse, zumindest nach Meinung der Philosophen, von fernen primordialen Zeiten in eine höhere Welt spiritueller Realitäten verlagert worden. Statt auf die archaischen Anfänge, bezogen sich religiöse Rituale mit ihren verschiedenen Paradigmen nun auf die obere Parallelwelt. In dieser höheren Welt waren die Mythen und Mysterienkulte und die der frühen Christenheit angesiedelt. Hier war der Erlösergott Attis entmannt worden, hier hatte Mithras den Stier getötet, hier war Osiris zerstückelt worden. (Für Denker wie Plutarch aus dem 1. Jahrhundert und Sallustius aus dem 4. waren derartige mystische Geschichten nicht wörtlich zu verstehen, sondern nur symbolisch, von zeitlosen spirituellen Prozessen.)

In dieser oberen Welt war auch Christus durch die Hände von Dämonengeistern gekreuzigt worden. Wir werden Texte kennenlernen, die das tatsächlich belegen. Für Paulus und seine Zeitgenossen waren die Leiden, die Christus erlitt, und die Frucht der Erlösung, die sich daraus ergab, Gottes Geheimnisse. Sie sind die Mysterien dieser höheren Sphäre, die sich „vor oder jenseits der Zeit" ereignen (das *pro chronōn aiōniōn* aus 1. Tim 1:9, eine Textstelle, die wir uns später ansehen werden). Derartige Mysterien sind von Gott offenbart worden, durch die Schrift und den Geist.

Freilich wurde der christliche Mythos zu einem gewissen Grade auch weiterhin durch das jüdische Erbe geprägt. Was auch immer die primitiven hebräischen Ansichten einer „heiligen Vergangenheit" in der prähistorischen Periode gewesen sein mögen, sie bewegten sich letztlich in einem konkreten Rahmen. Primordiale Gestalten und Vorgänge wurden Teil einer archaischen Geschichte, verkörpert in Legenden menschlicher Patriarchen, die besondere Kontakte mit der Gottheit gehabt hatten. Alles wurde fest in einer historischen Vergangenheit verankert, die chronologisch aufgezeichnet werden konnte. Weder Abraham noch Moses – sofern es sich hierbei überhaupt um historische Gestalten handelte – waren in einer echten heiligen Vergangenheit oder höheren Realität angesiedelt. Die Verheißungen, die ihnen Gott gab, die Präzedenzfälle (wie z.B. die Beschneidung) wurden in historischer Zeit festgelegt. Dieses Erbe speiste den christlichen Mythos und veränderte das Denken, welches das Christentum aus der geistigen Welt der Griechen aufgenommen hatte.

Wo die griechischen Mythen im Wesentlichen zeitlos waren, ohne Beziehung zu einer aufgezeichneten Vergangenheit, ist der paulinische Christus-Mythos aus der Schrift gespeist, einer Schrift, die ein laufendes System einer Erlösungsgeschichte darstellt. Die Erlösungshandlungen eines mythischen Christus in der spirituellen Welt musste in ein fortlaufendes Schema eingepasst werden.

Zum Beispiel musste Christus „geboren sein aus dem Samen Davids", da der spirituelle Sohn jetzt mit dem Messias gleichgesetzt wurde und die klare Offenbarung der Schrift, dass der Messias ein Nachfahre Davids sein würde, nicht ignoriert werden und auch nicht aufgegeben werden konnte. Somit betrachtete man ihn als von davidischer oder judäischer Abstammung.[44] (Sogar von einigen heidnischen Erlösergottheiten konnte gesagt werden, sie würden einen ethnischen Stammbaum besitzen.) Als Zeichen des neuen Bundes hatte Christus auch unter dem alten jüdischen Gesetz gewirkt mit dem Zweck, es aufzuheben. „Historizität", menschliche Charakterzüge der Schrift wurden durch das Christusbild verwischt, das die frühen christlichen Schreiber uns geben, wie z.B. die Erklärung in Gal 4:4, dass er „von einem Weibe geboren" wurde, unter dem Einfluss von Jesaja 7:14. Dies alles machte die Entstehung des spirituellen Christus zu einer historischen Gestalt viel leichter.

Riten, Sakramente und Paradigmen

Während der moderne Mensch überall Naturgesetze und -kräfte am Werke sieht, die in der Natur und im Universum wirksam sind, stellte man sich in der Antike geistige Mächte vor, die zwischen der natürlichen Welt und der übernatürlichen, zwischen der gegenwärtigen irdischen Realität und der primordialen Vergangenheit bzw. der höheren göttlichen Realität wirkten. Für Paulus war das Taufritual ein solches Sakrament, etwas, das unsichtbare spirituelle Kräfte freisetzte, die zwischen Vergangenheit und Gegenwart, zwischen Himmel und Erde wirkten. Die Taufe verband die neu aufgenommenen Christen mit Christus im spirituellen Reich. Sie machte sie zu Teilen eines kollektiven, mystischen Leibes: Christus als der Kopf, die Gläubigen als Glieder und Organe. Sie verband sie auch mit Christi mystischem Tod und der Auferstehung und vermittelte ihnen die Wiedergeburt. Paulus nennt diesen Effekt „sterben und mit Christus auferstehen". Von den spirituellen Kräften zehrend, die durch Christi Sühnehandlung erzeugt wurden, stirbt der Gläubige seinem alten Leben in Sünde ab und steigt zu einem neuen sündenfreien Leben auf; und er erbt die Verheißung einer zukünftigen Auferstehung. Ein derartiges sakramentales Denken war nicht aus dem Judentum abgeleitet, sondern aus hellenistischem religiösen Denken, wie es in den Mysterien zum Ausdruck kommt (siehe

F. W. Beare, *The First Epistle of Peter,* S. 57).

Bei der Beschreibung der Beziehung zwischen der oberen und unteren Welt sprechen Gelehrte (z.B. Collins *op. cit.,* S. 150) von „Parallelität der Handlung" zwischen himmlischen und irdischen Gegenstücken, einer „strukturellen homologen Verbindung" (G. Theissen, *Sociology of Early Palestinian Christianity,* S. 121). Handlungen von göttlichen Wesen im spirituellen Reich haben ihre Folgen für diejenigen auf der Erde, die mit ihnen verbunden sind. Diese Idee ist der Schlüssel zum Verständnis des Erlösungskonzepts, welches das frühe Christentum mit den griechischen Kulten teilte. Die Aneignung spiritueller Macht, erzeugt durch die Gottheit und ihre Handlungen, vollzieht sich nach ihrem „Gleichbild". Paulus drückt dies in Röm 6:5 so aus:

„Denn wenn wir mit ihm verbunden und ihm gleichgeworden sind in seinem Tod, so werden wir ihm auch in der Auferstehung gleich sein."

Mit anderen Worten: Die spirituellen Mächte, die durch die Handlungen der Gottheit in der primordialen Vergangenheit oder höheren Realität freigesetzt wurden, wirken nun auch auf den Gläubigen in der Gegenwart ein. Tod erschafft einen „Toten", Auferstehung eine „Auferstehung". Ob im Rahmen der primordialen oder höheren Welt, das spirituelle Modell, das Paradigma, gibt das Muster für die irdischen Abbilder ab. Die Auferstehung Christi gewährleistet die Auferstehung des Konvertiten beim Vollzug der Taufe; der Ritus ist das Mittel der Aneignung der verfügbaren spirituellen Macht und das Mittel.[45]

All das passt in das schon vorher dargelegte fundamentale antike Konzept: in die Vorstellung, dass die Erde das Spiegelbild des Himmels ist, das aus dem Archetyp hervorgegangene Abbild, dem sichtbaren materiellen Gegenstück der echten spirituellen Realität im Himmel. Himmlische Ereignisse bestimmen irdische Realitäten. Daraus folgt, dass die in einem derartigen philosophischen System entscheidenden, Erlösung vermittelnden göttlichen Aktionen nicht notwendigerweise auf der Erde passieren, sondern in dem höheren Reich. Alles was Paulus sagt, gehört in eine derartige Welt des Denkens.

Die Herrscher dieses Zeitalters

Von wem wurde Christus nach Ansicht des Paulus getötet? Menschliche Urheber, nämlich „die Juden“ in 1. Thess 2:15-16, sind von einem großen Teil der modernen Wissenschaft (siehe Anhang 1) verworfen worden. Die wahre Ansicht des Paulus lernen wir 1. Kor 2:6-8 kennen:

In meiner Übersetzung:
„6Und trotzdem spreche ich von der Weisheit für die, die vollkommen sind, nicht von einer Weisheit dieses vergänglichen Zeitalters, auch nicht von den Obersten (Herrschern) dieses Zeitalters, die vergehen.
7Ich spreche von Gottes geheimer Weisheit, einem Mysterium, das durch Gott zu unserem Ruhm verborgen und vorherbestimmt worden ist, bevor die Zeit (Welt) begann. 8Keiner der Obersten (Herrscher) dieses Zeitalters verstand es, denn wenn sie es hätten, würden sie nicht den Herrn der Herrlichkeit gekreuzigt haben.“

Viel Gelehrtentinte ist für die Interpretation der „Obersten dieser Welt“ geflossen *(tōn archontōn tou aiōnos toutou,* Verse 6 und 8). In heidnischer und jüdischer Ausdrucksweise könnte das Wort *archontes* sich auf irdische Herrscher und diejenigen, die an der Macht sind, beziehen (wie in Röm 13:3). Aber es ist zugleich auch ein technischer Terminus für die Geistmächte, die „Mächte und Gewalten“, welche die niedrigste Ebene der himmlischen Welt regieren und die über die Ereignisse und das Schicksal der Erde, ihrer Völker und Individuen unbarmherzig herrschen. Dass unsichtbare Mächte, meistens böse, hinter irdischen Phänomenen wirkten, war ein weitverbreiteter Glaube in hellenistischen Zeiten, auch bei Juden, und er wurde vom Christentum geteilt.

Es gibt keinen gelehrten Konsens darüber, was Paulus sich in 1. Kor 2:8 dachte, aber schon viele Exegeten[46] des letzten Jahrhunderts haben erkannt, dass der Vers die bösen Geister meint. Der Begriff *aiōn,* Zeitalter (oder manchmal im Plural „die Zeitalter“) bezog sich in einem religiösen und apokalyptischen Kontext auf das gegenwärtige Zeitalter der Welt, im Sinne der aufgezeichneten Historie. Das nächste oder „kommende“ Zeitalter war das nach dem „Tag des Herrn“, wenn Gottes Königreich errichtet werden würde. Eine der vorherrschenden Vorstellungen der Periode war, dass die Welt bis zu dem Zeitpunkt unter der Herrschaft böser Engel und Geistmächte verblieb und dass erst das Kommen des neuen Zeitalters ihren lang erwarteten Untergang brachte.

Die Menschheit war in einen Kampf gegen die Dämonen verwickelt; die stärkste Anziehungskraft der griechischen Erlösungskulte bestand in der Verheißung göttlicher Hilfe bei diesem Kampf. Daher sollte man die „Obersten dieses Zeitalters" nicht auf die gegenwärtigen weltlichen Gewalten beziehen, die unter den gegenwärtigen politischen Umständen zufällig an der Macht waren. Paulus stellt sich vielmehr vor, dass diejenigen Kräfte des gegenwärtigen Zeitalters, welche die Erde beherrschten und sie vom Himmel trennten, die bösen engelhaften Mächte, sich nun ihrem Ende nähern (2:6); dass sie weiterhin nicht Gottes Absichten verstanden, nämlich ihre eigene Vernichtung, als sie versehentlich „den Herrn der Herrlichkeit" kreuzigten.

Eph 3:9-10 denkt diesen verborgenen Absichten Gottes nach und erklärt, dass sie jetzt ans Licht gebracht worden sind:

„... wie Gott seinen geheimen Ratschluss ausführt, der von Ewigkeit her verborgen war in ihm, der alles geschaffen hat; damit jetzt kund werde die mannigfaltige Weisheit Gottes den Mächten und Gewalten im Himmel durch die Gemeinde. Diesen ewigen Vorsatz hat Gott ausgeführt in Christus Jesus, unserm Herrn."

Hier werden die Obersten mit denen im Himmel gleichgesetzt. Uns fällt auf, dass der Autor sich mit der allgemeinen paulinischen Ausdrucksweise im Einklang befindet, indem er die Aufgabe, Gottes über lange Zeit verborgenes Geheimnis zu enthüllen, der „Kirche", Männern wie sich selbst zuweist und nicht irgendeinem vor kurzem dagewesenen historischen Jesus. Der letzte Ausdruck bezieht sich auf die Wirkung von Christus in der höheren spirituellen Welt, seine Erlösungshandlungen in Gottes ewigem Reich und ewiger Zeit, mit anderen Worten, auf die Welt des Mythos.

Eine vorherrschende christliche Vorstellung des 1. Jahrhunderts war, dass Christus durch seinen Tod alle Geistmächte und Gewalten, gute und böse, besiegt hatte. Im Lichte dieser Betrachtungsweise versetzt Kol 2:15 wieder Jesu Kreuzigung in ein übernatürliches Umfeld, denn es ist schwierig, irgendeinen Anklang an die Szene auf Golgatha in dieser Vorstellung zu sehen:

„Er hat die Mächte und Gewalten ihrer Macht entkleidet und sie öffentlich zur Schau gestellt und hat einen Triumph aus ihnen gemacht in Christus.“ (Kol 2:15)

Eph 6:12 spricht auch von dem Kampf, der nicht gegen menschliche Feinde, sondern gegen die „Mächtigen und Gewaltigen, nämlich mit den Herren der Welt, die in dieser Finsternis herrschen, mit den bösen Geistern unter dem Himmel“ gerichtet ist. Auch diese, so glaubte man, besäßen politische Organisationen wie Herrscher auf der Erde. Sie waren in der Lage, einen spirituellen Christus hinzurichten, der vom höheren göttlichen Reich in ihr Territorium herabgestiegen war. Wir wollen uns eine Schrift ansehen, die ein derartiges Bild des vom Himmel herabsteigenden Sohns, der durch böse Engel gekreuzigt wird, malt.

S. G. F. Brandon *(History, Time and Deity,* S. 167) gehört zu den wenigen Wissenschaftlern, die unerschrocken der Schlussfolgerung ins Auge blicken, dass nämlich, obschon die paulinische Aussage „bei oberflächlicher Betrachtung sich auf die Kreuzigung als ein historisches Ereignis zu beziehen scheint ... der Ausdruck 'Herrschern dieses Zeitalters' nicht die römischen und jüdischen Behörden bedeutet. Statt dessen bezeichnet er die dämonischen Mächte, von denen man glaubte, dass sie die Planeten bevölkerten (die himmlischen Sphären) und das Schicksal der Menschen beherrschten ... Paulus schreibt die Kreuzigung nicht Pontius Pilatus und den jüdischen Führern zu, sondern diesen planetarischen Mächten.“

Brandon versäumt es freilich (wie alle anderen Forscher auch), die Frage zu stellen, wie Paulus so sprechen konnte, ohne irgendeine Erklärung dieses übernatürlichen Bildes zu geben, wenn er annahm, dass Jesus erst vor kurzem in Judäa gestorben war. Die Erklärung, dass die irdischen Herrscher durch die himmlischen kontrolliert wurden und letztere „durch“ die irdischen herrschten, ist nicht ausreichend. Paulus würde die Dinge kaum kommentarlos auf diese Weise dargestellt haben. Und wenn wir auf das Bild der Evangelien blicken, in dem zum ersten Mal ein klarer Bezug zu den irdischen Herrschern hergestellt wird, verschwindet die himmlische Dimension, die hinter ihnen liegen soll, bzw. zeigt sie sich, wie im Falle der Offenbarung des Johannes, nur noch in einem fernen, an Anspielungen reichen Hintergrund.

Herabsteigende Götter

Der Gedanke, dass Gott zum Zweck der Erlösung die „Welt des Fleisches“ betreten müsse, wurde durch philosophische Reflexion erlangt. In den höheren himmlischen Sphären existierten die Gottheiten vollkommen und ohne jede Verbindung mit der Welt der Materie. Am menschlichen Leiden hatten sie keinen Anteil. Schmerz, Blut, Tod waren die Charakteristika der niedrigeren Ebenen des Universums.

Um sie zu durchleiden, musste die Gottheit die menschliche Ebene betreten. Sie musste körperliche Eigenschaften und Fähigkeiten annehmen. Wenn Kontakt zwischen der materiellen Welt und der Gottheit hergestellt werden sollte, lag die Initiative bei Gott. Die Gottheit musste sich selbst erniedrigen, ihre spirituelle Reinheit aufgeben. Sie musste herabsteigen. Und sie stieg herab, denn das Konzept des „herabsteigenden Erlösers“ scheint eine vorherrschende Vorstellung dieses Zeitalters gewesen zu sein, obwohl die Belege für die vorchristliche Periode bruchstückhaft und sehr umstritten sind.

Wie schon früher angemerkt, betrachtete man den spirituellen Teil des Universums im Volksglauben als in mehrere Sphären aufgeteilt – gewöhnlich in sieben. Da eine Gottheit von den höheren Sphären des reinen Geistes herabstieg, durchquerte sie bei ihrer Herabkunft diese Himmelssphären und passte sich dabei an niedrige körperliche (materielle) Formen an, wobei sie schließlich die Fähigkeit, fleischliches Schicksal wie Schmerz und Tod zu erleiden, erlangte. Die niedrigste Sphäre des Geistreiches war die Luft oder das „Firmament“ zwischen der Erde und dem Mond. Dieses war die Domäne der bösen Geister (Dämonen) – in jüdischer Ausdrucksweise: Satans und seiner bösen Engel, die als eng mit der irdischen Sphäre verbunden betrachtet wurden. Die dämonischen spirituellen Mächte gehörten in das Reich des Fleisches und wurden als körperlich vorgestellt, obgleich sie „himmlische“ Formen irdischer Körper[47] besaßen.

Somit war es durchaus denkbar, dass der paulinische Christus von der spirituellen Welt in das Reich der Dämonengeister herabstieg. Hier war er in der Sphäre des Fleisches, was zu den überall gebrauchten stereotypen Redewendungen wie „im Fleisch", „nach dem Fleisch" passen würde. (C. K. Barrett, wie früher angemerkt, übersetzt *kata sarka* in Röm 1:3 als „in der Sphäre des Fleisches".) Hier konnte Christus die Eigenschaften der sichtbaren Welt annehmen, Leiden und Tod aus den Händen der Geister als Blutopfer erleiden und durch Gott zurück in den höchsten Himmel erhöht werden – selbst wenn alles nur Teil von Gottes „Geheimnis" war, das in Gottes Ewigkeit stattfand, verborgen für viele Generationen und erkennbar durch göttliche Offenbarung für Männer wie Paulus in der Schrift.

Derartige Vorstellungen waren nicht auf das Judentum und das Christentum beschränkt, obgleich die wenigen Schriftsteller, die sich mit den griechischen Mysterien und den Handlungen ihrer Gottheiten beschäftigen, von der Tendenz her anspruchsvolle Philosophen waren wie Plutarch und Sallustius. Diese Männer sahen die Geschichten der griechischen Erlösungskulte als „in Mythen gekleidete ewige Sinngehalte". Sie waren nur allegorische Interpretationen, auch wenn der Laie sie eher wörtlich nahm. (Viele durchschnittliche Kultanhänger mögen in traditioneller Art geglaubt haben, dass die Mythen der Erlösergötter in eine irdisch-primordiale Vergangenheit gehörten.)

Der Philosoph Sallustius aus dem 4. Jahrhundert nennt die Geschichte von Attis allegorisch „einen ewigen kosmischen Prozess, nicht ein isoliertes Ereignis der Vergangenheit" (*Über Götter und Welt,* 9). Ähnlich sein Mentor, der Kaiser Julian, von den Christen *Apostata* (Abtrünniger) genannt; er sagt (in *Orationes V,* 165), dass Attis in die niedrigste Geistsphäre unmittelbar vor der Materie, wo er seinen Tod durch Kastration erleidet, gestiegen sei, um der sichtbaren Welt Ordnung und Fruchtbarkeit zu bringen; er betrachtet dies als ein Symbol des jährlichen Zyklus der ackerbaulichen Wiedergeburt, der schöpferischen Macht, die aus den oberen Sphären der Sterne in die Erde herabkommt.

Mythen über Abstieg und Aufstieg von Gottheiten werden oft so interpretiert (besonders in der Gnosis und im Neoplatonismus), als symbolisierten sie die antike Vorstellung des Falls der Seele in die Materie, ihr Leiden und Tod in der unvollkommenen materiellen Welt, gefolgt von einem Wiederaufstieg und Erhöhung. Der Mythos des Erlösergottes, das Paradigma für den Abstieg und Aufstieg der Seele, garantiert dieses Schicksal auch für den Gläubigen.

Einen klaren Widerhall solchen Denkens finden wir in den Briefen (zum Beispiel Röm 6:5, wie oben zitiert). Die paulinische Sammlung enthält auch Beispiele christlicher kultischer Mythologie, liturgische Gedichte über den göttlichen Christus, die Wissenschaftler als „christologische Hymnen" bezeichnen. Diese werden im Allgemeinen als vorpaulinisch betrachtet, obwohl niemand eine Vorstellung davon hat, wer sie schrieb. Betrachten wir die Hymne in Phil 2:6-11:

„[6]Er, der in göttlicher Gestalt war, hielt es nicht für einen Raub, Gott gleich zu sein, [7]sondern entäußerte sich selbst und nahm Knechtsgestalt an, ward den Menschen gleich und der Erscheinung nach als Mensch erkannt. [8]Er erniedrigte sich selbst und ward gehorsam bis zum Tode, ja zum Tode am Kreuz. [9]Darum hat ihn auch Gott erhöht und hat ihm den Namen gegeben, der über alle Namen ist, [10]dass in dem Namen Jesu sich beugen sollen aller derer Knie, die im Himmel und auf Erden und unter der Erde sind, [11]und alle Zungen bekennen sollen, dass Jesus Christus der Herr ist, zur Ehre Gottes, des Vaters."

Dieses ist die frühe christliche Verkörperung des vom Himmel herabsteigenden, zum Himmel aufsteigenden Erlösermythos, und es gibt nicht das kleinste Anzeichen einer Gleichsetzung mit irgendeinem Jesus von Nazareth. Dreimal deutet die Hymne die Vorstellung an, dass diese Gottheit die materielle Gestalt annahm, sagt aber niemals, dass er ein wirklicher Mensch wurde, ganz zu schweigen von irgendeinem irdischen Leben. Statt dessen kommt diese Gottheit vom Himmel herab, um den Tod zu sterben (einige Kommentatoren sind der Meinung, dass der Ausdruck „Tod an einem Kreuz" wahrscheinlich eine paulinische Beifügung ist, da er das poetische Metrum unterbricht); am Ende wird sie hinaufgehoben in den höchsten Himmel, wo sie erhöht wird.[48]

Die kürzere Hymne in 1 Timotheus 3:16 bietet ein ähnliches Muster des Vom-Himmel-Nieder-zum-Himmel-Hinauffahrens eines göttlichen Wesens:

„Und groß ist, wie jedermann bekennen muss, das Geheimnis des Glaubens: Er ist offenbart im Fleisch, gerechtfertigt im Geist, erschienen den Engeln, gepredigt den Heiden, geglaubt in der Welt, aufgenommen in die Herrlichkeit."

Noch einmal, es gibt keine Gleichsetzung mit einem menschlichen Wesen, und jeglicher Hinweis auf ein irdisches Leben Jesu fehlt. Diese Gottheit scheint nur von Engeln gesehen worden zu sein und hat sich nicht selber verkündigt. Das „im Fleisch“ der ersten Zeile *(en sarki)* kann als „in der Sphäre des Fleisches“, übersetzt werden, wie schon früher angemerkt. Jedoch sagt kein christlicher Verfasser oder Hymnenschreiber, dass der Christusmythos allegorisch oder symbolisch zu verstehen ist. Paulus scheint eher an das buchstäbliche Leiden des göttlichen Jesus in den Händen der Dämonengeister geglaubt zu haben.

Diese beiden Hymnen haben mit ihren befremdlichen Besonderheiten jahrhundertelang in den neutestamentlichen Briefen gestanden, und viel gelehrte Arbeit ist auf sie angewendet worden. Sie haben sich dem Verständnis widersetzt, weil falsche vorgefasste Meinungen auf sie angelegt wurden. Aber ohne die Evangelien und ihren historischen Jesus können sie als das gesehen werden, was sie sind: Reflexe mythischen Denkens einer längst versunkenen antiken Welt. G. A. Wells, der bedeutendste Verfechter der Theorie eines nichthistorischen Jesus im späten 20. Jahrhundert,[49] hat die Meinung geäußert, dass vieles von dem, was in den Briefen zu lesen ist, dem modernen Leser „unverständlich“ ist. In der Tat ist das so, weil wir den paulinischen Glauben nicht mehr in seiner ursprünglichen Bedeutung verstehen bzw. durch das Jesusbild der Evangelien an seinem Verständnis gehindert wurden.

Der Abstieg des Sohnes

In einer jüdisch-christlichen Schrift, der Himmelfahrt des Jesaja, können wir die Bestätigung für dieses Bild eines göttlichen Sohnes, der in die niedrigen Sphären des Himmels absteigt, um durch die Dämonengeister gekreuzigt zu werden, finden. Diese Schrift zerfällt in zwei Abschnitte, die ursprünglich unabhängig waren. Der zweite Abschnitt, die Vision des Jesaja (Kapitel 6-11), hatte seine eigene Geschichte, bevor er mit dem ersten verbunden wurde, und enthält ein detailliertes Bild des oben diskutierten Motivs des Himmelsauf- und abstiegs.

Eine genaue Analyse der Schrift ist schwierig, da mehrere erhalten gebliebene Handschriften voneinander abweichen: in der Wortwahl, den Ausdrücken und sogar in ganzen Abschnitten. Die Schrift trägt überall die Merkmale einer komplizierten Redaktionsarbeit. Gleichwohl lässt sich anhand einiger Passagen aufzeigen, dass die Vision in früheren Schichten noch von einem göttlichen Sohn sprach, der in einem rein übernatürlichen Reich wirkte.

Die Gemeinde, in der die Schrift wahrscheinlich gegen Ende des 1. Jahrhunderts entstand, lebte in einer Welt apokalyptischer Erwartung und Offenbarung durch den Heiligen Geist (6:6f.). Erlösung wird für den gerechten Auserwählten erwartet, der nach dem Tod und der Erhöhung des Sohnes selber erhöht werden soll (der *Paradigma*-Effekt!). Jesaja hat eine Vision, in der er durch die sieben Sphären vom Himmel herabkommt und einen Blick auf Gott und seinen Geliebten bzw. Auserwählten, Christus genannt, erhält. Er erfährt, dass dieser Sohn in die niedere Welt fahren soll, wo er getötet werden und auferstehen wird, um die Seelen der gerechten Toten aus der Scheol (dem jüdischen Totenreich) zu retten, bevor er wieder zum höchsten Himmel auffährt.

Hier ist nun die Schlüsselpassage. Der Seher und sein engelartiger Führer haben den siebenten Himmel erreicht. Dort sehen sie den Herrn, den Christus; der Engel sagt Jesaja voraus (9:13-17):

„[13]Es wird nämlich in den letzten Tagen der Herr, der Christus genannt werden soll, in die Welt hinabsteigen ... nachdem er hinabgestiegen und euch an Aussehen gleich geworden sein wird, und man meinen wird, er wäre Fleisch und ein Mensch. [14]Und der Gott jener Welt wird die Hand gegen seinen Sohn ausstrecken, und sie werden Hand an ihn legen und ihn an einen Baum hängen, ohne zu wissen, wer er ist. [15]Und so wird sein Herabkommen, wie du sehen wirst, den Himmeln verborgen sein, so dass unbemerkt bleibt, wer es ist. [16]Und wenn er dem Engel des Todes die Beute genommen haben wird, wird er am dritten Tage auferstehen und wird in jener Welt 545 Tage bleiben, [17]und dann werden viele von den Gerechten mit ihm aufsteigen ...“

Das sieht aus wie die Fleischwerdung in 1. Kor 2:8. Wir haben die Niederkunft des Sohnes durch die Himmelssphären und eine Annahme des „Abbildes“ des Menschen. „Man könnte denken, dass er Fleisch ist und ein Mensch“ impliziert eindeutig, dass er es nicht ist. Es gibt hier keinen Hinweis auf Jesus von Nazareth. Auch handelt es sich höchstwahrscheinlich nicht um Doketismus (die Annahme, dass Christus einen irdischen Körper hat, der nur menschlich zu sein „scheint“; siehe Anlage 3), da die Ausdrucksweise zu der Vorstellung in den Versen 14 und 15 in Beziehung steht, dass seine *Identität* verborgen gewesen ist. Auch scheinen Prozess und Kreuzigung aus den Evangelien nirgends im Blick, da stattdessen vom Hängen am Baum die Rede ist. Eher scheint das Erhängen auf den „Gott jener Welt“, was Satan bedeutet, als Urheber hinzuweisen. Einige Handschriften lesen sich so: „*Er* wird an einem Baum erhängt.“ Obgleich die Szene „in den letzten Tagen“ geschehen soll, klingt alles nach einer mythologischen Szene.

Um dieses Schicksal zu erleiden, wird der Sohn zum Firmament herabsteigen, wo Satan und seine bösen Engel wohnen. Am Anfang seines visionären Aufstiegs (7:9-12) durchquert Jesaja das Firmament, wo er Satan und seine widerstreitenden Engel sieht. Sie sind in einem Kampf verwickelt, berichtet ihm sein Führer, der „andauern wird, bis einer kommt, den du sehen wirst, und er wird ihn vernichten“. Wie in 1. Kor 2:8 und Kol 2:15 wird eine der Hauptaufgaben des Sohnes sein, die Dämonengeister zu überwinden.

Diejenigen, die den Sohn aufhängen werden, werden nicht wissen, wer dieser ist. Das alles scheint sich, wie schon gesagt, nicht auf die Römer oder Juden in den Evangelien zu beziehen, sondern auf die bösen Engel des Firmaments, denn Vers 15 zeigt an, dass in den unteren Schichten des Himmels Unwissen über die Identität des Sohnes herrscht. Dieses Unwissen seitens des „Gottes jener Welt“ ist ähnlich dem der „Herrscher dieses Zeitalters“, die unwissentlich den Herrn der Herrlichkeit in Kor 2:8 kreuzigen.

Somit ist die Kreuzigung die Tat der übernatürlichen Mächte und geschieht in der spirituellen Welt. Nach Meinung von M. Knibb, dem Übersetzer und Kommentator der Himmelfahrt Jesajas im Pseudographen des Alten Testaments (*The Old Testament Pseudographa* [II, S. 143f.; aus dem die obige Übersetzung entnommen wurde]) sind der Bezug auf die Himmelfahrt am dritten Tag und das Verweilen für 545 Tage eine spätere Hinzufügung zu dem aus gnostischen Quellen hergeleiteten Text, in denen noch die Auffassung bestand, dass Jesus nach seiner Auferstehung 18 Monate auf der Erde verblieb (*op. cit.,* S. 170, n. „v“). Andere Fragmente in der Vision sind Bearbeitungen der Editoren, so dass es schwierig ist, die verschiedenen Stränge zu rekonstruieren und zu differenzieren. Knibb erwägt sogar die Möglichkeit, dass alle Eintragungen der Namen Jesus und Christus spätere Hinzufügungen sind.

Als Teil von Jesajas Vision (10:8-14) gibt der Vater dem Sohn Anweisungen bezüglich seines kommenden Abstiegs in die niedere Welt und seines Wiederaufstiegs in den Siebten Himmel. In dieser göttlichen Anweisung fällt kein Wort über eine Inkarnation im Fleisch und eine irdische Geschichte oder über einen Tod durch Menschenhände. Es gibt nicht den leisesten Hinweis auf eine Kenntnis der Evangelien.

Kapitel 11 stellt zu einem späteren Zeitpunkt einen einfachen Evangeliumsbericht in eine Manuskriptzeile (siehe Diskussion in Anhang 4). Wäre dieses irdische Bild vor dem geistigen Auge des Schreibers von Kapitel 9 und 10 gewesen, ist es schwer zu glauben, dass nicht einige Züge davon dort reflektiert worden wären. Abgesehen von dieser Passage beziehen sich die Aktivitäten des Sohnes nur auf das spirituelle Reich, auf die Sphären des Himmels, die sich durch das Firmament erstrecken und die Scheol einschließen. Gottes Anweisungen beschränken sich auf den Abstieg durch die himmlischen Sphären und auf die Aufgabe, die Macht Satans und der bösen Geister zu vernichten und die Seelen der Gerechten zu retten.

Als Markus daran ging, seinen Midrasch über den irdischen Jesus zu verfassen, wurde der Krieg der himmlischen Mächte und des Sohnes gegen die Dämonen übersetzt in den irdischen Krieg Jesu gegen die neuen vermenschlichten Dämonen: die Juden. Ebenso wie die „Herrscher dieses Zeitalters", die bösen Geister, die Mörder Christi in der paulinischen Zeit waren, wurden die irdischen Juden in der Version des Evangeliums zu Christusmördern. Als die symbolische Gestalt des Markus, Jesus von Nazareth, historisch wurde, setzte man auch diese Allegorie in Historie um.

11
Die Mysterienkulte

Jesu Stammbaum

Es steht außer Zweifel, dass das paulinische Christentum tief in der jüdischen Schriftüberlieferung und im jüdisch-kulturellen Erbe verwurzelt ist. Gleichzeitig sind Soteriologie, sakramentale Handlungen sowie die spezifischen Charakterzüge seiner Erlösergottheit stark von hellenistischen Vorbildern abhängig. Eine solche Verschmelzung verschiedener religiöser und kultureller Strömungen wird als Synkretismus bezeichnet. Unterschiedliche Glaubensformen und -praktiken werden kombiniert, um Neues zu schaffen, nicht in bewusster Absicht, sondern weil das menschliche Bewusstsein dazu neigt, aus dem, was es aus Vergangenheit und Umwelt assimiliert, fortlaufend neue Vorstellungen zu entwickeln. Das Christentum war der große Schmelztiegel der religiösen Vorstellungen der antiken Welt, mit unterschiedlichen Resultaten für die westliche Gesellschaft.

Die Ähnlichkeit zwischen dem paulinischen Christus Jesus und den Erlösergöttern der griechisch-römischen Mysterienreligionen ist zu groß, als dass behauptet werden könnte, dass das eine nichts mit dem anderen zu tun habe. Auch wenn es keinen direkten Beweis für eine solche „Anleihe“ bei den Mysterien durch Paulus geben mag (obwohl wir ein Argument für einen derartigen Fall vorbringen könnten, siehe unten), bleibt es gleichwohl unbestreitbar, dass beide Phänomene Ausdruck ähnlicher Bedürfnisse und Impulse sind; beide sind gleichsam Zweige desselben antiken Weltenbaumes. Osiris, Attis, Isis und die übrigen Erlösergottheiten bewohnten die gleiche Welt wie der Christus der frühen Christenheit.

Einige Gelehrte behaupten, dass der Begriff „Religionen“ ein zu starker Ausdruck für diese Organisationen[50] sei. Im Römischen Reich wurden sie wie Gilden behandelt, mit Ritualen, die geheimgehalten werden mussten (daher der Begriff „Mysterien“), und einer Mitgliedschaft, die auf bestimmte Art ausgewählt wurde – sei es auch nur aus dem einfachen Grunde, dass das Durchlaufen aller Initiationsstadien viel Geld kostete. Einige dieser Erlösungs„kulte“ (wahrscheinlich der bessere Ausdruck) waren weit verbreitet und besaßen reich entwickelte Philosophien und Mythologien. Die Ethik war gewöhnlich weniger wichtig. Ihre Riten, die verschiedene Formen der Taufe enthielten, sollten dem Initiierten Wiedergeburt und Schutz in dieser Welt vor schädlichen Geistern und Schicksalsmächten verleihen sowie die Verheißung eines Lebens nach dem Tode. Nach griechischer Sichtweise bedeutete letzteres keine körperliche Auferstehung, sondern nur Unsterblichkeit der Seele und ewige Glückseligkeit. Im 2. Jahrhundert u.Z. näherte sich der Kult der Isis, der ägyptischen Göttin, die das christliche Marienbild sehr stark prägte, dem Status einer Universalreligion. Der Mithraismus, bei dessen Anhängern es sich ausschließlich um Männer, in erster Linie um Soldaten, handelte, wurde im Römischen Reich, bevor Konstantin sich zum Christentum bekehrte, faktisch zu einer Staatsreligion.

Das Wort, das Paulus für „Mahl“ *(deipnon)* in seinem Bericht über das „Herrenmahl“ im 1. Korintherbrief 11 benutzte, wurde im Allgemeinen für die kultischen Mahlzeiten in den Mysterien gebraucht. Praktisch existierte in allen Kulten eine kultische Mahlzeit. Sie beinhaltete die Vereinigung der Eingeweihten mit dem verehrten Kultgott und eine Teilhabe an der von ihm vollbrachten Erlösung. Im Sabazios-Kult gab es ein Gemeinschaftsmahl, das ein himmlisches Festmahl der Gesegneten symbolisierte, dem die Eingeweihten nach dem Tode entgegensehen konnten. Der Mithraskult hatte einen Mythos, der den Ursprung seines heiligen Mahles erklärte. Nachdem Mithras den Stier getötet hatte (die „erlösende Handlung“ im Mithraismus), besiegelten er und der Sonnengott Helios einen Bund, indem sie gemeinsam Brotlaibe verspeisten – einige sagen das Fleisch des Stieres – und aus Bechern Wasser mit Wein gemischt tranken. Von der Göttin Isis glaubte man, sie habe persönlich die geheimen Riten, die zu ihr in Beziehung stehen, eingeführt, Riten, die ein heiliges Mahl einschlossen.

Die starken Ähnlichkeiten zwischen den Mysterien und den christlichen Sakramenten, besonders der Eucharistie, wurden von den Kirchenvätern des 2. Jahrhunderts als Werk des Teufels erklärt. Dieser habe den Glauben der christlichen Gläubigen schwächen wollen, indem er vorher falsche Riten etablierte, die den christlichen ähnelten.[51] Ob die Riten der Mysterien tatsächlich in der Form, in der sie die Kirchenväter kannten, vor dem Christentum existierten, ist strittig, jedoch glaubten Männer wie Justin offensichtlich, dass dies so war. Und auch Paulus könnte sich darauf beziehen, wenn er in 1. Kor 10:21 vom „Tisch der Dämonen“ spricht.

In welchem Grade Paulus mit den Mysterien in Kontakt gekommen sein oder ihre Vorstellungen übernommen haben könnte, ist über Jahrhunderte heftig debattiert worden. Paulus war nicht nur ein Jude der Diaspora, der unterschiedlichen kulturellen Einflüssen ausgesetzt war, er soll auch aus Tarsus stammen, dem Zentrum des hellenistischen Mithraskultes vom Ende des 2. Jahrhunderts v.u.Z.[52] Es ist nicht zu leugnen, dass das paulinische „Herrenmahl“ dem jüdischen Denken fremd ist. Hyam Maccoby (*Paul and Hellenism,* S. 99) weist darauf hin, dass der Inhalt des christlichen Eucharistie-Ritus mit jüdischem Denken unvereinbar – sogar götzendienerisch – gewesen wäre, „da es den Gedanken des Essens des Leibes und des Trinkens des Blutes einer göttlichen Gestalt beinhaltete“.

Daher wäre die Eucharistie, wie sie von Paulus gefeiert wurde, in der primitiven palästinensischen Kirche praktisch unmöglich gewesen. Andererseits ist das sakramentale Mahl der Vorstellung der Mysterien überraschend ähnlich, in denen ja auch das Fleisch der Kultgottheiten verzehrt und ihr Blut getrunken wurde. Diese Praxis wurde nicht nur im antiken Dionysos-Kult angetroffen, sondern – auf eine eher symbolische Art – auch in den Kulten zur Zeit des Paulus, wie z.B. dem des Attis. Paulus hat auch das „Herrenmahl“ in der Art der Mysterien interpretiert, als eine heilige Kommunion (Verbindung) der Teilnehmer mit ihrem Herrn, eine Teilhabe an den von der Gottheit verliehenen Gütern, einschließlich der Unsterblichkeit.

Die Nacht, in der er ausgeliefert wurde

Ist das paulinische „Herrenmahl“ also von den Mysterien beeinflusst oder abgeleitet, und ist es wie deren Kultmahlzeiten ein völlig mythisches Ereignis?

Wir sahen im Kapitel 4, dass sich die paulinische Erklärung in 1. Kor 11:23, mit der er seine Erzählung des Abendmahls des Herrn einleitet, auf eine persönliche Offenbarung bezieht: „Ich habe von dem Herrn empfangen, das ich euch weitergegeben habe ...“ Es ist somit nicht auszuschließen, dass Paulus unter dem Einfluss des mithraischen heiligen Mahls und unter dem Eindruck einer Inspiration einen Ursprungsmythos für das christliche Gemeinschaftsmahl entwickelte, der diesem sakramentale und geheiligte Bedeutung verlieh – und sei es nur, um die Korinther dazu zu bringen, sich am Tisch gesitteter zu verhalten. Was die charakteristischen Einzelheiten dieser mythischen Szene betrifft, so ist die antike Mythologie voll von Erzählungen über Götter, die Riten oder kultische Praktiken stifteten, welche dann von den Anhängern befolgt wurden. Wenn Paulus erklärt, ein spiritueller Christus habe ein Mahl ins Leben gerufen und Essen und Trinken stellten seinen Körper und sein Blut dar, wenn er die Christen weiterhin dazu veranlasste, die Mahlzeit zu dessen ehrendem Gedenken einzunehmen, so wäre dies an sich noch nicht ungewöhnlich. Aber betrachten wir zwei weitere Teile des Einführungsverses, wie sie oft übersetzt wurden:

„... Der Herr Jesus, in der Nacht, da er verraten (oder festgenommen) ward, nahm er das Brot ...“

Das griechische Verb für „verraten“ oder „festnehmen“ ist *paradidomi,* was wörtlich „überreichen“ oder „ausliefern“ bedeutet. Dies ist ein Begriff, der oft im gerichtlichen Kontext oder im Zusammenhang mit dem Martyrium gebraucht wird. Er bedeutet, jemanden zur Verhaftung oder zum Gericht auszuliefern – was freilich die Hinrichtung einschließen kann. In dem Zusammenhang mit den Evangelien kann es die metaphorische Bedeutung von Festnahme oder Verrat (wie bei Markus 14:21) annehmen, aber bei Paulus besteht keine Notwendigkeit, es so zu deuten. Er benutzt das gleiche Verb in Röm 8:32, „der auch seinen eigenen Sohnes nicht verschont hat, sondern hat ihn für uns alle dahingegeben“. Hier kann das kaum Verrat oder Festnahme implizieren. In Eph 5:2 und 25 ist es Christus selber, der „sich selbst für uns gegeben“ hat. Es findet sich kein Gedanke an Judas oder an eine Festnahme am Vorabend des jüdischen Osterfestes.

Was die Tatsache betrifft, dass die Szene nachts stattfindet: es gibt nichts, was mythische Geschichten daran hindern könnte, derartige Rahmen zu verwenden, besonders solche, die Tod und Aufopferung involvieren. Wenn das korinthische Gemeinschaftsmahl nicht vor Anbruch der Dunkelheit begangen wird (Paulus macht hierüber keine genauen Angaben), würde der Ursprungsmythos voraussichtlich zu einer entsprechenden Zeit angesetzt sein. An anderer Stelle, in 1. Kor 5:7, verbindet Paulus die Opferung Christi mit dem jüdischen Osterfest. Das Ostermahl wird nach Sonnenuntergang gefeiert. Jedoch könnte diese Verbindung einfach eine symbolische sein, welche die Identifikation Christi mit der Vorstellung des Osteropfers involviert, ohne eine notwendige Verbindung zu einem speziellen, historischen Osterfest.

Die Ursprünge der Mysterien

Die Wurzeln der heidnischen Mysterien liegen im Dunkeln. Es wird angenommen, dass der einfache gemeinsame Nenner dieser verschiedenen Kulte der jährliche Ackerbauzyklus war, die absterbende und sich wieder erneuernde Vegetation und die Ernten. Die Erfahrungen der Menschen mit den Naturzyklen führten zu der Vorstellung, dass die Götter, die diese Pflanzen bewohnten, oder die Erde, aus der sie hervorwuchsen, regelmäßig sterben und auferstehen oder es früher einmal taten – vielleicht sogar als ein Opfer, um die jährliche Rückkehr der Fruchtbarkeit zu gewährleisten. Mythische Geschichten entstanden, um derartige göttliche Erfahrungen zu veranschaulichen.

Obgleich der Zyklus der Jahreszeiten gewiss die entscheidende Rolle bei der Hervorbringung des Mythos spielte, haben sich Wissenschaftler in jüngster Zeit auch mit sog. männlichen „Übergangsriten" in prähistorischen Gesellschaften beschäftigt. Bei diesen Riten werden heilige Lehren an die Jugendlichen des Stammes weitergegeben, die durch schwere Prüfungen und geheime Zeremonien auf eine Veränderung ihres Status und die Aufnahme in das Erwachsenenleben vorbereitet wurden. Was auch immer die Ursprünge gewesen sein mögen, fest steht, dass die Eingeweihten in den Mysterienkulten durch Zeremonien und Übernahme des Gruppendogmas ihr Schicksal mit dem des angebeteten göttlichen Wesens verbanden und auf diese Weise an den verheißenen Heilsgütern und der Unsterblichkeit nach dem Tode Anteil bekamen.

Die wichtigsten und einflussreichsten Mysterien gehen mindestens bis ins 7. Jahrhundert v.u.Z. zurück. Es handelt sich um jene, die in Eleusis gefeiert wurden, einer Stadt in der Nähe von Athen. Die Riten basierten auf dem Demeter-Mythos, der Göttin der Fruchtbarkeit (besonders des Ackerbaus und des Getreides), die ihre Tochter Kore (Persephone) vor dem Gott der Unterwelt rettete, freilich nur unter der Bedingung, dass Kore einen Teil des Jahres im Hades verbrachte, den anderen Teil auf der Erde. Der Mythos stellt die jährlichen Perioden von Fruchtbarkeit und Unfruchtbarkeit dar und ist ein vorzügliches Beispiel dafür, wie mythologische Geschichten erdacht wurden, um natürliche Vorgänge zu erklären. Nachdem der Eingeweihte an ausgeklügelten Zeremonien teilgenommen hatte, die Fasten, rituelles Baden, Fackelzüge und Aufenthalte im Tempel beinhalteten, durfte er nach dem Tode einem unsterblichen Leben entgegensehen. Der Mythos und die Riten schlossen die Ankündigung der Geburt eines göttlichen Kindes für Demeter ein, das für die Eingeweihten die eigene Wiedergeburt symbolisiert haben könnte. Schließlich nahmen Menschen von überall aus der mediterranen Welt an den eleusinischen Mysterienfeiern teil, sogar römische Kaiser wurden Eingeweihte.

Andere Mysterien waren ebenfalls sehr alt. Der Kult des Gottes Dionysos (römisch Bacchus, Gott des Weines und der Fruchtbarkeit im Allgemeinen) wurde ursprünglich von Frauen praktiziert und beinhaltete berüchtigte orgiastische Riten. Dazu gehörten kultische Mahlzeiten, bei denen rohes Fleisch und Wein konsumiert wurden – Körper und Blut (die Kraft) des Gottes. Der Mythos des Dionysos berichtet von seiner Ermordung, seiner Auferstehung und von seiner Geburt durch eine jungfräuliche Göttin in einer Höhle. Dem Dionysos-Mythos lag der Gedanke zugrunde, dass der Mensch – wie die natürliche Welt überhaupt – göttliche Kräfte in sich hat, die ihm ein Leben nach dem Tode in Aussicht stellen.

Schon früh wurden die Dionysos-Riten mit der Spiritualität des griechischen religiösen Denkens verbunden. Wenn das Christentum als die umfassendere „Religion" einen Vorläufer in der heidnischen Welt hatte, dann war es die Bewegung, die als Orphik bekannt wurde. Die orphischen Mysterien basierten auf antiker Dichtung, die ungefähr im 7. Jahrhundert v.u.Z. verfasst und dem legendären Sänger und Dichter Orpheus aus der Zeit vor dem Trojanischen Krieg zugeschrieben wurden, der als Gefährte des Gottes Dionysos galt. Gründlicher als die übrigen Mysterien strebte die Orphik danach, Gut und Böse in der menschlichen Natur zu erklären sowie Wege zu finden, um menschliche Schuld zu sühnen. Wie E. R. Goodenough es ausdrückt (*By Light, Light* S. 16) gab er den Griechen „ein Gefühl der Sünde". Ein tugendhaftes, asketisches Leben befreite die Seele und führte zu ihrer ewigen Seligkeit auf den fernen westlichen Inseln der Seligen, während böse Menschen (und die, die nicht in die Mysterien initiiert wurden) eine grausame Bestrafung in der Unterwelt erwartete. Hier existierte im Griechischen die Vorstellung der Unterwelt (Tartarus), die wahrscheinlich noch älter war als die entsprechende jüdische und welche die Juden in jedem Fall aus nichtjüdischen Quellen übernahmen. Die Orphik schloß auch die Vorstellung einer Reinkarnation ein. Die Seelen hatten ein Anzahl von Malen zu wandern, bevor sie ihre endgültige Belohnung oder Bestrafung erlangten, eine Vorstellung, die wahrscheinlich östlichen Ursprungs ist. Es gab keine Auferstehung des Körpers.

Als Knabe, so erzählt der Mythos, wurde der Gott Dionysos in Stücke zerrissen und von den Titanen verspeist (die orphische „Erbsünde"). Die Titanen wurden dann von Zeus für ihr Verbrechen vernichtet. Aber aus ihrer Asche erwuchs das Menschengeschlecht, das somit Göttlichkeit in sich selbst besitzt (der gierig verschlungene Dionysos). Dieser Teil der Göttlichkeit, die Seele, ist im Gefängnis des Körpers gefangen, aus dem sie zu entkommen sucht. Sie sehnt sich nach einer Rückkehr in ihr himmlisches Zuhause und nach ihrer göttlichen Herkunft; dieses ist der spätere Dionysos, der seitdem von Zeus wiedererweckt worden ist. Welt und Fleisch werden somit entwertet, Erlösung davon wird zum Lebensziel. Obgleich nicht gesagt werden kann, dass das Christentum von der Orphik „abstammt" oder von irgendeinem anderen Mysterienkult, schuldet es den religiösen Vorstellungen seiner Zeit viel.

Ein anderer herausragender Kult war derjenige der Großen Mutter Kybele (Magna Mater Cybele). Sie bekam später einen Geliebten, Attis, der im Mythos entmannt wurde, um die Handlungen der Priester der Kybele zu erklären, die in ekstatischer Anwandlung sich selbst dem Eunuchentum opferten. Die öffentlichen Riten von Attis und Kybele sind häufig interpretiert worden. Sie wurden in einem Frühlingsfest, das viele Tage dauerte, gefeiert. Ähnlich wie in der christlichen Passionswoche wurde der Tod des Attis an einem Tage betrauert, gefolgt von einer Periode des Fastens und körperlicher Selbstkasteiung (vgl. die christliche Fastenzeit). Dann folgte eine Zeremonie, die häufig als

Symbolisierung der Auferstehung von Attis interpretiert wurde; neuere Meinungen leugnen jegliche Vorstellung einer körperlichen Auferstehung seitens des Gottes. Wie auch immer die mythischen Einzelheiten aussahen, spätere christliche Kommentatoren zeigen, dass die Riten eine Beteiligung am Triumph der Gottheit symbolisierten. Eine vom Christen Firmicus Maternus (4. Jahrhunderts u.Z.) zitierte Kultformel des Attis wird oft zitiert: „Seid getröstet, oh Eingeweihte, denn der Gott ist geboren; deshalb werden wir Erlösung von unseren Kummer und Sorgen haben.“ Dies könnte sich auf eine Auferstehung bezogen haben.

Andere kultische Götter und Göttinnen boten verschiedene Riten der Wiedergeburt an, zukünftige Erlösung und Vereinigung mit dem Göttlichen. Der persische Lichtgott Mithras war ursprünglich ein Mittler zwischen Ahura-Masda (dem persischen einzigen Gott, der die Weltentwicklung als Erster und Letzter umschließt) und der Menschheit, er half bei dem Aufstieg der menschlichen Seele in den Himmel nach dem Tode. Er wurde am 25. Dezember auf wunderbare Weise aus einem Felsen geboren (einige sagen in einer Höhle), wo Hirten ihn anbeteten; er sollte Tote auferwecken und die Menschheit am Ende der Welt richten. Er erlitt kein Leid und keinen Tod, seine Erlösungstat bestand in der Tötung eines Stiers; dessen Blut und (Knochen-)Mark erweckte die großzügige Gabe der Erde an Lebensmitteln und Getränken. Der Mithraismus mit seiner Taufe und seinem kultischen Mahl war ein Hauptkonkurrent des Christentums unter den Mysterienkulten des 2. und 3. Jahrhunderts u.Z.

Ägypten stellte mehrere Kultgottheiten, alle untereinander verbunden, wie Serapis, Osiris und Isis. Isis beherrschte das Schicksal und alle übernatürlichen Kräfte. Denjenigen, die in ihre Mysterien eingeweiht waren, wurde Schutz auf Erden, wo sie zu ihrem Dienst wiedergeboren wurden, und nach dem Tode verheißen, wenn sie in die glückseligen Elysischen Felder hinabstiegen (so erzählt es uns Apuleius in seinem berühmten Roman *Der Goldene Esel*). Ihre Verbindungen zu dem ermordeten Osiris und seinem antiken Kult des Todes und der Erlösung sind zu komplex um darauf näher einzugehen. Ihr Kind Horus stellte ein Modell für das Christuskind dar: In der christlichen Kunst wurde das Bild der „Isis mit Horus an ihrer Brust“ in die Madonna mit dem Kind transponiert, so wie wir es heute noch kennen.

Wenn wir die Briefe nur für sich und ohne Verbindung mit den Evangelien betrachten, wird die enge Verwandtschaft der paulinischen Religion mit den Erlösungskulten sehr deutlich. In diesem Licht erscheint auch das Christentum als große Mysterienreligion, eine Mysterienreligion freilich, die im Gegensatz zu den übrigen Kulten fortlebte – nur, dass ihre Theologie nicht geheim blieb und das „Mysterium", das durch ihre Riten offenbart wurde, das Gottes war.

Die Rolle der Mysterienkulte

Wir wissen nur wenig über die Mysterienkulte. Das ausdrückliche Gebot der Geheimhaltung über die heiligsten Teile der Riten und ihre Bedeutung wurde während eines Jahrtausends ihrer Existenz genau befolgt, bis sie nach dem Triumph des Christentums verschwanden.

Uns sind nur einige darauf hindeutende Kommentare von heidnischen Schriftstellern überliefert sowie die seltsamen Offenbarungen von Heiden, die zum Christentum konvertierten und die ihren Weg zu Häresiologen wie Maternus fanden. Die meisten unserer Quellen stammen aus der Zeit des 2. Jahrhunderts u.Z. oder danach.

Glaubte man wirklich, dass die Götter vom Tode auferstehen würden? Wie stellten sich die Eingeweihten die Vereinigung mit der Gottheit vor? Worin bestand die von ihnen angebotene Erlösung? Klare Antworten können darauf nicht gegeben werden.

Neutestamentler, darum bemüht, die gemeinsame Grundlage von Christentum und Mysterienreligionen so schmal wie möglich zu halten, tendierten dazu, die Auferstehung in den Mittelpunkt zu stellen und wiesen darauf hin, dass sich ein wirklicher körperlicher Aufstieg der heidnischen Gottheiten (mit der möglichen Ausnahme von Dionysos und Adonis) nirgendwo belegen lässt. Dies ist jedoch ein unzulässiger Vergleich, da die Griechen sich nicht für das Weiterleben des Körpers interessierten und diese Vorstellung geradezu abstoßend fanden. Für sie war die Seele die Empfängerin ewigen Lebens. Warum hätten sie Götter erdichten sollen, die körperlich wiederauferstanden, um dasselbe Schicksal Menschen zuteil werden zu lassen?

Zumindest glaubte man, diese Gottheiten hätten den Tod endgültig überwunden. Die Orphik und die platonische Philosophie hatten das Ziel der Befreiung der Seele vom Körper vorgegeben, aber nicht ein ewiges Gefangensein in ihm, so wie die Christenheit es sich dachte. Für die Griechen genossen die Seelen der Erlösten ewige Seligkeit in der göttlichen Sphäre. Ein solches Schicksal wurde durch die Mysteriengottheiten und die Verbindung der Menschen mit ihnen garantiert.

Die Eleusis-Riten und die des Gottes Dionysos sind mehrere Jahrhunderte älter als das Christentum. Wann aber nahmen die voll entwickelten Mysterien, im 2. Jahrhundert sichtbar, ihre Form an? Obwohl Mithras ein antiker persischer Gott war, ist die Form, die der Kult in hellenistischen Zeiten erhielt, griechisch. Einige Gelehrte lokalisieren seinen Anfang in Kleinasien um 100 v.u.Z: (siehe Anmerkung 52), andere wiederum erst gegen Ende des 1. Jahrhunderts u.Z. Der Kult der Großen Mutter Kybele kam ungefähr 200 v.u.Z. nach Rom, wann aber wurde die Gestalt des Attis als ihr Begleiter hinzugefügt? Auch hier gibt es unterschiedliche Daten. Dazu muss man sich allerdings vergegenwärtigen, dass die Kulte nicht über Nacht entstanden und die Vorstellungen, die ihren Riten und Mythen zugrunde liegen, nicht von heute auf morgen ins Dasein traten. Grundkonzeption und Praktiken der Mysterien waren antik. Sie waren die religiösen Ausdrucksformen des damaligen Zeitalters. Das Christentum und die Mysterienkulte entstanden Seite an Seite auf demselben Boden und beeinflussten sich im Laufe der Jahrhunderte wechselseitig, da beide mit Erlösungsverheißungen um Herz und Verstand der Gläubigen rangen.

Wir können nicht mit Sicherheit sagen, dass Paulus und die frühen Christen ihre Lehre mit Blick auf die Mysterien formulierten, doch dürfen wir getrost annehmen, dass sie, falls sie in direktem Wettbewerb mit Erlösungskulten dieser Art standen, kaum gezögert hätten, auf die wesentlichen Unterschiede zwischen sich und ihren Rivalen aufmerksam zu machen: dass nämlich der christliche Erlösergott bei ihnen, anders als in den Mysterienkulten, einen wirklichen menschlichen Körper angenommen hatte. (Ihr Schweigen steht im Gegensatz zu modernen Gelehrten, die, wenn sie das Christentum mit den Mysterienreligionen vergleichen, regelmäßig genau diesen Unterschied herausstellen.) Es ist schwer vorstellbar, dass Paulus das Leben Jesu als bedeutungslos ansehen konnte, denn seine Zuhörer selbst hätten derartige Vergleiche angestellt – und gefordert.

12
Drei Blicke durch das Fenster der Schrift

Wir werden uns jetzt drei Textstellen in den Briefen zuwenden, die das Bild eines Christus, welcher der Schrift entnommen ist, abrunden, eines Christus, der außerhalb der materiellen, historischen Welt lebt und wirkt.

Vor dem Anfang der Zeit

Die griechisch-römischen Erlösergötter bewohnten ein mythisches Reich. Ob der gewöhnliche Eingeweihte glaubte, dass dieses Reich zur primordialen Vergangenheit auf der Erde oder zu einer platonischen höheren Welt gehöre, ist schwer zu sagen. Ohne Zweifel entwickelten sich derartige Vorstellungen allmählich. Wir haben gesehen, dass der paulinische Christus eine starke Ähnlichkeit mit den heidnischen Erlösergöttern hat; Textstellen wie 1 Korinther 2:8 und die Himmelfahrt Jesajas 9 und 10 legen nahe, dass christliches Denken ihn in die spirituellen Teile des in Sphären gegliederten Universums plazierte, leidend und durch die Hände böser Geister sterbend.

Eine Textstelle in den Briefen ist in diesem Zusammenhang sehr erhellend. Wir werden sie benutzen, um die beiden Rollen des Sohnes, wie am Anfang von Teil 4 bemerkt, zu illustrieren: Christi Wirken in Gegenwart und Vergangenheit. 2. Tim 1:9-10 enthält einen Bezug zu jeder dieser „Zeiten“. Wir werden von der revidierten Luther-Übersetzung ausgehen und den Bezug zu der „Vergangenheit“ kursiv setzen:

„[9]Er [Gott] hat uns selig gemacht und berufen mit einem heiligen Ruf, nicht nach unsern Werken, sondern nach seinem Ratschluss und nach der Gnade, *die uns gegeben ist in Christus Jesus vor der Zeit der Welt (pro chronōn aiōniōn),* [10]jetzt aber offenbart ist durch die Erscheinung unseres Heilands Christus Jesus, der dem Tode die Macht genommen und das Leben und ein unvergängliches Wesen ans Licht gebracht hat durch das Evangelium."

Vers 10 verdient unsere Aufmerksamkeit: „... offenbart ist durch die Erscheinung ..." Wir haben es hier mit zwei Worten für „Offenbarung/offenbaren" zu tun: dem Verb *phaneroō* und dem Substantiv *epiphaneia.* Letzteres kann den Eingriff oder die Offenbarung eines Gottes bedeuten, ohne dass dabei an eine menschliche Inkarnation gedacht ist. Der Satz sagt dann nur, dass Gottes Zweck und Gnade offenbart worden sind durch die Offenbarung des Erlösers Jesus Christus. Hier steht nichts von einem Leben auf der Erde.

Interessant ist auch die Fortsetzung. Das Relativpronomen („der") des letzten Halbsatzes bezieht sich auf den Erlöser. Was aber hat der Erlöser getan? Er hat die Macht des Todes gebrochen und hat Leben und „ein unvergängliches Wesen", d.h. Unsterblichkeit „ans Licht gebracht" (noch ein anderes Offenbarungswort) – wie? – *durch das Evangelium.* Der Verfasser sagt nicht, dass Christus bei seinem „Erscheinen" den Tod überwunden hat und das „Leben" durch seine eigenen Taten brachte, die er während seines Erdendaseins verrichtete. Statt dessen wurden diese Dinge „durch das Evangelium" zustande gebracht.

In der Gegenwart – „jetzt" – ist das, was sich ereignete, nicht die Erlösungshandlung selbst, sondern die der menschlichen Erkenntnis zugänglich gemachte Offenbarung der Erlösung und ihrer Frucht durch die Predigt des Evangeliums. Auch kann sich dies nicht auf das von Jesus gepredigte Evangelium beziehen, denn in Vers 11 schreibt der Verfasser dieses Evangelium Paulus als „Verkünder, Apostel und Prediger" zu. Wir wollen noch anmerken, dass die obige Textstelle interessanterweise durch die Vorstellung eröffnet wird, dass „es Gott ist, der uns Erlösung gebracht hat". Diese Art zu sprechen wäre unangemessen bei einem Verfasser, der Kenntnis von der Ankunft Jesu auf Erden in der jüngsten Vergangenheit und der von ihm in diesem Zusammenhang vollbrachten Erlösung besaß.

Die Offenbarung an Paulus zeigt uns Christus als eine gegenwärtige und durch Inspiration wirkende Größe. Aber wo und wann ereignete sich die Erlösungshandlung? Auf diese Handlung wird in der kursiv gesetzten Formulierung aus Vers 9 hingewiesen: *„die uns gegeben ist in*

Christus Jesus vor der Zeit der Welt". Oder in einer wörtlicheren Wiedergabe des Griechischen *pro chronōn aiōniōn,* „vor ewigen Zeiten". Dieser Satz ist oft analysiert worden. Er scheint sich auf eine Art vergangener Zeit oder auf einen vergangenen Zustand zu beziehen. Hier haben wir eine Andeutung des „Geheimnisses", auf das sich die paulinischen Autoren ständig beziehen. Etwas, was Gott getan hat, mit Christus als dem eigentlichen Ausführenden, blieb für lange Zeitalter verborgen, wurde nicht geoffenbart während unzähliger Generationen.

Wir können eine andere ähnliche Stelle anführen. Eph 3:9-11 sagt, dass das Geheimnis, das vor Zeiten in Gott verborgen war, jetzt durch die Kirche bekannt gemacht wurde: „Diesen ewigen Vorsatz hat Gott ausgeführt in Christus Jesus, unserm Herrn". Noch einmal, die Gegenwart ist eine Zeit der Offenbarung durch Apostel wie Paulus (die „Kirche/Gemeinde"), während Christi Handlung selbst etwas ist, das zur Ewigkeit in Beziehung steht.

Obgleich diese Ausdrucksweise recht obskur zu sein scheint – und uns deutlich zum Bewusstsein bringen sollte, dass wir uns mit Ideen befassen, die uns heute fremd sind – scheint klar zu sein, dass das Handeln Christi in der Vergangenheit liegt. Es ist während der ganzen Geschichte (Zeitalter) unbekannt gewesen und wird erst jetzt der Welt offenbart. Das „Ausführen in Christus" in Textstellen wie Eph 3:11 geschieht nicht in der Gegenwart, und sei es auch nur, weil die Gegenwart immer als die Zeit des „Kundtuns" oder der Offenbarung beschrieben wird. Durch die Verkündigung von Männern wie Paulus wird der Schleier von Gottes Erlösung, vollbracht durch den Sohn, zur Seite gezogen – mit anderen Worten: Die Erlösung wird offenbar.

Was sehen wir, wenn der Schleier entfernt ist? Konzentrieren wir uns auf *pro chronōn aiōniōn* aus 2 Timotheus 1:9.

Die meisten Kommentatoren stimmen darin überein, dass nicht wirklich sicher ist, was der Verfasser mit diesem Ausdruck meint. *The Theological Dictionary of the New Testament*[53] fragt sich, ob es „jemals mit Gewissheit beantwortet werden kann". Lassen wir die Präposition fort, so erweist sich, dass allgemeine Übereinstimmung darüber besteht, dass „ewige Zeiten" sich auf die ganze Ausdehnung der Zeit bezieht, welche die Welt durchlaufen hat, von der Schöpfung bis zur Gegenwart. Auch wenn dies nicht mit der modernen Bedeutung des Wortes „ewig" vereinbar ist, müssen wir eine derartige Bedeutung beispielsweise auch Röm 16:25 annehmen; das Gottes-Geheimnis über Christus „in ewigen Zeiten“ ist verschwiegen geblieben. Dies kann nur bedeuten: solange, wie die Welt existiert.

Die Hinzufügung der Präposition *„pro“* verschiebt die Bedeutung. Der Anfangszeitpunkt rückt jetzt auf einen Platz, der vor oder außerhalb der gesamten Zeitspanne liegt, welche die Welt durchlaufen hat. Wo auch immer das liegt, es ist dem Wesen nach zeitlos, oder zumindest handelt es sich um Zeit einer grundsätzlich unterschiedlichen Größenordnung. Mehr als ein Kommentator hat angemerkt, dass das Adjektiv *aiōniois* allein (d.h. wenn nicht mit *chronos* verbunden) sich auf eine Qualität des „ewigen“ Seins, das die Zeit transzendiert, beziehen kann. Das Wort wird fast ausschließlich im Neuen Testament für Dinge benutzt, die mit Gott im Zusammenhang stehen.[54] Als solches stimmt es mit platonischen Gedanken überein, die in der Zeit der Entstehung der Briefe geläufig waren.

Somit gelangen wir zu einer Bedeutung für *pro chronōn aiōniōn,* die die Vorstellung einer Erlösungshandlung von Christus in eine zeitlose Sphäre plaziert, die Sphäre Gottes. Mit anderen Worten, in das übernatürliche Reich des Mythos, wo alles derartige göttliche Wirken stattfand. Die frühen christlichen Autoren denken sehr viel in den Kategorien religiöser Philosophen der Zeit. Das Erlösungswerk Gottes durch Christus ist durch Paulus in eine Dimension außerhalb der Materie und jenseits der Zeit verwiesen worden. Die Menschen haben durch Gottes Offenbarung davon Kenntnis bekommen, eine Offenbarung, vermittelt durch die heiligen Schriften und durch das, was man jetzt in sie hineinlas.

Das Opfer im Himmel

Keine andere Schrift des Neuen Testaments zeigt uns so deutlich das Ober-Unterwelt-Schema der platonischen Philosophie wie der Brief an die Hebräer. Der Verfasser plaziert das Opfer Christi in den Himmel, im „Heiligtum und der wahren Stiftshütte, die Gott aufgerichtet hat und nicht ein Mensch“ (8:2). Die Hütte von Christi Priestertum ist „eine größere und vollkommenere Hütte, die nicht mit der Hand gemacht, das ist, die nicht von dieser Schöpfung ist“ (9:11). Von Christi Opfer wird nicht in Worten geredet, die sich auf eine Kreuzigung auf Golgatha beziehen. Sein Handeln besteht stattdessen darin, sein eigenes „Blut" ins himmlische Heiligtum zu bringen und es dort Gott zu opfern. Diese Handlung hat „eine ewige Erlösung erfunden" (9:12) und einen neuen Bund gestiftet. Er wird dargestellt als ein Gegenstück der höheren Welt zu den Handlungen des Hohepriesters auf der Erde, der am Versöhnungstag das Blut der geopferten Tiere ins irdische Tabernakel bringt, um Vergebung für die Sünden der Menschen zu erlangen.

Nicht nur findet Christi Kreuzesopfer hier nicht auf Golgatha statt, der Verfasser lässt in seinem platonischen Vergleich jeden Hinweis darauf, dass ein wichtiger Teil von Jesu Wirken auf der Erde stattfand, vermissen. Das ist etwas, was ernsthaft die Reinheit seines Ober-Unterwelt-Schemas gefährdet hätte. Er hat gesagt, dass Christi Kreuzesopfer „ohne Fehl durch den ewigen Geist Gott dargebracht" wurde (9:14), und dass diese Art höheren Opfers (im Vergleich zum Irdischen) notwendig ist, um „die Abbilder der himmlischen Dinge" zu reinigen (9:23). Gleichwohl hatte dieses „Blutvergießen" nach der Darstellung der Evangelien auf der Erde stattgefunden. Es handelte sich um wirkliches Blut, das während des Erdenlebens Jesu vergossen wurde. In dieser Hinsicht konnte es kaum geistlich aufgefasst werden; der Schreiber hätte letztlich nur eine irdische Sache mit einer anderen irdischen Sache verglichen.

Der Autor des Hebräerbriefes geht darauf nicht ein. Er gibt keine Hinweise darauf, dass ihm diese Schwierigkeiten bei der Durchführung seines Vergleichs bewusst sind. Dies legt es nahe, anzunehmen, dass er von keinem historischen Jesus und von keinem Kreuzesopfer auf Golgatha wusste, das seinen präzise ausgeführten Vergleich beeinträchtigt hätte.

Einige Gelehrte haben die Eigenart des vom Hebräerbrief gezeichneten Christus deutlich erkannt. „Denn das ganze Kreuzesopfer ist in dem Reich des Geistes dargebracht worden ... in der ewigen Ordnung der Dinge ... gehörte es essentiell zu der höheren Ordnung absoluter Wirklichkeit" (James Moffat); Christi hohepriesterliches Amt ist „ausgeübt worden in einem vollkommeneren Tabernakel und mit einem echteren Opfer" (Marcus Dods).[55] Derartige Beobachtungen zeigen, dass es möglich ist, sich den Opfertod Christi in einer mythischen Sphäre vorzustellen. Andererseits sind derartige Gelehrte ständig darum bemüht, einen historischen Jesus in die platonische Gleichung einzuführen.[56]

Das Bild der Opferung im Hebräerbrief zeigt, dass die Vorstellung des „Blutes“ auch auf den himmlischen Christus angewandt werden kann. Dieses ist „spirituelles“ Blut. Mit einem Schlag haben wir die Probleme einer Reihe von Textstellen in den Briefen gelöst, die davon sprechen, Christus habe Fleisch und Blut; tatsächlich können sie als geistliche Äquivalente für irdische Dinge angesehen werden. Das gleiche trifft für das Wort „Leib“ zu, das Hebr 10:5 erscheint. Hier ist eine sehr aufschlussreiche Textstelle:

„[5]Darum spricht er, wenn er in die Welt kommt: ‘Opfer und Gaben hast du nicht gewollt; einen Leib aber hast du mir geschaffen. [6]Brandopfer und Sündopfer gefallen dir nicht. [7]Da sprach ich: Siehe, ich komme – im Buch steht von mir geschrieben –, dass ich tue, Gott, deinen Willen.’“

Diese Verse aus Psalm 40 (6 bis 8) werden eingeleitet durch ein „spricht er“ im Präsens. Dabei handelt es sich um den Sohn, der aus der Schrift spricht. Was ist aber mit dem Ausdruck: „wenn er in die Welt kommt“? Das muss auch Gegenwart sein. Während Kommentatoren Versuche unternommen haben, die Passage auf irgendeine Art und Weise mit der Inkarnation in Beziehung zu setzen,[57] gibt der Schreiber keinen Hinweis darauf. Paul Ellingworths Vorschlag (*Hebrews,* S. 499), dass das „spricht er“ „eine zeitlose Gegenwart“ sei [ich würde den Ausdruck „mythologische Gegenwart“ vorziehen], „dass sich auf den permanenten Bericht der Schrift bezieht“, gibt uns unbeabsichtigt die Antwort.

Die Textstelle hat nichts mit einem historischen Kontext zu tun; vielmehr gibt sie ein Bild der Wirklichkeiten der spirituellen Welt.

In der oberen Welt, die durch die Schrift offenbart ist, nimmt Christus einen „Körper“ für die Opferung an, um den Willen Gottes zu erfüllen und das alte Tieropfer zu ersetzen, das Gott nicht mehr will. Hier können wir noch die Art der Quelle in der Schrift sehen, die der Idee, dass der spirituelle Sohn „Fleisch“ angenommen hat oder ins „Fleisch“ gekommen ist, um sich zu opfern, Auftrieb gegeben hat. Da man sich vorstellte, dass das innerhalb der niederen himmlischen Sphäre stattgefunden habe, wurde er, wie Hebr 2:9 es ausdrückt, „eine kleine Zeit niedriger als die Engel" angesiedelt. (Siehe Anhang 5 zur Untersuchung von Hebr 8:4, eine Stelle, die uns sagt, dass Jesus nie auf der Erde war.)

Auf diese Art können wir auch die Vorstellungen von Christi „im Fleisch"-Sein (*en sarki, kata sarka,* etc.) verstehen, eine stereotype Redewendung, die mit überraschender Regelmäßigkeit in den Briefen erscheint.[58] Es bedeutet entweder, dass Christus das spirituelle Gegenstück des Fleisches annahm, die „Gleichgestalt", als er in die niederen himmlischen Sphären hinabstieg (wie in der Himmelfahrt von Jesaja 9 oder der Hymne aus dem Philipperbrief 2:6-11), oder wie Barrett vorschlug, dass er in die „Sphäre des Fleisches" stieg, welches das Reich der Dämonengeister am Firmament einschloss. Gelegentlich kann es sich auf Christi „Besuch" in der Sphäre beziehen, wie in „den Tagen seines Fleisches", in Hebr 5:7.[59]

Die griechischen Erlösungsmythen spielen in derselben mythologischen Welt. Auch sie erzählen von Gottheiten, die in Höhlen geboren oder von anderen Göttern ermordet werden, Götter, die schlafen, speisen und reden. Von keinem dieser Ereignisse glaubte man, sie hätten sich in der Geschichte oder auf der Erde ereignet. Der von Mithras ausgesandte Stier war nicht historisch; das Blut, das er vergoss, das die Erde mit Lebenskraft erfüllte, war metaphysisch. Niemand suchte in der Erde Kleinasiens, in der Hoffnung, die vom Begleiter der Großen Mutter, von Attis, abgeschnittenen Genitalien zu finden. (Wir können damit das völlige Fehlen eines Interesses der Christenheit des 1. Jahrhunderts an den Orten und Relikten von Jesu Wirken vergleichen.)

Es mag für modernes Bewusstsein schwierig sein, das Wesen mythologischen Denkens zu begreifen, das ein Kennzeichen der antiken Welt war. Gleichwohl haben wir das Beispiel der Mysterienkulte; ob für uns nachvollziehbar oder nicht, ein solches Denken existierte. Auch wenn ein Mysterienanhänger seine Götter lieber in der primordialen Vergangenheit einer mythologischen Erde anwesend glaubte als im Himmel, geben uns die Mysterien in jedem Fall einen nichthistorischen Rahmen, in dem auch der frühchristliche Christus ohne weiteres angesiedelt werden kann. (Siehe Anhang 6, eine umfangreichere Diskussion der Örtlichkeit der kultischen Mythen im Denken dieser Zeit.)

Geboren von einer Frau

Zum Schluss kehren wir zu Paulus zurück, zu der Textstelle in seinen Briefen, von der man sagen könnte, dass sie am ehesten zeigt, dass er an einen menschlichen Jesus dachte. In dieser Textstelle (Gal 4:4-7) können wir alle Beobachtungen zusammenfassen, die über die Natur des frühen christlichen Glaubens gemacht wurden.

„[4]Als aber die Zeit erfüllt war, sandte Gott seinen Sohn, geboren von einer Frau und unter das Gesetz getan, [5]damit er die, die unter dem Gesetz waren, erlöste, damit wir die Kindschaft empfingen. [6]Weil ihr nun Kinder seid, hat Gott den Geist seines Sohnes gesandt in unsre Herzen, der da ruft: Abba, lieber Vater! [7]So bist du nun nicht mehr Knecht, sondern Kind; wenn aber Kind, dann auch Erbe durch Gott."

Zuerst wollen wir uns den Ausdruck, „sandte Gott seinen Sohn" ansehen. Wie oben angemerkt, kann dies im Sinne einer jetzigen Offenbarung Christi durch Gott an Apostel wie Paulus verstanden werden. Es ist ein Verb, das auch im Alten Testament in Verbindung mit der Aussendung von spirituellen Wesen wie Engeln oder der Weisheit, wie in der Weisheit Salomos 9:10, gebraucht wird. Die Grundform des Verbs wird regelmäßig benutzt, um die Aussendung des Heiligen Geistes zu bezeichnen. In Vers 6 wird das gleiche Verb benutzt, um zu sagen, dass „Gott den Geist seines Sohnes ... in unsre Herzen gesandt hat". Die Sendung in Vers 4 und die Sendung in Vers 6 scheinen zur gleichen Zeit stattzufinden, nämlich in der paulinischen Gegenwart. Dies ist die Ankunft des spirituellen Christus innerhalb des gegenwärtigen Phänomens göttlicher Offenbarung.

Falls Paulus an das Wirken eines historischen Jesus denken sollte, wenn er von Freiheit und der Erlangung des Sohnesstatus (Vers 5) spricht, müsste gefragt werden, warum er in Vers 7 wieder auf Dinge zurückkommt, die das Ergebnis einer Handlung Gottes bezeichnen? In der Tat bleibt Gott im griechischen Originaltext von Vers 5 das Subjekt des Verbs „erlöste". Mit anderen Worten, Paulus hat Jesus in die gegenwärtige Szene eingeführt, unterlässt es aber, ihn die Erlösung vollbringen zu lassen. Paulus fährt mit seiner charakteristischen Fokussierung auf Gott in den folgenden Versen fort.

Die zwei qualifizierenden Ausdrücke, „geboren von einer Frau und unter das Gesetz getan", beschreiben den Sohn, sind jedoch nicht notwendigerweise mit dem Präsens der Sendung verknüpft. Edward D. Burton (*International Critical Commentary, Galatians,* S. 216f.) weist darauf hin, dass durch die Art der Benutzung des Verbs und der Partizipialzeitformen im Griechischen Geburt und Unterwerfung unter das Gesetz als einfache Fakten präsentiert werden, ohne einen notwendigen zeitlichen Bezug auf das Hauptverb „gesandt". Mit anderen Worten, die Angaben „geboren von einer Frau" und „unter das Gesetz getan" – Burtons bevorzugte Übersetzung – müssen nicht als Ereignisse im Präsens betrachtet werden. (Burton selber vertritt nicht diese Schlussfolgerung.) Paulus hat einfach zwei Charakteristika des spirituellen Christus aufgezählt, die für die Diskussion relevant sind.

Burton merkt auch an, dass es sich bei dem Wort, das gewöhnlich mit „geboren" *(genomenon)* übersetzt wird, keineswegs um das unmissverständlichste Verb handelt, das für den Gedanken des Geborenwerdens benutzt werden konnte; das Passiv von *gennaō,* gebären, wäre deutlicher gewesen. Statt dessen benutzt Paulus das Verb *ginomai,* das eine allgemeinere Bedeutung von „werden, ins Dasein kommen" hat. (Paulus benutzt auch das allgemeinere *ginomai* in Röm 1:3, wo er sagt, dass der Sohn „vom Samen Davids geboren" wurde.) „Geboren von der Frau" impliziert natürlich Geburt, es ist jedoch so, dass die allgemeinere Vorstellung besser in den mythischen Vorstellungskreis hineinpasst.

Darüber hinaus ist das paulinische „geboren von der Frau" nicht nur etwas, was auch von bestimmten mythischen Erlösergöttern wie Dionysos gesagt werden konnte, es weist darüber hinaus zugleich auch auf die alttestamentliche Quelle für all das, was er über den Sohn sagt. Die berühmte Textstelle aus Jesaja 7:14:

> „Siehe, eine Jungfrau ist schwanger und wird einen Sohn gebären, den wird sie nennen Immanuel",

kann von Juden und Christen gleichermaßen auf den Messias bezogen werden. (Hierbei handelt es sich wiederum um eine weitere Textstelle, die sich auf die Zeit des Propheten bezieht, nicht auf die Zukunft.) Noch einmal, eine Textstelle der Schrift, die nicht ignoriert werden konnte, wird an dieser Stelle durch frühe Christen auf ihren himmlischen Christus bezogen, im Sinne eines Gegenstücks, das in der höheren Welt von ihm existiert. Von nationalen Göttern meinte man oft, sie besäßen die gleiche Abstammung wie die Nation selbst – eine Interpretation, die man auf den Gedanken, dass Christus „unter das Gesetz getan“ wurde, anwenden könnte.

Überraschenderweise versäumt Paulus es, uns den Namen dieser Frau zu nennen, und sie fehlt offensichtlich nur ein paar Verse später (4:24-31), wenn er seinen Lesern eine vollständige Allegorie über Söhne und Mütter der Nachfahren Abrahams gibt. Man könnte überdies fragen, warum Paulus ausdrücklich hervorhebt, dass Christus von einer Frau geboren wurde, obschon es sich dabei um einen selbstverständlichen biologischen Tatbestand für seine Leser handeln sollte. Entscheidend könnte sein, dass er die paradigmatische Parallele zwischen Christus und den Gläubigen betonen möchte, die selber von einer Frau geboren wurden und unter dem Gesetz des alten Bundes standen. Der paradigmatische Effekt konnte nur durch Hervorhebung der Gegensätze erzielt werden. Solche Beziehungen aber funktionieren nur zwischen höheren und niederen Welten, zwischen dem Spirituellen und dem Materiellen. Daraus folgt, dass Christus und seine charakteristischen Merkmale zur höheren Welt gehören müssen, um ein passendes Pendant zu den Lesern des Paulus zu sein.

Wenn sich erst einmal eine Reihe von bestimmten Theorien und Hypothesen fest etabliert hat, wird jede Beobachtung gewöhnlich in Übereinstimmung damit interpretiert. Trotzdem ist klar, dass die Briefe des Neuen Testaments christlichen Lesern und Wissenschaftlern bis heute überall Schwierigkeiten und Aporien darbieten. Diese sind traditionell ignoriert, beschönigt oder gekünstelten Interpretationen bzw. fragwürdigen Erklärungsversuchen ausgesetzt worden, damit sie in Einklang mit dem Jesusbild der Evangelien interpretiert werden konnten.

Was aber benötigt wird, ist ein neues Paradigma, eine neue Theorie, auf deren Grundlage die Briefe (und die anderen nichtkanonischen Dokumente, die wir betrachtet haben) zu interpretieren sind, eines, das in der Lage ist, all jene Widersprüche und Ungereimtheiten aufzulösen. Dieses Paradigma muss von den Briefen selber seinen Ausgangspunkt nehmen und von dem Bemühen, ihren Inhalt mit dem Geist und den Bedingungen der Zeit in Einklang zu bringen. Wenn sich das neue Paradigma und die Interpretationen, die darauf beruhen, als bahnbrechend erweisen sollten, jedenfalls gemessen an den Maßstäben des alten Paradigmas, wird man mit Ungläubigkeit und Skepsis zu rechnen haben. Aber dramatische Neuerungen, selbst in der Größenordnung etwa der Kopernikanischen Wende in der Astronomie, sind auf dem Gebiet der Wissenschaft und in der historischen Forschung keineswegs selten. Wissenschaftliche Dogmen und sogenannte „unumstößliche Wahrheiten“ werden in vielen Bereichen immer wieder umgeworfen. Die Untersuchung christlicher Ursprünge als ein historisches Phänomen ist hier keine privilegierte Ausnahme und bleibt von einem derartigen Schicksal nicht ausgenommen.

Wenn uns die geistige Welt der frühen Christenheit, wie sie sich in den Briefen widerspiegelt, auf eine Glaubensbewegung mit einer rein spirituellen Gottheit im Mittelpunkt verweist, und wenn dieses Bild außerdem gut zum religiösen Denken der Zeit passt, dann liegt hier der einzuschlagende Untersuchungsweg. Nach dem nächsten Kapitel, das die in den Teilen drei und vier aufgestellten Prinzipien auf den größeren Bericht der Jerusalem-Tradition anwenden wird, werden wir uns der anderen Seite des Jesus-Puzzle zuwenden und wollen sehen, ob unsere bisherigen Schlussfolgerungen auch durch die zweite Tradition untermauert werden können.

13
Chaotische Vielfalt

Die Geburt einer Bewegung

Von allen Rätseln des Neuen Testaments, vor denen sich die Wissenschaft gestellt sah, war vielleicht keines größer als die erstaunlichen Unterschiede des Jesus-Bildes, die in den erhaltenen Schriften des 1. Jahrhunderts zu finden sind. Eine Untersuchung der frühchristlichen Zeugnisse zeigt bemerkenswerte und von einem Autoren zum andern, von einer christlichen Gemeinde zur andern wechselnde Unterschiede in Theologie, Gottesdienst und Eschatologie. In der Vielfalt liegt der Schlüssel zum Verständnis der wahren Ursprünge der Christenheit.

Ähnlich wie Ridderbos sein Erstaunen über die nach dem Tode erfolgte angebliche Erhebung Jesu in kosmische Höhen zum Ausdruck brachte, haben andere Gelehrte Bemerkungen über die scheinbar so schnelle Verbreitung der Bewegung und die große Vielfalt der Formen, die sie in unterschiedlichen Zentren annahm, gemacht. Hierüber sagt Wayne Meeks (*The First Urban Christians,* S. 5):

„Das Christentum – selbst schon zum frühesten Zeitpunkt können wir ein klares Bild von ihm bekommen – war schon eine komplexe Bewegung, die sich innerhalb mehrerer komplexer Gesellschaften herausbildete."

Ron Cameron („The Gospel of Thomas and Christian Origins", in *The Future of Early Christianity,* S. 381) fasst Walter Bauers These in dessen jetzt zum Klassiker gewordenen Buch *Orthodoxie und Häresie im frühesten Christentum,* so zusammen:

„Die Anfänge des Christentums waren außergewöhnlich mannigfaltig, wiesen von Region zu Region tiefgehende Unterschiede auf und wurden von Individuen und Gruppen dominiert, deren Praktiken und deren Theologie als 'häretisch' angeprangert wurden."

Diese Vielfalt wird von Wissenschaftlern als unterschiedliche „Reaktionen“ bzw. „Antworten“ auf den Menschen Jesus von Nazareth beschrieben. Von Wissenschaftlern wurde inzwischen erkannt, dass selbst innerhalb der Evangelien unterschiedliche Stellen einen eigenen theologischen Charakter haben, die wenig oder gar keine Beziehung zum Rest enthalten.

So sieht Burton Mack in seinem *Who Wrote the New Testament?* (1995) darin „Bestandteile“ des Lebens Jesu, welche gesondert von Anhängern und Gläubigen, die sich an verschiedenen Orten als Reaktion auf ihn bildeten, aufbewahrt wurden. Jede Gruppe richtete ihre Aufmerksamkeit auf spezifische Aspekte dieses Lebens: auf unterschiedliche Lehrtexte, Wunderüberlieferungen, apokalyptische Erwartungen, und schließlich auf die Botschaft von der Erlösung durch Kreuz und Auferstehung als der grundlegenden Antwort des Glaubens. Jede dieser Gruppen produzierte und bewahrte wahrscheinlich ihre eigenen Texte: Wundersammlungen, prophetische Sprüche, einen Passionsbericht, etc. Diese standen später den verschiedenen Evangelien zur Verfügung.

Diese Art von Theorie geht im Rückschlussverfahren von den Evangelien aus und nimmt an, dass all die unterschiedlichen Überlieferungsstränge darin auf eine gemeinsame Quelle zurückgeführt werden können. Aber es existiert kein konkreter Beweis für die hier postulierte Zergliederung der Jesustradition in einzelne Bestandteile, da die ursprüngliche Divergenz der „Reaktionen“ bzw. „Antworten“ auf Jesus erst Jahrzehnte später durch eine umgekehrte Konvergenz dieser Teile in die Evangelien hinein erfolgte.

Vielmehr bestanden die separaten Überlieferungsstränge, die später miteinander verknüpft wurden, um die „Jesus-Tradition“ der Evangelien zu bilden, in ihrem Ursprung sehr wahrscheinlich aus ganz unterschiedlichen und durcheinandergewürfelten Materialien aus dem religiösen Milieu der damaligen Zeit, welche in ihren frühesten Stadien noch nichts mit einem historischen Jesus zu tun hatten, in einigen Fällen noch nicht einmal etwas mit einem geistlich-spirituellen Jesus. Sammlungen von Weisheitslehren, Aretologien (Listen von Heldentaten und Wundern, die berühmten Männern zugeschrieben werden, oder sogar Gruppen von Sektierern und ihren Propheten), anonyme Apokalypsen, überlieferte Geschichten von Konflikten mit dem Establishment bis hin zu Forderungen nach Reformen sozialer und religiöser Verhältnisse: Derartige Dinge gehörten zur Vorgeschichte der verschiedenen Stränge der Jesus-Überlieferung, die erst in einem späteren Stadium mit der Person Jesu in Verbindung gebracht und erst in den Evangelien endgültig miteinander verbunden wurden. Einige werden vermutlich sogar erst zur Zeit der Redaktion der Evangelien mit Jesus verknüpft worden sein.

Bezieht man in dieses Bild die übrigen Schriften mit ein, die von einem historischen Jesus von Nazareth nichts wissen – mit ihren oft gegensätzlichen und unvereinbaren Ansichten über den kultischen Jesus, den miteinander divergierenden Vorstellungen einer göttlichen Gestalt bei Paulus, im Hebräerbrief und anderen Briefen sowie in Sekundärschriften wie den Oden Salomos – so haben wir ein plausibles Bild der Vielfalt der frühchristlichen Bewegung. Dabei ist stets zu bedenken, dass diese Vielfalt den Ausgangspunkt der christlichen Bewegung und nicht erst das Ergebnis einer späteren Zeit darstellt (als die eine christliche Kirche in verschiedene Sekten zerfiel), wie uns die kirchliche Tradition seit Lukas glauben machen will.

Zwillingstraditionen

Die fundamentale Teilung der Evangeliumsvielfalt in zwei charakteristische „Reaktionen" auf Jesus, nämlich in Galiläa- und Jerusalem-Überlieferung, die wir in diesem Buch untersuchen, entspricht neuesten wissenschaftlichen Erkenntnissen (vgl. John Dominic Crossan's *The Birth of Christianity,* 1998). Doch bei der Lösung des Grundproblems versagt auch dieses einfache Konzept. Wir sind mit einer Vielzahl von Reaktionen auf Jesus konfrontiert, die durch eine große Kluft voneinander getrennt sind. Die erste „Reaktion", die Galiläa-Tradition, zeigt uns Jesus als Prediger, wobei allgemein angenommen wird, dass die Überlieferung ausgeweitet und um Züge erweitert wurde, die Jesus nicht wirklich gesagt oder getan hat. Diese Überlieferung betrachtet ihn nicht als Messias und zeigt keinerlei Kenntnis der grundlegenden Züge der anderen Tradition. Die zweite Reaktion, die „Jerusalem-Tradition" zeigt wiederum keine Kenntnis seines Wirkens in Galiläa und wandelt

Jesus in Anlehnung an philosophische und religiöse Strömungen der damaligen Zeit in eine spirituelle Gottheit im Himmel, zu einem Teil Gottes um.

Aber wie schaffte es ein Mensch, an zwei unterschiedlichen Orten, die ungefähr 120 Kilometer auseinander lagen, zu wirken, und dabei zwei so divergierende und unvereinbare „Reaktionen" zu erzeugen? Wie konnten beide Traditionen, die so lange völlig voneinander getrennt blieben, gedeihen? Wie zuverlässig lässt sich ein historischer Jesus den Wurzeln der Galiläa-Überlieferung zuordnen?

Sogar innerhalb der Jerusalem-Überlieferung, innerhalb des Christus-Kultes selber, gab es unterschiedliche theologische Ausdrucksformen sowie mannigfaltige Auslegungen eines göttlichen Sohnes und dessen, was er getan hatte, was er darstellte, was er anbot. Wenn der Christus-Kult in Jerusalem seinen Anfang als eine Reaktion auf die Ereignisse von Jesu Tod und Auferstehung nahm und diese eine Missionsbewegung hervorriefen, die sich von hier aus ausbreitete, wie konnte sich dann innerhalb kürzester Zeit eine derartig große Vielfalt von christlichen Gemeinden entwickeln? Eine Untersuchung dieser Vielfalt wird zu bestimmten Schlussfolgerungen über den Ursprung des Christentums führen, die schon in vorhergehenden Kapiteln angedeutet wurden.

Hebräer in Ägypten

Im Neuen Testament selber besitzen wir Beispiele für Texte unterschiedlichster Art. Das Christusbild des Hebräerbriefes ist anders als alle anderen. Wissenschaftler haben sich oft gefragt, was den Verfasser veranlasste, Jesus auf diese Art darzustellen: als himmlischen Hohepriester, dessen Blutopfer – dargebracht in einem himmlischen Heiligtum – das Gegenstück der höheren Welt zum Opfer des Versöhnungstages darstellt und von einem Hohepriester im Tempel auf der Erde dargebracht wird. Was führte diese Gemeinde von christlichen Gläubigen dazu, derart radikal von der üblichen christlichen Verkündigung über Jesus abzuweichen, d.h. dem theologischen und historischen Bild Jesu, das sie von den Aposteln und Apostelschülern, von denen sie bekehrt wurden, empfangen haben musste?

Der Verfasser des Briefes scheint sich freilich einer solchen Abweichung von der üblichen Botschaft gar nicht bewusst zu sein. Eine derartige Frage wird niemals angesprochen. Der Verfasser und seine Gemeinde scheinen sich vielmehr in ihrer eigenen Welt zu bewegen, einer Welt, die ganz durch Schrift und Schriftinterpretation geprägt ist. Der Hebräerbrief ist vielleicht das beste Beispiel im Neuen Testament dafür, wie der Glaube an einen göttlichen Christus spontan aus den geistigen Strömungen der Zeit erwuchs, in Ausdrucksformen, die ganz unabhängig voneinander entstanden und die – als ein Ergebnis der unterschiedlichen lokalen Traditionen und Gemeinden – ihren jeweils eigenen Charakter hatten.

Der Brief erhielt sein charakteristisches Gepräge, weil eine bestimmte christliche Gruppe darin ein eigenes Bild ihrer spirituellen Wirklichkeiten formulierte. Beeinflusst von der religiösen und philosophischen Atmosphäre des 1. Jahrhunderts – besonders vom alexandrinischen Platonismus – suchte sie in der Schrift nach Informationen und Erkenntnissen über den Sohn Gottes. Ihr Brief zeigt uns, was dabei am Ende herauskam. Ihr Mittler zwischen Himmel und Erde wurde nach dem Bild des Opferkultes vom Sinai gestaltet, wie er in dem biblischen Buch Exodus (2. Mose) dargestellt ist. Dabei wollte man keineswegs eine apostolische Botschaft neu interpretieren oder der Geschichte Jesu eine andere Wendung geben. Nirgendwo in dem Brief wird einer größeren christlichen Bewegung gegenüber eine Reverenz erwiesen, nirgendwo ist ersichtlich, dass der Verfasser sich dessen bewusst ist, von einem bestimmten christlichen Standard abzuweichen. Der Hebräerbrief und die Gemeinde, die er repräsentiert, ist eigenständig. Auch dieser Text, wie all die anderen Äußerungen des Christusglaubens dieser Zeit, von Paulus bis zu der johanneischen Gemeinde, bekundet seine Abhängigkeit von, und definiert seine Ursprünge in: göttlichen Offenbarungen und heiligen Schriften.

Wir sehen einen Beweis für dieses Bild in 2:3-4:

„[3]Wie wollen wir entrinnen, wenn wir ein so großes Heil nicht achten, das seinen Anfang nahm mit der Predigt des Herrn und bei uns bekräftigt wurde durch die, die es gehört haben? [4]Und Gott hat dazu Zeugnis gegeben durch Zeichen, Wunder und mancherlei mächtige Taten und durch die Austeilung des heiligen Geistes nach seinem Willen.“[60]

Die meisten Kommentatoren sehen darin einen Bezug auf Jesu irdische Verkündigung. Aber diese Interpretation gibt zwei Probleme auf. Es ist kaum anzunehmen, dass Jesus die einzigartige Christologie, die in diesem Brief enthalten ist, selber gelehrt hat. Tatsächlich ist die Stimme des irdischen Jesus nirgendwo im Hebräerbrief zu hören; alles, was der Sohn „sagt", kommt aus der Schrift. Vers 4 bezieht sich auf die Gültigkeit der „Predigt" durch Zeichen und Wunder. Aber diese kommen von Gott. Wenn diese Textstelle Jesu Verkündigungstätigkeit beschriebe, würden wir auch einen Bezug auf Jesu Wunder erwarten, die in den Evangelien genau dem Zweck dienen, seine Verkündigung zu bestätigen.[61]

Was beschrieben wird, ist eine Offenbarungserfahrung, die von den Leitern der Gemeinde in der Vergangenheit gemacht wurde, eine Erfahrung, die an die Mitglieder der Gruppe weitergegeben wurde. Die abschließende Redewendung in dem obigen Zitat, „durch die Austeilung des heiligen Geistes", verstärkt den Eindruck, den wir aus der ganzen Textstelle erhalten. Der Prozess der Erlösung, der sich in dieser Zeit vollzieht, ist durch Gottes Geist verursacht und nicht durch einen erst vor kurzem aufgetretenen irdischen Gottessohn und dessen Worte und Taten. Ob durch visionäre Erfahrungen oder einfach durch erleuchtetes Studium der Schrift, Gott gilt als derjenige, der seine Erlösung selbst bekannt macht und durch bestimmte wunderbare Ereignisse bestätigt. Die Überzeugung, eine solche Offenbarung empfangen zu haben, war das Stiftungsereignis dieser christlichen Gruppierung – oder zumindest ihres gegenwärtigen Glaubens und ihrer Aktivitäten.

Die johanneische Gemeinde

Ein anderes Beispiel für Vielfalt im Neuen Testament ist das Johannesevangelium. Während die allgemeine Struktur der Erzählung im Großen und Ganzen die gleiche ist wie bei den Synoptikern, ist der Inhalt der Verkündigung Jesu vollkommen anders. Das große Problem, mit dem sich die Forscher des Johannesevangeliums konfrontiert sahen, bestand darin, dies zu begründen. Ist die einzigartige Christologie des Johannes unabhängig von den Synoptikern entstanden, oder handelt es sich um ein späteres bewusstes Verdrängen des früheren Jesus-

Bildes durch das in der johanneischen Gemeinde neu entwickelte Jesus-Bild? Und wenn dies der Fall sein sollte, warum? Weshalb ein derartig unterschiedlicher Ersatz?

Gelehrte neigten dazu, das johanneische Christentum als eine Art Refugium des geheimnisvollen Apostels aus Jerusalem zu betrachten, der sich von der übrigen frühchristlichen Welt abschloss und seinen eigenen Stil entwickelte. Das Bild Jesu, das in dem 4. Evangelium enthalten ist, ist anders als alle anderen des Neuen Testaments. Wenn man sich die oberflächlichen Parallelen fortdenkt wie z.B. die Verkündigung und das Leiden Jesu, welche aus einer späteren synoptischen Quelle entlehnt zu sein scheinen, bleibt eine Gestalt, die nur wenig Verbindungen zum markinischen oder paulinischen Jesus aufweist.

Ganz gleich, welchen Maßstab man anlegt, die Verkündigung Jesu im vierten Evangelium ist seltsam. Im Grunde muss man sagen, dass es dort eigentlich gar keine Verkündigung Jesu gibt, außer der Verkündigung seiner selbst, denn nichts anderes steht im Mittelpunkt seiner Predigt. Er ist der Sohn, das Licht, das Brot des Lebens, das lebendige Wasser. Er ist von Gott gesandt, er ist der Eine, der vom Himmel niedergekommen ist, er ist der Offenbarer des Vaters, des transzendenten Gottes, den „ihr nicht kennt“ (7:28). Es gibt keine Ethik. „Einander zu lieben“ ist wenig mehr als ein Haustafelgebot, kein universelles moralisches Diktum. 13:35 zeigt, dass er einfach für Liebe unter seinen Anhängern eintritt, die zu den Auserwählten gehören, so dass „jedermann erkennt, dass ihr meine Jünger seid“. In 12:48 sagt er seinen Zuhörern, dass das Gericht darauf beruhen wird, ob ein Mensch seine Worte annimmt. In 6:29 bestimmt er „das Werk Gottes“: „dass ihr an den glaubt, den er gesandt hat“. Glauben an Jesus und Erkenntnis des Vater gewährleisten ewiges Leben. Essen des Lebensbrotes und Trinken des lebendigen Wassers garantieren Unsterblichkeit.

Die ganze Sache hat freilich einen kleinen Schönheitsfehler. Der Evangelist zeichnet das Bild Jesu so, als ob dieser in der Tat auf dem Markt oder in einer Synagoge stünde und vor der ganzen Welt seine mystisch-pretentiöse Verkündigung über sich selbst machte. „Ich bin das Licht der Welt.“ „Ich bin die Tür zu den Schafen.“ „Ich bin die Auferstehung und das Leben.“ Wundert es uns, dass die Juden so negativ darauf reagieren?

Das Problem ist gelöst, wenn wir diese Verkündigung als Theologie einer älteren Phase der Gemeinde über den Gegenstand ihrer Verehrung erkannt haben: d.h. über den mythischen und mystischen Sohn und das Wort, über ein rein spirituelles Wesen also, den Mittler zu Gott. Erst dadurch, dass all diese Worte später in den Mund des durch Palästina wandernden Menschen Jesus gelegt wurden, nehmen sie den Anschein des Unwirklichen an und erwecken geradezu den Eindruck von Megalomanie. (Hier liegt übrigens ein starkes Indiz dafür, dass der Verfasser des Johannesevangeliums nicht beabsichtigte, sein Evangelium als Historie aufzufassen, sondern als Allegorie.)

Solche Art Verkündigung des johanneischen Jesus stellt die älteste Schicht des Johannesevangeliums dar. Es handelt sich um eine Theologie, die auf dem Glauben an Gottes Offenbarung des Wissens über sich selbst und des ewigen Lebens, das er durch das Wissen verfügbar macht, beruht. Dieses Wissen und die Erlösung, die es verleiht, wird durch den spirituellen Sohn gewährt, eine Vorstellung, die uns wieder zu den grundlegenden philosophischen Vorstellungen des Zeitalters von der Selbstoffenbarung Gottes und der durch einen Mittler gewährten Erlösung führt. Der johanneische Sohn und Christus ist somit der Offenbarer-Sohn, etwas ganz anderes also als die paulinische Version des sich opfernden und auferstehenden Sohnes.

Und was ist mit der Kreuzigung bei Johannes? Sie stellte innerhalb der bisherigen Konzeption eine geradezu monströse Abweichung dar, denn bevor die johanneische Gemeinde auf den synoptischen Christus traf, existierte kein leidender und sich selber opfernder Erlöser in ihrem Vorstellungsrepertoire.

Als die synoptischen Evangelien entstanden, wurde ihre Geschichte eines irdischen Wirkens, des Todes und der Auferstehung Jesu über das ursprüngliche Offenbarer-Material gebreitet (das möglicherweise schon als Schrift vorhanden war). Die alten Selbstoffenbarungsworte wurden dann dem neuen historischen Jesus in den Mund gelegt.

Gleichwohl hat die ältere Tradition der Erlösung durch den Glauben an den Offenbarer-Sohn die Überarbeitung mehr oder weniger unbeeinträchtigt überstanden. Bei Johannes erlöst Jesus nicht durch seinen Tod und seine Auferstehung. Es gibt nicht die geringste Andeutung über Sühne oder eine erlösende Wirkung des Todes Jesu. Jesus ist es nicht gestattet zu leiden, nicht einmal gefühlsmäßig: Es gibt kein Gethsemane bei Johannes. Die Eucharistie muss ebenfalls weichen, da sie auf der Vorstellung eines Opfers beruht. Bei Johannes ist Jesu Auferstehung am Kreuz eine „Himmelfahrt", eine Verklärung (12:23). Es handelt sich dabei um den stärksten Beweis für die Wahrheit seiner Verkündigung, das größte Wunder. Jesus hat während des Prozesses und während der Kreuzigung alles in der Hand, er erträgt alles mit bewundernswerter innerer Distanz und tut, was nach dem Willen seines Vaters getan werden muss. Die zwei Schichten des Offenbarers und des Gekreuzigten sind schlicht nicht integriert worden.

Aus einer Vielzahl von Gründen muss der 1. Johannesbrief früher datiert werden als das Johannesevangelium, mit der möglichen Ausnahme seiner letzten Überarbeitung. Denn der 1. Johannesbrief ist eine aus verschiedenen Schichten bestehende Schrift, die über einen längeren Zeitraum überarbeitet und ergänzt wurde.[62] Wie der Hebräerbrief bezeugt der 1. Johannesbrief den Anfang eines Offenbarungsereignisses der Gemeinde. Hier sind die ersten drei Verse seines sogenannten Prologs:

> [1]Was von Anfang an war, was wir gehört haben, was wir gesehen haben mit unsern Augen, was wir betrachtet haben und unsre Hände betastet haben, vom Wort des Lebens – [2]und das Leben ist erschienen [offenbart, *phaneroo],* und wir haben gesehen und bezeugen und verkündigen euch das Leben, das ewig ist, das beim Vater war und uns erschienen ist –, [3]was wir gesehen und gehört haben, das verkündigen wir auch euch, damit auch ihr mit uns Gemeinschaft habt; und unsere Gemeinschaft ist mit dem Vater und mit seinem Sohn Jesus Christus.

Hier haben wir die Beschreibung eines Offenbarungsereignisses oder vielleicht auch einen längeren Vorgang, der symbolisch zu einem einzigen Ereignis zusammengefasst wurde, jenen Augenblick, in dem die Gewissheit ewigen Lebens von Gott zuteil wurde. Die Verse sprechen von diesem Ereignis, diesem „Leben" in dichterischer Terminologie mit Ausdrücken wie: „es sehen", „es hören", „es berühren". Gegen den Versuch vieler Kommentatoren, diese Textstelle mit der Verkündigung Jesu in Zusammenhang zu bringen, muss darauf hingewiesen werden, dass die Pronomen sächlich sind, der Tonfall ist unpersönlich, es ist die Sprache der Offenbarung.

In der jetzigen Form bringt der Prolog zum Ausdruck, dass die Gabe des ewigen Lebens (Vers 3) „mit dem Vater und mit seinem Sohn Jesus Christus" geteilt wird. Aber es gibt Grund zu der Frage, ob auch die ursprünglichen Version dieser Textstelle schon einen Bezug auf den Sohn enthielt. Der Schlüsselvers 2 spricht vom ewigen Leben als Verweilen im Vater (wir dürfen nicht voraussetzen, dass diese Wendung im Sinne des späteren johanneischen Verständnisses zu interpretieren ist), ohne Erwähnung des Sohnes. Andere Teile des Briefes sprechen nur von Gott. Es ist möglich, dass die Gemeinde mit einer theozentrischen, auf Gott allein ausgerichteten Verkündigung, die an Gruppen wie die Essener erinnert, begann. Erst in einem späteren Stadium wurde dann die Vorstellung des Sohnes dem mehrschichtigen Werk hinzugefügt (siehe Anmerkung 62), ohne Zweifel unter dem Einfluss der vorherrschenden Philosophie des „Mittler-Sohnes". Dies scheint besonders stark in Syrien gewesen zu sein, wo die johanneische Gemeinde mit größter Wahrscheinlichkeit ansässig war.

Ein mystischer Messias

Vor fast einem Jahrhundert kam eine verlorenen geglaubte Schrift ans Licht, in der wir noch eine weitere Gemeinde mit einem göttlichen Sohn im Mittelpunkt – sehr unterschiedlich zu dem des Paulus oder den Synoptikern – kennenlernen. Es handelt sich um eine faszinierende Reihe von 42 kleinen Psalmen, die vom Charakter her denen des Alten Testaments sehr ähnlich sind, obgleich heiterer, lyrischer und optimistischer: die sog. „Oden Salomos". Sie wurden wahrscheinlich gegen Ende des 1. Jahrhunderts in Altsyrisch abgefasst, was auf Syrien als Herkunftsort, vielleicht auf Edessa, schließen lässt. In ihrer ruhigen Ekstase vernehmen wir die Stimme der Mystik. Ob die Psalmen von einem oder mehreren Verfassern geschrieben wurden, lässt sich nicht mehr sagen.

Die größte Ähnlichkeit haben sie mit dem Evangelium des Johannes – oder wenigstens der diesem zugrunde liegenden Schicht, die zu dem spirituellen Offenbarer-Sohn in Beziehung steht. Gemeinsame Vorstellungen und Begriffe klingen in beiden Schriften an. Das Symbol des „Wortes", das die Oden durchdringt, erscheint auch im Prolog des Evangeliums, wobei das letztere freilich in einer fortgeschritteneren

Bedeutung verwendet wird, da die Verfasser der Oden nie von der Fleischwerdung des „Wortes“ sprechen. Der Ausdruck „lebendiges Wasser“ fließt wiederholt durch die Oden und symbolisiert das Geschenk der göttlichen Offenbarung und der Erkenntnis Gottes. Im Gegensatz zu Johannes fehlt ihm freilich die menschliche Personifizierung. Bilder des Lichts, der Ruhe, die Tür der Erlösung sind den Oden und der johanneischen Schrift gemeinsam. Vielleicht gehen beide Überlieferungsstränge auf einen gemeinsamen Ursprung zurück und stammen möglicherweise aus Essenerkreisen in Qumran, deren Schriftrollen vom Toten Meer auch ähnliche Denkmuster enthalten.

Der Name „Jesus“ kommt in den Oden nicht vor, und der Titel „Messias“, der sieben Mal erscheint, hat einen definitiv jüdischen Beigeschmack. Es gibt keinen Bezug zur Kreuzigung oder zur Auferstehung, auch ist die Rolle des Sohnes bei der Erlösung keine Opferrolle. Konsequenterweise gibt es kein Sühneopfer. Statt dessen kommt die Erlösung durch Erkenntnis Gottes, die Offenbarung seiner Gnade und Wahrheit und den Glauben an diese Offenbarung.[63]

Die Oden konzentrieren sich auf Gott, aber dies ist ein Gott mit einer Fülle von Emanationen. Durch sie wird die Erkenntnis Gottes – der Dichter spricht von Wort, Sohn, Messias – vermittelt. Obgleich die Dichtung oft anspielungsreich und dunkel ist, kann alles auf die Schrift und traditionell jüdische Vorstellungen zurückverfolgt werden. Sehen wir uns eine Textstelle an, einige ausgewählte Verse aus der Eröffnung der Ode 19:

1 Ein Becher Milch wurde mir gereicht,
und ich trank ihn in der süßen Freundlichkeit des Herrn.

2 Der Sohn ist der Becher,
und der, der gemolken wurde, der Vater,
und der, der ihn molk, der Heilige Geist ...

4 öffnete seinen Busen der heilige Geist,
und vereinte die Milch der beiden Brüste des Vaters ...

5 und gab die Mischung der Welt, ohne dass man es wusste.
Und die (sie) annehmen, sind in der Vollkommenheit der Rechten.

6 Es fiel auf der Schoß der Jungfrau,
und sie empfing und gebar...

7 und kam in Wehen und gebar einen Sohn, ohne Schmerz zu
empfinden

8 weil es nicht zwecklos war.

Berücksichtigen wir, dass sich die „vollkommene Jungfrau" in Ode 33 auf die personifizierte Weisheit bezieht, welche jene Art Botschaft verkündet, die man im Munde der Weisheit in Sprüche (des Salomos) und Sirach 24 findet, ist jede Identifizierung der Jungfrau in Ode 19 mit Maria fehl am Platze. Diese Textstelle hat nichts mit Historie zu tun, sie ist eine dichterische Allegorie. Der Dichter gibt ein symbolisches Bild der Beziehung unterschiedlicher Aspekte der Gottheit. Er benutzt die Metapher der göttlichen Milch mit vier göttlichen Gestalten, die bei der Spende an die Menschheit einbezogen sind: Vater, Sohn, Heiliger Geist, Weisheit (die Jungfrau). Weisheit gilt in einigen antiken jüdischen Überlieferungen häufig als Begleiter des Vaters; Philo macht sie manchmal zur Mutter des Logos. Das sind poetische, allegorische Darstellungsweisen der Werke der Gottheit. Das Ergebnis ist die Übertragung von Gottes Erkenntnis und Frieden, die selber Vollendung und Erlösung verleihen (Vers 5). Der Sohn des Evangeliums tritt hier nicht in Erscheinung, auch nicht irgendeine Vorstellung von Erlösung, die durch seinen Tod und die Auferstehung bewirkt wurde.

Unter diesem Gesichtspunkt könnte die Behauptung aufgestellt werden, dass wir es bei den Oden Salomos gar nicht mit christlichen Produkten zu tun haben, sondern mit einer sehr phantasievollen Ausdrucksform einer religiösen Gemeinde am Rande des Judentums. Derartige Diskussionen sind freilich nur innerhalb eines orthodoxen Zusammenhangs relevant. In dem bisher dargestellten Bild des frühen Christentums sind die Oden Teil eines vielfarbigen Mosaiks. Sie gehören genauso zum „Christentum" wie die Verkündigung des Paulus oder der himmlische Hohepriester des Hebräerbriefs.

In der Entwicklungsperiode des 1. Jahrhunderts, als noch kein historischer Jesus die Szene betreten hatte, waren all diese Mosaikteile Ausdruck der neuen Philosophie des Mittler-Sohnes mit ihren jeweils unterschiedlichen soteriologischen Konzeptionen. Wie bei den meisten unkoordinierten Bewegungen zogen schließlich zentripetale Kräfte diese Vielfalt in ein gemeinsames zentrales Becken und nur die stärksten, brauchbarsten und attraktivsten Teile etablierten sich als ein neuer Kern, eine neue „Orthodoxie". Diese spätere Entwicklung wurde schließlich zum Standard, an dem alles Frühere bewertet wurde. Die Gegenwart wurde in die Vergangenheit hineingedeutet.

Andere Söhne und Christusse

Einen anderen mystischen Sohn finden wir in der längsten und wahrscheinlich am wenigsten bekannten christlichen Schrift vor Justin, dem Hirten des Hermas. Obschon der Verfasser oft mit dem Bruder von Pius, dem Bischof von Rom um ungefähr 148 u.Z., als identisch angesehen wurde, wurde diese Schrift wahrscheinlich vor dieser Zeit geschrieben, vermutlich im späten 1. Jahrhundert. Zu seiner sehr einfachen Theologie und seinem vorherrschend jüdischen Charakter würde das passen. Trotz seiner Länge tauchen die Namen Jesus und Christus nirgendwo auf.[64] Der Verfasser bezieht sich auf einen „Sohn Gottes", eine höchst mystische Gestalt ohne menschliche Züge. Erlösung wird denen zuteil, die „durch den Sohn gerufen werden", aber auf einen Tod und eine Auferstehung gibt es keine Hinweise. Manchmal wird der Sohn mit dem Heiligen Geist oder dem Jüdischen Gesetz identifiziert. Er gehört gleichsam zur Ausstattung des Himmels hinzu, so wie die Weisheit in anderen Kreisen der jüdischen Ausdrucksweise dargestellt wird.

Der mittlere Abschnitt des Hirten diskutiert eine lange Liste moralischer Regeln, einige ähneln den Lehren der Evangelien, jedoch wird nichts Jesus zugeschrieben. Eine Textstelle in der fünften Parabel (6:3) lässt den Sohn „die Sünden der Menschen reinigen", aber dies geht seiner Aufgabe, „ihnen die Art zu leben zu zeigen und ihnen das Gesetz geben", *voraus* und wird nicht in der Sühneopferterminologie dargestellt.

In Kapitel 10 sahen wir uns eine Schrift an, die als Himmelfahrt Jesajas bekannt ist und die eine komplexe Schichtung von jüdischen und christlichen Elementen darstellt. Sie enthält eine Vision über den göttlichen Sohn, der durch Gott gesandt wird, um durch die Himmel hinabzusteigen, der von Satan an einen „Baum aufgehängt wird“ und die Seelen der Gerechten von der Scheol rettet. Außer einer später eingefügten Textstelle, die auf den Evangelien basiert (siehe Anhang), fungiert dieser Sohn als ein himmlisches Paradigma, das die Himmelfahrt für die Auserwählten, die mit ihm in Verbindung stehen, gewährleistet.

Das Buch der Offenbarung im Neuen Testament, das die meisten Wissenschaftler in die 90er Jahre des 1. Jahrhunderts datieren, bietet im Wesentlichen das gleiche Bild. Der himmlische Christus, der dem Propheten Johannes erscheint und Briefe an die sieben Kirchen schreibt, ist eine visionäre Gestalt, die nur auf spirituellem Wege mit dem Propheten kommuniziert. Es wird gesagt, dass er „tot war und ist lebendig geworden“ (2:8), ein irdischer Rahmen oder irdische Umstände fehlen ebenso wie die Vorstellung einer körperlichen Auferstehung. Er wird mit dem Menschensohn des Daniel auf eine Art gleichgesetzt, die anzeigt, dass der Verfasser aus dem alttestamentlichen Buch Daniel schöpft, keineswegs aber aus der Überlieferung der Evangelien, in denen Jesus mit dem Menschensohn verbunden wird.

Dieser spezielle himmlische Christus hat – als ein Erlösungsparadigma – einen Opfertod erlitten, jedoch nicht, um universelle Erlösung zu bringen. Die Gruppe, die erlöst werden wird durch „das Lamm, das getötet wurde“, ist eine auserwählte, während der Rest der Erde zu einem fürchterlichen Urteil und katastrophalem Schicksal bestimmt worden ist. Diese „Erlösung“ einer auserwählten Gruppe durch die Handlungen des Pendants einer himmlischen Gestalt ist wahrscheinlich die früheste Anwendung des paradigmatischen Ober-Unterwelt-Prinzips. Hier ist erneut ein anderes Beispiel innerhalb des Neuen Testaments für die sehr unterschiedliche Art und Weise, wie der spirituelle Christus und seine Rolle in der frühen Christenheit betrachtet werden konnte.

Der gnostische Erlöser

Wir wollen weiter über den bisherigen Rahmen hinausgehen und uns einigen Nebenzweigen der religiösen Bewegung des ausgehenden 1. und des 2. Jahrhunderts zuwenden, bekannt als Gnosis. Auf nicht näher bekannte Weise waren offenbar einige Formen der Gnosis mit dem Christentum verwandt. Auch hier gab es eine Christusgestalt, die Teil einer sehr komplexen Gottheit darstellte, einer himmlischen Familie aufeinander einwirkender göttlicher Aspekte, deren Verhalten die Schöpfung der materiellen Welt versehentlich dadurch verursachte, dass göttliche „Lichtfunken“ in die Materie fielen und in menschlichen Wesen einwohnten. Diese sind die „Gnostiker“, deren Wissen über ihr wahres Selbst zu einer Rückkehr an ihren himmlischen Aufenthaltsort führt. Sich überschneidende Einflüsse führten zu seltsamen Verbindungen zwischen dem gnostischen Christus und dem christlichen Jesus. Andere Formen der Gnosis besaßen überhaupt keinen Christus oder Jesus. Gleichwohl wird man kaum glauben können, dass, wie einige Gelehrte vermuten, die Vielzahl gnostischer Erlösergestalten, wie Derdekeas (in *Die Paraphrase des Sem)* oder der Illuminator (in *Die Apokalypse des Adam)* letztlich auf Jesus von Nazareth zurückgehen; ein solches Szenario wäre in der Tat bizarrer als so manche gnostische Phantasie über den Ursprung des Universums.

Die gnostische Erlösergestalt ist teilweise aus einer philosophischen Vorstellung abgeleitet, die in den frühen Jahrhunderten u.Z. allgemein verbreitet war, die des „ersten Menschen“ oder „himmlischen Menschen“. In derselben Weise wie der Logos als Gottes primäre Emanation beschrieben wurde, hieß es in diesem Mythos, dass Gott einen urbildlichen Menschen schuf, das erste (spirituelle) Wesen, getrennt von ihm selber, sein direktes Ebenbild. (Manchmal ist Gott selber der erste Mensch, und sein Ebenbild ist der Menschensohn.) Dieser urbildliche Mensch wiederum diente als Modell für den irdischen Menschen, der aus dem Staub der Materie geschaffen worden war. Philo von Alexandrien nahm diesen Himmlischen Menschen in sein eigenes Bild der höheren Realitäten auf.[65]

Es scheint einen weit verbreiteten Mythos (letztlich auf persischen Vorstellungen basierend) eines göttlichen Menschen, der mit Gott im Himmel lebte, gegeben zu haben, der hinabstieg – oder hinabfiel – in die niedere Welt, dann wieder aufstieg, um schließlich die Seelen derer zu retten, die dazu bestimmt waren, erlöst zu werden. Beweise für die vorchristliche Existenz eines solchen Erlösermythos sind dürftig und unsicher. Das meiste, was wir darüber wissen, stammt aus dem 2. und 3. Jahrhundert u.Z. aus einer Reihe gnostischer Schriften wie beispielsweise der Mandäer und Manichäer.[66] Von ihnen gibt es Spuren im

Johannesevangelium. Aber derartige Mythen treten nicht plötzlich fix und fertig hervor; sie haben Vorläufer. Und gnostische Schriften wie das Apokryphon des Johannes und die Apokalypse Adams enthalten nach Ansicht heutiger Gnosisexperten keine christlichen Spuren, möglicherweise sind sie sogar vorchristlich (siehe Charles W. Hedrick, *The Apocalypse of Adam*).

Hier nun haben wir – unabhängig vom Christentum oder irgendeiner Verbindung zu Jesus von Nazareth – ein himmlisches Wesen, den „Menschen", der vom Himmel herniedersteigt, um Erlösung zu bringen. In einigen Quellen wird über ihn gesagt, er würde „Zeichen und Wunder" vollbringen, gewöhnlich zum Nachteil der Kräfte des bösen Geistes; weiterhin heißt es, dass er verfolgt und sogar von ihnen getötet wurde (z.B. der Illuminator in der Apokalypse des Adam 76,9-77,18 und dem „Menschen" des Apokryphon des Johannes 20,1-8; vergleiche die Himmelfahrt des Jesaja). Von diesen Menschen wird regelmäßig gesagt, sie seien von „menschlicher Form". Dies bezieht sich nicht auf die Inkarnation, sondern auf das Bild Gottes, welches wiederum in menschliche Ebenbilder auf Erden umgesetzt wird. Die Apokalypse Adams spricht sogar (78-82) davon, dass der Illuminator aus einem jungfräulichen Mutterschoß stamme, zu einem wüsten Ort, in einen Garten geführt, vom Himmel ins Meer geworfen, von einem Vogel auf einem Berg geboren, von Drachen in eine Höhle getragen sei.

Das alles ist mythisch und hat nichts mit einem wirklichen menschlichen Wesen zu tun, noch viel weniger mit dem Jesus der Evangelien. Aber es sind Spiegelungen einer vorherrschenden Form esoterischer Mythologie der damaligen Zeit, und die Berührungspunkte mit dem paulinischen Christentum sind mehr als rein zufällig: Das „geboren vom Weibe" in Gal 4:4; der Begriff *„anthrōpos"* (Mensch) als Beschreibung Christi in Röm 5:15 und in 1. Kor 15:21-47 sowie im 1. Timotheusbrief 2:5; die Kreuzigung Jesu durch die „Obersten dieser Welt" im 1. Kor 2:8; vor allem jedoch die Hymne in Phil 2:6-11 (zum Text siehe S. 140) mit ihren Motiven des göttlichen Ebenbildes, das sich selbst erniedrigte, menschen"gleiche" Gestalt annahm, auf die Erde niederkam und zum Himmel auffuhr, starb und erhöht wurde – und den Namen „Jesus" (Erlöser) bei seiner Erhöhung nach dem Tode empfing.

Diese vorpaulinische Hymne, eingebettet in einen paulinischen Brief, stellt einen Mikrokosmos der hier skizzierten Mythologie dar. Sie gibt uns einen Einblick in die kultischen Kreise, zu denen Paulus bekehrt wurde und denen er seine eigenen theologischen Vorstellungen beisteuerte. Sie und er wurden nicht nur gespeist von der Mittler-Sohn-Philosophie des Logos und der personifizierten Weisheit, sie bewegten sich in einer Atmosphäre antiker Erlösungsmythologie mit herniedersteigenden und erlösenden göttlichen Kräften. Sie gaben dem Ganzen ihre eigene Wendung, indem sie den Erlöser kreuzigen und um der Sünde willen sterben ließen – Gedanken, die aus der Lektüre der jüdischen Schrift abgeleitet wurden. Aber alle die Grundbestandteile des Christentums und sein mythischer Jesus lagen damals (in einem geradezu wörtlichen Sinne) in der Luft. *Und in keinem dieser mythologischen Systeme gab es irgendeinen Bezug zu einer historischen Person.*

Eine neue Geburtsszene

Eine reich ausgestaltete Sohn/Christus/Erlöser-Theologie war in der ganzen östlichen Hälfte des Römischen Reiches zum Ende des 1. Jahrhunderts weithin verbreitet. Berücksichtigt man, dass christliche Autoren noch nicht einmal Anfang des 2. Jahrhunderts mit den Grundlagen der Evangelien vertraut zu sein scheinen, dann ist es wenig plausibel, alle diese Vorstellungen auf einen historischen Jesus von Nazareth zurückzuführen, der unbekannt in Jerusalem starb und dessen Biographie nicht einmal von denen bewahrt wurde, die ihn angeblich zum Sohn Gottes machten.

Tatsächlich wissen wir von der Gründung christlicher Gemeinden überall im östlichen Mittelmeerraum innerhalb weniger Jahre nach Jesu vermeintlichem Tod. Wie Ernst Haenchen in seinem großen Werk zur Apostelgeschichte (*Die Apostelgeschichte,* neu übersetzt und erklärt, 7. Auflage 1977) bemerkt hat, wurden die Gemeinden zu Damaskus, Antiochia, Ephesus, Rom und vielen anderen Gemeinden von unbekannten Christen gegründet. Liest man zwischen den Zeilen, so kann man den Angaben der Apostelgeschichte über die Verbreitung des Glaubens ebenso wie denen der paulinischen Briefe sogar entnehmen, dass Damaskus in Syrien schon eine christliche Gemeinde besaß, noch bevor Paulus bekehrt wurde, und dass Antiochia und Rom, lange bevor

Paulus dorthin kam, ebenfalls bereits Gemeinden besaßen.

Rom ist von besonderem Interesse. Wenn sich Suetons „Chrestus" auf Christus bezieht, wie viele annehmen (siehe Kapitel 20), waren Juden, die den Christus-Glauben öffentlich bezeugten, zahlreich und offenbar auch lästig genug, um durch Claudius in den 40er Jahren aus Rom vertrieben zu werden, also wenig mehr als zehn Jahre nach der Kreuzigung. Der Brief des Paulus an die Römer, wahrscheinlich um 55 geschrieben, zeigt eine Gemeinde, die schon „viele Jahre" existiert (15:23). Vor dem Hintergrund des orthodoxen Bildes der christlichen Anfänge bleibt fraglich, wie sich eine solche Gemeinde so schnell bilden konnte. Wer brachte die Verkündigung dort hin?[67]

Die Antwort mag durch den späteren Kirchenmann, der als „Ambrosiaster" bekannt ist, gegeben werden; dieser merkt in seinem Kommentar zum Römerbrief an, dass „man nicht die Römer verdammen sollte, sondern ihren Glauben loben; weil sie, ohne irgendein Zeichen oder Wunder und ohne irgendwelche Apostel zu sehen, dennoch den Glauben an Christus annahmen, obschon nach jüdischem Ritus."[68]

Eine derartige Überlieferung ist sehr aufschlussreich und kann uns noch einmal zu den Schlussfolgerungen, zu denen wir bereits im ersten Teil des Jesus Puzzles gelangten, führen. Der Christusglaube in Rom entstand unabhängig von einer von außen kommenden Mission. Er war keine Reaktion auf eine fremde Botschaft über einen gekreuzigten Menschen, der in Jerusalem als ein subversives Element hingerichtet wurde. Die Vielfältigkeit früher christlicher Äußerungen bedarf als Erklärung nicht der Annahme eines Ursprungsortes und einer authentischen Jesusverkündigung.

Vielmehr *wurde das Christentum an tausend Orten geboren,* in einer Vielzahl unterschiedlicher Formen und wuchs auf dem weiten fruchtbaren religiösen Boden der Zeit. Es entwickelte sich in vielen unabhängigen Zirkeln und Sekten, sowohl innerhalb wie außerhalb Palästinas. Er war überall verschiedenartiger Ausdruck der vorherrschenden Philosophie göttlicher Mittler und der Sehnsucht des Zeitalters nach „Erlösung".

Paulus und die Jerusalemer Bruderschaft waren nur eine Strömung innerhalb dieses christlichen Glaubens, wiewohl eine wichtige und letztlich sehr einflussreiche. Die paulinische Interpretation des spirituellen Christus war an vielen Orten verbreitet, und erst später wurde der

Jerusalemer Kreis – gleichsam in einem eigenen Mythisierungs-Prozess – mit Paulus als seinem Satelliten zur Keimzelle der gesamten christlichen Bewegung stilisiert. Während Paulus über die römisch-kaiserlichen Landstraßen zog, nahmen Juden und Nichtjuden in Rom bereits den christlichen Glauben an, „ohne irgendeinen Apostel zu sehen", keine wie auch immer geartete Einheit oder ein Ursprungspunkt existierte. Zur gleichen Zeit ereignete sich in Galiläa etwas, was tiefgreifende Auswirkungen auf die späteren Generationen von Christen hatte. Eine Predigtbewegung sehr komplexer Natur trat in Erscheinung, deren Verkündigung dazu bestimmt war, mit dem spirituellen Sohn und Erlöser eine Einheit einzugehen.

II: Die Galiläa-Tradition

Zwischen Jerusalem und Galiläa beträgt die Entfernung kaum 120 Kilometer. Keine weite Reise für einen Wanderprediger oder -philosophen, besonders wenn er von einer Gruppe seiner Anhänger begleitet wird. Die Reise konnte bequem in ein paar Tagen absolviert werden. In der ganzen Literatur der Jerusalem-Tradition finden wir freilich keinen Bericht darüber, dass Jesus diese kurze Reise gemacht hat. Bevor man die Evangelien als historischen Bericht anzusehen begann, existierte noch kein Bericht über einem Aufenthalt Jesu in der Stadt Jerusalem oder an irgendeinem anderen Platz auf der Erde.

Der zweite Teil dieses Buches unternimmt diese Reise von 120 km in die entgegengesetzte Richtung. Wir werden nach Galiläa reisen, um der Geschichte einer Bewegung nachzugehen, die das Königreich Gottes predigte. Ein wichtiger Teil dieser Untersuchung beschäftigt sich mit einer verlorengegangenen antiken Schrift, die heute als Q bekannt ist und von modernen Wissenschaftlern aus den Evangelien des Matthäus und des Lukas rekonstruiert wurde. Zu der Zeit, als die beiden Evangelisten Sprüche und Anekdoten von Q in ihre Neubearbeitung des Markusevangeliums einarbeiteten, wurden innerhalb von Q Beziehungen zu einer Gestalt hergestellt, die nun als Urheber der Sprüche, als Wundermann und apokalyptischer Prophet galt. Ob diese Gestalt Jesus genannt wurde, lässt sich unmöglich sagen. Aber Q selbst war einer Entwicklung unterworfen. Es kann gezeigt werden, dass darin Schichten unterschiedlichen Materials enthalten waren, das der Sammlung im Laufe der Zeit hinzugefügt wurde; somit können wir voraussetzen, dass die Schrift einer Anzahl von Überarbeitungen unterzogen wurde. Die Rekonstruktion der verschiedenen Überarbeitungen, die Identifizierung der Art und Quellen der verschiedenen Bestandteile von Q und die Entscheidung darüber, ob bereits an den Wurzeln von Q ein historischer Jesus zu finden ist, wird die Hauptaufgabe dieses Teils des Jesus-Puzzles sein.

Eines steht bereits vor Beginn unserer Untersuchung fest. Die von den modernen Wissenschaftlern rekonstruierte Spruchquelle Q gibt uns keinerlei Anhaltspunkte für die Annahme, dass die 120-km-Reise von Galiläa nach Jerusalem jemals von einem „Q-Jesus“ unternommen wurde. Keine Erwähnung von Jerusalem, kein Tod und keine Auferstehung, kein Weisheitslehrer in der Rolle des Erlösers kann in Q gefunden werden. Darüber hinaus legen einige der Sprüche – ähnlich dem Befund in den Briefen – sogar die Annahme nahe, dass in den frühesten Schichten von Jesus noch nicht einmal die Rede war.

Abschnitt fünf wird mit Kapitel 14 beginnen und die Quellen in verschiedene Materialschichten sortieren und – gleichzeitig mit dem Schweigen über die verschiedenen Elemente der Jerusalem-Tradition – feststellen, dass große Unterschiede zwischen ihnen bestehen. Kapitel 15 wird die Aufmerksamkeit auf das Thomas-Evangelium lenken, eine andere Sammlung von Sprüchen, die Jesus zugeschrieben werden, ohne Bezug auf Tod und Auferstehung. Teile des Thomas-Evangeliums haben eine lose Verbindung zu der frühesten Schicht von Q, und sie werden dazu dienen, Q selbst zu analysieren. Kapitel 16 soll Q in seinen sozialen Kontext stellen und die möglichen Quellen des frühen Materials aufspüren. Daneben soll gefragt werden, ob in den frühesten Stadien der Entwicklung der Gemeinde bereits eine Jesus-Gestalt existierte.

Abschnitt 6 wird mit dem Studium der Quellen fortfahren. In Kapitel 17 werden wir einen anderen „Gründer“ für die Q-Predigtbewegung kennenlernen und Gründe dafür vorlegen, warum wir die Erwähnung Jesu in der Endversion von Q als das Ergebnis einer Redaktion im späten Stadium anzusehen haben. Kapitel 18 wird bestimmte Bedürfnisse und Erfordernisse der Q-Gemeinde als Gründe für diese Fiktion vorbringen. Kapitel 19 ist der Angelpunkt des Buches, um den die ganze Geschichte der Christenheit kreist. Hier wird das Markusevangelium als Höhepunkt der Entwicklung der Überlieferung der Reich-Gottes-Verkündigung und die schemenhafte Gestalt des Markus als Initiator dieses Meisterstücks präsentiert: die Verschmelzung des fiktiven Begründers von Q mit dem von Paulus gepredigten göttlichen Sohn, bei der eine symbolische Geschichte über seine Verkündigung in Galiläa und über Tod und Auferstehung in Jerusalem entstand. Keine Geschichte davor oder danach hat eine derartige Auswirkung auf die

Weltgeschichte gehabt.

Nach dem Erreichen des Hauptteils wird Teil sieben mit einer Nebenbetrachtung innehalten, in der ein Überblick über die nichtchristlichen Jesus-Zeugnisse der ersten Jahrhunderte gegeben werden soll. Heidnische Quellen von Epiktet bis Tacitus, jüdische, von Philo bis zu den Kompilatoren des Talmud, sollen in Kapitel 20 behandelt werden, während Kapitel 21 einer gründlichen Untersuchung der zwei berühmten Jesus-Stellen in den Arbeiten des jüdischen Historikers Flavius Josephus gewidmet sein wird. Hier, auf einem viel beackerten Feld, sollen alte und neue Argumente angeführt werden, welche die Zuverlässigkeit dieser Zeugnisse ernsthaft in Frage stellen.

Teil fünf

Die Predigt vom Königreich Gottes

14
Die Wurzeln von Q ausgraben

Lehrer einer radikalen Ethik. Wundertäter und Heiler. Prophet des neuen Gottesreichs. Der Geschichte von Tod und Auferstehung in den Evangelien geht eine Erzählung über die Verkündigung und das Wirken eines Mannes voraus, der dieses alles und noch mehr in seiner Person verkörperte. Gehören die beiden zusammen? Ist es wahrscheinlich, dass ein galiläischer Prediger des Gottesreichs nach Jerusalem geht und hingerichtet wird, nur um in den kosmischen Sohn Gottes umgewandelt zu werden, den Sohn des Schöpfers und Erhalters des Universums, den Erlöser von den Sünden der Welt, der aus seinem Grabe aufersteht und seine Rückkehr am Ende der Welt verheißt, um sie in apokalyptischer Herrlichkeit zu richten? Wie könnte eine solche Entwicklung, ein solch erstaunlicher Quantensprung stattgefunden haben? Wer wäre dafür verantwortlich? Wer hätte es akzeptiert?

Gehören beide Gestalten zusammen?

Unsere Untersuchung der Briefe und des Kerygmas von Tod und Auferstehung hat nahegelegt, dass sie *nicht* zusammengehören, da in den schriftlichen Zeugnissen keine Hinweise für eine Verkündigungstätigkeit Jesu vor der Passion existieren und es keinerlei Anzeichen für sein irdisches Leben gibt. Falls wir ein entsprechendes Schweigen auf der anderen Seite des Bildes (d.h. auf Seiten der Galiläa-Tradition) finden, würde dieses die unüberbrückbare Kluft zwischen den zwei Überlieferungen erhärten.

Freilich ist der Versuch, die Teile auf der galiläischen Seite des Puzzles zu erkennen und zusammenzusetzen, erheblich schwieriger. Wir besitzen kein klares und konkretes Zeugnis über die frühe Gottesreichbewegung – im Gegensatz zur Sohn-Gottes-Bewegung. Kein Paulus von Tarsus hinterließ seinen Namen und seine Schriften, die wir untersuchen könnten. Nirgendwo kam es innerhalb der Gottesreichbewegung zu einer Sammlung von Schriften wie den Briefen, die uns einen Blick auf den vielgestaltigen Glauben des 1. Jahrhunderts an einen göttlichen Sohn gewähren könnte. Von einer Ausnahme abgesehen – dem Evangelium des Thomas, das erst kürzlich aus dem Wüstensand Ägyptens ausgegraben wurde –, kommt das Zeugnis der Galiläa-Tradition aus den neutestamentlichen Evangelien selber und muss erst aus ihnen rekonstruiert werden.

Zur Erklärung der Beziehung zwischen den kanonischen Evangelien hat sich als tragende Säule der modernen neutestamentlichen Forschung die Ansicht etabliert, dass das Markusevangelium das erste und älteste Evangelium darstellt und dass Matthäus und Lukas später folgten, indem sie ihre Evangelien unabhängig voneinander und auf der Grundlage des Markusevangeliums schufen, das von ihnen übernommen und überarbeitet wurde.

(Wir haben in diesem Zusammenhang zu beachten, dass die Namen der vier Evangelien nach allgemeiner Ansicht nicht mit denen ihrer wirklichen Verfasser übereinstimmen. Die Zuweisung der Evangelien an frühe, legendäre Gestalten des Christentums erfolgte im späteren 2. Jahrhundert; die kritische Wissenschaft betrachtet derartige Überlieferungen heute als unkorrekt. Freilich sind die Evangelien immer noch unter ihren überlieferten Namen bekannt. Sie werden benutzt, um auf die Evangelien selbst oder auf ihre Verfasser, wer auch immer sie gewesen sein mögen, zu verweisen.)

Zusätzlich zu dem von Markus stammenden Quellenmaterial enthalten die Evangelien des Matthäus und Lukas anderes nichtmarkinisches Material: Vieles davon ist ähnlich, oft fast im Wortlaut identisch. Die beste Erklärung für diese Gemeinsamkeit ist, dass beide aus einer gemeinsamen Quelle schöpften, die sie bei ihrer Überarbeitung von Markus interpretierten. Dieses hypothetische Dokument (keine Kopie hat überlebt) nennen Wissenschaftler „Q" für das deutsche Wort „*Quelle*". Wie es im 1. Jahrhundert genannt worden sein mag und ob man es als „Evangelium" betrachtete, wissen wir nicht. (Die Gemeinde, die dieses Dokument produzierte, wird die „Q-Gemeinde" genannt – aber noch einmal, hierbei handelt es sich um eine moderne Bezeichnung.)

Obgleich es keinen Beweis für die selbständige Existenz von Q gibt, (etwa in Form einer Identifizierung in einem antiken Zeugnis) nimmt die Mehrheit der neutestamentlichen Forscher heute an, dass ein derartiges Dokument bestand und von Matthäus und Lukas benutzt wurde. Es begründet am plausibelsten, dass gemeinsames Material existierte und dieses nicht von Markus übernommen wurde.

Einige Wissenschaftler haben andere Theorien aufgestellt, etwa die, dass Lukas Material von Matthäus übernahm, welches Matthäus selber schuf oder aus anderen Quellen schöpfte. Derartige Theorien verneinen grundsätzlich die Existenz von Q. Gleichwohl sind die Argumente für die Existenz von Q viel stärker als die, die dagegen oder zugunsten anderer Erklärungen sprechen. Für die Diskussion einiger dieser Argumente mag der Leser sich Anhang 7, zusammen mit denen, die Markus Vorrang geben, zuwenden. Die Existenz von Q als einer Quelle des gemeinsamen Materials bei Matthäus und Lukas wird in diesem Buch vorausgesetzt.

Q(uelle)

Obschon über den genauen Umfang von Q noch von Wissenschaftlern diskutiert wird, stehen die Hauptlinien des Inhalts im Wesentlichen fest. Überwiegend bestand Q aus einer Sammlung von Logien, wobei die meisten von ihnen offensichtlich ohne irgendwelche Einleitungssätze oder nähere erzählerische Angaben auskamen, durch die sie sich im Leben Jesu verankern ließen. Wir dürfen dies vermuten, weil in der überwiegenden Mehrzahl der Fälle Matthäus und Lukas die Logien recht unterschiedlich gebrauchen und sie in ihren Evangelien an unterschiedlichen Stellen und in unterschiedlichem Kontext benutzen. In Q wurden solche Sprüche nach Themengruppen zusammengestellt. Über die Sprüche verteilten sich ein paar größere Texteinheiten: Wundergeschichten und Streitgespräche, der Dialog zwischen Jesus und Johannes, die Versuchung Jesu. Es gibt keinen allgemeinen Aufbau, der die Geschichte der Verkündigung Jesu widerspiegeln würde oder irgendeinen anderen historischen Orientierungspunkt, mit der Ausnahme, dass eine Beschreibung der Verkündigung Johannes' des Täufers vorangestellt ist.

Wenn Matthäus und Lukas einen Spruch oder eine Anekdote mit ähnlichem Wortlaut wiedergeben, ist es wahrscheinlich, dass sie aus der gleichen schriftlichen Quelle schöpfen; die Existenz derartiger Einheiten darf ruhigen Gewissens in Q vorausgesetzt werden. Völlig identischer Wortlaut ist selten, dieses kann jedoch auf kleinere Änderungen, die von einem oder beiden Evangelisten vorgenommen wurden, zurückgeführt werden, die entweder aus stilistischen Gründen oder aus individuell redaktionellen oder theologischen Gründen erfolgten. Diese Veränderungen passen tendenziell oft zu den Veränderungen, die sich bei der Übernahme des markinischen Materials beobachten lässt. Wenn größere Unterschiede zwischen den Sprüchen bestehen, die insgesamt Ähnlichkeiten aufweisen, mag es einen gewissen Zweifel geben, ob sie zu Q gehören. In diesem Fall könnten beide Evangelisten sich auf nichtliterarische Quellen stützen oder vielleicht auf zwei unterschiedliche Versionen.

Welches war die Reihenfolge der Sprüche in Q? Ausgehend von der Annahme, dass Matthäus und Lukas Abschriften von Q benutzten, welche, wenn nicht identisch, doch eine gemeinsame Reihenfolge und einen gemeinsamen Inhalt vorgaben, muss gefragt werden, wer von den beiden die ursprüngliche Q-Ordnung widerspiegelt? Beide bieten eine unterschiedliche Verteilung von Q-Stücken in ihren eigenen Evangelien. Da keiner der Evangelisten irgendwelche Bedenken bezüglich einer Umordnung des von Markus übernommenen Materials zeigt, kann man schließen, dass sie das gleiche mit Q getan haben mögen. Insgesamt gesehen sind die Wissenschaftler freilich der Auffassung, dass bei Lukas die Ordnung von Q besser erhalten blieb; daher ordnen sie Q in der Reihenfolge nach Lukas und geben ihm die Kapitel- und Versnummern des Lukasevangeliums. Daher wird Lukas 3:7-9, die erste Einheit in Q, zu Q 3:7-9. (Es ist zu beachten, dass bei der Zitierung des rekonstruierten Q keine beliebigen Kapitel- oder Versangaben benutzt werden, sondern nur die von Lukas abgeleiteten.) Abhängig von den Wissenschaftlern, welche die Rekonstruktion von Q vornehmen, gibt es 60 bis

100 „Stücke“ oder Einheiten von Q.

Bearbeitungsschichten im Q

Nachdem die Elemente, die Q umfasst, identifiziert und ausgearbeitet waren, wurde klar, dass Q unterschiedliches Material enthielt. Zwei Arten sind zu unterscheiden. Die erste findet man in Gruppen von Sprüchen, die eine gemeinsame Stimmung, einen gemeinsamen Stil und Zweck besitzen. Sie konzentrieren sich auf die Themen Ethik und Jüngerschaft und ähneln stark dem Genre jüdischer (sowie nichtjüdischer) Weisheitssammlungen wie z.B. dem Buch der Sprüche des Alten Testaments. Weisheitssammlungen waren in der antiken Welt weit verbreitet. Sie boten weisen Rat, um mit den Wechselfällen des Lebens zurechtzukommen, erfolgreich im Leben zu sein und sich gegenüber den göttlichen Kräften des Universums richtig zu verhalten. Solche Ratschläge konnten sich an alle gesellschaftlichen Schichten richten.

Die Weisheitssprüche in Q, obgleich vom Charakter her etwas anders, schließen die berühmten Seligpreisungen ein, d.h. mehrere kernige Logien und Parabeln, zusammen mit solchen, die zu den am höchsten gerühmten Logien unserer Evangeliumsethik gehören – keine geringeren als z.B. das folgende Logion, Lukas/Q 6:27-28:

„Liebt eure Feinde; tut wohl denen, die euch hassen; segnet, die euch verfluchen; bittet für die, die euch beleidigen. Und wer dich auf die eine Backe schlägt, dem biete die andere auch dar; und wer dir den Mantel nimmt, dem verweigere auch den Rock nicht.“

Für einige Gelehrte zählen diese Sprüche zur Weisheit bzw. zur „weisheitlichen“ Schicht von Q. Der zweite Typ, wieder in Gruppen, steht neben dem ersten, aber Stimmung und Charakter dieser Sprüche unterschieden sich von den anderen wie Tag und Nacht.

„Weh dir, Chorazin! Weh dir, Betsaida! Denn wären solche Taten in Tyrus und Sidon geschehen, wie sie bei euch geschehen sind, sie hätten längst in Sack und Asche gesessen und Buße getan ... Und du, Kapernaum, wirst du bis zum Himmel erhoben werden? Du wirst bis in die Hölle hinuntergestoßen werden.“ [Lukas/Q 10:13-15]

Solche Logien haben keinen weisheitlichen Charakter, sie sind statt dessen prophetischer Natur, sogar apokalyptisch. Sie verdammen die bestehende Welt aufgrund ihrer Feindseligkeit und Ablehnung, sie halten nach zukünftiger Umwälzung und Abrechnung Ausschau. Die Gestalt des Menschensohnes erscheint in mehreren Sprüchen, er wird zur Endzeit kommen, die Welt zu richten. (Diese Gestalt ist von der apokalyptischen Szene in Daniel 7 übernommen, wie in Kapitel 5 besprochen.) Auch hier treffen wir auf Johannes den Täufer. Er wird zum Vorläufer der Q-Prediger stilisiert und als Prophet des Gerichts, das durch den „Kommenden“ – der mit Feuer taufen wird – erfolgen soll. Johannes scheint über den Menschensohn zu sprechen und nicht über einen irdischen Jesus. In dieser Gruppe befinden sich auch die beiden Wundergeschichten von Q: die Heilung des Knechtes des Hauptmanns (Lukas/Q 7:1-10) und der Beelzebul-Streit (Lukas/Q 11:14-20).

Wie nun verhalten sich diese beiden so unterschiedlichen Gruppen von Sprüchen und Anekdoten zueinander? Die Weisheitssprüche klingen mitunter tolerant und aufgeklärt (ob sie immer praktikabel sind, steht auf einem anderen Blatt). Sie enthalten weisheitliche Erkenntnis und sogar Spuren von Humor; sie rufen auf, die bestehende Welt friedlich zu verändern und einen Platz darin zu finden. Das prophetische Material dagegen ist von seinem Charakter her engstirnig, radikal, weltverneinend; ihre Sprecher suchen keinerlei Kompromiss mehr mit denen, die sie ignorieren.

Modernen liberalen Gelehrten schien es, dass beide Arten nicht einer einzigen Quelle zugeschrieben werden konnten, dass sie nicht einmal zur gleichen Zeit entstanden sind. Angeführt durch einen einflussreichen kanadischen Gelehrten namens John Kloppenborg (*The Formation of Q,* 1987), identifizierten sie die Weisheitssprüche in Q als eine separate Bearbeitungsschicht und nannten sie Q1. Diese wurden dem frühesten Stadium von Q zugeordnet, und man meinte, dass sie im Wesentlichen das Produkt des „echten“ historischen Jesus seien. Die prophetische Schicht wurde Q2 genannt und einem späteren Stadium zugeordnet, in dem die ursprüngliche Gemeinde, die das Gottesreich predigte, darauf zu reagieren begann, dass sie keinen größeren Einfluss auf die Gesellschaft gewann. Man nahm an, dass die Sprüche in Q2 nichts mit dem echten Jesus zu tun haben und nicht von ihm stammen könnten. Irgendwann wurden die Q2-Sprüche den Q1-Sprüchen hinzugefügt, möglicherweise begleitet von Neuanordnung und „redaktioneller Bearbeitung“ (Veränderungen, welche die Interessen des Editors wiedergeben) der gesamten Schrift Q.

Ein paar Textstücke von Q blieben übrig, die eine weitere Fortentwicklung an beiden früheren Stadien darzustellen scheinen, etwa die Versuchungsgeschichte (Q 4:1-13) oder der Jubel- und Heilandsruf Jesu (Q 10:22). Diese gingen in die Q3- Schicht ein, die ein weiter entwickelteres Denken über Jesus reflektierte, bereits biographieartige Züge hatte und Jesus zu einem göttlichen Wesen machte. Noch einmal, eine weitere Neubearbeitung wurde wahrscheinlich an der Sammlung als ganzer vorgenommen, als diese neueren Hinzufügungen stattfanden.[69]

Beredtes Schweigen

Aber eine andere Eigenart von Q kam klarer zum Vorschein. Wissenschaftler hatten sie bereits seit einem Jahrhundert erkannt und recht beunruhigt darauf reagiert. Nirgendwo spricht Q von Jesu Tod und Auferstehung, nichts deutet auf eine Opfer- und Erlöserrolle für ihn hin. Warum sollte die Q-Gemeinde diese zentrale Botschaft der Christenheit ignoriert haben? Warum sollte sie kein Interesse an Jesu Erlösungstod gezeigt haben? Sie wird kaum ignoriert haben können, was ihm wiederfuhr, als er seine schicksalhafte Reise nach Jerusalem machte.

Wir wollen uns noch ein wenig mehr mit diesem Rätsel beschäftigen und uns folgende Fragen stellen: Sollten weder die Kreuzesworte Jesu aus der Passionsgeschichte noch die Einsetzungsworte der Eucharistie beim Letzten Mahl die Gemeinde in Galiläa erreicht haben, um der Sammlung hinzugefügt zu werden? Das trotzige Menschensohn-Wort Jesu vor dem Hohepriester ist ebensowenig in Q zu finden wie die „kleine Apokalypse“, in der Jesus seinen Jüngern im Tempel (wie in Markus 13) das künftige Unheil und den „Gräuel der Verwüstung“ verkündet, ebensowenig finden wir etwas über Ankunft des Menschensohns in Herrlichkeit. Diese und andere Logien hätten eine prophetische Grundschicht der Sammlung Q mit einem passenden Höhepunkt abgegeben. Und doch ist es eine unbestreitbare Tatsache, dass keines der Jerusalemer Ereignisse in den Evangelien in Q erscheint.

Ebenso rätselhaft ist die Abwesenheit des Begriffs „Christus"-Messias. Die Evangelien machen die Kernfrage der Jünger, nämlich ihre Ansicht über Jesus, zu einem zentralen Stück seines Wirkens in Galiläa. Jesus fragt in Markus 8:27 seine Jünger: „Wer sagen die Leute, dass ich sei?" Und Petrus antwortet: „Du bist der Christus." Dennoch gibt es keinen Hinweis darauf, dass Jesus der Christus ist, es findet sich nirgendwo ein Bezug auf diesen Gedanken in Q.

Eine Anzahl von Erklärungen sind gegeben worden, um diese Lücke zu begründen. Wie schon früher angemerkt, ziehen Gelehrte wie Burton Mack und John Dominic Crossan einen Trennstrich zwischen Galiläa und Jerusalem, so als ob die eine Welt keinen Kontakt oder kein Interesse an der anderen hatte. Aber ein derartiges Szenario bringt viele Probleme mit sich. Nicht nur die Evangelien, sondern die ganze spätere christliche Überlieferung spricht davon, dass Jesus von Jüngern, die in Galiläa um ihn waren, nach Jerusalem begleitet wurde. Jakobus der Gerechte, der Vorsteher der Jerusalemer Kirche (den Paulus bezeugt) soll Jesu Blutsbruder gewesen sein. Somit sollte man vermuten, dass er Verbindungen mit seiner Familie und dem dortigen Kreis in Galiläa aufrechterhalten hätte.

Wenn eine Gruppe von Jesus-Anhängern in Galiläa eine Gemeinde gegründet hätte, um die galiläische Verkündigung Jesu zu erhalten und zu verbreiten (jene, die vermutlich in Q1 ihren Niederschlag fand), konnte sie kaum ignorieren, was später in Jerusalem mit Jesus geschah. Sie hätte sich schwerlich taub gegenüber der *neuen Botschaft* der Jerusalemer Anhänger stellen können, die auf Jesu Tod und Auferstehung mit einer Überlieferung „antwortete", in der er nicht nur als Messias, sondern auch als Sohn Gottes und Erlöser der Welt angesehen wurde. Als sich die christliche Bewegung von Jerusalem aus ausbreitete, ließ sie da Galiläa gleichsam links liegen – und mit ihm eine Form des Christentums, die sich, abgeschlossen und unberührt von äußeren Einflüssen, nur für Jesu galiläische Verkündigung interessierte? Hätten nicht die Jerusalemer Anhänger und Familienmitglieder Jesu, die ihn von Galiläa aus begleitet hatten, die neue Botschaft vom Sohn-und-Erlöser mit nach Hause gebracht? Geschweige denn die Einzelheiten über Prozess und Kreuzigung oder die Sprüche Jesu, die mit diesen Ereignissen im Zusammenhang standen. Wie konnten derartige Dinge nicht ihren Weg zurück nach Galiläa und in Q gefunden haben?

Es wird manchmal behauptet, dass in Q daran kein Interesse bestanden und es keinen „Platz“ dafür gehabt hatte. Aber es ist bereits gezeigt worden, dass die apokalyptischen Elemente der Jerusalem-Überlieferung sehr wohl in Q hineingepasst hätten. Eines der Hauptmotive der Q2-Schicht ist das des sog. Prophetenmords. Q 11:49-51 sagt:

„Darum spricht die Weisheit Gottes: Ich will Propheten und Apostel zu ihnen senden, und einige von ihnen werden sie töten und verfolgen, damit gefordert werde von diesem Geschlecht das Blut aller Propheten, das vergossen ist seit Erschaffung der Welt, von Abels Blut an bis hin zum Blut des Sacharja, der umkam zwischen Altar und Tempel.“

Auch wenn, wie es kritische Gelehrte wie die des Jesus-Seminars jetzt behaupten, derartige Worte nicht einem authentischen Jesus zuzuschreiben sind, auch wenn Jesus niemals ein apokalyptisches Wort während seiner Verkündigung in Galiläa oder in Jerusalem sprach, ändert dies nichts an der Tatsache, dass die Gemeinde der Schicht Q2 ein großes Interesse an dem Motiv eines vom Establishment getöteten Gesandten Gottes besaß – oder geradezu darauf fixiert war. Jesus musste zwangsläufig als ein eben solcher Gesandter angesehen werden, denn auch er war ja durch das Establishment getötet worden. Zumindest auf der Q2-Schicht würde der Tod Jesu, d.h. der Tod des eigenen Gemeindegründers und Urhebers der Verkündigung, als Paradebeispiel für das Motiv des Prophetenmords gegolten haben. Gleichwohl erscheint dieser Gedanke nie in Q und selbst nicht in der obigen Textstelle 11:49-51, wo Jesus noch nicht einmal erwähnt wird, wo von denen, welche die Weisheit Gottes gesandt hat, die Rede ist.

Von einem Spruch in Q wird freilich manchmal behauptet, er sei eine Andeutung von Jesu Tod, Q 14:27: „Und wer nicht sein Kreuz trägt und mir nachfolgt, der kann nicht mein Jünger sein.“ Dies bezieht sich jedoch nicht auf das Kreuz Jesu, sondern auf das des zukünftigen Anhängers, und der Spruch scheint einfach ein Sprichwort über das Ertragen von Not zu sein.[70]

Es ist praktisch unmöglich, dass die Q-Gemeinde über einen Zeitraum von einigen Jahrzehnten von einem Jesusbild unbeeinflusst bleiben konnte, das eine andere Gruppe in Jerusalem entwickelt hatte. Wie konnte sie der Erhöhung ihres eigenen natürlichen Sohnes und Erlösers widerstanden haben? Die feinsinnigen Andeutungen der Versuchungsgeschichte und der Spruch über den „Sohn, den der Vater kennt" können nicht als Beleg betrachtet werden, zumal sie keinen Hinweis auf Tod und Auferstehung Jesu oder dessen Erlöserrolle enthalten.

Andererseits könnten wir ähnliche Fragen in andere Richtung stellen. Wenn Jesus aus unbekannten Gründen nach Jerusalem ging, wurde er vermutlich von Anhängern begleitet, die bei ihm in Galiläa waren. Es ist darum nur vernünftig, davon auszugehen, dass einige von ihnen sich der nach seinem Tode entstandenen neuen Glaubensrichtung anschlossen, zumal die Evangelien es so darstellen. Hatten diese Anhänger keinerlei Einfluss auf die Bewegung, die in Jerusalem entstand? Weigerten sich andere, die dazu gehörten, etwas über die galiläische Verkündigung Jesu zu hören, über seine Heilungen und Wunder und seine Konflikte mit dem Establishment? Wir müssen das annehmen, da die noch vorhandenen Zeugnisse der Jerusalemer Bewegung, die Briefe des Paulus und andere Briefe des Neuen Testaments nicht ein einziges Element der galiläischen Überlieferung aufweisen, keine Spur vom predigenden, Wunder vollbringenden Propheten des Gottesreichs.

Es wurde darauf hingewiesen, dass die beiden Überlieferungsstränge nicht zusammengehören, und dass wir den Streit für uns entscheiden können, wenn nachgewiesen werden kann, dass die Unkenntnis seitens der Jerusalem-Überlieferung im Hinblick auf Jesu Verkündigung in Galiläa auch umgekehrt galt. Dies scheint tatsächlich der Fall. Das bisher beobachtete Schweigen in Q über die Jerusalem-Tradition wird noch bemerkenswerter, wenn wir Q detaillierter untersuchen – und wenn wir eine andere Schrift hinzuziehen, die abseits des Neuen Testaments liegt: das Evangelium des Thomas.

15
Das Thomasevangelium

Das komplette Thomasevangelium war Teil eines Handschriftenkonvoluts, das in einem Krug in Ägypten im 4. Jahrhundert vergraben und 1945 entdeckt wurde. Es gehörte offensichtlich einer gnostischen Sekte, die einzelnen Schriften sind als Nag-Hammadi-Codices bekannt. Das Thomasevangelium ist eine Sammlung von 114 Sprüchen, die Jesus zugeschrieben werden; sie sollen von dem Apostel Thomas aufgezeichnet worden sein. Wie Q hat das Thomasevangelium keinen Erzählteil. Seine Sprüche haben keine besondere Gliederung und sind in einigen Fällen nur nach dem Stichwortprinzip angeordnet, d.h. einem Spruch, der ein bestimmtes Wort oder einen Begriff enthält, folgt ein anderer Spruch mit einem ähnlichen Wort oder Begriff. Der allgemeine Aufbau der Schrift ist viel einfacher als der von Q; die meisten Sprüche werden durch ein einfaches „Jesus sprach“ eingeleitet:

„Jesus sprach: ‘Selig seid ihr, ihr Armen, denn euch gehört das Himmelreich.’“ [Logion 54]

Oder Logion 108:

„Jesus sprach: ‘Wer von meinem Munde trinkt, wird wie ich sein. Und ich, ich werde wie er sein, und das Verborgene wird sich ihm offenbaren.’“

Einige Logien sind etwas mehr ausgearbeitet; dabei setzt der Verfasser Jünger ein, um einen kleinen Dialog mit Jesus zu schaffen; so in Logion 18:

„Die Jünger sagten zu Jesus: ‘Sag uns wie unser Ende sein wird!’ Jesus sagte: ‘Hab ihr denn den Anfang entdeckt, um nach dem Ende zu suchen? Denn wo der Anfang ist, dort wird auch das Ende sein. Selig, wer im Anfang stehen wird, denn er wird das Ende erkennen und den Tod nicht schmecken.’“[71]

Wie in Q werden unterschiedliche Arten von Sprüchen im Thomasevangelium gefunden. Rund ein Drittel seines Inhalts entspricht den Sprüchen von Q1, oft mit gleichem Wortlaut. Sie enthalten auch ein weisheitsähnliches ethisches Programm, das auf der Erwartung des Gottesreichs basiert oder darauf, dass ein derartiges Gottesreich schon gekommen ist. Andere Sprüche bewegen sich in der gleichen geistigen Atmosphäre, haben jedoch keine Parallelen in Q. Es gibt einige Hinweise auf eine apokalyptische Sicht, aber keinen Endzeit-Menschensohn.

Die übrigen Sprüche im Thomasevangelium reflektieren eine von Q abweichende, mystischere Philosophie. Inhaltlich stehen sie in einer gewissen Nähe zur Gnosis, obwohl einige Gelehrte sich scheuen, das Thomasevangelium als „gnostisch" zu bezeichnen. Wie im zweiten und dritten obenstehenden Beispiel geht es dem Gnostiker darum, geheimes Wissen und einen Zustand zu erlangen, der Unsterblichkeit verleiht. Nichts hiervon ist in Q oder im Neuen Testament zu finden. Es stellt eine Denkrichtung dar, die sich unabhängig von der christlichen „Orthodoxie" entwickelte.

Somit treffen wir innerhalb des Thomasevangeliums eine Situation an, die der in Q sehr ähnlich ist: Zwei unterschiedliche Arten von Textmaterial stehen oft unvermittelt nebeneinander. Wahrscheinlich ist, dass die mystische Schicht eine spätere Hinzufügung zu der Q-ähnlichen darstellt. Wenig deutet darauf hin, dass wir es mit Sprüchen Jesu zu tun haben. (Diejenigen, die vom Jesus-Seminar als „authentisch" beurteilt werden, stammen aus der Q1 ähnlichen Schicht.) Andererseits scheinen sämtliche Logien von der Thomasgemeinde Jesus zugeschrieben worden zu sein. Die wiedergefundene koptische Schrift stammt aus dem 4. Jahrhundert. Es wird freilich angenommen, dass sie auf einem griechischen Original basiert und die gegenwärtige Form erst in der ersten Hälfte des 2. Jahrhunderts, wahrscheinlich im syrischen Raum erhielt.[72]

Gibt es authentische Jesusworte im Thomasevangelium?

Was ist mit dem Drittel innerhalb des Thomasevangeliums, das offensichtlich zu dem aus Q stammenden Material bei Matthäus und Lukas in Beziehung steht? Seitdem die Schrift entdeckt wurde, ging es in der Diskussion um eine Schlüsselfrage: Hat der Redaktor des Thomasevangeliums – oder der seiner frühen Schicht – einige der Logien den kanonischen Evangelien entnommen? Oder wurde dieses Material aus älteren, primitiveren Quellen geschöpft, möglicherweise aus mündlicher Überlieferung, so dass das Thomasevangelium mithin einen unabhängigen Zeugen für Jesus und seine Verkündigung darstellt?

Gelehrte wie Stephen J. Patterson (*The Gospel of Thomas und Jesus*, 1992), H. Koester (*Trajectories Through Early Christianity*, S. 130-32) und J. D. Cossan (*The Birth of Christianity*, S. 116f.) kamen zu dem Resultat, dass kein Teil von Thomas von den synoptischen Evangelien abhängig sei. Koester in *Ancient Christian Gospels* (S. 95) ist sicher: „Die Materialien, die das Thomasevangelium und Q gemeinsam aufweisen, müssen zu einem sehr frühen Stadium der Überlieferung jesuanischer Logien gehören ... Somit ist das Thomasevangelium entweder abhängig von der frühesten Q-Version, oder, was wahrscheinlicher ist, es teilt mit dem Autor von Q eine oder mehrere sehr frühe Sammlungen von Jesus-Logien."

Mit anderen Worten, die Beziehung ist eine *literarische*. Die große Ähnlichkeit des Inhalts zwischen Q1 und der frühen Schicht des Thomasevangeliums, der sich bis auf den Wortlaut vieler Logien bezieht, kann nicht auf mündliche Überlieferung zurückzuführen sein, da diese nicht in der Lage ist, eine derartig große Übereinstimmung herbeizuführen. Sie muss dadurch hervorgerufen sein, dass Thomas entweder von einer primitiven Quelle abschrieb (vielleicht auch umgekehrt) oder von einer Quelle, auf der auch Q1 basierte. Somit scheint es, dass Q1 und dem parallelen frühen Thomasevangelium eine einzige Sprüchesammlung zugrunde liegt, die nicht auf ein schriftliches Evangelium zurückgeht. Q- und Thomasevangelium-Experten datieren diese Sammlung ebenso wie die Abfassungszeit von Q und des Thomasevangeliums gern sehr früh, vielleicht in die 50er Jahre des 1. Jahrhunderts.

Wie ihr Gegenstück in Q enthält die frühe Schicht des Thomasevangeliums keinen Hinweis auf Jesu Tod und Auferstehung oder eine darauf beruhende Soteriologie. Die spätere mystische Schicht des Thomasevangeliums weiß ebenfalls nichts von Jesu Tod und Auferstehung oder einer darauf beruhenden Erlösung. Es gibt nur eine Form der Erlösung, die durch Gehorsam und Erkenntnis der Lehre Jesu zur Unsterblichkeit führt (Nr. 1: man „wird nicht den Tod schmecken"), diese beruht freilich nicht auf irgendeinem erlösenden Handeln Jesu. Derartige Lehren würden dem Gläubigen auch dann nutzen, wenn Jesus nicht als ihr Verfasser genannt würde.

Somit finden wir zwei recht unterschiedliche Gemeinden, die aus einer Lehrüberlieferung schöpfen, die in Bezug auf die Jerusalem-Überlieferung von Jesu Tod und Auferstehung schweigt. Beide entwickeln sich in je eigener Weise, ohne davon Kenntnis zu nehmen.

Crossan hat die Frage aufgeworfen, warum die frühesten Schichten in Q und im Thomasevangelium keine gemeinsamen Strukturen aufweisen, wenn sie voneinander abhängig sein oder auf einer älteren Quelle basieren sollten. Warum gibt es weder eine Ähnlichkeit im Aufbau noch eine parallele Reihenfolge im gemeinsamen Material? Dieses Problem erledigt sich, wenn man bedenkt, dass Q eine eigene Entwicklung durchlief und bei der Aufnahme neuen Materials des öfteren umformuliert werden musste; ebenso das Thomasevangelium. Bei einer derartigen Umgestaltung konnte die ursprüngliche gemeinsame Reihenfolge irgendwann in den Hintergrund treten.

Gehört das frühe Thomasevangelium zu einem „authentischen" Jesus? Diese Frage wird im nächsten Kapitel im Zusammenhang mit einer ähnlichen Frage in Bezug auf Q1 beantwortet werden. Aber wir können schon hier feststellen, dass die Verbindung zu Jesus im ganzen Thomasevangelium tatsächlich nur sehr locker ist. Das karge und formelhafte „Jesus sagte", das am Anfang der meisten Logien steht, kann ebenso wie die mitunter etwas längeren Eröffnungszeilen spätere Hinzufügung sein. Die Grundschrift des Thomasevangeliums, einschließlich der ursprünglichen Sammlung, auf der es basiert haben könnte, wäre auch ohne sie ausgekommen. Es ist unmöglich zu sagen, wann die Zuschreibung zu Jesus erfolgte, ob dies vor, während oder nach der Hinzufügung der mystischen Logien geschah. Sicherlich konnte diese Entwicklung im 2. Jahrhundert als Reaktion auf die Verbreitung des neu entwickelten historischen Jesus kaum noch verhindert werden.

Wann entstand die Thomasgemeinde?

Ein Vergleich der weisheitlichen Logien von Q1 mit denen des Thomasevangeliums zeigt, dass die des Thomasevangeliums im Allgemeinen einfacher aufgebaut sind. Das bedeutet nicht notwendigerweise, dass die Thomasgemeinde älter ist oder dass ihre Sprüche nicht auf einer älteren Q-Version basiert haben könnten, zumal die Q-Version in ihrer Geschichte möglicherweise Veränderungen unterworfen war, während das Thomasevangelium die ursprünglichen Formen genauer erhalten haben könnte. Daher könnte eine „Thomas“-Gemeinde zur gleichen Zeit entstanden sein wie die Q-Gemeinde, in der Mitte des 1. Jahrhunderts.

Jedoch kann die Verbindung zu einem Apostel namens Thomas zu diesem frühen Zeitpunkt nicht wahrscheinlich gemacht werden. Erst während des 2. Jahrhunderts finden wir Hinweise auf christliche Gemeinden in Syrien, die eine Verbindung zu dieser Gestalt besaßen. Daher ist die Zuschreibung der Schrift an „Thomas“ zu Beginn des Evangeliums: „Dieses sind die geheimen Sprüche, die der lebende Jesus sprach und die Didymos Judas Thomas niederschrieb“, sicherlich späterer Zusatz. Die Hinzufügung könnte kurz nach der Zuschreibung der Sprüche an einen historischen Jesus, wenn nicht zur gleichen Zeit, erfolgt sein.

Andere Elemente des Thomasevangeliums zeigen, dass die jetzige Version das Resultat einer Überarbeitung im 2. Jahrhundert zu sein scheint. In Logion 21 stellt Maria Jesus eine Frage. Ihre Anwesenheit unter den Jüngern (siehe auch Logion 114) ist ein Zug, den es auch in mehreren gnostischen „Dialog“-Evangelien des 2. Jahrhunderts gibt. Logion 12, in dem Jesus Jakobus als den Gerechten bezeichnet, der die Leitung der christlichen Gemeinde nach seinem Weggang übernehmen wird, weist ebenfalls auf späteres Denken hin, denn Überlieferungen, die ein Interesse an der Autorität des Jakobus zeigen, scheinen nicht früher als im 2. Jahrhundert aufzutauchen. Dagegen scheint Jakobus, bezeugt durch Paulus im Galaterbrief, als Kopf einer Gruppe von Aposteln in Jerusalem in keine missionarischen Aktivitäten, die über seinen Heimatbereich hinausgingen, verwickelt gewesen zu sein; in den frühesten Zeugnissen führt keine Gemeinde außerhalb Judäas ihren Ursprung und ihre Legitimität auf ihn zurück.[73]

16
Eine Gegenkulturbewegung in Galiläa

Wenn die Sprüche und Lehren, die Q und dem Thomasevangelium zugrunde liegen, nicht die Produkte eines Mannes waren, der sich in Jerusalem hinrichten ließ und dadurch zum Begründer einer Sohn- und Erlöserreligion wurde, was waren sie dann? Wenn wir auf diese Frage eine zufriedenstellende Antwort geben können, besteht keine Notwendigkeit, die zweite Hälfte der christlichen Überlieferung durch einen historischen Jesus zu erklären.

Bei den Logien von Q1 und dem frühen Thomasevangelium handelt es sich nicht nur einfach um ethische Verhaltensanweisungen, die von der Gemeinde für gut und praktikabel befunden wurden. Sie waren vielmehr Reaktion auf eine besondere gesellschaftliche und wirtschaftliche Lage jener Zeit. Aufgrund der häufigen Erwähnung von Orten und Städten wie Kapernaum, Bethsaida, Chorazin dürfen wir annehmen, dass die Q-Gemeinde in Galiläa angesiedelt war. Da diese Orte nur in der Q2-Schicht erscheinen, fehlen sie im Thomasevangelium, das wahrscheinlich weiter nördlich entstand.

Beide Dokumente sprechen von dem „Königreich Gottes". Wie in Kapitel 5 gezeigt, hat diese Vorstellung ihre Wurzeln in der schon lange vorhandenen Erwartung jüdischer Kreise, dass Gott das Volk über seine Unterdrücker erhöhen, über die Welt richten und ein neues Zeitalter anbrechen lassen würde. Die Q-Gemeinde sieht diese Ankunft des Gottesreichs in apokalyptischen Kategorien: Der himmlische Menschensohn wird in einem Feuergericht erscheinen; dabei gilt Johannes der Täufer als Vorläufer, der sein Kommen predigte. Das Thomasevangelium enthält fast keine apokalyptischen Erwartungen, und der Menschensohn taucht nur in Logion 86 auf, das ein Sprichwort über „Menschen" im Allgemeinen gewesen zu sein scheint.

Stattdessen eröffnet das Thomasevangelium neue Wege, sich selbst und die Welt zu sehen und eine Art inneres Gottesreich und Erlösung durch mystisches Wissen zu erreichen. Beide Schriften scheinen auf eine Gesellschaft zu reagieren, die bestimmte benachteiligte Klassen an den Rand gedrängt und so bittere Ungerechtigkeiten geschaffen hatte, dass sie nur durch göttliche Intervention oder durch Rückzug in eine Gegenkultur korrigiert werden konnten.

Schwere Zeiten in Galiläa

Beachten wir den Charakter vieler Q1-Logien. Obschon sie teilweise weisheitlich klingen, unterscheiden sie sich radikal von denen, die in jüdischen oder nichtjüdischen Weisheitsschriften zu finden sind. Letztere lehren, wie man in der realen Welt zurechtkommt und erfolgreich ist. In Q und im Thomasevangelium ist dagegen eine Umkehrung der gesellschaftlichen Verhältnisse an der Ordnung. Herbeigesehnt wird die Erschaffung einer neuen Welt: „Gesegnet sind die Armen, denn ihnen gehört das Königreich Gottes.“ Man denke auch an das Gleichnis vom Großen Abendmahl im Gottesreich, an dem die Reichen die Teilnahme verweigert haben, weswegen sie durch die Armen von den Straßen und Gassen ersetzt werden. Um ein Mitglied dieser Gemeinde des Gottesreichs zu sein, muss man seinen Vater und seine Mutter hassen, sich von seiner Familie trennen (Gegenkultur involviert immer auch Trennung von denen, die nicht daran teilhaben oder nicht damit sympathisieren). Gott wird sich um die Seinen kümmern; er kümmert sich um die Spatzen, so wird er sich sicherlich auch um uns kümmern...

In welchem gesellschaftlichen Rahmen entstand diese Ideologie, wo wurde sie zuerst angewandt? Sie scheint Ausdruck einer benachteiligten Klasse gewesen zu sein, die sich selbst von der Teilnahme an der Gesellschaft ausgeschlossen hatte oder ausgeschlossen wurde. Sie setzte sich zusammen aus Menschen, die nichts mehr zu verlieren hatten und für ihr Überleben allein auf Gott oder auf sich selbst angewiesen waren. Da wir diese Ideologie innerhalb von Q bzw. des Thomasevangeliums offenbar in Palästina in der Mitte des 1. Jahrhunderts antreffen, lautet die Frage, ob sie sich historisch weiter identifizieren lässt?

John Dominic Crossan hat in seinem Buch *The Birth of Christianity* 1998 ein sehr detailliertes und präzises Bild des Ethos der Q-Gemeinde dargelegt. Einige Kritiker vermuten, dass dieses Bild auch durch die persönliche Betrachtungsweise des Autors zustande kam, nämlich durch den historischen Hintergrund seines Heimatlandes Irland mit der Erfahrung von Kleinbauern unter der Oberherrschaft von englischen

Herren. Wie auch immer, das Bild, das Crossan darstellt, stimmt mit der Situation in Galiläa inhaltlich vollkommen überein.

Es setzt eine zunehmende Verstädterung des Landes unter römischer Herrschaft voraus. Herodes Antipas hatte während des 2. und 3. Jahrhunderts die Stadt Sepphoris wieder aufgebaut und in 30 Kilometer Entfernung davon Tiberias in der Nähe des Sees Genezareth gegründet.

Dadurch sollte es zu verheerenden Auswirkungen auf die ländliche Bevölkerung der Umgebung kommen. Die neuen Zentren trugen dazu bei, die landwirtschaftlichen Ressourcen der Gegend auszuschöpfen und zusätzliche Arbeits- und Steuerlasten auf die Kleinbauern zu wälzen. Städtische Eliten wurden immer mehr zu Besitzern des Bauernlandes, nahmen die Kleinbauern als Pächter unter Vertrag oder enteigneten sie; oft trieben sie diese dazu, Bettler oder Banditen zu werden. (Crossan betrachtet auch die (Kunst-)Handwerker als eine kämpfende Gruppe ehemaliger enteigneter Kleinbauern.) Die Ausbeutung beschleunigte sich, und die Kluft zwischen Reich und Arm vergrößerte sich.

Unterdrückte Kleinbauern haben selten Gelegenheit zur Revolte – falls doch, zumeist ohne Erfolg. Ihre Reaktion ist fast immer haltungsmäßiger Art. Sie nehmen höchst kritische Haltungen gegenüber gewöhnlichen gesellschaftlichen Konventionen und politischen Machtstrukturen an. Sie weigern sich, mehr mit den Behörden zusammen zu arbeiten, als sie unbedingt müssen. Sie kritisieren den Reichtum, die Werte der Städte und regierenden Kreise und die traditionellen religiösen Institutionen, die normalerweise vom reichen Establishment beherrscht werden. Eine Gegenkulturbewegung mit radikalen Standards und Erwartungen kann sich entwickeln, in die sich die eben noch Benachteiligten einbringen und Mut fassen können. Erwartungen und Hoffnungen können durch neue religiöse und mythische Dimensionen neu geweckt werden. Wenn die Enteigneten selber nicht die Macht haben, eine Veränderung oder Wiederherstellung herbeizuführen, kann eine übernatürliche Macht als Hilfe und Verheißung gesehen werden, die erwünschten radikalen Veränderungen und Umkehrungen zu bewirken. Man malt sich Utopien aus und strebt sie aktiv an. Man interessiert sich weniger für das individuelle Übel als für das Übel, das aus Klassenungleichheiten erwächst. Die vorherrschende Zielrichtung wird eine Widerstandsbewegung gegen das *systembedingte* Übel.

Speziell im jüdischen Milieu (oder einem, das diesem ähnlich ist) kommt noch ein weiterer Faktor ins Spiel. Das Beste an der hebräischen Bibeltradition ist die vor allem bei den Propheten zum Ausdruck kommende Vorstellung vom Gott Israels als eines Gottes des Rechtes und der Gerechtigkeit; eines Gottes, der die Machtlosen, die Verwundbaren, die Unglücklichen verteidigt. Gesellschaftliche Unruhe und Widerstand kann daher in der Auffassung wurzeln, dass Klassenungleichheiten und das Leiden der Armen gegen Gottes Willen sind und dass er über kurz oder lang eingreifen wird, um alles Unrecht zu beseitigen.

Crossan sieht in den 20er Jahren des 1. Jahrhunderts Galiläa von einer kleinbäuerlichen Widerstandsbewegung durchdrungen, die durch schädliche Wirkungen zunehmender ländlicher Kommerzialisierung verursacht und durch alte biblische Ströme eines religiösen Idealismus, der sich auf gesellschaftliches Recht konzentriert, gespeist wird. Dieser Widerstand der niederen Klasse gegen die römische Herrschaft und ihre kompromittierte jüdische Aristokratie wird durch viele Berichte über Unruhen in der Zeit von Jesus bezeugt: Propheten führen Gruppen in die Wüste, an die Ufer des Jordans, „gewöhnlich unbewaffnet, immer ermordet“ (*op. cit.,* S. 210). Diese gesellschaftliche Unruhe führte zu einer explosionsartigen Zunahme des Bandenwesens, zu politischer Instabilität, schließlich zu offenem Aufstand, der im schrecklichen Jüdischen Krieg von 66-70 gipfelte. Im Galiläa der 20er und 30er Jahre rief sie die sogenannte Königreich-Gottes-Bewegung hervor. Für Crossan und andere Wissenschaftler auf diesem Gebiet war ihre treibende Kraft, ihre hauptsächliche Quelle, Jesus von Nazareth.

Die Q1-Sprüche

Können wir selbstverständlich voraussetzen, dass die Grundschicht der beiden Schriften, der Weisheitssprüche von Q1 und ihrer Parallele im Thomasevangelium, das Produkt eines Jesus von Nazareth oder eines anderen einzelnen Individuums sind? Sehen wir uns die Q1-Sprüche näher an:

„Selig seid ihr Armen; denn das Reich Gottes ist euer.“

„Wenn du nur die liebst die dich lieben, was für ein Lob ist das für dich?“

„Behandele andere wie du möchtest, dass sie dich behandeln."

„Kann ein Blinder von einem anderen Blinden geführt werden? Fallen sie nicht beide in den Graben?"

„Trage keine Tasche oder Beutel und reise barfuß; grüße niemand auf der Landstraße."

„Denke an die Raben: sie säen weder noch ernten sie; sie haben kein Lagerhaus oder Scheune; trotzdem ernährt sie Gott ... Dein Vater weiß, dass du diese Dinge brauchst."

„Verkaufe deinen Besitz und gib ihn den Armen. Lagere deinen Reichtum im Himmel wo kein Dieb ihn erreichen kann ... denn wo dein Reichtum ist, dort wird auch dein Herz sein."

Das ist eine seltsame Sammlung von Sprüchen für einen jüdischen Prediger, zumal in einer Gemeinde, die überwiegend aus Juden besteht oder aus Nichtjuden, die nach jüdischer Art leben. In Q1 gibt es kaum eine jüdische Vorstellung. N. T. Wright spricht in *The New Testament and the People of God* (S. 284-5) von jüdischen Sorgen dieser Zeit: „Für den Juden des 1. Jahrhunderts waren die Schlüsselfragen nach Tempel, Land und Tora, nach Rasse, Wirtschaft und Recht wichtiger als Fragen nach Raum, Zeit und buchstäblicher Kosmologie. Wenn Israels Gott handelte, würden Juden in ihre angestammten Rechte wieder eingesetzt werden und ihre angestammte Religion ausüben, der Rest der Welt würde es in Ehrfurcht sehen und Pilgerreisen nach Zion unternehmen oder unter jüdischen Füßen zu Staub zertreten werden." Wo aber sind alle – oder wenigstens einige – dieser jüdischen Lieblingsgedanken in Q1 oder in der Parallelschicht des Thomasevangeliums? Wo ist der göttliche Auftrag, der Wille des jüdischen Bundesgottes, die zukünftige Rolle der Nichtjuden, die Wiederherstellung von Zion in einem neuen Jerusalem?

Warum finden wir stattdessen – außer einem flüchtigen Hinweis auf Salomon – ein komplettes Schweigen über alle spezifisch jüdischen Dinge? Sollte sich dieser Jesus niemals in jüdischen Begriffen ausgedrückt haben, niemals der Tradition von Jahwes Recht und Gerechtigkeit seine Stimme gegeben, niemals auch Worte der ihm vorausgehenden biblischen Propheten übernommen haben? Sollte er niemals in Anknüpfung an prophetische Tradition einen Hinweis auf die traditionelle Frage nach dem Verhältnis von Gegenwart, Sündenschuld und Reue gegeben haben? Sollte er sich niemals gestattet haben, einen Anflug prophetischer oder apokalyptischer Leidenschaft über die Lippen kommen zu lassen? Warum blieb es der Q2-Generation überlassen, derartige Elemente einzubringen? Könnte es sein, dass die Grundschicht Qs gar nicht jüdisch ist, sondern einer kosmopolitischen Quelle entstammt, adaptiert und verändert von einer jüdischen Gemeinde, deren wahrer Charakter in Q2 zum Vorschein kommt?

Ein kynischer Präzedenzfall

Wenn Q1 keinen jüdischen Charakter hat, was für einen *hat* es dann? Mitte der 80er Jahre des 20. Jahrhunderts haben einige Gelehrte[74] eine faszinierende und aufregende Beobachtung an den Logien von Q1 aufmerksam gemacht. Diese „Weisheits"-Aphorismen haben starke Ähnlichkeit mit Geist und Stil einer spezifisch hellenistischen Predigtbewegung der damaligen Zeit, derjenigen der Kyniker.

Während des 1. Jahrhunderts zogen wandernde Kyniker-Philosophen durch die Städte und über die Straßen des Römischen Reiches und verkündeten einen Lebensstil und eine Weltanschauung, die gleichermaßen religiöse wie soziale Züge hatte. Sie behaupteten, den Lehren und der Lebensart des Diogenes von Sinope zu folgen, dem Begründer der kynischen Philosophie. Sie waren freilich keine bequemen Zeitgenossen. Sie waren überzeugt davon, dass die Gesellschaft zu autoritär war, zu ungleich, zu bigott. Ihren Protest trugen sie öffentlich vor, motiviert durch das Bewusstsein, von einer göttlichen Macht beauftragt zu sein, die Gesellschaft aufzurütteln.

Wie Q sprachen auch sie von einem gütigen Vatergott. Von Epiktet, einem stoischen Philosophen, der kynische Traditionen annahm und den Armen der unteren Schichten predigte, wird überliefert, er habe gesagt: „Alle Menschen haben immer und überall einen Vater, der für sie sorgt." Dio aus Prusa forderte Menschen auf, der Vorsehung zu vertrauen, denn „betrachte die wilden Tiere dort drüben und die Vögel, wieviel sorgenfreier sie als der Mensch leben ..."

Auch die Kyniker hatten ihre Seligpreisungen. Gesegnet ist der Mensch, sagte Epiktet, der sich an der rechten Beziehung zur Gottheit erfreut.

Und was ist mit Jesu kennzeichnendster Lehre: Liebe deine Feinde, halte den anderen Backen hin? Von Seneca in der Mitte des 1. Jahrhunderts stammt das folgende Stück gegenkultureller kynischer Philosophie: „Gestatte jedem Menschen, der es möchte, dich zu beleidigen und falsch zu behandeln; wenn jedoch nur Tugend in dir ist, wirst du nichts erleiden. Wenn du glücklich sein möchtest, wenn du in guter Absicht wünschen würdest, ein guter Mensch zu sein, lass den einen oder den anderen Menschen dich verachten." Epiktet berichtete positiv über das Streben der Kyniker nach brüderlicher Liebe und bemerkte über ihre Ansicht, dass „wenn, der wie ein Esel geprügelt wird, diejenigen lieben soll, die ihn prügeln".

Dieses sind mehr als nur entfernte Parallelen zur Bergpredigt. Es sind Lehren gleichen Zuschnitts.

Die Kyniker und die populäre Philosophie besaßen sogar die Vorstellung eines Königreichs Gottes, jedoch ohne apokalyptische Gedankenverbindung. Die Redewendung war eher ein Symbol für die Haltung gegenüber der Welt, für welche die Kyniker eintraten. Derjenige, der über seine Leidenschaft herrschte, galt als König eines neuen Reiches und lebte nach einer anderen, natürlichen Ordnung nach besonderem göttlichen Gesetz. Dies ist genau die Stimmung, die in den Gottesreich-Logien in Q1 vermittelt wird.

Die Praxis der kynischen Prediger bei ihren Wanderungen durch das römische Reich war ähnlich derjenigen, wie sie uns in den sog. „Aussendungsregeln" in Q begegnet. In beiden Fällen machte die göttliche Berufung einen totalen Bruch mit Familie und Besitz notwendig. Das Sprichwort in Q 14:27, dass ein Jünger „sein Kreuz auf sich nehmen" und dem Meister folgen soll, ist, wie schon bemerkt, als kynisch-stoisches Sprichwort betrachtet worden; Rudolf Bultmann war der Auffassung, dass es auch von den jüdischen Zeloten benutzt worden sein könnte (siehe Anmerkung 70). Es bedeutet völlige Unterwerfung unter eine Berufung, die Entbehrung und Hingabe erfordert.

Nicht nur die Anschauungen von Q1 ähneln der kynischen Philosophie; die Art und Weise, wie sie präsentiert werden, passt in die Struktur der kynischen *Chrie.* Dabei handelt es sich um eine kleine Anekdote über einen Lehrer, die aus einem Einwand und einer Erwiderung besteht. Die folgende berühmte Geschichte über Diogenes hat z.B. die Form einer Chrie:

„Diogenes wurde gefragt, warum er etwas von einer Statue erbettelte. Er antwortete, ‘damit ich mich daran gewöhne, abgelehnt zu werden’.“

Damit könnte man die *Chrie*-ähnliche Anekdote von Q vergleichen:

„Ein Mensch, eingeladen Jesus zu folgen, sagte, ‘Lass mich ziehen und erst meinen Vater beerdigen!’ Aber Jesus sagte: ‘Lass die Toten ihre Toten beerdigen.’“

Aus dem Zusammenhang genommen, könnte Q1 leicht irrtümlich für ein kynisches Erzeugnis gehalten werden. Der flüchtige Hinweis auf Salomon und einige andere Spuren jüdischer Herkunft könnten Teile einer Schicht sein, die beim Prozess der Adaption durch die Q-Gemeinde entstand.

Irrtümlich für ein kynisches Erzeugnis gehalten... Aber wäre es ein Irrtum? Wir werden uns mit der Frage näher beschäftigen, wenn wir Q2 untersuchen.

Der fehlende Jesus

Eine noch seltsamere Eigenheit tritt hervor, wenn wir Q1 einem historischen Jesus von Nazareth zuschreiben. Wo befindet sich diese Gestalt? Wenn ein historischer Jesus die treibende Kraft dieser Bewegung war, der Urheber ihrer Sprüche, der Held und Führer der Q-Gemeinde und möglicherweise auch der Thomasgemeinde, warum spielt seine Person innerhalb der Grundschicht keine größere Rolle? Warum wurden keine Rahmen überliefert – oder erfunden – in welche man seine Sprüche einbettete? Warum gab die Verehrung für diese Gestalt keinerlei Anlass, seinen Namen, seine Persönlichkeit und seine Herkunft, die Umstände seiner Verkündigung in die Überlieferungen der Gemeinde aufzunehmen, sei es auch nur im Stadium der Niederschrift? Warum müssen Kommentatoren wie Crossan anmerken, dass der Schwerpunkt der frühen christlichen Überlieferung völlig auf Jesu Worten und nicht auf seiner Person liegt?

Diese Lücke weist auf das anfängliche *Fehlen* einer Gestalt hin, mit der die Sprüche später in Verbindung gebracht wurden. Sie weist hin auf eine Verkündigung und eine bestimmte Lebensform, die nicht an irgendeine charismatische Gründergestalt gebunden sind. Wenn ein irdischer Jesus für dies alles verantwortlich gewesen wäre, hätte dies zweifellos zu einer Fixierung auf ihn geführt; dies hätte wiederum sofort seinen Niederschlag in einer Spruch- und Anekdotenüberlieferung über ihn gefunden. Auf alle Fälle legt der weitgespannte Themenbereich von Q1 sowie die eindrucksvolle und neuartige Art der Wahrnehmung nahe, dass es das Erzeugnis einer Gruppe und nicht das eines einzelnen Individuums ist. Es reflektiert die Anschauung einer Gruppe, eine Lebensform, der viele anhängen. Die feinabgestimmten Aphorismen erwecken den Eindruck, als ob sie über einen Zeitraum entwickelt und feingeschliffen wurden. Man kann sich kaum vorstellen, dass es sich um die spontane Erfindung eines einzelnen Menschen handelt.

Wenn man die Q1-Logien in der Überlieferung von Matthäus und Lukas vergleicht, erkennt man, dass einzelne Sprüche oft in einen völlig unterschiedlichen Zusammenhang gestellt wurden. Nehmen wir zum Beispiel Lukas/Q 17:5-6: „Wenn ihr Glauben habt wie ein Senfkorn und sagt zu diesem Maulbeerbaum: Reiß dich aus und versetze dich ins Meer! so wird er gehorsam sein.“ Matthäus andererseits benutzt denselben Spruch mit kleinen Veränderungen: „Wenn du Glauben nicht größer als ein Senfkorn hast, wirst du zu diesem Berg sagen, ‘beweg dich von hier nach dort’ und er wird sich bewegen.“ Es ist unwahrscheinlich, dass dieser Spruch innerhalb von Q in irgendeinem Zusammenhang mit Jesus gestanden hat, denn Lukas legt ihn Jesus in den Mund als Antwort auf eine Bitte der Apostel, „unseren Glauben zu erhöhen“. Diese Szene findet auf Jesu langer Reise nach Jerusalem statt. Matthäus legt Jesus diesen Spruch in den Mund als Erklärung für das Misslingen der Jünger, einen Teufel aus einem epileptischen Jungen auszutreiben. Die Szene ereignet sich bei ihm unmittelbar nach der Verklärung.

Das gleiche gilt für das Vaterunser, das wichtigste und bedeutendste Gebet, das Jesus gesprochen haben soll. Dennoch ist auch dieser Text mit keinem bestimmten biographischen Rahmen verbunden. Matthäus zitiert es in der Bergpredigt, als Jesus vor einer großen Menge spricht. Lukas bringt es während der Reise nach Jerusalem; hier handelt es sich eher um eine private Mitteilung; Jesus antwortet auf die Bitte der Jünger: „Herr, lehre uns zu beten."

Wenn es sich hierbei um vereinzelte Fälle handelte, könnte man einwenden, dass vielleicht einer oder beide Evangelisten den Kontext, den sie in Q vorfanden, für die eigenen Zwecke veränderten. Wenn aber jedes einzelne Logion in Q1 und praktisch jedes Logion in Q2 bei Matthäus und Lukas in einem jeweils anderen Kontext steht, müssen wir annehmen, dass dies deswegen so ist, weil Q in seiner frühen Schicht einfach eine Sammlung von Sprüchen darstellte – ohne irgendeine Verbindung zu Jesus oder seinem Leben.

Es gibt in Q1 eine Ausnahme. Obgleich der Kontext unterschiedlich ist, erscheint innerhalb der Sprüche mit dem Namen „Jesus" in Matthäus und Lukas (9:57-62) eine identische Struktur:

„Es begab sich aber, da sie auf dem Weg waren, sprach einer zu ihm: Ich will dir folgen, wo du hingehst. Und Jesus sprach zu ihm:

Die Füchse haben Gruben, und die Vögel unter dem Himmel haben Nester; aber des Menschen Sohn hat nichts, da er sein Haupt hinlege. Und er sprach zu einem andern: Folge mir nach! Der sprach aber: Herr, erlaube mir, dass ich zuvor hingehe und meinen Vater begrabe. Aber Jesus sprach zu ihm: Lass die Toten ihre Toten begraben; ... Und ein anderer sprach: Herr, ich will dir nachfolgen; aber erlaube mir zuvor, dass ich einen Abschied mache mit denen, die in meinem Hause sind. Jesus aber sprach zu ihm: Wer seine Hand an den Pflug legt und sieht zurück, der ist nicht geschickt zum Reich Gottes!"

Hierbei handelt es sich um eine Kombination von drei *Chreiai;* auf die Bemerkungen eines Jüngers folgen die Erwiderungen des Lehrers. Da diese Kombination im Wesentlichen bei Matthäus und Lukas in der gleichen Weise erscheint, müssen wir annehmen, dass sie von den beiden aus Q übernommen wurde. Der Vergleich mit dem Thomasevangelium ist aufschlussreich. Das einzige Textelement aus dem zitierten Abschnitt, das wir hier finden, ist Logion 86: „Jesus sprach: Die Füchse haben ihre Höhlen und die Vögel ihre Nester, der Sohn des Menschen aber hat keinen Ort, an dem er sein Haupt hinlegen und sich ausruhen kann." Der Spruch ist nicht mit den anderen Chreiai verbunden, die im Thomasevangelium gar nicht erscheinen. Es handelt sich im Übrigen noch nicht einmal um eine *Chrie,* da die Einführungsbemerkung fehlt.

Man muss daher annehmen, dass die Thomasversion, die viel einfacher aufgebaut ist, auch die ursprünglichere Form darstellt und dass die Komposition dreier *Chreiai* in Q1 künstlich konstruiert wurde. In der ursprünglichen Quelle wäre sie nicht enthalten gewesen. Wann diese überarbeitete Version in Q eingefügt wurde, ist unmöglich zu sagen. Sicherlich nicht schon in der ersten Sammlung von Q1, sondern erst in späterer Zeit.

Somit ist es möglich zu behaupten, dass aller Wahrscheinlichkeit nach der Name „Jesus" in der ursprünglichen Q1-Schicht völlig gefehlt hat.

Nun finden wir aber in Q und im Thomasevangelium nicht nur ein Schweigen über alles, was Tod und Auferstehungsgeschichte innerhalb der Jerusalem-Überlieferung betrifft; wir stellen auch fest, dass es in der Grundschicht von Q überhaupt keine Anzeichen für eine Jesus-Gestalt gibt. Das Material selber hat einen auffallend *nicht*jüdischen Charakter, tatsächlich ist es hellenistisch-kynisch. (Das gleiche kann über das Thomasevangelium gesagt werden, wenn man die Möglichkeit in Betracht zieht, dass die Einleitungen mit dem Satz; „Jesus sagte/ sprach"– sekundäre Überarbeitungen sind.) Der Gedanke, dass die wichtigsten Teile der Verkündigung Jesu in den Evangelien, die eigentliche ethische Grundlage der christlichen Religion, letztlich nicht jüdischen Ursprungs sind, sondern aus der griechischen Philosophie stammen, mag uns wie Ironie erscheinen.

Wut im Bauch

Welche weiteren Einsichten können gewonnen werden, wenn wir uns Q2 zuwenden? Der atmosphärische Wechsel ist, milde ausgedrückt, verblüffend.

„Dieses ist ein verruchtes Geschlecht. Es fordert ein Zeichen, und das einzige Zeichen, das ihm gegeben werden wird, ist das Zeichen von Jona."

„Wehe euch Pharisäern. Ihr seid wie Gräber, über die Menschen gehen können ohne es zu wissen ... Ihr baut die Grabmähler der Propheten, die eure Väter töteten."

„Denkt ihr ich bin gekommen, um Frieden auf die Erde zu bringen?

Nein, ich bin gekommen, um Uneinigkeit zu bringen."

„Es wird Heulen und Zähneklappern geben, wenn du siehst, dass Abraham, Jesaja und Jakob und alle Propheten im Königreich Gottes und du selber hinausgeworfen werden."

„Halte dich bereit dann, weil der Menschensohn kommen wird zu der Zeit, wo du ihn am wenigsten erwartest."

Wie schon vorher angemerkt, ist es schwierig, wenn nicht unmöglich, sich dieselbe Gemeinde – um nicht nur von ein und demselben Menschen zu sprechen – als Verfasser der Spruchkombinationen vorzustellen; einerseits Sätze, die einen eher aufgeklärten, toleranten Lebensstil widerspiegeln, Kompromissbereitschaft, gegenseitige Achtung, Vertrauen auf einen wohlwollenden Gott, etc.; andererseits Sätze, die uns wie ein Feuer speiender intoleranter Ausbruch von Rachsucht erscheinen. Wie ist das Nebeneinander der zwei Gruppen zu erklären?

Die Erklärung, dass Q2 eine spätere Zeit repräsentiert, in der dieselbe Gruppe auf Ablehnung und Feindschaft reagierte, erscheint unzulänglich. Vor allem geht es nicht nur um die Frage unterschiedlicher Persönlichkeiten und unterschiedlicher Ausdruckweise. Q2 spiegelt den apokalyptisch ausgerichteten Geist einer Gemeinde wider, die an den Menschensohn glaubt. Eine solche Umorientierung kann nicht plötzlich an die Stelle der vorhergehenden Haltung treten, die ganz anders ausgerichtet war. Darüber hinaus ist die Botschaft von Q1 größtenteils an die eigene Gruppe gerichtet. Sie enthält Vorschriften, die von den Mitgliedern der Gemeinde befolgt werden sollen. Sie bemüht sich nicht von sich aus um die Bekehrung anderer im großen Stil, zumal der Reichen und Mächtigen. Daher ist es schwer, sich vorzustellen, dass der geistige Rahmen von Q1 sich innerhalb derselben Gruppe von Menschen in den geistigen Rahmen von Q2 verwandelt haben könnte, gleichgültig welcher Art die Ablehnung war, auf die man reagierte.

Die logische Schlussfolgerung ist, dass die zwei Q-Schichten von zwei unterschiedlichen Quellen ausgehen. Die ursprünglich von Q1 repräsentierte Spruchsammlung scheint von einer jüdisch apokalyptischen Gemeinde angenommen worden zu sein, die zuerst damit begann, das Königreich Gottes in Galiläa zu predigen, vielleicht als Reaktion auf Bedingungen, wie sie Crossan beschreibt. Irgendwann in dieser Entwicklungsperiode, wenn nicht gar an ihrem Anfang, nahm eine bestimmte Gruppe eine Verhaltensphilosophie und einen Wanderlebensstil an, die denjenigen der Kyniker ähnelten; auch dies spiegelt sich in einer Sammlung von Aussprüchen und Anweisungen wider. Es ist möglich, dass diese als eine passende Ethik und eine Verhaltensweise für diejenigen angesehen wurde, die Gottes Königreich und die Ankunft des Menschensohns predigten und erwarteten.

Diese Sammlung kam von einer nichtjüdischen Quelle, und vielleicht unterlag sie bei der Adaptierung kleineren Veränderungen. So wie die Sprüche eine neue Heimstatt im jüdisch-prophetischen Milieu fanden, zogen sie wiederum eine neue kleine Sammlung von Logien an – die prophetischen Äußerungen von Q2, in denen sich die Gedanken und Gefühle der predigenden Gemeinde als Reaktion auf die Außenwelt widerspiegelte. Wann dies geschah, ist schwer zu sagen. Die genaue Form, welche Q2 während der unterschiedlichen redaktionellen Stadien hatte, lässt sich ebenfalls kaum bestimmen, denn weitere Revisionen standen noch bevor. Diese weiteren Revisionen werden das Thema von Teil sechs sein.

Kennt Q2 Jesus als Gründer?

Bisher haben wir die Annahme, dass eine einzelne Person am Anfang der Q1-Logien stand, bestritten, gleichgültig ob es sich um Jesus oder um eine andere Person handelte. Wird das Bild eines historischen Jesus deutlicher hervortreten, wenn wir uns Q2 zuwenden?

Das ist schwerer zu entscheiden, da es nach dem ursprünglichen Stadium der Hinzufügung von Q2 zu Q1 nicht immer sicher ist, wann oder wo weitere Revisionen entstanden. Q-Experten haben eine Q3-Schicht angenommen, aber sie stimmen nicht immer über deren Inhalt überein und über die Frage, wieviel revidiertes älteres Material nachträglich an Q2 ging. (Kloppenborg betrachtet nur eine oder zwei Einheiten als zu Q3 gehörig, Burton Mack drei oder vier Sprüche oder Komplexe.) Zunächst ist jedoch zu beachten, dass – ähnlich wie bei Q1 – viele der Sprüche der prophetischen Q2-Schicht keinerlei Zusammenhang oder Verbindung mit Jesu Leben und Wirken haben und seinen Namen überdies nirgendwo erwähnen. Matthäus und Lukas nahmen die Logien in ihre Evangelien auf, indem sie häufig ganz unterschiedliche Rahmen verwendeten und sie an unterschiedlichen Stellen plazierten. Daraus geht hervor, dass die Rahmungen der Logien von den Evangelisten stammen und in Q selbst offenbar noch gar nicht vorhanden waren.

Vergleichen wir beispielsweise Lukas 11:29 und Matthäus 12:38-39:

Lukas: „Das Volk aber drang hinzu. Da fing er an und sagte: Dies ist eine arge Art; sie begehrt ein Zeichen, und es wird ihr kein Zeichen gegeben, denn nur das Zeichen des Propheten Jona." Matthäus: „Da antworteten etliche unter Schriftgelehrten und Pharisäern und sprachen: 'Meister, wir wollten gerne ein Zeichen von dir sehen.' Und er antwortete und sprach zu ihnen: 'Die böse und ehebrecherische Art sucht ein Zeichen ...'"

Nur das Logion ist beiden gemeinsam. Folglich müssen wir davon ausgehen, dass in Q noch kein Rahmen für das Logion existierte. (Wie schon früher in Bezug auf die Q1-Schicht angemerkt wurde, wären ein oder zwei solcher Fälle nicht beweiskräftig; wenn wir dagegen überall demselben Phänomen begegnen, sei es gestattet, daraus Schlussfolgerungen zu ziehen.) Der unterschiedliche Rahmen und der unterschiedliche Aufbau wurden von den Evangelisten beigesteuert. Betrachtet man das oben zitierte Logion für sich, sieht man, dass es ursprünglich weder Jesus zugeschrieben wurde noch einen Rahmen besaß.

Ein anderes Beispiel. Lukas/Q 22:28-30 sagt, dass die gläubigen Anhänger Jesu auf Thronen sitzen werden, zu „richten die zwölf Geschlechter Israels". Augenscheinlich haben die Apostel, die diese Verheißung erhielten, sie ohne den Kontext, in dem sie sie hörten, weitergegeben. Denn sie erscheint bei Lukas während des Abendmahls, dagegen bei Matthäus während der Reise Jesu nach Judäa. Beide knüpfen an vorangehende Worte an, die recht unterschiedlich sind.

Die Erzählungen oder Dialoge bei Matthäus und Lukas, zu denen Apostel, Pharisäer oder Zuhörer gehören, immer in der Funktion, eine Reihe von Logien als eine sich entwickelnde Szene ablaufen zu lassen, sind niemals auch nur entfernt einander ähnlich. Diese Aussage bewahrheitet sich für alle Logien, die entweder von Q1 oder Q2 stammen. Klar ist, dass Q keinen Rahmen für all diese Einzelsprüche oder für die kleineren Spruchsammlungen besaß. Die Evangelisten scheinen gleichsam mit einem Skelett rohen Materials gearbeitet zu haben.

Warum sollten derartige Logien, zumal die, die als authentisch angesehen werden, überliefert und bewahrt worden sein, ohne einen Hinweis auf Jesus zu enthalten? Warum sollten die Redaktoren von Q, besonders in den frühesten Schichten, wo man der Erinnerung an Jesus noch näher war, nicht wenigstens einige kleine Rahmengeschichten erfunden haben, die sogar seinen Namen enthielten?

Wir können aus alledem nur die Schlussfolgerung ziehen, dass solche Sprüche von den Propheten der Q-Gemeinde selber gesprochen wurden und erst später einer künstlichen Gründergestalt zugeschrieben wurden. Diese Gestalt erscheint tatsächlich in Q3 im Zusammenhang mit ein paar erweiterten Anekdoten, wie wir in Teil sechs sehen werden.

Zusätzlich zu unseren beiden bisherigen Beobachtungen gibt es mehrere Anzeichen dafür, dass sich kein Jesus im Hintergrund der Q2-Redaktion befand.

Lukas/Q 16:16 sagt: „Das Gesetz und die Propheten weissagen bis auf Johannes; und von der Zeit wird das Reich Gottes durchs Evangelium gepredigt, und jedermann dringt mit Gewalt hinein." Die matthäische Version in 11:12 lautet wie folgt: „Aber von den Tagen Johannes des Täufers bis hierher leidet das Himmelreich Gewalt, und die Gewalt tun, die reißen es an sich." Q-Experten halten die Version des Matthäus für ursprünglicher, obgleich beide Evangelisten den Spruch ihren eigenen Zwecken und ihren Inhalten angepasst haben. Bedenken wir aber, was fehlt. Als der Spruch zuerst entstand, blickte die Gemeinde auf ihre Geschichte zurück. Der vorausgesetzte Zeitrahmen ist viel zu groß, um in dem Logion einen authentischen Kommentar Jesu über die eigenen ein bis zwei Jahre seiner Verkündigung zu sehen. Es handelt sich um das Q-Bild der Vergangenheit, einer Vergangenheit von Jahren, vielleicht von Jahrzehnten.

Vor der Verkündigung Johannes' des Täufers, der jetzt als ein Vorläufer oder Mentor der Gemeinde angesehen wird, bildete das Studium der Schrift die vorherrschende Aktivität und die Quelle der Inspiration. Aber man glaubte, dass in der Zeit des Johannes eine neue Bewegung entstanden sei: die Verkündigung des kommenden Königreiches Gottes, mit der eine Zeit der Auseinandersetzung eingeleitet wurde. Warum sollte sich Jesus nicht selber in dieser Rolle gesehen haben? Bestimmt hätte die Q-Gemeinde seine Verkündigung als einen Wendepunkt von Alt zu Neu angesehen. Der Spruch hätte sich mit Sicherheit um ihn herum gebildet. Zumindest wäre Jesus mit dem Täufer in Zusammenhang gebracht worden, um die Zeit der Veränderung zu repräsentieren.

In dem Q2-Bild der Vergangenheit fehlt Jesus an einem kritischen Punkt, an dem man ihn am meisten erwarten würde: am Anfang der Bewegung.

Betrachten wir Lukas/Q 11:49:

„Darum spricht die Weisheit Gottes: Ich will Propheten und Apostel zu ihnen senden, und derselben werden sie etliche töten und verfolgen; auf dass gefordert werde von diesem Geschlecht aller Propheten Blut, das vergossen ist, seit der Welt Grund gelegt ist ..."

Es erscheint seltsam, dass ein derartiger Ausspruch formuliert werden konnte, ohne Jesus zu erwähnen. Sicherlich, er, der Sohn Gottes, oder zumindest der Gründer der Bewegung und der Ursprung ihrer Lehren war der Wichtigste, den die Weisheit Gottes gesandt hatte. Darüber hinaus spiegelt sich in diesem Ausspruch, wie schon oben erwähnt, das starke emotionale Interesse wider, das die Q-Gemeinde dem Mythos von den jüdischen Führern, die in der Geschichte immer wieder die Propheten und Boten Gottes töteten, schenkte. Trotzdem befindet sich weder hier noch irgendwo sonst innerhalb von Q auch nur eine Andeutung auf die Verfolgung und Tötung des Größten von ihnen: auf Jesus selber.

Betrachten wir die apokalyptischen Aussprüche über den Menschensohn. Jeder bezieht sich für sich genommen auf den Menschensohn als die erwartete Gestalt, die am Ende der Zeiten kommen wird. Keine Gleichsetzung dieser Gestalt mit Jesus wird vorgenommen, von dem man doch annahm, er sei der Gründer der Gemeinde und der Urheber der Aussprüche. (Zum Beispiel Lukas/Q 11:30: „Denn wie Jona ein Zeichen war den Niniviten, also wird des Menschen Sohn sein diesem Geschlecht.") Wenn von der Zeit der Bildung der Gemeinde an der Endzeit-Menschensohn mit dem Gründer gleichgesetzt wurde, warum macht nicht ein einziger dieser Aussprüche die Gleichsetzung klar? Wenn ein Ausspruch wie dieser Jesus in den Mund gelegt wird (im Q3-Stadium), scheint er von einem anderen zu sprechen, nicht von sich selbst.

Schließlich, in der Q einleitenden Predigt Johannes' des Täufers über das kommende Gericht gibt es keinen Hinweis auf Jesus. Statt dessen macht Johannes diese Prophezeiung (Lk./Q 3:16-17):

„... es kommt aber ein Stärkerer nach mir, dem ich nicht genugsam bin, dass ich die Riemen seiner Schuhe auflöse; der wird euch mit dem heiligen Geist und Feuer taufen. In seiner Hand ist die Wurfschaufel, und er wird seine Tenne fegen und wird den Weizen in seiner Scheuer sammeln, und die Spreu wird er mit dem ewigen Feuer verbrennen."

Ist das eine Prophezeiung auf den Weisheitslehrer von Q1? Hätten die Q2-Redaktoren darin eine angemessene Darstellung ihres Gründers und Abgesandten der Weisheit Gottes gesehen? Oder bezog sich dieser Ausspruch, als er ursprünglich verfasst wurde, eher auf die Prophezeiung Johannes' des Täufers vom kommenden Menschensohn, dem apokalyptischen Richter, der mit Feuer taufen würde und die furchtbare Trennung der Spreu vom Weizen vornehmen würde? (Der Bezug auf „Schuhe" impliziert nicht unbedingt einen Menschen. Tatsächlich war dieses spezielle Bild eine Metapher, die eine Sklave/Herr-Beziehung symbolisiert und die große Kluft, die zwischen beiden besteht; sie konnte leicht in Bezug auf eine göttliche Gestalt benutzt werden.)

Das heißt nicht, dass Johannes der Täufer tatsächlich den apokalyptischen Menschensohn gepredigt hätte, eine Gestalt, die in erster Linie nur in der Literatur der zweiten Hälfte des 1. Jahrhunderts begegnet. (Einige haben gemeint, dass Johannes das Kommen Gottes selber am Tage des Herrn in Worten wie diesen gepredigt haben könnte. Eher scheint es so, dass die Q-Gemeinde Johannes zu einem der ihren macht und ihm zuschreibt, was sie selber predigte.)

Dieser Ausspruch weist darauf hin, dass die Gemeinde zu der Zeit, als das Material von Q2 einem früheren Stadium von Q hinzugefügt wurde, noch nichts von einem historischen Gründer namens Jesus aus ihrer eigenen Vergangenheit wusste. Zusammen mit anderen oben diskutierten Indizien sehen wir zu diesem Zeitpunkt der Entwicklung von Q eine Landschaft ohne einen historischen Jesus vor uns, der als Gemeindegründer, Prediger oder Nachfolger der von Gott gesandten Propheten, die von einer abweisenden Welt verworfen und ermordet wurden, hätte betrachtet werden können.

Die Q2-Gemeinde bestand wahrscheinlich in der Mitte des 1. Jahrhunderts, ein oder zwei Jahrzehnte vor dem Jüdischen Krieg; sie predigte ihre gegenkulturelle apokalyptische Botschaft in Galiläa zur gleichen Zeit, als Paulus über die Straßen des Reiches wanderte und den Nichtjuden einen hellenistisch-jüdischen Erlösergott brachte. Obschon die beide christlichen Gruppierungen zur selben Zeit existierten, zeigt ein Vergleich, dass sie in Wahrheit fast nichts miteinander gemeinsam hatten.

Aber das sollte sich bald ändern. Einige Zeit nachdem der Jüdische Krieg vorbei war, sollte Q3 seiner eigenen Vergangenheit einen historischen Gründer hinzufügen; auf der anderen Seite sollte der himmlische Christus des Paulus in einer Art Midrasch, welcher in der Gemeinde des Markus entstand, eine Rolle zugewiesen bekommen. Die Einzelheiten darüber, wie diese beiden hochexplosiven Komponenten zusammenkamen, wird man kaum jemals erfahren, doch die daraus resultierenden Folgen haben wir bis heute vor Augen.

Teil sechs

Der Gründer tritt in Erscheinung

17
Jesus wird in Q eingeführt

Weisheit, die in der Welt wirkt

Wie wir in Teil fünf sahen, ist es schwer, in der frühen Schicht von Q irgendeinen klaren Hinweis auf eine bestimmte Person zu entdecken, noch viel weniger einen mit den Q1-Weisheitssprüchen verknüpften Jesus von Nazareth. Sogar in der apokalyptischen Schicht von Q2 fehlt an den entscheidenden Stellen ein Bezug auf Jesus. Wenn jene Logien noch nicht dem Gründer Jesus zugeschrieben worden waren, aus welcher Quelle sollten sie dann nach Auffassung der Q-Gemeinde stammen? Die Erkenntnis, dass sie letztlich aus der kynischen Philosophie kommen, wäre wohl kaum in die Überlieferung der Gemeinde eingedrungen. Statt dessen wird man sehr bald angenommen haben, dass sie einen geheiligteren – jüdischen – Ursprung besaß.

Hat Lukas uns einen Hinweis darauf hinterlassen, wie die Gemeinde über den neuen Ursprung von Q dachte? Lukas/Q 11:49 beginnt: „Darum spricht die Weisheit Gottes: ‘Ich will Propheten und Apostel zu ihnen senden ...’“ Matthäus gibt den ganzen Spruch als Jesuswort aus: „Ich sende euch Propheten, Weise und Lehrer ...“ Viele Wissenschaftler sind der Auffassung, dass in der Version von Lukas die ursprüngliche Q-Version wiedergeben wurde, da es offenbar keinen Grund gab, warum Lukas die Weisheit Gottes mit der Quelle seines Logions identifiziert haben sollte, wenn Q dies nicht bereits ebenfalls getan hätte.

Könnte vielleicht die Weisheit selber als die Quelle der Verkündigung der Gemeinde angesehen worden sein? Statt „Jesus sagte" hieß es möglicherweise „die Weisheit sagte". Wie wir in Kapitel 9 sahen, galt die Weisheit als personifizierter, „kommunizierender" Aspekt Gottes, eine Wesenheit, die im jüdischen Denken über Gottes Beziehungen zu der Welt eine wichtige Rolle spielte. Sie rief Menschen zur Erkenntnis Gottes auf, seiner Wünsche und Absichten. Vielleicht betrachteten sich die Q-Prediger als ihre Sprecher, ihre Gesandten. Q 7:35 sagt: „und die Weisheit muss sich rechtfertigen lassen von allen ihren Kindern".

Möglicherweise wurde die ursprüngliche Sammlung von kynikartigen Sprüchen als Stimme der Weisheit präsentiert, als sie von der neuen jüdischen Gottesreich-Bewegung angenommen wurde. Dies war innerhalb der Gattung jüdischer Weisheitssammlungen jener Zeit – eines Genres übrigens, mit dem die früheste Schicht von Q viele Eigenschaften gemeinsam hat – die allgemeine Art zu denken. Wenn Worte der Weisheit bei der Entstehung der Gemeinde zugrunde lagen, warum nicht die Weisheit selber als vorgestellte „Gründerin"?

Der Riss im Gefüge lukanischer Redaktion könnte uns möglicherweise dazu verhelfen, einen tieferen Einblick in die frühe Welt von Q zu tun, eine Welt ohne historischen Jesus, aber mit einer Predigtbewegung, die vom Himmel inspiriert wird und nach der Anweisung der Weisheit handelt. Wie sie es während der ganzen prophetischen Vergangenheit Israels getan hatte, hat die Weisheit – so verrät uns Lukas in 11:49 – eine Reihe von Boten geschickt, die Gottes Erlösung verkünden. Wie in der Vergangenheit empfingen sie Feindseligkeit, Ablehnung, sogar den Tod.

Wenn die Weisheit gleichsam die Galionsfigur der Predigtgemeinschaft während der ersten Jahrzehnte war, wann kam dann Jesus als Gründer ins Bild? Denn es scheint so zu sein, dass es einige Textstellen in Q gibt, die ihn schon enthielten und in denen er zum Kontext gehörte: die Versuchungsgeschichte, die Heilung des Sohnes/Knechtes, des Hauptmanns zu Kapernaum, der Dialog zwischen Jesus und Johannes, der Beelzebul-Streit, der einen Heilungsexorzismus enthält. Die meisten Q-Experten seit John Kloppenborg betrachten die Versuchungsgeschichte als die letzte Hinzufügung zu Q. Hier scheint Jesus bereits göttliche Züge zu erhalten – wenn wir den Begriff „Sohn Gottes“ in dieser Richtung interpretieren dürfen. Der entwickeltere Charakter dieser Episode weist deutlich auf das Vorhandensein einer Q3-Schicht, obgleich es schwer zu sagen ist, ob eine derartige Schicht eine Einheit darstellt, die insgesamt auf einmal oder über einen längeren Zeitraum eingefügt oder redaktionell bearbeitet worden ist.

Das Fehlen einer Jesus-Gestalt in Q1 und Q2 legt m. E. nahe, dass Q3 eine signifikante Entwicklung im Denken der Q-Gemeinde darstellt: Hier tritt erstmals der Gründer in Erscheinung, der den Platz der Weisheit als Initiatorin der Bewegung und Schöpferin der Logien einnimmt. Welche Hinweise gibt es zur Untermauerung einer solchen These?

Die Weisheit wird beerbt

Die beiden „Wunder“-Anekdoten könnten am ehesten als Bericht über wunderwirkende Q-Prediger betrachtet werden. Ein unbekannter Prophet könnte eine „Heilung“ an einem Sohn/Knecht eines Hauptmanns vollbracht haben; der Beelzebul-Streit dagegen scheint einfach eine Gruppe von Sprüchen über die *Praxis* des Exorzismus und seine Bedeutung für Satans Macht und Herrschaft darzustellen. Die Einbeziehung Jesu in diese beiden Szenen könnte gut auf eine sekundäre Bearbeitung zurückgehen. Tatsächlich wird der Beelzebul-Satz mit einem Bericht über die Austreibung eines Dämons aus einem Stummen eingeleitet; hier macht die Unterschiedlichkeit in der Wortwahl bei den beiden Evangelisten es ungewiss, ob der Name Jesus in Q erschien oder nicht.

Die signifikanteste Textstelle für die Ankunft eines Jesus in Q ist freilich der Dialog zwischen Jesus und Johannes: Lukas/Q 7:18-35.

Wie wir im vorhergehenden Kapitel sahen, schien eine frühere Textstelle in Q, in der Johannes der Täufer vorkam, anzuzeigen, dass die Q-Gemeinde aus ihrer Geschichte keinen Jesus kannte. Statt dessen wurde Johannes veranlasst, den kommenden Menschensohn zu prophezeien, der die Guten von den Schlechten scheiden würde (Lukas/Q 3:16-17). Erst als die Gemeinde das Q3-Stadium erreichte, gab man Johannes von Jesus Kenntnis und verband die beiden Gestalten miteinander.

In Lukas/Q 7:18-35 sendet Johannes seine Jünger, um Jesus zu fragen, ob er der Erwartete sei, „der da kommen soll". Jesus verweist auf seine Wunder und befiehlt seinen Jüngern, zurückzugehen und Johannes die Antwort zu überbringen. Weiter erklärt Jesus vor der Menge, dass Johannes mehr sei als ein Prophet, er sei sein Vorbote. Gleichwohl sagte er, dass der Kleinste im Himmelreich größer sei als Johannes. Jesus erzählt sodann ein Gleichnis, in dem er die Menschen dieses Geschlechts verurteilt, da sie sowohl die Bußpredigt des Johannes als auch die Verkündigung der Frohbotschaft durch ihn verwerfen. Q weist darauf hin, dass beide Verkündigungsarten ihre Berechtigung haben, und zeigt, dass „die Weisheit von allen ihren Kindern verteidigt wird."[75] (Siehe Anmerkung 75 wo sich ein volles Zitat dieser Textstelle befindet.)

Diese erweiterte Szene ist ein aus kleineren älteren Einheiten zusammengesetztes Mosaik, erfunden von einen Q-Redaktor in einem späteren Redaktionsstadium. Das geht auch aus einem Vergleich mit dem Thomasevangelium hervor. Dort heißt es in Logion 78:

„Jesus sprach: 'Warum seid ihr auf die Felder hinausgegangen? Um ein Schilfrohr zu sehen, das vom Wind bewegt wird, und um einen Menschen zu sehen, der edle Kleider trägt? Dort sind eure Könige und die Großen der Erde, sie tragen edle Kleider und sie werden die nicht erkennen können.'" [siehe Anmerkung 71]

Dieser Spruch im Thomasevangelium hat keinen Zusammenhang mit dem Täufer und enthält auch keinen Hinweis darauf. Ob der Spruch voraussetzt, dass die Angesprochenen gekommen sind, um Jesus zu sehen, ist ungewiss. Ursprünglich mag er sich auf einen ungenannten Propheten oder Lehrer bezogen haben – möglicherweise auch auf gar kein besonderes Individuum. Aber in Q3 wurde er mit einigen Varianten in eine neue Szene zwischen Jesus und Johannes eingearbeitet:

„[24]Da aber die Boten des Johannes hingingen, fing Jesus an, zu reden zu dem Volk von Johannes: 'Was seid ihr hinausgegangen in die Wüste zu sehen? Wolltet ihr ein Rohr sehen, das von Winde bewegt wird? [25]Oder was seid ihr hinausgegangen zu sehen? Wolltet ihr einen Menschen sehen in weichen Kleidern? Sehet, die in herrlichen Kleidern und Lüsten leben, die sind an königlichen Höfen. [26]Oder was seid ihr hinausgegangen zu sehen? Wolltet ihr einen Propheten sehen? Ja ich sage euch, der da mehr ist als ein Prophet.'"

Das Logion, das im Thomasevangelium noch allein stand, bezieht sich jetzt in Q auf Johannes, im Zusammenhang mit Jesu Erklärung über ihn. Und was ist mit den anderen Teilen des Dialogs?

Der Spruch in Vers 28, dass der, der kleiner ist im Reich Gottes, größer ist als er, erscheint ebenfalls in etwas anderer Form und alleinstehend im Thomasevangelium (Logion 46). Die Passage wurde auch im zusammengesetzten Q-Dialog verwendet. Die Parabel in Vers 32, deren ursprüngliche Bedeutung unklar bleiben muss, ist auf etwas gequälte Art dazu verwendet worden, die Verkündigung des Johannes mit derjenigen Jesu zu vergleichen. Der ursprüngliche Gegensatz bestand wahrscheinlich zwischen Johannes und der Q-Gemeinde. Obgleich Johannes als ein Vorläufer betrachtet wurde, scheint sich die liberalere Q-Sekte seine asketische Botschaft nicht zu eigen gemacht zu haben. Die Lebensart der letzteren wird jetzt durch Jesu eigene Anschauung repräsentiert. Auf alle Fälle sagt Q, dass dieses Geschlecht dem asketischen Johannes und dem liberaleren Jesus eine Abfuhr erteilt habe.

Die Eröffnungsfrage des Johannes: „Bist du es, der da kommen soll?", könnte ursprünglich eine Frage gewesen sein, die den Q-Predigern gestellt wurde: Sind dies die letzten Tage? Können wir den erwarten, der kommen soll – d.h. den Messias oder vielleicht den Menschensohn – oder wird es noch länger dauern? Vers 22 könnte die ursprüngliche Reaktion der Gemeinde zeigen: Man zitierte Textstellen aus Jesaja über das Frohlocken der Armen, über die erwarteten Zeichen und Wunder, die das kommende Königreich Gottes nach sich ziehen würden, über die Heilung der Blinden, der Tauben, der Lahmen, der Stummen. Ja, so lautete die Botschaft der früheren Sammlung von Q, das Gottesreich kommt tatsächlich; dabei wurde zugleich auf die Predigt- und Heilungshandlungen der Q-Propheten hingewiesen. In der neuen Version weist Jesus auf seine eigenen Wunder hin – einschließlich der Auferstehung von den Toten.

Das Abschlußstück (7:35) in diesem Komplex – „Und die Weisheit muss sich rechtfertigen lassen von allen ihren Kindern" – ist ein weiterer Hinweis auf die Rolle der personifizierten Weisheit im Denken der frühen Q-Gemeinde. Auch hier scheint es sich um ein selbständiges

Logion gehandelt zu haben, das die Pointe für den konstruierten Dialog bildete. In seinem neuen Rahmen wurde es benutzt, um Jesus und Johannes zu beschreiben, aber früher mag es auf die Q-Gemeinde bezogen worden sein. Ihre Glieder waren Kinder der Weisheit und deren Sprecher.

Diese kleine Pointe zeigt auch noch etwas anderes. Jesus und Johannes werden als Kinder der Weisheit präsentiert. Obgleich einer dem andern an Bedeutung überlegen war – Johannes war die Stelle des Herolds zugewiesen – sah man keinen qualitativen Unterschied zwischen ihnen. Beide wurden als menschliche Prediger gesehen. Jesus wurde keineswegs als Sohn Gottes dargestellt, nicht als jemand, der den Status eines Kindes der Weisheit übertraf. In diesem Stadium von Q wurde er einfach als der menschliche Gründer der Bewegung gesehen. Der Bezug auf Jesus im Einleitungsvers als „der Kommende" wirkt unpassend, könnte jedoch in den jetzigen Zusammenhang hineingeraten sein, weil die Predigt des Johannes mit ihrer Erwartung einer apokalyptischen Gestalt inzwischen allgemein bekannt war. Obschon der Satz einen messianischen Beigeschmack hat, ist es charakteristisch für Q, dass Jesus nirgends als der Messias dargestellt wird. Die Gleichsetzung mit dem kommenden Menschensohn (auf der Stufe von Q3) erscheint unpassend und offenbart den inkompatiblen Charakter beider Vorstellungskomplexe. Das alles zeigt, dass Jesus eine spätere Einfügung darstellt.

Die Reorganisation von Q

Somit scheinen die Konturen der Entwicklung von Q klar zu sein. In den zwei frühesten Stadien kann keine Zuschreibung von Sprüchen an Jesus nachgewiesen werden. Die Weisheitslogien wurden wahrscheinlich als Worte der Weisheit bezeichnet. Die prophetische Verkündigung könnte die Aktivitäten der Q-Prediger im Allgemeinen widergespiegelt haben.

Bei der Q3-Redaktion wurden einige Einheiten wie der Dialog zwischen Jesus und Johannes sowie der Beelzebulstreit nach älteren Stücken gefertigt. Ein Heilungswunder, früher einem Q-Propheten zugeschrieben, wurde nun auf Jesus bezogen. Die Komposition mit drei

Chreiai, in welcher Jesus auf Bemerkungen der Menge reagiert, könnte zu dieser Zeit mit einzelnen Sprüchen aus der Q1-Schicht überarbeitet worden sein. Aber die große Menge älteren Materials blieb so, wie es vorher war, obwohl wahrscheinlich die Reihenfolge neu gestaltet wurde. Die ganze Schrift könnte mit einer einfachen Überschrift versehen worden sein, die sie als Worte des neuen Jesus ausweist.

Wahrscheinlich wurden kleinere Veränderungen vorgenommen: die Einsetzung von Personalpronomen, nachdem die Worte Jesus in den Mund gelegt worden waren; einige Überarbeitungen, um seine (neue) Rolle zu reflektieren. Das letzte Stadium des Thomasevangeliums zeigt einen ebensolchen Prozess an.

Ein paar wichtige Fragen müssen noch beantwortet werden. Wo kam die Vorstellung von Jesus als dem Gründer der Gemeinde her? Wie konnte eine derartige Gestalt im Q-Denken entstehen, wenn sie nicht auf einem wirklichen historischen Menschen basierte? Weiter, warum wurde er Jesus genannt, wo es doch Kreise gab, denen die volle Bedeutung des hebräischen Wortes: *Erlöser* sehr wohl gegenwärtig war. Die Frage stellt sich vor dem Hintergrund, dass es keine Soteriologie in Q, keine Theologie der Erlösung durch Jesus in Q gibt. Für Q ist das Kind der Weisheit keine Erlösergestalt. Der Jesus von Q erleidet keinen Tod und keine Auferstehung; er tut nichts, außer Worte zu sprechen, die Rettung gewähren sollen.

Zum Schluss, welche Beziehung gibt es zwischen dem Markusevangelium und Q? Denn obschon es so aussieht, als ob Markus Q nicht kannte, gibt es unbestreitbar Q-ähnliche Stücke im ersten Evangelium. Wie ist dies zu erklären?

18
Sektiererische Entwicklungen in Q

Das Christentum als sektiererisches Phänomen

Eine der grundlegenden und weitreichendsten Einsichten in der Geschichte der Wissenschaft des Neuen Testaments entstand in den 70er Jahren des 20. Jahrhunderts.

Zuvor neigten manche Wissenschaftler dazu, das frühe Christentum als einen geschützten Bereich zu betrachten, der mit der umgebenden Welt in keinerlei Zusammenhang stand. Die inneren Prozesse, die bei der Entstehung des frühen Christentums abliefen, sollten danach angeblich nichts mit den Kräften zu tun haben, die in anderen religiösen und gesellschaftlichen Gruppierungen wirksam waren. Das Christentum durfte folglich nicht als das Produkt seiner Zeit angesehen werden. Mehr als nur ein Wissenschaftler gab diese verwegene Erklärung in gedruckter Form von sich.[76] Ob Paulus oder Lukas über soziales Verhalten sprachen, ob sie Kult und Praxis der christlichen Gemeinden verteidigten, all dieses sollte angeblich als eine rein innerchristliche Entwicklung und als ein Ergebnis theologischer Notwendigkeit begriffen werden, offenbart durch den Geist Gottes oder aufgrund der Verkündigung Jesu.

Der wahre Glaube, so meinten diese Wissenschaftler, sei etwas Ewiges und Zeitloses, getrennt von seinen historischen Ursprüngen und letztlich nur dem Willen Gottes unterworfen. Der durch göttlichen Geist inspirierte Kampf um die reine Wahrheit sei durch keinerlei persönliche Erfahrungen der großen Gestalten der frühen Christenheit wie Paulus oder die Evangelisten beeinträchtigt worden. Das frühe Christentum als Ganzes hatte sich auf dem Wege göttlicher Notwendigkeit entwickelt, unbeeinflusst von dem alltäglichen gesellschaftlichen und politischen Kontext, der es umgab.

Es dauerte freilich nicht lange, bis dieser hübsche kleine Ballon zerplatzte. Fast über Nacht begannen Wissenschaftler mit der Veröffentlichung von Büchern und Artikel, die tatsächlich zeigten, dass der Vorgang offenbar andersherum ablief. Das Christentum war ein durch und durch sektiererisches Phänomen. Theologische Prinzipien wurden zur Rechtfertigung und Legitimierung der Gemeindepraktiken entwickelt. Der religiöse Überbau, den die Gemeinde entwickelte, diente hauptsächlich dazu, ihre Bedürfnisse als gesellschaftliche Gruppe zu rechtfertigen. Die Art und Weise, wie eine Gruppe ihre Vergangenheit sah und interpretierte, war völlig durch die Lebensumstände der Gegenwart bestimmt.

Die Zeit war gekommen, das frühe Christentum unter dem Gesichtspunkt einer religiösen Sekte zu begreifen, die den allgemein bekannten Gesetzen des Sekten-Verhaltens folgte.

Eine Sekte ist von Natur aus eine Gruppe, die sich aus Opposition zum Rest der Gesellschaft gegründet hat. Oder sie ist in diese Situation hineingezwungen worden, weil ihre Reformabsichten, ihre Neuinterpretation von Ereignissen und gesellschaftlichen Regeln nicht vom Establishment akzeptiert wurde. In dieser Situation der Isolierung und des Konfliktes muss die sich bildende Gruppe ihre Haltung, ihre neue Sichtweise der Welt rechtfertigen. Die erste Anhängerschaft, an welche die Rechtfertigung gerichtet ist, muss sie selber sein; erst in zweiter Linie zielt sie auf die Welt ringsum.

Die Reaktion auf sektiererische Gemeinden folgt festen Gesetzen. Zu ihnen gehört zuerst die Neuinterpretation vergangener Ereignisse. Man sucht Unterstützung für die Gegenwart durch die Rekonstruktion der Vergangenheit. Die Legitimität des gegenwärtigen Glaubens und der Lehre, gegenwärtiger Rituale und Praktiken wird gefestigt, wenn gezeigt werden kann, dass es derartige Dinge von Anfang an gab; dass sie unter göttlicher Schirmherrschaft entstanden, unter inspirierten Umständen – und vorzugsweise durch eine heroische Gründergestalt mit einer Verbindung zur Gottheit. Je inspirierter und idealisierter die Vergangenheit, umso größer der Glaube und die Entschlossenheit der Gläubigen in der Gegenwart. Dies ist besonders zu Zeiten des Konflikts der Fall oder während späterer Generationen, wenn Leidenschaft und Eifer der Anfangszeit zu ermatten beginnen. In Übereinstimmung mit der in vielen Gesellschaften allgemein zu beobachtenden Tendenz, Sinn und Stabilität für die Gegenwart durch Mythen einer heiligen, prägenden Vergangenheit zu suchen, bemüht sich die Sekte, ihren Glauben und ihre Praxis dadurch zu rechtfertigen, dass sie diese an geheiligten und zuverlässigen Beispielen personifiziert.

Der Blick der Sekte richtet sich freilich nicht nur auf die Vergangenheit, sondern auch nach außen. Die Sekte braucht eine starke Selbstverteidigung, um den Angriffen einer feindlichen Umgebung zu widerstehen. Theologie wird in großem Maß durch diesen Konflikt bestimmt. Noch einmal: Die Ablehnung der Sekte durch die Gesellschaft wird vor dem Hintergrund der Ablehnung, die bereits den Gründungsmitgliedern oder der verherrlichten Gründergestalt widerfuhr, gedeutet. Dadurch, dass diese Gestalt so dargestellt wird, als habe sie bereits die gegenwärtigen Mühen vorhergesagt und ihre Anhänger dagegen wappnen wollen, erhält die Gruppe weitere Festigung.

Letztlich macht ein solches Sektenverhalten eine schriftliche Quelle notwendig, in der bereits alles aufgezeichnet ist. Den Bericht über die Bildung der Gemeinde, die Geschichte ihres Gründers, seine Lehren und sein Beispiel, die Ereignisse und die Wurzeln, auf denen die Theologie der Sekte beruht: diese Dinge werden schriftlich festgelegt in dem, was als „Gründungsdokument“ bekannt ist.

Die Soziologen haben gezeigt, dass dies ein fast universales Phänomen sektiererischer Verhaltensweise in der ganzen Geschichte und auf der ganzen Welt darstellt. Neutestamentler, die dieser Frage nachgegangen sind, haben gezeigt, dass das frühe Christentum perfekt in dieses Verhaltensmuster hineinpasst.[77]

Eine Gründergestalt für die Q-Gemeinde

Repräsentiert Q1 eine bestimmte Phase der Sektengeschichte der Q-Gemeinde? Insofern sie eine dem Kynismus nahestehende Philosophie und Lebensart reflektiert, verkörpert sie die Botschaft einer Gruppe, die sich vom normalen Alltag der Gesellschaft gelöst hatte. Obgleich es keinen unmittelbaren Hinweis auf gewaltsame Auseinandersetzungen mit dem Establishment gibt, können diese aus der allgemeinen Beobachtung abgeleitet werden, dass Gegenkulturen unvermeidbar in Konflikt mit der Kultur der Allgemeinheit geraten. In Q1 gibt es Hinweise auf eine Entfremdung von den Eltern und die Notwendigkeit, „das Kreuz auf sich zu nehmen“, um die Lebensweise der Gruppe zu übernehmen.

Andererseits gibt es offenbar kein Interesse an einer idealisierten Vergangenheit oder an der Existenz einer Gründergestalt. Apokalyptisches Denken fehlt. Das verkündigte Königreich Gottes scheint kaum etwas anderes zu sein als das, was in der populären hellenistischen Philosophie der damaligen Zeit zu finden ist.

Mit Q2 ist das anders. Hier finden wir klassisches Sektierertum, Feindseligkeit und Abgrenzung nach außen. Der Übergang von Q1 zu Q2 ist abrupt, der Abstand groß. Es ist schwer zu glauben, dass die Q2-Sekte in einer frühen Phase ihrer Geschichte nach den Prinzipien der Q1-Logien gelebt haben soll. Ihre prophetische und apokalyptische Weltsicht – die gewiss kaum akzeptiert worden wäre, wenn sie nicht zuvor existiert hätte – beweist, dass die feindselige Ablehnung der Umwelt, auf welche die Q2-Logien offenbar reagieren, spontan entstanden ist.

Man kann von hier aus folgern, dass der Kern von Q1 eine fremde Quelle darstellte, die, ob mündlich oder schriftlich, in einem nichtjüdischen Milieu gedieh. Die jüdischen Prediger der neuen Bewegung könnten sie entdeckt und übernommen haben, vielleicht brachten sie kleine Veränderungen an, indem sie glaubten und in Anspruch nahmen, dass sie ein Produkt der Weisheit selber sei. Es wäre nicht das erste Mal, dass Juden heidnische Schriften oder darin enthaltene Vorstellungen als genuin jüdisch bezeichnet hätten.

Aber wo ist bei Q2 das Interesse an der Vergangenheit oder an einer idealisierten Gründergestalt? Hier haben wir eine faszinierende Aufteilung. Für die Q-Gemeinde bezeichnete Johannes der Täufer den Beginn einer neuen Ära der Verkündigung. Sie hatten ihn als den Vorläufer, obschon nicht als Gründer anerkannt. (Wäre er als ihr Gründer angesehen worden, hätten sie ihn nicht für geringer als den Geringsten im Königreich Gottes erklärt.) Und doch bestätigte er die gegenwärtigen Lehren dadurch, dass sie von ihm an den Anfang der Bewegung versetzt wurden. Er hatte prophezeit, was die Q-Gemeinde jetzt ankündigte, das Kommen des Menschensohns.

Vielleicht war seine Rolle nur begrenzt, weil die Q-Gemeinde von Anfang an eine echte Gründergestalt besaß, eine die „größer als das Leben" war, mit einer echten Verbindung zu Gott. Diese Gründergestalt war die Weisheit selber. Diese personifizierte Mittlerin Gottes gefährdete zweifellos die Rolle Johannes' des Täufers. Lukas/Q 7:35 besagt, dass er in den Status eines „Kindes der Weisheit" verwiesen worden war, eine Bezeichnung, die auf alle Mitglieder der Q-Gemeinde angewendet wurde.

Letztlich jedoch besaß auch die Konzeption der Weisheit als idealer Gründergestalt ihre Defizite. Wenn sie nicht wirklich auf der Erde gewesen war, konnte sie die Gemeinde nur inspirieren und ihre Lehren nur vom Himmel herab übermitteln. Sie konnte keine Handlungen verrichten, welche die der Gemeinschaft reflektierten und präfigurierten. Sie war nicht in den Streit mit den jüdischen Autoritäten einbezogen. Und das Wichtigste, sie hatte die Lehren der Sekte nicht „im Fleische" verkündet.

Aber vielleicht war sie im Begriff, es zu tun?

Man hat inzwischen erkannt, dass einige der Q3-Sprüche Umformulierungen früherer Weisheitssprüche darstellen. Das beste Beispiel ist Jesu Klage um Jerusalem in Lukas/Q 13:34, das heute allgemein für ein altes Weisheitsorakel gehalten wird:

„Jerusalem, Jerusalem, die du tötest die Propheten und steinigest, die zu dir gesandt werden, wie oft habe ich wollen deine Kinder versammeln, wie eine Henne ihr Nest unter ihre Flügel, und ihr habt nicht gewollt!" [BnL]

Logien wie dieses repräsentieren eine Gattung von Sprüchen, in der die Weisheit direkt zur Welt spricht, womit hier unzweifelhaft die Q-Gemeinde gemeint ist. Sie hört die Stimme der Weisheit. Ein anderer Spruch, der besagt, dass „nur der Sohn den Vater kennt" (Q 10:22), zeigt, dass man die Weisheit auch als Gottes autorisierte Mittlerin ansehen konnte. Dass all dies als Ausspruch der personifizierten Weisheit galt, mag durch den kleinen „Ausrutscher" in Lukas 11:49 deutlich geworden sein; hier wurde ein Q2-Orakel in derselben Weise wie in dem obigen Zitat als Wort der „Weisheit Gottes" angesehen. *Zu der Zeit von Q3 gelten diese Worte als Aussprüche Jesu.*

Dies alles beweist: Die Weisheit hat sich zwischen Q2 und Q3 auf Jesus hin entwickelt. Tatsächlich zeigt Matthäus in seinem Gebrauch von Q eine Tendenz, Jesus als Inkarnation der Weisheit selber zu betrachten. Lag eine derartige Auffassung schon dem von ihm benutzten Q zugrunde? Hat Lukas sie möglicherweise deshalb nicht so klar bewahrt, weil andere Interessen ihn bewogen, sie zu ignorieren?

Ein erster Schritt bestand in der Vorstellung, dass die Weisheit einen Repräsentanten hatte, der die Gemeinde gegründet und ihr ihre Botschaft überliefert hatte. Er war, wie in Q 7:35, ihr „Kind“ gewesen. Die Stimme der Weisheit, die „am Tor“ spricht, war überall in der Schrift zu hören. Ihre Mythen, in verschiedenen biblischen und apokryphen Schriften, enthielten die Vorstellung, dass sie zur Erde gekommen war und hier Aufnahme gesucht hatte. Musste der Gedanke einer menschlichen Verkörperung der Weisheit nicht eine logische Entwicklung im Bewusstsein der Q-Gemeinde darstellen?

Letztlich hätte schon die bloße Existenz der Spruchsammlung die Gemeinde dazu veranlassen müssen, anzunehmen, dass ihre Logien durch einen menschlichen Mund gesprochen wurden.

Sektenmentalität braucht einen Präzedenzfall. Die Mitglieder der Q-Gemeinde sahen sich selber als die letzten in einer langen Reihe Gott gesandter und abgelehnter Propheten und Boten. Ihr „Kind der Weisheit“ mochte dazu dienen, exemplarisch die Erfahrung der Ablehnung durch die Gesellschaft zu demonstrieren und dadurch zum Beispiel für Stärke und Widerstandswillen zu werden. Es hatte sich mit den Pharisäern auseinandergesetzt. Es hatte autoritative Worte über Glauben und Handeln ausgesprochen, welche der Leitung der Gemeinde dienten. Keine Frage, dass die Q-Propheten als Prediger des Königreiches Gottes auch noch Zeichen und Wunder fordern mussten, denn jede Sekte der damaligen Zeit musste dergleichen vorweisen. Diese und vor allem Wunderheilungen waren die unerlässlichen Hinweise für das Kommen des Gottesreiches. Solche Überlieferungen über Wunder zu sammeln – zu übersteigern – und sie einem Gründer zuzuweisen, musste die Q-Propheten selber im besten Licht erscheinen lassen.

Der neue Jesus der Q-Gemeinde war eine prägnante, sofort erkennbare Gestalt. Denn er war die idealisierte Verkörperung der Q-Prediger selber. Das ist der Grund, warum er weder Messias noch Erlöser sein konnte. Er konnte ausschließlich tun, was die Mitglieder der Q-Gemeinde selber taten – nur besser. Er öffnete Männern und Frauen die Tür für den Eintritt in das neue Gottesreich.

War es für die Q-Gemeinde wirklich möglich zu glauben, dass ein derartiger Gründer existierte, so dass sie ihre überlieferten Schriften in diesem Licht interpretieren konnte? Nach den großen Umwälzungen des Jüdischen Krieges, der Palästina zerriss, drei Viertel der Bevölkerung tötete oder vertrieb und überall Zerstörung anrichtete, war es kaum möglich, eine solche Revision der Geschichte noch zu bestreiten. Die Frage wurde wahrscheinlich gar nicht gestellt.

Man mag sich darüber wundern, warum Johannes der Täufer nicht als Gründer eingesetzt wurde. Es scheint fast, als ob Q2 ihn für eine derartige Rolle vorbereitet hätte. Vielleicht war er jedoch zu vertraut. Vielleicht war bekannt, dass er kein Weisheitslehrer gewesen war, dass er nicht die Q1-Logien gesprochen haben konnte. Es ist auch möglich, dass zu der Zeit von Q3 eine rivalisierende Sekte Johannes bereits als ihren Gründer in Anspruch genommen hatte. Diese Situation mag die Q-Gemeinde weiterhin dazu bewogen haben, einen eigenen Gründer zu entwickeln, einen, der Johannes überlegen war. Der Täufer konnte jetzt die zweite Rolle als Vorläufer und Prophet spielen, was sich zu der Erwartung der Schrift fügte. Eine derartige Rolle würde gleichzeitig die Rivalen auf ihre Plätze verweisen.

Auch Q2 hatte Johannes zum Propheten erklärt – des Menschensohns, nicht eines menschlichen Lehrers. Gleichwohl scheint man nach dem Jüdischen Krieg jene Sandalen, von denen Johannes noch gesagt hatte, er sei nicht würdig sie aufzubinden, irgendwann mit sehr menschlichen Füßen in Zusammenhang gebracht zu haben.

Als Q das bearbeitete Q3-Stadium erreichte, konnte es als ein echtes „Gründungsdokument" für eine klassische Sekte dienen. Das einzige, was ihm fehlte, war die wirkliche Biographie des Gründers. Dieses Manko würde bald durch das Markusevangelium wettgemacht.

Gibt es Präzedenzfälle für eine völlig erfundene Gründergestalt? Von der späteren gnostischen christlichen Sekte der Elchasaiten nimmt man an, dass sie ähnlich begonnen habe wie die Q-Gemeinde. Das Buch von Elchasai (was *verborgene Kraft* bedeutet) enthielt Aufzeichnungen von den Gründungs- und Lehrvisionen der Sekte. Später fasste man diese jedoch als Schrift auf, die von einem Mann namens Elchasai geschrieben wurde, der selber dieses Wissen vom Himmel empfangen hatte. Die Gruppe, die als die Ebioniten (die „Armen") bekannt ist, scheint in einigen Kreisen zur Entstehung der Gestalt des „Ebion" geführt zu haben, nach Irenaeus (*Gegen die Häresien* I 26,2) und Pseudo-Tertullian (*Gegen alle Häresien* 3) zu urteilen. Wie in der Einführung erwähnt, ist die Existenz des chinesischen Philosophen Lao-Tse, berühmter Begründer des Taoismus, über den aber nichts bekannt ist, ernsthaft in

Frage gestellt worden ebenso wie die des Konfuzius (siehe Anmerkung 6). Auch die des Lykurgos, des spartanischen Staatsmannes, dem die Erfindung des spartanischen Gesellschafts- und politischen Systems zugeschrieben wird. Ein moderneres Beispiel ist Wilhelm Tell, eine Gestalt, verbunden mit der Bildung der Schweizer Eidgenossenschaft im 13. Jahrhundert. Tell erschien in der Literatur erst knapp 200 Jahre nach dem Ereignis; heute wird allgemein anerkannt, dass er nicht existiert hat.

Die Historizität von Moses ist ebenfalls weit davon entfernt, gesichert zu sein: dasselbe gilt für die älteren Patriarchen wie Abraham. Die antike Welt war voll von örtlichen und nationalen Überlieferungen über Götter oder halbgöttliche Gestalten, die an Anfängen von Gemeinschaften und Nationen beteiligt waren und von denen heute keine als historisch betrachtet wurde. Ob von einer berühmten legendären Gestalt wie dem griechischen Herakles gesagt werden kann, er habe eine irdische Existenz gehabt, die in etwa derjenigen glich, von der die Mythen berichten, ist höchst unwahrscheinlich. Selbst, wenn die Gestalt auf einem Typus des Helden oder Kriegers in prähistorischen Zeiten basierte, hätte sie dies noch nicht zur „historischen Gestalt“ gemacht.

Was bedeutet der Name Jesus?

Eine interessante Frage bezüglich des Q-Gründers bleibt, und sie wird uns zu der Entscheidung darüber führen, ob Markus und die nachfolgenden Evangelien letztlich als Biographie für den Jesus von Q gedient haben könnten. Die Frage lautet: Warum gab man dem Q-Gründer den *Namen* Jesus?

Warum trat er mit derselben Bezeichnung wie der göttliche Herr der Christuskulte und einiger jener anderen spirituellen Sohngestalten der frühchristlichen Zeit in Erscheinung? Obgleich der Name Jesus „Erlöser“ bedeutet, wurde der Q-Jesus letztlich nicht als solcher betrachtet – außer vielleicht auf eine ganz allgemeine Art, da von den Q-Predigern selbst gesagt werden konnte, dass sie denen eine Erlösung brachten, die ihre Botschaft glaubten. Reichte dies aus?

Oder war der Begriff inzwischen in den jüdisch-sektiererischen Kreisen des Reiches so weit verbreitet, dass man sich der Annahme des Namens einfach nicht mehr entziehen konnte? Dies würde implizieren, dass sich die Q-Gemeinde, zumindest seit etwa einem Jahrzehnt nach dem Jüdischen Krieg, der Existenz spiritueller Christuskulte überall im Reich bewusst gewesen wäre und somit auch der besonderen Bedeutung des Namens. Falls dies der Fall war, könnte man weiter vermuten, dass die göttlichen Züge der Jesusgestalt, erkennbar in der Endredaktion von Q3, daraus resultieren.

Eine andere Möglichkeit: Sollten die letzten Bearbeitungsstadien von Q mit den frühesten Wurzeln des Markusevangeliums zusammengefallen sein und somit Einfluss von Markus auf Q nahelegen? Einige Gelehrte haben vermutet, dass dies in der Tat eine Möglichkeit gewesen sein könnte.

Aber es gibt noch einen anderen Weg, die Frage anzugehen. Wurde die von Q3 eingeführte Gründergestalt überhaupt „Jesus" genannt?

Selbst wenn der Name nirgends im Q-Text erschien, selbst wenn bei Textstellen wie dem Dialog zwischen Jesus und Johannes eine andere Bezeichnung von den Q3-Redaktoren benutzt wurde, würden Matthäus und Lukas diese – mit dem Markusevangelium vor sich – zwangsläufig in Jesus verändert haben.

Eine andere Alternative: Als Matthäus und Lukas Q aufnahmen, um es mit Markus zu kombinieren – wahrscheinlich nicht früher als am Ende des Jahrhunderts und vielleicht nach Auflösung der Q-Gemeinde – könnte die Hand eines Redaktors eingegriffen und die ursprüngliche Bezeichnung für ihren Gründer verändert haben. Wer könnte dies getan haben und warum? Da es unwahrscheinlich ist, dass Markus eine Abschrift von Q besessen hat, gehörte das Markusevangelium mit Sicherheit (siehe nächstes Kapitel) in das Milieu der Gottesreich-Bewegung; er oder seine Gemeinde könnte nicht allzu lange, nachdem das Evangelium geschrieben wurde, in den Besitz von Q gelangt sein. Zu dieser späteren Zeit könnte das neu entstandene Markusevangelium einen wechselseitigen Effekt bewirkt haben. Das heißt, die Hand des Redaktors gehörte jemandem in der Markus-Gemeinde, der Q als Ergänzungsbuch zum Markusevangelium ansah und den Namen des Q-Gründers änderte, um ihn an den vermenschlichten und historisierten göttlichen Christus des Markus, genannt Jesus, anzugleichen.

Tatsächlich ist die Frage, ob Matthäus und Lukas jeweils die zwei

Dokumente Q und Markus von derselben Quelle übernahmen: der Markus-Gemeinde? Kamen sie sozusagen beide mit derselben Post an?

Das ist natürlich Spekulation. Aber eine Spekulation, die auf einer vernünftigen Erwägung der Wahrscheinlichkcit basiert, ist legitim und kann genutzt werden, um mögliche Erklärungen anzubieten, wo feste Beweise nicht existieren. Diese Praxis ist in der Forschung des Neuen Testaments im Allgemeinen nicht unbekannt. Dem Problem des Namens „Jesus“ und der Wechselbeziehung zwischen Markus und Q wollen wir im nächsten Kapitel noch weiter nachgehen.

19
Markus und Q: Der Ursprung der Evangelien

Die Gestaltung des Markusevangeliums

Traditionelle Interpretationsansätze des Markusevangeliums unterscheiden zwischen dem Bericht über die Verkündigung Jesu und der Passionsgeschichte. Viele Wissenschaftler postulierten, dass die Geschichte von Jesu Prozess und Kreuzigung in der frühen christlichen Überlieferung eine eigenständige Existenz führte, dass sie sich über die Jahrzehnte durch mündliche Weitergabe entwickelte und vielleicht in einer einfachen schriftlichen Form niedergelegt wurde. Als Markus daranging, sein Evangelium zu schreiben, soll er diesen schon existierenden Block mit Passionsmaterial umgestaltet und eine ausführliche Einleitung verfertigt haben. Er gestaltete den Bericht über die Verkündigung Jesu aus anderen Materialblöcken, die über Jesus im Umlauf waren, die aber nur wenige oder gar keine erzählenden Elemente aufwiesen. Mit anderen Worten, die Lehren, Wunder und Geschichten von Markus über Jesu Streit mit dem Establishment waren eigenständige Stücke der Überlieferung, die er selber zu einem zusammenhängenden Ablauf gestaltete. Er machte Jesus zum Verkündiger und verlegte seine Tätigkeit von Galiläa nach Jerusalem, um zu dem Passionsbericht überzuleiten.

Betrachten wir die Argumente gegen ein solches Szenario. In den frühen Zeugnissen gibt es keinen Beweis dafür, dass die Passion als ein eigenständiger Bericht und als ein Komplex hintereinander folgender Ereignisse vor dem Markusevangelium existierte.[78] Wie wir gesehen haben, kann ein solcher weder in Details noch insgesamt in den Briefen und anderen frühchristlichen Schriften gefunden werden, auch in denen nicht, die vom Tod Jesu sprechen und ein Auferstehungskerygma enthalten. Ebensowenig lässt er sich in irgendeinem Stadium von Q auffinden. Wie wir in Kapitel 23 sehen werden, kann gezeigt werden, dass die markinische Passionsgeschichte eine eigene literarische Komposition auf der Grundlage biblischer Texte darstellt. Weder ihre größere Vorlage noch ihre einzelnen Teile, die nur Sinn im Kontext markinischer Gestaltung machen, können durch mündliche Weitergabe hergeleitet sein. Und praktisch alle Einzelheiten der Geschichte sind Textpassagen der Schrift entnommen.

Der andere Einwand ist, dass jene Traditionsstücke, die Jesu Verkündigung in Galiläa sowie Wunder, Streitgespräche und besonders seine Lehre betreffen, entweder nicht in den frühen Schriften vorhanden sind oder nichts mit der Gestalt Jesus zu tun haben. Der Jesus des Paulus tritt nirgendwo als Prediger in Galiläa auf. Die Briefe und andere Schriften enthalten ethische Maximen, die denen der Evangelien zwar ähneln, aber niemals als von Jesus stammend bezeichnet werden. Es herrscht absolutes Schweigen über irgendwelche Wunder, die ihm zugeschrieben werden oder über den Streit mit den religiösen Autoritäten. Sogar im Hinblick auf Q fällt es schwer, irgendeine Verbindung dieser Elemente zu Jesus in den Q1- und Q2-Schichten aufzuzeigen.

Trotzdem erfand Markus nicht aus dem Nichts. Ebenso wie Paulus den vorherrschenden Glauben an den Mittler-Sohn neu interpretierte, ging Markus an eine auf ganz eigenen Vorstellungen beruhende Neugestaltung der Passionsgeschichte. Dies alles legt nahe, dass wir uns von der überlieferten Aufteilung des Markusevangeliums in Verkündigungstätigkeit Jesu in Galiläa und Passionsgeschichte verabschieden müssen und sie durch eine Gliederung ersetzen sollten, die durch das ganze Evangelium geht: ein Teil basiert auf der Galiläa-Überlieferung, der Verkündigung des Gottesreichs, wie sie in Q enthalten ist, der andere Teil auf der des leidenden Erlösers, die aus der Jerusalem-Überlieferung stammt und von Paulus gepredigt wurde (obgleich es kein Anzeichen dafür gibt, dass Markus direkten Kontakt zu Paulus oder seinen Schriften hatte).

Jesus als galiläischer Prediger vor dem Hintergrund von Q

Bei allen von Neutestamentlern während des vergangenen letzten halben Jahrhunderts geführten Diskussionen stand die Frage, ob Markus eine Abschrift von Q besaß, obenan. Diejenigen, die dies bestreiten, weisen darauf hin, dass Markus in seinem Evangelium keine Texte aufnahm, die, wie Matthäus und Lukas zeigen, in Q vorhanden waren. Dies schließt die Sprüche von Q1 und die apokalyptischen Sprüche von Q2 ein. Obwohl Erklärungen dafür vorgebracht wurden, warum Markus ganz bewusst keine dieser Logien in sein Evangelium aufgenommen haben soll, sind solche Begründungen nicht überzeugend; allzu oft spiegelt sich in ihnen nur der spitzfindige und sophistische Gelehrtenrationalismus des 20. Jahrhunderts wider. Die Anziehungskraft derartigen Materials innerhalb des markinischen Kontexts wäre wohl zu groß gewesen, um daran vorbeizugehen. Außerdem unterscheiden sich die Anklänge an Q in seinem Evangelium, wie von jedermann bestätigt wird, im Wesentlichen nicht von dem, was er in diesem Falle verworfen haben müsste. Somit scheint definitiv festzustehen, dass Markus keine Abschrift von Q besaß, zumindest nicht in der von Matthäus und Lukas benutzten oder dieser ähnlichen Form.

Andererseits ist es genauso offensichtlich, dass der Evangelist mit der Q-Gemeinde und ihrer Überlieferung vertraut gewesen sein muss. Der Bericht über die Verkündigung Jesu ist bei Markus aus Q-artigem Material hergestellt. Der Jesus des Markus predigt das Gottesreich. Seine Verkündigungstätigkeit übt er in Galiläa aus. Sie ist von Anfang an eng mit Johannes dem Täufer verbunden, der als Jesu Vorbote dargestellt wird. Die Art der Verkündigung und Mission, die Reiseaktivitäten der Apostel bei Markus sind den an den kynischen Wanderpropheten orientierten Aktivitäten der Q-Prediger sehr ähnlich. Markus ist auf die gleiche Art apokalyptisch wie Q. Der Menschensohn begegnet hier wie dort als erwarteter Endzeitrichter. Es gibt einige Logien bei Markus, die fast identisch mit ihren Äquivalenten in Q sind. Die Austreibung der Dämonen wird beide Male als Kampf dargestellt. (Markus hat seine eigene Beelzebulszene.) Auch verdammt Jesus seine Generation, weil sie ein Zeichen verlangt.

Daher muss das Markusevangelium mit seiner Darstellung Jesu als Prediger des Gottesreichs als eine Weiterentwicklung von Q betrachtet werden. Wenn Q3 diesem Bild über die Ursprünge der Gemeinde, wie im letzten Kapitel gezeigt, eine Gründergestalt hinzugefügt hat, und wenn das allerletzte Stadium von Q die Tendenz widerspiegelt, den neuen Gründer mit einer Biographie auszustatten, dann ist Markus den nächsten Schritt in diesem Prozess gegangen.

An dieser Stelle müssen wir die Bedeutung des Begriffs der „Q-Gemeinde“ im Kontext der Markusanalyse klären bzw. nuancieren. Die Verkündigung des Gottesreichs, die in Q in den aus Matthäus und Lukas extrahierten Logien erklingt, hatte zweifelsfrei den Charakter einer wirklichen „Bewegung“. Das heißt, sie war nicht auf einen spezifischen Kreis oder eine Gemeinde beschränkt. Da ein wichtiges Element in der Q-Szene die Wanderung der predigenden Missionare war, musste ein bestimmtes Territorium abgedeckt worden sein. Dieses Territorium mag sich über Galiläa hinaus nach Syrien erstreckt haben, denn eine Parallel-Entwicklung der ursprünglichen Q1-Schicht der Sprüche, das Thomasevangelium, gelangte nach Nordostsyrien. Die Gemeinde der Didache (spätes 1. Jahrhundert) ist gewiss ein Teil der Wanderprophetenbewegung, obschon sie offensichtlich keinen Q-Jesus kennt. Sie kennt Lehren, die sehr stark an das frühe Q erinnern. Die Gemeinde der Didache war ebenfalls in Syrien angesiedelt.

Darum ist es möglich, sich ein weitverbreitetes Phänomen vorzustellen, das viele Gemeinden betraf; nicht alle von ihnen besaßen eine Abschrift von Q oder waren mit dessen Einzelheiten vertraut. Somit ist es denkbar, dass derjenige, der das Markusevangelium anfertigte, Q nicht zur Hand hatte, und trotzdem mit den allgemeinen Überlieferungen, die Q zugrunde lagen, vertraut war – er partizipierte tatsächlich an den Überlieferungen. Nehmen wir an, dass einige der Q-Wanderpropheten die Markus-Gemeinde besuchten, dass die Erwartungen des Menschensohns dort lebendig waren und dass jene besuchenden Propheten so wie die Leiter der Markusgemeinde selber die Gewohnheit hatten, verschiedene Sprüche aus Q heranzuziehen: So haben wir eine Situation, in der das Markusevangelium entstanden sein könnte.

Somit können wir uns vorstellen, dass Markus in einem der Q-Gemeinde angenäherten Gemeindetypus lebte, in der eine Verkündigung im Geiste von Q betrieben wurde; freilich hatte er kein schriftliches Dokument, um sich darauf zu beziehen. Er ist mit den herausragenden Zügen des gegenwärtigen Q-Ethos vertraut: Johannes der Täufer, der die Gottesreichsbewegung initiierte, die Erwartung des Menschensohns, die Heilungen und Exorzismen, welche die Propheten überall zu vollbringen behaupteten. Und er ist vertraut mit den merkwürdigen Sprüchen, die in Q aufgezeichnet wurden.

Außerdem ist ihm bewusst, dass zumindest ein Teil der Gottesreichbewegung eine „Erinnerung“ an den Gründer besitzt: denselben Gründer, der uns in der dritten Schicht von Q begegnet, den Sprecher der Worte. Denjenigen, der zuerst das religiöse Establishment in Galiläa durch Ausrufung des „Evangeliums Gottes“ und der Ankunft des Gottesreichs provoziert hatte. Was für ein Name für den Gründer zu der Zeit gebräuchlich gewesen sein könnte, was für ein Name ursprünglich im Q-Dokument verzeichnet gewesen war, kann nicht entschieden werden. Den Namen Jesus oder Jesus Christus könnte Markus aus der anderen Überlieferung übernommen haben, die er in seinem „Evangelium von Jesus Christus dem Sohn Gottes“ aufnahm, nämlich aus dem Kerygma des leidenden, sterbenden und auferstehenden Erlösers. Gewiss erhielt Jesus die Bezeichnung „Messias“ (Christus) nicht aus dem Denken oder dem Sprachgebrauch der Q-Gemeinde.

Die ältere wissenschaftliche Auffassung, wonach das Markusevangelium in Rom geschrieben worden sein soll, wurde größtenteils fallengelassen. Im Allgemeinen nimmt man jetzt an, dass alle vier Evangelien aus der Levante kamen, entweder aus dem nördlichen Palästina (Galiläa eingeschlossen) oder Syrien. Burton Mack plaziert Markus vorsichtig abwägend nach Sidon oder Tyrus. Dies mag jedoch eine zu urbane Örtlichkeit in Hinsicht auf den Q-Inhalt sein. Einige behaupten gerne, dass der Autor des Markusevangeliums keine genauen Kenntnisse der galiläischen Geographie hatte, da die Reiseroute Jesu in Galiläa wenig Sinn mache, wenn man sie auf einer Landkarte verfolgt. Das ist jedoch kein ernsthafter Einwand angesichts einer Geschichte, von der Markus weiß, dass sie keine Historie sein soll. Auf alle Fälle müssen wir ihn weiter entfernt von Galiläa lokalisieren, um solche geographischen Widersprüche zu berücksichtigen.

Fast alle Rekonstruktionen von Q setzen die Predigt Johannes' des Täufers über den Menschensohn (Lk./Q 3:79) als ersten Abschnitt an die Spitze der Sammlung. Aber man könnte ebenso dafür eintreten, dass ein anderer Abschnitt vorangestellt war, in dem allgemeinere Predigten von Johannes enthalten waren, wie Lukas 3:3-6 zeigt. Diese Einheit mag sogar, irgendwann im Q3-Stadium, eine Erzählung über die Taufe Jesu beinhaltet haben, in der Jesus durch die vom Himmel herniederfahrende Taube als Sohn Gottes identifiziert wurde – ein weiteres Stück Biographie des neuen Q-Gründers. Markus könnte von einem Wissen über Q-Überlieferungen wie diese für die Einleitung seines Evangeliums (1:1-15) profitiert haben. Es ist darauf hingewiesen worden, dass dieser Teil des ersten Kapitels von Markus sich wie eine Abkürzung eines längeren Berichts liest.[79]

Tatsächlich ist die Versuchungsgeschichte bei Markus (1:12-13) so kurz, dass sie fast keinerlei Substanz hat und man sich erstaunt fragt, was Markus zu ihrer Aufnahme veranlasste bzw. aus welcher Überlieferung er sie schöpfte. Dieser kleine Abschnitt konnte schwerlich auf mündlichem Wege überliefert werden und ist kaum als historisch anzusehen. Tatsächlich können wir aufgrund der komplexeren, dreiteiligen Versuchungsgeschichte bei Matthäus und Lukas sagen, dass sie einen literarischen Aufbau hat, der stark auf Schriftmotiven basiert. Es ist anzunehmen, dass Lukas und Matthäus sie aus Q schöpften, obwohl jeder sie redaktionell überarbeitete. Markus hat sich, ohne Q zur Hand zu haben, möglicherweise nur vage daran erinnert und ein gerüstartiges Exzerpt daraus in sein Evangelium aufgenommen.

Wenn das alles eher sachlich-nüchtern klingen mag und wenig mit der Genesis, dem Werden einer Heiligen Schrift zu tun zu haben scheint, sollten wir uns bewusst machen, dass die meisten Gegenstände im Leben unter sehr profanen Umständen entstehen und ihren „Heiligenschein" zumeist erst in späterer Zeit erhalten.

Wie aus dem Q-Gründer der Leidensmann wurde

Wenn die Markus-Gemeinde, wie sie sich im Evangelium zeigt, Teil der Bewegung ist, wie sie in Q sichtbar wird, dann hat Markus sein Bild vom Wirken Jesu auf der Grundlage von Q aufgebaut. Aber er hat eine völlig andere Dimension, die nirgends in Q gefunden wird, hinzugefügt: einen Jesus, der leidet, stirbt und auferstanden ist.

Diese Dimension bleibt nicht auf die hinzugefügte Passionsgeschichte beschränkt. Markus hat Passionsmotive in den Teil des Evangeliums, der davor kam und vom Wirken Jesu als Prediger und Wundertäter berichtete, eingearbeitet. Zu den Lehren, den Wundern, den Streitgesprächen mit den Pharisäern, der apokalyptischen Erwartung, die vom Menschensohn handelte – die alle Teil der Q-Erfahrung und in Q3 mit einer Gründergestalt verbunden sind – hat Markus ein Passionselement als Teil der Entwicklungslinie hinzugefügt. Daher verschwor sich das jüdische Establishment bei Markus, Jesus zu töten, als Reaktion auf seine Lehre über rituelle Reinheit und Sabbatgesetze wegen seiner Behauptung, dass er das Recht habe, Sünden zu vergeben und allgemein aus eigener Machtbefugnis zu handeln. Markus erweitert den Katalog der Sprüche des Menschensohns, die Teil der apokalyptischen Anschauung von Q sind, durch Erfindung von Prophezeiungen Jesu, dass der Menschensohn (jetzt er selber) leiden, sterben und wiederauferstehen werde (8:31, 9:31, 10:33-34). Dadurch sorgte er dafür, dass seitens der modernen Neutestamentler über Generationen hinweg Verwirrung über ein „unlösbares" Menschensohn-Problem bestand. Markus bringt den Q-„Jesus" mit dem Messias in Verbindung und stilisiert ihn zum Sohn Gottes, obgleich er diese Verbindung – aus noch dunklen Gründen – vorsichtig äußert. Er lässt Jesus seine Jünger ebenso wie die Volksmenge und die Dämonen mahnen, solche Dinge geheimzuhalten.

Somit wurde dem Q-Gründer nicht nur eine Biographie, eine Familie und eine Heimatstadt, sondern auch eine Wirksamkeit als Prediger gegeben, worin alle Elemente plaziert werden konnten, die in Q mit ihm verbunden wurden. Er wurde auch mit den fundamentalen Elementen der Jerusalem-Überlieferung verknüpft. Er wurde nach Jerusalem gebracht, um dort zu sterben und aufzuerstehen. Das war zwar immer Teil dieser Überlieferung, wurde jedoch niemals mit einer bestimmten irdischen Zeit und einem irdischen Ort verbunden. Wie wir gesehen haben, kann diese ganz andere Dimension des Todes und der Auferstehung in Jerusalem und der Vorspann mit dem Wirken Jesu als Prediger in Galiläa, den Markus der Passion sorgsam voranstellte, nicht in Q oder in anderen Schriften, die dazu in Beziehung stehen (wie dem Thomasevangelium und der Didache), gefunden werden. Wir sind daher berechtigt, die Schlussfolgerung zu ziehen – unterstützt durch die literarkritische Analyse der Passionsgeschichte, die in Kapitel 23 folgen wird –, dass die Verbindung zwischen Q und Jerusalem eine Neuerung des Markus darstellt, dass kein Q-Gründer jemals nach Jerusalem ging, niemals hingerichtet wurde und gewiss niemals aus seinem Grab auferstand.

Der Zweck des Markusevangeliums

Die große Frage bei alledem ist: Warum hat Markus ein derartiges „Evangelium" geschaffen, und wie hat er es seiner Gemeinde vorgestellt?

Genauso wie das Q-ähnliche Bild vom Wirken Jesu im Markusevangelium nur dadurch erklärt werden kann, dass Markus und seine Gemeinde an der Predigtbewegung des Gottesreichs teilnahmen, müssen sich Tod und Auferstehung in seinem Evangelium auf den kultischen Christus, der von Aposteln wie Paulus gepredigt wurde, bezogen haben. Markus zeigt kein intimeres Wissen über Paulus und weiß nichts von einer spezifisch paulinischen Christologie oder Soteriologie. Sein einziger direkter Berührungspunkt mit Paulus könnte aus der Abendmahlsszene seines Evangeliums abgeleitet werden, dem paulinischen Mythos des heiligen Mahles, dem „Abendmahl" in 1. Kor 11:23-26. Sogar hier verläuft die Verbindung vermutlich indirekt. Die Worte bei Markus, die Jesu Gründung der Eucharistie beschreiben, sind mit denen des Paulus ungefähr ähnlich. Das stimmt völlig mit der willkürlichen Entwicklung einer Überlieferung überein, die nicht auf einem historischen Ereignis basiert und nicht allen frühen christlichen Äußerungen gemeinsam ist. Bezüglich der Geschichte vom leeren Grab zeigt Markus kein Wissen über die Liste der Erscheinungen, die Paulus im 1. Kor 15:5-7 aufzählt; statt dessen führt er seine eigenen Charaktere, die Frauen ein.

Dennoch ist der kultische Christus ein vertrauter Teil des Markusevangeliums. Dürfen wir annehmen, dass die Markus-Gemeinde ein Teil dieser kultischen Szene war, dass sie den Glauben an den göttlichen Sohn auf paulinische Art teilte, auch wenn das nicht direkt auf Kontakt mit Paulus zurückzuführen war? (Wir wissen nichts von einer Mission des Paulus in Galiläa oder im südlichen Syrien, aber er war nicht der einzige, der den Sohn predigte).

Man könnte fragen, wie eine Q-artige Gemeinde, die das Gottesreich predigte, dazu kam, sich dem Lager derer zu nähern, die den kultischen Christus predigten, zumal zu einer Zeit, in der noch keine Verbindung zwischen beiden hergestellt worden war. Aber vielleicht war dies eines von den ungewöhnlichen Ereignissen in der Geschichte, einer jener Mutationspunkte, an denen unerwartet Neues eintritt. Die Schrift, die als Markusevangelium bekannt wurde, war das Resultat dieses Ereignisses, der Anfang einer neuen Richtung, die die Zukunft der westlichen Welt formen sollte.

Alternativ ließe sich annehmen, dass Markus selbst in Kontakt mit der kultischen Christusbewegung gekommen war und beschlossen hatte, ihre Tradition mit seiner eigenen Q-Überlieferung in einem neuen „Evangelium" zu verbinden. Das wäre immerhin möglich. Aber würde der persönliche Kontakt ihn dazu angetrieben haben, sich dieser Mühen zu unterziehen, und würde seine Gemeinde sein Produkt akzeptiert haben?

Tatsächlich legen einige Teile des Evangeliums nahe, dass die Markus-Gemeinde als Ganze einen kultischen Christusglauben praktizierte. Kommentatoren erkennen, dass einige Szenen des Markusevangeliums offenbar als „Lektionen" für die Gemeinde gedacht sind. Die dreifache Leugnung durch Petrus soll zeigen, dass selbst jemand von der Statur eines Apostelhauptes den Herrn leugnen konnte. Die Gethsemane-Szene enthielt die Moral, dass Zweifel und Ängste auch den Größten unter ihnen heimsuchen. Die Aufnahme des paulinischen heiligen Mahls könnte – ähnlich wie bei Paulus – dem Zweck gedient haben, einen mythischen Präzedenzfall für das Gemeinschaftsmahl zu schaffen, das die Gemeinde praktizierte. Nichts von diesen Dingen ist von Markus aus dem Q-Ethos abgeleitet worden, da dies dort nicht zu finden ist.

Zusammenfassend kann man sagen, dass der geographische Standort der Markus-Gemeinde – möglicherweise im südlichen Syrien oder nördlichen Palästina – diese sowohl mit der galiläischen Q-Bewegung, die das Gottesreich predigte, als auch mit der kultischen Christusbewegung, die wie wir wissen, besonders stark in der Region Antiochia (nordwestliches Syrien) war, in Verbindung gebracht haben kann. Menschen, deren Namen für immer verloren gegangen sind, könnten beide Traditionen für wert und wichtig gehalten, könnten Elemente in beiden als einander ergänzend betrachtet haben.

Die eine besaß einen großen Morallehrer des Gottesreichs, einen Propheten des kurz bevorstehenden von allen erwarteten Endes, einen, der als Kind der Weisheit selbst betrachtet worden war und als der Menschensohn, der kommen würde, das Gottesreich zu errichten. Die andere hatte einen Sohn Gottes, der als Messias angesehen wurde, der die Welt durch einen Tod und eine Auferstehung im spirituellen Reich erlöst hatte. Bei Letzterem handelte es sich um einen Kult mit einem gemeinschaftlichen Mahl, der die Ankunft des Messias und eine apokalyptische Umwandlung der Welt predigte. Warum sollte man sich nicht anschließen – oder sogar beide Traditionen miteinander verschmelzen?

Nichts könnte eine solche Situation des religiösen Synkretismus treffender kennzeichnen.

Schließlich musste es jemandem in den Sinn gekommen sein, eine konkrete Verbindung zwischen beiden herzustellen. Wie war das zu bewerkstelligen? Durch Schaffung einer Geschichte, einer neuen Wahrheit, verkörpert durch eine symbolische Erzählung, konstruiert in der Weise eines Midrasch. Wenn der spirituelle Christus in der Schrift enthalten war und durch sie sprach, wenn inspirierte Evangelien wie die des Paulus aus heiligen Schriften abgeleitet wurden, was für eine bessere Quelle für die Details eines irdischen Lebens gab es als die Schrift selber: nicht nur all jene Textpassagen, die man traditionell messianisch interpretiert hatte, sondern soviel immer man dafür gebrauchen konnte? Ein derartiges Evangelium würde alle Elemente miteinander kombinieren, wobei Parallelen aufgezeigt werden könnten zwischen dem Handeln Christi in der Geistwelt und den Kräften dort und jenen der Q-Bewegung und ihrem neu entdeckten Gründer.

Markus begann zu arbeiten.

Die Historie, der Jesus des Evangeliums und der Q-Gründer

Könnte Markus seine Geschichte als historisch wahr angesehen haben? Dies erscheint höchst zweifelhaft, weil er sie aus einzelnen Teilen zusammenstellte, und weil die Passionsgeschichte aus Textstellen der Schrift konstruiert war. Wir müssen annehmen, dass er sich nicht auf irgendeine Überlieferung über den Tod des Q-Gründers in Jerusalem stützte, da Q in seinen verschiedenen Versionen davon nichts weiß.

Hat Markus sein Evangelium den Lesern als wirkliche Historie präsentieren wollen? Auch das scheint zweifelhaft zu sein. Es lassen sich kaum Gründe dafür finden, warum er einen solchen Betrug hätte verüben sollen. Die Gemeinde würde wahrscheinlich genauso wie er die Abhängigkeit der Passionsgeschichte von den heiligen Schriften erkannt haben und die erfahrensten Gemeindeglieder hätten ohne Zweifel den midraschartigen Aufbau bemerkt – anders als die meisten späteren Christen.

Denn, dass das Evangelium akzeptiert worden ist, impliziert, dass sein Autor ein anerkannter Führer oder Lehrer in der Gemeinde war, ein Schriftexperte gewissermaßen. Seine allegorische Konstruktion diente dazu, den Glauben und das Verständnis der Gemeinde zu erhöhen, die gleichzeitig zur Gottesreichbewegung gehörte und an den spirituellen Erlöser Christus glaubte. Es sollte nicht lange dauern, und diese Dualität sollte zu einer mehrschichtigen Einheit verschmelzen – die Art und Weise übrigens, in der sogar die moderne kritische Wissenschaft mit ihrem „Twin-Tradition-Konzept" die spätere Christenheit betrachtet; bald sollte auch die neue Religion nicht mehr fähig sein, über den verlorenen Horizont hinauszublicken und ihre wahren Anfänge in unverbundener Vielfalt zu sehen.

Eine zweite Frage ist diese: Wenn soviel von dem Jesus des Evangeliums anerkannte Fiktion war, wie setzte Markus – und seine Gemeinde – seinen Jesus von Nazareth zu der Gründergestalt in Beziehung, die wir in Q sehen; und mit wem waren sie vertraut?

Da die Gemeinde die markinische Geschichte von Jesus von Nazareth zumindest am Anfang als eine symbolische Geschichte des kultischen Christus, die auf midraschartige Weise mit dem Q-Gründer verbunden wurde, erkannt haben muss, sollte es keine Probleme gegeben haben. In der modernen Literatur gibt es zahlreiche Beispiele historischer Fiktion, die auf Gestalten der Geschichte basieren, bei denen der Autor niemals beanspruchen würde, dass die reale Gestalt jene Erfahrungen gemacht hat, die er in seinem Roman darstellt. Trotzdem kann der fiktive Romanaufbau entworfen sein, um eine Einsicht in Persönlichkeit und Bedeutung dieser historischen Gestalt zu gewinnen und darüber hinaus in unser eigenes Verständnis von uns selbst und der Welt. Wenn dieser historische Romancier die Details seiner erfundenen Handlung mit Hilfe von Schriftstellen erfinden würde, würden wir sein Produkt „Midrasch" nennen.

Das Markusevangelium mag keinen höheren Zweck gehabt haben als diesen, als es zum ersten Mal zu Papier gebracht wurde. Dafür war es in der Markus-Gemeinde verfügbar zur Erbauung der Gemeinde. Aber es kann nicht als historischer Bericht einer historischen Gestalt angesehen worden sein, die in Jerusalem starb und auferstand. Wir können soweit gehen und mit Blick auf das Fehlen von Auferstehungserscheinungen in der ersten Ausgabe des Markusevangeliums sagen, dass das letztere „Ereignis“ die Auferstehung nach dem Tode symbolisierte; dieser konnten die Gemeindeglieder selbst entgegensehen, insofern sie die spirituelle Auferstehung nach dem Tode sinnbildlich darstellte, die der kultische Christus erfahren hatte.[80]

Eine Beobachtung nebenbei. Wir können nicht davon ausgehen, dass „Wissen“ bezüglich eines Q-Gründers Allgemeingut in der gesamten Gottesreichbewegung war, weil einiges dagegen zu sprechen scheint. Wir haben oben angemerkt, dass die Didache kein Anzeichen für einen Gründer Jesus aufweist (siehe Anhang 8), obgleich sie das Produkt einer Gemeinde ist, die offensichtlich enge Verbindungen zur Galiläa-Überlieferung hat. Nicht einmal Johannes der Täufer tritt in Erscheinung.

Die meisten Wissenschaftler haben die Gemeinde der Didache in Syrien angesiedelt. Wenn sie Recht hätten, würde das zeigen, dass die Gottesreichbewegung verhältnismäßig weit verbreitet war, dass aber die speziellen Q-Überlieferungen in den späteren Stadien der Spruchsammlung es nicht waren. Dieses Schweigen in der Didache zeigt, dass die Entstehung eines Q-Gründers offenbar ein eng begrenztes Ereignis war, vielleicht auf einen Kreis in der nächsten Umgebung der Gruppe, die das Dokument besaß, beschränkt.

Andererseits hat die Didache ein/en „Knecht/Kind Jesus“ in ihren eucharistischen Gebeten (Kap. 9), der eine Art spiritueller Mittler-Sohn-Idee zu repräsentieren scheint. Dies würde nahelegen, dass Synkretismus zwischen der Gottesreichbewegung und dem Christuskult, wie wir ihn in der Markus-Gemeinde vorgefunden haben, kein vereinzeltes Phänomen war.

Die späteren Synoptiker

Ein derartiges Szenario würde zu der Entwicklung der späteren Synoptiker passen – den Redaktoren des Markusevangeliums. Nachdem eine gewisse Zeit verstrichen war – vielleicht wenige Jahrzehnte –, drang die Kunde von der markinischen allegorisch-literarischen Schöpfung auch zu anderen Gemeinden, wahrscheinlich im Bereich des südlichen

Syrien (das Matthäusevangelium soll dort herkommen, der Ursprung des Lukasevangeliums ist schwerer einzuschätzen). An zwei verschiedenen Orten und wahrscheinlich zu unterschiedlichen Zeiten – Lukas wird im Allgemeinen als der Spätere betrachtet – in Gemeinden, in denen Q und paulinischer Synkretismus miteinander verbunden waren, kamen zwei Schriftgelehrte mit dem Markusevangelium in Kontakt und erkannten seine Möglichkeiten.

Auch Matthäus und Lukas besaßen Ausgaben von Q mit ihrer „Jesus"-Gestalt. Alternativ, wie im vorherigen Kapitel nahegelegt, könnte die Markus-Gemeinde in der Zwischenzeit eine Abschrift von Q erlangt haben; außerdem könnten das Markusevangelium und Q als zwei sich ergänzende Dokumente inzwischen weitere Verbreitung gefunden haben. Mitunter werden die Evangelien des Matthäus und Lukas geradezu als Korrekturen und erweiterte Ausgaben des Markusevangeliums betrachtet, mit dem Ziel, die erkannten Mängel auszugleichen, die durch die markinische Unterlassung, Q-Material aufzunehmen, verursacht wurden.

Im Hinblick auf die Umarbeitung des Markusevangeliums durch die beiden späteren Schreiber, der Aufnahme von Q-Elementen und der Erschaffung eines Jesusbildes, das ihren eigenen Zwecken diente, können wir annehmen, dass Matthäus und Lukas kaum glauben konnten, einen genauen historischen Bericht anzufertigen oder zu bewahren. Es ist möglich, dass sie und ihre Gemeinden ihre Evangelien als eine Darstellung des Q-Gründers betrachteten – gleichgültig, ob sie eine solche Gestalt vorher kannten oder nicht. Eine interessante Frage: Selbst wenn sie keine Bedenken hatten, Veränderungen vorzunehmen – könnten Matthäus und Lukas möglicherweise gemeint haben, dass wenigstens die Passionsgeschichte des Markusevangeliums historisch war?

Matthäus entwickelte den midraschartigen Ansatz weiter und wies durch die Einführung der sog. Reflexionszitate immer wieder darauf hin, dass mit dieser oder jener Handlung Jesu die Schrift erfüllt worden sei. Noch einmal: Es ist schwer zu sagen, ob der Evangelist ein bestimmtes historisches Konzept dabei besaß oder ob er das Prinzip schriftgemäßer Erfüllung als symbolisch betrachtete. Die Schrift war nicht nur das Medium, das den spirituellen Christus enthüllte, auch die eigenen Erfahrungen der Gemeinde waren, wie man meinte, darin bereits präfiguriert. Denn alle Evangelien, auf ihrem höchsten symbolischen Niveau, waren nichts anderes als Spiegel des Glaubens und der Reformbewegungen ihrer Gemeinden.

Nachdem eine Generation nach der Entstehung des Markusevangeliums ins Land gegangen war, kursierten vielfältige Versionen der Geschichte des Jesus von Nazareth. Nicht zu lange nach Lukas stieß eine andere Gemeinde weiter im Norden Syriens mit einem Erlösersohn dazu, die später als die Gemeinde des Johannes bekannt wurde. Somit war man auf der Bühne der christlichen Welt inzwischen darauf vorbereitet, die Gestalt des Markus und seine Geschichte als historisch zu betrachten. Auch waren die kirchenpolitischen Vorteile einer solchen Sichtweise in dieser späteren Zeit evident, da inzwischen konkurrierende Kirchen versuchten, ihren eigenen Glauben mit etwas Konkreterem als der Inspiration durch den Geist zu legitimieren. Gleichzeitig könnten wachsende Gemeinden mit Menschen aus allen sozialen Schichten die Notwendigkeit einer menschlich-näheren und weniger esoterischen Erlösergestalt verspürt haben. Der Lauf des historischen Jesus von Nazareth war nun nicht mehr aufzuhalten.

Datierung des Markusevangeliums und Q

Wann wurde das Markusevangelium geschrieben? Schätzungen bewegen sich zwischen 50 und 150 u.Z.; beide Positionen sind freilich gleichermaßen extrem wie unwahrscheinlich. Die verbreitetste Datierung liegt innerhalb eines Jahrzehnts, zwischen 65 und 75. Derartige Schätzungen orientieren sich durchweg an dem apokalyptischen Inhalt des Markusevangeliums, besonders der sogenannten kleinen Apokalypse in Kapitel 13.

Dort verheißt Jesus seinen Jüngern das baldige Ende des großen Tempelbaus. Buchstabengläubige haben keine Schwierigkeiten, sich vorzustellen, dass Jesus die prophetische Gabe besaß, solche Dinge vorauszusagen. Bei nüchterner Betrachtung wird man allerdings zu dem Ergebnis kommen, dass diese Prophetie kaum von Jesus stammen kann. Vielmehr spiegelt sich in ihr das Wissen des Markus wider, der bereits auf die Zerstörung des Tempels auf dem Höhepunkt des Jüdischen Krieges (66-70) zurückschaut. Möglich auch, dass Markus kurz nach dem Ausbruch schrieb; er brauchte kein Prophet sein, um zu sehen, dass die Römer siegen und die Juden durch Zerstörung ihres Tempels strafen würden.

Das größte Problem einer frühen Datierung vor 70 u.Z. ist Kapitel 13. Dieses lässt vermuten, dass dessen Autor das Verstreichen eines gewissen Zeitraums *nach* dem Kriege konzediert, bevor die Endzeit endgültig kommt. Aber es ist unwahrscheinlich, dass jemand wie Markus, der in den Jahren 67 oder 68 das kommende Unheil sah oder den Zerfall des jüdischen Lagers nach dem Einmarsch der Römer in Palästina und der Belagerung Jerusalems beobachtete, nicht davon überzeugt gewesen wäre, dass die Endzeit mit der Ankunft des Menschensohns kurz bevorstand. Es hätte keinen Grund dafür gegeben, eine weitere Verzögerung zu erwarten.

Dass die Verzögerung eintrat, scheint in 13:5-13 offensichtlich zu sein. Jesu Prophezeiung der falschen Messiasse trifft am besten auf die Zeit zwischen dem Krieg und dem Ende des Jahrhunderts zu. Nach einigen Briefen zu urteilen, war die Uneinigkeit innerhalb der christlichen Gemeinden zu dieser Zeit am größten; eine Splittergruppe bezeichnete die andere als „antichristlich", warnte vor denen, welche die Menschen zur falschen Lehre führten. Sogar in den Evangelien von Matthäus und Lukas sind derartige Streitfragen noch sehr lebendig, und kein ernsthafter Wissenschaftler datiert weder das eine noch das andere vor das Jahr 80. Bei Markus 13:7 sagt Jesus auch noch, dass selbst nach nahen und fernen Kriegen „das Ende noch nicht da ist". Er spricht von großen Kriegen zwischen den Völkern, von Erdbeben und Hungersnöten. In Vers 10 sagt er: „Und das Evangelium muss zuvor gepredigt werden unter allen Völkern." Dies war eine Bedingung, die wahrscheinlich nicht einmal Markus zur Zeit des Jüdischen Krieges als erfüllt angesehen haben würde. Die Leiden, die Verfolgungen, die falschen Messiasse, die Zeichen und Wunder taten und die Gläubigen verführten, waren Teil der Mythologie des kommenden Zeitalters, dessen „Geburtswehen". All das sollte erst noch beginnen.

Somit scheint es so zu sein, dass die Entstehung des markinischen Jesus kurz nach dem Kriege zu datieren ist, als die Endzeit nicht kam, obwohl sie gemäß der Stimmungslage der Markus-Gemeinde über kurz oder lang zu erwarten war. Wir wissen allgemein, dass die apokalyptische Erwartung noch gegen Ende des Jahrhunderts zunahm. Apokalypsen aus den 90er Jahren beweisen dies. Einige jüdische Schriften entstanden in der Zeit nach dem Kriege, wie das 4. Esrabuch, das eine eigene apokalyptische Anschauung enthält; und diese sind sicherlich nicht vollständig innerhalb nur weniger Jahre geschrieben worden. Die Legende, dass Kaiser Nero nicht tot war, sondern mit Armeen aus dem Osten zurückkommen würde, der so genannte *Nero-redivivus-Mythos,* wird einige Zeit zur Entstehung nach seinem Tode beansprucht haben. Dieser Mythos scheint in den letzten Jahren der flavianischen Herrschaft in den 90er Jahren sehr lebendig gewesen zu sein.

Daher passt der stark apokalyptische Beigeschmack des Markusevangeliums ebenso zu einer Datierung um 85-90 wie zu einer um 70. Analog würden sich Historiker in ein paar hundert Jahren eines ähnlichen Missverständnisses schuldig machen, wenn sie jedes Dokument des 20. Jahrhunderts, in dem von der Angst vor einem Atomkrieg die Rede ist, in die Kubakrise von 1962 datieren würden. Dabei handelte es sich zwar um einen Höhepunkt derartiger Ängste, aber wie man weiß, dauerten diese durchaus noch während des ganzen Kalten Krieges an.

Es gibt diejenigen, die darauf hinweisen, dass Markus eine Verheißung Jesu zitiert (13:30), „Dieses Geschlecht wird nicht vergehen, bis dies alles geschieht", ein ermutigender Hinweis für seine Gemeinde darauf, dass die Ankunft des Gottesreichs und des Menschensohns kurz bevorsteht. Bestimmt sind 50 oder 60 Jahre der äußerste Zeitraum, innerhalb dessen eine derartige Vorhersage, die um das Jahr 30 herum gemacht wurde, noch eine Berechtigung gehabt hätte. Jedoch wäre eine solche Begrenzung nicht nötig, wenn wir davon ausgehen, dass Markus nur einen symbolischen Jesus in einer midraschartigen Schrift schuf.

Ein anderer Faktor, der dafür spricht, dass das Markusevangelium innerhalb der Grenzen des 1. Jahrhunderts angesiedelt werden muss, ist seine enge Beziehung zum Q-Ethos. Die verschiedenen Schichten von Q zeitlich einzuordnen, ist offenkundig schwierig, obgleich die meisten Q-Wissenschaftler den überwiegenden Teil der Logien vor dem Jüdischen Krieg datieren.[81] In Q2, der prophetischen Schicht ebenso wie in den Warnungen für Städte wie Kapernaum, gibt es keinen Hinweis darauf, dass es bereits zu großen kriegerischen Zerstörungen gekommen wäre. Trotzdem scheint ein Logion in Q bereits auf den Krieg zurückzuschauen: Lukas/Q 13:35. „Sehet, euer Haus [Der Tempel ist gemeint] soll euch wüste gelassen werden.“ Dies könnte auf eine Prophetie in Jeremia 22:5 zurückblicken, aber das Logion sieht jene Prophezeiung jetzt als erfüllt an.

Dieser Vers ist offensichtlich ein Weisheitsorakel aus einem unbekannten Weisheitsbuch. Es ist dem Gründer in der Q3-Schicht in den Mund gelegt worden. Wir wissen nicht, ob die frühere Version im Sinne einer nicht erfüllten Prophezeiung sprach, als sie der personifizierten Weisheit zugeschrieben wurde. Falls nicht, könnten Teile der Q2-„Weisheits“-Schicht aus den Jahren nach 70 stammen.

Wenn Q3 zehn oder zwanzig Jahre nach dem Jüdischen Krieg entstand, wann endete dann die Geschichte der Q-Gemeinde und die der Bewegung? An dieser Stelle ist grundsätzlich zu bemerken, dass apokalyptische Erwartungen in der Regel niemals völlig abreißen. Wie wir heute wissen, existierten die Vorstellungen vom Tausendjährigen Reich (die Erwartung einer tausendjährigen Regierung des Messias) noch bis in das 2. Jahrhundert hinein – wie bei Papias – und darüber hinaus. Wenn die Herkunft und das Datum der Didache um die Wende zum 2. Jahrhundert richtig sind, bestand zu der Zeit noch ein Q-artiges Milieu in Syrien, obgleich bereits Elemente eines Christuskultes einzudringen begannen. Nach diesem Zeitpunkt ist das spezifische Q-Ethos nur noch bei den späteren Synoptikern anzutreffen.

Wenn Matthäus und Lukas aufgrund der vorgeschlagenen Datierung des Markusevangeliums um 85-90 in den ersten zwei Jahrzehnten des 2. Jahrhunderts zu plazieren sind,[82] bedeutet dies, dass Q zu der Zeit noch existierte. Zu der Zeit aber könnte die galiläaische Gottesreichbewegung über fünfzig Jahre alt gewesen sein und an Energie und Ausstrahlung verloren haben; Q blieb als ihr Erbe zurück.

Um zur Datierung von Markus zurückzukehren: Wenn wir das erste Evangelium zu früh ansetzen, zwischen 50 und 70, entsteht die Schwierigkeit, dass sich 75 Jahre lang, nachdem das erste Evangelium verfasst wurde, innerhalb der frühchristlichen Welt der Ökumene immer noch keine weiteren Evangelien nachweisen lassen. Zitate aus den Evangelien erscheinen nicht vor der Mitte des 2. Jahrhunderts, und zwar erstmals in den Schriften von Justin und möglicherweise auch im kurzen 2. Clemensbrief. (Siehe Kapitel 24, wo sich ein Überblick über die fehlenden Evangeliumszeugnisse in den Schriften der Apostolischen Väter findet.) Obgleich es wahrscheinlich ist, dass die Evangelien ein oder zwei Generationen in jenem kleinen Kreis von Gemeinden kursierten, in dem sie entstanden, erscheint eine derartig lange Pause schwer akzeptabel. Meine eigene Annahme, dass Markus gegen das Jahr 90 geschrieben wurde, stellt einen Kompromiss zwischen diesen beiden Positionen dar.

Man muss auch Ignatius von Antiochiens spärliche biographische Angaben über Jesus als das erste Anzeichen für eine weitere Verbreitung von Ideen und Vorstellungen ansehen, die auf das Werk des Markus zurückgehen, über den engen Raum hinaus, in dem es erschaffen wurde. Da Ignatius sich niemals auf ein geschriebenes Evangelium zum Beweis seiner Anklage gegen jene beruft, die seine jesuanische „Basisbiographie" leugnen, müssen wir annehmen, dass er keine derartige Schrift kannte. Die Briefe des Ignatius, geschrieben auf seiner Gefangenschaftsreise von Syrien über Kleinasien nach Rom, werden gewöhnlich in das erste Jahrzehnt des 2. Jahrhunderts datiert. Obschon diese Datierung in Frage gestellt wurde (zusammen mit einer radikaleren Datierung der Evangelien in die Mitte des 2. Jahrhunderts), halte ich sie für vertretbar. Somit würde eine Datierung von Markus um 90 und von Matthäus, vielleicht rund zehn Jahre später, mit Ignatius übereinstimmen. Vielleicht hatte Ignatius, der weiter nördlich lebte, von solchen Schriften im frühen 2. Jahrhundert gehört und die darin enthaltene Idee des historischen Jesus in ihren Umrissen übernommen. Wir müssen weiter bedenken, dass er zur Sohn-Gottes-Bewegung gehörte, die keine zentrale Organisation und kein Netzwerk einer gemeinsamen Lehre und Kommunikation hatte. Eine allmählich fortschreitende Verbreitung der Evangeliumsvorstellung während der darauffolgenden Jahrzehnte macht Sinn, da sie sich erst gegen einen christlichen Glauben von der Art des kultischen Christustyps durchsetzen musste, der einen historischen Jesus nicht hatte.

Bestandsaufnahme des Q-„Jesus"

Diejenigen, die heute erkennen, dass die historischen Stützen des Evangeliums durch die moderne kritische Wissenschaft ins Wanken geraten sind, ziehen sich gerne auf die folgende Erklärung zurück: Auch wenn der Jesus des Markusevangeliums eine komplette Fiktion sein sollte, auch wenn die Ereignisse von Jerusalem nie stattfanden, kein Prozess vor Pilatus, keine Kreuzigung oder Auferstehung, auch wenn der Entstehung der Glaubensbewegung, zu der Paulus gehörte, keine menschliche Gestalt zugrunde lag, wäre es nach ihrer Auffassung gleichwohl vorstellbar, dass der Q-Jesus authentisch war, dass es einen predigenden Rabbi in Galiläa gab, der die Aussprüche machte, die ihm in Q zugeschrieben wurden, der sich aber niemals als Sohn Gottes ausgab, niemals als Erlöser und noch weniger als Messias auftrat. Ein weiser Lehrer, der versuchte, Menschen zum langersehnten Königreich Gottes zu führen, der durch Markus mit den Vorstellungen und Ideen des Christuskults verbunden wurde.

Bei der Prüfung dieser These erkennen wir schnell, dass die frühen Schichten von Q keine Anzeichen für eine Bekanntschaft mit der Jesus-Gestalt enthalten: Textstellen, die ihn offenkundig nicht erwähnen, das Fehlen jeglicher „Heldenverehrung“, die einem derartigen Gründer sicher entgegengebracht worden wäre, das Fehlen seines Namens selbst in der frühen Schicht. Die ausführlicheren Anekdoten über ihn sind nachweisbar spätere Konstruktionen. Wenn Q in einem späteren Stadium derartige Anekdoten aufnahm, die Jesu Namen und einige wenige biographische Züge enthielten, warum nicht in einem früheren Stadium, insbesondere zu einer Zeit, als die Erinnerung an den predigenden Gründer zeitlich näher und lebendiger war? In diesem frühen Stadium hätten wir sie erwartet.

Wir müssen auch fragen, ob es möglich ist, dass das Konglomerat verschiedener Logientypen in der endgültigen Q-Version auf jeder Entwicklungsstufe derselben Gründergestalt zugeschrieben werden konnte. Eine Sammlung „anonymer“ Logien nach dem Erreichen eines bestimmten Entwicklungsstandes nach einer gewissen Zeit einer bestimmten Gestalt der Vergangenheit zuzuschreiben, ist das eine. Die Bedürfnisse der Sekte führen oft zu einer derartigen Entwicklung, und wir können Beispiele dieser Art in der Geschichte finden: in der Sammlung von prophetischen/königlichen/priesterlichen Gesetzesvorschriften, die in der jüdischen Geschichte der legendären Gestalt des Moses zugeschrieben wurden; oder in dem über mehr als ein Jahrhundert entwickelten komplizierten politischen und militärischen System der Spartaner zur Beherrschung der Heloten (Staatssklaven), die dem Lykurg zugeschrieben wurden.

Etwas anderes aber ist es, anzunehmen, dass neu hinzukommende Logien der älteren mit Jesus verbundenen Sammlung hinzugefügt wurden und dass Redaktoren und Gemeinde sie demselben Jesus zuschreiben konnten. Auch wenn der exakte Aufbau von Q im Einzelnen noch unklar ist, können die verschiedenen Schichten mit Bestimmtheit voneinander geschieden und chronologisch unterschieden werden. Die Behauptung, die Gemeinde habe der Sammlung neue Logien als Erzeugnisse ihres Gründers hinzugefügt, ist daher nicht akzeptabel.

Betrachtet man die Bewegung als Ganzes, mit einem berühmten Lehrer an ihrem Ursprung, dem Sprecher einer Sammlung von Sprüchen, würde man erwarten, dass dieser Lehrer in der Bewegung als eine feste Größe gegolten haben müsste und in den Schriften seinen Niederschlag gefunden hätte. Wir haben gesehen, dass die Didache in einer Verbindung mit der Q-Gemeinde steht, gleichwohl finden wir dort die Gestalt eines lehrenden, wundertätigen Jesus nicht. Es ist aufschlussreich, dass die Didache ein System ethischer Maximen beinhaltet, die oft große Ähnlichkeiten mit den Q1-Sprüchen aufweisen, dennoch werden sie keiner Jesus-Gestalt zugeschrieben. Das weist darauf hin, dass ihre Verbindung mit Jesus in Q eine separate und lokale Entwicklung ist, eine, an der die Didache nicht teilnahm. Ebenso wird deutlich, dass die Einführung einer Gründergestalt in Q später erfolgte als die Entwicklung der Didache-Gemeinde. Im Thomasevangelium erscheint die Gestalt Jesu in den Sprüchen lediglich in kleinen Einleitungen, bei denen es sich freilich um sekundäre Erweiterungen handeln könnte. Jesus übte eine so geringe Wirkung auf die Thomasgemeinde aus, dass nicht einmal eine einfache Verbindung, so wie wir sie in Q3 finden, mit dem Material stattfand. Auch gibt es im Thomasevangelium keinen Ansatz in Richtung auf eine Biographie Jesu.

Unsere bisherige Untersuchung legt die Annahme nahe, dass es keinen Q-Gründer in den Anfangsstadien der Bewegung gab, dass er aber später durch einige Gemeinden, die zu der Gottesreich-Bewegung gehörten, hinzugefügt wurde.

Weitere Indizien werden folgen, wenn wir die Jesuszeugnisse im Werk des jüdischen Historikers Josephus untersuchen. Vorerst muss der Hinweis genügen, dass Josephus nicht zur Stützung der Position derer, die für die Existenz eines Q-Jesus plädieren, herangezogen werden kann, da seine „Zeugenaussage" auf der Behauptung beruht, dass Jesus von Pilatus gekreuzigt wurde – dabei aber handelt es sich um ein ganz spezielles Motiv, von dem selbst die Befürworter eines historischen Q-Jesus einräumen, dass es aus Markus stamme.

Teil sieben

Das nichtchristliche Jesus-Zeugnis

20
Jesus zwischen Juden und Heiden

Das heidnische Zeugnis

Nach dem Schweigen über Jesus in den christlichen Schriften mag das Schweigen in den nichtchristlichen Schriften des 1. Jahrhunderts enttäuschend erscheinen; gleichwohl ist auch dies eine weitere wichtige Bestätigung für unser Puzzlebild. Und wenn dann die ersten Hinweise auf Jesus in jüdischen wie in römischen Schriften im 2. Jahrhundert und später auftauchen, sind diese wenig zuverlässig und keineswegs überzeugend.

Viele Passagen aus den Evangelien sind durch die neuzeitliche kritische Wissenschaft inzwischen ins Reich der Fiktion verwiesen worden. Wenn freilich ein echter Jesus existierte und am Beginn einer Weltreligion stand, müssten wir annehmen, dass wenigstens einige Grundzüge seines Lebens wie z.B. die Hinrichtung in Jerusalem eine Basis in der historischen Realität hätten. Sonst wäre der Aufstieg des Christentums aus der traditionellen Sicht nicht erklärbar.

Konsequenterweise sollte für Historiker der damaligen Zeit Jesus und die Religion, die mit ihm begann, ein bemerkenswertes Ereignis der Epoche der frühen Kaiser dargestellt haben. Es ist schwer zu glauben, dass er der Aufmerksamkeit zumindest einiger jüdischer Kommentatoren entgehen konnte. Auch war Palästina keineswegs eine rückständige Reichsprovinz, deren Ereignisse ohne Interesse für diejenigen waren, die außerhalb ihrer Grenzen lebten. Das Land der Juden lag an einer strategisch wichtigen Stelle auf dem Weg nach Ägypten. Es war Teil des Bollwerks gegen die feindlichen Parther im Osten. Der von den Juden verursachte Ärger schien grenzenlos, und ihr rebellischer Geist muss die Quelle vieler schlafloser Nächte von römischen Kaisern auf dem Palatinischen Hügel gewesen sein. Die zwei „Jüdischen Kriege", die das Reich kämpfte, um den rebellischen Geist niederzuringen, waren Roms schwerste militärische Feldzüge während der ganzen Ära. In dem halben Jahrhundert eskalierender Unruhen, die zu dem Fall von Jerusalem im Jahre 70 u.Z. führten, stand Judäa im Scheinwerferlicht, welches das ganze östliche Reich erfasste.

Wir sollten uns daran erinnern, dass die Juden anders als andere Völker in ihren Tagen weit verbreitet waren. Ihre Diasporagemeinschaften waren in jeder großen Stadt und auch in vielen kleineren anzutreffen. Als gesellschaftliche Gruppe hielten sich die Juden von anderen getrennt. Sie unterhielten enge Verbindungen zu ihrem Heimatland. Die Religion der Juden war ein Brennpunkt des Interesses in vielen heidnischen Gesellschaften. Jüdische Angelegenheiten waren ein ständiges Thema für viele römische Schriftsteller, Dichter und Satiriker – ob sie Bewunderung, Ressentiments oder Spott zum Ausdruck brachten.

Wenn wir mit unserer Suche bei diesen nichtchristlichen Zeugen für Jesus beginnen, ist die Ausbeute freilich äußerst mager. Seneca (gestorben 65 u.Z.), der größte römische Schriftsteller und Moralphilosoph seiner Zeit, hat uns nichts über Jesus oder das Christentum mitzuteilen – obwohl die Christen nach Konstantin Seneca zu einem heimlich Bekehrten machten und Korrespondenz zwischen ihm und Paulus erfanden. Etwas später setzte sich der stoische Philosoph Epiktet (um 50 bis um 138) für eine Lehre der „Bruderschaft der Menschen" ein und zielte mit seiner Botschaft auf die unteren Schichten der Gesellschaft (er selber war ein ehemaliger Sklave). Aber er hatte augenscheinlich nichts von seinem jüdischen Vorläufer gehört. Der Historiker Arrian bewahrte einige von Epiktets Vorlesungen auf, aber die Unterlagen wissen nichts über Jesus. Buch IV seiner Diskurse enthält eine karge Bemerkung über „Galiläer", die dem Tod furchtlos entgegentraten, aber wir wissen nicht sicher, ob sich das auf Christen bezieht, die es vorzogen zu sterben, statt heidnischen Gottheiten zu opfern, oder auf jüdische Zeloten in ihrem politischen Kampf gegen Rom. Epiktets ethische Ansichten haben große Ähnlichkeit mit denen, die Jesus zugeschrieben wurden, so dass einige ältere Gelehrte wie Douglas Sharp im Jahre 1914 (*Epiktet and the New Testament,* S. 136) ernsthaft fragten, ob er ein Christ gewesen sein könnte.

In seinen geistreichen Epigrammen stellt der Satiriker Martial (gest. um 103) die unterschiedlichsten Charaktere seines zeitgenössischen Roms dar, aber Christen, die an die Gottheit eines gekreuzigten jüdischen Predigers glauben, sind nicht dabei. Martials jüngerer Kollege Juvenal (gest. 138), ein Verfasser bissiger Invektiven, gibt uns auch ein lebendiges Bild der kleinen Schwächen und der Narren in der Hauptstadt des Reiches seiner Tage, aber auch er macht keine satirischen Bemerkungen über die Christen. Der erste Satiriker, der Christen an den Pranger stellte, ist Lucian, der in den 60er Jahren des 2. Jahrhunderts die Satire *„Über das Lebensende des Peregrinos"* schrieb, in der er sie wegen ihrer Leichtgläubigkeit, Dinge „ohne irgendeinen sicheren Beweis" zu akzeptieren, verhöhnte. Hier bezieht er sich auf „ihn, den sie noch verehren, den in Palästina gekreuzigten Menschen, weil er diese neuen Mysterien in die Welt eingeführt hat". Zu dieser Zeit waren die Evangelien im Umlauf, und jeder wusste, was Christen über ihre Ursprünge glaubten.

Epiktets Bezug auf die „Galiläer", wenn dies „Christen" bedeutet, sagt uns nichts darüber, ob der Gegenstand ihrer Verehrung mythisch oder historisch war, und das gleiche trifft auf die bekannte Stelle bei Plinius dem Jüngeren zu, enthalten in einem Brief an Trajan um das Jahr 112. Plinius verfolgte Christen in der Provinz Bithynien in Kleinasien, wo er als Gouverneur Dienst tat, und er bittet den Kaiser um Rat, wie er mit diesen eigensinnigen Fanatikern umgehen soll, die sich weigern, die traditionellen Götter anzurufen, einschließlich des göttlichen Kaisers. Er erzählt Trajan, dass sie sich anscheinend „an einem bestimmten Tag vor Sonnenaufgang zu versammelten pflegten, Christus als ihrem Gott Wechselgesang sangen" und sich versammeln, um später ein „unschuldiges Mahl einzunehmen". Sogar unter Folter fand Plinius „nichts anderes ... als einen verworrenen, maßlosen Aberglauben". Man könnte erwarten, dass sich Plinius auf den „Christus", den Mann in Judäa, den gekreuzigten Rebellen, beziehen würde, wenn dieser der Gegenstand christlicher Anbetung war, denn dies wäre ungewöhnlich und von einigem Interesse für den Kaiser gewesen. Er tut es jedoch nicht. Auf alle Fälle hat Plinius jegliche Information, die er mitteilt oder in diesem Brief impliziert, von Christen erhalten.[83]

Der Onkel des Plinius, Plinius der Ältere, war ein römischer Schriftsteller, der über Naturgeschichte schrieb. Als Teil einer umfangreichen Schriftstellerlaufbahn sammelte er emsig Berichte über alle Arten von Naturphänomenen, wie Vulkanausbrüche, Erdbeben und alle Arten astronomischer Ereignisse. (Er sollte den Tod durch Ersticken erleiden, als er sich zu dicht heranwagte, um den ausbrechenden Vesuv im Jahre 79 zu beobachten.) Der ältere Plinius schrieb sogar legendäre Ereignisse aus dem Volksglauben auf, wie über den Kometen, der mit Caesars Geburt in Verbindung gebracht wurde, Ereignisse, die er selber als unhistorisch betrachtet haben mag. Trotzdem erwähnt er nichts von Wundern, die mit dem Glauben von Christen im Zusammenhang stehen: kein Erdbeben oder Verdunkelung des Himmels, die sich angeblich bei der Kreuzigung ihres Gründers ereigneten, auch nichts von einem Stern von Bethlehem, der seine Geburt anzeigte. (Da von Nero berichtet wird, dass er nach dem Feuer von 64 Christen in großer Zahl hingerichtet habe, kann man annehmen, dass Plinius die Sekte kannte.)

Die volkstümliche christliche Mythologie ist sehr wahrscheinlich die Quelle des ersten heidnischen Hinweises, den wir auf Christus finden. Der römische Historiker Tacitus erzählt uns in seinen *Annalen* (Buch 15, Kapitel 44), geschrieben um 115, dass Nero, um Gerüchte zu zerstreuen, er selber habe den Brand der Stadt Rom angeordnet, „die wegen ihrer Untaten verabscheuten Leute, die das Volk Christen zu nennen pflegt“, verdächtigte.[84]

Tacitus fährt in der Textstelle der *Annalen* fort und gibt uns eine Hintergrundinformation über die christliche Bewegung in einem Satz:

„Der Name geht auf Christus zurück, der unter der Herrschaft des Tiberius durch den Prokurator Pontius Pilatus hingerichtet worden war.“

Zitiert Tacitus den offiziellen Bericht einer Kreuzigung, die vor 90 Jahren in Judäa stattfand? Dies ist höchst unwahrscheinlich. Die Römer mögen für ihre Tüchtigkeit und ihre Verwaltung berühmt gewesen sein, aber dass über jede der zahllosen Kreuzigungen und Hinrichtungen, die sie im ganzen Reich zur Sicherung des Friedens vollzogen, in den Verwaltungen Roms ein Bericht existierte, ist nahezu unmöglich. Wir wissen nichts von einer Berichterstattung diesen Umfangs. (Da die Biographie Jesu nach Ansicht moderner Wissenschaftler, die sich darum bemühen, das Schweigen über ihn in den zeitgenössischen Berichten zu erklären, ohnehin wenig auffallend gewesen sein soll, wäre die Wahrscheinlichkeit, dass die Römer von dieser speziellen Hinrichtung einen Bericht anfertigten, auch vor diesem Hintergrund nicht sehr groß.)

War Tacitus eine gewissenhafter Forscher? G. A. Wells weist darauf hin (*The Jesus of the early Christians,* S. 187), dass er nach den Worten eines Historikers nicht die Angewohnheit besaß, Dokumente im Original heranzuziehen. In genau diesem Satz über Christus bezieht er sich auf Pilatus als „Prokurator". Wie Wells anmerkt, war dies der Titel des Postens zur Zeit des Tacitus; zur Zeit der Regierung des Tiberius wurden derartige Gouverneure „Präfekten" genannt. Wenn der Historiker auf ein Archiv zurückgegriffen hätte, hätte der Bericht seinen Anachronismus richtig stellen können.

Vernünftigerweise wird man also annehmen müssen, dass Tacitus in seinem Bericht über die Regierung Neros mit diesem flüchtigen Hinweis einfach über das schrieb, was Christen – in Rom oder in der vor der Abfassung der Annalen von ihm selber noch regierten Provinz Asien – öffentlich über ihren Gründer sagten. Der Bischof von Antiochien war kaum zehn Jahre vorher in der Arena hingerichtet worden. Sollten wir darüber spekulieren, ob Ignatius den römischen Christen die neue Glaubensüberzeugung, dass Geburt, Leiden und Auferstehung Jesu „wahrlich in den Tagen des Pontius Pilatus" stattfanden, gebracht haben könnte? Tacitus hätte keinen zwingenden Grund dafür gehabt, diese Aussage zu überprüfen, und tatsächlich keine Möglichkeit, dies zu tun. Norman Perrin in seiner *Introduction to the New Testament* (S. 405) gibt zu, dass die Information des Tacitus wahrscheinlich auf polizeilicher Befragung von Christen beruhte. Suetonius ist ein anderer römischer Historiker, der um 120 herum schrieb. Auch von ihm wird angenommen, dass er sich in seinem Werk auf Christen bezieht, dieses Mal in Rom zur Zeit der Regierung des Claudius (41-54 u.Z.). Aber seine kurze Erwähnung (*Leben der Caesaren, Claudius,* 25) ist verschieden interpretierbar:

„(Claudius) vertrieb die Juden aus Rom, die unter dem Einfluss von

Chrestus nicht aufhörten, Unruhe zu stiften."

Wer ist „Chrestus"? Ist dies die falsche Schreibweise von „Christus"? Ein unbekannter jüdischer Agitator mit einem sehr verbreiteten Namen? Sind es überhaupt Christen oder einfach apokalyptisch gestimmte Juden, welche die Ankunft des Messias erwarten? Soll man sich diese Gestalt in Rom anwesend vorstellen, oder ist sie nur der Gegenstand des Glaubens des Agitators? Hier gibt es zuviel Unsicherheit, um die Stelle als Beweis heranzuziehen. Auch wenn mit Chrestus Christus gemeint ist, die ursprüngliche Ausgangslage könnte sich auf römische Christen bezogen haben, die einem mythischen Christus anhingen. Obwohl wir das dem Text nicht direkt entnehmen können, müssen wir annehmen, dass Sueton seine Informationen über den angeblichen Gründer der Bewegung durch christliches Hörensagen in Rom bekam.

Dunkle Hinweise bei unbekannten Historikern wie Thallus und Phlegon, über eine angebliche Sonnenfinsternis, die mit der Dunkelheit bei Jesu Kreuzigung zu tun haben soll (Mt 27:45 par), haben uns auf alle Fälle nur durch den Filter späterer christlicher Kommentatoren erreicht. Zu dem, was diese Historiker wirklich sagten, mögen Origenes und Julius Africanus ihre eigene Deutung hinzugefügt haben. Africanus bekommen wir nur aus zweiter Hand zu hören. Aus solchen dürftigen Hinweisen können keine Schlüsse gezogen werden. Wenn sie als Beweise benutzt werden, zeigt dies nur, wie dünn die Beweisdecke in Wahrheit ist.

Das jüdische Zeugnis

Gibt es auf der jüdischen Seite mehr Hinweise auf einen historischen Jesus? Der jüdische Philosoph Philo von Alexandria lebte und schrieb in den 40er Jahren des 1. Jahrhunderts.

Die bedeutendste Stadt Ägyptens (die zweite im Reich) besaß die größte jüdische Gemeinde außerhalb von Palästina. Sie war ein Zentrum jüdischer Gelehrsamkeit, die viel von der umgebenden hellenistischen Philosophie in sich aufgenommen hatte. Philo selber verband mit der jüdischen Bibel einen mittleren Platonismus und schuf ein allegorisches Bild vom Universum und seinem Wirken. Alexandrinisch-jüdische Philosophie war, wie man sagen könnte, zwar nicht der Vater, aber gleichsam der Oheim christlichen Denkens über den spirituellen Christus. Philo war ein Mystiker und kein Apokalyptiker, aber wenn man annimmt, dass die Christen Jesus von Nazareth 10 bis 20 Jahre nach seiner Kreuzigung mythologisch überhöhten, sollte er seiner Aufmerksamkeit kaum entgangen sein. Seine Schriften zeigen ein Interesse an ungewöhnlichen Sekten wie den Therapeuten und Essenern, aber über Jesus und die Christen hat er nichts zu sagen.

Justus von Tiberias war ein jüdischer Historiker, der in Galiläa um das Jahr 80 schrieb; sein Werk hat nicht bis in unsere Zeit überlebt. Aber wie Wells erwähnt (*The Jesus Myth,* S. 204), wusste Photius, der christliche Patriarch von Konstantinopel, aus der Lektüre seines Werkes im 9. Jahrhundert: „Dieser jüdische Historiker gibt nicht den kleinsten Hinweis auf das Erscheinen Christi und sagt überhaupt nichts von seinen Taten und Wundern."

Wir können die Hinweise im jüdischen Talmud als historisch wertlos beurteilen. Zunächst weil sie nicht vor dem 3. Jahrhundert oder später geschrieben wurden, obschon einige Bemerkungen Rabbinern zugeschrieben werden, die um das Ende des 1. Jahrhunderts wirkten (keiner früher – die rabbinische Überlieferung war bis ungefähr 200 u.Z. vollständig mündlich). Konflikte mit der christlichen Bewegung während der dazwischenliegenden Zeit, in der die Christen selber einen historischen Jesus entwickelt hatten, konnten gewiss zu Erfindungen und Veränderungen in den jüdischen Äußerungen über Jesus geführt haben. Außerdem wäre ein Jude des 3. oder 4. Jahrhunderts in keiner besseren Lage gewesen als ein Christ, wenn er fest eingebürgerte Fehlinterpretationen der Evangelien in Abrede zu stellen versucht hätte. Auch kann ein später angefertigter Bericht über das, was Rabbiner des 1. Jahrhunderts gesagt haben sollen, nicht als zuverlässiger betrachtet werden als das spätere christliche Zeugnis über die eigenen Überlieferungen des 1. Jahrhunderts. Es gab auch zu Zeiten des Mittelalters ein gewisses Maß an Zensur und Korrekturen der talmudischen Handschriften vor dem Hintergrund der Verfolgung durch Christen.

Auf alle Fälle sind die talmudischen Stellen entweder so kryptisch oder verworren, dass ihre Identifikation mit Jesus zweifelhaft ist. Eine macht sie zu einem Sohn eines römischen Soldaten, eine andere präsentiert sie als einen Zauberer. Ein Rabbiner sagt, er sei durch Steinigung von Juden in Lydda gestorben. (Wenn nicht einmal Jesu Tod durch Kreuzigung in der jüdischen Überlieferung etabliert war, ist es schwer, irgendetwas davon als sinnvoll anzusehen.) Eine andere talmudische Erwähnung versetzt ihn ein Jahrhundert nach Herodes, und noch eine andere in die Zeit der Makkabäer-Könige um 100 v.u.Z.[85] Dies alles basiert kaum auf historischer Erinnerung oder zuverlässiger Überlieferung. Die historische Existenz Jesu kann darauf nicht gegründet werden.

21
Flavius Josephus

In jeder Übersicht über nichtchristliche Jesus-Zeugen nimmt der jüdische Historiker Flavius Josephus eine zentrale Stellung ein. Tatsächlich ist die Analyse der beiden Textstellen bei Josephus, die einen Hinweis auf Jesus enthalten, zur Hauptbeschäftigung in der Debatte über seine Existenz geworden.

Der junge Joseph ben Matthias (er wurde ungefähr 37 u.Z. geboren) kämpfte im Jüdischen Krieg von 66-70 als Kommandant in Galiläa, wurde jedoch gezwungen, sich dem römischen General Vespasian zu ergeben. Er erkannte wohl bald die Unvermeidlichkeit der römischen Herrschaft und tat sich mit dem Feind zusammen. Er prophezeite richtig, dass Vespasian Kaiser werden würde und verbrachte den Rest seines Lebens in Rom als Gefolgsmann der Flavianischen (Vespasians) Familie. Hier schrieb er unter dem Namen Flavius Josephus zwei große Geschichtswerke, den *Jüdischen Krieg* und die *Jüdischen Altertümer*. Obgleich ihm Misstrauen entgegenbracht wurde und er von anderen Juden sogar als Verräter betrachtet wurde, versuchte er, in seinen Schriften seinem jüdischen Volk als Apologet zu dienen. Er starb nach 100 u.Z.

Bald nachdem er seine Position in Rom eingenommen hatte, veröffentlichte Josephus sein erstes Werk über die wohl größte Katastrophe der jüdischen Geschichte, den Jüdischen Krieg, in dem Judäa völlig verwüstet, ein großer Teil von Jerusalem dem Erdboden gleichgemacht und der Tempel sowie sein Kult endgültig beseitigt wurden. Der *Jüdische Krieg* wurde auf Aramäisch für den Osten des Reiches verfasst, um vor weiteren Aufständen gegen Rom abzuschrecken. Diese erste Fassung ist verlorengegangen. Ihr folgte nicht lange danach eine griechische Version für die griechisch-römische Leserschaft. Darauf verbrachte Josephus zwei Jahrzehnte mit dem Schreiben der Geschichte seines Volkes, einer freien Interpretation der historischen Bücher der hebräischen Bibel mit Zusätzen aus anderen Quellen. Die *Jüdischen Altertümer* wurde in den Jahren 93-94 herausgegeben.

Für moderne Historiker sind die Arbeiten des Josephus immer die einzige, wertvolle Quelle für Informationen über das Palästina des 1. Jahrhunderts gewesen. Gleichwohl ist es recht wahrscheinlich, dass sie im Mittelalter nur aufgrund von zwei Textstellen über Jesus, die von christlichen Kopisten in die *Altertümer* eingefügt worden waren, vor der Vernichtung verschont blieben. Dieses „Zeugnis" – die erste und längste Passage wird *Testimonium Flavianum* genannt – wurde von Christen über Jahrhunderte hin hoch geschätzt.

Sind diese zwei Textstellen in Wirklichkeit Fälschungen? Trotz des Bemühens einiger moderner Kommentatoren, ungeachtet aller Kritik an ihrem historischen Wert festzuhalten, kann mit guten Gründen gesagt werden, dass Josephus nichts über Jesus schrieb und ihn nicht kannte. Wie so oft in der historischen Forschung mag es sehr schwierig sein zu „beweisen", dass Josephus keinen Hinweis auf Jesus machte. Aber wenn die These, dass die Texte in der Tat keinen Hinweis auf Jesus enthalten, ausreichend untermauert werden kann, bzw. wenn gezeigt werden kann, dass beide Textstellen unzuverlässig sind und es überdies sogar unwahrscheinlich ist, dass sie von Josephus stammen, entfällt damit ein wichtiger Streitpunkt. Die beiden Textpassagen können jetzt nicht mehr benutzt werden, um die These, es habe keinen historischen Jesus gegeben, zu diskreditieren, zumal diese, wie sich gezeigt hat, auf der Interpretation des christlichen Zeugnisses selber beruht.

Das „*Testimonium Flavianum*"

In Buch 18 der *Jüdischen Altertümer* (18.3.3 oder 18:63 nach der anderen Numerierung) folgt ein kleiner Abschnitt einem Bericht über verschiedene Nöte, welche die judäischen Juden in der Amtszeit des Pontius Pilatus heimsuchten; ihm folgten Berichte über gewisse Skandale aus der Zeit in Rom; in einen Skandal sind Juden einbezogen. In seiner jetzigen Fassung liest sich der Abschnitt folgendermaßen:

„Zu dieser Zeit lebte Jesus, ein weiser Mensch, **wenn man ihn einen Menschen nennen darf.** Unerhörte Taten tat er nämlich (ein Lehrer von Menschen, die mit Freude die Wahrheit aufnehmen), und gewann viele Juden und auch viele Griechen für sich. **Er war der Christus.**

Und als Pilatus nach Hinweisen unserer führenden Männer ihn am Kreuz verurteilte, gaben diejenigen, die ihn zuerst geliebt hatten, nicht auf. **Er erschien ihnen nämlich am dritten Tage wieder lebend, was neben zehntausend anderen Dingen die göttlichen Propheten gesagt hatten.** Und noch bis jetzt ist der nach ihm genannte Stamm der Christen nicht verschwunden."

Es ist modernen Kommentatoren schon einige Zeit klar, dass Josephus die Textstellen in Fettdruck nicht geschrieben haben kann, da dies bedeuten würde, dass er die christliche Lehre anerkannte. Der Satz in Klammern über den „Lehrer der Wahrheit" ist ebenfalls verdächtig. Aber was ist mit dem Rest? Könnte Josephus das „gefilterte" Testimonium geschrieben haben?

Ein allgemein verbreitetes Argument zu seinen Gunsten ist, dass die „Originalpassage" viele Redewendungen und Worte enthält, die für Josephus charakteristisch sind. Wenn jedoch ein christlicher Abschreiber versuchte, eine überzeugende Fälschung anzufertigen, musste er sich doch wohl darum bemühen, Josephus zu imitieren, um authentisch zu erscheinen und dabei Vorstellungen einführen, die denen ähneln, die an anderer Stelle bei Josephus erscheinen (wie die Begriffe „weiser Mann" oder „Stamm" im Sinne einer sektiererischen Gruppe). Wenn es sich um jemanden handelte, der lange Zeit mit Handschriften des Josephus arbeitete, konnten ihm derartige Nachahmungen sehr gut zur zweiten Natur geworden sein.

Ein anderes Standardargument zugunsten eines Originals von Josephus ist, dass ein christlicher Autor dieser vollständigen Passage sich nicht auf eine so kurze Beschreibung der Laufbahn seines Erlösers beschränkt hätte. Dieses Argument kann schnell entkräftet werden, denn es müsste auch auf den Schreiber angewendet werden, der die zusätzlichen Elemente dem Original hinzugefügt hätte. Warum machte *er* seine Einfügungen nicht ausführlicher? Wir können keine Antwort auf die eine oder die andere Alternative geben.

G. A. Wells und andere haben darauf hingewiesen, dass der vorangehende und der folgende Abschnitt einen kohärenten Zusammenhang ergeben, wenn man die Jesus-Passage entfernt. Der Schlussgedanke des vorangegangenen Abschnitts schließt gut an die Worte des folgenden an, während der Beginn des folgenden Abschnitts nicht zu den vorangehen Sätzen des Testimoniums passt. Dieses Argument wird freilich durch die Tatsache abgeschwächt, dass Exkurse innerhalb einer Schrift in der Antike in den Haupttext gesetzt werden mussten, da man noch keine Fußnoten kannte und da es keine andere Stelle gab, sie unterzubringen. Jedoch sollte man fragen, ob man in dem Testimonium überhaupt einen Exkurs sehen darf, da es ja mit dem Thema Pilatus und den verschiedenen Nöten der Juden in dieser Zeit fortfährt. Man könnte auch erwarten, dass die Eröffnungsworte in dem folgenden Satz bei Abfassung des Textes durch Josephus – gleichgültig ob es sich um einen Exkurs handelte oder nicht – den Paragraphen über Jesus reflektiert hätten, statt ihn zu ignorieren.[86]

Befürworter der Echtheit der Passage haben darauf hingewiesen, dass die rekonstruierte Version praktisch keine Hinweise auf die Evangelien enthält, was jedoch zu erwarten wäre, wenn auch diese Zeilen von einem christlichen Fälscher des 2. oder 3. Jahrhunderts stammten. Die Wunder sind nur „unerhörte Taten", die Juden sind nicht übermäßig dämonisiert, das „gewann viele Griechen für sich" passt nicht zum Evangelium. Eine Anzahl von Erklärungen könnte für einzelne Punkte herangezogen werden, aber ganz allgemein könnte man von einem guten Josephus-Imitator erwarten, dass er es vermeiden würde, die Passagen so klingen zu lassen, als ob sie auf den Evangelien beruhten. Zur gleichen Zeit ist das Fehlen jeglichen Hinweises auf die Auferstehung – sogar eines skeptischen – in dem „authentischen" Testimonium ein anerkanntes Problem. Es ist kaum wahrscheinlich, dass Josephus nichts von diesem zentralen christlichen Glaubenssatz gewusst haben sollte: noch weniger wahrscheinlich ist, dass er nicht den Wunsch gehabt hätte, seinen Lesern den sonderbaren Glauben der Christen mitzuteilen, dass ihr Gründer aus seinem Grabe auferstanden war. Andererseits könnte man postulieren, dass Teile des Urberichts des Josephus fallengelassen und durch neues christliches Material ersetzt wurden.

Insofern gehen die Argumente in die eine wie in die andere Richtung. Jedoch gibt es zwei wichtige Umstände, die nach meiner Meinung dagegen sprechen, dass sich die Waagschale in Richtung der Annahme einer Echtheit des Testimoniums neigt. Das gilt auch für seine rekonstruierte Fassung.

Zeugnis für das *Testimonium Flavianum*

Die meisten Kommentatoren, die für ein authentisches Original plädieren, rekonstruieren folgendermaßen:

„Zu dieser Zeit lebte Jesus, ein weiser Mensch. Unerhörte Taten tat er nämlich, ein Lehrer von Menschen, die mit Freude die Wahrheit aufnehmen, und gewann viele Juden und auch viele Griechen für sich. Und als Pilatus nach Hinweisen unserer führenden Männer ihn am Kreuz verurteilte, gaben diejenigen, die ihn zuerst geliebt hatten, nicht auf. Und noch bis jetzt ist der nach ihm genannte Stamm der Christen nicht verschwunden."

Dies wird immer als ein „neutraler" Bericht beschrieben. Aber eine derartige Bewertung ist nicht realistisch. Eine Textstelle, die Jesus als „einen weisen Mann" beschreibt, der viele „unerhörte Taten" verrichtete", der „viele Juden und auch viele Griechen" gewann, der vielleicht ein „Lehrer der Wahrheit" war, kann nicht als neutral beschrieben werden. Wenn nun behauptet wird, dass es eine derartige Stelle in allen Manuskripten der *Jüdischen Altertümer* gab, bleibt die erstaunliche Tatsache, dass während der ersten zwei Jahrhunderte der Existenz dieses Textes nicht ein einziger christlicher Kommentator sich darauf in irgendeinem Werk bezieht.

Dies schließt Justin (Mitte 2. Jahrhundert), Irenaeus (spätes 2. Jahrhundert), Tertullian (Ende 2. Jahrhundert), Clemens von Alexandria (das gleiche), Origenes (frühes 3. Jahrhundert), Cyprian (Mitte 3. Jahrhundert) und Arnobius (spätes 3. Jahrhundert) ein.

Alle diese Apologeten sind sehr daran interessiert, das Christentum gegen heidnische Anfeindungen zu verteidigen; trotzdem nimmt keiner von ihnen diese Stelle in Anspruch, in der erstmals (vor Konstantin) ein Nichtchrist kein negatives Urteil über das Christentum fällt.

Soll man wirklich glauben, dass christliche Kommentatoren sich über mehr als zwei Jahrhunderte hinweg hätten entgehen lassen, was Josephus im angeblichen „authentischen" Testimonium gesagt haben soll? Der „neutrale" Bericht des Josephus enthält soviel Informationen, von denen Christen zu ihrer eigenen Verteidigung und der ihres Jesus hätten profitieren können, indem sie ihnen Beistand, Unterstützung und sogar Munition für ihre Apologien geliefert hätte. Origenes benötigte eine viertel Million Worte, um mit Celsus zu streiten, einem Heiden, der rund ein halbes Jahrhundert früher ein Buch gegen den christlichen Glauben verfasst hatte. Origenes holt dabei alle Arten von Beweisen und Zeugen für seine Argumente hervor, einschließlich einiger Hinweise auf Josephus. In Buch I, Kapitel 46, 47 und 68 seiner Schrift *Gegen Celsus* berichtet Origenes, dass Celsus die Wunder Jesu verächtlich gemacht und sie als von den Ägyptern gelernt apostrophiert habe. Origenes entgegnet mit der Behauptung, dass Jesu Taten größer waren als alles, was in den griechischen Mythen enthalten sei, und dass Jesus seine Wunder bewirkte, um Menschen für seine löblichen ethischen Lehren zu gewinnen, etwas, was kein ägyptischer Schwindler machen würde. Eine Berufung auf die Erklärung des Josephus, eines anerkannten jüdischen Historikers, wonach Jesus ein „weiser Mann“ gewesen sei, der „wunderbare Werke“ vollbrachte, hätte dazu gedient, Jesus und seine Wunder in dem von Origenes gewünschten günstigsten Licht erscheinen zu lassen.

Den ersten Hinweis auf die Existenz des *Testimonium Flavianum* finden wir bei Eusebius, dem Kirchenhistoriker, der im frühen 4. Jahrhundert schrieb. Er zitiert die Textstelle genauso, wie sie jetzt vorliegt, mit allen prochristlichen Elementen. (Einige haben nahegelegt, dass Eusebius selber der Urheber dieser Textstelle sein könnte.) Seit der Zeit des Eusebius und während der folgenden 13 Jahrhunderte zweifelte keiner in der Christenheit daran, dass Josephus geschrieben habe, dass Jesus „der Messias war.“

John Meier (*A Marginal Jew,* S. 79) bietet eine fragwürdige Erklärung für das Schweigen über das Testimonium vor Eusebius. Meier behauptet, die christlichen Väter hätten erkannt, dass Josephus Jesus nicht als den Messias und Sohn Gottes akzeptierte oder nicht glaubte, er sei von den Toten auferstanden. Das Testimonium bezeugte den Unglauben des Josephus und wurde deswegen ignoriert. Aber sollten die Apologeten dies bei einem Nichtchristen als beunruhigend empfunden haben? Sie hatten täglich mit Unglauben zu tun, hatten ihn vor sich, versuchten ihren Opponenten zu entgegnen und sie sogar zu gewinnen. Justins Hauptwerk, *Dialog mit Tryphon,* tat genau das.

Origenes scheute sich in seiner Auseinandersetzung mit Celsus nicht, Josephus dafür zu kritisieren, dass dieser den Fall Jerusalems als Gottesstrafe für die Juden wegen der Ermordung des Jakobus (statt derjenigen Jesu, siehe unten) betrachtete. Tatsächlich bezieht sich Origenes genau auf den Punkt, von dem Meier behauptet, dass christliche Kommentatoren vor ihm auswichen, dass nämlich Josephus nicht an Jesus als den Messias glaubte. Es scheint kaum möglich, dass das Schweigen über *Jüdische Altertümer* 18.3.3 von allen Apologeten vor Eusebius auf diese Art erklärt werden kann.

Und was ist mit der Aussage des Origenes, Josephus habe Jesus nicht als Christus akzeptiert? Es wird oft behauptet, dass sie einen versteckten Hinweis auf ein ursprüngliches Testimonium enthält, das darüber schwieg. Aber statt anzunehmen, dass das *Schweigen* des Josephus den Kommentar des Origenes herausgefordert hätte, sollten wir nach einer *positiven* Information bei Josephus Ausschau halten, die Origenes dazu bringen konnte, eine derartige Aussage zu machen. Dafür bietet sich die Erklärung des Josephus im *Jüdischen Krieg* 6.5.4 an, wo er feststellt, dass die jüdischen messianischen Prophezeiungen in Wirklichkeit vom siegreichen Kaiser Vespasian handelten. Diese Aussage könnte vollkommen ausgereicht haben, um den Kommentar des Origenes, Josephus habe nicht an Jesus als den Messias geglaubt, zu veranlassen.

Könnte Josephus das „authentische" Testimonium geschrieben haben?

Unabhängig vom Schweigen der christlichen Kommentatoren vor dem 4. Jahrhundert gibt es andere Erwägungen, welche die These, Josephus habe wenigstens das verkleinerte *Testimonium Flavianum* verfasst, in Misskredit bringen. Zunächst aber können wir jene Ausweichposition, wonach Josephus Jesus und das Christentum rein negativ dargestellt habe und die Textstelle aus diesem Grunde vollständig durch eine christliche ersetzt worden sei, unberücksichtigt lassen. Wenn Josephus etwas Feindliches gesagt hätte, wäre es sehr wahrscheinlich, dass Origenes dies scharf gerügt hätte. Wie oben angemerkt, machte Origenes mehr als einmal negative Kommentare über Dinge, die er bei Josephus gelesen hatte, und es gibt keinen Grund anzunehmen, dass er über christenfeindliche Textstellen in „Altertümer" 18 geschwiegen hätte.

Daher bleibt noch die These, dass die Kurzform des Testimoniums authentisch ist und dass Josephus deshalb etwas über Jesu Existenz wusste. Freilich klingt der ganze Tenor einer derartigen „Urschrift“ *zumindest für Josephus sehr unwahrscheinlich.* Im Falle eines jeden anderen Messiasprätendenten oder volkstümlichen Anführers, der von den Römern feindlich behandelt oder hingerichtet worden war, hatte er nur Negatives zu berichten. Tatsächlich verdammt er die ganze Bewegung volkstümlicher Aufrührer und Rebellen als das Verderben des Jahrhunderts. Sie führte zur Zerstörung des Tempels, der Stadt selber, des jüdischen Staats. Gleichwohl würde die Annahme eines „authentischen“ Testimoniums von uns verlangen zu glauben, dass Josephus für Jesus eine Ausnahme machte.

Auf welcher Grundlage hätte er das tun sollen? Wenn Josephus intimere Kenntnis über Jesus gehabt hätte, die zu irgendeiner günstigen Einschätzung des Mannes führte, die deutlich anders als seine gewöhnliche Haltung gegenüber derartigen Gestalten war, würden wir viel mehr als den flüchtigen Bericht in *Altertümer* 18 erwarten. Letzterer besteht tatsächlich aus kaum mehr als einer schlichten Aufzählung von grundlegenden Evangeliumselementen. Auf alle Fälle schlussfolgern die meisten Kommentatoren, dass Josephus kaum mit dem Christentum vertraut war, so dass eine derartige Erklärung unberücksichtigt gelassen werden muss. Hätten jüdische Quellen einen günstigen Bericht über Jesu Lehren und Aktivitäten gegeben? Kaum, und sicherlich nicht in den 90er Jahren, als jüdische Anführer die Christen mit Bannflüchen belegten. Einige bringen die Möglichkeit vor, dass Josephus seine Informationen von „offiziellen römischen Berichten“ hatte, aber ein solcher Bericht hätte Jesus sogar mit großer Wahrscheinlichkeit noch weniger positiv dargestellt.

Warum hätte Josephus dann eine Ausnahme für Jesus machen sollen? Besaß er Berichte über Jesu Lehren, die er alle als lobenswert betrachtete? Das ist schwer vorstellbar. Gegen Ende des 1. Jahrhunderts, wenn wir das nach den Evangelien und sogar nach wissenschaftlichen Rekonstruktionen von Q beurteilen können, wären die Teile der Verkündigung Jesu, die von Josephus als lobenswert hätten betrachtet werden können, unentwirrbar mit allen möglichen aufrührerischen und subversiven Sprüchen und Prophezeiungen revolutionärer und apokalyptischer Art vermischt gewesen – ob nun authentisch oder nicht. Diese Letzteren aber waren genau das, was Josephus an all den anderen volkstümlichen Agitatoren der Zeit hasste und verdammte. Es ist schwierig sich vorzustellen, dass Josephus ein rein selektives Wissen von Jesus, dem „Lehrer", besessen haben sollte, aus dem die zu beanstandenden Elemente bereits ausgeschieden waren. Darum sei es uns gestattet zu schließen, *dass Josephus Jesus nicht als „einen weisen Mann" hätte betrachten können.*

Wenn wir die Redewendung betrachten, Jesus sei „ein Lehrer von Menschen (gewesen), die mit Freude die Wahrheit aufnehmen", die Meier (*A Marginal Jew,* S. 61) und sogar Crossan (*The Historical Jesus,* S. 373) als authentisch betrachten, wird die Behauptung der Authentizität unerträglich, denn wie konnte Josephus sich auf einen Mann als „Lehrer der Wahrheit" beziehen, dem all die verschiedenen christlichen Äußerungen und Erwartungen zugeschrieben worden sind – einschließlich des Weltuntergangs?

Der gleiche Vorbehalt trifft auf die Redewendung „ein Macher unerhörter Taten" – oder sogar die mögliche alternative Übersetzung von „überraschenden" oder „erstaunlichen Werken" zu. Eine derartige Redewendung von Josephus hätte Jesus in die gleiche Kategorie wie die volkstümlichen Agitatoren gestellt: z.B. Theudas den Zauberer, der versprach, den Jordan zu teilen, so dass seine Anhänger ihn überqueren konnten, oder den unbenannten Ägypter, der behauptete, dass sein Befehl die Mauern von Jerusalem einstürzen lassen würde. Sollten die Heilungsgeschichten (welche Josephus vielleicht als glaubhaft oder lobenswert akzeptiert haben könnte) von christlichen oder anderen Zeugnissen herausgefiltert und von Jesu Wundergeschichten oder seiner Prophezeiung der Zerstörung des Tempels getrennt worden sein?

Gerade das Vorhandensein des Ausdrucks „unerhörte Werke" im Testimonium zeigt, dass die Quelle des Berichts des Josephus auf Überlieferungen über die Wundertätigkeit Jesu basiert haben könnte. Das schließt einen „privaten Zugang" zu irgendeinem authentischen Bild eines erleuchteten Weisen aus. Statt dessen vollzog sich dieser vermutlich auf dem Wege von Zeugnissen über dramatische und revolutionäre Handlungen Jesu, wie wir sie sowohl in Q als auch in den Evangelien finden: Wundertätigkeit vor großen Massen, Provokation und Verdammung der religiösen Autoritäten oder Verursachung eines Aufstandes im Tempel. (Wenn die Geschichte von der Reinigung des Tempels auf Tatsachen beruhte, wäre ein derartiger Vorfall nicht der Kenntnis des Josephus und auch nicht seinen Berichten entgangen.) Tatsache oder nicht, wenn derartige Überlieferungen über Jesus im Umlauf waren, hätte ihn das vom Standpunkt des Josephus aus mit den zelotischen Aufrührern, Banditen und allgemein Verrückten in Verbindung gebracht, die das Land Israel vor dem großen Krieg heimgesucht hatten und welche zu den Hauptverantwortlichen für dessen verheerende Zerstörung zählten. Könnte der Historiker seinen Jesus auf eine „neutrale" Art präsentiert haben, könnte er ihn in irgendeinem anderen Licht als dem eines weiteren verabscheuungswürdigen Fanatikers gesehen haben?

Nach dem christlichen Zeugnis der Evangelien und sogar der Briefe zu urteilen, war „der Stamm der Christen" gegen Ende des 1. Jahrhunderts noch sehr stark apokalyptisch ausgerichtet. Er erwartete den Sturz des Reiches und der etablierten Herrschaft im Zusammenhang mit der Umwandlung der Welt in Gottes Königreich. Was könnte Josephus dazu gebracht haben, diese vorherrschende christliche Weltsicht – für die er nichts anderes als Abscheu empfinden musste – von seiner (positiven) Beurteilung des Gründers der Bewegung zu trennen?

Der Bericht bei Tacitus, die Verfolgung, die durch den Brief des Plinius an Trajan bezeugt ist, der *birkat ha-minim* (Fluch auf die Ketzer) der jüdischen Synagogen nach Jamnia,[87] alles bezeugt die Feindseligkeit und Verleumdung, die christliche Sekten zu dieser Zeit ertrugen. Wer die Kurzform des Testimoniums als authentisch betrachtet, nimmt jedoch an, dass von all unseren nichtchristlichen Zeugen allein Josephus eine entgegengesetzte Haltung einnahm. Er nimmt an, dass Josephus, auch wenn alle um ihn herum das frühe Christentum verdammten, Zustimmung zum Ausdruck bringen konnte und sogar ein wenig Bewunderung für Jesus und den christlichen Stamm, der „angefangen hatte, ihn zu lieben und ihn nicht verließ". Denn das ist der vorherrschende Eindruck, den die Kurzform des Testimoniums erweckt.

Der letzte Punkt, auf den in diesem Zusammenhang Nachdruck gelegt werden muss, ist, dass Josephus unter flavianischer Förderung schrieb. Seine Leser waren hauptsächlich Römer, einige waren Juden. Was für einen Grund sollte er, um Meiers Ausdrucksweise zu benutzen, gehabt haben, „vorsätzlich doppeldeutig" zu sein? Er hatte von Christen nichts zu fürchten und keinen Grund, ihre Empfindlichkeiten in Betracht zu ziehen. Unabhängig von dem, was er über den Charakter des

Pilatus gedacht haben mag, musste es, wenn Pilatus Jesus hingerichtet hatte, dafür eine Begründung gegeben haben – nach offizieller römischer und flavianischer Ansicht. Kreuzigung war eine Strafe für Rebellen, und Jesu Kreuzigung wäre Teil von Roms fortlaufender Kampagne, mit den Problemen einer unruhigen Zeit in einer unruhigen Provinz umzugehen.

Aber wie geht Josephus selbst in dem rekonstruierten Testimonium mit dem Ereignis um? Die Worte und ihr Kontext erwecken den Eindruck, dass die Kreuzigung auf „eine Anklage von Männern höchsten Ansehens unter uns" zurückzuführen war, dass dies die Hinrichtung eines weisen und geliebten Mannes war, eines Lehrers der Wahrheit, der offensichtlich unschuldig war. Nichts könnte das Evangeliumsbild besser widerspiegeln. Aber das würde heißen, dass Pilatus nicht richtig gehandelt hatte oder dass er von anderen verführt oder genötigt worden war. Das konnte keine Grundlage darstellen, auf der Josephus die Ereignisse interpretieren bzw. gar schriftlich für ein römisches Publikum niederlegen konnte. Woher hätte eine solche Beurteilung, die er akzeptiert hätte, auch kommen sollen? Und er hätte in jedem Fall nicht umhin gekonnt, sich näher zu erklären, wenn er einen solchen Standpunkt vertreten hätte.

In seinem *Leben* (65/363) erklärt Josephus, dass der Kaiser Titus selber „seine eigene Unterschrift auf ihnen anbrachte [Exemplare der Originalausgabe des *Jüdischen Kriegs*] und den Befehl zu ihrer Veröffentlichung gab". Josephus schrieb auf Befehl seiner flavianischen Gönner. Ihre Motive waren seine Motive, bildeten die offizielle römische Anschauung, zumindest wo der Krieg und die Ereignisse, die zu ihm führten, betroffen waren. Keine Version des *Testimonium Flavianum* macht in diesem Weltbild des Josephus einen Sinn.[88]

Galiläischer contra Jerusalemer Jesus

Im Hinblick darauf, dass die moderne Wissenschaft in der Anfangsphase des frühen Christentums zwei verschiedene Entwicklungen (in denen sie zwei unterschiedliche „Reaktionen" auf Jesus sieht) unterscheidet, sind weitere Anmerkungen über die Zuverlässigkeit des *Testimonium Flavianum* angebracht.

Außerhalb Palästinas und Syriens beziehen sich alle frühen Zeugnisse bezüglich des Christentums im späten 1. Jahrhundert auf den paulinischen „kultischen“ Typus. Hier ist Jesus der kosmische Sohn Gottes, Schöpfer und Erhalter des Universums, Quelle der Erlösung durch seinen Tod und die Auferstehung. Diese Zeugnisse, die wir in Schriften wie den pseudopaulinischen Briefen, dem 1. Clemensbrief, der Offenbarung des Johannes, dem Hirten des Hermas, den Oden Salomons kennengelernt haben, wissen nichts von einem galiläischen Jesus zu sagen, von einer Verkündigung Jesu, wie in den Evangelien dargestellt – auch nichts über Jesu Tod unter Pilatus.

Wenn wir annehmen dürfen, dass Josephus, der in den 90er Jahren schrieb, die in Rom zu jener Zeit über Jesus im Umlauf gewesenen Ansichten reflektiert, wie erklären wir dann die Tatsache, dass sein „Original“-Testimonium nichts über den kultischen Christus des Paulus sagt, den erlösenden Sohn Gottes, der eine erhöhte Gottheit war? Derartige kosmische Beschreibungen und Behauptungen über den Sohn, die wir in den Briefen des 1. Jahrhunderts finden, wären Teil der christlichen Verkündigung gewesen, die Josephus kennengelernt hätte. (Paulus wendet sich an die römischen Gemeinden in dieser Begrifflichkeit und zeigt, dass dies die Art ist, wie die römischen Christen Jesus betrachteten. Der 1. Clemensbrief, geschrieben in Rom zur Zeit des Josephus, spricht in ähnlicher Weise über den spirituellen Christus.)

Angesichts dessen, dass Christen über ihren Gründer in Begriffen sprachen, die uns von den Briefen her bekannt sind, könnte diese Erhöhung eines gekreuzigten Verbrechers zum göttlichen Sohn wohl kaum von Josephus ignoriert worden sein. Denn Josephus war eng mit seinem jüdischen Erbe, seinen Überlieferungen und Glauben vertraut. Der Affront gegen jüdische Empfindsamkeit, den die christliche Lehre über Jesus darstellte, die blasphemische Verbindung Gottes mit einem irdischen Menschen, dem noch dazu göttliche Titel verliehen wurden, hätte die größte Aufmerksamkeit des Historikers beansprucht und unvermeidbar dessen Verdammung des Christentums zur Folge gehabt.

Nichts von dem „authentischen“ Testimonium atmet auch nur einen Hauch von einem paulinischen Sohn Gottes. Statt dessen steht das evangeliumsartige Bild eines bemerkenswerten Weisen im Vordergrund, der gekreuzigt wurde und eine neue Bewegung gründete. Mit der Hinzufügung der Auferstehung ist dies im Wesentlichen die Verschmelzung von Q mit einer Passionsgeschichte des Markus. Die Abwesenheit des kultischen Christus ist ein weiterer Hinweis darauf, dass das Testimonium ein Produkt christlicher Weltsicht des 2. oder 3. Jahrhunderts ist, einer, in der das Evangeliumsbild vorherrscht, während der frühere kosmische Christus in den Schatten zurücktrat.

Was den Jesus von Q betrifft, so gibt es zwei Arten, die Frage zu betrachten. Einerseits gilt, wenn der von Josephus erwähnte Jesus der Gründer einer Bewegung war, die von Galiläa bis Syrien reichte, hätte sich das in den Worten über Jesus widerspiegeln müssen. Wenn Josephus weiterhin wusste, dass Jesus eine weitverbreitete subkulturelle Bewegung gegründet hatte, die das Ende der Welt prophezeite und eine neue Lebensphilosophie brachte, hätten sich davon in dem ursprünglichen Testimonium Spuren finden lassen müssen. Stattdessen ist der dort beschriebene Jesus einfach eine einzelne Gestalt, ein „weiser Mann" und ein Wundertäter. Unabhängig von der Schwierigkeit, dies als eigene Bewertung des Josephus zu betrachten, würde ein derartiger Bericht einem solchen Menschen, der so viel in Bewegung gebracht hatte, kaum Gerechtigkeit widerfahren lassen haben.

Wir wollen anmerken, dass Josephus eine andere Gestalt von geringerer Statur (gemessen an dem ihr zugeschriebenen Einfluss) präsentierte, mit viel mehr Einzelheiten als für die Darstellung Jesu im „authentischen" Testimonium. Es handelt sich um Johannes den Täufer (*Jüdische Altertümer,* 18.5.2). Aber wenn Josephus etwas von einer Gestalt wie Johannes wusste und sie schilderte, hätte er dann den Mann vernachlässigen dürfen, der Q gründete? Wir sollten auch bemerken, dass Josephus keine Verbindung zwischen Johannes und Jesus herstellt, oder zwischen der Predigt des Täufers und der galiläischen Königreichbewegung; er plaziert seinen Bericht über Johannes einige Kapitel *nach* der Stelle, in welcher der Abschnitt über Jesus enthalten ist. Auch das stellt Johannes in eine Zeit, die zu spät ist (circa 34-37), um noch die übliche Datierung des Wirkens Jesu und seines Todes einzuschließen.[89]

Eine zweite Art, die Frage zu betrachten, mag noch aufschlussreicher sein. Wenn Josephus von einem Jesus spräche, welcher der vorausgesetzte Gründer der Q-Bewegung war, hätte er im Hinblick auf die in Teil sechs gezogene Schlussfolgerung, wonach die Geschichte des markinischen Jesus eine Fiktion darstellte, kaum von einem gekreuzigten Jesus sprechen können, da keine Kreuzigung Jesu stattfand. Auch die Kurzform des Testimoniums gibt das Bild der Evangelien wieder und weiß nichts von einem „weisen Mann", von dem heute viele annehmen, dass ein solcher hinter Q stand.

Somit ist die Annahme, wir hätten es bei dem *Testimonium Flavianum* mit einem authentischen Zeugnis zu tun, fraglicher denn je, zum einen dadurch, dass die kultischen Christus-Elemente der Christen in Rom – dem Sitz des Josephus – darin nicht reflektiert werden, als auch dadurch, dass Josephus es unterlässt, Jesus darzustellen wie er richtigerweise durch Historiker seiner Zeit hätte dargestellt werden sollen – als Gründer der Königreich-Gottes-Bewegung in Galiläa und darüber hinaus.

Der Bruder Jesu, des sogenannten Christus

Das Argument gegen die zweite Textstelle, die sich in *Jüdische Altertümer* 20 (9.1) auf Jesus bezieht, ist subtiler und erfordert eine Betrachtung externer Faktoren. Im Folgenden die Stelle im Kontext:

„Als der Kaiser von dem Tod des Festus erfahren hatte, entsandte er den Albinus als Prokurator von Judäa. ... Der jüngere Ananus, der, wie gesagt, die hohepriesterliche Würde erhalten hatte, war ein außerordentlich stürmischer Draufgänger ... Dieser Ananus nun glaubte, da Festus gestorben und Albinus erst noch auf der Reise war, die Lage sei für ihn günstig, weshalb er den Hohen Rat einberief und **den Bruder Jesu, des sogenannten Christus** *[ton adelphon Iēsou tou legomenou Christou],* der Jakobus hieß, und noch einige andere Männer vorführen ließ, sie der Gesetzesübertretung beschuldigte und zur Steinigung auslieferte. Alle aber, die als gute Bürger und gewissenhafte Gesetzesmenschen galten, hielten sich darüber sehr auf, und sie schickten heimlich an den König mit der Bitte, er möge den Ananus wissen lassen, so etwas dürfe nicht mehr geschehen ... König Agrippa aber entsetzte ihn deswegen seiner hohepriesterlichen Würde, die er drei Monate bekleidet hatte, und übertrug sie Jesus, dem Sohn des Dammäus."

Betrachten wir die Angelegenheit Punkt für Punkt:

(1) Alle Handschriften enthalten im Wesentlichen die gleiche Redewendung. Aber wir besitzen keine aus der Zeit vor dem 10. Jahrhundert; zu der Zeit bestand die allgemeine Tendenz in der Überlieferung von Handschriften, dass alle Abschriften einer bekannten Passage sich an dem bekanntesten Wortlaut orientierten, was dazu führte, dass der Hinweis auf Jesus in allen Abschriften enthalten sein musste.

(2) Oberflächlich dient die Redewendung über Jesus dazu, Jakobus zu identifizieren. Die Einbeziehung einer zur Identifikation dienenden Information, so diejenigen, die für die Glaubwürdigkeit der Passage eintreten, sei bei Josephus üblich. Das mag richtig sein, aber es macht nicht notwendigerweise die gegenwärtige Redewendung zur ursprünglichen. Josephus könnte etwas anderes gesagt haben, das Christen im Nachhinein veränderten. Oder er könnte überhaupt nichts geschrieben haben. Wenn er weiter nichts über Jakobus wusste oder sagen wollte, hätte er einfach irgendein Äquivalent zu „ein gewisser Jakobus“ oder „jemand, Jakobus genannt“ gebraucht. Und was finden wir tatsächlich im Griechischen? Die Worte, die sich direkt auf Jakobus beziehen, sind: *Iakōbos onoma autōi.* Übersetzungen geben dies wieder „Jakobus mit Namen“ oder „dessen Name Jakobus war“ oder „ein Mann namens Jakobus“. Eine derartige Redewendung hätte sehr gut allein stehen können (mit einer leichten Veränderung der grammatikalischen Form); sie wäre offen gewesen für den ergänzenden Hinweis auf einen Bruder Jesu durch einen christlichen Interpolator.

Ohne den Bezug auf Jesus macht die Textpassage Sinn und ergibt keinen Widerspruch innerhalb des Kontexts. Die Textpassage hat nichts mit Jakobus zu tun – noch viel weniger mit Jesus. Sie handelt vom Hohepriester Ananus und seinem Schicksal. Ananus wurde abgesetzt, weil er einen Mann exekutiert hatte, „einen Mann namens Jakobus und bestimmte andere Leute“, eine Tat, die einige der Gemäßigten unter den einflussreichen Juden empörte. Der Leser musste nicht mehr über diejenigen wissen, die gesteinigt worden waren.

(3) Der Hinweis auf Jesus enthält ein paar verdächtige Merkmale, z.B., dass die Schlüsselformulierung „genannt (der) Christus“ *(tou legomenou christou)* – abgesehen davon, dass sie im Genitiv steht – identisch ist mit derjenigen, mit der Mat 1:16 abschließt: *ho legomenos Christos.* Die gleiche Formulierung erscheint in Joh 4:25. Dieses Vorkommen in frühen christlichen Schriften weist die Formulierung als

christliche aus. Somit könnte sie von einem christlichen Abschreiber ausgewählt worden sein, um sie bei Josephus einzusetzen, besonders vor dem Hintergrund dessen, dass sie bei Matthäus erscheint, dem verbreitetsten Evangelium von der Mitte des 2. Jahrhunderts an.

Die häufige Übersetzung von *„tou legomenou Christou"* als „der sogenannte Christus" ist mit ihrem skeptischen und abfälligen Beigeschmack keinesfalls nötig und wird tatsächlich durch den Gebrauch der gleichen Formulierung bei Matthäus und Johannes, wo keine derartige Nebenbedeutung impliziert ist, in Frage gestellt. Das Wort *legomenos* steht an vielen anderen Stellen im Neuen Testament ohne abwertende Bedeutung. Diejenigen, welche die Formulierung in ihren Übersetzungen von Josephus gebrauchen, verraten eine vorgefasste Meinung zugunsten seiner Urheberschaft.

Der zweite verdächtige Aspekt, wenn die Passage auf Jesus bezogen wird, ist, dass dieser im Text *zuerst* erwähnt wird. Das heißt, die Passage lautet: „(Ananus ließ) den Bruder Jesu, des sogenannten Christus, der Jakobus hieß, und noch einige andere Männer vorführen ..." Warum hätte Josephus meinen sollen, dass Jesus größere Bedeutung zukam als Jakobus? Jakobus ist die Gestalt, die den Sturz des Ananus herbeiführte, während die Erwähnung Jesu eine identifizierende nachträgliche Ergänzung darstellt. Es wäre viel naheliegender für Josephus gewesen, etwa zu sagen: „(Ananus) brachte vor sie einen Mann, genannt Jakobus, welcher der Bruder von Jesus war, von dem, der (der) Christus genannt wird ..."; dagegen ist es verständlich, dass Jesus der Vorrang gegeben wurde, wenn die Redewendung von einem christlichen Abschreiber stammt.

(4) Wie im Falle der Textstelle in *Altertümer* 18 wird oft behauptet, dass ein christlicher Abschreiber die Gelegenheit benutzt hätte, mehr über Jesus zu sagen als nur einen einzigen Satz. Das ist jedoch kein zwingendes Argument. Ein Interpolator hätte die Grenzen, vor denen er stand, erkannt. In einem knapp gehaltenen Bericht über den Tod des Jakobus und seine Folgen für Ananus konnte es keinen Raum für eine größere Abschweifung über Jesus geben. Die Passage wäre vernichtet worden.

(5) In der Passage in *Altertümer* 20 haben wir tatsächlich eine doppelte Identifizierung: Zum einen wird Jakobus Bruder Jesu, zum andern wird Jesus der Christus genannt. Aber ist es wahrscheinlich, dass

Josephus Jesus als Christus bezeichnet hätte? Man würde erwarten, dass der Historiker genauer erklärt hätte, was „der Christus" zu einem früheren Zeitpunkt bedeutete. (Seine Leserschaft war eine griechisch-römische, von der man nicht erwarten konnte, dass sie mit dem jüdischen Messiasgedanken sehr vertraut war.) Tatsache ist, Josephus hat es nicht getan und ganz gewiss nicht in der Textstelle in *Altertümer* 18, wo die Erklärung „Er war der Messias" als eine spätere und offensichtlich christliche Einfügung verworfen wurde.

Darüber hinaus ist die ganze jüdische Überlieferung messianischer Erwartung ein Thema, das Josephus zu vermeiden scheint, denn er beschreibt sie nirgends direkt, nicht einmal in Verbindung mit den rebellischen Gruppen und Agitatoren in der Zeit vor dem Jüdischen Krieg. (Sein einziger klarer Hinweis auf die messianischen „Orakel" der Juden, deren Objekt, wie er behauptet, Vespasian war [*Jüdischer Krieg,* 6.5.4], befindet sich in einem anderen Buch, und wird auf eine sehr oberflächliche Art abgehandelt.) Dieses Schweigen und die offenkundige Abneigung des Josephus, über den jüdischen Messiasgedanken zu sprechen, schließt die Möglichkeit aus, dass er das Thema überhaupt aufnimmt, am wenigsten als eine einfache Nebenbemerkung in Verbindung mit Jesus.

Auf alle Fälle hätte Josephus, wenn es ihm darum gegangen wäre, Jesus auf eine schnelle Art für seine Leser zu identifizieren (einer von vielen mit diesem Namen in seiner Chronik), einen viel leichteren und weniger gefährlichen Weg gehabt, dies zu tun. Er hätte nur von dem sprechen müssen, „der von Pilatus gekreuzigt wurde". Das ist ein Punkt, von dem gesagt wird, dass er in der „Original"-Passage der *Altertümer* 18 *tatsächlich* auftauchte, einer, an den sich die Leser erinnert hätten. Wenn Josephus das „authentische" Testimonium ohne den Hinweis auf Christus geschrieben hätte, wäre die Erwähnung des Pilatus die unvermeidliche Alternative gewesen. (Das lässt die Überlegung unberücksichtigt, dass keine derartige Kreuzigung durch Pilatus stattfand.)

(6) Es ist möglich, dass „Bruder von Jesus, der (der) Christus genannt wird" zunächst als Randbemerkung eingefügt wurde. Form und Art würde zu einer Randnotiz passen, die von frühen Abschreibern gemacht wurde, um eine Identifizierung vorzunehmen, die Josephus nicht machte, einem Abschreiber, der darüber besorgt war, dass der Histori-

ker nicht auf ihn hingewiesen hatte. Dem üblichen Prozess folgend, wäre die Randnotiz später in den Text selber aufgenommen worden.

Diese Möglichkeit kann sich jedoch durch das folgende Szenario als nicht notwendig erweisen.

Ein „verlorener Hinweis" auf Jakobus und Jesus

Dreimal bei Origenes und einmal bei Eusebius erscheint die Aussage, dass Josephus glaubte, die Katastrophe des Jüdischen Krieges (66-70) und der Fall von Jerusalem habe die Juden wegen ihrer Ermordung von Jakobus dem Gerechten als Vergeltung Gottes getroffen. Diese Ermordung wird kurz in der folgenden Passage 20 der *Altertümer* erzählt; der Leser wird jedoch bemerken, dass eine derartige Vorstellung dort fehlt. Wir können die Möglichkeit, dass Origenes eine Kopie hatte, in der dieser Gedanke *enthalten war,* ausschließen, da der spätere Eusebius die Passage 20 der *Altertümer* zitiert und sie auch dort nicht steht. Wir müssen daher annehmen, dass Origenes und Eusebius es anderswo bei Josephus gelesen haben.

Hier ist zunächst das Zitat des Eusebius in seiner *Kirchengeschichte,* 2.23.20:

„Auf jeden Fall trug Josephus keine Bedenken, in seinen Schriften diesen Gedanken zum Ausdruck zu bringen. Er schrieb: 'Dieses Schicksal widerfuhr den Juden als Rache für Jakobus, den Gerechten, den Bruder Jesu, des sogenannten Christus; denn obwohl er der Gerechteste war, hatten ihn die Juden getötet.'"

Wie Origenes macht Eusebius nicht die Stelle dieses Zitats kenntlich. Da nichts Derartiges in einer unserer Handschriften von Josephus gefunden werden kann, in irgendeinem Teil der *Altertümer* oder des *Jüdischen Krieges,* müssen wir annehmen, dass es, wo immer es auch stand, später verschwand oder entfernt wurde. Bemerken wir, dass dieser verlorene Hinweis genau dieselbe Redewendung wie die in Altertümer 20 enthält, „Bruder Jesu, den der (der) Christus genannt wurde".

Ist eine derartige Erklärung über den Grund des Falls von Jerusalem bei Josephus authentisch, oder handelt es sich um eine christliche Einfügung? Wenn wir Josephus als Verfasser betrachten, vertrat er entweder seine persönliche Ansicht oder eine gegenwärtige jüdische Meinung. Beides ist von verschiedenen Gelehrten erklärt worden. Aber es gibt Probleme mit der einen wie mit der anderen Alternative.

Origenes bringt den „verlorenen Hinweis“ vor, um Josephus dafür zu kritisieren, dass er nicht den Tod *Jesu,* sondern den des Jakobus für die Zerstörung Jerusalems verantwortlich machte. Aber über ein halbes Jahrhundert früher hatte der Christ Hegesippus dasselbe gesagt. Wie Eusebius zeigt, bezeugt Hegesippus als christliche Ansicht seiner Zeit (Mitte 2. Jahrhundert), dass es tatsächlich der Tod des Jakobus des Gerechten war, der Gottes Bestrafung der Juden auslöste.

Nun, wenn Josephus die Existenz einer jüdischen Überlieferung bezeugte, dass die Ermordung des Jakobus zum Fall von Jerusalem führte, warum hätten Christen diese Ansicht später übernommen, statt zu reagieren, wie Origenes es später tat, und den Tod *Jesu* an dessen Stelle zu setzen? Ganz unabhängig davon, warum eine derartige Ansicht überhaupt von Juden vertreten worden sein mag, wenn Jakobus eine herausragende *christliche* Gestalt war und der Bruder eines gekreuzigten Umstürzlers, warum sollten ihm nichtchristliche Juden eine derartige Ehre erweisen zu glauben, dass Gott Rache an ihnen genommen hätte, um die größte Katastrophe der jüdischen Geschichte über sie zu bringen? Darüber hinaus würde es bedeuten, dass das Christentum und Jesus *von Gott begünstigt wurden.* Hätten die Juden so etwas geglaubt? Wohl kaum.

Hätte Josephus eine derartige Ansicht akzeptiert? Er hätte es vermutlich ebensowenig getan wie die Juden im Allgemeinen. Darüber hinaus ist die generelle Redewendung „die Juden ermordeten ihn“ zu eindeutig. Sie widerspricht dem Bericht des Josephus in *Altertümer* 20, wo nur von einer sehr begrenzten Verantwortung für den Tod des Jakobus gesprochen wird. Josephus wäre wohl kaum auf den Gedanken gekommen, Gott habe das gesamte jüdische Volk für einen Mord bestraft, den er selbst als Handlung eines emporgekommenen Hohepriesters darstellt, eines Mannes, den andere Juden sofort verdammten und dessen Entfernung sie veranlassten. Auf alle Fälle: Hätte Josephus eine derartige Überlieferung anerkannt, hätte er seinem Leser sicherlich einen positiveren Bericht gegeben über den, „der Jakobus genannt wird“, und wegen dessen Tod Gott den jüdischen Staat vernichtet und seinen eigenen heiligen Tempel dem Erdboden gleichgemacht hatte.

Schließlich gibt Josephus selbst hinreichende Anhaltspunkte für seine eigene Sicht der Ursache der Katastrophe. Überall in den *Altertümern* verdammt er die revolutionäre Bewegung, die mit Judas dem Galiläer (im Jahre 6 u.Z.), der die „Grundlagen unseres zukünftigen Elends" legte (Altertümer 18.1.1), begann. Und wenn er von Gott (mit Blick auf seine jüdischen Zuhörer) sagen kann, die Zerstörung der Stadt und des Tempels sei die Strafe für die Handlungen der jüdischen Zeloten, ist es kaum wahrscheinlich, dass er bei der Abfassung seines unter Flavians Schirmherrschaft entstandenen Werkes für Nichtjuden den Fall von Jerusalem auf den jüdischen Gott zurückführt, der die Römer als Schachfiguren für seine Zwecke benutzt.

Wir müssen schließen, dass der verlorengegangene Hinweis, Gott habe die Juden für die Ermordung des Jakobus gestraft, christliches Produkt ist und eine Interpolation im Manuskript von Josephus (Robert Eisenman, *James the Brother of Jesus,* S. 395, legt nahe, dass es im *Jüdischen Krieg* stand). Hegesippus bezeugt in der Mitte des 2. Jahrhunderts eine weitverbreitete Ansicht dieser Art bei Christen. Aber es gibt eine sehr aufschlussreiche logische Schlussfolgerung hierzu. Warum haben jene frühen Christen die Katastrophe nicht als Strafe Gottes für die Tötung von Jesus angesehen, wie der spätere Origenes (und wir)?

Die Erklärung ist einfach. Die Notwendigkeit der Interpretation der Zerstörung Jerusalems hatte sich wahrscheinlich früher entwickelt, sogar noch vor Hegesippus; zu dieser Zeit *waren ein historischer Jesus und eine historische Kreuzigung noch nicht bekannt* oder zumindest über einige frühe Evangeliumsgemeinschaften hinaus noch nicht weit verbreitet. Somit existierte diese Vorstellung in der größeren christlichen Welt noch nicht. Statt dessen war Jakobus der Gerechte Vorsteher einer bekannten Sekte in Jerusalem, die an einen spirituellen Christus glaubte, ermordet durch den jüdischen Hohepriester kurz vor dem Krieg, ein selbstverständlicher und vielleicht der einzige verfügbare Kandidat, auf den ein solcher Gedanke übertragen werden konnte. Und während die Vorstellung von einem historischen Jesus zur Zeit des Hegesippus noch auf dem Wege war, könnte die ursprüngliche Überlieferung über den Tod des Jakobus noch wirksam gewesen sein, um später durch die Vorstellung, Jerusalem sei wegen des Todes Jesu zerstört worden, ersetzt zu werden. Wir finden die erste klare Vorstellung davon bei Tertullian (*Gegen die Juden* 13) am Ende des 2. Jahrhunderts. Origenes drückte seine abweichende Meinung zu der alten Ansicht ein paar Jahrzehnte später aus (*Gegen Celsus I,* 47; cf. 4:22).

Dies impliziert, dass der „verlorengegangene Hinweis“ in die Manuskripte des Josephus zu einer relativ frühen Zeit interpoliert worden sein muss, gewiss im 2. Jahrhundert. Zu jedem späteren Zeitpunkt hätte der Abschreiber wahrscheinlich die Ansicht des Origenes wiedergegeben, dass der Fall von Jerusalem wegen des Todes von Jesus geschah, nicht wegen Jakobus.[90]

Bestimmte Konsequenzen scheinen klar zu sein. Die Redewendung „genannt der Christus“ ist nachweisbar christlicher Natur. Da der Bezug auf Jesus an diesen beiden Stellen praktisch identisch ist und einer davon als Teil einer Interpolation erwiesen werden kann, erhöht dies die Wahrscheinlichkeit, dass der andere auch eine Interpolation darstellt. Weil die Interpolation in *Altertümer* 20 kürzer ist und im Zusammenhang des „verlorengegangenen Hinweises“ keine große Rolle spielt, ist anzunehmen, dass Erstere von Letzterem kopiert wurde. Ein christlicher Abschreiber, der eine vollkommen neue Passage in den *Jüdischen Krieg* einfügte, hätte wahrscheinlich nicht die *Altertümer* für eine Phrase zur Beschreibung des Jakobus benutzt, sondern eine eigene Formulierung verwendet. Wells macht dazu eine interessante Anmerkung. Er meint (*The Jesus Myth,* S. 220), dass wir keine Möglichkeit haben zu überprüfen, ob der „Jakobus“, auf den Josephus Bezug nimmt, tatsächlich Jakobus der Gerechte ist, falls es sich bei der Redewendung „der Bruder Jesu, der Christus genannt wird“ wirklich um eine Interpolation handelt. Hierbei könnte es sich auch um irgendeinen anderen in Jerusalem im Jahre 62 u.Z. ermordeten Jakobus gehandelt haben, der kein Christ war. Das würde ein Problem beseitigen, das sich immer schon mit der Passage in *Altertümer* 20 stellte. Warum zeichnet Josephus Jakobus nicht klarer als einflussreichen Anführer einer christlichen Sekte, und warum waren bedeutende Juden der Stadt so erbost über die Ermordung eines Christen, dass sie für die Absetzung des Hohepriesters agitierten?

Ein späterer christlicher Abschreiber könnte, vielleicht aufgrund des „verlorengegangenen Hinweises“, geglaubt haben, dass der Jakobus in *Altertümer* 20 tatsächlich Jakobus der Gerechte war, der Bruder Jesu. Darum fügte er die Phrase, die ihn als solchen identifizierte, in den Text ein. Oder er könnte sie an den Rand geschrieben haben, von wo aus sie später in den Text gelangte. Die Auffassung des Abschreibers könnte diejenigen der Christen im Allgemeinen widerspiegeln über die Identität des „einen, Jakobus genannt"; bei den späteren Überlieferungen, wie sie in dem Bericht des Hegesippus über den Tod von Jakobus dem Gerechten zu finden sind, könnte es sich einfach um phantasievolle Ausschmückungen handeln, die auf der neuen Lesart des Satzes in *Altertümer* 20 beruhen.

Angesichts aller Argumente, die gegen die Wahrscheinlichkeit der Authentizität des Jesus-Zeugnisses in *Altertümer* 20 sprechen, muss die zweite Säule des Jesus-Zeugnisses bei Josephus zusammen mit der ersten zerbrechen.

Ein früheres Schweigen

Es muss noch eine letzte Bemerkung gemacht werden. In dem Abschnitt über Pilatus in dem früheren Buch über den *Jüdischen Krieg*, der in den 70er Jahren geschrieben wurde, umreißt Josephus dieselben beiden Vorfälle, mit denen er Kapitel 3 von Buch 18 in *Jüdische Altertümer* begann, Vorfälle, die in Judäa während der zweiten Amtszeit des Pilatus Tumulte verursachten. In den *Altertümern* folgt diesen Beschreibungen sofort das Testimonium über Jesus. Im *Jüdischen Krieg* (2.9/169-177) gibt es keine Erwähnung Jesu.

Interessant ist, dass sich die Situation bei Tacitus ähnlich darstellt. Während die späteren *Annalen* von Jesus berichten, dieser habe „die Todesstrafe während der Regierungszeit des Tiberius durch das Urteil des Prokurators Pontius Pilatus" erhalten, enthält ein früheres Werk, in dem Tacitus die Regierungszeit des Tiberius zusammenfasst, keine Erwähnung von Jesus oder von Christen. In den *Historien* (5.9.2) sagt Tacitus lediglich, dass zu dieser Zeit „alles ruhig war".[91]

Ein Zufall? Wenn das Schweigen über Jesus in den früheren Werken des Tacitus wie auch des Josephus Zweifel an der Authentizität der späteren Jesus-Stellen aufkommen lässt, dann müssen wir in der Tat davon ausgehen, dass wir vor der späteren Hälfte des 2. Jahrhunderts keinerlei eindeutigen nichtchristlichen Hinweis auf Jesus besitzen.

III: Ein 2-Komponenten-Christentum

Es wäre interessant, über das Leben und die Persönlichkeit des Mannes zu spekulieren, der das einflussreichste Buch der Welt konzipierte. Aber wir besitzen zu wenig Material, um das zu tun. Verglichen mit den späteren Evangelien besteht die Leistung des Markus in seiner Konzentration auf einige wesentliche Punkte. Tiefere Einsichten, die dem Leser oft blitzartzig begegnen, dazu ein Hauch literarischer Genialität fehlen keinesfalls und fallen uns bei der Lektüre der schlichten und einfachen Darstellung von Jesu Leben und Sterben ins Auge. Gleichwohl ist der dahinter stehende Verfasser kaum zu erahnen. Im Gegensatz dazu steht uns für ein Bild des Matthäus reicheres Material zur Verfügung; doch mag uns die hier zum Vorschein kommende Persönlichkeit freilich wenig liebenswert erscheinen. Interessant wäre es zu wissen, wie lange Markus nach der Fertigstellung seines Werkes noch lebte. Sah er noch, wie seine symbolische Gestalt und Geschichte eigenes Leben annahmen? Kam er vielleicht mit Männern wie Ignatius in Kontakt, die Jahre vor ihm auf der historischen Existenz eines Jesus Christus, geboren von Maria und von Pilatus gekreuzigt, bestanden? Hat er das Missverständnis richtig gestellt? Möglicherweise fing er sogar an, seine eigene Geschichte selber zu glauben.

Wenn man erst einmal damit begonnen hat, das Markusevangelium von Anfang bis Ende als literarische Schöpfung zu begreifen, für die Elemente sowohl aus der Galiläischen als auch der Jerusalem-Tradition benutzt wurden, wird das Kompositionsschema offensichtlich. Teil acht wird wiederum jene Zwillingsüberlieferungen, wie sie von Markus benutzt wurden, untersuchen. Kapitel 22 wird jedes der charakteristischen Elemente in der Darstellung des Wirkens und der Verkündigung Jesu untersuchen; die feierliche Einführung mit Johannes dem Täufer, die Lehren und apokalyptischen Predigten, Wunderüberlieferungen und Streitgespräche mit den religiösen Autoritäten. Sie werden allesamt als Widerspiegelung von Praxis und Erfahrungen der Reich-Gottes-Gemeinde erkannt werden.

Kapitel 23 wendet sich dem zweiten Bestandteil des Markusevangeliums zu, der Passionsgeschichte. Wir wollen zeigen, dass sie in ihren groben Umrissen das über Jahrhunderte in der jüdischen Literatur geläufige Motiv des Leidenden Gerechten aufgreift. Nach einem allgemeinen Überblick wollen wir uns mit den Details des Prozesses Jesu und seiner Kreuzigung beschäftigen, um auf diese Weise deutlich zu machen, wie viele Textpassagen aus den Psalmen und von den Propheten entnommen wurden. Mit Hilfe seiner Methode einer midraschähnlichen Schriftauslegung entnahm Markus Verse hier und dort aus der Schrift und baute sie als fertige Elemente und Details in seine Geschichte ein. Andere charakteristische Bestandteile und Gestalten sind erfundene Handlungsmuster, um den Verlauf der Ereignisse voranzubringen.

In Teil neun gehen wir weiter zum 2. Jahrhundert. Wieviel wissen die Apostolischen Väter in ihren Schriften von den Evangelien und dem Inhalt? Sehr wenig, wie Kapitel 24 zeigen wird. Auch der Bericht des Eusebius über die verlorenen Schriften des Bischof Papias mit seinen rätselhaften Anspielungen auf „Markus" und „Matthäus" soll untersucht werden. Dann geht es weiter zu einem Mann, der mehr Einfluss auf die Entwicklung des Christentums gehabt haben könnte als irgendeine andere Gestalt des 2. Jahrhunderts: der gnostische „Ketzer" Marcion. Er lieferte wahrscheinlich die Idee bzw. das Modell für die Sammlung von Paulusbriefen und für die Schaffung eines neutestamentlichen kirchlichen Kanons. Seine Herausforderung provozierte die Erwiderung durch die Apostelgeschichte, deren Bild von den christlichen Ursprüngen inzwischen als überwiegend, wenn nicht gar völlig fiktiv betrachtet wird und einzig und allein den Zwecken der Römischen Kirche diente.

Zum Schluss wird sich Kapitel 25 den Schriften der christlichen Apologeten widmen, die auf ihre Weise die Unterschiedlichkeit des Christentums in den zwei ersten Jahrhunderten dokumentieren. Das Jesus-Puzzle mit seinem Bild eines fehlenden historischen Jesus findet seinen Höhepunkt in den Zeugnissen der sich an Griechen und Römer wendenden Apologeten, die erschreckend wenig Wissen über einen menschlichen Gründer verraten, obschon dieser bald darauf auch die heidnischen Gesellschaften erobern und deren eigene antike religiöse Traditionen vergessen lassen sollte.

Teil acht

Die Entstehung des Jesus von Nazareth

22
Die Evangelien als Midrasch und symbolische Erzählungen

Vorbereitung auf Jesu Wirken in Galiläa

Was macht Jesus im Markusevangelium?

In Markus 1:14-15 erhalten wir eine schlichte Aussage über den Inhalt seiner Verkündigung 1:14-15:

„[14]Nachdem aber Johannes gefangengesetzt war, kam Jesus nach Galiläa und predigte das Evangelium Gottes [15]und sprach: ‘Die Zeit ist erfüllt, und das Reich Gottes ist herbeigekommen. Tut Buße und glaubt an das Evangelium!’“

Das klingt simpel – fast banal. Eine Verkündigung wie diese passte zu fast jeder Predigergruppe des Königreichs Gottes, die ihre Botschaft in ganz Palästina im 1. Jahrhundert verbreitete. Wir können diese Worte aus den Mündern einer Vielzahl von Predigern und Propheten hören; sie alle glaubten, dass eine Zeit des Gerichts und der Erneuerung der Welt – der lange erwartete Tag des Herrn – kurz bevorstehe. Eine solche Botschaft war in der Q-Gemeinde beheimatet.

Markus hat dieser Aussage zur Vorbereitung eine Einleitung vorangestellt. Am Anfang seines Evangeliums führt er Johannes den Täufer ein, der ein zusammengesetztes Zitat von Maleachi 3:1 und Jesaja 40:3 falsch zitiert: über eine Stimme, die in der Wüste ruft, um dem Herrn den Weg zu bereiten. Johannes kommt, um Buße zu predigen, was die Standardpraxis bei der Ankündigung des kurz bevorstehenden Gottesreichs darstellte. Aber er ist auch ein „Vorbote". Während der Jahrhunderte der Erwartung des Tages des Herrn, an dem Gott selber kommen würde, um Israel in seiner früheren Größe wieder herzustellen, hatten sich bestimmte mythologische Vorstellungen entwickelt. Eine war, dass Gottes Ankunft ein Erscheinen des Propheten Elia vorausgehen würde. In Maleachi 4:5 wird dieser Vorbote ausdrücklich als Elia bezeichnet; obschon sich der Vorbote in Jesaja 40: 3 nur allgemein auf einen engelhaften Boten bezieht, bezogen Christen auch diese Stelle auf Elia. Somit wurde Johannes der Täufer zum Kandidaten für den erwarteten Vorläufer, da ja jede Gruppe, die behauptete, dass das Gottesreich kurz bevorstehe, in der Lage sein musste, auf eine Elia ähnliche Gestalt hinzuweisen, um die Erwartung der Schrift zu erfüllen.

Darüber, ob das Propheten-Zitat des Johannes am Anfang von Q stand, mag man streiten; aber Q enthielt definitiv die folgende markinische Aussage über Johannes: die Erklärung des Täufers, dass „nach mir einer kommt, der mächtiger ist als ich. Ich bin nicht würdig seine Schuhe aufzubinden. Ich habe dich mit Wasser getauft; er wird dich mit dem heiligen Geist taufen."

Der Leser mag sich daran erinnern, dass diese Passage in Q etwas länger war und einige weitere dunkle Beschreibungen dessen, der kommen würde, enthielt. Dort sollte der, den Johannes ankündigte, mit Feuer taufen. Er sollte Spreu von Weizen trennen, die Spreu würde im ewigen Feuer brennen. Die Prophetie des Johannes in Q bezog sich sicherlich auf den Menschensohn, den Richter der Endzeit, abgeleitet von Daniel 7. Wenn Johannes jemals etwas Derartiges gesagt hatte, bezog er sich wahrscheinlich auf die Ankunft Gottes selber am Tage des Herrn.[92]

Markus geht in der Entwicklung der Prophezeiung des Johannes (von Gott zum Menschensohn) noch einen Schritt weiter. Die Sprache von Q zeigt, dass Johannes keinen Jesus prophezeite, keinen Prediger des Gottesreichs bzw. Gemeindegründer, von dem die frühe Schicht von Q noch nichts wusste. Bei Markus dagegen, wie bei Q3, betritt dieser Gemeindegründer erstmals die Szene; Johannes wurde zu seinem Vorboten. Somit hatte Markus sich (wenn er mit der längeren Überlieferung, die in Q gefunden wird, vertraut war) offenbar dafür entschieden, alle Hinweise auf die Feuertaufe und die Trennung des Weizens von der Spreu beiseite zu lassen. Für seinen Jesus waren sie unpassend.

Was Markus 1:2-8 über die Verkündigung des Johannes berichtet, kann in keiner Weise als historisch angesehen werden, da die Reihenfolge der aufeinander folgenden Stadien der Entwicklung noch sehr gut sichtbar ist: von dem auf Gott hinweisenden Johannes über Q2, das daraus eine Prophezeiung auf den Menschensohn gemacht hat, bis hin zu Markus, der es in eine Prophezeiung auf Jesus umwandelte. Eine derartige Entwicklung stand in Einklang mit der Auffassung der Gemeinde selber, die erst den Menschensohn erwartete, ohne den verkündigenden Jesus von Q3 und Markus zu kennen.

Nach der Szene mit dem predigenden Johannes tritt Jesus auf und wird im Jordan von Johannes getauft. Zwei Dinge geschehen. Zum einen bietet Markus eine anschauliche Darstellung der Idee, dass der Kommende mit dem Heiligen Geist taufen wird. Die Ankunft des Geistes – eine Wirkung der christlichen Taufe, von der auch Paulus wusste – wird von Markus durch die herabkommende Taube symbolisiert. Darauf folgen vom Himmel herab Gottes Worte: „Du bist mein lieber Sohn, an dem ich Wohlgefallen habe.“ Hier werden zwei Verse aus der Schrift miteinander verknüpft: Jesaja 42:1: „Siehe, das ist mein Knecht – ich halte ihn – und mein Auserwählter, an dem meine Seele Wohlgefallen hat“ und Psalm 2:7: „Du bist mein Sohn, heute habe ich dich gezeugt.“ Auch in der Taufe des Paulus wird der Täufling zu Gottes Sohn (z.B. Gal 4:5). Markus drückt dies dadurch aus, dass er Gott selber Jesus als seinen „Sohn“ proklamieren lässt.

Die Taufszene beruht daher nicht auf einem historischen Ereignis. Sie wurde von Markus aus Schriftzitaten gestaltet. Sie symbolisiert den Taufritus der eigenen Gemeinde und dessen theologischen Hintergrund. Wir können annehmen, dass die Markus-Gemeinde einen derartigen Ritus besaß, sonst hätte Markus kein Interesse daran gehabt, Jesu Taufe zu erwähnen bzw. Johannes als den taufenden Propheten.

Diese Praxis, aus der Schrift Zitate zu entnehmen und zwei oder mehr separate Textstellen zu kombinieren, die als komplementär und sich gegenseitig verstärkend angesehen wurden (wie zwei Komponenten einer Legierung) war eine der zentralen Methoden des „Midrasch“. Ganz allgemein gesagt, handelte es sich beim Midrasch um eine traditionelle jüdische Methode der Schriftinterpretation, neue Sinngehalte und spirituelle Wahrheiten zu illustrieren, um neue Verhaltensrichtlinien zu erschaffen, neue Lesarten von alten Texten anzufertigen. Oft geschah dies durch Wiedererzählen alter biblischer Geschichten, die aktualisiert und in die Gegenwart übertragen wurden. Die besonderen Merkmale des Midrasch werden klarer werden, wenn wir untersuchen, wie die Evangelien zusammengestellt wurden.

Der Taufszene folgt die Versuchungsgeschichte, aber bei Markus ist diese so zusammengeschrumpft, dass sie kaum noch Sinn ergibt. Hier ist die Erinnerung des Markus bzw. seine Vertrautheit mit Q-Überlieferungen offensichtlich begrenzt. Erst wenn wir uns der von Matthäus und Lukas überlieferten Q-Fassung zuwenden, wird der Sinn der Episode klarer.

Die Versuchungsgeschichte ist – wie immer man über die Historizität Jesu denken mag – offensichtlich kein historisches Ereignis. Diese drei Versuchungen Jesu durch den Teufel: Verwandlung der Steine in Brot, Sturz von der Tempelzinne, Huldigung Satans, dienen dazu, ethische Standpunkte zu veranschaulichen, die dem Bedürfnis der Gemeinde dienten. Wie sie im Einzelnen zu interpretieren sind, ist oft debattiert worden: als Mahnung, sich nicht um weltliche Bedürfnisse zu besorgen, sich nicht vor dem Tod zu fürchten, nicht nach politischer Macht zu trachten oder sich dagegen aufzulehnen.[93] Wichtig ist bei alledem, dass alle Versuchungen Jesu jene Versuchungen symbolisieren, denen die Mitglieder der Gemeinde selber ausgesetzt waren. Jesu Antworten, wie sie von Q und dessen Redaktoren Matthäus und Lukas gestaltet wurden, stellen verschiedene Positionen dar, die von einem Christen angenommen werden können, um die Versuchungen zu überwinden. Jesus dient daher als Vorbild für die Gemeinde, um ihre idealen Verhaltensweisen darzustellen.

Noch einmal, einige der Bausteine dieser Geschichte mit moralischer Absicht sind der Schrift entnommen: Zitate aus dem 5. Buch Moses und den Psalmen. Auf Midraschart werden verschiedene Textstellen der Schrift kombiniert, um die Absicht des Verfassers dieser „Lektion“ zu beleuchten. Die Gestalt des Jesus kann vollkommen fiktiv sein, solange sie als Symbol nur dazu dient, die Zuhörer zu belehren. Ob Markus wirklich der Auffassung war, er habe die in der Q-Überlieferung enthaltene Moral durch sein drastisch reduziertes Referat dem Leser noch mitteilen können, ist schwer zu sagen.

In dieser kleinen Einleitungsepisode können wir erkennen, dass Markus aus alttestamentlichem Material, das er veränderte und das er auf neue Bedeutungsebenen hob, ein künstliches Bild konstruierte, das die verschiedenen Elemente der Gottesreichsgemeinde symbolisierte. Diese waren die Erwartungen, die auf Verheißungen der Schrift beruhten, volkstümliche Mythologie wie die Ankunft Elias, die tiefere Bedeutung des Taufrituals der Gemeinde, die Schwierigkeiten und Versuchungen, vor denen sie stand. Alles wird auf eine einzelne Gestalt projiziert, welche die Gemeinde als Ganze repräsentiert. Gewiss wäre Markus auch ohne diese künstliche Gestalt ausgekommen, um Verhaltenregeln und theologische Inhalte der Gemeinde selber zuzuschreiben. Das hätte jedoch ein viel uninteressanteres, uneffektiveres Ergebnis gezeitigt. Bestimmte Einsichten und Lektionen werden am besten vermittelt, wenn der Fokus gebündelt und auf eine Person bezogen wird, wenn eine zentrale Gestalt als Individuum sprechen, reagieren, lehren, erleben kann. Das Beispiel eines Individuums ist viel einfacher zu verstehen, es ist leichter, von ihm zu lernen, Gefühle und Betroffensein zu empfinden. Unsere heutige Dichtung und die jeden Zeitalters hat immer dazu gedient, die Wahrheit menschlicher Existenz anschaulicher und lebendiger zu machen. Sektiererische Bedürfnisse im Reich des Glaubens sind hiervon nicht ausgenommen.

Die Methodologie des Neuen Testaments

Es sieht so aus, als ob die übliche Art und Weise, die Evangelien zu analysieren, auf einer unsicheren Grundlage beruhte. Der übliche Ansatz bestand darin herauszufinden, welche Grundzüge einer Begebenheit auf Jesus zurückgeführt werden und welche authentischen Elemente dem Ursprung der Überlieferung darüber zugrunde liegen können. Die Wissenschaft hat versucht aufzuzeigen, wie die Tradenten derartige Ereignisse veränderten, wie sie mittels mündlicher Überlieferung weitergereicht wurden und wie Veränderungen im Laufe des Prozesses ausgearbeitet wurden; schließlich, wie die Verfasser der Evangelien eine auf diese Weise empfangene tradierte Einheit für ihre eigenen Zwecke umgearbeitet haben könnten. Auf diese Dinge bezieht man sich mit solchen Begriffen wie Quellenkritik, Formkritik, Redaktionskritik und so weiter.

Es sieht so aus, als würde keine dieser Methoden der Realität gerecht werden. Wir haben nicht nur gesehen, dass die Briefe nichts von Überlieferungen wissen, die mit Jesu Wirken und Verkündigung selbst in ihren dürftigsten Grundlagen zu tun haben; wir können den Prozess der markinischen Bearbeitung von Q-Traditionen verfolgen, die in ihren vorangegangenen Stadien nichts mit einem historischen Jesus oder überhaupt mit historischen Ereignissen zu tun hatten. (Dieser Vorgang ist besonders deutlich bei der Zuweisung von bestimmten Verkündigungsinhalten an Jesus, die ihm von früheren Zeugen überhaupt nicht zugeschrieben wurden.)

Mit anderen Worten, die Idee von Traditionen, die bei Jesus ihren Ursprung hatten oder in jenen Kreisen, die unmittelbar auf ihn „reagierten" und die dann anschließend aufgrund mündlicher Überlieferung auf die Schreibpulte der Evangelisten gelangten, findet keinerlei Bestätigung in den Fakten. Statt dessen sehen wir literarische Gestaltung und Überarbeitung. Wir beobachten einen schöpferischen Gestaltungswillen auf Seiten des Evangelisten, der Jesus Dinge zuschreibt – aus der Schrift oder anderen älteren Quellen –, die nichts mit ihm zu tun haben. Jesus erhält sein Leben am Schreibpult des Markus – oder gelegentlich in rudimentärer Form unter den Händen von Q3-Redaktoren, die kleine selbständige Anekdoten aus früheren Materialstücken für ihn konstruierten. Wenn man hinter den Vorhang der Evangelien schaut, zerfällt das Bild des Jesus von Nazareth sehr schnell in diverse Bestandteile und nicht erkennbare frühere Ereignisse.

Das heißt nicht, dass man nicht die Geschichte der Entwicklung und der Umarbeitung eines einzelnen Elements verfolgen könnte, um zu einer ursprünglichen Grundform zu gelangen. Dies ist für Generationen ein Hauptpfeiler der Wissenschaft des Neuen Testaments gewesen. Dabei ist freilich eine nicht weiter in Frage gestellte Annahme zugrundegelegt worden: dass uns die vorangegangenen Prozesse gleichsam wie eine Kette zu einem historischen Jesus zurück über die frühe Kirche zu den Evangelisten und ihrer Zeit führen. Derartige wissenschaftliche Ansätze sind davon ausgegangen, dass den frühen christlichen Überlieferungen eigene kreative Kraft ausschließlich durch die Gestalt Jesu und die verschiedenen Reaktionen auf Jesus zukam. Diese Kraft explodierte dann gleichsam in einem Urknall, durch welchen die unabhängigen Moleküle der Überlieferung neue Formen und Bedeutungen annahmen und gelegentlich sogar Moleküle aus anderen Nicht-Jesus-Sphären anzogen, um sie in das Gravitationsfeld ihrer Jesusüberlieferung zu ziehen.

Auch dies entspricht nicht der Wirklichkeit. Statt dessen kamen all diese Moleküle aus diversen Quellen, die in der geistigen Atmosphäre der damaligen Zeit umhertrieben. Sie kamen von den diffusen Vorläufern der markinischen Gemeinde, von den übrigen christlichen Gruppen, von denen seine Gemeinde nur ein Teil war, sowie von facettenreichen sektiererischen Neuansätzen, die darauf abzielten, Ethik, Riten und gesellschaftliche Bedingungen der Zeit zu reformieren. Sie kamen von der weitverbreiteten Erwartung des Königreiches Gottes, der Hoffnung von Jahrhunderten.

Wie wir mit Blick auf Q1 sahen, könnten sie sogar von fremden Quellen stammen, nichtjüdischen Quellen wie denen der Kyniker. Aber der Schwerpunkt dieses ganzen Materials bildete nicht irgendein gemeinsamer Ursprung oder eine einzelne Ursprungsgestalt; erst zu einem späteren Zeitpunkt zogen die Gravitationskräfte all diese unvereinbaren Elemente zusammen. In einem gewissen Grade ereignete sich dieser Vorgang erstmals im späteren Q; gleichwohl war es Markus, der diese Entwicklung hin zum historischen Jesus schließlich am weitesten vorantrieb.

Jesus als Prophet

Wenn wir unseren Überblick über Jesu Wirken im Markusevangelium fortsetzen, erkennen wir, dass immer mehr verschiedenartige Elemente mit der symbolischen Jesusgestalt verbunden wurden – ein Vorgang, der bereits im Q3-Stadium begann. Bei Markus ebenso wie bei Q ist Jesus ein apokalyptischer Prophet. Er warnt vor der kurz bevorstehenden Endzeit und vor dem, was geschehen wird, wenn sie kommt. Es war eine Zeit der Propheten, wie Josephus deutlich macht; Johannes der Täufer hat sie repräsentiert.

Bei Markus und Q spricht Jesus in einer prophetischen Weise, die auf die biblischen Propheten zurückgeht. Den Reden wird die Einleitung „wahrlich ich sage euch“ (wie bei Markus 3:28) vorangestellt. In Q wird Jesu Kritik an den Pharisäern und Schriftgelehrten mit „Wehe euch“ eingeleitet, eine Redewendung, die aus Jesaja 5:8-24 stammt. Das Markusevangelium enthält keine speziellen „Wehe“-Sprüche, obwohl es in 7:6 die Pharisäer als „Heuchler“ verdammt, wobei ein Zitat von Jesaja herangezogen wird. „Wer Ohren hat zu hören ...“ ist ein andere prophetische Redewendung, die wir bei Markus 4:9 lesen. Diese Ausdrucksweise repräsentiert den weitverbreiteten Verkündigungsstil der Propheten der Q- und Markus-Gemeinden – und ohne Zweifel den von vielen anderen.

Der Charakter des Gottesreichs

Der markinische Jesus predigt ebenfalls das Gottesreich. Er sagt seiner Zuhörerschaft, wie das Gottesreich aussehen und was zu seinem Erscheinen führen wird. Wir müssen an dieser Stelle eine eigenartige Beobachtung über die Verkündigung hervorheben. In den Evangelien und in Q werden Zukunftserwartungen auf zwei recht unterschiedliche Arten ausgedrückt. Die eine ist offenkundig apokalyptisch. Der Menschensohn wird kommen und die Welt vernichten. Die „kleine Apokalypse“ des Markus stellt in Kapitel 13 die „Geburtswehen eines neuen Zeitalters“ (13:8) dar: Krieg, Erdbeben, Hungersnöte. Der Menschensohn kommt zu einer Zeit, die keiner kennt, darum heißt es, bereit zu sein, nicht versuchen, etwas mitzunehmen, auf die Berge zu fliehen (13:14-16)! Sonne und Mond werden ihren Schein verlieren, Sterne werden vom Himmel fallen. Die Propheten, die diese Art eines Königreichs predigten, müssen ihre Zuhörer zum Fürchten – oder zu höhnischem Spott – gebracht haben.

Neben wüsten Gerichtsdrohungen stand eine völlig andere Form der Verkündigung des Gottesreichs. Man findet sie in den Gleichnissen. In den drei Gleichnissen von Mk 4 stehen Bilder ruhigen Wachsens, Bilder vom Samen, der zur Pflanze erblüht ist und von fruchtbarer Ernte. Dieser Samen ist das gepredigte Wort über das Gottesreich, die Ernte ist die Ausbreitung der Verkündigung und ihre Annahme durch viele

Menschen. Das Gottesreich wird zu einem Baum, in dessen Schatten sich Vögel niederlassen.[94]

In Q beschreibt ein berühmtes Gleichnis (Lk./Q 14:16-24), wie diejenigen, die ursprünglich zu Gottes Abendmahl eingeladen waren, einschließlich der Reichen und Privilegierten, es abgelehnt hatten zu kommen, und der Herr des Hauses statt dessen Arme, Krüppel, Lahme und Blinde einlud. Dies symbolisiert nicht nur die subkulturelle Tendenz der Q-Bewegung und die erwartete Umkehrung von Arm und Reich, es weist auf ein Gottesreich hin, in dem Freude und Überfluss das Los der vormals Unglücklichen – der jetzt neu Erwählten – sind, eine Verheißung, die in Sprüchen wie den Seligpreisungen gegeben wird.

Tatsächlich erscheinen die zwei Zukunftsbilder als unvereinbar. Es ist schwierig, sie der Verkündigung eines einzelnen Mannes zuzuschreiben – es sei denn, er wäre tiefgreifend schizophren gewesen. Trotzdem hat Q, gefolgt von Markus und den übrigen Synoptikern – alle anscheinend taub und blind angesichts der Widersprüche –, sie unter ein gemeinsames Dach gebracht.

Es scheint unmöglich zu sein, das Bild der Gleichnisse vom Königreich Gottes mit dem apokalyptischen Bild des Menschensohns zu versöhnen. Das erste weiß nichts von einem einschneidenden Umbruch, nichts von einem in Zukunft erwarteten fürchterlichen Gericht der Endzeit. In der Apokalypse des Markus haben Reiche wie Arme gleichermaßen viel zu fürchten und Grund zu fliehen. In einem Bild von Q (Lk/Q 17:34-5) werden zwei in einem Bette liegen, einer wird sterben. Zwei Frauen werden Korn mahlen, eine wird es treffen. Es gibt nichts, woraus man schließen kann, dass die Böse ein derartiges Schicksal erleiden wird. Andererseits scheint das Gottesreich des Gleichnisses friedfertig zu kommen. Auch diese Möglichkeit gibt es, dass das Gottesreich bereits durch die Verkündigung selbst, mit etwas Nachhilfe seitens der Betroffenen, nahe bevorsteht. Diese widersprüchliche Darstellung hat über Generationen zu ganz unterschiedlichen Interpretationen und Diskussionen über den genauen Charakter der Vorstellung Jesu vom Gottesreich geführt. War Jesus ein apokalyptischer Prophet, fixiert auf das Ende der Welt im Feuer unter den Händen des Menschensohns? Oder war er ein ruhiger, nach innen gewandter Seher, der kein Interesse an apokalyptischen Bildern hatte und glaubte, dass rechte

Menschen, wenn sie nur recht handeln, ein Königreich Gottes auf der Erde errichten könnten – auch heute noch?

In der Tat war er beides – und er war weder das eine noch das andere. Diese beiden grundverschiedenen Ansichten über das kommende Gottesreich wurden von der Q-Gemeinde und der markinischen übernommen. Dadurch dass beide Ansichten einer fiktiven Gründergestalt der Q3-Schicht sowie dem zusammengesetzten Jesus von Nazareth des Markusevangeliums zugeschrieben wurden, wurden beide einem künstlich geschaffenen Individuum beigelegt; dieses hatte die Funktion, die Äußerungen beider Gemeinden zu symbolisieren.

Letztlich gehen beide Ansichten auf die zwei unvereinbaren Bestandteile des frühen Q zurück, auf die aufgeklärten „Weisheits"-Sprüche von Q1 und auf die Sprüche apokalyptischer Ausrichtung von Q2. Wieder einmal können wir sehen, dass es sich dabei um zwei Produkte ganz unterschiedlicher Herkunft handelt, die zu einer gewaltsamen Verbindung genötigt wurden. Der Charakter der Q2-Predigtsekte war grundsätzlich der von Q2, und er war es ohne Zweifel von Anfang an. Die Gedanken von Q1 repräsentieren eine von außen kommende Tradition, einen Rekurs auf Philosophie und Praxis kynischer Philosophen. Diese Tradition wurde durch die apokalyptische Gemeinde in Galiläa übernommen. Auch wenn über die Gründe dafür nur gerätselt werden kann, sie flossen am Ende zusammen und kamen schließlich aus ein und denselben Mund.

Jesus als Reformator

Die Q- und Markus-Gemeinden gehörten zu einer sektiererischen Bewegung. Als solche befanden sie sich im Konflikt mit dem Establishment und seinem elitären Anspruch, den Vorrechten und Privilegien, die es für sich in Anspruch nahm. Eine Gegenkultur-Bewegung ist in ihren Idealen gewöhnlich universalistisch. Diese Ideale besagen, dass auch dem einfachen Mann und der einfachen Frau alle Möglichkeiten offenstehen müssen und dass niemand einen exklusiven Draht zu den Machthabern oder der Gottheit für sich beanspruchen könne.

Einiges von dem, was Markus Jesus zuschreibt, ist bezeichnend für die Nöte der Gemeinde und die Reformen, die sie anstrebt. Jesus sagt zu dem Gichtbrüchigen (2:5): „Mein Sohn, deine Sünden sind vergeben", und die Schriftgelehrten erwidern: „Wie redet der so? Er lästert Gott! Wer kann Sünden vergeben als Gott allein??" Letzteres bezieht sich natürlich immer auf die selbsternannten Vertreter Gottes, nämlich auf das religiöse Establishment, das den Zugang und die Kosten solcher Vergebung kontrolliert.

Die Markus-Gemeinde hat eindeutig diese Exklusivität verworfen. Sie nimmt für sich selbst das Recht in Anspruch, Gottes Vergebung für Sünden zu suchen. Sie rebelliert auch gegen die scharfe Sabbat-Kritik, wie sie von den Pharisäern vorgebracht wurde. Auch diese Regeln sind zu beugen, müssen unter bestimmten Umständen möglicherweise sogar gebrochen werden. „Der Sabbat ist um des Menschen willen gemacht und nicht der Mensch um des Sabbats willen." (2:27). Menschliche Interessen, selbst bezüglich des Sabbats, sollten wichtiger sein als rigide Regeln und elitäre Beschränkungen der Machthaber. Somit heilt Jesus auch am Sabbat (3:1-6) und betrachtet die Rettung von Leib und Leben als von übergeordneter Wichtigkeit. Die Tatsache, dass dieser Vorfall von Markus erwähnt wird, um so den Komplott der Pharisäer einzuleiten, die Jesus töten wollen, zeigt, dass die Positionen der Gottesreichbewegung auf das religiöse Establishment zur Zeit des Markus beunruhigend und revolutionär gewirkt haben müssen.

Offensichtlich war die Bewegung dem Fasten (Markus 2:18) oder der körperlichen Askese nur wenig zugetan. Das kleine Gleichnis in dem Dialog zwischen Jesus und Johannes in der Q3-Schicht wurde benutzt, um eine Situation zu illustrieren, in welcher der Gründer (vielleicht nur als „ein Menschensohn") zum Essen und Trinken kam. Das bezieht sich ohne Zweifel auf die Gemeinde selbst. Die Gemeinde ist weit davon entfernt, gegenüber unangepassten und weniger glücklichen Mitgliedern der Gesellschaft elitär oder hochmütig zu sein. Markus 2:15-17 offenbart einen Jesus, der mit „Zöllnern und Sündern" isst. Die Markus-Gemeinde heißt nicht nur alle willkommen, bewusst lädt sie die ein, auf die herabgeschaut wird, und die, welche „krank" sind (2:17). Die Praxis der Tischgemeinschaft mit jedem, der dazukommen möchte, ist ein Kennzeichen ihrer neuen Freiheit und Liberalität. Diese Gemeinde hat die Reinheitsgebote verworfen, die allzu oft dazu dienten, jene zu ächten, die nicht in der Lage waren, die zwingenden Anforderungen der „Reinheit" zu erfüllen. Essen mit den „Unreinen" ist ein

Zeichen für diese Ablehnung. Nicht die Hände vor dem Essen zu waschen – eine rituelle Reinheits- statt einer Hygieneregel – ist eine Geste der Ablehnung des ganzen elitären Ethos. Auch traditionell „unreines“ Essen wird als rein erklärt (7:14-23).

Statt all diese Anstöße zur Reform auf einen Menschen zurückzuführen, der als einzelner Schwierigkeiten gehabt hätte, eine derartige Revolution des Verhaltens und des Bewusstseins zu bewirken, sollte man sie als Ausdruck der Bewegung selbst erkennen. Sie sind Teil der Erwartung des Gottesreichs mit seinen egalitären Verheißungen und der Erwartung der Umkehrung aller Verhältnisse, bei welcher der Erhöhte erniedrigt und der Erniedrigte erhöht werden wird. Der markinische Jesus von Nazareth symbolisiert ebenso wie sein Vorgänger, der Q-Gründer, aufgrund seiner eigenen Lehren die Reformhaltung der ganzen Gottesreichbewegung.

Jesus und die Autoritäten

Jene Anstöße zur Reform führten unvermeidbar zu Auseinandersetzungen mit den religiösen Autoritäten. In Q und den Evangelien sind sie als kleine Wortwechsel zwischen Jesus und Mitgliedern des Establishments erhalten. Jesus ist ständig umgeben von einem Kreis von Pharisäern, Rechtsgelehrten und Ältesten, die ihn herausfordern und bedrohen, ihre Bestürzung über all das zum Ausdruck bringen, was er sagt und tut, und die Hauptschuld an seiner Verurteilung tragen. Diese Wortwechsel werden „Streitgespräche“ genannt, und sie haben sich aus zahllosen Erfahrungen der Gemeindeprediger in der einen oder anderen Situation herauskristallisiert, in der sich Opposition zu ihren Glauben und Handlungen gezeigt hat. In Q3 und den Evangelien sind sie auf die Gestalt Jesu konzentriert.

Ein bekanntes Streitgespräch findet sich bei Markus und Q in dem Beelzebul-Wortwechsel (Mk. 3:22-26)

„22Die Schriftgelehrten aber, die von Jerusalem herabgekommen waren, sprachen: ‘Er hat den Beelzebul, und: Er treibt die bösen Geister aus durch ihren Obersten. 23Jesus aber rief sie zusammen und sprach zu ihnen in Gleichnissen: Wie kann der Satan den Satan austreiben?

[24]Wenn ein Reich mit sich selbst uneins wird, kann es nicht bestehen. [25]Und wenn ein Haus mit sich selbst uneins wird, kann es nicht bestehen. [26]Erhebt sich nun der Satan gegen sich selbst und ist mit sich selbst uneins, so kann er nicht bestehen, sondern es ist aus mit ihm.'"

Die Propheten der Gemeinde, die behaupten, Dämonen auszutreiben, wurden beschuldigt, und dies ist ihre Entgegnung. Als sie angeklagt werden, Dämonen dadurch auszutreiben, dass sie die Macht des obersten Dämons (Satan/Beelzebul) anrufen, erwidern die Q- und Markus-Propheten, dass dies keinen Sinn mache. Wenn Satan gegen seine Mitdämonen benutzt werden könne, müsse die Macht seines Königreiches zusammenbrechen. Die Worte Jesu stellen einen Einwand auf einen Vorwurf des religiösen Establishments dar, der wohl oft gegen die Prediger des Gottesreichs erhoben wurde.

Jesus als Wundertäter

Das führt uns zu der vielleicht bedeutsamsten Tätigkeit Jesu im Markusevangelium: das Bewirken von Wundern, insbesondere von Heilungswundern.

Eines der erwarteten Zeichen dafür, dass der Tag des Herrn kurz bevorstehe, war das Vollbringen von Wundern. Von Bedeutung war, dass Gott Menschen Kraft verlieh, Krankheiten und physische Störungen zu heilen, auch diejenigen, die durch böse Geister verursacht wurden. Diese Erwartung ging zurück auf Textstellen wie die bei Jesaja:

„[5]Dann werden die Augen der Blinden aufgetan und die Ohren der Tauben geöffnet werden. [6]Dann werden die Lahmen springen wie ein Hirsch, und die Zunge der Stummen wird frohlocken. Denn es werden Wasser in der Wüste hervorbrechen und Ströme im dürren Lande." (35:5-6)

Diese Heilungen sollten bis zur Wiederauferstehung der Toten dauern. „[19]Aber deine Toten werden leben, deine Leichname werden auferstehen. Wachet auf und rühmet, die ihr liegt unter der Erde!" (26:19)

Dass Heilungen überall ein wesentlicher Bestandteil der prophetischen Aktivitäten der Gemeinde waren, zeigt sich im markinischen Missionsbefehl 6:7-13:

„ [7]Und er rief die Zwölf zu sich und fing an, sie auszusenden je zwei und zwei, und gab ihnen Macht über die unreinen Geister ... [13]und trieben viele böse Geister aus und salbten viele Kranke mit Öl und machten sie gesund."

In dem Dialog zwischen Jesus und Johannes in Q wird Jesus von den Jüngern des Johannes gefragt: „Bist du der, der kommen wird?" Wie in Kapitel 17 gezeigt, ist diese Textstelle ein künstliches Konstrukt der Q3-Schicht. Die dem zugrunde liegende Frage, die möglicherweise in der Q-Gemeinde tatsächlich gestellt wurde, könnte etwa so gelautet haben: „Steht das Gottesreich wirklich kurz bevor?" Die von den Q-Propheten gegebene Antwort wird Jesus in den Mund gelegt (Mt 11:4-5); ihr Schwerpunkt liegt auf den Wundern. Tatsächlich ist sie praktisch ein Zitat der oben genannten Textstelle aus Jesaja:

„[4]Jesus antwortete und sprach zu ihnen: Geht hin und sagt Johannes wieder, was ihr hört und seht: [5]Blinde sehen und Lahme gehen, Aussätzige werden rein und Taube hören, Tote stehen auf, und Armen wird das Evangelium gepredigt."

Es stellt sich die Frage, ob Q- und markinische Propheten tatsächlich behaupteten, Tote aufzuerwecken. Es ist möglich, dass es Behauptungen dieser Art gegeben hat, obgleich die Schilderung des Markus auf Erwartungen prophetischer Erfüllung basieren könnte. Aber in der Apostelgeschichte (9:36-43) lässt Petrus Tabea vom Tode auferstehen, und sogar Paulus erweckt einen Jüngling aus dem scheinbaren Tod (20:7-12). Die Apostelgeschichte als ganze ist voller Heilungswunder des Petrus wie auch des Paulus und zeigt, dass Wunderpraxis- und erwartung in diesem Zeitalter nichts Besonderes waren.

Heilungswunder sind in der hellenistischen Literatur weit verbreitet und den von Jesus in den Evangelien berichteten Wundern sehr ähnlich, sowohl vom Inhalt als auch vom Stil her.[95] Wunderberichte werden in den antiken mesopotamischen, ägyptischen und griechischen Dokumenten gefunden, die als „magische Papyri" bekannt sind.

Die Geschichten von Helden, sowohl von legendären als auch von historischen, enthielten Wunder, die angeblich von diesen Gestalten vollbracht wurden; dem berühmten antiken Pendant Jesu, Apollonios von Tyana, wurden wie Jesus viele Wunder zugeschrieben.[96]

Ein wichtiges Anzeichen dafür, dass die Wunderheilungen bei Markus symbolisch für die Praxis der Gemeinde selber stehen und keine historischen Vorfälle darstellen, die durch mündliche Überlieferung vermittelt wurden, ist darin zu sehen, dass Markus seine Wundergeschichten nach den Wundererzählungen über Elia und Elisa im 1. und 2. Buch der Könige gestaltet hat. Wir haben es hier wiederum mit einem Midrasch zu tun. Diese Erzählungen zeigen die Heilung von Kranken und sogar die Auferstehung der Toten durch die antiken Propheten. Es gibt ein derartiges Wunder in 1. Kön 17:17-24:

„[17]Und nach diesen Geschichten wurde der Sohn seiner Hauswirtin krank, und seine Krankheit wurde so schwer, dass kein Odem mehr in ihm blieb. [18]Und sie sprach zu Elia: Was hab ich mit dir zu schaffen, du Mann Gottes? Du bist zu mir gekommen, dass meiner Sünde gedacht und mein Sohn getötet würde. [19]Er sprach zu ihr: Gib mir deinen Sohn! Und er nahm ihn von ihrem Schoß und ging hinauf ins Obergemach, wo er wohnte, und legte ihn auf sein Bett [20]und rief den Herrn an und sprach: Herr, mein Gott, tust du sogar der Witwe, bei der ich ein Gast bin, so Böses an, dass du ihren Sohn tötest? [21]Und er legte sich auf das Kind dreimal und rief den Herrn an und sprach: Herr, mein Gott, lass sein Leben in dies Kind zurückkehren! [22]Und der Herr erhörte die Stimme Elias, und das Leben kehrte in das Kind zurück, und es wurde wieder lebendig. [23]Und Elia nahm das Kind und brachte es hinab vom Obergemach ins Haus und gab es seiner Mutter und sprach: Sieh da, dein Sohn lebt! [24]Und die Frau sprach zu Elia: Nun erkenne ich, dass du ein Mann Gottes bist, und des Herrn Wort in deinem Munde ist Wahrheit.“

Charakteristische Züge dieser biblischen Heilungswunder (siehe 2. Kön 4:18-37, wo der Prophet Elisa einen Jüngling vom Tode erweckt), spiegeln sich in den Berichten über die Auferstehung der Tochter des Jairus und in der Heilung der Tochter der Syrophönizierin (7:24-30). Die letzte Zeile im obigen Zitat zeigt, dass derartige Wunder dazu dienten, die Authentizität der Person und der Verkündigung des ausführenden Propheten zu unterstreichen. Das ist einer der Hauptzwecke der Jesus-Wunder in den Evangelien.

Als Teil des Heilungsprogramms gibt Jesus seinen Aposteln die Kraft, „Dämonen auszutreiben“. Zum großen Aberglauben des Zeitalters – über den sich auch der Jesus des Markusevangeliums nicht erheben kann – gehörte der vorherrschende Glaube an Dämonen und an die Gegenwart von bösen Geistern. Diese Dämonen wurden als verantwortlich für allerlei Übel, körperlicher und geistiger Art, angesehen. Sie wurden auch für fast jeden unglücklichen Unfall oder jede Naturkatastrophe verantwortlich gemacht; auch für jene Entwicklungen innerhalb der Gesellschaft, von denen man glaubte, dass sie gegen Gottes Willen (und den eigenen) gerichtet seien. (Wir können in diesem Zusammenhang an die Auffassung der Kirchenväter denken, wonach Dämonen schon im Voraus die falschen Rituale der Mysterienkulte inszeniert hätten, um die eigenen christlichen nachzuahmen.)

Eines der Erkennungsmerkmale des Gottesreichs sollte die Bezwingung, wenn nicht gar die völlige Zerstörung all dieser schädlichen, feindlichen Geister sein. Das Austreiben von Dämonen aus Kranken war ein Zeichen dafür, dass diese Vernichtung der Kräfte des Bösen unmittelbar bevorstand und dass der Prophet bzw. Exorzist tatsächlich für Gott sprach und handelte. Der Beelzebulstreit, zuerst in der Q2-Schicht formuliert, zeigt, dass die Gemeinde Exorzismen betrieb. Jesus symbolisiert diese Aktivität.[97]

Eine andere Art der in der Antike verbreiteten Wunder waren „Speisungswunder“, und auch diese werden Elia und Elisa zugeschrieben. Sie enthalten spezielle Eigenheiten, die Markus direkt für seine Komposition des Speisungswunders übernommen hat. In 1. Kön 17:10-16 lässt Elia aus einem einzigen Topf Mehl endlos Brot hervorgehen und Öl aus einem Krug, der nie leer wird, um Nahrungsmittel für eine Witwe und ihre Familie bereitzustellen. In 2. Kön 4:42-44 braucht Elisa nur 20 Gerstenbrötchen und eine kleine Menge frisch geernteter Getreidekörner, um 100 Menschen zu sättigen. Und es bleibt davon dann noch einiges übrig.

Diese Geschichten wurden von Markus neu gestaltet zu seinen zwei Berichten über Jesu Wunder von den Brotlaiben und Fischen, mit denen Tausende gespeist werden, wobei sogar noch ein paar Körbe übrig bleiben. Daraus ergibt sich eine andere Eigenheit des Midrasch: biblische Geschichten können mit Hilfe dieser Methode immer wieder neu, in einem neuen Rahmen mit neuen Gestalten erzählt werden. Für die

Gemeinde, die eine derartige Geschichte auf sich selbst bezog, übertrug diese Methode alle mit der alten Geschichte verbundenen Assoziationen in die Gegenwart: Gottes wunderbares Eingreifen, das Gefühl der Bedeutsamkeit für die Gemeinde und die Zeit, in der sie lebt, und am wichtigsten: die Kontinuität mit der Vergangenheit. Wenn die markinische Gemeinde im Wesentlichen eine nichtjüdische war, wie viele glauben, verband eine derartige Parallele diejenigen, die sich als das neue Israel betrachteten, mit ihrem vermeintlichen jüdischen Erbe.

Wundersammlungen

Eine vielfach akzeptierte Theorie besagt, dass Markus und Johannes Zugang zu Sammlungen von Überlieferungen mit Jesus-Wundern hatten, die früher einmal im Umlauf waren. Diese sollen den „Biographien" berühmter Männer (und Götter) in der hellenistischen Zeit ähnlich gewesen sein, die oft in kaum mehr als einer Auflistung ihnen zugeschriebener wundersamer Heldentaten (einer sogenannten Aretalogie) gipfelten.[98] Wir können aber nicht mit Sicherheit sagen, dass es solche Sammlungen schon vor der Abfassung der neutestamentlichen Evangelien gab, wann und von wem sie dann wohl verfasst bzw. zusammengestellt worden wären.

Es könnten Sammlungen von Wundern gewesen sein, die früher von der Gemeinde als Zeugnis für das Gottesreich in Anspruch genommen wurden. Einige davon können von den Evangelisten selber stammen.

Wenn wir sie als Komplex ansehen, ist es offensichtlich, dass sie künstliche literarische Schöpfungen sind und nicht wirkliche Überlieferungen über Jesus von Nazareth.

In seinem Buch: *A Myth of Innocence* (S. 215f.) referiert Burton Mack die Forschung von Paul Achtemeier[99]. Dieser zeigte, dass das Markusevangelium zwei getrennte Komplexe von je fünf Wundergeschichten enthält, die vom Typus und vom Gesamtaufbau her identisch sind. Beide Komplexe fangen mit einem Meeresüberquerungswunder an: die Sturmstillung (4:35-41) und der Meereswandel (6:45-51). Beide Komplexe enden mit der Geschichte einer Massenspeisung: der 5000 (6:34-44) und der 4000 (8:1-10). Dazwischen stehen ein Exorzismus und zwei Heilungswunder.[100]

Was Letzteres innerhalb des Schemas bedeutet, ist nicht ganz klar. Aber die ersten und die letzten beiden Wundergeschichten stehen definitiv mit dem Exodus-Ereignis in Verbindung, indem zwischen ihnen und der Überquerung des Roten Meeres sowie der wundersamen Speisung in der Wüste Sinai eine Parallele gezogen wird. Obschon die Bedeutung aller Facetten dieses Aufbaus verloren gegangen sein mag, können wir daraus eine eindeutige Schlussfolgerung ziehen. Die Wunder Jesu sind Schöpfungen des Evangelisten oder seiner Gemeinde. Sie verleihen der Sekte symbolische Bedeutung und setzen sie zu einem wichtigen Prototyp in der Schrift in Beziehung, nämlich zu der Geschichte des Exodus. Das von Markus erzählte Wunder könnte bedeutet haben, dass die Gemeinde auf sich selbst als das neue auserwählte Volk sah, bereit, das neue gelobte Land zu betreten. Immer wieder wird deutlich, wie sich einzelne Züge unserer Evangelien als Midrasch erweisen, d.h. als Neubearbeitung biblischen Materials, vor dessen Hintergrund der Geschichte der Gemeinde neuer Sinn und neue Bedeutung gegeben wird. Sie enthalten keineswegs wirkliche Geschichte oder Überlieferungen, die auf Jesus zurückgehen.

Jesus als Symbol

Wir stellten am Anfang dieses Kapitels die Frage: Was macht Jesus im Markusevangelium? Als Verkündiger des Königreiches Gottes nicht mehr und nicht weniger als die Markus-Gemeinde selber. Er symbolisiert die Beziehung der Gemeinde zu Gott und ihre Zukunftserwartungen.

Ein Großteil der Predigtbewegung des 1. Jahrhunderts, ob Königreich-Gottes- oder Christuskult-Gemeinden, sah Gottes Beziehung zu der Welt in eine neue Phase getreten. Man glaubte, Gott habe einen neuen Bund gestiftet, einen, der den alten ablösen würde. Die Elemente, die bei Errichtung des alten einbezogen waren, mussten in die Geschichte des neuen eingebaut werden. Jesus, als Repräsentant der Markus-Gemeinde, musste als ein neuer Moses dargestellt werden. Seine Geburt, wie sie von Matthäus und Lukas beschrieben wird, hat viel mit der Geburtsgeschichte des Moses gemein. Jesus vollbringt Wunder ähnlich denen, die den Exodus begleiteten. Ziel war es, zu zeigen, dass

Jesus, das heißt die Gemeinde selber, einen neuen Moses und einen neuen Propheten repräsentierte. Israel, das gelobte Land, zu betreten, stellte den Eintritt der Gemeinde in das neue Königreich Gottes dar. Der alte Bund war überdies noch durch ein Blutopfer von Tieren gekennzeichnet, das von Moses dargebracht worden war. Bei Markus dient Jesus selbst als Opfer; er ist notwendig, um den neuen Bund zu stiften, und er spricht bei einer letzten Abendmahlsszene Worte, die eine enge Parallele mit denen des Moses haben. Es könnten Eigenheiten wie diese gewesen sein, die Markus und seine Gruppe zum Christuskult mit seinem Christusopfer im mythischen Reich hinzogen. Jene potentiellen Gedankenverbindungen zwischen den zwei Überlieferungen mögen sehr anziehend für eine Gottesreich-Gemeinde gewesen sein, die sich einer derartigen Symbolik öffnete.

Das markinische Evangelium enthält eine religiöse Stellungnahme. Im Sektenkontext werden Glauben und Handlungen der Gemeinde auf dichterische und symbolische Weise dargestellt und gerechtfertigt. Aber auch die dunklere Seite spiegelt sich wider, z.B. der Unwille über die Zurückweisung der Reformen und Lehren durch die Umwelt. Die Verschwörung gegen Jesus seitens des religiösen Establishments sowie die Verdammung der jüdischen Behörden und ihrer Werte reflektierten zweifellos eine lebensnahe Situation. In Jesu Schicksal im Evangelium spiegelt sich die Überzeugung, dass selbst der Tod den Anhängern nichts anhaben kann, da sie bei der Ankunft des Königreiches Gottes auferstehen werden.

Die Kreuzigung des spirituellen Christus durch die bösen Geister in der höheren Welt fand eine natürliche Umsetzung in der Kreuzigung von Jesus von Nazareth durch die Hände der jüdischen und römischen Obrigkeit. In der endgültigen Analyse erweist sich der Christuskult nur noch als Auslöser für die Entstehung des Markusevangeliums. Markus wäre fast ohne ihn ausgekommen.

23
Der Leidende Gerechte und eine Geschichte aus der Schrift

Der einzige Zeuge

Fast 19 Jahrhunderte lang haben die Christen zusammen mit einem Großteil der übrigen Welt geglaubt, dass ihre Religion aus den Ereignissen der Passionsgeschichte des Evangeliums entstanden sei. Jesus ging nach Jerusalem und wurde dort festgenommen. Er wurde auf Anstiftung der jüdischen Obrigkeit durch den römischen Statthalter Pontius Pilatus vor Gericht gestellt, vor der Stadt an einem Ort genannt Golgatha gekreuzigt und in einem Grab in der Nähe bestattet. Nicht jeder auf dieser Welt hat über diese lange Zeit hinweg geglaubt, dass Jesus wirklich drei Tage später auferstanden ist; statt dessen wurden alternative Erklärungen für die christliche Vorstellung von der Auferstehung angeboten. In moderner Zeit ist sogar postuliert worden, dass Jesus nicht wirklich am Kreuz starb, sondern sich nur im Koma befand, um später von seinen Anhängern gerettet und wiederbelebt zu werden.[101]

Von einer der größten Religionen der Welt wird angenommen, sie sei durch diese Evangeliumsereignisse in Bewegung gesetzt worden. Wenn es sich hierbei um historische Tatsachen handelte, stünden wir vor einer äußerst erstaunlichen Situation. Denn Tatsache ist, dass die Geschichte, die so gewaltig begonnen haben soll, auf ein einziges Dokument zurückzuverfolgen ist, auf die literarischen Bemühungen eines einzigen Autors.

Wir haben schon gesehen, dass bis zur Zeit des Ignatius im frühen 2. Jahrhundert niemand in den christlichen Berichten außerhalb des Evangeliums über einen Prozess und eine Kreuzigung durch Pilatus spricht, genauso wenig über einen Tod in Jerusalem oder eine Auferstehung aus dem Grab. Darüber hinaus kann, im Gegensatz zum weit verbreiteten Glauben, Markus selber wenig Zeugenwert beanspruchen. Die christliche Überlieferung hat für den größten Teil von zwei Jahrtausenden die vier Evangelien als unabhängige Erzählungen der Ereignisse von Jesu Leben und Tod betrachtet, von Personen, die Bescheid wissen, die ein vierfaches Zeugnis dieser Ereignisse geben. Die meisten Christen glauben das noch heute. Neutestamentler wissen es aber besser, und sie haben es schon seit fast zwei Jahrhunderten gewusst. Sie haben erkannt, dass die Evangelien von Matthäus und Lukas keine unabhängigen Zeugen, sondern direkte Abschriften von Markus sind. Matthäus reproduziert fast 90 Prozent des Markus-Textes, Lukas über 50 Prozent. Bezüglich der Passion selbst haben diese beiden letzteren Evangelisten ihre Berichte genauso arrangiert, wie Markus es getan hat, mit einigen kleineren Veränderungen und Zusätzen. Sogar die von beiden benutzte zusätzliche Quelle Q hatte zu ihrer Passionsgeschichte nichts mehr beizutragen, da Q nicht ein Wort über den Prozess, über Tod und Auferstehung enthielt. Es scheint also, als hätten Matthäus und Lukas nichts über die Ereignisse am Ende von Jesu Leben gewusst, d.h. über jene Ereignisse, die der Welt die Erlösung brachten und das Christentum begründeten – bis zu dem Zeitpunkt, wo sie auf eine Abschrift des Markusevangeliums stießen.

Dies alles ist kaum glaubhaft. Wenn etwas den Ereignissen auch nur annähernd Ähnliches stattgefunden und die christliche Bewegung als Reaktion darauf ihren Anfang genommen hätte, wäre die christliche Tradition gewiss von Überlieferungen über Jesu Tod und Auferstehung gesättigt gewesen (auch wenn man berücksichtigt, dass sie zahlreiche Ausschmückungen und Ungenauigkeiten enthalten hätten und im Großen und Ganzen unzuverlässig gewesen wären). Tatsächlich sollten wir genau dies erwarten. Denn die frühen Zeugnisse zeigen uns, dass die christliche Bewegung während der ersten hundert Jahre ein sich ausbreitender, unkoordinierter, mannigfaltiger Organismus war, der immer wieder durch Abspaltungen und widersprüchliche theologische Auffassungen geprägt wurde. Wir würden erwarten, dass die unterschiedlichen Gemeinden oder Regionen ihre eigene Sicht der Passionsereignisse aufrechterhalten und entwickelt hätten. Es hätten sich unweigerlich unterschiedliche Schwerpunkte bei der Betrachtung der Passion herausgebildet, und es wären unterschiedliche Charaktere oder Details der Geschichte in Beziehung zu den Interessen und zum Glauben der Gemeinden gesetzt und entwickelt worden.

Nicht nur, dass wir nichts von dieser Verschiedenartigkeit an Passionsüberlieferungen in den vielen christlichen Gemeinden des Römischen Reiches finden, wir entdecken auch keine Zeichen für irgendeine Überlieferung im ersten halben Jahrhundert der Bewegung. Dass alle diese christlichen Gruppen in dieser langen Zeit ohne Überlieferungen oder eine eigene Passionsgeschichte existierten, bis schließlich eine Gemeinde bzw. eine Person irgendwo in Syrien jene Überlieferungen zu Papier brachte, die sie über den Tod von Jesus erlangte, ist kaum akzeptabel.

Aber Matthäus und Lukas zeigen uns eben dies. Auch wenn ihre Gemeinde keine schriftliche Überlieferung der Passionstradition besaß, hätte sie gewiss ihre eigenen mündlichen Überlieferungen von Jesu Passion und Tod gehabt. Diese Überlieferungen wären dann vermutlich bei der Überarbeitung des Markusevangeliums mit eingeflossen. Gleichwohl finden sich dafür keine Anzeichen. Die Passionsgeschichten von Matthäus und Lukas folgen exakt der des Markus. Matthäus fügt ein paar kleinere Einzelheiten hinzu, wie den Tod von Judas, die Wache am Grab und die Auferstehung der Toten. Lukas' bemerkenswerte Hinzufügung ist die Anhörung vor Herodes: Pilatus sendet Jesus zum Verhör durch den Tetrarchen, bevor das endgültige Urteil über ihn gesprochen wird.

Natürlich sind durch die beiden späteren Evangelisten verschiedene grundsätzliche Änderungen erfolgt, ebenso wie in ihren Evangelien. Sie veränderten ständig Worte und Details aus Markus, um sie dem eigenen Stil anzupassen und eigene redaktionelle Akzente zu setzen. Aber insgesamt gesehen sind die allgemeine Form und der Inhalt gleich. Wir finden keine Anzeichen einer vom Markusevangelium unabhängigen Passionsüberlieferung in den Gemeinden des Matthäus und des Lukas vor dem Markusevangelium. Briefe und andere frühe Schriften zeigen ebenfalls, dass eine solche offenbar nicht existierte.[102]

In seinem Buch *Honest to Jesus* (S. 237-238) bemerkt Robert Funk: „Es ist seltsam, dass keine Quelle außerhalb der fünf Evangelien (er schließt hier das Petrusevangelium, nicht das des Thomas, ein) diese gleiche Reihenfolge der Ereignisse kennt, noch nicht einmal in Grundzügen ... wenn die Passionsgeschichte allgemein bekannt gewesen wäre, ist es wahrscheinlich, dass sich andere darauf bezogen hätten, zumindest in groben Zügen." Funk versäumt es zu bemerken, dass niemand irgendeine Reihenfolge der Ereignisse bezüglich der Passionsgeschichte besaß.

Die Traditionalisten könnten behaupten, dass die Übereinstimmungen ganz einfach darauf zurückgingen, dass die Geschichte „wahr" sei. Wie wir jedoch oben bereits bemerkten, wäre zu erwarten gewesen, dass auch eine „wahre" Geschichte im Zusammenhang mit einer weit verbreiteten Bewegung wie dem Christentum unausweichlich Veränderungen und unterschiedlichen Akzentuierungen unterworfen wäre sowie der Hinzufügung „unwahrer" Ausschmückungen.

Wir können das zeigen anhand einer Betrachtung dessen, was bei Matthäus und Lukas dort geschieht, wo sie kein markinisches Material mehr besitzen. Das ursprüngliche Markusevangelium endete bei 16:8. Die Frauen gehen zum Grab und finden es leer, der Engel verkündet die Auferstehung Jesu und sie laufen in Angst davon. Von diesem Punkt an lautet das Matthäusevangelium völlig anders als das lukanische. Die von den beiden Evangelisten hinzugefügten Erscheinungen nach der Auferstehung setzen eine unterschiedliche Abfolge der Ereignisse voraus. Die Emmausperikope bei Lukas hat bei Matthäus kein Gegenstück. Die zwei Evangelisten stimmen noch nicht einmal in den Berichten darüber überein, wie Jesus seinen Jüngern erschien. Matthäus lässt die Erscheinungen in Galiläa stattfinden, bei Lukas ereignet sich alles in Jerusalem. Ob alles reine Fiktion ist oder ob man es vorzieht zu glauben, dass einiges davon auf Überlieferungen basiert, die sich nach Jesu Tods entwickelt haben – kennzeichnend ist, dass diese Details, ihr Rahmen, ihre Reihenfolge vollkommen unterschiedlich sind. Diese Sachlage müssten wir logischerweise für den gesamten Ablauf der Passionsgeschichte in den Evangelien vorfinden.

Die Stellung des vierten Evangeliums

Wie aber verhält es sich mit dem 4. Evangelium des Johannes? Bewahrt dieser Evangelist möglicherweise Überlieferungen, die unabhängig von den Synoptikern sind? Wenn man bedenkt, dass die johanneische Theologie und Verkündigung Jesu bei Johannes sich drastisch von den anderen Evangelien unterscheiden, könnte man erwarten, dass die Johannes-Gemeinde eine eigene Passionsgeschichte entwickelt hätte.

Gleichwohl erzählt Johannes den Ablauf der Ereignisse genauso wie

Markus und fügt dem Handlungsablauf nichts Neues hinzu. Allerdings führt er signifikante Interpretationsunterschiede ein, die seiner Theologie entsprechen. Zum Beispiel tritt Jesu Tod am Vorabend des jüdischen Osterfestes ein, statt am folgenden Tag wie bei den Synoptikern. Dies jedoch nicht, weil Johannes ein unterschiedliches Überlieferungselement übernommen hätte. Die meisten Johannes-Experten stimmen darin überein, dass der Evangelist mit der Übereinstimmung die Symbolik zwischen dem Schlachtopfer Jesu auf Golgatha und der Schlachtung der Osterlämmer im Tempel betonen will.

Bei den Neutestamentlern gab es lange Zeit eine wechselvolle Debatte darüber, ob Johannes von den synoptischen Evangelien unabhängig ist, oder ob er, wie Matthäus und Lukas, markinische Quellen benutzt hat. Dass Letzteres der Fall ist, kann durch eine Beobachtung gezeigt werden, die uns auf einen anderen Punkt aufmerksam macht, darauf, dass der markinische Passionsbericht keineswegs das Ergebnis einer jahrzehnetalten mündlichen Überlieferung darstellt, sondern, dass er gleich *als eine literarische Schöpfung* entstanden sein muss.

Robert Funk (*op. cit.* S. 238) kommt zu der gleichen Schlussfolgerung. Er stellt die Möglichkeit, dass die Passionsgeschichte bei Markus in mündlicher Form entwickelt und übertragen wurde, wegen ihrer literarischen Struktur und Komplexität in Abrede. Mit anderen Worten, wir haben es von Anfang an mit einer schriftlichen Erzählung zu tun. Die Passionsgeschichte entstand auf dem Papier.

An einem Beispiel für diese Komplexität kann zugleich die Abhängigkeit des Johannes von Markus illustriert werden. Markus bedient sich in seinem Evangelium eines als „intercalation“ bekannten besonderen Kunstgriffs, indem er zwei Teile ein und derselben Geschichte aufspaltet und um eine dazwischenliegende Anekdote anordnet. Beide Hälften beeinflussen sich gegenseitig, um eine besondere Pointe, die Markus einbauen möchte, hervorzuheben. In der Passionsgeschichte ist die Verleugnung des Petrus in zwei Teile geteilt. Die Szene fängt mit 14:53-54 an:

„[53]Und sie führten Jesus zu dem Hohepriester; und es versammelten sich alle Hohepriester und Ältesten und Schriftgelehrten. [54]Petrus aber folgte ihm nach von ferne, bis hinein in den Palast des Hohepriesters, und saß da bei den Knechten und wärmte sich am Feuer.“

Markus verlagert dann seine Aufmerksamkeit von Petrus auf Jesus und erzählt die Befragung Jesu durch den Sanhedrin und den Wortwechsel mit dem Hohepriester (14:55-65). Nachdem das geschehen ist, wendet er sich wieder Petrus zu und fährt mit dem Bericht seiner Verleugnung fort (14:66-72). Auf diese Art hat Markus die Angst des Petrus vor der Verfolgung, die ihn dazu brachte, jegliche Beziehung zu Jesus zu leugnen, mit Jesu eigenem furchtlosen Messias-Geständnis verglichen, wofür dieser dann zum Tode verurteilt wird.

Und was macht Johannes? Durch Einfügung der Befragung Jesu durch den Hohepriester teilt auch er die Verleugnungsszenen in der Mitte. In diesem Fall macht er den Einschnitt zwischen der ersten Verleugnung des Petrus und den anderen beiden (18:15-27). Dass er dies einfach zufällig getan haben sollte, ist höchst unwahrscheinlich. Die einzige Schlussfolgerung, die sich daraus ziehen lässt, ist, dass Johannes in Hinsicht auf seine Passionsgeschichte von Markus abhängig ist. Somit gibt es bei den vier kanonischen Evangelien keine mehrfach vorhandenen, unabhängigen und einander bestätigenden Versionen jener Schlüsselereignisse, von denen man annimmt, dass sie am Anfang der christlichen Bewegung und der Geschichte Jesu standen. Was wir haben, ist nur eine einzige Geschichte, *eine einzige* Version, *eine einzige* Darstellung des Ablaufs von Ereignissen, die das angebliche zentrale Geschehen der Christenheit bezeugen können.

Ein unbekanntes Ereignis

Wir werden gleich sehen, dass diese Geschichte vollkommen abhängig ist von einer aus dem Alten Testament entnommenen Sammlung von Leitmotiven und einzelnen kleinen Passagen, die zum Zweck der Erfindung einer neuen Geschichte miteinander verwoben wurden. Somit scheinen weder die allgemeine Form noch die Ereignisse selber auf einem in der Erinnerung lebendigen historischen Geschehen zu beruhen. Eine Anzahl von Wissenschaftlern hat erst kürzlich ein Szenario entworfen, um eine derartigen Situation zu erklären.[103]

Dieses Szenario erlaubt die Annahme, dass die Passionsgeschichte in den vier Evangelien in der Tat überwiegend oder vielleicht sogar vollständig nicht als Widerspiegelung historischer Ereignisse angesehen werden kann. Man nimmt an, dass die wirklichen historischen Einzelheiten von Jesu Prozess und Hinrichtung nicht im christlichen Bewusstsein überlebten, vielleicht einfach deswegen, weil sie seinen Anhängern unbekannt waren. Statt dessen schuf die Jerusalem-Gemeinde einen Erzählrahmen für Jesu Tod, indem sie sich auf Psalmen- und Prophetenstellen stützte und diese aneinanderreihte, um eine Geschichte zu schaffen, die erzählt und mündlich überliefert werden konnte; eine Geschichte, die aufgrund ihrer schriftgemäßen Beschaffenheit traditionelle Motive und Selbstverständnis der neuen jüdischen Glaubensbewegung zu reflektieren vermochte.

Die Wissenschaftler sind zu dieser Schlussfolgerung gezwungen worden, weil praktisch für jedes Detail der Passionsgeschichte des Evangeliums eine Parallele in der Schrift aufgezeigt werden kann und weil sogar die Mittel- und Großstrukturen der Erzählung von der Schrift her bestimmt werden. Auch treten außerhalb dieser auf Schriftanklängen basierenden Erzählung nirgends sonst in der christlichen Überlieferung weitere Details auf. Aus diesem Grunde nehmen sie an, dass nichts Konkretes über Jesu Tod bekannt war.[104]

Gegen diese Theorie bieten sich von selbst eine Anzahl von Einwänden an.

(1) Kann „mündliche Überlieferung" in einem derartigen Rahmen funktionieren und überleben? Kann ein Prediger-Prophet zu seiner eigenen Erbauung und der seiner Zuhörer von einem historischen Ereignis „erzählen", wenn er ihm zugleich einen Inhalt gibt, der ganz und gar dem der Heiligen Schrift entspricht? Wenn er einer Gruppe potentieller Konvertiten predigte, hätte er bei jeder Gelegenheit auf die Details von Jesu Passion mit einem Vorbehalt hinzuweisen, also etwa: „Als die Soldaten das Los um Jesu Kleider warfen... – auch das ereignete sich natürlich nicht wirklich – es stammt aus Psalm 22." Wie würde der Zuhörer, besonders der Nichtjude, auf diese Art von Predigt und „Überlieferung" reagiert haben, und wie würde er wiederum diese an andere weitergegeben haben?

(2) Warum waren denn keine Details des historischen Ereignisses von Jesu Tod bekannt und zu den mündlichen Überlieferungen hinzugefügt worden, so dass der Passionsbericht nicht nur aus Schriftstellen bestand? Raymond E. Brown (*The Death of the Messiah,* S. 14-15) nennt es „absurd" zu meinen, dass Informationen und historisches Ma-

terial nicht verfügbar waren oder nicht von Jesu Anhängern nach seinem Tode erlangt werden konnten. Ein derartiger Gedanke ist sicherlich intuitiv. Und auch jetzt noch kann die ganze Geschichte allein in Schriftanklänge zerlegt werden. Das schließt alle Einzelheiten *vor* der Zeit von Jesu Gefangennahme ein, als die Jünger noch nicht von ihm getrennt waren. Warum sind der Einzug Jesu in Jerusalem, das Abendmahl, der Garten von Gethsemane, die Festnahme selbst – nämlich der Teil des Passionsberichtes, der entstand, als vermutlich noch christliche Zeugen vor Ort waren – warum sind sie gleichermaßen von Schriftanklängen „gesättigt", und warum fehlen die „harten historischen Fakten" in den Prozess- und Kreuzigungsabschnitten?

(3) Wenn noch nicht einmal die Grundlagen bekannt waren, wie konnte dann der Tod Jesu einen derartigen Eindruck hinterlassen haben, dass Menschen sich gedrängt fühlten, daraus Literatur zu machen? Was sollte die Phantasie von Predigern und Gläubigen überall im Reich gefangen genommen haben, wenn keine historischen Umstände von Jesu Tod bekannt waren? Was könnte der Antrieb für diese erstaunliche Reaktion auf Jesus in Jerusalem gewesen sein – zumal seine Lehren dort offensichtlich keine Wirkung zeigten? Wer würde es bemerkt oder sich darum gekümmert haben, wenn irgendein einfacher galiläischer Prediger mit einigen Anhängern in die Stadt gekommen wäre, nur um alsbald von den Behörden festgenommen und unter unbekannten Umständen hingerichtet zu werden? Wer wäre von diesem Ereignis so überwältigt gewesen, dass er wenig später die Schrift geplündert hätte, um eine Geschichte darüber zu schreiben und dabei auch griechische und jüdische Philosophie zu bemühen, um den kleinen galiälischen Lehrer schließlich in den Logos und die personifizierte Weisheit zu verwandeln? Wer hätte ihn zum Schöpfer und Erhalter des Universums und dessen obskuren Tod zum heilsgeschichtlichen Ereignis gemacht?

Doch selbst wenn dieses gelehrte Szenario überzeugen würde, scheiterte es an einer anderen Betrachtung. Wenn die wirklichen historischen Einzelheiten des Ereignisses von Jesu Tod unbekannt waren und die Christen gezwungen wären, zu seiner Interpretation auf die Schrift zurückzugreifen, *warum* entschied sich dann – angesichts all der christlichen Gemeinden, die über das Römische Reich verteilt waren – nur eine einzige Gemeinde, vielleicht nur eine einzige Person, dies zu tun – und zwar erst, nachdem bereits mehrere Jahrzehnte vergangen waren? Warum empfand keine der übrigen christlichen Gruppen oder Schriftgelehrten die Notwendigkeit einer solchen Interpretation jenes unbekannten Ereignisses? Warum wirkten die Kräfte, die Markus dazu trieben, eine midraschartige Geschichte aus der Schrift zu gestalten, nicht an anderen Schauplätzen, um andere Passionsgeschichten zu konzipieren, die sich davon unterschieden?

Die unausweichliche Schlussfolgerung lautet, dass sich bei der Entstehung des Christentums kein Tod Jesu ereignete. Erst nachdem aus der Schrift eine Erzählung über Jesus von Nazareth konstruiert worden war, die dann von der christlichen Bewegung als historisch übernommen wurde, war eine solche Vorstellung in der Welt.

Das Leiden und die Rechtfertigung des unschuldigen Gerechten

Unabhängig von den vielen Details, die aus weit auseinanderliegenden Schriftpassagen geschöpft wurden, folgt die Passionsgeschichte als ganze einem bekannten gattungsspezifischen Muster. Das heißt, es gibt einen Typus oder ein Genre von Erzählung, der über Jahrhunderte in der jüdischen Literatur – sowohl der biblischen wie apokryphen – anzutreffen ist und eine große Ähnlichkeit mit der Geschichte des markinischen Jesus aufweist.

Diese Geschichte erzählt von einem Menschen, der verraten und zu Unrecht angeklagt wird, der aber Gott gegenüber gehorsam bleibt und auf ihn vertraut und nach Gerichtsverfahren und Leiden schließlich zum Tode verurteilt wird. Im letzten Augenblick greift jedoch Gott auf wunderbare Weise ein, um den Protagonisten zu retten. Er wird gerechtfertigt, und es wird gezeigt, dass er unschuldig ist. Zum Schluss wird der Unschuldige als Belohnung für das Gottesurteil noch erhöht oder in eine hohe Position am Hofe oder in der Gemeinde eingesetzt; die Gegner werden diskreditiert. In den letzteren Versionen der Geschichte erleidet der Protagonist den Tod, wird aber nach dem Tode im Himmel erhöht.

Ein detaillierter Vergleich dieser Geschichtsgattung mit der allgemein bekannten Geschichte von Jesu Passion ist kaum notwendig, obgleich wir ihren Verlauf im letzten Teil dieses Kapitels verfolgen werden. Es genügt zu sagen, dass sich praktisch jedes ihrer Elemente in dem Ablauf des markinischen Passionsbericht widerspiegelt.

Dieses Modell findet man in der Josephserzählung 1. Mose 39-41, im Buch Esther 3, im Tobitbuch 1:18-22, Susanna, Daniel 3 und 6,3. Makkabäer 3,2. Makkabäer 7, Weisheit Salomos 2-5. Die beiden letzteren enthalten das Motiv der Erhöhung nach dem Tode; man könnte zu ihnen noch die Gottesknecht-Passagen in Jesaja 53 hinzufügen, obgleich diese im Übrigen nicht die üblichen gattungsmäßigen Erzählelemente enthält. Alle scheinen von einer archetypischen Geschichte aus der heidnischen Überlieferung, genannt die Geschichte von Ahiqar, abgeleitet zu sein, die mindestens bis ins 5. Jahrhundert v.u.Z. zurückgeht.

Georg Nickelsberg veröffentlichte einen einflussreichen Artikel in *Harvard Theological Review:* „The Genre and Function of the Markan Passion Narrative“ (Nr. 73 [1980] S. 153-184) und zeigte darin, dass dieses Genre und seine Bestandteile als Modell für die Passionsgeschichte bei Markus fungierten; es ist seitdem zu einem Gemeinplatz geworden, die Aufmerksamkeit darauf zu lenken. Wissenschaftler beziehen sich auf dieses Modell als „Das Leiden und die Rechtfertigung des unschuldigen Gerechten“.

Burton Mack stellt in *A Myth of Innocence* (S. 262-268) andere kritische Faktoren in den Mittelpunkt, welche in Rechnung gestellt werden müssen, und vertritt dabei die These, dass das Markusevangelium ein literarisches Konstrukt und kein Bericht aufgrund von Überlieferung darstellt. Ein von Burton erwähnter Faktor ist die Beobachtung, dass große Themen, die Markus in das Evangelium eingeführt hat – wie die Verschwörung gegen Jesus, die Frage nach Jesu Identität und die verschiedenen Titel, die ihm im Laufe seines Wirkens gegeben wurden, die Tempel-Gegnerschaft, das Jüngerunverständnis – erst in der Passionsgeschichte zum Höhepunkt gelangen und nur hier gelöst werden. Diese literarische Formung sowie die gegenseitige Abhängigkeit der verschiedenen Erzählstränge des Evangeliums konnten kein Erzeugnis mündlicher Überlieferungen sein; so etwas kann nur unter den Händen eines geübten Schriftstellers durch sorgfältige Konstruktion entstehen. Gleichermaßen dienen in der Passionsgeschichte selbst viele Einzelheiten dazu, einen Handlungsplan zu entwickeln, wie es letztlich nur auf dem Papier möglich ist. Wie Mack erwähnt, konnten diese kaum als unabhängige Geschichten überleben und überliefert werden, weil sie nur im Zusammenhang mit der konstruierten Passionsgeschichte als ganzer Sinn machen.

Aber diese „Geschichte als ganze" kann nicht vor Markus existiert haben, nicht nur weil es dafür keine Anhaltspunkte in den übrigen christlichen Zeugnissen gibt, sondern weil ihre literarische Integrität auf dem biblischen Vorbild beruht und die Einzelheiten dieser Erzählung aus Schriftpassagen entnommen worden sind. Wir werden noch einmal zu der Schlussfolgerung gebracht, dass die Ereignisse, mit denen das Christentum nach der üblichen Meinung seinen Anfang nahm, auf der literarischen Kunst eines einzigen Autors basieren. Sie existierten nicht eher, bis sie auf dem Schreibpult des Markus zusammenkamen und dort Form annahmen.

Wir wollen jetzt der markinischen Midrascherzählung folgen und dabei feststellen, wie sich Markus dabei immer wieder auf Motive und Textstellen aus der Hebräischen Bibel stützt (dem Äquivalent zum christlichen Alten Testament).

Eröffnungsszene

Kapitel 14 und 15 bilden den Kern der markinischen Passionsgeschichte; aber die Kette der Ereignisse beginnt mit Jesu Ankunft in Jerusalem. Das ist der Höhepunkt des Wirkens Jesu; folglich muss der Einzug in die Stadt dramatisch gestaltet werden. Jesus schickt zwei Jünger in ein nahegelegenes Dorf, wo sie ein angebundenes Füllen finden werden, das sie ihm bringen sollen. Auf dem Füllen reitet er in die Stadt, während die Bewohner auf der Straße Mäntel und Palmenzweige ausbreiten mit dem Ruf: „Hosianna! Gelobt sei, der da kommt in dem Namen des Herrn!" Eine historische Szene? Sehen wir uns Sacharja 9:9 an:

„[9]Du, Tochter Zion, freue dich sehr, und du, Tochter Jerusalem, jauchze! Siehe, dein König kommt zu dir, ein Gerechter und ein Helfer, arm und reitet auf einem Esel, auf einem Füllen der Eselin."

Ein früherer Vers, 2:14 (10), erklärt: „Freue dich und sei fröhlich, du Tochter Zion! denn siehe, ich komme und will bei dir wohnen, spricht der Herr." Eine andere prophetische Textstelle fordert zur Freude auf,

Zephanja 3:14: „Jauchze, du Tochter Zion! Frohlocke, Israel! Freue dich und sei fröhlich von ganzem Herzen, du Tochter Jerusalem! ... Der Herr, der König Israels, ist bei dir.“ Markus hat diese Textstellen in eine Reaktion der Menge umgewandelt, als Jesus, auf dem Esel des Sacharja sitzend, in die Stadt kommt. Und was ruft sie? Einen Vers aus Psalm 118 (Vers 26a in Septuaginta-Wortlaut): „Gelobet sei, der da kommt im Namen des Herrn!“ In vollkommener Midrasch-Manier hat Markus verschiedene Textstellen kombiniert und eine Erzählszene ausgearbeitet, in der die Jünger Jesus den Esel bringen, dieser in die Stadt reitet und die Menge ihm fohlockend zujubelt, Palmenzweige ausbreitet, eines Königs würdig.

Matthäus geht noch weiter. Als er Markus überarbeitete (21:1-5), ließ er die Jünger eine Eselin *und* ihr Füllen zurückbringen. Warum? Weil die obige Textstelle bei Sacharja so gelesen werden kann, als ob sie sich auf zwei Tiere bezieht. Wie Jesus auf zwei Tieren reiten konnte, ist nie demonstriert worden, aber Matthäus ist ängstlich darum bemüht zu zeigen, dass dies alles in Erfüllung der Worte des Propheten geschieht, und er zitiert Sacharja wörtlich.[105]

Tempelreinigung

Nach ein paar Versen schildert Markus uns die dramatische Szene im Tempel (11:15-17), in der Jesus die Tische der Wechsler und Taubenhändler umstößt und den Durchgang durch den Tempelhof sperrt. Dass ein derartiges Ereignis sich zugetragen haben könnte, wie Markus es darstellt, ist praktisch unmöglich. Der äußere Hof des Tempels war sehr groß, und Jesus hätte niemals ohne Hilfe eine solche Behinderung des Tempelhandels zuwege gebracht. Auch hätte er es nicht ungestraft tun können. Die jüdische und römische Obrigkeit führte ständige Aufsicht. Jesus nennt die Wechsler „Diebe“, aber ihre Aktivitäten waren entscheidend wichtig für das Funktionieren des Tempels. Sie waren es, die die öffentlichen Opfer ermöglichten. Das hatte nichts mit Diebstahl zu tun.

Die Szene ist auf Schriftpassagen aufgebaut. Maleachi 3:1: „Und bald wird kommen zu seinem Tempel der Herr, den ihr suchet.“ Hosea 9:15: „So will ich sie um ihres bösen Tuns willen aus meinem Hause stoßen“ (Hosea sprach nicht über Tierhändler). Sacharja 14:21: „Und es wird keinen Händler mehr geben im Hause des Herrn Zebaoth zu der Zeit.“

Für die Verdammung jener Händler gebraucht Jesus ein Zitat, dem sein eigener Kommentar folgt. Beide stammen aus der Schrift. Ein Wort aus Jesaja 56:7 wird Jesus als Provokation in den Mund gelegt: „Denn mein Haus wird ein Bethaus heißen für alle allen Völker.“ Sein Grundgedanke fußt auf Jeremia 7:11: „Haltet ihr denn dies Haus ... für eine Räuberhöhle?“ Jeremia spricht nicht über Händler im Tempel, sondern über die, die Götzendienst begehen und Baal opfern, um dann zum Tempel zu kommen und erwarten, Vergebung zu erlangen. Charakteristisch für die Midraschmethode ist, dass der Kontext, aus dem eine Passage entlehnt ist, selten berücksichtigt wird. Der alte Kontext steht in der Regel in keiner Beziehung zu dem neuen, den Markus aus ihm gewinnt.

Dieser Vorfall passt zu einem der Schlüsselelemente im größeren Handlungsrahmen der Erzählung des leidenden Gerechten. (Nickelsburg nennt diese „generische Komponenten“.) Hier ist die „Provokation“, welche die Feinde der Hauptfigur dazu bewegen, gegen Jesus zu agieren. Markus 11:18 macht es klar: „Und es kam vor die Schriftgelehrten und Hohepriester; und sie trachteten danach, wie sie ihn umbrächten.“

Markus betont dieses Motiv erneut. „Und sie trachteten darnach, ihn zu ergreifen.“ (12:12) „Und die Hohepriester und Schriftgelehrten suchten, wie sie ihn mit List ergreifen und töten könnten.“ (14:1). Dieses ist das „Verschwörungselement“ der Rahmenhandlung der Geschichte, und sogar hier hat die Idee spezifische Verbindung zu den Psalmen. „Die mir nach dem Leben trachten, stellen mir nach“, sagt Psalm 38:13. „Denn meine Feinde reden über mich,“ sagt Psalm 71:10.

Die Nacht, in der er verraten ward

Das Motiv des Verrats wird von Markus grandios gestaltet. Der Verräter wird direkt neben Jesus plaziert, mitten unter seine engsten Vertrauten. Die Gestalt des Judas ist ohne Zweifel eine der wirkungsvollsten Schöpfungen der Weltliteratur – keine hat vermutlich so verheerende Folgen gehabt. Für zwei Jahrtausende diente sie dazu, den christlichen Hass gegen die Juden zu entflammen, denn Judas wurde von Markus als Repräsentant der kaltherzigen und verräterischen Juden dargestellt. Erst gegen Ende des 20. Jahrhunderts haben christliche Amtsträger sich von dieser Geschichte des Antisemitismus schamhaft distanziert; die neutestamentliche Wissenschaft kam zu der verspäteten Schlussfolgerung, dass Judas selbst wahrscheinlich eine Fiktion des Markus darstellt.

Welche Textstellen könnten Markus zur Darstellung des Judas bewegt haben? Obadja 7: „Alle deine Bundesgenossen werden dich zum Lande hinausstoßen; die Leute, auf die du deinen Trost setzt, werden dich betrügen und überwältigen." Psalm 41:9 sagt: „Wer so daliegt, wird nicht wieder aufstehen." Psalm 55:12-13 klagt über Freunde und Kameraden, die den Psalmisten verhöhnten, als ob er ein Feind wäre. Psalm 109 in Bezug auf „die gottlosen und falschen Mäuler die wider mich mit falscher Zunge reden", die ohne Grund angreifen, Gutes mit Bösem, Liebe mit Hass vergelten. Wenn Markus die paulinische Abendmahlsüberlieferung kannte (1. Kor 11:23-26), könnte er an der Stelle, wo von der „Nacht, da er ausgeliefert wurde" die Rede ist, das neutrale „Ausliefern" (das Paulus Gott zuschreibt) in den Akt des „Verrats" durch Judas umgewandelt haben. Die meisten modernen Übersetzer der paulinischen Textstelle haben an diesem Missverständnis mitgewirkt.

Und der Preis des Judas? Markus sagt nur, dass die Hohepriester versprachen, ihm Geld zu geben. Matthäus ist genauer (26:15). Bei seiner Lektüre der Schrift ist er auf Sacharja 11:12 gestoßen: „Und sie wogen mir den Lohn dar: dreißig Silberstücke." Der unzufriedene Prophet lehnte freilich auf Gottes Vorschlag die Silberlinge ab und „warf sie ins Haus des Herrn". Matthäus benutzt dies als Teil seiner Szene, die von der Reue und dem Selbstmord des Judas berichtet (27:3-5), in der der Verräter „die Silberlinge in den Tempel warf".

Das letzte Mahl

Das letzte Abendmahl ist ohne Zweifel bei Markus mehr als ein einfacher Midrasch. Wenn er zu einer Gemeinde gehörte, die eine gemeinschaftliche, heilige Mahlzeit besaß – was wahrscheinlich ist – und wenn er von dem paulinischen Mythos eines Abendmahls des Herrn wusste, werden derartige Elemente viel zu der Ausgestaltung der Szene mit den zwölf Aposteln, die sich um Jesus zu einem letzten Mahl versammeln, beigetragen haben. Aber die Vorstellung eines von Jesus gestifteten neuen Bundes musste notwendigerweise Parallelen zu der Szene des durch Moses gestifteten alten Bundes, wie sie in Exodus erzählt wird, notwendig machen. Ebenfalls mussten die Worte des Mose in Exodus 24:8, „das ist Blut des Bundes, den der Herr mit euch geschlossen hat“, als Hintergrund für Jesu Worte (14:24) beim Abendmahl maßgebliche Bedeutung gewinnen: „Das ist mein Blut des Bundes, das für viele vergossen wird.“ Jesus selbst ist das Blutopfer, das dem Tieropfer des Mose entspricht.

Jesus beendet das Mahl mit der Verheißung, er werde keinen (Wein) trinken, „bis an den Tag, an dem ich aufs Neue davon trinke im Reich Gottes“, ein Vertrauensausspruch aus Jesaja 25:6: „Und der Herr Zebaoth wird auf diesem Berge allen Völkern ein fettes Mahl machen, ein Mahl von reinem Wein ....“

Von hier aus geht Jesus zum Garten Gethsemane, und sein Martyrium beginnt.

Zweifel und Ringen mit dem Tode

Es gibt viele fein ausgearbeitete Motive in dieser einfachen Szene, die als Ganzes von großer Kunstfertigkeit zeugt und Markus in den Rang eines großen Schriftstellers erhebt. Die dreigeteilte Struktur der Gethsemane-Perikope, der Kontrast zwischen dem Todesangst leidenden Jesus und der Ignoranz der schlafenden Jünger, die Erwartung von Passion und drohender Gefangennahme, nicht zu vergessen die verschiedenen moralischen „Lektionen“, die Markus dem Leser erteilt über Loyalität, Glaubensgehorsam, Leidensbereitschaft und vieles mehr – nichts könnte die Macht und die Notwendigkeit des Mythos im Kontext von religiösem Glauben und religiöser Bindung besser illustrieren. Das Christentum verdankt seine zweitausendjährige Geschichte einem literarischen Genie wie Markus. Ohne seine Schöpfung wären Paulus und der Christuskult, den er sein Leben lang predigte, in Vergessenheit geraten.

„Daran will ich denken und ausschütten mein Herz bei mir selbst", klagt der Schreiber von Psalm 42 (V.5). Andere Psalmisten hatten noch andere Worte für ihr Elend, das sie vor Gott ausbreiteten, gefunden: „Ich schreie, aber meine Hilfe ist ferne" (22:2); „Errette meine Seele vom Schwert, mein Leben von den Hunden!" (22:21); „denn mir ist angst! Mein Auge ist trübe geworden vor Gram, matt meine Seele und mein Leib." (31:10). Markus konnte viel Inspiration aus seiner Schriftquelle ziehen.

Lukas, der die Szene bei Markus aus irgendeinem Grunde vollkommen zerstörte und ihr jeden Hauch von Poesie raubte, nahm die Zeile aus Psalm 22:15 (LXX), „Ich bin ausgeschüttet wie Wasser", und veränderte sie in das abstoßende Bild eines blutenden Jesus. Matthäus hielt sich bei seiner eigenen Gethsemane-Szene eng an Markus. Johannes hat die ganze Szene gestrichen. Die Fähigkeit, menschliche Emotionen wie Schmerz und Zweifel zu fühlen, wollte er seinem heldenhaften göttlichen Christus nicht gewähren.

Die Gethsemane-Szene hat innerhalb der Passionsgeschichte nicht nur eine dramatische Funktion, sie gehört auch zu jenen „generischen Komponenten" in der Geschichte des Gerechten, die das Motiv des „Gehorsams" vor Gott darstellen. Obgleich Jesus die menschliche Seite seiner gottmenschlichen Natur darin zum Ausdruck bringt und in einem Augenblick der Schwäche bittet, dass der furchtbare Kelch an ihm vorübergehen möge, überwindet er die Furcht und spricht zu seinem Vater: „doch nicht, was ich will, sondern was du willst!" Dies ist eine Zeile, die über Jahrhunderte christliche Märtyrer und schwankende Gläubige inspirieren sollte.

Als Judas auftritt, um seine Rolle als Verräter durch einen Kuss zu erfüllen – ein Regieeinfall, der für diejenigen, die darin Historie statt Symbol sahen, keinen Sinn ergab –, fliehen die übrigen Apostel in Angst und überlassen Jesus seinem Schicksal. Ein Vorfall wie dieser wird oft als Beispiel einer Tradition benutzt, die auf Tatsachen beruhen muss, da er ein peinlicher ist. Warum sollte die Kirche, ja gar die Jünger selber, einen derartigen beschämenden Vorfall erfunden haben? Aber im Kontext des von Markus geschaffenen midraschartigem kleinen symbolischen Abschnitts, in dem die Schrift zitiert und die Gemeinde über rechtes Jüngerverhalten instruiert wird, ist eine derartige

Logik nicht tauglich. Die Jünger seiner Geschichte wussten nicht, was für sie beschämend gewesen sein könnte. Ihr Handeln war durch Sacharja 13:7 bestimmt: „Schlage den Hirten, dass sich die Herde zerstreue."

Von Feinden umgeben

„Warum toben die Heiden und murren die Völker so vergeblich? 2Die Könige der Erde lehnen sich auf, und die Herren halten Rat miteinander wider den Herrn und seinen Gesalbten." Psalm 2 ist ein Krönungspsalm, und Verse wie diese (1-2) reflektieren die unglückliche Situation, in der sich Israel historisch befand, im geographischen Scheidepunkt aller großen Reiche des Nahen Ostens. Dazu gute Miene zu machen und Gott als willens und fähig zu betrachten, seine Auserwählten (wenn sie ihm nur gehorchten) zu schützen, war für Israel die einzige Zuflucht. Ein von seinen Feinden umringter Jesus – d.h. das jüdische Volk und seine religiösen Führer, Herodes, einer von den „Königen der Erde" (obgleich wirklich nur ein Petrarch) und Pilatus, der „Herrscher", (ein Gouverneur, aber praktisch ein absoluter Herrscher in Judäa) –, nimmt eine Situation auf, wie sie in Psalm 2 geschildert wird.[106]

Der erste dieser „Feinde" ist der jüdische Sanhedrin, vor den Jesus gebracht wurde. Von nun an werden die Psalmen die Hauptquelle für viele der von Markus dargestellten Details, keiner so sehr wie Psalm 22. Die Septuaginta-Version von Vers 16 lautet: „Synagogen (*synagogē,* Versammlungen/Gemeinden) der Bösen haben mich umzingelt." Jesus ist nicht nur durch feindliche Hohepriester, Älteste, Schriftgelehrte, den ganzen Rat und den Hohepriester umzingelt – fast jede jüdische Autorität wird von Markus auf die Bühne gestellt –, er wird auch falscher und widersprüchlicher Beschuldigungen angeklagt (Mk 14:55-60).

Die Psalmen sind voll der Klagen über Verfolgung. „Denn es stehen falsche Zeugen wider mich auf und tun mir Unrecht ohne Scheu." (27:12); „Es treten falsche Zeugen auf; sie fordern von mir, wovon ich nichts weiß." (35:11); „Denn sie haben ihr gottloses Lügenmaul wider mich aufgetan. Sie reden wider mich mit falscher Zunge" (109:2) und andere. Dies ist das „Anklage"-Motiv innerhalb der „generischen Geschichte“. Die Verschwörer beschuldigen den Helden innerhalb des Kontextes einer anderen Komponente: des „Gerichtsverfahrens“. Bei Markus erlebt Jesus zwei Gerichtsverfahren. Wie im Einleitungsvers von Psalm 2 (oben) müssen Nichtjuden und Juden dazugehören. Lukas fügt eine Art drittes Verfahren hinzu, in der Form einer Befragung Jesu durch Herodes (23:6-12) – obgleich es sich dabei um eine eher freundliche Angelegenheit zur Befriedigung der Neugier des Herodes handelt. Crossan (siehe Anmerkung 6 weiter oben) denkt, dass es aufgenommen worden sein könnte, um eine plastischere Darstellung der zweiten Zeile von Psalm 2 zu geben: Herodes ist ein „König“ und er „konspiriert“ mit Pilatus.

Gerichtsverfahren durch Juden und Nichtjuden

In beide Verfahren führt Markus das in Psalm 39:10 gefundene Motiv ein: „Ich will schweigen und meinen Mund nicht auftun; denn du hast es getan.“ Psalm 38:14-15 vermittelt den gleichen Gedanken: „Ich bin wie taub und höre nicht, und wie ein Stummer, der seinen Mund nicht auftut. [15]Ich muss sein wie einer, der nicht hört und keine Widerrede in seinem Munde hat.“ Auf die falschen Anschuldigungen des Hohepriesters (Mk 14:61) schwieg Jesus „still und antwortete nichts“. In der darauffolgenden Befragung durch Pilatus wiederholt Markus (15:5), dass zu Pilatus’ Verwunderung Jesus nichts mehr antwortete.

Johannes war übrigens nicht gewillt, seinen Jesus schweigen zu lassen. Er verfasste eine langatmige und feinsinnige Diskussion zwischen Jesus und Pilatus über die Frage von Gottesreich und Wahrheit.

Bei der Frage des Hohepriesters nach der Identität Jesu lässt Markus Jesus sein Schweigen brechen, um ein kurzes Bekenntnis abzulegen. Zwischen der Frage und der Antwort (14:61b.62) gelingt es Markus, alle drei Titel, die für Jesus im Verlauf seines Evangeliums verwendet wurden, einzuarbeiten – wobei zwei von ihnen zunächst nur mit Zögern von Jesus akzeptiert wurden. Aber jetzt bekennt Jesus offen, dass er Messias, Sohn Gottes und Menschensohn ist. Das reicht aus, um ihn der Gotteslästerung anzuklagen und zum Tode zu verurteilen. Ob ein derartiges Bekenntnis tatsächlich die Anklage und das Urteil verdiente, ist von der Wissenschaft lange debattiert worden. Aber weder diese

Worte noch die gesamte Szene rechtfertigen derartige Betrachtungen. Markus und seine Gemeinde erheben Anspruch auf die symbolische Bedeutung dieser Titel. Wenn das Ende der Welt tatsächlich kurz bevorsteht, darf sich seine Gemeinde selbst als Mittelpunkt all dieser Erwartungen betrachten.

Beide Verfahren beinhalten die Komponente „Verurteilung". Die Antwort an den Hohepriester erlaubt es Markus freilich, bereits in die Zukunft zu blicken und das äußerste Beispiel der überaus wichtigen Komponente „Rechtfertigung" zu liefern. Wie in den letzten Versionen „generischer Geschichte" erfolgt Jesu Rechtfertigung nach seinem Tode bei der erwarteten Parusie, wenn er als Menschensohn gesehen werden wird, „sitzen zur Rechten der Kraft und kommen mit den Wolken des Himmels". (14:62).

Nur bei Matthäus wäscht Pilatus seine Hände, was sich in einigen Psalm-Zitaten widerspiegelt, wie z.B. im 5. Buch Moses 21:6-8: „Und alle Ältesten der Stadt ... sollen ihre Hände waschen ... und sagen: Unsere Hände haben dies Blut nicht vergossen." Schließlich wird Jesus zur Hinrichtung geführt.

Verspottung und Leiden

In der biblischen Geschichte erleidet der Held ein Martyrium, das zum Tode oder zur Todesstrafe führt. Vor seiner Kreuzigung wird Jesus erst gegeißelt und misshandelt. Auch hier gibt es allgemeine Anklänge an Jesaja und die Psalmen, „ein Spott der Leute und verachtet vom Volke" (Ps 22:7) oder „verachtet", „für nichts geachtet" (Jes 53:3); jedes einzelne Element der markinischen Verspottungsszene hat sein Vorbild in der Schrift.

Jesaja 50:6-7: „Ich bot meinen Rücken dar denen, die mich schlugen ... Mein Angesicht verbarg ich nicht vor Schmach und Speichel. „Pilatus ließ Jesus geißeln (Mk 15-15) und die Soldaten spieen ihn an (Mk 15:19), wie es die Mitglieder des Sanhedrin vorher getan hatten" (14:65). Micha 4:14 erklärt, dass „man uns belagern und den Richter Israels mit der Rute auf den Backen schlagen wird", und so lässt Markus die Soldaten „ihn mit dem Rohr auf das Haupt schlagen" (15:19). Für andere Merkmale der Verspottungsszene hat Markus das Sühneopferritual der zwei Ziegenböcke benutzt. Die Dornenkrone ist angeregt worden durch den karmesinroten Wollfaden, der auf den Kopf des Sündenbocks gelegt wurde. Dass Jesus in ein königliches Gewand gehüllt wurde, könnte ein weiteres Mal das Bild der roten Wolle reflektieren, obwohl Crossan (*The Cross that Spoke,* S. 128) denkt, es sei „eine Anspielung auf Sacharja 3:1-5, eine eschatologische Vision in der dem Hohepriester Josua (Jesus!) seine unreinen Kleider genommen wurden und ihm stattdessen priesterliche Gewänder angelegt wurden".

Kreuzigung

In Kapitel 8 wurde auf Schriftstellen zum Thema „nageln" und „durchbohren" hingewiesen, die Paulus dazu anregten zu glauben, dass der spirituelle Christus die Kreuzigung in einer höheren Welt erlitt. Sacharja 12:10: „Und sie werden mich ansehen, den sie durchbohrt haben." Psalm 22:17: „Sie haben meine Hände und Füße durchgraben (durchstochen)." Markus überträgt das im mythischen Reich stattfindende „Aufhängen an einem Baum" auf die Kreuzigung auf Golgatha außerhalb Jerusalems. Auf dem Weg zur Hinrichtung fügt der Evangelist eine denkwürdige Gestalt ein, Simon von Kyrene, der das Kreuz Jesu trägt. Generationen von Predigern, die sich mit ihm beschäftigten, haben die Absicht des Markus sehr wohl erkannt, wenn sie darin ein Beispiel dafür sahen, dass Christen das Kreuz Christi mittragen müssen und sich gegenseitig durch Widrigkeiten hindurch helfen sollen. Obgleich es keine Schriftstellen gibt, die als Vorlage gedient haben könnten, reflektiert dies ein bestimmtes Motiv innerhalb des biblischen Erzählmodells. Aufrechte Menschen bemühen sich, dem Helden zu helfen, gewöhnlich vergebens.

Mit Beginn der Kreuzigungsszene ist der Text wieder mit Bausteinen aus der Schrift gespickt. Dass Jesus zwischen zwei Verbrechern gekreuzigt wird, ist durch Jesaja 53:12 veranlasst, wo der Gottesknecht „den Übeltätern gleichgerechnet ist". Die Vorübergehenden beschimpfen Jesus bei Markus (15:29-30): „Und die vorübergingen, lästerten ihn und schüttelten ihre Köpfe und sprachen: ... hilf dir nun selber und steig herab vom Kreuz!" Psalm 22:8-9 enthält alle drei Elemente: „Alle, die mich sehen, verspotten mich, sperren das Maul auf und schütteln den

Kopf: 9"Er klage es dem Herrn, der helfe ihm heraus und rette ihn, hat er Gefallen an ihm.'" Matthäus, immer Pedant, wenn es um die Schrift geht, fügt (27:43) den spezifischen Gedanken in des Psalms letzten Satz hinzu: „der (Gott) erlöse ihn nun, wenn er Gefallen an ihm hat".

Am Fuße des Kreuzes losen die Soldaten um Jesu Kleider (Mk 15:24). Psalm 22:19 lautet: „Sie teilen meine Kleider unter sich und werfen das Los um mein Gewand." (Obwohl viel wissenschaftliches Studium auf die Psalmen verwandt wurde, ist immer noch nicht klar, wann oder unter welchen Umständen sie geschrieben wurden; gleichwohl scheint festzustehen, dass sie als Sammlung innerhalb einer großen Zeitspanne und unter verschiedenen Umständen entstanden. Die von den Evangelisten zitierten Psalmen handeln überwiegend von Elend und Verfolgung.)

Am Kreuz ruft Jesus zu Gott, ein Zitat des ersten Verses des allgegenwärtigen Psalms 22:2: „Mein Gott, mein Gott, warum hast du mich verlassen?" Die „generische Geschichte" enthält oft ein „Gebet" des Helden um Erlösung oder um Vergeltung. Markus gestattet dies Jesus nicht, dagegen ist der folgende Vers bei Lukas sehr adäquat: „Vater, ich befehle meinen Geist in deine Hände!" Als Reaktion auf den Schrei wird für Jesus bei Markus Essig herbeigebracht. Psalm 69:22 berichtet, dass der Psalmist „Galle zu essen und Essig zu trinken" erhält „für meinen Durst". Nur bei Johannes (19:32) begegnet uns die Frage, ob Jesu Beine gebrochen werden sollen – eine übliche Praxis bei Kreuzigungen –, aber sie wird verneint (19:33); vielleicht ist das Schweigen der Synoptiker darüber durch ähnliche Beweggründe bestimmt. Jesu Beine können nicht gebrochen werden, weil es zu viele Schriftstellen gab, die dem widersprachen. 2. Mose 12:46: (ihr) „sollt keinen Knochen an ihm (dem Osterlamm) zerbrechen". Ähnlich 4. Mose 9:12. Psalm 34:21 ist unerbittlich: „Er bewahrt ihm alle seine Gebeine, dass nicht eines zerbrochen wird."

Reaktionen

Während Jesus noch am Kreuz hängt und den Tod erwartet, hat die Natur bereits begonnen auf den Tod des Gottessohnes zu reagieren. Markus 15:33: „Und zur sechsten Stunde kam eine Finsternis über das ganze Land bis zur neunten Stunde [drei Uhr am Nachmittag]." In der antiken Welt gibt es kein Zeugnis über eine solche Sonnenfinsternis. Ein „Zeugnis" ganz anderer Art finden wir dafür freilich auf den Seiten des Propheten Amos. Bei der Vorhersage des Tags des Herrn erklärt er das Wort Gottes (8:9): „will ich die Sonne am Mittag untergehen lassen und das Land am hellen Tage finster werden lassen".

Als Jesus stirbt, ereignen sich weitere Wunder. Der Tempelvorhang wird von oben bis unten zerrissen, ohne Zweifel ein Symbol für Gottes Missfallen an Israel und das Dahinschwinden der religiösen Oberhoheit des Tempels. Matthäus fügt Erdbeben hinzu, indem er vom Propheten Joel entnimmt (2:10): „Vor ihm erzittert das Land und bebt der Himmel ..." Joel fügt dem noch hinzu: „„... Sonne und Mond werden finster und die Sterne halten ihren Schein zurück ...", was uns eine weitere Referenzstelle für das Midrasch-Motiv der Dunkelheit zur Mittagszeit liefert. Diese Wunder sind Zeichen „der Reaktion Gottes" und somit der „Rechtfertigung".

Aber es gibt auch menschliche Reaktionen. Markus lässt den Hauptmann, der am Kreuz dabeistand, sagen (15:39), dass „dieser Mensch wahrlich Gottes Sohn gewesen" sei. Während Markus hiermit offenbar eine Lektion in Sachen Glauben geben und zeigen möchte, dass ausgerechnet das Heidentum in Gestalt des Hauptmanns zuerst an Jesus glaubte, liefert er außerdem noch die Schlusskomponenten der Geschichte des leidenden Gerechten: „Reaktion" und „Akklamation". Zuschauer und Feinde wundern sich, was geschehen ist, und preisen oft den Helden. Sie geben zu, dass sie Unrecht hatten, wie in Weisheit Salomons 5:4-5: „wir Toren ... Jetzt zählt er zu den Söhnen Gottes, er ist einer der Söhne Gottes."

Begräbnis und Auferstehung

Jesus musste am Abend begraben werden, denn 5. Mose 21:22-23 schrieb vor, dass der Leichnam (des Erhängten) nicht über Nacht am Holze bleiben durfte, sondern: „du sollst ihn noch am gleichen Tag begraben;" Joseph aus Arimathäa, der Pilatus um den Leichnam des Jesus bittet und ihn in die Grabstätte legt, ist eine andere markinische Erfindung, um den Handlungsablauf voranzutreiben. Jesus musste von seinen Freunden bestattet werden, so dass sie Zutritt zur Grabstätte haben und seine Auferstehung bezeugen konnten. Deshalb erfand Markus auch die Gestalten Maria Magdalena, Maria, die Mutter von Jakobus, und Salome. Obgleich sie ursprünglich nur dazu dienten, das leere Grab zu bezeugen, nahmen sie – nachdem sie erst einmal von Markus ins Leben gerufen worden waren – eine immer stärker werdende Rolle in den späteren Evangelien als Zeugen für den auferstehenden Jesus an. Es gibt keine Hinweise auf diese Frauen in den übrigen Zeugnissen des 1. Jahrhunderts.

Matthäus ist der einzige Evangelist, der eine Wache an der Grabstätte aufstellen lässt. Diese scheint ohne alttestamentliche Schriftgrundlage eingeführt worden zu sein. Vielleicht wollte Matthäus mit der Aufstellung einer solchen Wache dem Einwand zuvorkommen, dass die Anhänger Jesu den Leichnam gestohlen haben könnten. Tatsächlich ist dies der sachliche Grund, den er im Text dafür liefert (27:62-66). Das Petrusevangelium hat ebenfalls eine wohldurchdachte Szene mit einer „Wache an der Grabstätte"; diese Wache bezeugt die eigentliche Wiederauferstehung Jesu, etwas, was man bei dem kanonischen Evangelisten nicht findet.

Der aus dem Grabe auferstehende Jesus ist zugleich Zeichen der Rechtfertigung und Erhöhung. Es erfüllt eine „Prophezeiung" der Schrift aus Hosea (6:1-2):

„Kommt, wir kehren zum Herrn zurück! Denn er hat (Wunden) gerissen, er wird uns auch heilen; er hat verwundet, er wird auch verbinden. [2]Nach zwei Tagen gibt er uns das Leben zurück, am dritten Tag richtet er uns wieder auf, und wir leben vor seinem Angesicht."

Die Geschichte von Jona enthält ebenfalls ein ähnliches Motiv: „Jona war drei Tage und drei Nächte im Bauch des Fisches." (2:1) Von dort betete er (2:2): „Ich schrie aus dem Rachen des Todes, und du hörtest meine Stimme"; Gott erfüllte die Prophezeiung, der Fisch spie Jona aus ans Land.

Wie wir früher anmerkten, enthält der Großteil der christlichen Zeugnisse außerhalb der Evangelien keinen Hinweis darauf, dass Jesus nach der Auferstehung noch eine Zeit auf der Erde zubrachte. Tatsächlich erwecken alle Evangelisten – nicht so Paulus – den Eindruck, als sei Jesus einfach nach dem Tode zum Himmel aufgestiegen. Was versucht Markus hier zu vermitteln? Einige lesen einen zweifelhaften Sinn in 16:7 hinein, in den Teil der Szene, wo die Frauen zur Grabstätte gehen und sie leer vorfinden. Bedeutet die Botschaft des Engels an die Jünger, „er wird vor euch hingehen nach Galiläa, dort werdet ihr ihn sehen, wie er euch gesagt hat", dass Jesus später bei ihnen körperlich erschienen ist? Oder könnte es sich einfach auf die Parusie beziehen, wenn Jesus als Menschensohn kommen wird? Entwickelten erst die späteren Evangelisten die Vorstellung einer körperlichen Auferstehung und einer Erscheinung für seine Anhänger „im Fleische"? Die Geschichte des Leidenden und Gerechtfertigten Gerechten enthielt kein derartiges Element. Wenn Markus eine solche neue Idee im Sinn hatte, warum schloss er dann keine Erscheinungen aus der Zeit nach der Auferstehung in seine Geschichte ein?

Wir werden es wahrscheinlich nie erfahren.

Teil neun

Das 2. Jahrhundert

24
Die christliche Geschichte wird neu erfunden

Als das Markusevangelium abgeschlossen war, verblieben Jesus von Nazareth und die ihn umgebenden Gestalten zunächst viele Jahrzehnte in einer Art Schattenwelt. Ihre „Auferstehung“ fand erst am Anfang des 2. Jahrhunderts statt, als Maria und Pontius Pilatus sich aus ihrem Schattendasein in die Briefe des Ignatius von Antiochia stahlen. Diese Auferstehung war freilich noch keineswegs spektakulär; es sollte noch viele Jahrzehnte dauern, bevor die Evangeliumsereignisse ins volle Licht der Geschichte traten.

Justin, um 150 nach Beginn u.Z., ist der erste christliche Autor, der Evangelien kennt und zitiert. Freilich ist es möglich, dass er nur Matthäus und Lukas kannte. Aber auch hierbei bezieht er sich auf sie nicht namentlich, er bezeichnet die Schriften, aus denen er zitiert, stattdessen als „Erinnerungen der Apostel“.[107] Darüber hinaus stimmen seine Zitate in den meisten Fällen nicht mit unseren gegenwärtigen Texten überein. Einige Forscher haben angenommen, dass Justin einfach nur aus dem Gedächtnis zitierte oder dass er sich nicht darum bemühte, den genauen Wortlaut seiner Quellen wiederzugeben. Andere haben postuliert, dass er mit einer „Evangelienharmonie“ arbeitete, einem künstlich geschaffenen Evangelium, in dem mehrere Evangelienstellen zu einer Synthese kombiniert wurden. Justins Schüler Tatian stellte später (ca. 170) die berühmteste Evangelien-Harmonie aus allen vier Evangelien zusammen, die als *Diatessaron* bekannt ist.

Die Existenz einer Harmonie setzt jedoch voraus, dass vor einer solchen Synthese bereits eine Anzahl von Evangelien weite Verbreitung gefunden hätten – dies ist genau das, was bei den Beweisen für die Annahme der Existenz einer Evangelienharmonie fehlt. Es ist wahrscheinlicher, dass Justin mit zwei oder drei Evangelien arbeitete, die eben erst erschienen waren, und dass diese noch weitere Entwicklungen und Revisionen erleben sollten, bevor sie die Form annahmen, die wir heute kennen. Es ist ebenfalls offenkundig, dass die Namen, die jetzt mit den „Erinnerungen der Apostel" verbunden sind, damals noch nicht verwendet wurden. Zu Justins Zeiten waren sie einfach anonym. Das erste Zeugnis für vier Evangelien über Leben und Tod Jesu, unter den Namen Matthäus, Markus, Lukas und Johannes, erscheint erst mit Irenaeus um 180.[108]

In den Schriften der Apostolischen Väter vor Justin finden wir keinen klaren Anhaltspunkt für eine Benutzung schriftlicher Evangelien. Diejenigen Wissenschaftler, die dieses Problem[109] gründlicher untersucht haben, sind zu dem Schluss gekommen, dass die bei den Vätern gefundenen Evangeliumsanklänge aus damals verbreiteten mündlichen Überlieferungen stammen oder vielleicht aus kleinen Sprichwortsammlungen; diese kleinen Sammlungen scheinen dann ihren Weg in die geschriebenen Evangelien gefunden zu haben.

Wir wollen uns im Folgenden die vier bedeutendsten Apostolischen Väter und ihre Schriften ansehen: Ignatius von Antiochia, Clemens von Rom, Polykarp von Smyrna und den Verfasser des Barnabasbriefes.

Ignatius von Antiochia

Wie in Kapitel 6 bemerkt, ist es unwahrscheinlich, dass Ignatius mit einem schriftlichen Evangelium vertraut war, denn er hätte sicherlich darauf hingewiesen, um seine Erklärung, dass Jesus von Maria geboren und von Pilatus gekreuzigt wurde, zu belegen. Ebensowenig beruft er sich auf die Vorstellung apostolischer Überlieferung oder behauptet, dass seine Biographie über Jesus auf Wissen beruht, das auf dem Wege apostolischer Überlieferung weitergegeben wurde. Nirgends in allen seinen sieben Briefen, die um das Jahr 107 herum verfasst wurden, als er zur Hinrichtung nach Rom gebracht wurde, zitiert Ignatius ein einziges Wort Jesu, auch Wunder werden nicht erwähnt, ebensowenig irgendeine Einzelheit der Passion unter Pilatus, die er so glühend verteidigt.

Das alles legt nahe, dass die Biographie, die er vorbringt, neueren Datums ist, und dass ihm nur wenige oder gar keine Details aus Jesu irdischem menschlichem Leben zur Verfügung standen.

Clemens von Rom

Rund ein Jahrzehnt vor Ignatius wurde der Brief, der als 1. Clemensbrief bekannt ist, von der christlichen Gemeinde in Rom an die christliche Gemeinde in Korinth gesandt. Die Überlieferung identifizierte den Schreiber mit Clemens, Bischof von Rom gegen Ende des 1. Jahrhunderts. Die meisten Wissenschaftler heute zweifeln daran, dass er der wirkliche Verfasser war, obwohl der Brief während seiner Amtszeit abgeschickt worden sein soll. Er wird allgemein auf die Zeit um 96 u.Z. datiert. In 13:1f. sagt Clemens:

„Vor allem wollen wir der Worte des Herrn Jesus gedenken, die er sprach als Lehrer der Sanftmut und Langmut. Denn so hat er gesagt: ‘Erbarmt euch, damit ihr Barmherzigkeit findet; verzeiht, damit euch verziehen werde! Wie ihr tut, so wird an euch getan werden; wie ihr gebt, so wird euch gegeben werden; wie ihr richtet, so werdet ihr gerichtet werden; wie ihr euch gütig erweist, so wird euch Güte erwiesen werden; mit demselben Maß, mit dem ihr messt, wird euch gemessen werden.’“

Obgleich viele dieser Gedanken in den Synoptikern zu finden sind, erscheinen sie nirgends als Block wie hier. Interpretiert Clemens oder schreibt er vielleicht nach dem Gedächtnis aus einem schriftlichen Evangelium? Wenn dem so ist, ist seine Erinnerung äußerst selektiv, denn nur ein paar Verse später (14:4) sagt er: „Denn es steht geschrieben: ‘Gütige werden das Land bewohnen, Unschuldige werden drinnenbleiben; die Sünder aber werden aus ihm ausgetilgt werden.’“ Dies ist kein Zitat aus den Seligpreisungen oder aus mündlicher Überlieferung; es stammt aus dem alttestamentlichen Buch der Sprüche 2:21-22. Das „es steht geschrieben" bezieht sich, wie immer in dieser Zeit, auf die jüdischen Schriften. Clemens kann mit Jesu Lehre, wie sie in der Bergpredigt des Matthäus und der Feldrede des Lukas entfaltet wird, kaum vertraut gewesen sein. Er zeigt überdies auch bei vielen anderen in seinem Brief begegnenden Themen, dass er die Verkündigung Jesu in den Evangelien nicht kennt.

Wenn Clemens Jesu Leiden schildert (Kap. 16), müssen wir davon ausgehen, dass ihm kein Evangelium vorliegt, aus dem er referieren oder aus dem Gedächtnis zitieren kann, denn er gibt einfach Jesaja 53 wieder. Sein Wissen über Jesu Passion stammt aus der Schrift. Seine Unkenntnis über andere Elemente des Evangeliums ist an früheren Stellen in diesem Buch angemerkt worden.

Wie steht es dann aber um die „Lehren" aus Kapitel 13, zu denen 46:8 hinzugefügt werden kann: „Denkt an die Worte unseres Herrn Jesus! ... besser wäre es für ihn, wenn er nicht geboren wäre, als dass er einem meiner Auserwählten Ärgernis gibt!" Haben wir es hier mit einem Spruch ähnlich dem bei Matthäus und Lukas zu tun? Da Clemens sonst wenig von mündlichen Überlieferungen über Jesus weiß, könnte man vermuten, dass sich wenigstens diese Worte auf die Verkündigung des irdischen Jesus beziehen.

Wir haben jedoch bereits in den paulinischen Briefen gesehen, dass in christlichen Kreisen die allgemeine Auffassung herrschte, der himmlische Christus würde den Propheten Anweisungen durch Offenbarung geben. Clemens teilt diese Ansicht, die voraussetzt, dass Christi Stimme in der Schrift vernehmbar ist. In Kapitel 22 erklärt er: „All dies befestigt der Glaube in Christus; denn auch er ruft uns durch den Heiligen Geist also herbei: 'Kommt her, Kinder, hört mich! Furcht des Herrn will ich euch lehren'." Hier spricht – und lehrt – Christus durch eine Passage aus Psalm 34 (11). Clemens sagt, dass Christus diese Lehren „sprach" (Kapitel 13); er gebraucht dabei dasselbe Verb *(elalēsen)*, das er in Kapitel 16 gebrauchte, wo der Heilige Geist über die Passion auf der Grundlage von Jesaja 53 „sprach". Offensichtlich betrachtete Clemens die beiden Quellen als dieselben.

Das „Lehren" von Kapitel 13 und die Formulierung des Clemens in diesem Zusammenhang ruft Erinnerungen an volkstümliche Lebensregeln wach. Wir wissen, dass diese Art von Moralanweisungen zu den ethischen Gemeinplätzen jener Tage gehörte. Der Spruch in 46:8 (oben) erweckt ganz den Eindruck einer von christlichen Propheten gesprochenen Warnung. Für Clemens sind diese Dinge mit Offenbarungen des spirituellen Christus verbunden, ebenso wie die „Worte des Herrn" für Paulus. Koester (*Ancient Christian Gospels,* S. 15) erkennt an, dass Clemens statt einer Version eines schriftlichen Evangeliums wohl nur mündliche Quellen besaß.

Polykarp von Smyrna

Bischof Polykarp von Smyrna war ein Freund von Ignatius, den er freilich um ein halbes Jahrhundert überlebte. Er starb den Märtyrertod, wenn man einigen modernen Wissenschaftlern glauben darf, im Jahre 155. Polykarps einziger noch erhaltener Brief scheint aus zwei Teilen zu bestehen, einem (Kapitel 13), der geschrieben wurde, bevor er vom Schicksal des Ignatius in der Arena erfuhr, und einem anderen (Kapitel 12), der einige Zeit später entstand, vielleicht gar ein viertel Jahrhundert danach.[110]

Sogar zu dieser späteren Zeit scheint Polykarp kein schriftliches Evangelium zu kennen. In 2:3a spricht er von „dem Herrn in seinen Lehren" und zitiert anschließend einen Teil des oben zitierten Blocks von Lebensregeln (Maxime) aus 1. Clemens 13. Das Zitat wird zusammen mit den Einführungsworten allgemein als Anleihe aus dem Clemensbrief und nicht aus einem Evangelium betrachtet. Koester (*op. cit.,* S. 20) behauptet, dass Polykarp den Text aus dem 1. Clemensbrief „korrigiert" habe, um ihn dem Wortlaut von Matthäus und Lukas anzupassen. Aber dies trifft zumindest bei der Hälfte der Sätze nicht zu und lässt vermuten, dass die anderen „Korrekturen" einfach nur zufällig sind. (Alternativ könnten die jetzigen Versionen bei Matthäus und Lukas von dem Wortlaut, der Polykarp geläufig war, ausgehen, oder spätere Abschreiber von Polykarp könnten, bewusst oder unbewusst, einige der Formulierungen verändert haben, um sie den Evangelien anzupassen – was nicht ungewöhnlich wäre.)

An zwei anderen Stellen (2:3b, 7:2) benutzt Polykarp weitere Sprüche, die in den Evangelien zu finden sind, aber die erstere ist keine genaue Entsprechung. Nie bezieht sich Polykarp ausdrücklich auf schriftliche Dokumente. Koester gibt zu (op.cit., S. 20): „Es ist bemerkenswert, dass Polykarp nie den Begriff 'Evangelium' für diese Dokumente benutzt, und dass die Worte Jesu noch zitiert werden, als ob sie Sprüche wären, die aus der mündlichen Überlieferung genommen wurden."

Im Gegensatz zu Clemens macht Polykarp deutlich (7:1), dass er glaubt, Jesus sei im Fleisch zur Erde gekommen. Aber wie Clemens hat er keinen Bericht oder Überlieferungen, auf die er sich im Hinblick auf Jesu Passion stützen könnte. Wenn er sich auf diese „Ereignisse" bezieht, kann auch er nur Passagen aus Jesaja 53 zitieren.

Der Brief des Barnabas

Der Brief des Barnabas wird allgemein zwischen 90 und 125 datiert.[111] Wie Polykarp und Clemens hat Barnabas keine Zeugnisse und Überlieferungen, auf die er sich beziehen könnte, wenn er Jesu Passion (5:2, 5:12, 13) schildern will. Auch er greift auf Jesaja (50 und 53) und die Psalmen (22 und 119) zurück. Obschon Barnabas ein stärkeres Bewusstsein als jeder andere frühe Kirchenvater dafür zu haben scheint, dass Jesus auf der Erde (5:10, 11) war, hat er doch sehr wenig Substantielles über die Inkarnation zu sagen. Er spricht allgemein über Jesus, der das Volk Israel lehrt, und von seinen Wundern (5:8), aber er macht keine näheren Angaben darüber. Letztere wurden bekanntlich vom Messias erwartet, der Verfasser des Briefes mag einfach nur annehmen, dass sich Derartiges zugetragen hatte.

In 5:9 sagt er, dass Christus Apostel ausgewählt hatte, aber er schildert diese Apostel anders als die Evangelien: Er nennt sie „Sünder der schlimmsten Art". Er scheint dies auf einen Spruch zu gründen, dessen Quelle er nicht angibt: „Ich bin gekommen, zu rufen die Sünder zur Buße, nicht die Gerechten." Diesen Ausspruch führt Jesus in Markus 2:17 im Munde, aber dort wird er auf Jesu allgemeine Zuhörerschaft angewendet, nicht auf seine Apostel. Da Barnabas auch sonst Dinge zitiert, deren Herkunft unbekannt ist, ist es gut möglich, dass auch dieser Ausspruch aus einer Schrift stammt, die jetzt verloren gegangen ist; oder es handelt sich um ein Stück mündlicher Überlieferung, das auf Jesus bezogen wurde. Es ist nicht wahrscheinlich, dass Barnabas das

Markusevangelium gekannt hat, da er diesen Ausspruch sonst kaum falsch verwendet oder den Charakter der Apostel in jenem Evangelium derart verzeichnet hätte.

Sein einziges anderes Zitat eines Ausspruchs aus den Evangelien (Mt 22:14) ist 4:14: „Es steht geschrieben, viele sind berufen, aber wenige sind auserwählt." „Es steht geschrieben" zeigt uns, dass Barnabas die Heilige Schrift als Quelle ansieht. Zu seiner Zeit konnte das Matthäusevangelium noch nicht darin enthalten sein – selbst wenn es schon geschrieben worden wäre.

Barnabas weiß auch nichts von irgendwelchen Lehren Jesu im Hinblick auf Speisevorschriften oder darüber, was am Ende der Zeit passieren wird oder über „das Hören von Gottes Wort" – alles Themen, die er in seinem Brief behandelt. Wie die Didache enthält diese Epistel einen Zwei-Wege-Katalog von Morallehren (Kapitel 18-21), aber keine wird Jesus zugeschrieben. Tatsächlich werden diese Anweisungen „die Gebote des Herrn, wie sie in der Schrift bekanntgegeben sind" (21:1) genannt. Somit erscheint die Vorstellung des Verfassers des Barnabasbriefes von Jesus als einem Lehrer theoretischer Natur zu sein, nicht in wirklicher historischer Erinnerung oder historischem Zeugnis verankert. Er geht soweit zu sagen, dass die Schrift das Mittel ist, durch das Gott die Vergangenheit bekannt gemacht hat (5:3, vgl. 1:7) – das schließt, so müssen wir annehmen, auch das Bild des Lebens Jesu mit ein. Er möchte den Leser sogar wissen lassen (5:12), dass die Juden für Jesu Tod verantwortlich waren, weil es die Schrift so sagt! Es ist also Gott, keine historische Erinnerung, der uns durch die Heilige Schrift offenbart, dass die Juden seinen Sohn töteten.[112]

Somit stehen wir vor einer Situation, in der vier verschiedene christliche Autoren über einen Zeitraum von etwa über 40 Jahren, von Alexandria bis Antiochia, von Kleinasien bis Rom, erkennen lassen, dass sie nichts von schriftlichen Evangelien wissen – und das, wenn die Standarddatierung des Markusevangeliums zutrifft, mehr als 60 Jahre nach der Abfassung des Markusevangeliums! Selbst die kleine Homilie, bekannt als 2. Clemensbrief, fälschlicherweise Clemens von Rom zugeschrieben und im Allgemeinen etwas vor den Schriften von Justin datiert, zitiert nur Aussprüche, die angeblich von Jesus stammen; sie schöpft nicht aus erzählten Ereignissen, wie sie in einem schriftlichen Evangelium gefunden werden können.[113] Wenn Jesus wirklich gelebt und das, was die Evangelien über ihn berichten, erlebt hätte, wenn weiterhin diese Evangelien etwa um 70 u.Z. niedergeschrieben worden wären, ist eine Situation wie diejenige, die sich uns in den Schriften der Apostolischen Väter gezeigt hat, schwer verständlich. Obwohl die Apostolischen Väter damit beginnen, auf Aussprüche und Maximen zurückzugreifen, die sie Jesus zuschreiben, müsste ihre Unkenntnis des grundlegenden Inhalts der Evangelien, besonders der Passion, nahelegen, dass es sich bei diesen Schriften und ihrer Verbreitung um späte Phänomene handelte.

Papias

In seiner Kirchengeschichte (*Kirchengeschichte* III, 39) zitiert und diskutiert Eusebius bestimmte Fragmente von Papias, der während des frühen 2. Jahrhunderts Bischof der Stadt Hierapolis in Kleinasien war. Diese und andere Fragmente, die antike Kommentatoren bewahrt haben, sind aus dem berühmtesten (und vielleicht einzigen) Werk des Papias entnommen, „*Erklärungen von Herrenworten*". Diese verlorengegangene Schrift ist zwischen 110 und 140 datiert worden; die Meinung der Mehrheit der Exegeten bewegt sich irgendwo in der Mitte dieser Spanne.

Moderne Kataloge über die verschiedenen Fragmente von oder über Papias führen normalerweise als Nr. 1 ein Zitat von Irenaeus im späten 2. Jahrhundert auf (*Gegen die Häresien V,* 33.3-4). Dieses Fragment kommt einer Textstelle (29:4-8) im 2. Baruchbuch sehr nahe einem jüdisch apokalyptischen Werk, das um die Wende des 2. Jahrhunderts u.Z. geschrieben wurde. Die Textstelle handelt von der Fruchtbarkeit der Weingärten während der erwarteten Herrschaft des Messias. (Sowohl der Messias als auch seine Herrschaft liegen aus jüdischer Sicht in der Zukunft.) Papias hat es Irenaeus zufolge Jesus zugeschrieben, als eine Vorhersage seiner tausendjährigen Herrschaft, wenn er vom Himmel zurückkehrt.

Diese Zuschreibung eines Textes aus einer jüdischen Schrift an einen historischen Jesus illustriert nicht nur die Unzuverlässigkeit von Papias' eigenem Urteil bzw. der Jesus-Überlieferungen, die er benutzt, es ist auch ein gutes Beispiel des weitverbreiteten Phänomens, zeitgenössische Weisheitstexte, ethische und prophetische Texte – sogar nichtchristliche Texte – der Gestalt Jesu zuzuschreiben. Es wirft Zweifel auf an allem, was Papias sagt oder gesagt haben soll. Andererseits, wenn Irenaeus sich irrt, würde dies alle späteren Traditionen über Papias und seine Schriften, einschließlich der von Eusebius mitgeteilten, in einem zweifelhaften Licht erscheinen lassen.

Zu dieser Beobachtung muss man den seltsamen Charakter einiger erhaltener Fragmente mitbedenken. Nr. 3, von Apollinaris, enthält einen kuriosen und schauerlichen Bericht vom Tode des Judas. Nr. 11, von Philippus von Side, einem christlichen Historiker des 5. Jahrhunderts, lässt Papias berichten, wie Barsabbas, der wie Matthias den Apostel Judas ersetzen sollte (siehe Apostelgeschichte 1:23-6), gezwungen wurde, Schlangengift zu trinken und trotzdem unverletzt überlebte. Das gleiche Fragment berichtet, dass nach Papias der von Christus auferweckte Barsabbas noch bis zur Regierungszeit von Hadrian (117-138 u.Z.) lebte. Offenkundig kann Papias generell kaum als zuverlässiger Zeuge gelten.

Zurück zu Eusebius. Seine erweiterte Diskussion von Papias, als Fragment 2 bekannt, beginnt mit einem Zitat aus dem „Prolog" des Papias, das einen verwirrenden Hinweis auf eine Reihe apostolischer Überlieferungen enthält, die auf die frühesten Apostel zurückgehen; von ihnen behauptet Papias, einige Informationen über Jesus erhalten zu haben. Nichts Sicheres kann aus dieser Textstelle[114] abgeleitet werden. Eusebius erwähnt auch einige phantastische Wunderüberlieferungen und, am wichtigsten, Schriften, von denen Papias sagt, er habe gehört, sie seien „Markus" und „Matthäus" zugeschrieben worden.

Hier nun die Stelle, in zwei Teilen, von Eusebius:

„Auch dies lehrte der Presbyter [oder Älteste]. Markus hat die Worte und Taten des Herren, an die er sich als Dolmetscher des Petrus erinnerte, genau, allerdings nicht der Reihe nach, aufgeschrieben. Denn er hatte den Herrn nicht gehört und begleitet; wohl aber folgte er später, wie gesagt, dem Petrus, welcher seine Lehrvorträge nach den Bedürfnissen einrichtete, nicht aber so, dass er eine zusammenhängende Darstellung der Reden des Herrn gegeben hätte. Es ist daher keineswegs ein Fehler des Markus, wenn er einiges so aufzeichnete, wie es ihm das Gedächtnis eingab. Denn für eines trug er Sorge: nichts von dem, was er gehört hatte, auszulassen oder sich im Berichte keiner Lüge schuldig zu machen."

Eusebius fährt fort:

„So berichtet Papias über Markus. Bezüglich Matthäus aber behauptet er: 'Matthäus hat in hebräischer Sprache die Reden zusammengestellt; ein jeder übersetzte dieselben so gut er konnte.'"

Eine Anzahl relativ sicherer Schlussfolgerungen können aus diesen Zitaten gezogen werden.

(1) Papias selber hat diese Dokumente nicht gesehen, noch viel weniger hat er Abschriften davon besessen. Bezüglich des „Markus" erhielt er diese Information „vom Presbyter". Obgleich Papias nicht eindeutig ist, wenn er von „Matthäus" spricht, ist es wahrscheinlich, dass hier die gleiche Situation vorliegt. Außerdem, wenn er Dokumente besaß, die Aussprüche und Taten von Jesus enthielten, wie sie von Jesus-Anhängern aufgezeichnet wurden, ist es nicht wahrscheinlich, dass er solche schriftlichen Zeugnisse geringgeschätzt und mündliche Überlieferung bevorzugt hätte, wie er es am Ende des Eusebius-Zitats seines Prologs macht: „Denn ich war der Ansicht, dass aus Büchern geschöpfte Berichte für mich nicht denselben Wert haben können wie das lebendige und beständige mündliche Zeugnis." Somit scheint es, dass die ganze Information des Papias aus zweiter Hand ist und nach dem Gedächtnis berichtet wurde. Er kann nichts anderes bezeugen, als dass bestimmte Materialsammlungen im frühen 2. Jahrhundert im Umlauf waren, die jetzt einem historischen Jesus zugeschrieben wurden, wie von legendären apostolischen Gestalten bezeugt wird, die als seine Anhänger betrachtet werden.

(2) Diese Sammlungen können unter den Namen „Markus" und „Matthäus" im Umlauf gewesen sein – oder auch nicht. Papias sagt nicht ausdrücklich, dass sie so genannt wurden, sondern einfach, wer die angeblichen Kompilatoren waren.

(3) Es ist höchst unwahrscheinlich, dass diese zwei Schriften mit den kanonischen Evangelien, die jetzt als Markus- und Matthäusevangelium bekannt sind, gleichzusetzen sind. In Bezug auf Matthäus spricht Papias von einer Kompilation von Sprüchen. Dies schließt ein er-

zählendes Werk aus. Wenn es hebräisch bzw. aramäisch abgefasst war, kann es nicht das Matthäusevangelium sein, da dieses ein Werk ist, das ursprünglich griechisch verfasst wurde und auf dem griechischen Markusevangelium basiert. Die Wissenschaft hat alle Spekulationen darüber, dass das Matthäusevangelium oder irgendein anderes Evangelium zu einem früheren Zeitpunkt in aramäischer Sprache existierte, aufgegeben. Es lässt sich nicht einmal beweisen, dass Q, die von Matthäus und Lukas benutzte Schrift, in irgendeiner Schicht in einer anderen als der griechischen Sprache abgefasst war.

Was das „Markus(evangelium)“ des Papias betrifft, so bezieht sich dieses auf eine von Petrus stammende Aufzeichnung einer Sammlung von „Worten und Taten des Herrn“, aber nicht „der Reihe nach“ noch mit der Absicht, eine „zusammenhängende Darstellung der Reden des Herrn“ zu geben. Während die „Taten“ Anekdoten über die Taten von Jesus nahelegen – wahrscheinlich Wunder –, schließt der Hinweis auf den Mangel an geordneter Reihenfolge und Ordnung das erzählende Evangelium des Markus aus. Es wird sich dabei vielmehr um eine lockere Kompilation von Sprüchen und Anekdoten handeln, wahrscheinlich wie Q, das ja auch Sprüche, ein paar Wunder und Streitgespräche enthält, welche die Aktivitäten der Gemeinde widerspiegeln. Dass dies eine zufällige ungeordnete Sammlung war, geht weiterhin auch aus der Entschuldigung hervor, die Papias zum Ausdruck bringt. Das wiederum könnte bedeuten, dass eine derartige Sammlung ursprünglich nichts mit einer Jesus-Gestalt zu tun hatte und erst in dem Moment – als ein Bild seiner öffentlichen Wirksamkeit – „ungeordnet“ erschien, nachdem es ihm zugewiesen wurde.

Im Hinblick auf all diese Daten ist es erstaunlich, wie viele Neutestamentler darauf insistieren, dass sich die Bemerkungen des Papias auf die kanonischen Evangelien von Markus und Matthäus beziehen, und wie sie versuchen, sie so zu interpretieren, als ob dem so wäre.[115]

(4) Viele Wissenschaftler nehmen auch an, dass Papias Abschriften dieser Schriften besaß und dass er sogar Jesusworte aus den Evangelien in seinem Werk behandelte. Das ist offenkundig unmöglich. Nicht nur, dass die Sprache des Papias, wie sie von Eusebius zitiert wird, das ausschließt, nicht ein einziges der erhaltenen Fragmente (mehr als ein Dutzend) von seinen *„Worten des Herrn“* enthält irgendeinen Spruch aus den kanonischen Evangelien. Wenn Papias *irgendetwas* aus den

Evangelien, die wir kennen, behandelt hätte, könnte es keinen Zweifel geben, dass Eusebius, mit dem Werk des Papias vor Augen, darauf die Aufmerksamkeit gelenkt hätte. Wenn Sprüche und Taten Jesu, wie sie bei Markus und Matthäus zu finden sind, ein Merkmal des Werkes von Papias gewesen wären, hätten spätere Kommentatoren wie Philippus von Side sich wohl kaum auf die oft lächerlichen und abstoßenden Dinge, die Papias zu sagen hat, beschränkt.

(5) Worauf auch immer die Beschreibung des Papias aus zweiter Hand sich bezieht,[116] es ist recht wahrscheinlich, dass Überlieferungen wie diese später benutzt wurden, als die Kirche – wahrscheinlich kurz nach Justin – darüber entscheiden musste, wer die Evangelien über Jesus von Nazareth geschrieben haben könnte.

Marcion und die gnostische Aneignung des Paulus

Es hat viele Versuche gegeben, eine einfache Definition der Gnosis zu geben. Als diese religiöse Bewegung im 2. Jahrhundert in der vollsten Blüte stand und sich von Mesopotamien bis nach Gallien erstreckte, gab es viele Sekten und verschiedenste Arten von Lehren; die allgemeinen Züge gnostischen Glaubens waren freilich diese: Nach gnostischer Überzeugung war die Erschaffung der Welt, der Materie und des Menschen das Resultat eines Defekts innerhalb der Gottheit selber. Hierbei handelte es sich zweifellos um ein großes Unglück, denn die Welt war ein böser Ort. Als Folge des himmlischen Defekts waren Teile der Gottheit zu Materie geworden und wohnten jetzt in einer bestimmten Klasse menschlicher Wesen. Durch verschiedene Prozesse der Offenbarung und Erlösung – einschließlich eines himmlischen Offenbarers/Erlösers der zur Erde herniederstieg – entdeckten diese „gnostischen" Menschen ihre wahre Natur. Durch dieses geheime Wissen oder „Gnosis" erfuhren sie, wie sie wieder in ihre rechtmäßige Heimat im Himmel aufsteigen und zur Gottheit zurückkehren konnten.

Ein wesentlicher Teil des voll ausgereiften gnostischen Mythos war die Vorstellung, dass ein böser Gott oder ein aufrührerischer Engel die materielle Welt der Menschen geschaffen hatte und jetzt über sie regierte. Einige Gnostiker setzten diesen bösen Gott mit dem Gott des Alten Testaments gleich, mit Jahwe selber. Aus Gründen, die noch im

Dunkeln liegen, gründete die Gnosis manche ihrer Lehren auf die jüdischen Schriften, insbesondere auf das Buch Genesis. Das verband sie mit griechisch-philosophischen Spekulationen, die auf dem Schöpfungsmythos von Platons *Timaios* basierten. Ob dieses bedeutet, dass die Bewegung aus radikal-jüdischen Kreisen erwuchs, die esoterische Züge griechischer Philosophie aufgenommen hatten, oder ob sie mit Nichtjuden begann, die jüdisches Gedankengut synkretisierten, ist ungewiss. (Diese Frage bildet den Kern der großen Debatte über den Ursprung der Gnosis.[117]) Aber in dieser jüdisch verankerten Gedankenwelt stand der wahre, höchste Gott über dem traditionellen Gott der Juden. Letzterer wurde von vielen Gnostikern geradezu als eine böse Untergottheit angesehen. Der bekannteste Vertreter dieser Vorstellung war Marcion.

Marcion kam um 138 u.Z. von Sinope am Schwarzen Meer nach Rom und trat der christlichen Kirche von Rom bei. Bald darauf hatte er freilich die gnostischen Vorstellungen von Cerdo aus Syrien übernommen, nach denen der böse Schöpfergott kein anderer sei als Jahwe und dass Jesus Christus gekommen sei, den wahren Vater zu offenbaren, d.h. den guten Gott, der höher stünde als der Gott des Alten Testaments. Marcions Christus war doketisch, er blieb sogar auf der Erde wirklicher Geist, aber durch seinen Tod hatte er die Macht des bösen Jahwe gebrochen und befreite die Menschheit vom jüdischen Gesetz. Wegen dieser Glaubensvorstellungen wurde Marcion im Jahre 144 aus der Kirche exkommuniziert. Innerhalb von zehn Jahren hatte er seine eigene Kirche gegründet, um mit der Römischen Kirche zu konkurrieren, und bald hatten sich die Marcioniten fast über das ganze Reich verbreitet.

Marcion verwarf das Judentum und seine Schriften als Produkt und Verkörperung des bösen Schöpfers. Diese Verwerfung verstärkte wahrscheinlich die in der Römischen Kirche ohnehin schon vorhandene Tendenz zur Annahme der jüdischen Schriften, die als eigenes Erbe der Christenheit reklamiert wurden. Marcion gestaltete seine eigene Sammlung autoritativer Schriften, welche die christliche Wahrheit verkörpern sollten, den frühesten Kanon, bestehend aus einer kürzeren Version des Lukasevangeliums[118] und zehn Paulusbriefen. Bei Paulus erkannte Marcion viele „gnostische" Gedanken, von denen er behauptete, dass sie seine eigenen Lehren bestätigten. Die marcionitische Aneignung des Paulus und die Bildung einer ersten Sammlung von Paulusbriefen trieb ihrerseits auch die Römische Kirche dazu an, einen eigenen Kanon offizieller Schriften zusammenzustellen, welcher die vier Evangelien und eine paulinische Sammlung von 13 Briefen enthielt.[119]

Diese vier Evangelien wurden ohne Zweifel in der Zeit von Justin bis Irenaeus (150-175) überarbeitet. Nicht nur ist die längere, kanonische Version des Lukasevangeliums bis zu dieser Zeit noch nicht erschienen, offenkundig stammt auch die endgültige kirchliche Fassung des Johannesevangeliums, die zur Milderung der gefährlichen „gnostischen“ Elemente überarbeitet und um den Logoshymnus im Prolog erweitert wurde, erst aus dieser Zeit. John Knox hat die These vertreten (*op. cit.,* S. 140), dass die Auswahl der vier kanonischen Evangelien aus der Gruppe der damals verfügbaren Evangelien (siehe Anmerkung 4) kein Zufall war. Die vier wurden offenbar nicht deswegen ausgewählt, *weil* sie als authentisch angesehen wurden, sondern weil sie die besten verfügbaren Anwärter für die Aufstellung eines Kanons waren; nach einer kirchlichen Umarbeitung schienen sie am besten dazu geeignet, den orthodoxen Glauben zu stärken und den Marcionitismus zu bekämpfen.

Die Auseinandersetzung mit diesem wurde zu einem ehrgeizigen, auf mehreren Fronten stattfindenden Kampf, der das dritte Viertel des 2. Jahrhunderts beherrschte. Nicht nur wurde Paulus am Ende rehabilitiert und vor den Gnostikern gerettet, es wurde auch eine breitere apostolische Autoritätsgrundlage etabliert. Die Kirche fuhr fort, Schriften christlicher Gemeinden aus dem ganzen Reich zu sammeln und daraus Briefe herzustellen, die angeblich allesamt von den Aposteln Jesu verfasst wären: von Petrus, Johannes, Jakobus und Judas. Die Briefe verliehen den legendären Zwölf noch mehr Gewicht und vereinigten Paulus und die Kirche zu einem breiten apostolischen Strom, der Marcion und seine Theologie am Ende fortspülte.

Aber die größte Waffe im Kampf gegen die marcionitischen Häretiker schuf buchstäblich die frühe christliche Geschichtsschreibung.

Die Apostelgeschichte

Eine der Reaktionen auf Marcion und dessen Aneignung des Paulus scheint die Abfassung der Apostelgeschichte gewesen zu sein (Mitte des 2. Jahrhunderts). Durch die Verbindung des Paulus mit den Jerusalemer Aposteln, durch Einfügung von Reden, die nicht eine Spur von (marcionitischer) Häresie enthielten – nach Ton und Inhalt sind sie mit denen identisch, die Petrus in den Mund gelegt wurden – und durch bewusstes Hinwegsehen über die Tatsache, dass Paulus Briefe geschrieben hatte, von denen die Marcioniten erklärten, dass sie ihre eigene Lehre bestätigten, reklamierte die Rom-Kirche Paulus für sich selbst.

Gleichzeitig erschuf die Apostelgeschichte eine vereinheitlichende Sichtweise von der Ausbreitung der christlichen apostolischen Bewegung über das Römische Reich und von den Ereignissen des „Goldenen Zeitalters“ in Judäa. Ein derartiges Bild verband klar die idealisierten Anfänge der Bewegung mit der Römischen Kirche – und nicht mit den Marcioniten. Die Abfassung der Apostelgeschichte wurde in Verbindung mit der Erweiterung des Lukasevangeliums gegenüber der früheren von Marcion benutzten Version vorgenommen, und die beiden Schriften wurden als Werk eines einzigen „Autoren“ (auf den ich mich als Lukas beziehen werde) miteinander verbunden.

Eine detaillierte Studie der Apostelgeschichte ginge über den Rahmen dieses Buches hinaus. Wir können jedoch ihre wesentlichen Züge prüfen, die obiges Szenario bestätigen.

Beim Erwägen des Entstehungsdatums der Apostelgeschichte werden die Wissenschaftler mit der Tatsache konfrontiert, dass es keinen klaren Beweis für deren Existenz vor 175, d.h. vor Irenaeus (*Gegen die Häresien,* III, 12,1-15) gibt. Justin deutet sie in seinem *Dialog mit Tryphon* nicht ein einziges Mal an, auch tut das niemand vor ihm. (Siehe die umfangreiche Diskussion des Zeugnisses zur Apostelgeschichte in: Ernst Haenchen, *Die Apostelgeschichte*) Mehrere Wissenschaftler neigen zu einem Entstehungsdatum im 2. Jahrhundert. John Knox, der sie Mitte des 2. Jahrhunderts datiert (*Marcion and the New Testament,* S. 124), wird durch J. T. Townsend („The Date of Luke-Acts“, in *Perspective on Luke-Acts,* S. 47f.) bestätigt. Andere datieren sie vor Marcion: J. C. O'Neill um 115-130 (*The Theology of Acts,* S. 21), Burton Mack um 120 (*Who Wrote the New Testament?,* S. 167).

Aber eines der überzeugendsten Argumente für eine Abfassung der Apostelgeschichte nach Marcion wird von Knox vorgebracht (*op. cit.*, S. 119-123). Marcion wählte eine frühe Textfassung des Lukasevangeliums für sein „kanonisches" Evangelium. Hätte er es getan, wenn es bereits mit der Apostelgeschichte verbunden gewesen wäre, einer Schrift, die Paulus auf eine Art darstellt, die Marcions eigener Sicht über Paulus zuwiderlief? Marcion behauptete, dass Paulus von Jesu ursprünglichen Jüngern unabhängig und deshalb frei von „jüdischer Korruption" gewesen sei (in Marcions Augen), durch die jene Apostel Jesu Lehre verdorben hätten. Aber die mit dem Lukasevangelium verbundene Apostelgeschichte hätte genau diese Behauptung diskreditiert und es höchst unwahrscheinlich gemacht, dass Marcion das Lukasevangelium überhaupt ausgewählt hätte.

Es wird oft behauptet, dass die Apostelgeschichte deswegen, weil ihr Autor nirgendwo zeigt, dass er mit den Briefen des Paulus vertraut ist, früher datiert werden müsse als die Fassung der ersten Sammlung paulinischer Briefe. Aber ob eine solche Sammlung existierte oder nicht – falls der Autor auch nur irgend etwas von Paulus wusste (und wie konnte das anders sein, wenn er es unternahm, eine „Biographie" über ihn zu schreiben?) –, musste er wissen, dass Paulus ein berühmter Verfasser von Briefen war. Daher war das Schweigen der Apostelgeschichte über die Briefe des Paulus in jedem Fall vorsätzlich, gleichgültig wann sie verfasst wurden.

Vor dem Hintergrund einer Abfassung in der Mitte des 2. Jahrhunderts müsste das Schweigen vor der Tatsache erklärt werden, dass Marcion diese Briefe benutzt hatte. Vielleicht war die eigene Sammlung der Kirche, durch die Paulus rehabilitiert werden sollte, noch nicht abgeschlossen. Daher kann das Schweigen über die paulinischen Briefe nicht für die Datierung der Schrift benutzt werden. Da vor Justin kein Hinweis für den längeren, kanonischen Lukas entdeckt werden kann und Lukas sowie die Apostelgeschichte erst später in einem engen Zusammenhang auftauchen und offenbar von demselben Autor geschrieben bzw. überarbeitet wurden, scheint es überdies gerechtfertigt zu sein, sowohl Lukas als auch die Apostelgeschichte in die Zeit nach Marcion zu datieren.

Die Wissenschaftler haben schon lange bemerkt, dass die Apostelgeschichte eine sehr einfache christliche Theologie enthält. Wie das Lukasevangelium besitzt es keine soteriologische Interpretation des Todes Jesu. (Bei Lukas kann nur dann etwas zum Thema Soteriologie gefunden werden, wenn man sich der längeren Version von Jesu eucharistischen Worten zuwendet, die in einigen Handschriften zu finden sind - wahrscheinlich spätere Hinzufügungen unter dem Einfluss anderer Evangelien.[120] [Soteriologie = Lehre von der Erlösung durch Christus]) Paradoxerweise passt diese einfache Theologie der Apostelgeschichte und des Lukas nicht zur Mitte oder dem Ende des 2. Jahrhunderts, als der paulinische Typus des kultischen Christus noch die vorherrschende Ausdrucksform des Christentums war. Sie passt eher zur Mitte des 2. Jahrhunderts, als das neue Evangeliumsbild des praktisch-menschlichen markinischen Jesus (siehe Anmerkung 80) den paulinischen kosmischen Sohn Gottes und erlösenden Christus verdunkelt hatte. Der Christus des Lukasevangeliums bzw. der Apostelgeschichte ist keineswegs „vorpaulinisch", wie manchmal gesagt wird,[121] er ist *nach*paulinisch. Er stammt aus der Zeit, als der Q-Jesus der Synoptiker den spirituellen Christus der kultischen Bewegung ersetzt hatte.

Selbst die Marcioniten schätzten den kosmischen Sohn, den Paulus in Wirklichkeit verkündigt hatte, wenig. Statt dessen konzentrierten sie sich darauf, Paulus zu benutzen, um ihre Ansicht über den Jesus des Evangeliums als Prediger des wahren Gottes gegenüber dem jüdischen Schöpfer-Gott Jahwe zu bestätigen. Somit besaß der Verfasser der Apostelgeschichte offenbar nur wenig Kenntnisse; er lebte zu einer Zeit, als Paulus unter Häresie-Verdacht stand, und er begriff offenbar nur wenig vom wirklichen Inhalt der Paulusbriefe, was es leicht machte, sie einfach zu ignorieren. Dass Paulus in der christlichen Welt nicht bekannt war, wurde von den Wissenschaftlern erst in der letzten Zeit klarer gesehen. Justin weiß nicht ein einziges Wort über Paulus zu sagen. Erst seit Irenaeus, d.h. nach der von Rom vorgenommenen Kanonbildung, welche die paulinischen Briefe einschloss, wird er immer häufiger in orthodoxen Kreisen erwähnt. Dieser Stand der Dinge in den ersten hundert Jahren nach Paulus bestätigt das Bild vom Christentum als einer Bewegung verschiedenartiger Gruppen ohne zentrale Leitung oder gemeinsame Tradition.

Im Widerspruch zu Paulus

Die Nichtbeachtung der Briefe durch Lukas und seine Unkenntnis ihres Inhalts könnte eine andere Seltsamkeit der Apostelgeschichte bewirkt haben: den Widerspruch so vieler ihrer Einzelheiten zu den in den paulinischen Schriften enthaltenen Nachrichten. Die Apostelgeschichte stellt Paulus nach seiner Bekehrung als Untergeordneten der Jerusalemer Apostel dar, die Briefe zeigen ihn jedoch unabhängig und zeitweise sogar mit ihnen im Konflikt; er unterlässt es sogar drei Jahre lang, sie zu kontaktieren (Gal 1:18). In der Apostelgeschichte ist Paulus dem Gesetz treu ergeben, er geht soweit, Timotheus (16:3) zu beschneiden. Aber in den Briefen behauptet Paulus, dass des Gesetzes Ende gekommen ist und außer Kraft gesetzt werden muss (Gal 3:23-25).

Es gibt große Diskrepanzen zwischen dem Bericht in der Apostelgeschichte (15:4-29) bezüglich des sogenannten Apostelkonvents in Jerusalem und der paulinischen Beschreibung dieser Ereignisse in Gal 2. Wenn die in der lukanischen Version genannten Vereinbarungen wirklich getroffen wurden, hätten sich die Schwierigkeiten des Paulus bezüglich der Beschneidung und der Tischgemeinschaft mit den Nichtjuden in Luft aufgelöst. Lukas gibt die Lösungen von Problemen wieder, die zu seiner eigenen Zeit entschieden wurden, und er ist ängstlich darauf bedacht, hervorzuheben, dass sie auf eine Entscheidung der Apostel zurückgehen.

Einige der Details, die Lukas über Paulus berichtet, sind vielfach als Fiktion eingeschätzt worden: dass er ein ausgebildeter Rabbi war, der bei Gamaliel gelernt hatte, dass er ein römischer Bürger war – was das letzte Viertel der Apostelgeschichte zu reiner Erfindung machen würde, da Paulus als Folge seines Anspruchs auf römische Bürgerschaft aufgrund seiner Berufung auf Caesar nach Rom geschickt wird.[122] Sogar die Aussage der Apostelgeschichte, dass Paulus aus Tarsus stammte, ist in Frage gestellt worden. Keine dieser Tatsachen wird von Paulus bestätigt, und das, was wir aus seinen Briefen erfahren, straft die beiden ersten Behauptungen Lügen. Bezüglich charismatischer Aktivitäten liefert Paulus keine Bestätigung für die Vorstellung, dass er in dem von der Apostelgeschichte beschriebenen Maßstab Wunder vollbracht hätte, noch viel weniger ließ er irgendjemanden vom Tode auferstehen (20:9-12).

Vieles aus der paulinischen Chronologie der Apostelgeschichte ist mit den Reisen des Paulus, wie sie aus den Briefen rekonstruiert wurden, nicht zu vereinbaren. Die wiederholte Behauptung, dass Paulus im Zentrum einer jeden Stadt, die er besuchte, erst zu jüdischen Synagogen geht und dort seine Botschaft erfolglos predigt, wird nicht von den Briefen bestätigt, wo von paulinischen Predigten an Juden nirgendwo die Rede ist. In der Apostelgeschichte ist Lukas bestrebt, die Juden so darzustellen, dass sie Gottes Wort ständig verwerfen. Auf diese Weise möchte er offenbar sein Bild, dass die Verheißung des „ewigen Lebens" (13:46) an die Nichtjuden gegangen ist und von den Juden verwirkt wurde, verstärken. Dies war ganz das Selbstverständnis des Christentums des 2. Jahrhunderts, das zu der Zeit fast vollständig aus Nichtjuden bestand – wenigstens innerhalb der christlichen Mittelpartei wie in Rom.

Paulus bestätigt seine Bekehrung auf dem Weg nach Damaskus nirgendwo; dies mag eine Legende gewesen sein, die sich nicht vor der Zeit des Lukas entwickelte, oder sie wurde von ihm erfunden. Frühere Autoren, die von Paulus sprechen, beziehen sich nirgends auf die lange Seereise mit dem dramatischen Schiffbruch. Wie oben angemerkt, ziehen einige in Erwägung, dass diese Episode (Apg 27-28) völlig fiktiv ist und möglicherweise mit der populären Gattung zeitgenössischer hellenistischer Romane konkurrieren möchte.[123]

Von den großen Auseinandersetzungen, in die Paulus in seinen Briefen verwickelt ist, lässt sich in der Apostelgeschichte nirgends etwas entdecken. Obgleich Lukas Überlieferungen über frühere apostolische Aktivitäten und über Paulus besessen haben mag – ob genau, legendär oder tendenziell, ist unmöglich zu sagen –, kann es kaum einen Zweifel daran geben, dass die Anfertigung seines Werkes über die christlichen Anfänge einem einzigen Zweck galt: ein Bild zu entwerfen, das den Bedürfnissen seiner eigenen Zeit und seiner eigenen Situation dienlich sein sollte. Dieser Zweck hatte nichts mit gewissenhafter Wiedergabe von Geschichte zu tun.[124]

Ein neues Fenster der Apostelgeschichte wird geöffnet

Die Apostelgeschichte wird im Allgemeinen als eine Art Fenster zur frühen Jerusalemer Gemeinde und ihren Glaubensvorstellungen betrachtet, aber nur wenige Einzelheiten dieses Bildes werden von den frühen Zeugnissen bestätigt. Einige Wissenschaftler neigen zu der Annahme, dass die „primitive" Auffassung von Jesus in der Apostelgeschichte – er wird nicht offen als göttlich beschrieben, noch nicht einmal als „Erlöser" – anzeigen könnte, dass die Gruppe von Aposteln um Petrus und Jakobus Jesus nicht für eine wirkliche Gottheit hielt. Aber wir haben oben angemerkt, dass eine derartige Behauptung durch Paulus nicht bestätigt wird, da dieser in seinen Briefen die Apostel aus Jerusalem klar mit seiner eigenen kultischen Sicht über Jesu Tod und Auferstehung verbindet. Er gibt keine Anzeichen dafür, dass die Haltung der letzteren gegenüber Jesus so deutlich von seiner eigenen abwich. In 1. Kor 15:11 sagt er: „Es sei nun ich oder jene: so predigen wir, und so habt ihr geglaubt."

Weder Paulus noch irgendein anderer Briefschreiber erwähnt die Ausgießung des Heiligen Geistes über die Apostel am Pfingstfest (Apg 2:1-4). Vielmehr ist die paulinische Sicht des Heiligen Geistes, wie in 2. Kor 11:4 deutlich wird, eine Angelegenheit persönlicher Offenbarung an einzelne Individuen. Lukas hat das weitverbreitete Phänomen der frühen prophetischen Bewegung auf ein einzelnes, dramatisches und repräsentatives Ereignis konzentriert.

Das Martyrium des Stephanus mit seinem Bild der „hellenistischen" Gemeinde in Jerusalem (6:1-7:60) findet kein Echo in den frühen Zeugnissen. Einige Wissenschaftler betrachten Stephanus jetzt als eine fiktive Gestalt. Lukas stellt es so dar, als ob die nichtjüdische Natur des Glaubens zu seiner eigenen Zeit in einer Jerusalemer Gruppe in den frühesten Tagen der Bewegung eine archetypische Existenz gehabt hätte. Es gibt verdächtige Parallelen zwischen dem Bericht des Lukas vom Tod des Stephanus und der Schilderung der Ermordung von Jakobus dem Gerechten im Jahre 62, wie von Hegesippus bei Eusebius beschrieben (*Kirchengeschichte,* II, 23).

Einige Wissenschaftler geben zu, dass keine Quelle für die Apostelgeschichte festgestellt werden kann. Wir kennen keine Quellen, die Lukas für seine Information benutzt haben könnte, auch gibt es keinen

Hinweis aufgrund von Stil oder Form, dass er Quellen verwendet, die uns unbekannt sind. Die Reden in der Apostelgeschichte sind erkennbar vom Autor konstruiert.[125] Praktisch alle sind in Ton und Inhalt gleich. Alle Anzeichen sprechen dafür, dass Lukas beim Schreiben der Apostelgeschichte komponiert und nicht kompiliert.

Somit öffnet die Apostelgeschichte zwar durchaus ein Fenster, aber freilich nicht zum frühesten Christentum, sondern zur christlichen Bewegung mit Schwerpunkt in Rom während der Mitte des 2. Jahrhunderts, wo man versuchte, eine neue Orthodoxie zu etablieren, die auf dem erst kürzlich durch die Evangelien erzeugten historischen Jesus basierte. Doch gab es abgesehen davon auch noch eine andere Gruppierung, die sich erkennbar von der Römischen Kirche oder deren gnostischen Rivalen unterschied: jene Ausdrucksform des Christentums, wie sie durch die Apologeten des 2. Jahrhunderts verkörpert wurde. Diesen wenden wir uns jetzt im letzten Kapitel dieses Buches zu.

25
Jesus bei den christlichen Apologeten

Das 2. Jahrhundert war für das Christentum, wie wir es kennen, eine Zeit des entscheidenden Wachstums. Evangelien, die ihre Wurzeln im ausgehenden 1. Jahrhundert hatten, verbreiteten sich in der ganzen christlichen Welt, und zur Zeit von Justin begannen viele Kreise, sie als historische Berichte zu akzeptieren. Die Apostelgeschichte wurde in der Mitte des Jahrhunderts geschrieben, um ein einheitliches Bild des christlichen Anfangs und der apostolischen Bewegung zu vermitteln, ein Bild, das in das durch die Evangelien geschaffene neue Szenario hineinpasste. Die Apostelgeschichte verband Paulus mit den Aposteln aus Jerusalem auf eine Art, die ihm seine Unabhängigkeit nahm und Marcions Behauptung unterhöhlte, schon Paulus habe Ähnliches gelehrt wie er. Sehr unterschiedliche Schriften wurden von den Gemeinden aus der ganzen christlichen Welt gesammelt, die meisten in Form von Briefen, wobei ein paar auch neu formuliert sein mögen. Möglicherweise erhielten einige ihre Namen erst zu dieser Zeit. Es sind Namen von legendären Aposteln Christi, die jetzt dank Markus als ehemalige Jünger des Jesus der Evangelien angesehen wurden. Was Paulus betrifft, so wurde eine Sammlung seiner echten Briefe mit anderen, die in seinem Namen geschrieben wurden, zusammengestellt, in Nachahmung einer früheren, kleineren Sammlung von Marcion. Von all diesen diversen Schriften, die einst in den kultischen Christusgemeinden gelesen wurden, nahm man nun an, dass deren Verfasser bereits über den Jesus des Evangeliums gesprochen hätten.

Es war die Kirche in Rom, die einen großen Teil dieser Arbeit des Sammelns, Redigierens und Rehabilitierens durchführte, und es gibt keinen Zweifel, dass dieses Unternehmen, mit seinem Schwerpunkt auf dem neuen historischen Jesus, ein Hauptfaktor beim schließlichen Aufstieg dieser Kirche und ihrem Sieg über die bis dahin existierenden diversen christlichen Gruppen und Sekten war. Die Einsicht in den politischen Vorteil, den sie daraus ziehen konnte, war ohne Zweifel das Hauptmoment dafür, dass die Idee eines historischen Jesus von ihr bereitwillig aufgenommen und gefördert wurde. In den nächsten zwei

Jahrhunderten sah man die römische Diözese damit beschäftigt, ihre Hegemonie über die verschiedenen Richtungen des frühen Christentums zu festigen, sowohl über „orthodoxe“ als auch über „häretische“. Nachdem sie wirklich politische Macht erlangt hatte, wurde alles, was in die letzte Kategorie fiel, systematisch ausgerottet.

Und doch war die christliche Szene des 2. Jahrhunderts im Hinblick auf die neuen Ansichten über Jesus und die christliche Geschichte über weite Strecken noch lange nicht geeint. Das ist nirgends so offensichtlich wie bei den christlichen Apologeten der Zeit von 130 bis 180, bei Männern wie Justin, Tatian, Theophilus, Athenagoras von Athen. Wie im 1. Jahrhundert stoßen wir auch hier auf unterschiedliche Glaubensrichtungen, einen Mangel an gemeinsamer Lehre, auf eine fehlende Zentralgewalt und ein schwaches Konzept apostolischer Tradition. Zugleich begegnen wir wieder einmal einem sehr beredten Schweigen über den angeblichen Gründer der Bewegung.

Die Apologeten als platonische Philosophen

Diejenigen Wissenschaftler, die sich näher mit den Apologeten befassten, machten einige überraschende Beobachtungen. Ihnen fiel auf, wie wenig Kontinuität diese Schreiber mit den früheren Überlieferungen aufweisen. Ihre Vorstellungen haben oft nichts mit denen der Briefe oder sogar der Evangelien gemeinsam. Es gibt keine Abhängigkeit von Paulus. Darüber hinaus scheinen sich diese Autoren nicht in kirchlichen Kreisen zu bewegen. Selbst Justin hat, obwohl er in Rom arbeitet, nichts über Bischöfe und Kirchenorganisationen zu sagen. Und fast alle christliche Autoren vor dem Jahre 180 (Justin ist die große Ausnahme) schweigen über die Evangelien und die in ihnen enthaltene Gestalt des Jesus.

Historiker, die sich auf das 2. Jahrhundert spezialisiert haben, haben das Christentum der Apologeten als eine im Kern philosophische Bewegung charakterisiert. Während die erste Richtung des frühen Christentums im 1. Jahrhundert, zu der Paulus und die Jerusalem-Gruppe gehörten, im Wesentlichen ein jüdisches, apokalyptisch ausgerichtetes Phänomen war, war das Christentum der Apologeten, die alle in kosmopolitischen Zentren des Reiches angesiedelt waren, in der platonischen Philosophie und im hellenistischen Judaismus verankert.

Justin, der Apologet, über den wir am meisten wissen, kam zum Christentum, nachdem er alle anderen populären Philosophien seiner Tage kennengelernt hatte: Stoiker, Peripatetiker (die auf Aristoteles zuückgingen), Pythagoräer. Schließlich wurde er im Mittelplatonismus ausgebildet, der vorherrschenden philosophischen Richtung, die alle anderen Richtungen dieser Zeit beeinflusste, besonders mit ihrem großen religiösen Interesse an der Natur der Gottheit und deren Verhältnis zur Menschheit. Als Justin mit dem Christentum in Berührung kam, hielt er es für die beste Variante zeitgenössischer Philosophie. In Rom scheint er keine Verbindung zu irgendeiner kirchlichen Gemeinschaft gehabt zu haben, sondern gründete seine eigene Schule und lehrte christliche Philosophie nach Art der heidnischen Philosophen der Zeit.

Was war diese „christliche Philosophie", wie sie von der Gruppe der Apologeten repräsentiert wurde? Es gibt keinen Zweifel daran, dass sie ihre Wurzeln im Judentum hatten. Sie predigten die monotheistische Verehrung des jüdischen Gottes, eines Gottes, der den heidnischen Göttern als überlegen galt. Für Informationen über diesen Gott blickte man in die hebräischen Schriften. Man legte großen Wert auf eine Lebensweise, die sich auf jüdische Ethik gründete, die ebenso der ethischen Philosophie der Heiden als überlegen galt. Gleichzeitig leitete man vom Platonismus das Konzept eines Gottessohnes ab, eines „zweiten Gottes" oder Logos (Wort), einer in der Welt wirkenden Kraft als Mittler zwischen Gott und Menschheit. Diese Logos-Idee war im 2. mehr noch als im 1. Jahrhundert weit verbreitet, sowohl in den meisten griechischen Philosophien als auch im hellenistischen Judentum.

So wurde die Religion der Apologeten „platonisch-biblisch" oder „religiöser Platonismus mit jüdischem Zuschnitt", obgleich sie im Begriff stand, den Juden die antiken Verheißungen ihres Gottes und sogar ihre eigenen Schriften allmählich zu entziehen. Es scheint aus einer Mischung heidnischer und jüdischer Diasporakreise erwachsen zu sein, die sich mit griechischer Philosophie beschäftigt hatten. (Justin und andere, einschließlich der gnostischen Richtung, bezeugen die Existenz häretischer jüdischer Sekten, die sich, verbunden mit vielen Nichtjuden, in großer Distanz zum traditionellen jüdischen Denken entwickelt hatten.) Es gibt wenig Anhaltspunkte dafür, dass die Religion der Apologeten aus dem paulinischen Zweig des Christentums abgeleitet werden müsste. Ebensowenig findet sich bei ihnen etwas vom Interesse der Evangelien am Messias oder dem Ende der Welt. Die soteriologischen Auffassungen der Apologeten sind von griechischer Mystik, nicht von jüdischer Sündenmartyrologie bestimmt. Statt dessen scheinen sich die beiden Richtungen eher wie zwei unabhängige Zweige eines großen Baumes zu verhalten.

Justin und derjenige, der das Johannesevangelium überarbeitete und ihm als Prolog einen Hymnus voranstellte, in dem der Logos mit Jesus gleichgesetzt wird, begannen zu glauben, dass das vermittelnde Wort, der spirituelle Sohn Gottes, in menschlicher Gestalt auf der Erde erschienen war, wie es in den Evangelien erzählt wurde. Trifft dies aber auf die Apologeten im Ganzen zu?

Die erstaunliche Tatsache ist, dass von den fünf oder sechs wichtigsten Apologeten bis zum Jahre 180 – danach sind alle, Irenaeus, Tertullian, Clemens von Alexandria und Origenes fest in der Evangeliumsüberlieferung verankert – keiner, mit Ausnahme von Justin, einen historischen Jesus in seiner Verteidigung des Christentums gegenüber den Heiden anführt.

Theophilus von Antiochia

Eusebius zufolge wurde Theophilus von Antiochia in dieser Stadt im Jahre 168 Bischof. Merkwürdig ist jedoch, dass Theophilus uns in seiner offensichtlich um 180 verfassten Abhandlung *An Autolycus* berichtet, dass er als Heide geboren wurde und Christ wurde, nachdem er die jüdischen Schriften gelesen hatte, eine Situation, die praktisch auf alle Apologeten zutrifft.

Aber welche Bedeutung hat für Theophilus die Bedeutung des Wortes „Christ"? Autolycus hat ihm diese Frage gestellt. Er antwortet (I.12): „Weil wir gesalbt sind mit dem Öl Gottes." Obwohl der Name „Christus" „der Gesalbte" bedeutet, von den gesalbten Königen Israels, wird im Hinblick auf die Bedeutung des Wortes „Christ" kein Hinweis auf Christus gegeben. Tatsächlich erwähnt Theophilus Christus oder Jesus gar nicht. Er bezieht sich nicht auf einen Gründer-Lehrer; statt dessen haben Christen ihre Lehre und ihr Wissen über Gott durch den Heiligen Geist. Zusammen mit den Verheißungen der Propheten des Alten Testaments nennt er „die Evangelien“ (III. 12), aber auch diese, so wird gesagt, seien inspirierte Worte Gottes – nicht ein Bericht von Worten und Taten Jesu. Wenn Theophilus ethische Maximen zitiert, die etwa den Lehren Jesu in den Evangelien entsprechen, präsentiert er sie (II. 14) als die Lehren dieser Evangelien, nicht als die von Jesus selbst.

Und was bedeutet für Theophilus der Sohn Gottes? Ist er das Wort, durch das Gott die Welt erschuf, welcher durch ihn zusammen mit der Weisheit (II. 10) erzeugt wurde? Er ist das herrschende Prinzip und Herr der ganzen Schöpfung, der die Propheten und die Welt im Allgemeinen zur Erkenntnis Gottes inspiriert. Gleichwohl hat Theophilus gar nichts über die Inkarnation des Wortes im Fleisch zu sagen, keine von ihm auf der Erde vollbrachte Tat scheint ihm bekannt. Tatsächlich beeilt er sich mitzuteilen (II. 22), dass dies nicht ein Sohn im Sinne des „Zeugens“ ist, sondern im Sinne des „Eingeborenseins“ im Herzen Gottes.

Hier scheint er Teile der Eröffnungszeilen des Johannesevangeliums zu zitieren, der Logos als Gott und mitwirkend bei der Schöpfung. Hat er die Stelle aus dem Evangelium oder vielleicht nur aus der Logoshymne, aus der Johannes sie entnahm? (Der Name „Johannes“, der einzige erwähnte Evangelist, könnte eine später in den Text eingefügte Randnotiz sein, siehe weiter unten.) Die Verfasser der „Evangelien“, sagt Theophilus, sind inspirierte Männer, nicht Zeugen eines historischen Jesus.

Was die Erlösung betrifft, so werden nach Theophilus alle ewiges Leben erlangen, die den Geboten Gottes (II. 27) gehorsam sind. Es gibt bei Theophilus keine Vorstellung eines Sühneopfertodes Jesu, dessen Tod erwähnt er nie. Und wenn er im Hinblick auf seine Lehre, dass die Toten auferstehen werden, von Autolycus herausgefordert wird – Autolycus hat gefordert: „Zeige mir auch nur einen, der von den Toten auferstanden ist!“ –, hat Theophilus nicht ein einziges Wort über Jesu Auferstehung zu sagen. Er klagt sogar die Heiden an, „tote Männer“ anzubeten (I.9) und macht sie lächerlich, weil sie glauben, dass Herkules und Asklepius von den Toten auferstanden seien (I.13). All dies als Erwiderung an Autolycus, der gesagt hat: „Zeig mir deinen Gott.“

Athenagoras von Athen

Athenagoras von Athen, der in Alexandria arbeitete, schrieb ungefähr zur gleichen Zeit, obwohl ein antiker Zeuge ihn ein paar Jahrzehnte früher datierte. Er war ein Philosoph, der sich das Christentum zu eigen gemacht hatte, aber er zeigte keine Verbindung mit irgendeiner Kirche, kein Interesse an Ritualen und Sakramenten. In der *Verteidigungsrede für die Christen,* die an den Kaiser gerichtet war, sagt er, dass dies sein neuer Glaube sei (10): „Wir erkennen einen Gott an ... durch den das Universum erschaffen worden ist durch seinen Logos (Wort) und in Ordnung gebracht und am Sein erhalten ... denn wir erkennen auch einen Sohn Gottes ... wenn es dir in den Sinn kommt zu fragen, was mit Sohn gemeint ist, werde ich sagen, dass er das erste Produkt des Vaters ist, der den Logos in sich selbst hatte. Er manifestierte sich als Idee und wirkende Kraft aller materiellen Dinge."

Unglücklicherweise versäumt es Athenagoras im Verlauf von 37 Kapiteln, dem Kaiser zu sagen, dass dieser Logos nach dem Glauben der Christen in der Person eines historischen Jesus Mensch wurde. Er untersucht zeitgenössische platonische und stoische Philosophie, Engel und Dämonen, genauso wie Einzelheiten verschiedener griechischer Mythen, aber bietet nicht das geringste Detail über das Leben des Erlösers. Er präsentiert (11) die christliche Lehre als „nicht aus einer menschlichen Quelle, sondern geäußert und gelehrt von Gott", und fährt fort, ethische Maximen zu zitieren, die Teilen der Bergpredigt sehr nahe sind: „Liebe deine Feinde; segne die, die dich verfluchen ..." Andere Zitate macht er als aus der Schrift stammend kenntlich, oder von „unseren Lehren". Handelt es sich dabei um Sammlungen ethischer Maximen, die nicht Jesus zugeschrieben wurden? Athenagoras benutzt niemals den Begriff „Evangelium". Er spricht von „dem Zeugnis zu Gott und den Dingen Gottes" und zählt die Propheten und andere Männer auf; gleichwohl ignoriert er Jesus von Nazareth, welcher der größte Zeuge von allen gewesen sein müsste.

Bei Athenagoras gibt es keine Inkarnation, keinen Tod und keine Auferstehung Jesu, kein Opfer und keine Sühne. Ewiges Leben wird erlangt „dadurch allein: dass (wir) Gott und seinen Logos kennen"(12). Tatsächlich erscheinen die Namen Jesus und Christus niemals bei Athenagoras. Trotzdem kann er sagen (11): „Wenn ich peinlich genau in die Einzelheiten unserer Lehre gehe, lass es dich nicht überraschen." Man möge es dem Leser vergeben, wenn er daran zu zweifeln beginnt.

Der Brief an Diognet

Der anonyme *Brief an Diognet* wird oft mit zu den Apostolischen Vätern gezählt. Jedoch ist er in Wirklichkeit eine Rechtfertigung (Apologie), eine Verteidigung des Christentums, wahrscheinlich an einen Kaiser adressiert, entweder Hadrian oder Marcus Aurelius. Die meisten Wissenschaftler neigen zu einem frühen Datum (ca. 130). Der Autor geht so weit zu sagen, dass der höchste Gott den Logos, seinen Sohn, zur Erde sandte; es werden freilich keine Zeit, kein Ort und keine Identität für diese Inkarnation genannt. Der Name Jesus erscheint nie. Der Sohn offenbarte Gott, wird jedoch nicht als ein menschlicher Lehrer dargestellt.

Wir finden eine Andeutung (9:2) des Sühnetodes: „Er selbst (Gott) hat unsere Sünden auf sich genommen, er selbst hat den eigenen Sohn von sich aus als Lösegeld für uns hergegeben", aber seine Beschreibung dieser Handlung basiert nicht auf der Schrift. Es werden keine Einzelheiten aus dem Evangelium erwähnt, nicht die Art des Todes des Sohnes, keine Auferstehung. All dies ist Reaktion auf Diognets „genaue und sorgfältige Nachforschungen" über die christliche Religion. Die beiden letzten Kapitel der einzigen noch erhaltenen Handschrift des Diognetbriefes, das einen Hinweis auf Apostel und Jünger des Wortes enthält, wurden als zu einer anderen Schrift gehörend erkannt, wahrscheinlich einer Homilie, die zwischen der Mitte und dem Ende des 2. Jahrhundert entstand.[126]

Tatian

Wir wenden uns jetzt Tatian zu, einem Schüler Justins. Er wurde, wie er selber sagt, zum Christentum durch das Lesen jüdischer Schriften bekehrt. Zu einem späteren Zeitpunkt seiner Laufbahn, nachdem er von der häretischen Sekte der Enkratiten abtrünnig geworden war und nach Syrien ging, stellte Tatian das berühmte *Diatessaron* zusammen, die erste bekannte Harmonie der vier kanonischen Evangelien. Aber als er noch in Rom war, um 160, schrieb er eine *Apologie an die Griechen,* die heidnische Leser aufforderte, sich der Wahrheit zuzuwenden. In dieser Beschreibung christlicher Wahrheit benutzt Tatian weder den Namen „Jesus“ noch „Christus“, nicht einmal den Namen „Christ“. Viel Raum wird dem Logos eingeräumt, der schöpferischen Kraft des Universums, erstgezeugt durch den Vater, durch den die Welt gemacht wurde – aber nichts über eine Inkarnation dieses Logos. Sein Nachsinnen über Gott und Logos widerspricht dem johanneischen Prolog in gewisser Hinsicht – obschon einige Wissenschaftler meinen, Hinweise auf das Johannesevangelium erkennen zu können. Es mag die üblichen Gemeinplätze über den Logos in der Philosophie der damaligen Zeit reflektieren. Eine Auferstehung der Toten wird nicht durch Jesu Auferstehung bestätigt. Ewiges Leben wird durch Erkenntnis Gottes (13:1) erlangt, nicht durch irgendein Sühneopfer Jesu.

In Tatians *Apologie* finden wir ein paar Anspielungen auf Evangeliumssprüche, aber keinen speziellen Hinweis auf geschriebene Evangelien und keine Zuweisung derartiger Dinge an Jesus. Stattdessen kommt alles Wissen von Gott selber. Tatian sagt, er sei von „Gott gelehrt“ (29:2) worden. Er macht freilich eine aufschlussreiche Bemerkung über mythische Geschichten, der wir uns unten noch zuwenden werden. Als letzter, um das Jahr 155, schrieb der erste lateinische Apologet, Minucius Felix, einen Dialog zwischen einem Christen und einem Heiden, mit dem Titel Octavius. Auch dieser Dialog präsentiert ein Christentum ohne einen historischen Jesus und enthält tatsächlich einige erstaunliche Besonderheiten in dieser Hinsicht. Er wird ebenfalls weiter unten in diesem Kapitel in einigen Einzelheiten untersucht werden.

Apologie der Apologeten

Wie man anhand unserer bisherigen Untersuchungen sehen kann, herrscht – abgesehen von Justin – bei den Apologeten des 2. Jahrhunderts im Hinblick auf einen historischen Jesus völliges Schweigen – vergleichbar dem, das sich in den frühchristlichen Briefen zu diesem Thema beobachten lässt. Kommentatoren dieser Werke haben sich ebenso wie die, welche die frühen Briefe untersuchten, bemüht, dies zu erklären.

Eine Erklärung lautet: Die Apologeten hätten ihr Hauptaugenmerk auf die Verkündigung des monotheistischen Vaters, des Gottes der Juden, gelegt und außerdem die griechischen Mythen mit ihren allzumenschlichen und moralisch wenig anregenden Gottheiten entlarvt. Dies ist wahr. Aber es sollte sie nicht davon abgehalten haben, ein wenig Platz für den wichtigsten Aspekt des christlichen Glaubens zu opfern. Außerdem zögern die Apologeten im Übrigen keineswegs, den Sohn Gottes in der Form des Logos zu erörtern. Tatsächlich ist es so, dass die Apologeten als Gruppe einen Glauben bezeugen, der durch und durch Logosreligion ist. Vom Wesensgehalt her handelt es sich um Platonismus, der systematisch ausgeführt und mit jüdischer Theologie und Ethik verbunden wurde. Die Gestalt des Jesus von Nazareth als Inkarnation des Logos ist eine Aufpfropfung, eine Adaption, die sich erst Justin und der spätere Tatian zu eigen machten.

Das größte Problem, das dabei erklärt werden muss, ist das folgende: Wie kann ein Apologet seinen heidnischen Lesern ein sinnvolles Bild des christlichen Glaubens vermitteln, wenn er das zentrale Element auslässt, die Gestalt Jesu und seinen Erlösungstod? Wie sollte der Leser die Geschichte und die Ursprünge der Bewegung ohne ihn verstehen?

Es ist daher unvermeidlich, dass einige Kommentatoren sich am Ende dazu genötigt sahen anzunehmen, die Auslassung eines Jesus – in Wahrheit: die Unterschlagung – sei vorsätzlich geschehen. Heidnische Philosophen wie Galen hätten christlichen Denkern vorgeworfen, dass ihr Glaube auf Offenbarung statt auf wohldurchdachten philosophischen Argumenten basierte. Sie hätten die Vorstellung eines gekreuzigten Gottes verspottet. Dieses Verhalten der Heiden hätte es dann als ratsam erscheinen lassen, von Jesus von Nazareth zu schweigen - und so blieb er unter Verschluss.

Zu viele Argumente des gesunden Menschenverstandes sprechen gegen diese Erklärung. Erstens ist ein Schreiber wie Athenagoras recht geschickt im Umgang mit vernünftigen und geistreichen Argumenten. Warum wurden derartige Talente nicht für eine Rechtfertigung des Hauptlehrsatzes des Glaubens verwendet? Wenn die Weltöffentlichkeit Jesus verleumdet, ist das vorherrschende Bedürfnis, ihn zu rehabilitieren und nicht ihn zu verstecken. Zweitens liefe die eklatante Unterschlagung Jesu auf nichts anderes hinaus als auf seine *Verleugnung.* Der Apologet konstruiert ein Bild, welches das zentrale Glaubenselement ausschließt und keinen Platz für Jesus lässt. Indem er mitteilt, „ich habe alles gesagt, was es zu sagen gibt", ist er über ein Schweigen hinausgegangen. In einem Zeitalter, wo christlicher Stolz und Seelenstärke verlangte, jegliche Strafe – sogar die Todesstrafe – hinzunehmen, statt dem Glauben abzuschwören, hätte eine solche um ihre innere Substanz beraubte christliche Lehre geradezu den Charakter eines Verrats gehabt. Es hätte die Gläubigen entsetzt und die Apologeten in christlichen Augen schnell in Verruf gebracht. Sollte es ihnen wirklich darum gegangen sein, den Namen Christi dadurch zu verteidigen, dass sie ihn aus ihren Schriften tilgten?

Darüber hinaus, wen würden sie damit täuschen? Jeder Heide, der um die Anfänge des Christentums wusste, wäre sicherlich mit der Gestalt des Jesus von Nazareth als dem Gründer der Bewegung vertraut gewesen. Eine „Apologie" für den Glauben, die ihn selber ausließ, wäre sicherlich sofort als Täuschung durchschaut worden. Die Absicht der ganzen Bemühungen wäre damit zunichte gemacht. Außerdem hatte Justin, der bekannteste der Apologeten, keine Skrupel, Jesus in den Mittelpunkt seiner Ausführungen zu stellen. Tatian war jemand, den Einwände oder Empfindsamkeiten von Heiden gleichgültig ließen. Und nach dem Jahre 180 unterlag kein christlicher Autor der Notwendigkeit oder dem Druck, Jesus zu verheimlichen.

Eine anderer wichtiger Gesichtspunkt ist, dass die Apologeten für die Überlegenheit der christlichen Ethik und ihres monotheistischen Gottesverständnisses eintraten. Wenn Jesus die Quelle dieser Lehren gewesen wäre, wäre ihre Position dadurch verbessert worden, da sie diese Auffassungen als Erzeugnis eines großen Lehrers hätten präsentieren können; und wenn man dieses hochgeschätzte ethische und theologische System Jesus hätte zuschreiben können, so hätte ihn das in heidnischen Augen von allen sonstigen Behauptungen von Christen über ihn befreit, die den Heiden missfielen. Die Tatsache, dass keiner außer Justin den lehrenden menschlichen Jesus in seinen Appellen an die Heiden berücksichtigt, ist sehr seltsam. Eine andere Erklärung dieses Schweigens als die oben genannte muss gesucht werden.

Ein Schlüssel zur Lösung dieses Rätsels liegt in Tatians *Apologie.* In

Kapitel 21 sagt er: „Wir sind keine Narren, Männer Griechenlands, wenn wir erklären, dass Gott in der Form eines Menschen geboren wurde [seine einzige Andeutung an die Inkarnation] ... vergleicht eure eigenen Geschichten mit unseren Erzählungen." Er fährt fort, einige griechische Mythen über Götter, die zur Erde kamen, zu beschreiben, die Leiden und sogar den Tod erlitten zum Segen der Menschheit. „Seht eure eigenen Berichte an und akzeptiert uns einfach auf der Grundlage *dass auch wir Geschichten erzählen*" (Kursivsetzung des Autors).

Hierbei könnte es sich auch um eine Anspielung auf die christlichen Evangelien handeln. Wenn jedoch Tatian auf diese Art auf die Inkarnation anspielen kann, warum geht er mit ihr nicht offen um und geht nicht ausführlich auf sie ein? Sein Kommentar kann kaum als Billigung oder Erklärung dafür angesehen werden, dass derartige Geschichten als Historie zu akzeptieren seien. Die Art, wie Tatian sie mit den griechischen Mythen vergleicht, impliziert, dass sie für ihn auf dem gleichen Niveau stehen. Er beeilt sich keineswegs, darauf hinzuweisen, dass die christlichen Geschichten besser seien oder, anders als die griechischen, wirklich wahr. Auch kommen wir nicht darum herum, anzuerkennen, dass er ansonsten die Evangelien in seiner *Apologie* eindeutig ignoriert. (Offenbar hat er seine erste Auffassung geändert, als er das *Diatessaron* verfasste.) Mehr noch: er ignoriert sie, obwohl seine Sprache klar zu erkennen gibt, dass die Heiden mit ihnen vertraut waren.

Die Ablehnung eines historischen Jesus bei den Apologeten

Es scheint nur einen Weg zu geben, dies alles zu deuten. Wir müssen annehmen, dass die meisten oder alle Philosophen-Apologeten die Evangelien und deren Gestalt des Jesus von Nazareth kannten. Aber mit Ausnahme von Justin hatten sie sich dafür entschieden, ihn nicht zum Gegenstand ihres Glaubens zu machen, den angeblichen historischen Gründer-Lehrer nicht mit ihrem göttlichen Logos und Sohn Gottes gleichzusetzen, ihn nicht als die Quelle christlicher Verkündigung zu betrachten.

Dieses ist nur möglich, wenn der Logosreligion, welche die Apologeten anerkannten, besonders zur Zeit ihrer Bekehrung die Gestalt des

Jesus von Nazareth fehlte. Nur wenn sie die Evangelien und ihre zentrale Gestalt als eine erst kürzlich erfolgte Aufpfropfung auf den christlichen Glauben ansehen konnten, als eine fiktive, symbolische Geschichte, wie die der Griechen, war es für sie möglich, sie zu verwerfen und gleichzeitig meinen zu können, den christlichen Glauben legitimerweise zu präsentieren. Nur wenn es für Heiden möglich war, die Geschichte von Jesus als einen Mythos zu betrachten, wie ihre eigenen religiösen Mythen, war es für die Apologeten akzeptabel, ihnen ein Christentum zu präsentieren, das die Gestalt Jesu ignorierte oder verwarf.

Als eine Mischung aus Platonismus und hellenistischem Judentum war die von den Apologeten repräsentierte Richtung des Christentums im ganzen Reich im 2. Jahrhundert führend geworden. Wie wir gesehen haben, definiert sich dieses platonische Christentum auf eine Art und Weise, die nichts mit einem historischen Jesus zu tun hatte. Auch ist es nicht wahrscheinlich, dass es aus dem Paulinismus hervorgegangen ist, da es fast nichts mit ihm gemein hat.

Wenn die Entwicklung so verlaufen wäre, wie Gelehrte behaupten, und nur eine Verlagerung des Schwerpunkts des Christentums des 1. Jahrhunderts hin zur griechischen Philosophie und zum hellenistischen Judentum stattgefunden hätte, wäre die Gestalt Jesu wohl kaum fallengelassen worden; er wäre in das platonische Bild integriert worden. Dies ist keine christliche „Nutzung“ griechischer Philosophie. Der Glaube der Apologeten ist der in einen jüdischen theologischen und ethischen Rahmen gebrachte religiöse Platonismus der Zeit (welcher den Logos und den Glauben „salbte“ oder christlich möglich machte). Es ist kennzeichnend, dass keiner von ihnen – mit einer möglichen Ausnahme des Theophilus – mit einer Kirche Verbindung hatte.

Ein derartiges Bild bestätigt die Ansicht, dass das Christentum während der ersten 150 Jahre ein Mosaik aus verschiedenen Glaubensrichtungen war. Es war ein bunt gestalteter, aus griechischen und jüdischen Elementen zusammengesetzter Organismus, der sich ausbreitete und überall im Römischen Reich wuchs und blühte. Erst ganz allmählich verbreitete sich der Gedanke eines historischen Jesus, bis er zum Jahre 200 fest im Christentum verwurzelt war.

Die Bekehrung Justins

Sogar Justin bestätigt dieses Bild. Nachdem er in den 40er Jahren des 2. Jahrhunderts Rom erreicht hatte, kam er mit der Evangeliumsgeschichte in Berührung und machte sich den historischen Gott-Menschen, von dem sie erzählte, zu eigen. In seinen apologetischen Schriften, verfasst in den 50er Jahren, stehen Jesus und die Evangelien im Mittelpunkt. Für Justin „nahm das Wort/der Logos Gestalt an, wurde Mensch, und wurde Jesus Christus genannt" (Apologie, 5). Aber er hat uns einen Bericht hinterlassen über die Art des Glaubens, dem er beitrat, bevor er auf die Geschichte des Menschen Jesus traf.

Der *Dialog mit dem Juden Tryphon* wurde nach der *Apologie* geschrieben, und Letztere kann in die frühen 50er Jahre des 2. Jahrhunderts datiert werden. Aber die Handlung des *Dialogs* ist in die Zeit des Zweiten Jüdischen Krieges in den 30er Jahren des 2. Jahrhunderts verlegt, und Wissenschaftler sind sicher, dass dies die Zeit von Justins Bekehrung ist, die er im Einführungskapitel beschreibt.

Am Meer dicht bei Ephesus traf Justin auf einen alten Mann, einen christlichen Philosophen. Nach einer Diskussion der Freuden und Vorzüge der Philosophie sprach der alte Mann über antike jüdische Propheten, die durch den Heiligen Geist redeten. Diese Propheten, sagte er, hatten den Ruhm Gottes des Vaters und seines Sohnes, des Christus, verkündet. (Dies war die Interpretation der hebräischen Bibel auf platonische Art und Weise.) Weisheit konnte nur zu denen kommen, die sie durch Gott und seinen Christus bekommen hatten.

Daraufhin, so Justin (8:1), „wurde eine Flamme in meiner Seele entfacht; und eine Liebe zu den Propheten und zu den Freunden Christi nahm mich in Besitz". Justin sagt noch nicht einmal – trotz eifriger Bemühungen mancher Kommentatoren –, dass er Liebe für Christus selbst empfand, denn in dem Christentum, zu dem er bekehrt worden war, gab es bereits ein philosophisches Konzept. Christus war Teil der Gottheit im Himmel, eine logosartige Wesenheit. Dieser Christus erlöst durch die Weisheit, die er verleiht (8:2). Das ist Justins Konzept der Erlösung, denn er schließt die Geschichte seiner Bekehrung mit den Worten an Tryphon: „Wenn du eifrig nach Erlösung ausschaust und wenn du an Gott glaubst, könntest du mit dem Christus Gottes bekannt werden, und, nachdem du initiiert bist, ein glückliches Leben führen." Später, unter dem Einfluss der Evangelien, legte Justin zunehmend Nachdruck auf den erlösenden Wert von Christi Tod und Auferstehung, aber in der grundlegenden Logos-Religion erlöst der Sohn dadurch, dass er Gott offenbart.

Wo ist hier Jesus von Nazareth? Der alte Philosoph weiß nicht ein Wort über ihn zu sagen, auch nicht über irgendeine Inkarnation des Sohnes. Wir haben Glück, dass Justin die Erinnerung an sein Bekehrungserlebnis im Lichte seines späteren auf den Evangelien basierenden Glaubens nicht neu verfasste. In den Eröffnungskapiteln des *Dialogs mit Tryphon* können wir sehen, dass alle Apologeten zu dem gleichen christlichen Glauben kamen: zu einer platonischen religiösen Philosophie, verankert im hellenistischen Judentum, ohne historischen Jesus.

Tryphon selbst mag eine literarische Erfindung sein, aber Justin legt ihm eine aufschlussreiche Anschuldigung in den Mund (8:6), eine, die eine allgemeine Meinung der Zeit repräsentiert haben muss: „Aber Christus – wenn er tatsächlich geboren wurde, und irgendwo existierte – ist unbekannt ... Und du, in dem du einen grundlosen Bericht akzeptiert hast, erfandest selber einen Christus ..." Tryphon brachte auch die Meinung zum Ausdruck, dass die Inkarnation unglaubwürdig ist, und sogar Justin (Apologie 13) gibt zu, dass „nüchtern denkende Menschen" der Meinung sind, dass „Christen verrückt sind, einem gekreuzigten Mann den zweiten Platz bei Gott zu geben". Wie wir sehen werden, stimmen dem sogar einige Christen zu.

Es soll nur noch kurz erwähnt werden, dass eine der frühesten noch erhaltenen Apologien, die von Aristides an den Kaiser Antoninus Pius, eine kurze, weniger bedeutende Arbeit, die in Syrien um 140 herum geschrieben wurde, offensichtlich bereits von den Evangelien abhängig ist. Sie spricht von Gott, geboren von einer Jungfrau, der zwölf Jünger hat, durchbohrt wurde, starb, begraben wurde und dann nach drei Tagen auferstand. Diese Apologie stammt aus einem anderen Milieu in Palästina/Syrien, wo die synoptischen Evangelien verfasst wurden; über den Logos oder griechische philosophische Konzepte weiß diese Apologie nichts zu sagen.

Minucius Felix: Erdrückende Beweise

Ich habe die beeindruckendste Apologie für den Schluss unserer Untersuchung aufgehoben. Es handelt sich dabei um eine Schrift, die zu Recht als „erdrückender Beweis“ bezeichnet werden könnte. Die kleine Abhandlung *Octavius* wurde in lateinischer Sprache in Rom oder vielleicht in Nordafrika abgefasst. Sie hat die Form eines Dialogs zwischen dem Heiden Caecilius und dem Chisten Octavius und wird von dem Verfasser Minucius Felix moderiert und referiert (mit dessen Namen soll das Werk im Folgenden bezeichnet werden).

Es hat eine langwährende Debatte darüber gegeben, wann *Minucius Felix* verfasst wurde. Eine klare literarische Beziehung besteht zu Tertullians viel längerer *Apologie,* die um 200 geschrieben wurde. Aber wer entlehnte von wem? Eine allgemeine Regel besagt, dass der spätere Schreiber dahin tendiert zu erweitern, was der frühere schrieb, jedoch nicht drastisch zu kürzen, zumal das in diesem Fall bedeuten würde, dass Minucius Felix nicht nur viele wichtige christliche Dogmen, sondern auch jeden Hinweis auf den Jesus der Evangelien weggelassen hätte – und dies noch im 3. Jahrhundert, als kaum jemand Bedenken trug, über solche Dinge zu reden. Wenn man dieses und andere Argumente in Betracht zieht, ist die frühere Datierung zwischen 150 und 160 zu bevorzugen.

In diesem Dialog werden die Namen Christus und Jesus nie benutzt, obgleich das Wort „Christ“ durchgehend Verwendung findet. Auch gibt es dort nicht die geringste Andeutung des Sohnes oder des Logos. Das Christentum des Octavius kreist um die Verwerfung aller heidnischen Gottheiten, die Auferstehung des Körpers und die zukünftige Belohnung oder Bestrafung. Dabei wird nirgendwo auf Jesu eigene Auferstehung hingewiesen als Beweis für Gottes Fähigkeit und Absicht, die Toten auferstehen zu lassen. Nicht einmal als Antwort auf die Herausforderung (11): „Wer ist denn je von den Toten zurückgekehrt, dass wir es als Beispiel glauben könnten?“ Viele Argumente des Octavius sind der Widerlegung von Verleumdungen gegen Christen gewidmet, die Caecilius, der damit die allgemeine heidnische Meinung repräsentiert, aufzählt: Die Vorwürfe reichen von Ausschweifungen über das Verzehren von Kindern bis zu christlicher Geheimbündelei und der Hoffnung auf die Zerstörung der Welt durch ein vernichtendes Feuer.

Aber hier wird es interessant. Denn außer Justin hat kein anderer Apologet den Vorwurf erhoben, den der Schreiber Caecilius in den Mund legt. Die Liste der Verleumdungen in Kapitel 9 lautet wie folgt (teilweise freie Wiedergabe):

„Diese abscheuliche Gemeinde sollte ausgerottet werden ... eine Religion der Wollust und Unzucht. Sie verehren den Kopf eines Esels ... sogar die Genitalien ihrer Priester ... *Und einige sagen, dass die Objekte ihrer Anbetung einen Menschen einschließen, der den Tod eines Verbrechers erlitt, ebenso wie das erbärmliche Holz seines Kreuzes; dies sind passende Altäre für solche lasterhaften Leute, und sie beten an, was sie verdienen* ... Ebenso, bei Initiationsriten ermorden und zerstückeln sie ein Kind und trinken sein Blut ... bei ihren rituellen Festen schwelgen sie in schamloser Kopulation."

Denken wir daran, dass ein Christ diese Passage verfasste. (Der Satz in Kursivschrift ist vollständig übersetzt.) Er hat die zentrale Mitte des christlichen Glaubens, die Person und Kreuzigung Jesu, in eine Litanei unaussprechlicher Verleumdungen gegen seine Religion aufgenommen – wobei Sprache oder Duktus keinerlei Hinweis darauf geben, dass die Erwähnung des Gekreuzigten anders als die anderen Vorwürfe zu betrachten wäre: Es sind alles üble Anschuldigungen, die widerlegt werden müssen. Könnte ein christlicher Autor, der an einen gekreuzigten Jesus und seine Göttlichkeit glaubte, wirklich zu einer derartigen Darstellung in der Lage gewesen sein?

In der Rede des Octavius kommt er schließlich zur Widerlegung dieser Verleumdungen. Freilich gibt es noch einige weitere Dinge, die er dabei vorbringt.

Indem er sich über die griechischen Mythen und über die Tode ihrer Götter lustig macht, wie etwa der Klage der Isis über das Zerstückeln von Osiris, sagt er (22): „Ist es nicht absurd zu betrauern, was du anbetest, oder anzubeten, was du betrauerst?" Mit anderen Worten, er geißelt die Griechen für das Betrauern und Anbeten eines Gottes, der ermordet wurde. Später sagt er (23): „Männer die gestorben sind, können keine Götter werden, weil ein Gott nicht sterben kann; auch Männer die geboren sind nicht ... Warum werden Götter heute nicht geboren, wenn früher schon welche geboren wurden?" Er fährt dann fort, die ganze Idee von Göttern, die sich selber (er)zeugen, lächerlich zu machen, was die Idee eines Gottes, der einen Sohn zeugt, einschließt. An anderer Stelle (20) verspottet er diejenigen, die leichtgläubig genug sind, an von Göttern vollbrachte Wunder zu glauben.

Wie konnte ein Christ derartige Argumente, die wesentliche christliche Glaubenssätze in Frage stellten und *ihn selber* dem Vorwurf der Heuchelei aussetzten, ohne irgendeine Einschränkung vorbringen? Man mag es hingehen lassen, wenn konsternierte Kommentatoren in diesem Zusammenhang behaupten, dass das Schweigen der Apologeten auf deren Absicht zurückzuführen sei, die Heiden nicht mit langen und verwirrenden theologischen Abhandlungen über Themen zu entmutigen oder zu irritieren, denen gegenüber sie voreingenommen waren, bzw. weil sie keine umfassende Glaubenslehre geben wollten. Wenn aber ein Apologet Aussagen macht, die Vorstellungen widersprechen oder sogar abqualifizieren, die Kern seines eigenen Glaubens und seiner persönlichen Hingabe sein sollten, erweisen sich solche Erklärungen als wenig hilfreich.

Wie geht Minucius Felix mit der Anschuldigung um, dass Christen einen gekreuzigten Menschen und sein Kreuz anbeten? Wie schon in der Schmähschrift des Caecilius plaziert der Autor seine Antwort mitten in die Widerlegung von Verleumdungen über inzestuöse andere Verleumdungen über inzestuöse Gastmähler und über die Verehrung der Genitalien eines Priesters ein. Im Folgenden eine Kostprobe davon, wie er mit der Beschuldigung, einen gekreuzigten Verbrecher anzubeten, umgeht (29):

„[1]Diese und ähnliche Unanständigkeiten möchten wir nicht hören, es ist schändlich, dass wir uns gegen derartige Beschuldigungen zu verteidigen haben. Menschen, die ein keusches und tugendhaftes Leben führen, werden durch dich fälschlicherweise bestimmter Handlungen beschuldigt, die wir nicht für möglich halten würden; aber wir sehen ja, dass ihr sie selbst begeht. [2]Darüber hinaus *(nam),* wenn du unserer Religion die Anbetung eines Verbrechers und seines Kreuzes unterstellst, gehst du weit von der Wahrheit entfernt irre indem du denkst, ein Verbrecher verdiene es, dass man an ihn wie an einen Gott glaubt, oder dass dies einem sterblichen Menschen überhaupt zukommen könne. [3]Der Mensch ist in der Tat erbärmlich, dessen ganze Hoffnung von einem Sterblichen abhängig ist, denn solche Hoffnung hört mit dessen Tode auf ..."

Bevor wir fortfahren, sollten wir anmerken, dass Vers 2, indem er den Gedanken von Vers 1 (welche das lateinische Wort *„nam"*=„denn" betont) folgt, klar macht, dass diese Anschuldigung für den Schreiber auf derselben Stufe steht wie die anderen „Unanständigkeiten", die er sich zu widerlegen bemüht. Wie sieht die Widerlegung aus? Spott für die, die glauben, dass man sich einen gekreuzigten Verbrecher, einen Sterblichen, als einen Gott vorstellen kann. Wo ist die hier notwendige Relativierung, über die kein Christ hätte schweigen können? Wo ist die erlösende Rechtfertigung, dass dieser gekreuzigte Mensch nicht ein einfacher Sterblicher, sondern tatsächlich Gott war? Einige behaupten, dass Minucius eben dies habe sagen wollen, aber eine derartige Implikation wäre so undurchsichtig, dass man sie in den Text hineinlesen müsste. Die Worte des Octavius enthalten gewiss nichts davon, obwohl sie besagen, dass der Schreiber einige Christen kennt, die solche Dinge glauben. Doch ihnen stimmt er nicht zu.

Der Wissenschaftler G. W. Clarke (*Ancient Christian Writers* #39, 1949) bemerkt in einer Schlussbemerkung Folgendes: „Eine auffallende Umgehung jeglicher Erwähnung der Inkarnation. Tatsächlich umgeht Minucius Felix diese schwierige Lehre so ängstlich, dass er den Anschein erweckt, sie zu leugnen." In der Tat macht er das. Und während Clarke dies mit der „Scheu" des Arnobius in Bezug auf das gleiche Thema vergleicht, war der spätere (c 300) christliche Apologet keineswegs zögerlich oder unehrlich, sondern ließ die Lehre gelten, obwohl er zu einer Zeit größerer Verfolgung lebte. „Wir beten jemand an, der als Mensch geboren wurde. Was nun? Betest du keinen an, der als Mensch geboren wurde? ... Aber er starb am Kreuz. Na und? Weder die Art noch die Schande seines Todes verändern seine Worte oder Taten" (*Gegen die Heiden,* I.37 & 40).

Minucius fährt in seiner Passage fort, die Narrheit der Heiden zu zitieren, die „einen Menschen für ihre Anbetung *erwählten",* aber er macht keine derartigen Zugeständnisse für Christen. Bezüglich der Anbetung von Kreuzen sagt er nebenbei: „Wir verehren sie nicht, auch wünschen wir nichts von ihnen." Er fährt fort, den Heiden vorzuwerfen, sich schuldig gemacht zu haben, Kreuzesdarstellungen für ihren eigenen Kult und im Alltagsleben zu benutzen. Es gibt keinen Hinweis darauf, dass das Kreuz für Minucius irgendeine heilige Bedeutung trägt oder er in einem christlichen Kontext nötig wird, es zu verteidigen.

Nach dieser Widerlegung der Verleumdungen Jesu und seines Kreuzes fährt er fort („Als nächstes ..."), die herauszufordern, die Christen der Ermordung von Kindern anklagen. Minucius tut nichts, um das angebliche Herzstück des christlichen Glaubens von den übrigen erwähnten Gräueln zu unterscheiden. Der verächtliche Ton bleibt unverständlich.

Ein Kommentator, H. J. Baylis (*Minucius Felix*, S. 148) beklagt zusätzlich zum Ausdruck seines Bedauerns, dass der Schreiber bezüglich der Verteidigung der Person Christi so schweigsam ist, die Tatsache, dass er die günstige Gelegenheit verpasste, die Anklage bezüglich zügelloser Feste und kannibalistischer Initiationsriten durch Beschreibung der Eucharistie zu widerlegen. Er hätte die sakramentale Bedeutung und die reine Durchführung seiner christlichen Agape (Liebesmahl) über Jesu Leib und Blut verteidigen können, sagt Baylis. Auch findet es Baylis gleichermaßen „seltsam", dass Minucius beim Sprechen über die Quellen der „Wahrheit über die Gottheit" (38) über die Lehren Jesu schweigt sowie über Jesu Eigenschaft als Sohn Gottes.

Dass die ganze Schrift mit ihrer vollständigen Aufgabe der zentralen Dogmen des Christentums erhalten geblieben ist, mag vielleicht überraschen, aber es war ohne Zweifel nur deshalb möglich, weil Verse wie 29:2 mehrdeutig klangen sowie dadurch, dass dieser Eindruck der Mehrdeutigkeit den abfälligen Ton und die befremdliche Stille der Passage und des Dokuments als Ganzes überdeckt. Baylis hat 29:2 als „indirekt" bezeichnet, die klare Sprache des Minucius schließt einen derartigen Ausweg aber aus. Auch dieser Gelehrte liest in die Verteidigung des Minucius etwas hinein, das offensichtlich nicht da ist: „Ja, wir verehren einen der gekreuzigt wurde, aber er ist weder ein Verbrecher noch einfach nur ein Mensch." Diejenigen, die es historischen Dokumenten erlauben zu sagen, was sie uns sagen möchten, werden erkennen, dass das Werk des *Minucius Felix* erdrückende Beweise für eine christliche Leugnung des historischen Jesus enthält.

Dem leidenschaftslosen Auge ist Minucius Felix ein Christ, der wenig mit denjenigen Glaubensgenossen zu tun hat, die bekennen, einen Jesus anzubeten, der in Judäa unter der Herrschaft von Pontius Pilatus gekreuzigt wurde, und von denen Gerüchte an heidnische Ohren drangen, die viel Spott und Verdammung provozierten. Zu behaupten, dass eine ganze Generation von Apologeten aus taktischen Gründen ein falsches Bild des Christentums vermittelt und bewusst einer Art von machiavellischer Täuschung gefrönt habe, ist nur eine der Methoden, mit denen moderne christliche Gelehrte verzweifelt versuchen, einen Bericht zu interpretieren, der sich beharrlich weigert, das Bild des Christentums zu zeigen, das sie gerne sehen möchten.

Verteidigung der Apologeten

Die Apologeten waren keine Narren. Ihre literarischen und polemischen Talente waren beachtlich. Sie waren in einem großen Bereich antiken Wissens durchaus bewandert, d.h. vor allem in den komplizierten Subtilitäten zeitgenössischer Philosophie. Dass sie sorgfältig und gediegen ausgearbeitete apologetische Schriften entwerfen konnten, die gleichwohl solche verheerenden Auslassungen und Schwächen enthielten, wie wir sie bei Minucius Felix, Theophilus, bei Athenagoras, bei Tatian kennengelernt haben, ist nicht plausibel.

Wenn ein Autor wie Minucius Felix aus politischen Gründen schweigt, warum sollte er dann seinen heidnischen Sprechern Anschuldigungen in den Mund legen, die genau den Punkt betreffen, über den er absichtlich schweigt? Warum sollte er dem Gegner so kritische und nachteilige Erklärungen über den zentralen Gegenstand christlicher Anbetung erlauben, wenn er schon entschieden hätte, sich selber den Luxus, darauf zu antworten, zu verweigern? Warum sollte er, wie er es in Kapitel 21 und 23 tut, umfassende und spöttische Erklärungen, die gegen Teile des christlichen Glaubens verstoßen, in den Mund *des Christen* legen, ohne rettende Einschränkungen anzubieten? Es gibt nicht einmal einen Versuch, durch verhüllte Sprache und Implikation, den „wissenden" christlichen Leser zu besänftigen, um zu zeigen, dass derartige rettende Ausnahmen in seinem eigenen Kopf vorhanden sind. Tatsächlich ist seine kompromisslose Behandlung dieser Glaubensthemen gleichbedeutend mit einer Verleugnung.

Am Ende von *Minucius Felix* beschreibt der Autor, wie seine heidnische Gestalt zum Christentum konvertiert. Aber was nutzt es jemandem wie Caecilius, sich zu einer Religion zu bekehren, die alle ihre wesentlichen Elemente verborgen hält? Wenn Caecilius „unmittelbar danach" zu seiner ersten Lektion als Katechumene käme, wäre Octavius gezwungen zu sagen: „Oh, übrigens gibt es ein paar Einzelheiten, die ich gestern ausließ." Wenn ein Christ an einen Heiden aufgrund philosophischer und logischer Prinzipien appelliert, wie will er anschließend die christlichen Mysterien und Dogmen präsentieren, bei denen er sich bewusst sein muss, dass sie diesen Prinzipien zuwiderlaufen? Seine eigene Argumentation stünde dann in Gefahr, gegen ihn selber verwendet zu werden. Seine Unaufrichtigkeit würde ihn und seinen Glauben in einem unehrenhaften Licht erscheinen lassen.

Es muss betont werden, dass es derzeit nirgends in der Literatur eine plausible, wissenschaftliche Standarderklärung für das Schweigen der Apologeten zur Gestalt Jesu gibt. Nirgends wird diskutiert oder sogar nur angedeutet, dass diese Schreiber tatsächlich absichtlich die wesentlichen Elemente christlichen Glaubens in ihrer Verteidigung desselben ausgelassen haben, sei es aus Gründen politischer Korrektheit oder aus einem anderen Grunde. Der ab und zu zitierte Bericht des Origenes im 3. Jahrhundert, er würde mitunter seine ethischen Ansichten erläutern, ohne sie als christlich zu bezeichnen, weil er die Feindseligkeit seiner Zuhörer gegenüber dem Christentum und Christus fürchte, ist hier nicht anwendbar. In solchen Fällen gab Origenes sich selbst nicht als Christen zu erkennen, er verteidigte das Christentum nicht, noch nicht einmal in begrenzter Weise. Wenn er es gemacht hätte, hätte er gewiss auch solche Herausforderungen angenommen. Seine Schriften sind Beweis dafür. Origenes versteckt Jesus oder dessen Auferstehung nicht. Er erwidert jeden Spott und jede Verleumdung des Celsus mit allen ihm zur Verfügung stehenden Mitteln.

Das trifft auch auf Tertullian zu, der seine Apologie um das Jahr 200 herum schreibt und Teile der Arbeit des Minucius Felix übernimmt, oder sie zumindest als Inspiration benutzt. Tertullian leistet sich keine derartige rätselhafte Geheimhaltung. Zu seiner Zeit war die Feindseligkeit gegenüber dem Christentum nicht geringer als eine Generation früher zur Zeit des Felix oder als gerade mal zwei Jahrzehnte, seit Athenagoras und Theophilus ihre Apologien schrieben. Tertullians Werk enthält überall klare Hinweisen auf Christi Inkarnation, auf dessen Tod und Auferstehung. Kurz vor dem Ende seines Berichts, „dass

Christus, der Sohn Gottes der unter uns erschien“, erklärt er: „Laß keinen denken, dass es anders ist als wir es dargestellt haben, denn *keiner darf ein falsches Zeugnis seiner Religion ablegen* ... Wir sagen, und vor allen Menschen sagen wir es, gequält und blutend unter euren Foltern schreien wir es heraus: ‘Wir beten Gott durch Christus an!’“ Wenn wir modernen Kommentatoren glauben dürfen, hatten die meisten der Apologeten des 2. Jahrhunderts offensichtlich keine derartige Überzeugung.

Bestimmt hätte Tertullian ihrer angeblichen Politik der Verheimlichung nicht zugestimmt. Das obige Zitat könnte sogar eine versteckte Kritik sein, falls er mit den Arbeiten von Athenagoras oder Tatian oder Theophilus vertraut war. Oder es könnte an Minucius Felix selber gerichtet sein, dessen Apologie er erwiderte und deren schmerzliche Lücken er ausfüllte.

Zum Schluss können wir fragen: Wo sind die Schriftsteller, die offen und in unmissverständlichen Worten die Gestalt Jesu ablehnen, in einer Weise, die jeden Zweifel ausschließt? – Man kann so fragen, sollte aber zugleich begreifen, dass uns eine solche Schrift wegen der christlichen Zensur niemals über die 2000 Jahre hinweg erreicht hätte. Aus dem gleichen Grunde besitzen wir keine heidnischen Schriften, welche die Leugnung des historischen Jesus diskutieren. Selbst Celsus (der das nicht tut) überlebte nur bruchstückhaft in der großen Widerlegung des Origenes. Andererseits ist es wahrscheinlich, dass sogar führende heidnische Denker wie Celsus keine Möglichkeit gehabt hätten, im Umlauf befindliche christliche Geschichten und erzählende Berichte über Jesus von Nazareth zu verifizieren oder zu widerlegen, auch hätten sie nicht die exegetischen Werkzeuge und Fähigkeiten besessen, um christliche Behauptungen durch ein Studium der Dokumente selbst zu widerlegen. Auf alle Fälle wären alle diese Dokumente bei dem schlechten Kommunikationsstand und der schlechten Verfügbarkeit von Texten in der antiken Welt wohl kaum für jemanden zugänglich gewesen, der eine derartige Aufgabe hätte angehen wollen.

Nachwort

Das Bild von Jesus von Nazareth, der über die Straßen von Galiläa ging, heilte und Wunder tat, der Menschheit eine Botschaft der Hoffnung brachte, im Vertrauen auf Gott und in Erwartung einer neuen Welt, ist tief im westlichen Denken verwurzelt. Das Schicksal, das er erlitt, als er nach Jerusalem ging, wurde zu der vielleicht einflussreichsten Geschichte, die jemals geschrieben wurde. Das aus verschiedenen Aspekten zusammengesetzte Bild eines Mannes, den Historiker immer als schwer fassbar und rätselhaft empfunden haben, den aber Gläubige sich immer als persönlichen Freund und als Gottheit zu eigen machen konnten, bildete für den größten Teil der Bevölkerung der Welt über zwei Jahrtausende lang die geistige Grundlage.

Jesus ist immer größer und bedeutender gewesen als das oft rohe, zusammenhanglose und widersprüchliche Bild, das in den Evangelien gegeben wird. Er ist ständig neu erfunden und neu verstanden worden, in jeder neuen Phase der christlichen Geschichte. Als sich die Risse und Brüche in der Struktur des Evangeliums vergrößerten und der Zusammenhang der frühen christlichen Berichte zunehmend zerfiel, schufen liberale Gelehrte paradoxerweise immer feinsinnigere Bilder des weisen Mannes, von dem man meinte, er habe am Anfang des Christentums gestanden. Aber eine Rettungsaktion dieser Größenordnung bedarf einer sicheren Grundlage; die Kritik an den neutestamentlichen Zeugnissen, die zu einem noch nie dagewesenen Zweifel am christlichen Mythos geführt hat, hat ein Vakuum hinterlassen, das zu füllen vielleicht nicht möglich sein wird.

Wir befinden uns in einer Zeit des Übergangs. Nachdem die alten Strukturen zusammengebrochen sind, denken Neutestamentler noch darüber nach, ob sie genügend Material retten können, um ein neues, bescheideneres Haus zu bauen, in dem sie den vermeintlichen Urheber des Christentums unterbringen könnten. Doch es sind sogar die Fundamente zertrümmert. Die Wurzeln von Q sind zu amorph, um für die nächsten 2000 Jahren die Grundlage für eine erneuerte christliche Religion abzugeben. Und was die Briefe betrifft, so sind uns diese fremder als je zuvor, seitdem wir erkannten, dass das Universum, das sie uns enthüllen, zu einer Welt gehört, von der spätere Zeitalter glaubten, dass sie schon längst zu Grabe getragen worden sei. Wenn das, was das Christentum per definitionem ausmacht, der Glaube der Apostel, wie der des Paulus, nichts mit einem historischen Menschen zu tun hatte, bleibt zu fragen, ob das, was von Q übrig bleibt – kümmerliche Reste einer hypothetischen Authentizität innerhalb einer hypothetischen Schrift – ausreicht, um noch einen lebendigen Glauben zu schaffen? Das ist höchst zweifelhaft.

Warum hat es so lange gedauert? Und warum ist es im späten 20. Jahrhundert geschehen? Im Frühjahr 1995 trat das Jesus-Seminar zusammen, um über die Historizität der Auferstehung, wie sie im Neuen Testament berichtet wird, zu debattieren und abzustimmen. Papiere und Artikel (siehe die Ausgabe von März/April 1995 von *The Fourth R*) wiesen darauf hin, dass die Ansichten über Christi Auferstehung eine erkennbare Entwicklung bei den frühen Christen während der ersten Jahrzehnte nach Jesu Sterben durchlaufen hatten. Paulus, so die Wissenschaftler, habe sich nur eine spirituelle „Erweckung" Jesu durch Gott vorgestellt, also etwas, was sich nach Jesu körperlichem Tod auf der Erde darauf im Himmel ereignete. Später begannen Christen damit, wie es im Markusevangelium zum Ausdruck kommt, die geistliche Erweckung als Jesu körperliche Auferstehung aus dem Grab zu betrachten, obwohl es in Wahrheit keinen Körper gab, der wiedergesehen wurde. Die Geschichten von der zeitweiligen Rückkehr zur Erde, die körperlichen Erscheinungen vor den Jüngern, sollen noch später entstanden sein und bildeten in den Evangelien, die auf Markus basieren, eine erneute Erweiterung der Vorstellung von der Auferstehung. Somit, schloss das Seminar, war die christliche Überlieferung einer körperlichen Auferstehung Jesu nach dem Tode das Ergebnis des sich entwickelnden Glaubens und literarischer Aktivität – ohne jede Grundlage in der Geschichte oder in irgendeinem historischen Zeugnis.

Das alles lag seit Jahrhunderten offen zutage. Was geschah in der vergangenen Generation oder in den letzten beiden Generationen, dass die Schuppen von den Augen fielen und die Quellen so gesehen wurden, wie sie tatsächlich sind? Im Laufe meines Lebens habe ich beobachten können, wie ein großer Teil der westlichen Welt aus der letzten Phase des Mittelalters (worin noch viel „mittelalterliches" Denken überlebte) zu einer noch nie dagewesenen säkularen Sicht voranschritt. Gläubige mögen immer noch die Mehrheit der Bevölkerung stellen, aber insgesamt, in ihrem kollektiven Bild von sich selbst, ist die Gesellschaft überwiegend säkular und wissenschaftlich geworden, ohne noch die religiöse Kontrolle ihrer Institutionen zu akzeptieren. (Was nicht heißen soll, dass das Pendel nicht in die andere Richtung ausschlagen könnte.)

Der Wendepunkt trat irgendwann um das Jahr 1960 ein – vielleicht einer jener „Punkte", mit dem ein Abschnitt in der langen Evolution des menschlichen Geistes abgeschlossen wurde und ein neuer begann. Die antike Leichtgläubigkeit machte einem neuen Skeptizismus Platz, einer neuen Bereitschaft, Fragen zu stellen und das Undenkbare zu denken. Neutestamentler hatten kurz nach dem Zweiten Weltkrieg damit begonnen, die christlichen Schriften stärker als Verkörperung menschlicher Zustände und menschlicher Interessen zu sehen, statt als Ausdruck des Willens Gottes oder göttlicher Wahrheiten. Dieser Trend erreichte einen Höhepunkt in den 80er Jahren des vorigen Jahrhunderts mit der Bildung des Jesus-Seminars, einer Vereinigung progressiver Gelehrter unter Robert Funk mit Sitz in Kalifornien. Zum ersten Mal in der Geschichte führte wissenschaftlich-kritische Untersuchung christlicher Berichte durch Bibelwissenschaftler des Mainstreams zu schockierenden Schlussfolgerungen über die Zuverlässigkeit der Evangelien und über die Dinge, die Jesus darin zugeschrieben wurden, sogar über die grundlegende Natur von Jesus selbst. Und zum ersten Mal erreichten derartige Kontroversen innerhalb der Reihen der Wissenschaftler die Medien und die Kanzel.

Während der ersten zehn Jahre des Seminars erlebte man den Fall der Hauptsäulen des christlichen Glaubens – und wie diese durch das neue Konzept eines menschlichen Jesus ersetzt wurden. Diese neue Gestalt ist freilich überwiegend ein wissenschaftliches Schreibtischprodukt. Darum gibt es wenig Anzeichen dafür, dass sie die öffentliche Vorstellungskraft beflügelt, ganz zu schweigen von den Herzen und Seelen der Gläubigen. Ironischerweise hat sie mehr das Interesse des historisch interessierten Agnostikers erregt. Und selbst bei den aufgeklärten Kirchgängern gab es, stärker als sonst, eine große Besorgnis und Empörung angesichts des uns vom Jesus-Seminar in Aussicht gestellten Jesus, der weder göttlich gewesen noch einen Sühnetod gestorben sein soll.[127] Zu erwägen, dass er noch nicht einmal historisch gewesen sein könnte, wäre freilich mehr, als eine Wissenschaft auf dem Boden des christlichen Bekenntnisses vermag.

Aber es gibt kein Zurück! Der Fundamentalismus, der sich noch in Nordamerika und Teilen der Dritten Welt entwickelt, wird den Sohn Gottes der Evangelien zwar zweifellos noch eine Weile am Leben erhalten; wenn jedoch die Ergebnisse der radikalen Kritik unserer christlichen Quellen als vermeintlich zuverlässiger historischer Berichte erst einmal voll in das öffentliche Bewusstsein gedrungen sein werden, wird schwer begreiflich zu machen sein, wie das Christentum als lebendige Kraft unserer Gesellschaft weiterhin bestehen könnte.

Wodurch es ersetzt werden wird, ist schwer zu sagen. Viele Menschen, welche die traditionelle Religion verworfen haben, bezeichnen sich als „religiös". Wenn wir unter „Religiosität" nicht eine übernatürliche Dimension und eine unerforschliche Verbindung zu übernatürlichen Wesen verstehen, deren Existenz nicht aufgezeigt werden kann, sondern vielmehr das tiefwurzelnde und faszinierende Potential, das im Menschen selber liegt und ihn mit der lebendigen, empirischen Welt verbindet; wenn wir weiterhin von ihr als einem Produkt natürlicher Evolution in einem erkenn- und verstehbaren Universum sprechen, haben wir Grund, optimistisch nach vorne zu blicken. Ob wir dann weiterhin von „Religiosität" oder aber von „Humanismus" sprechen, sollte keine Rolle spielen, solange wir darauf verzichten, in unserer Phantasie nach Sinn zu suchen oder das Beste in uns in ein idealisiertes Individuum, „Größer-als-das-Leben", oder in eine himmlische Kraft zu projizieren (was das Jesus-Seminar noch zu tun versucht). Statt dessen müssen wir es hier und jetzt im Potential eines jeden menschlichen Individuums finden.

Danksagung

Ob Film, Rundfunksendung oder Buch – ich war immer der Meinung, dass eine Danksagung an das Ende eines Werkes gehört. Auf den Inhalt gespannte Leser möchte sich nicht mit langen Vorreden aufhalten. Die Danksagung hat ihren Platz am Ende des Buches, wenn der Leser in einer ruhigeren – und hoffentlich zufriedenen – Stimmung, dafür aufnahmebereit ist. Entsprechend möchte ich Dank sagen und denen danken, die mir halfen, das Manuskript zu verbessern und Mängel in Struktur, Stil und Deutlichkeit entdeckten. Meine Korrektur-Leser waren David Blackwell, Pat Hutcheon, Peggy Krachun, Angela Beale und Penny Sanger. Und natürlich Dr. Robert Price vom Jesus-Seminar und dem Institute of Higher Critical Studies, der mir wertvolle Hinweise zu einigen exegetischen Problemen gab und freundlicherweise ein Zitat für den (kanadischen, Anm. d. Übers.) Einband zur Verfügung stellte. Wenn irgendwelche Einzelheiten ihren guten Ratschlägen nicht gerecht werden, liegt die Verantwortung dafür bei mir.

In der Wissenschaft ist es üblich, die Ansichten und Arbeiten anderer im Verlauf der eigenen Argumentation zu referieren, sei es zur Stützung der eigenen Argumentation, sei es im Geiste der Diskussion; ohne diese Praxis kann kein Studienbereich Fortschritte machen.

Lobend möchte ich noch die großzügigen Beiträge vieler Menschen anerkennen, welche die Veröffentlichung dieses Buches möglich machten, wie z. B. der Mitglieder der Humanist Association von Ottawa. Der Herausgeber und ich haben von Richard Youngs graphischem Talent in Bezug auf das Design des (kanadischen, Anm. d. Übers.) Einbands und von dem Greg Singers in Bezug auf die Textgestaltung profitiert. Ich bedanke mich hiermit bei allen.

Zum Schluss gilt mein Dank und meine Wertschätzung der Canadian Humanist Publications dafür, dass sie an die unvollkommenen Bemühungen eines Menschen glaubten, der auf unkonventionellem Wege zu diesem Thema gelangte und der nie für sich in Anspruch nehmen würde, auf alles eine Antwort zu haben.

Earl Doherty
September 1999

Anhänge

Anhang 1
Zwei Interpolationen in neutestamentlichen Briefen
[S. 23]

I: Thessalonicher 2:15-16

Viele Kommentatoren (siehe unten) betrachten die kursiv gesetzten Verse in der folgenden Passage als Interpolation von späteren Herausgebern oder Kopisten. Aus zwei Gründen.

Einmal wegen der offenkundigen Anspielung auf die Zerstörung Jerusalems in Vers 16, einem Ereignis, das sich mehrere Jahre nach dem Tod des Paulus zutrug. Hier ist die Passage in ihrer ganzen Länge:

„[14]Denn ihr seid Nachfolger geworden, liebe Brüder, der Gemeinden Gottes in Judäa in Christo Jesu, weil ihr ebendasselbe erlitten habt von euren Blutsfreunden, was jene von den Juden, *[15]welche auch den Herrn Jesus getötet haben und ihre eignen Propheten und haben uns verfolgt und gefallen Gott nicht und sind allen Menschen zuwider, [16]wehren uns, zu predigen den Heiden, damit sie selig würden, auf dass sie ihre Sünden erfüllen allewege; denn der Zorn ist schon über sie gekommen zum Ende hin.*“

Die „Endgültigkeit von Gottes Zorn“ scheint auf den Ersten Jüdischen Krieg (66-70) hinzuweisen, als der Tempel und ein großer Teil von Jerusalem zerstört wurden – und nicht, wie manchmal behauptet wird, auf die Vertreibung der Juden aus Rom (offensichtlich wegen messianischer Agitation) durch Claudius in den 40er Jahren. Die apokalyptische Aussage in Vers 16 kann unmöglich auf ein lokales Ereignis bezogen werden, welches den Thessalonichern mehrere Jahre später bekannt wurde. Außerdem bezieht sich Paulus in Vers 14 (welcher gewöhnlich als das Ende der echten Passage angesehen wird) auf eine Verfolgung durch Juden in Judäa; sogar der Tod Jesu lag in der Verantwortung der Juden dort. Die Annahme eines lokalen Ereignisses in Rom als Bestrafung für beide Verbrechen scheint unangemessen zu sein. Es gibt auch Wissenschaftler, die in Frage stellen, ob eine derartige Verfolgung von Christen vor dem Jahre 70 überhaupt stattfand (siehe Douglas Hare, *The Theme of Jewish Persecution of Christians in the Gospel According to St. Matthew,* S. 30f.); das zeigt, dass vielleicht sogar Vers 14 durch jemand interpoliert wurde, der wenig über die Bedingungen in Judäa zur Zeit des Paulusbriefes wusste. (Birger Pearson – siehe unten – legt dies nahe.)

Es ist darauf hingewiesen worden, dass es keine abweichenden Texte des 1. Thessalonicherbriefs ohne die umstrittene Passage gibt. Da das so ist, wird behauptet, dass die Interpolation sehr früh gemacht worden sein müsste (bald nach dem Jahre 70) – was für die Entwicklung von der mythischen zur historischen Jesus-Phase kaum genügend Zeit lassen würde. Dies ist jedoch eine unnötige Annahme. Neuerdings gibt es Wissenschaftler (siehe *The New Testament and its Modern Interpreters,* 1989, S. 207f.), die die alte Vorstellung verwerfen, das erste Corpus paulinischer Briefe sei nicht später als im Jahr 90 zusammengestellt worden. Sie vertreten jetzt die Auffassung, dass ein solches vielleicht erst zur Zeit Marcions in den 40er Jahren des 2. Jahrhunderts Gestalt angenommen habe (siehe Kapitel 24). Obwohl der Römer- und der 1. Korintherbrief um die Wende zum 2. Jahrhundert Kirchenvätern wie Ignatius anscheinend bekannt waren, tritt der erste christliche Zeuge für den 1. Thessalonicherbrief (abgesehen von jenem Autor, der den Brief benutzte, um den 2 Thessalonicherbrief zu kompilieren – wohl ebenfalls in dieser Stadt) erst auf, nachdem das erste Corpus Paulinum gebildet worden war.

Somit könnte die Interpolation relativ spät eingefügt worden sein. Sogar bis ins 2. Jahrhundert hinein blieb der christliche Antisemitismus groß; die katastrophalen Ereignisse des 1. Jüdischen Krieges blieben sowohl bei den Juden als auch bei den Heiden im östlichen Bereich im Gedächtnis gegenwärtig. Der Text war vermutlich von einem Christen in Thessalonich in den Brief eingefügt worden, bevor dieser in die Sammlung aufgenommen wurde. Es ist kaum vorstellbar, dass sich Vers 16 auf das Ereignis des Zweiten Jüdischen Aufstands (132-5) bezieht, als Bar Kochba vernichtet, die Juden aus Palästina vertrieben und eine römische Stadt auf den Ruinen von Jerusalem gebaut wurde.

Der zweite Grund, warum Gelehrte dazu neigen, diese Textstelle als unpaulinisch zu verwerfen, ist die Tatsache, dass der Inhalt nicht mit dem zusammenpasst, was Paulus sonst über seine Mitjuden sagt, von denen er erwartet, dass sie am Ende zu Christen bekehrt werden. Aus diesen Versen, so wird eingeräumt, spricht ein deutlicher „heidnischer Antijudaismus", und der passt „nicht zu der Theologie des Paulus, dass ganz Israel gerettet werden wird." (Siehe den Pearson-Artikel unten, S. 85-6.)

Es ist auch angemerkt worden, dass sich Paulus in Röm 11:3, in einer Textstelle, in der er über die Schuld der Juden aufgrund ihrer Ablehnung der christlichen Botschaft spricht, auf Worte des Elias in 1. Könige 19:10-14 bezieht, in denen die (unbegründete) Anschuldigung ausgesprochen wird, die Juden hätten die von Gott gesandten Propheten getötet. Hier weiß Paulus nichts von einer Verantwortung seitens der Juden für die größte Gräueltat: den Sohn Gottes selbst zu töten. Dies wäre ein befremdliches Schweigen, wenn die Passage im 1. Thessalonicherbrief echt und die Grundlage der Anschuldigung wahr wäre.

Nachstehend einige wissenschaftliche Autoren, welche die Textstelle als Fälschung bezeichnet haben:

* Birger A. Pearson: „1 Thessalonians 2:13-16: A Deutero-Pauline Interpolation", *Harvard Theological Review* 64 (1971), S. 79-94.

* Burton Mack: *Who Wrote the New Testament?,* S. 113

* Wayne Meeks: *The First Urban Christians,* S. 9

* Helmut Koester: *Introduction to the New Testament,* Bd. II, S. 113

* Pheme Perkins: *Harper's Bible Commentary,* S. 1230, 1231-2

* S. G. F. Brandon: *The Fall of Jerusalem and the Christian Church,* S. 92-93

* Paula Fredricksen: *From Jesus to Christ,* S. 122

II: 1 Timotheus 6:13

1. Tim 6:12-14 lautet („Paulus wendet sich an „Timotheus"): „[12]kämpfe den guten Kampf des Glaubens; ergreife das ewige Leben, dazu du auch berufen bist und bekannt hast ein gutes Bekenntnis vor vielen Zeugen. [13]Ich gebiete dir vor Gott, der alle Dinge lebendig macht, und vor Christo Jesu, [der unter Pontius Pilatus bezeugt hat ein gutes Bekenntnis,] [14]dass du haltest das Gebot ohne Flecken, untadelig, bis auf die Erscheinung unsers Herrn Jesu Christi".

Der 1. und 2. Timotheus- und Titusbrief (genannt „die Pastoralbriefe“) wurden unter dem Namen des Paulus verfasst, um so die Autorität des berühmten Apostels für die Ansichten, die der Schreiber vertritt, zu beanspruchen. Die meisten kritischen Gelehrten datieren sie zwischen 100 und 125. Sie können weder ein Produkt des Paulus noch eines seiner Zeit gewesen sein. Wie J. L. Houlden sagt (*The Pastoral Epistles,* S. 18): „Weder dem Wortschatz und der literarischen Arbeitsweise nach, noch nach der Atmosphäre und den Lehren ist es plausibel, anzunehmen, dass diese Schriften von derselben Feder stammen wie das Hauptcorpus der Paulusbriefe.“ Die Pastoralbriefe reflektieren den Anfang eines (bischöflichen) Kirchensystems, das erst am Beginn des 2. Jahrhunderts Form annahm: ein Bischof, unterstützt von einer Gruppe Ältester und Diakone. Auch scheint die unmittelbare Erwartung der Parusie (der „Ankunft“ Christus’ am Ende der Zeit) nachgelassen zu haben. Die Kirche stellt sich auf die Welt und auf eine Zukunft ein.

Das Glaubensbekenntnis des Timotheus vor vielen Zeugen (Vers 12) wird von den Exegeten auf einen von zwei möglichen Anlässen bezogen: entweder auf die Taufzeremonie nach seiner Bekehrung zum Glauben oder auf seine Ordination als geistlicher Amtsträger. Die Kommentatoren entscheiden sich gewöhnlich für ersteres, da die Worte „zum ewigen Leben berufen zu sein“ am besten zur Taufe passen. Das Sakrament wurde öffentlich vor der Gemeinde erteilt, welche die „vielen Zeugen“, auf die sich der Text bezieht, stellte. Timotheus bekennt seinen Glauben vor Gott und den Mitchristen. Der Inhalt dieser Glaubensaussage hatte ohne Zweifel mit dem Glauben an Christus zu tun.

Die Art und Weise, wie der Hinweis auf Pilatus in dem Text vorgenommen wird (der Satz in eckigen Klammern in obigem Zitat), zeigt, dass er als Parallele zum Bekenntnis des Timotheus im vorhergehenden Satz gedacht ist. Aber es gibt vieles, was bei dieser Annahme Probleme bereitet (siehe J. H. Houlden, *The Pastoral Epistles,* S. 100-1; J. N. D. Kelly, *The Pastoral Epistles,* S. 143). Jesu Situation während des Prozesses vor Pilatus ist kaum dieselbe wie die des Timotheus bei seiner Taufe oder bei seiner Ordination. Das Bekenntnis des Timotheus wird vor Gott und freundlichen Zeugen abgelegt; Jesu Bekenntnis nicht; es würde Pilatus in die Rolle Gottes versetzen, was bestenfalls unangemessen und schlimmstenfalls despektierlich wäre. Jesu Bekenntnis vor Pilatus ist eine Selbstaussage, was ein ungeschicktes Äquivalent zur Glaubenserklärung des Gläubigen darstellt. Angesichts dieser problematischen Parallelen könnte man fragen, was den ursprünglichen Autoren dazu veranlasst haben könnte, einen solchen Vergleich überhaupt zu ziehen.

Kommentatoren lassen die Möglichkeit unberücksichtigt, dass das Bekenntnis des Timotheus vor einem Richter im Rahmen eines Prozesses wegen seines christlichen Glaubens stattfand. Kein derartiges Ereignis, auf das der Schreiber hätte zurückgreifen können, erscheint in den echten paulinischen Briefen. Außerdem würde ein derartiger Prozess wohl kaum eine (Vor)Ladung zum ewigen Leben genannt werden können. Jedoch müssen wir die Möglichkeit in Erwägung ziehen, dass ein späterer Abschreiber die Dinge auf diese Art missinterpretiert hat. Vielleicht hatte sich im späten 2. Jahrhundert eine Überlieferung entwickelt, dass Timotheus wegen seines Glaubens verfolgt worden war. Das könnte einen solchen Abschreiber dazu bewogen haben, die Vorstellung hinzuzufügen, dass, ähnlich wie Timotheus vor feindseligen Richtern seinen Glauben bekannt hatte, Jesus Christus, der Sohn Gottes und Messias, vor einem feindseligen Pilatus dieses Selbstbekenntnis ablegte. Ein solcher Redaktor könnte parallel dazu, dass „Gott" (in Vers 13) eine erklärende Hinzufügung hat: „der alle Dinge lebendig macht", nach „und vor Christo Jesu" eine entsprechende Ergänzung eingefügt haben, wobei ihm möglicherweise der Vergleich mit dem Prozess Jesu in den Sinn gekommen war.

Man hat auch darauf hingewiesen, dass Jesus in den synoptischen Evangelien vor Pilatus kaum etwas sagt und gleichsam stoische Ruhe bewahrt. Seine einfache Zustimmung: „Es ist, wie du sagst", als Antwort auf die Frage: „Bist du der König der Juden?", ist wohl kaum ein „vornehmes Bekenntnis" und hätte den Kommentar, wie wir ihn in 1. Tim 6:13 finden, wohl kaum inspirieren können. Jedoch ließ Johannes, als er die synoptische Passionsgeschichte revidierte, Jesus ein langes Gespräch mit dem römischen Machthaber führen, welches sehr gut die Quelle des Kommentators gewesen sein könnte. Da jedoch eine Bezeugung des Johannesevangeliums in der Zeit der Pastoralbriefe fehlt, muss man annehmen, dass der Satz eine Interpolation aus späterer Zeit darstellt, als das Johannesevangelium bereits bekannter geworden war. Die Pastoralbriefe sind nicht in der frühesten (marcionitischen) Sammlung der Paulusbriefe enthalten, so dass die Tatsache, dass es keine Handschrift ohne diese Textpassage mit Pilatus gibt, kein Problem darstellt.

Darüber hinaus macht der Brief nur wenige Verse später (6:16) diese Aussage: „welchen kein Mensch gesehen hat, noch sehen kann". Wenn der Mensch Jesus von Nazareth erst kürzlich auf der Erde gewesen wäre, vor Pilatus gestanden hätte, ein Mensch, der tatsächlich Gott gesehen hatte und von ihm kam, würde man von dem Autoren eine solche Aussage nicht erwarten.

Die Möglichkeit der Fälschung wird durch einen verdächtigen Umstand erhärtet, der nur wenige Verse früher erscheint. An sechs Stellen in den Pastoralbriefen benutzt der Autor die Redewendung „heilsame Lehre". Bei fünf davon gibt es kein Anzeichen für die Quelle solcher Lehren. Tatsächlich taucht die Redewendung in 1. Tim 1:10 auf, der Schreiber (der als Paulus spricht) sagt, solche Lehren seien „nach dem herrlichen Evangelium des seligen Gottes, welches mir vertrauet ist". Dies ignoriert gezielt jegliche Benennung von Jesus als Quelle der Lehre.

Aber in 1. Tim 6:3-4 folgt eine unerwartete Redewendung:

„So jemand anders lehrt und bleibt nicht bei den heilsamen Worten unsers Herrn Jesu Christi und bei der Lehre, die gemäß ist der Gottseligkeit, der ist aufgeblasen und weiß nichts."

Die Redewendung „den Worten unseres Herrn Jesu Christi" (*tois tou kuriou hēmon Iēsou Christou*) sieht wie die Anmerkung eines Kopisten am Rande des Textes aus, die später in den Text eingefügt wurde (etwas, was bei der Abschrift antiker Handschiften häufig passierte). Wenn sie Teil des Textes des ursprünglichen Autors wären, wäre das Wort „jenen" (tois) überflüssig gewesen und wäre wahrscheinlich nicht geschrieben worden. Es vermittelt vielmehr den Eindruck einer späteren Reflexion. Das Ganze scheint nachlässig angefertigt worden zu sein, weil die Interpolation nicht die darauffolgende Redewendung „und bei der Lehre, die gemäß ist der Gottseligkeit" abdeckt, von der wir erwarten würden, dass sie ebenfalls mit Jesus identifiziert würde.

Für sich genommen brauchte die Passage 6:3 durchaus keine Interpolation zu sein, um unsere Behauptung, dass die Pastoralbriefe nichts von einem historischen Jesus wissen, zu rechfertigen. Sogar wenn *tois tou kuriou hēmon Iēsou Christou* Teil des ursprünglichen Textes war, muss das nicht mehr bedeuten als dass die „Lehre“ nach Meinung des Verfassers durch den spirituellen Christus offenbart wurde – in demselben Sinn wie die „Worte des Herrn“ des Paulus. (Siehe auch die Diskussion bezüglich 1 Clemens in Kapitel 24.)

Wir haben hier sehr wahrscheinlich eine Interpolation vor uns, die einige Zeit, nachdem der Brief geschrieben wurde, vorgenommen wurde; sie erscheint bezeichnenderweise nur wenige Verse vor einer anderen verdächtigen Redewendung, derjenigen über Pilatus, die gleichermaßen deplaziert scheint.

Anhang 2
Unterhaltung zwischen Paulus und einigen Neubekehrten

[Seite 35]

Von vielen Wissenschaftlern wurde lange Zeit behauptet, dass das Schweigen des Paulus über alles, was mit Jesu irdischem Leben und seiner Verkündigung zu tun hat, aus seinem „Mangel an Interesse“ am Menschen Jesus resultiere sowie daraus, dass derartige Dinge nach seiner Ansicht für die Christologie „irrelevant“ seien. Wenn wir eine solche beharrliche Weigerung des Paulus, auch nur irgendeinen Aspekt von Jesu irdischem Leben und Lehren als Information zu sammeln und zu verkündigen, voraussetzen, könnten wir uns etwa die folgende Szene vorstellen. Die Szene findet statt in einem griechischen Haus in der Diaspora, mit einer Mischung von Bekehrten und interessierten Freunden und Zuschauern, die an einem warmen Sommerabend um Paulus versammelt sind. Die Unterhaltung könnte wie folgt stattgefunden haben:

DEMETRIOS (der Gastgeber und Besitzer des Hauses): Nun, Paulus, erzähle uns mehr über Jesus, den Erlöser. Ich habe gehört, dass er das kommende Königreich Gottes mit großer Vollmacht lehrte und dass wir alle einander lieben sollten.

PAULUS: Ja, ich habe derartige Gerüchte gehört, aber ich betrachte dies alles als unwichtig, und wie es nun einmal so geht, bin ich nicht mit irgendwelchen seiner Lehren vertraut.

DEMETRIOS: Verstehe. Aber deine Mission gilt Heiden wie uns, nicht wahr? Sicherlich hat auch Jesus Heiden in seine Verkündigung einbezogen und seine Apostel angewiesen, hinauszugehen und ihnen zu predigen? Ich könnte mir vorstellen, dass er das tat.

PAULUS: Ich nehme an, das ist möglich. Ich habe keine Informationen aus erster Hand.

HERMES: Du hast Zeichen und Wunder für uns vollbracht, Paulus, die uns davon überzeugten, dass der Herr durch dich spricht. Ich habe gehört, dass Jesus selbst große Wunder vollbrachte und einmal Tausende mit ein paar Laiben Brot speiste. Mein Freund Ampliatus hörte davon, als er im Osten war.

PAULUS (sich räuspernd): Oh, ich befasse mich nicht mit solchen Dingen, und du solltest es auch nicht tun. Sie sind ziemlich unbedeutend, und du musst sie nicht kennen, um an den auferstandenen Sohn Gottes zu glauben.

JUNIAS: Als ich hörte, dass du hier sein würdest, Paulus, sagte ich zu meiner kranken Mutter, dass du vielleicht vorbeikommen und den Dämon austreiben würdest, der sie krank macht. Auch ich habe von einem Verwandten in Galiläa gehört, dass Jesus Dämonen austrieb und viele Menschen heilte –

HERODIAN (in leichter Erregung unterbrechend): Ja, die Dämonen sind auch in meinem eigenen Haus gewesen. Mein Bruder hat Fieber bekommen, und erst vorige Woche ist das Dach meiner Werkstatt ohne einen Grund zusammengebrochen.

PAULUS (mit beschwichtigender Geste): Es gibt keinen Zweifel, dass böse Geister uns von allen Seiten heimsuchen, meine Freunde, und wir müssen den Glauben haben, dass Gott uns von ihnen befreien wird. Zu den Berichten über Heilungen durch Jesus: vielleicht hat er es getan, aber andererseits behauptet jeder Wundertätige im Lande solche Dinge. Wir sollten solchen Dingen möglicherweise nicht zu große Bedeutung beimessen.

OLYMPAS: Du hast uns vom kommenden Ende erzählt, Paulus, und ich sehe der verheißenen Erlösung aus diesem Jammertal entgegen, aber ich habe große Angst vor dem, was passieren könnte. Hat Jesus seinen Jüngern irgendetwas darüber offenbart, wie die Dinge sein werden, wenn er vom Himmel zurückkehrt?

PAULUS (etwas verstimmt): Wer weiß? Einerlei, man kann sich

nicht darauf verlassen, was die sogenannten „Männer guten Rufs" in Jerusalem verbreiten. Sie sind letztlich nur Fischer. Außerdem, wie ich dir schon sagte, habe ich Informationen zum Thema direkt von Christus selber –

AGRIPPA (ein Jude): Einige meiner jüdischen Freunde haben von deinen Predigten gehört, Paulus, als ich sie aber einlud, zu uns zum Essen zu kommen, sagten sie, dass sie nicht ihre Reinheitsgebote brechen und mit Heiden zusammen essen könnten. Befolgte Jesus so strenge Regeln, und weigerte er sich, mit Unreinen zu essen?

PAULUS (wütend): Ich weiß es nicht.

CRISPUS (gequält aussehend): Auch ich habe einen jüdischen Freund, der ein Anhänger Christi ist. Aber er sagt, dass sogar die Heiden beschnitten werden – (gequälte Mienen überall) – und das jüdische Gesetz befolgen müssen, wenn sie Mitglieder deines Glaubens an Christus werden möchten. Ist das so? Hat Jesus eine derartige Bedingung genannt?

PAULUS: Meine Freunde, meine Freunde, warum diese ganzen närrischen Fragen? Was Jesus im Laufe seines Lebens gesagt oder getan haben mag, ist vollkommen belanglos. Ich habe euch schon über die einzige Sache, die eine Rolle spielt, informiert, Christi Leiden und Tod und seine Auferstehung von den Toten. Dies sind die Dinge, die uns Erlösung gebracht haben!

DEMETRIOS (hastig, eine gewisse Verlegenheit und ein Unwohlsein seiner Gästen bemerkend): Ja, meine Freunde, das Leiden des Herrn, das er bei seinen schlimmen Qualen erlitt, ist sicherlich das, worauf wir uns konzentrieren sollten. Erzähl uns darüber, Paulus, wurde er gefoltert und gegeißelt, bevor sie ihn kreuzigten?

PAULUS (Schulter zuckend): Ich nehme an, er wurde. Die Römer machen das mit jedem, den sie kreuzigen.

GAIUS (spuckt vor Ekel aus): Ja, sie brechen dem verurteilten Mann die Beine, um ihn schmerzhafter sterben zu lassen. Ich nehme an, sie machten das auch mit Jesus?

PAULUS: Ich weiß es nicht. Ich war nicht da.

ARCHIPPUS: Erzähl uns, was er sagte, Paulus, als sie ihn ans Kreuz schlugen. Selbst jetzt verfolgt die Obrigkeit neue Christgläubige, und ich frage mich, ob auch wir ihren Hass erleiden werden, so wie es Christus tat. Sprach er? War er standhaft? Hat er sie für das, was sie taten, verflucht?

PAULUS (kurz): Ich habe nicht gefragt, aber lass mich dir erzählen, was der Herr mir persönlich offenbarte.

JULIA: Oh, wie ich dich beneide, Paulus! Du, der du in Jerusalem warst, und genau an der Stelle standest, wo Jesus gekreuzigt wurde. Das würde mir Schauer über den Rücken laufen lassen. Du musst seine Gegenwart gefühlt haben. Hat er dort mit dir gesprochen?

PAULUS: Meine liebe Frau, ich war nie auf Golgatha. Ich hatte nicht die Zeit, als ich Jakobus und Petrus besuchte. Schließlich handelt es sich auch nur um einen kleinen Hügel.

PERSIS: Aber das Grab, Paulus. Hast du es gesehen? Gibt es dort noch Zeichen der Auferstehung des Herrn? Beten dort Jesu Anhänger jedes Jahr zu Ostern?

PAULUS (wirft seine Hände hoch): Diesbezüglich kann ich nichts sagen. Aber ein Grab gleicht fast einem anderen, glaubst du nicht? Warum die Zeit mit so nutzlosem Zeug vergeuden? Wir sollten uns lieber auf die ewige Bedeutung dieser Ereignisse konzentrieren.

DEMETRIOS (bemerkt nervös, dass ein paar seiner Gäste wortlos verschwunden sind): Nun, ich bin sicher, dass wir alle darin einig sind, dass Paulus uns jetzt genug über das Thema Christus Jesus aufgeklärt hat. Vielleicht sollten wir uns zu einem Aperitif ins Atrium begeben, und er kann uns noch mehr erzählen...

Anhang 3

Ignatius von Antiochien und der Doketismus

[Seite 76]

Kapitel 6 zitiert eine Passage aus dem Brief des Ignatius an die Trallianer, in dem er seinen Glauben an bestimmte grundlegende biographische Daten über Jesus erklärt:

„Seid also taub, wenn jemand zu euch redet, ohne Jesus Christus, der aus dem Geschlecht Davids, aus Maria stammt, der wirklich geboren wurde, aß und trank, wirklich verfolgt wurde unter Pontius Pilatus, wirklich gekreuzigt wurde ... der auch wirklich von den Toten auferstand.“ (Trall 9:1f.)

Kommentatoren haben immer wieder behauptet, dass in Passagen wie diesen Ignatius eine häretische Lehre bekämpfe, die um das Ende des 1. Jahrhunderts herum im Christentum in Erscheinung trat. Diese Lehre wird „Doketismus“ genannt. Sie nahm wahrscheinlich ihren Anfang mit der Überzeugung, dass eine Gottheit wie Jesus sich nicht wirklich in Materie verwandeln konnte und dass die Vorstellung von Gott in einem menschlichen Körper widersprüchlich und tatsächlich unmöglich sei.

Daher, so lautet das Argument, müssten die Ansichten über Jesus von Nazareth revidiert werden. Ein früher Doket, Cerinth, so wird gesagt, habe angenommen, dass der Geist des göttlichen Christus bei der Taufe in den irdischen Menschen Jesus, Sohn von Maria und Joseph, herabkam und ihn kurz vor der Passion und Kreuzigung verließ. Zu keiner Zeit wurde der göttliche Sohn Gottes dadurch (von der Materie) verunreinigt, dass er sich mit der menschlichen Natur verband. (Wir haben keine Schriften von Cerinth, nur Zitate über ihn und seine Lehre aus den Schriften der christlichen Apologeten ein Jahrhundert später. Dies lässt Raum für spätere Verwirrung oder Verfälschung dessen, was Cerinth tatsächlich glaubte, warum er es glaubte und wann er es glaubte.)

Später, so heißt es, habe sich seine doketische Haltung verändert. Der Sohn Gottes *sei* zwar geboren worden und habe in der Welt gelebt, aber er sei in einem Körper gewesen, der menschliches Fleisch und Blut nur zu sein „schien“ (dies ist die Bedeutung des griechischen Verbs *dokein,* von dem der Begriff „Doketismus“ abgeleitet ist). Obwohl er seiner Umwelt als ein Mensch erschien, war er in Wirklichkeit ein Phantom, und seine Leiden, seine körperlichen Erfahrungen, waren nicht real.

Aber es gibt Probleme mit einer derartigen Interpretation von Passagen wie Trall 9. Vor allem ist der Ansatz zu allgemein. William R. Schoedel (*Ignatius of Antioch,* S. 124-5), der behauptet, dass die Gegner des Ignatius Doketen waren, erkennt, dass solche Passagen nahelegen, dass „Ignatius eine Leugnung der Passion im Sinn hatte, die kompromissloser war, als unsere Untersuchung bisher gezeigt hat.“ Er bestätigt, dass die Gegner des Ignatius tatsächlich „die Realität von Christi Tod „zu leugnen scheinen und somit auch die der Inkarnation. Die Gegner behaupten nicht nur einfach einen doketischen Christus, sie behaupten einen Christus, der „keinen Platz in unserem Leben“ hat (Magn 9:2).

Beachten wir, was Ignatius Magnesier 11:1 sagt:

„Ich will für euch auf der Wacht sein, dass ihr nicht in die Angeln des leeren Wahnes geratet, vielmehr vollkommen überzeugt seid von der Geburt, dem Leiden und der Auferstehung, die während der Regierungszeit von Pontius Pilatus erfolgt sind."

Dies ist keine Aufforderung, eine doketische Auffassung abzulehnen. Schoedel gibt zu, dass die Aussage „relativ blutarm im Vergleich mit einer antidoketischen Aussage ist". Stattdessen gibt Ignatius eine verbindliche Erklärung, dass ein solches Ereignis tatsächlich stattfand. In der Trallianerpassage ruft der Bischof von Antiochia die Christen dazu auf, jedem gegenüber die „Ohren zu verschließen", der keinen historischen Jesus predigt, nicht nur gegenüber dem, der predigt, dass Jesus von Nazareth nicht wirklich litt. Und warum sind Maria und Pilatus so auffallend als Teil dieses antidoketischen Ansatzes mit einbezogen? Derartige Gestalten wären sogar von Doketen akzeptiert werden. Mit einer Analogie könnten wir sagen, dass es sich wie bei zwei erwachsenen Brüdern verhält, die über die Einzelheiten eines Vorfalls streiten, der im Hause ihrer Kindheit stattfand. Wenn der eine behauptete, dass es die Blumenvase war, die sie zerbrachen, und der andere sagte, es sei Mutters beste Teekanne gewesen, würde doch wahrscheinlich keiner von beiden die Tatsache bestreiten, dass das Ganze in der Elm Street passierte. Hierbei würde es sich um einen akzeptierten Teil des Rahmens handeln, und niemand wäre daran interessiert, diesen anzufechten.

Andererseits finden wir bei Ignatius Passagen, die speziell eine doketische Position ansprechen, aber sie sind von den durchgreifenderen Argumenten über die Historizität Jesu getrennt. Sehen wir uns zum Beispiel Trall 10 an, das der Passage in dem vorher zitierten Abschnitt Trall 9 folgt:

„Wenn er aber, wie einige, die Gottlose, d.h. Ungläubige sind, sagen, zum Schein gelitten hat."

Warum sollte Ignatius den gleichen Punkt noch einmal ansprechen, wenn er ihn gerade abgehandelt hätte? Vergleichen wir die ähnliche Situation in Smyrn 1 und 2, wo eine allgemeine Diskussion der Biographie Jesu (dieses Mal mit einen Hinweis auf Jesus, der durch Johannes den Täufer getauft wurde) wieder von einer spezifisch doketischen Diskussion getrennt ist.

In Smyrn 5:2 geißelt Ignatius jene Gotteslästerer, die leugnen, dass Jesus „je einen echten menschlichen Körper trug“. In diesen beiden Textstellen verwendet er bei seiner Erwiderung antidoketische Argumente. (Diese in Formulierungen, die zeigen sollen, welche Auswirkungen solche häretischen Ansichten auf das Leiden der Christen haben: Wenn die Leiden Christi nicht real waren, wie können sie dann einen Wert für unsere eigenen haben?) Dies ist etwas, was Ignatius in den allgemeineren Passagen nicht macht. Das Wort *alēthos*, „wirklich“ oder „wahrhaftig“ wird oft als antidoketischer Begriff bezeichnet, aber es kann auch genauso gut „in Wirklichkeit“ bedeuten.

Das heißt nicht, dass sich nicht eine bestimmte antidoketische Tendenz in der Argumentation bemerkbar mache, wie die Erklärung aus Trall 9; „aß und trank“ hat diesen Beiklang. Aber es wäre nicht verwunderlich, wenn Ignatius seine häretischen Gegner nicht hätte scharf voneinander unterscheiden könnte. Möglicherweise handelte es sich nicht immer um zwei getrennte Gruppen. Vielmehr gab es in dem Milieu, in dem Jesus von Nazareth in die Geschichte trat, viele, die der Vorstellung eines körperlichen Jesus widerstanden, einige mit totaler Leugnung. (Siehe 1. Joh 4:1f, wo bestimmte „Geister“, Antichrist genannt, leugnen, dass „Jesus Christus in das Fleisch gekommen ist“, während 2. Joh 7 eine ähnliche Verleugnung verdammt.) Aber zu dem Milieu gehörten auch einige, die einen inkarnierten Jesus bevorzugten, der nicht ein wahrer Mensch gewesen war. Dieser letzteren Ansicht waren die Gnostiker gefolgt.

Meine eigene Ansicht über die Entwicklung des Doketismus ergibt sich aus dem oben dargestellten Szenario. Mir scheint es plausibler, den Doketismus im Zusammenhang und als Reaktion auf einem neu hervortretenden historischen Jesus zu sehen, als anzunehmen, nach rund 70 Jahren, in denen die Vorstellung eines Menschen Jesus von Nazareth allgemein akzeptiert wurde, hätten plötzlich einige Christen Vorbehalte gehabt und geglaubt, er sei kein wirkliches menschliches Wesen gewesen. Erst als der sterbende und wiederauferstehende Christus des Paulus in eine historische Gestalt umgewandelt worden war, entstand das Problem eines Gottes, der einen wirklichen menschlichen Körper besaß und wirkliches menschliches Leiden durchlitt.

Vorher wurde Christus als eine spirituelle Wesenheit angesehen, die in der Geistwelt des himmlischen Reiches in den Händen von Dämonengeistern gelitten hatte. Wenn aber zu der Zeit des Ignatius und Cerinth (von dem gesagt wird, dass er zu der Zeit des Ignatius lebte) die Idee aufkam, dass Christus auf der Erde gewesen war, gelitten hatte und unter Pilatus starb, wirkliches Menschenblut am Kreuz von Jerusalem vergoss, mussten notwendigerweise Einwände vorgebracht werden, weil einige Christen es nun für philosophisch unakzeptabel hielten, dass eine Gottheit ins Fleisch kommen und wirklich leiden konnte. Andere wie Ignatius hatten damit keine Probleme – tatsächlich nahmen sie eine derartige Lehre bereitwillig an, da sie Jesus ihrem eigenen Leiden näher brachte. (Verdammung des reinen Platonismus!) Besonders Gnostiker fanden die Vorstellung, dass ihre Erlösergestalt im Fleisch gewirkt habe, unerträglich, und so neigte ihre Soteriologie dazu, ihn auf Distanz zu halten. Als noch mehr gnostische Erlösergestalten im Laufe des 2. Jahrhunderts mit dem christlichen Jesus verschmolzen, wurde ihre Sicht des Jesus von Nazareth im Allgemeinen in doketischen Begriffen ausgedrückt; sie neigten naturgemäß dazu, vor „biographischen" Evangelien zurückzuschrecken, in denen Jesus gefährlicherweise so dargestellt wurde, als hätte er ein menschliches Leben gelebt.

Anhang 4

Eine auf dem Evangelium basierende Interpolation in der Himmelfahrt des Jesaja 11

[Seite 142]

In Kapitel 10 untersuchten wir eine aus mehreren Schichten zusammengesetzte jüdisch-christliche Schrift vom Ende des 1. Jahrhunderts, die Himmelfahrt des Jesaja. Diese enthält auch Passagen über die Herabkunft des Sohnes (Kapitel 9 und 10), gibt jedoch keinerlei Hinweise auf einen Inkarnationsgedanken oder eine Kenntnis der Evangelien. Nichts bereitet den Leser deshalb auf die größere Textstelle 11:2-22 vor, die in einer von drei Handschriftenüberlieferungen gefunden wird.

Von der Himmelfahrt des Jesaja sind drei verschiedene Handschriftengruppen erhalten: je eine äthiopische, lateinische und slawische. Während die erste nach allgemeiner Meinung auf einem griechischen

Text basiert, sollen die anderen beiden zwar auch auf einem griechischem, aber nicht auf demselben Text fußen.

Seite: 1

Es gibt merkliche Unterschiede zwischen der äthiopischen Version einerseits und den beiden anderen, der lateinischen und der slawischen, andererseits. Auch enthält letzteres Paar nur den zweiten Abschnitt des Werkes, bekannt als die Vision des Jesaja, Kapitel 6 und 11 – jenes Teils also, mit dem wir uns befassen wollen.

In dem äthiopischen Text gibt es eine ungewöhnliche Passage in 11:2-22. Nicht ein Wort davon erscheint in den beiden anderen Versionen. Sie erzählt (als Teil von Jesajas Zukunftsvision) zuerst die Geburt des Herrn in Bethlehem als Kind von Maria und Joseph nach. Diese Passage stimmt mit keiner Evangeliumsgeburtsszene überein. Hier wird Jesus in seinem Elternhaus geboren; Maria wird nicht verkündigt, wer dieses Kind sei. Es fehlen jegliche Einzelheiten in Bezug auf Herodes, die Heiligen Drei Könige, Volkszählung, Krippe, Hirten usw., so dass der Eindruck entsteht, als handele es sich um eine frühe, primitivere Fassung der Geburtsgeschichte. Die Passage erzählt dann in dürftigster Weise von den großen Zeichen und Wundern, die Jesus als Erwachsener in Israel vollbrachte und davon, wie sich die Kinder Israels gegen ihn wandten, wie er weiterhin dem „Herrscher" ausgeliefert (Knibb nimmt an, dass dies Pilatus sein müsse) und gekreuzigt wurde und wie er zu dem Engel der Hölle (Scheol) hinabstieg. Sie schließt dann (Vers 20): „In Jerusalem sah ich, wie sie ihn an einem Baum kreuzigten und wie er nach dem dritten Tag auferstand und (viele) Tage blieb. Und ich sah, wie er die zwölf Jünger aussandte und zum Himmel fuhr."

Knibb (*op. cit.,* S. 154) merkt an, dass „der primitive Charakter dieser Erzählung es schwer macht zu glauben, dass sie nicht Teil des ursprünglichen Textes war". An anderer Stelle (S. 146) betont er, dass der griechische Text, auf dem die beiden lateinischen und slawischen Handschriften basieren, die „Revision" eines Textes darstelle, der wiederum auf dem äthiopischen basiere, und dass die Passage aus 11:2-22 wegen ihrer „legendären Züge" aus letzterem stamme. Aber dies scheint nicht viel Sinn zu machen. Warum hätte ein „Revisor" es vorgezogen, diese Schlüsselpassage zu entfernen, die einzige in der Vision, die irgendetwas über Jesu Leben enthält? Warum sollten derartige

Details als „legendär“ angesehen werden, was bedeuten würde, dass sie unerwünscht waren? Wenn sie einem späteren Herausgeber primitiv erschienen, hätte – wie die Erfahrung zeigt – ein christlicher Abschreiber oder Redaktor das, was ihm nicht gefiel, gewiss geändert, um es mit den Auffassungen seiner Zeit in Einklang zu bringen. Selten lässt er es vollkommen fallen – oder reduziert es auf einen Satz, so wie an dieser Stelle in anderen Versionen.

Plausibler scheint es daher anzunehmen, dass der lateinische und der slawische Text älter sind und dass der griechische Text, der dem äthiopischen zugrunde liegt, die Erweiterung einer älteren griechischen Version darstellt, auf der nun die anderen fußen. Sogar innerhalb des äthiopischen Textes von 11:2-22 können wir Zeichen von Erweiterung und Redaktion finden. Zum Beispiel enthalten verschiedene äthiopische Handschriften in 11:21, einem Abschnitt, der sich auf Christi Anwesenheit auf der Erde nach der Auferstehung bezieht, unterschiedliche Zeitangaben; eine spricht von „vierzig Tagen“, was ohne Zweifel durch die Apostelgeschichte beeinflusst ist. Im Allgemeinen scheint die äthiopische Version bei primitiveren Passagen Erweiterungen aus den anderen beiden Versionen aufzuweisen.

Dies alles gibt Anlass zu der Vermutung, dass sich in der Himmelfahrt des Jesaja die Entwicklung eines in einem übernatürlichen Rahmen wirkenden spirituellen Christus hin zu einem körperlichen Christus, der ein Leben in einem irdischen Rahmen lebt, widerspiegelt. Handschriften wurden von Zeit zu Zeit revidiert (durch mehrere Redaktoren in unterschiedlichen Versionen), um neue Entwicklungen im Denken und in der Lehre zu reflektieren, auch wenn nicht immer jedes Detail aktualisiert wurde. Die äthiopischen Handschriften mögen einen kurzen Hinweis auf Jesu Erdendasein enthalten, ohne Schilderungen über die Herabkunft des Sohnes, die noch nicht zum Umfang einer ausführlichen Beschreibung über das Leben des Sohnes auf der Erde erweitert wurden und somit keine irdische Dimension einschließen. Vielleicht glaubte man, diese sei damit impliziert – wie einige moderne Gelehrte meinen.

Anhang 5

Hebräer 8:4 – „Wenn er nun auf Erden wäre ..."

[Seite 159]

Dieser verblüffende Vers in Kapitel 8 des Hebräerbriefes wird von den meisten Kommentatoren falsch gedeutet oder vollkommen ignoriert. Der Schreiber spricht vom hohepriesterlichen Amt Jesu im himmlischen Heiligtum und fängt an, ihn mit dem irdischen Hohepriester zu vergleichen. In Vers 4 sagt er:

„Wenn er nun auf Erden wäre, so wäre er [Jesus] nicht Priester ..."

Gleichgültig, worauf man diesen Satz bezieht, man kann nicht leugnen, dass der Schreiber offenbar sagen will, dass Jesus nie auf der Erde war. Der griechische Text lautet *„ei men oun ēn epi gēs"*, was wörtlich heißt: „Wenn er nun also wäre auf Erden..." Das Verb *en* steht im Imperfekt, das streng genommen eine Vergangenheitsform ist. Aber die Bedeutung ist wahrscheinlich präsentisch, oder zumindest zeitlich mehrdeutig, ähnlich der konditionalen Zeit, in der die meisten anderen Übersetzungen es wiedergeben.

Jedoch hat der Verfasser es versäumt, seinen Satz näher zu bestimmen. Er sagt nicht, „wenn er jetzt auf der Erde wäre (statt früher)", „wenn er zur Erde zurückkehrte", „wenn er noch auf der Erde wäre" ; nicht einmal: „Während er auf der Erde war, war er kein Priester ..." Der Verfasser sagt nichts, was irgendein Wissen darüber verrät, dass Jesus kürzlich auf der Erde *war* und hier bereits einen wichtigen Teil seines Opfers – das Verschütten des Blutes – vollzog. (Im Gegensatz zu den meisten modernen Kommentatoren, die sich regelmäßig genötigt sehen, darauf hinzuweisen.)

Der Vers will sagen, dass Jesus auf der Erde ohne Aufgabe wäre, da es dort schon irdische Priester gibt, welche die vom Gesetz vorgeschriebenen Pflichten erfüllen; diese dienen in einem Heiligtum, das nur „Abbild und Schatten des Himmlischen" ist (8:5). Nun wird man sich fragen, wie der Verfasser darauf kommen konnte, zu sagen, dass Jesus auf der Erde keine hohepriesterliche Aufgabe besaß? Wie konnte er andeuten, dass die Erde nur der Ort menschlicher Pflichten in einem menschlichen Heiligtum war, wenn Jesus hier sein Opfer vollzog und hier sein Blut auf Golgatha vergoss? Es ist schwer nachzuvollziehen, wie sich der Verfasser so ausdrücken könnte, ohne zumindest einschränkend darauf hinzuweisen, dass Jesus erst vor kurzem hier gewirkt hatte.

Alle herbeibemühten Erklärungen reichen nicht aus. Wenn Jesus tatsächlich auf der Erde war und ein (Selbst-)Opfer auf Golgatha vollzog, warum sollte der Verfasser in banaler Weise anmerken, dass er es *jetzt* nicht tun würde, „weil da schon solche sind, die nach dem Gesetz die Gaben opfern". Diese irdischen Priester haben solche Opfer seit Jahrhunderten vollzogen, einschließlich der Zeit, in der Jesus lebte. Nein, die Tatsache, dass diese Aussage überhaupt gemacht wird, scheint die Vorstellung, dass Jesus jemals ein Opfer auf Erden vollzog, auszuschließen.

Paul Ellingworth hat gleichsam einen flüchtigen Blick über den Rand des Abgrunds geworfen – ist aber sogleich wieder zurückgewichen. Bei der Analyse dieser Textstelle (*Hebrews*, S. 405) stellt er die normale Interpretation des Imperfekts *en* in Frage und damit die Übersetzung der New English Bible – die zugegebenermaßen „grammatikalisch möglich ist" – weil man sie so „missverstehen könnte, als ob Jesus 'niemals auf der Erde gewesen war'." Er behauptet, dass dieses „dem Kontext widerspräche". Aber dieser „Kontext" ist das Vorurteil der vergangenen 19 Jahrhunderte, dass ein historischer Jesus existierte; tatsächlich existiert aber ein derartiger Kontext im Hebräerbrief überhaupt nicht. Er ist ihm auferlegt worden.

Der Schreiber fährt in 8:6 fort darauf hinzuweisen, dass Jesu gegenwärtiges Amt im Himmel viel größer als das irdische des Hohepriesters ist, eine Vorstellung, die nicht in Rechnung stellt (und sie entwerten würde), dass Jesus tatsächlich erst kürzlich selber ein solches Amt ausübte. Am Ende zeigt der zu 8:4 leitende Vers, in dem das Hauptmotiv des ganzen Kapitels anklingt, dass die Absicht des Verfassers dahingeht, jeder der beiden Gruppen eine gegensätzliche Rolle zuzuweisen, die eine der anderen überlegen: Jesus im himmlischen Heiligtum, der menschliche Priester im irdischen. Hier wird wieder deutlich, was bereits in Kapitel 12 ausgeführt wurde, dass Autoren wie der Verfasser des Hebräerbriefes platonische Typvergleiche benutzen, basierend auf der getrennten und komplementären Beziehung zwischen den beiden Sphären, der höheren und der niederen Welt. Wenn Jesus tatsächlich in beiden Bereichen gewirkt hätte, hätte dies die sorgsam ausgearbeitete

Antithese zerstört oder zumindest irgendeine Erklärung auf diese Diskrepanz notwendig gemacht.

Schließlich würden wir auch im 1. Korintherbrief 15:44-49 einen Hinweis darauf erwarten, dass Jesus erst kürzlich als Mensch auf der Erde weilte. Indem Paulus den spirituellen Körper Christi, den Mann des Himmels, mit dem materiellen Körper des irdischen Adams kontrastiert, versäumt er es, darauf hinzuweisen, dass der Körper Christi, von dem er spricht, jener spirituelle war, den er erst nach seiner Auferstehung annahm. (Paulus möchte zeigen, dass die Auferstandenen einen himmlischen Körper annehmen werden wie den Christi.) Kommentatoren erklären, dass die Äußerung des Paulus dies *impliziere:* Das ändert aber nichts daran, dass Paulus eine derartige Implikation nirgendwo andeutet.

Anhang 6

Wo lebten Christus und die griechischen Erlösergottheiten?

[Seite ?]

Wo sollten nach Ansicht der Griechen und Römer die Handlungen ihrer kultischen Götter stattfinden? Wenn der ursprüngliche Jesus der Christenheit ein Erlösergott gleicher Art war, hatte er seine Kreuzigung dann auch in derselben Sphäre erlitten? Wurde diese als die höhere spirituelle Welt betrachtet, die ihren Ort in den niedrigeren Sphären des Himmels des platonischen Universum hatte? Oder gehörte sie zu einer primordialen Vergangenheit auf der Erde, einer heiligen vorgeschichtlichen Zeit?

Es gibt keinen Zweifel daran, dass die griechischen Mythen in die primordiale Vergangenheit versetzt wurden, bevor platonisches Denken kurz vor der Zeitwende daranging, das Universum in philosophischer Analyse zu durchdringen. Und gewiss sind einige dort verblieben – wie der halbgöttliche Superheld Herakles in der traditionellen Mythologie. Was aber war mit den Erlösungskulten, in denen die Göttermythen in eine platonische, höhere Welt projiziert wurden – beteiligte sich auch das Christentum daran? Ich habe im Text gezeigt, dass einiges für eine solche Annahme spricht und möchte hier noch ein wenig näher darauf eingehen.

Wie in Teil vier ausgeführt, schließt die Beschreibung von Götterhandlungen in irdischen oder sogar menschlich klingenden Begriffen keineswegs die obere Welt als Schauplatz solcher Handlungen aus, da man auch die niedere materielle Welt als ein himmlisches Gegenstück, abgeleitet von archetypischen spirituellen Urtypen, betrachtete. Leider stammen die einzigen Schriften, die sich auf die Mysterienmythen beziehen, von intellektuellen Philosophen und nicht von Priestern oder Anhängern dieser Religion. Ausnahmslos drücken solche Autoren sich gemäß den Prinzipien aus, die von Plutarch im späten 1. Jahrhundert u.Z. festgelegt wurden:

„Deshalb, Clea, wann auch immer du die traditionellen Geschichten hörst, die die Ägypter über ihre Götter, ihre Wanderungen, ihre Zerstückelungen, und vieles andere dieser Art erzählen ... musst du nicht denken, dass irgendeine dieser Geschichten tatsächlich in der Art passierte, wie sie erzählt werden." (*Isis und Osiris,* Kap. 11/ 355 B)

Mit anderen Worten, die mythischen Geschichten sind Allegorien und nicht historische Ereignisse in unserem Sinn. (In prähellenistischen Versionen dieses Mythos wurde Osiris mit einem legendären früheren König von Ägypten gleichgesetzt, aber die griechische kultische Religion, die daraus erwuchs, transzendierte diese „historische" Identität.) Plutarch spricht (Kap. 54/373 A) von dem Mythos des Körpers des Osiris, der von Typhon zerstückelt wird, und von der Suche der Isis, diese Teile zu finden, als von etwas, das „wiederholt" geschieht. Er betrachtet es somit nicht als ein einmaliges Ereignis, das in der heiligen Vergangenheit stattfand. Der Körper von Osiris wird mit dem Logos gleichgesetzt, eine symbolische Interpretation der Aktivität des Logos als „immanent" in der Welt, im Sinne eines Zwischenstadiums zwischen der höchsten Sphäre des zeitlosen, unveränderlichen Gottes und der Sphäre der zeitlichen sich verändernden Materie. Obwohl Plutarch nicht in derartigen Begriffen spricht, ist diese mit der Vorstellung vom „herniederkommenden Erlöser" und dem kultischen Erlösergott verwandt, der in der niederen Himmelssphäre wirkt, die in die materielle Welt eingreift.

Der Philosoph Sallustius des 4. Jahrhunderts betrachtet ebenfalls die Mythen der Erlösergötter wie Attis als Allegorien „zeitloser Vorgänge“. Julian Apostata aus der gleichen Periode spricht, wiederum in der Begrifflichkeit von Allegorien, von der Herabkunft des Erlösergottes Attis auf eine Ebene, die so beschrieben wird:

„Denn dort, so sagen sie, wird die Substanz den Veränderungen ausgesetzt und verbindet sich mit der leidenschaftslosen, drehenden Sphäre der fünften Substanz.“ (*Orationes V: Hymnus auf die Mutter der Götter,* 165 C)

In Julians neoplatonischer Philosophie gibt es ein Zwischenreich innerhalb des Universums, in dem göttliche Wesen die Merkmale der materiellen Welt annehmen. Julian behauptet weiter, dass andere Elemente des Attis-Mythos Merkmale aufwiesen, die noch näher an der materiellen Welt seien, und sogar diese „heißt nicht Materie selbst, sondern die niedrigste nichtmaterielle Ursache, die (selbständig) besteht vor der Materie“. Dieser Bereich des Universums ist „das Bindeglied zwischen Formen, verkörpert in der Materie unterhalb des Mondes“ und „der Ursache, die oberhalb der Materie existiert“. Julian bezeichnet Attis als einen Halbgott, der „zur Materie neigt“, niedriger als die „unwandelbaren Götter“. Dies alles legt die Existenz einer „dazwischen liegenden Sphäre nahe, in der Götter dicht an die materielle Welt herankommen können und Dinge tun, die eine Auswirkung auf sie haben“.

Dies alles klingt höchst esoterisch und nahezu unverständlich für einen modernen Menschen – und scheint in der Tat völlig von der wirklichen Realität abzusehen. Auch wenn daraus nicht hervorgeht, wie der durchschnittliche Anhänger der Kulte diese Dinge betrachtet haben mag, zeigen diese Äußerungen doch, dass das Denken des Zeitalters vom platonischen Bild des Universums geprägt war und nicht von der Vorstellung einer primordialen Vergangenheit.

E. R. Goodenough (*By Light, Light,* S. 14-15) sieht die Art und Weise, wie Plutarch den Isis/Osiris-Mythos behandelt, als eine Widerspiegelung der Suche des Mystikers nach spirituellem Aufstieg, um die ersehnte Vereinigung mit Gott zu erlangen. Derartige mystische Ansichten waren Teil der platonischen Struktur des Universums und hatten nichts mit der Vorstellung einer heiligen Vergangenheit zu tun.

Selbst Apuleius kann in seinem Buch *Der Goldene Esel* in seiner Einführung in die Isisriten in dem Teil, den er seinen Lesern mitteilen darf (wegen des Schweigegelübdes muss er über die anderen schweigen), sagen:

„Ich trat in die Gegenwart der Götter der Unterwelt ein, und die Götter der Oberwelt standen nahe bei und beteten sie an."

Diese Götter und Halbgötter existierten im „Jetzt" und werden als gegenwärtige Erscheinungen beschrieben – ebenso wie Christus im Denken des Paulus eine gegenwärtige Kraft, einen mystischen „Körper", an dem Gläubige jetzt Anteil haben, darstellt.

Der in hellenistischer Zeit aufkommende Mythos vom Stier tötenden Gott Mithras ist als mythische Reflexion einer astronomischen Entdeckung durch Hipparchus bezüglich der Tagundnachtgleiche erklärt worden (David Ulansey, *The Origines of the Mithraic Mysteries*). Diese Entdeckung wurde im späten 2. Jahrhundert v.u.Z. gemacht. Mithras, ursprünglich ein persischer Gott, später mit dem griechischen Gott Perseus in Verbindung gebracht, der seine eigene Konstellation am Himmel hat, war die Gottheit, die für diese große, den Kosmos beherrschende Steuerung verantwortlich gemacht wurde. Der Mythos des Stiertötens personifizierte die Entfernung von der vorherigen Position der Frühlings-Tagundnachtgleiche aus der Konstellation des Sternbildes des Stiers, verursacht durch die Konstellation des Perseus (Mithras), welche am Himmel genau darüber (*op. cit.,* S. 83) plaziert war. Wenn diese Ansicht richtig ist, ist ein solcher Mythos von seiner Art her ein Ereignis der oberen Welt und keines der heiligen Vergangenheit. Der Mythos mag das Produkt der Stoiker in dieser Zeitperiode gewesen sein, die große Astrologen und Verfechter von Astralreligion waren und welche die Naturkräfte als Wirken von Himmelsgöttern allegorisierten. Auch das zeigt die philosophische Ausrichtung dieser Zeit.

Wenn wir uns den christlichen Mythen über das Wirken Christi zuwenden, deutet auch hier vieles auf ein „Oberweltkonzept" hin. Die „Herrscher dieses Zeitalters" bei Paulus sind die Dämonen, die die Menschheit und ihre Sphäre bis zur gegenwärtigen Zeit beherrscht haben. Jene Dämonen waren in der „Luft" zwischen der Erde und dem Mond angesiedelt. Christi Tod, der dazu dienen soll, die Dämonen der Zerstörung auszuliefern und die Einheit des Universums, die sie zerbrochen haben, wieder herzustellen, hat man sich wohl weniger als ein primordiales Ereignis in der halbdunklen prähistorischen Vergangenheit vorgestellt, sondern vielmehr als eines, das in der immer gegenwärtigen Oberwelt stattfindet. Auf alle Fälle wurden die christlichen

Erlösungsprozesse, wie in Kapitel 10 skizziert, wohl nicht streng platonisch verstanden, wie bei Julian, Sallustius und Plutarch, die darin zeitlose Allegorien sahen, sondern als Teile von Gottes fortlaufendem Wirken in der Erlösungsgeschichte. Sie mussten in die geschichtliche Entwicklungslinie hineinpassen und konnten nicht in irgendeine prähistorische irdische Vergangenheit verbannt werden.

Die Himmelfahrt Jesajas präsentiert sich als der Bericht einer Vision, die der Prophet Jesaja empfing, der im 8. Jahrhundert v.u.Z. lebte. Der Abstieg des Sohnes, um durch den „Gott jener Welt“ gekreuzigt zu werden, ist somit ein *zukünftiges* Ereignis und kann nicht in die primordiale Vergangenheit plaziert werden. Christi Erlösungsopfer in dem Brief an die Hebräer ist deutlich in einem Oberwelt-Heiligtum plaziert und datiert den Sinai-Kult auf der Erde früher, mit dem es detailliert verglichen wird. (Der Verfasser versetzt es in die Zeit der „Vollendung der Aionen/ans Ende der Welt“ [9:26].)

Dass Opfer im Himmel dargebracht werden können, wird auch im Testament von Levi gezeigt, im dritten Teil des Testaments der Zwölf Patriarchen, einer jüdischen Schrift mit Zusätzen, die Wissenschaftler als christlich bezeichnet haben. In Kapitel 3 werden Opfer beschrieben, die Gott, durch Engel des dritten Himmels, in einem himmlischen Tempel dargebracht werden. Diese Himmelssphäre enthält ein archetypisches Heiligtum, dessen Abbild der Tempel auf der Erde ist. Hier „bringen die Erzengel dem Herrn Sühneopfer für alle aus Unwissenheit geschehenen Sünden der Gerechten“ (wie im irdischen Ritus am Versöhnungstag). „Sie präsentieren dem Herrn einen angenehmen Duft“, obgleich sie als „blutlos“ erklärt worden sind. (Siehe H. C. Kee, „Testaments of the Twelve Patriarchs“ in *The Old Testament Pseudepigrapha,* Bd. 2, S. 789.) Opfer im Himmel, die Blut beinhalten, findet man jedoch auch im späteren kabbalistischen Denken.

Schließlich ist die Vorstellung des „herab- und aufsteigenden“ Erlösers, wie man sie in der Gnosis und an anderer Stelle findet, (zusammen mit ihrem starken Widerhall im Johannesevangelium) ein in der Gegenwart stattfindender Offenbarungsprozess. Es ist Teil des Erlösungssystems eines mystischen Aufstiegs durch die Himmelssphären, begünstigt durch vom himmlischen Erlöser vermitteltes Wissen, nicht durch Verbindungen mit primordialen göttlichen Handlungen in einer fernen irdischen Vorgeschichte.

Alles in allem, tendierte das Denken des damaligen Zeitalters zu einer platonischen Weltauffassung, sowohl im Hinblick auf die Mythen der Mysterienkulte als auch auf die Vorstellung vom Opfer Christi in der frühen Christenheit.

Anhang 7

Die Markus-Priorität und die Existenz von Q

[Seite 188]

Dieser Anhang will keine umfassende Darstellung der beiden Fragen, sondern vielmehr nur eine Zusammenfassung der Hauptargumente geben.

Die Markus-Priorität

Wenn zwei Dokumente vom Inhalt und Aufbau her ähnlich sind und das eine länger als das andere ist, stellt das längere im Allgemeinen eine Erweiterung des kürzeren dar. Matthäus und Lukas sind beträchtlich länger als Markus, beide scheinen dem Aufbau und Inhalt von Markus zu folgen. Die allgemein übliche (und praktisch einzige) Alternative für die zeitliche Priorität des Markus ist die Matthäus-Priorität (eine These, die auf die zwei Jahrhunderte alte „Griesbach-Hypothese" zurückgeht).

In diesem Fall muss man jedoch eine vernünftige Erklärung dafür bieten, warum Markus, wenn er später schreibt und einen oder die beiden anderen Synoptiker als seine Quelle benutzt, so viel Text weggelassen hat. Er hätte dann die Genealogien und die Geburtsgeschichten entfernt, abgesehen von der Versuchungsszene, die Verkündigung Jesu fortgelassen – einschließlich der meisten Parabeln, sowie jene hochgelobten Texte christlicher Ethik, wie sie in der Bergpredigt des Matthäus enthalten sind. Er hätte viele matthäische Einzelheiten im Zusammenhang mit der Kreuzigung entfernt, die Wache am Grab, die Erscheinungen nach der Auferstehung, den Missionsbefehl (Mt. 28:19) und noch vieles mehr. Eine überzeugende Erklärung für diese drastische Reduzierung, zusammen mit einem möglichen Rahmen, in dem sie stattgefunden haben könnte, muss noch vorgebracht werden.

Es zeigt sich überdies, dass die Theologie des Matthäus fortgeschrittener ist als die des Markus; die Soteriologie wurde weiter entwickelt und der Gebrauch des Christus-Titels Jesus erweitert. Die Grammatik wurde bei Matthäus und Lukas gegenüber Markus verbessert, und die markinischen Passagen enthalten im Vergleich mit den anderen beiden oft eine „härtere" Lesart; das heißt, die markinischen Versionen ziehen Probleme nach sich, die Lukas und Matthäus offensichtlich „geglättet" haben.

Die stärkste Waffe im Arsenal derjenigen, die die Markus-Priorität verwerfen, sind die sogenannten „minor agreements" zwischen Matthäus und Lukas. Wenn alle drei Synoptiker denselben Spruch oder Vorfall wiedergeben, haben Matthäus und Lukas mitunter einen ähnlichen oder identischen Wortlaut, während Markus von beiden abweicht. Dieses, so wird behauptet, zeige eher, dass die beiden ersten Evangelisten voneinander abhängig seien, als dass sie Markus gekannt hätten.

Aber es gibt eine Anzahl plausibler Erklärungen für dieses Phänomen. Helmut Koester (*Ancient Christian Gospels,* S. 175) betont, dass spätere Veränderungen des Textes des Markusevangeliums dafür verantwortlich sein können, dass dieses mitunter von den beiden anderen abweicht. Spätere Abschreiber könnten überdies den Wortlaut des Lukas verändert haben, um ihn mit Matthäus übereinstimmen zu lassen (eine weit verbreitete Gewohnheit bei der Abschrift von Handschriften). Entscheidend ist, dass die „minor agreements" gegenüber der Markus-Priorität nur wenig Gewicht haben. Alternativen haben unvermeidlich ihre eigenen, sogar noch größeren Schwierigkeiten. Wie Koester sagt (*op. cit.,* S. 130), „die Verwerfung der Zwei-Quellen-Theorie löst nichts und schafft neue Rätsel, für die noch komplexere und unwahrscheinlichere Hypothesen vorgeschlagen werden müssen".

Die Existenz von Q

Niemand wird leugnen, dass jenes Textmaterial bei Matthäus und Lukas, das sie nicht mit Markus teilen (d.h. das sie nicht von ihm übernommen haben), viele Gemeinsamkeiten aufweist; so legt sich die Vermutung nahe, dass sie dafür eine gemeinsame Quelle gehabt haben müssen. In vielen Fällen sind die Ähnlichkeiten zu groß, um sie einer mündlichen Überlieferung zuschreiben zu können. Wenn die Existenz einer separaten schriftlichen Quelle bestritten wird, muss irgendeine andere Erklärung für dieses gemeinsame Material geboten werden. Die am häufigsten vorgeschlagene Lösung ist, dass das Textmaterial von Matthäus selber stammt und dass Lukas das Evangelium des Matthäus benutzte und aus ihm abschrieb. (Diese Hypothese wird im Zusammenhang mit der Markus-Priorität vertreten; d.h., dass sowohl Matthäus wie auch Lukas das Markusevangelium benutzten.) Zwei Wissenschaftler, die diese Position befürworten, sind Michael Goulder und John Shelby Spong.

Es gibt mehrere Argumente, die gegen diese Möglichkeit sprechen.

(1) Das gemeinsame Material – sonst Q zugeschrieben – erscheint bei Lukas niemals im gleichen Kontext wie bei Matthäus, nicht einmal mit ähnlichen Einleitungssätzen. (Das trifft auf die große Mehrheit des gemeinsamen Materials zu, das aus einfachen Sprüchen gebildet wird; es schließt die drei oder vier längeren Anekdoten aus, die, nach der Q-Hypothese, ein Indiz für eine spätere Schicht von Q-Bearbeitung sind: siehe Kapitel 17.) Wenn Lukas all diese Sprüche von Matthäus übernimmt, ist es seltsam, dass er sie kein einziges Mal in ihrem matthäischen Kontext belässt.

(2) Bei Matthäus ist das gemeinsame Spruchmaterial in sehr sorgfältig angeordneten Blöcken arrangiert, während es bei Lukas in unzusammenhängendere Stücke aufgelöst ist und überdies nicht in der matthäischen Reihenfolge steht. Wenn Lukas Matthäus benutzt, ist diese neue Gliederung – besonders die Auflösung der meisterhaft konzipierten matthäischen Bergpredigt – schwer zu verstehen. Es gibt außerdem eine bemerkenswerte Widersprüchlichkeit im Rahmen dieser Beobachtung: Wenn Lukas das *erzählende* Material von Markus übernimmt (und von Matthäus in dem besprochenen Szenario), behält er sorgfältig die Reihenfolge seiner Quelle(n) bei, wenn er dagegen das Spruchmaterial von Matthäus übernimmt, verändert er die Reihenfolge radikal. Warum diese zwei unterschiedlichen Vorgehensweisen? Es wird dadurch am besten erklärt, dass beide Evangelisten bei der Behandlung des Q-Materials unterschiedlich verfahren: während das gemeinsame (Q-)Material von Matthäus neu arrangiert wird, um seine geordneten Blöcke zu erschaffen, hält sich Lukas enger an die ursprüngliche Reihenfolge der weniger geordneten Quelle.

(3) Wenn die gleichen Sprüche sich im Wortlaut zwischen Matthäus und Lukas unterscheiden, haben abwechselnd Lukas oder Matthäus die

einfachere Form. Wenn Lukas von Matthäus kopierte, würden wir erwarten, dass in allen diesen Fällen das Matthäusevangelium die weniger entwickelte Form aufweisen würde. (Lukas hätte den Wortlaut des jeweiligen Spruches „verbessert“, aber das Umgekehrte ist kaum wahrscheinlich.) Die Mischung zeigt an, dass sie beide aus einer gemeinsamen Quelle schöpfen: beide Evangelisten haben mitunter die Sprüche „verbessert“, die sie benutzen.

(4) Obgleich die Frage der Reihenfolge des Materials in den drei Evangelien eine komplexe und nicht immer schlüssige ist, ist ein Aspekt zwingend. Wenn Matthäus und Lukas in ihrer Reihenfolge übereinstimmen, geschieht dies immer dann, wenn sie auch mit Markus übereinstimmen; die Erklärung lautet, dass beide ihre gemeinsame Reihenfolge von Markus übernommen haben. Aber in dem Material, das nur ihnen gemeinsam ist, stimmen sie nie in der Reihenfolge überein. Daraus geht hervor, dass Lukas nicht von Matthäus abgeschrieben hat.

(5) Abgesehen von dem gemeinsamen (Q-)Material: Wenn Lukas Matthäus vor sich hatte, warum hat er wichtige Stücke, die für Matthäus eigentümlich sind, ausgelassen? Warum hat er jedes Element der matthäischen Geburtsszene verändert, außer dem Ort Bethlehem (die beide Evangelisten von der Prophetie bei Micha abgeleitet haben könnten, wo verheißen wird, dass der zukünftige König von Israel dort geboren wird)? Robert H. Stein (*The Synoptic Problem,* S. 102) fragt: „Warum hätte Lukas derartiges Material wie die Ankunft der Weisen ausgelassen? Wäre nicht die Gegenwart solcher Heiden bei der Geburt von Jesus für das an Heiden orientierte Evangelium des Lukas sinnvoll gewesen? Warum sollte er die Flucht nach Ägypten und die Rückkehr nach Nazareth weggelassen haben; die Geschichte der Wache am Grab und ihren Bericht; das einzigartige Material, das Matthäus über die Auferstehung bietet; und so weiter? Man muss sich fragen, warum Lukas, wenn er die matthäische Geburtsgeschichte und den Stammbaum vor sich gehabt hätte, nicht daran dachte, seine Version mit der matthäischen zu ‘harmonisieren’.“

Stein merkt an, dass es natürlich unmöglich ist, sich in einen Schreiber hineinzuversetzen, um zu erfahren, warum er etwas getan haben mag oder auch nicht; gleichwohl behauptet er, dass wir das Recht haben, nach Abwägung aller bekannten Faktoren, die Dinge so zu betrachten, wie sie uns am plausibelsten erscheinen. Ich stimme darin zu, dass es sich hierbei um einen berechtigten Ansatz auf dem Gebiet der historischen Forschung handelt; ohne ihn würden wir auf hilfreiche Gelegenheiten für deduktive Überlegungen in Situationen verzichten, in denen exakte Beweise nicht verfügbar sind.

Unabhängig von einem Vergleich zur Bestimmung dessen, ob Lukas von Matthäus abschrieb, gibt es eine andere wichtige Überlegung in dieser Angelegenheit. Wenn Q nicht existiert, wird Matthäus zum Urheber des gemeinsamen Materials. Dies schafft zwei bedeutsame Probleme.

Das erste besteht darin, sich vorzustellen, wie aus dem Geiste des Matthäus viele der Q zugeschriebenen Sprüche überhaupt hätten verfasst werden können. Matthäus war offenbar ein engstirniger Traditionalist, der Sprüche, wie das Jesus in den Mund gelegte Logion, dass „nicht zergeht der kleinste Buchstabe noch ein Tüttel vom Gesetz" (5:18), besonders hervorhob; ein eifernder Prophet, der ein entmutigendes, mitleidloses Bild des Jüngsten Gerichts durch den Menschensohn malte, unter „Heulen und Zähneklappern" (25:30-46). Von ihm stammt auch eine der schlimmsten Zeilen, die in der Weltliteratur je geschrieben wurden: „Sein Blut komme über uns und unsre Kinder" (27:25). Er war humorlos, intolerant, bösartig antijüdisch – auch wenn er wahrscheinlich selber Jude war. Wer kann sich vorstellen, dass aus seinem Geist und seiner Feder dies hätte kommen können: „Liebe deine Feinde, segne die, die dich verfluchen ... Wenn jemand dich auf die rechte Wange schlägt, dreh dich um und biete ihm die linke ... sei barmherzig, so wie dein Vater barmherzig ist"?

Das zweite Problem ist dies: wenn Matthäus das vollständige „Q-Material" erfand, warum steht es nicht in Übereinstimmung mit dem Material, das er von Markus übernommen und bearbeitet hat? Warum hat es, als ein Block, seine eigene charakteristische Handschrift: den starken Kyniker-Charakter, das Fehlen jeglicher Todes-Auferstehungs-Erlösungs-Verkündigung, von welcher der übrige Teil des Evangeliums gesättigt ist? Warum passt es nicht mit den Elementen des Hauptteils zusammen?

Wenn es kein Q gäbe, hätten wir überdies ein beachtliches Problem mit dem Thomasevangelium. Die Sprüche, die im Thomasevangelium mit der Q1-Schicht ähnlich sind, müssten auf Matthäus zurückgeführt werden. Gleichwohl wurde erst vor kurzem deutlich gezeigt, dass vieles gegen eine solche Abhängigkeit von Thomas von den synoptischen Evangelien spricht. (Siehe Stephen J. Patterson: *The Gospel of Thomas and Jesus,* S. 9-16; J. D. Crossan, *The Birth of Christianity;* S. 117-118; H. Koester, *Ancient Christian Gospels,* S. 84-85.)

Wenn es die Hypothese, dass Matthäus all dies Material nicht selber schuf, sondern es einer anderen Quelle entnahm, nicht schon gäbe, müsste man Q geradezu neu erfinden. Die Annahme von Q ist auf alle Fälle der Idee vorzuziehen, dass einige wenige Evangelisten für den ganzen Inhalt des Evangeliums verantwortlich gewesen sein sollen; es eröffnete viel mehr Möglichkeiten zum Verständnis der unterschiedlichen Arten von Vorstellungen, die in das Christentum einflossen und letztlich in den Evangelien ihren Niederschlag fanden. Wenn es möglich ist, sich das Markusevangelium als Widerspiegelung von Ethos und Überlieferungen einer im Q-Stil predigenden Bewegung in Galiläa vorzustellen, ist es kaum ein Quantensprung, sich ebenso vorzustellen, dass sich dieses Ethos in einer Schrift niedergeschlagen hatte, die Markus selber nicht besaß (vielleicht weil es in seiner Entwicklung noch nicht so weit gediehen war), welche aber später in die Hände von Matthäus und Lukas kam.

Anhang 8

Die Abwesenheit eines historischen Jesus in der Didache

[Seite 86, 247]

An verschiedenen Stellen dieses Buches haben wir das Schweigen der Didache über einen historischen Jesus angesprochen; er fehlt gerade dort, wo wir ihn erwarten würden: als Urheber der ethischen Sätze der „Zwei-Wege-Lehre“ (Kap. 1 & 2), von denen einige denen der Evangelien sehr ähnlich sind; als dem Maßstab, an dem die Autorität und die Lehren der Wanderpropheten zu messen sind (Kap. 11); als derjenige, der bei der Parusie kommen wird (Kap. 16); als Stifter des Dankesmahles der Gemeinschaft (Kap. 9 & 10). Auch ist das Mahl kein sakramentales; Brot und Wein werden nicht mit Jesu Tod verbunden. Die

Didache als ganze weiß nichts über einen Tod und eine Auferstehung zu sagen.

Die einzige Erwähnung Jesu kommt in den eucharistischen Gebeten von Kapitel 9 und 10 vor, wo er nicht mehr als eine spirituelle Verbindung zu Gott zu sein scheint, ein Offenbarer „des Lebens und des Wissens, das du uns durch deinen Knecht (oder Kind) Jesus hast wissen lassen". Mit anderen Worten, eine Version des „Mittler-Sohnes". Als solcher ist er Teil der Taufformel, zitiert in 7:1:

„... tauche in fließendes Wasser 'im Namen des Vaters, des Sohnes und des Heiligen Geistes'."

In der Didache können wir keine Vorstellung apostolischer Überlieferung finden, keinen Appell an irgendeine Autorität oder eine auf Jesus zurückgehende „rechte Lehre". Das Dokument als Ganzes ist durch und durch theozentrisch – Gott steht im Mittelpunkt, nicht Jesus. Alles wird im Namen „des Herrn", damit ist hier überall Gott gemeint, gemacht.

Dennoch meinen einige Gelehrte einen Hinweis auf Jesus zu finden. John Dominic Crossan betont in seinem *Birth of Christianity* (S. 377): „Die *Didache* hat eine kalkulierte Doppeldeutigkeit der Benutzung des Wortes Herr, was bedeutet „Gott der Herr" und/oder „der Herr Jesus". Aber einer solchen Hineindeutung eines Jesus unter dem Mantel angeblicher Doppeldeutigkeit fehlt die Begründung. Wenn man nämlich den Gebrauch des Begriffs in diesem Dokument sorgfältig überprüft, zeigt sich, dass „der Herr" sich immer auf Gott bezieht.

Die vielleicht wichtigste Stelle für diesen Begriff ist 11:8. „Nicht jeder der in dem Geiste spricht ist ein [wahrer] Prophet, sondern nur wenn er den Charakter [*tropoi*] des Herrn hat." Maxwell Staniforth erweitert den letzten Satz in der Penguin-Übersetzung (*Early Christian Writings,* S. 233) auf: „außer sie zeigen auch die Art und Weise und das Verhalten des Herrn". Wörtlich bedeutet das Griechische *ean echei tous tropous kuriou* „außer sie haben die Wege (Art und Weise) des Herrn".

Die beiden Wissenschaftler nehmen ebenso wie andere an, dass sich dieses auf Jesus bezieht. Aber wir müssen bedenken, dass dieses Dokument aus dem späten 1. Jahrhundert stammt, lange nachdem Jesus verstorben war. Alles, was die „Lebensweise" Jesu betraf, lag in der Vergangenheit; wer sich darauf berufen wollte, musste dies in Begriffen tun, die den Vergangenheitsaspekt deutlich machten. Dem obigen Satz fehlt diese Dimension, er scheint sich statt dessen auf die Gegenwart zu beziehen. Was auch immer dieser tropos ist, hierbei scheint es sich um einen Maßstab zu handeln, der in die Gegenwart hineinwirkt.

Wir wollen auf dem Wege des Vergleichs auf einen anderen Satz ein paar Verse vorher schauen, der zweimal wiederholt wird: „Empfange (den Wanderprediger) wie (du würdest) den Herrn“ (11:2). Für den Verfasser der Didache und seine Leser kann es zu dieser Zeit kaum noch darum gehen, Jesus zu empfangen, da dieser schon lange fort ist; gleichwohl dominiert in diesem Satz der Bedeutungsaspekt des gegenwärtigen Empfangens, d.h. einer (theoretisch) gegenwärtigen Gelegenheit, „den Herrn“ jetzt zu empfangen. Wenn die Absicht des Verfassers darin bestünde, eine Parallele zu ziehen zwischen der Art und Weise, wie die Gemeinde Wanderprediger empfangen soll und wie sie Jesus empfing, als dieser von Ort zu Ort reiste, wäre dieser Vergangenheitsaspekt wahrscheinlich durch die Wortwahl zum Ausdruck gebracht worden.

Beide obigen Verse haben Vorläufer, welche die Sache beleuchten. Vor 11:4 sagt Vers 3: „Bezüglich der Apostel und Propheten handele gemäß dem Brauch des Evangeliums“. Lake merkt an, dass dieser Brauch nicht bekannt ist, auch nicht seine Herkunft; darüber hinaus bezieht sich der Begriff „Evangelium“ nach seiner Meinung und der nahezu aller übrigen Wissenschaftler nicht auf ein geschriebenes Evangelium, sondern einfach auf die gepredigte Botschaft. Aber wenn Jesus in eben diesem Vers derjenige ist, der empfangen werden soll, wenn er es ist, der in dem Schlüsselvers 11:8 als Vorbild, nach dem Verhalten zu beurteilen ist, vorgestellt wird, würde der Verfasser sicherlich ihn als *Urheber* dieses Brauches nennen, statt das unpersönliche „Evangelium“.

Sehen wir uns die erste Hälfte von 11:2 an: „Aber wenn die Lehre (der Wanderpropheten) für die Vermehrung von Gerechtigkeit und Kenntnis des Herrn ist ... (empfange ihn wie [du] den Herrn [empfange würdest]).“ Kenntnis des Herrn, besonders in Verbindung mit dem Begriff „Gerechtigkeit“ – könnte irgend etwas stärker traditionelle jüdische Vorstellungen und Begriffe darüber, von Gott und seiner Art zu lernen, reflektieren? Wenn Jesus von Nazareth hier gemeint wäre, wäre klar, dass wir zur Vermeidung eines natürlichen Verständnisses des

Satzes, wonach sich dieser auf Gott den Vater bezieht, von Crossans „kalkulierter Zweideutigkeit" abweichen müssten. Stattdessen scheint der ständige und vorherrschende Gebrauch von „der Herr", ohne irgendwo einen Hinweis zu geben, dass dieser Begriff Jesus mit einbezieht, einen derartigen Sinn oder Zweideutigkeit auszuschließen.

Zurück zu 11:8 und seinen *tropoi* des Herrn. Wenn sich der Satz auf die Gegenwart bezieht, was könnte er bedeuten? Man könnte meinen, dass der Autor wahrscheinlich nicht *Gottes* Art und Weise und Verhalten meint – obgleich ein früherer Vers, den wir gleich untersuchen werden, genau das zu sagen scheint, und sogar 1 Petrus 1:15 kann sagen, „der euch berufen hat und heilig ist, seid auch ihr heilig in all eurem Wandel". (Das letzte Zitat macht den Bezug auf Gott deutlich.)

Auf alle Fälle gibt es eine viel naheliegendere Interpretationsmöglichkeit von 11:8. Walter Bauers Lexikon bietet als mögliche Übersetzung von *exion tous tropous kuriou,* „Sitten haben, die der Herr selbst gezeigt hat od. *die er von den Seinen verlangt*" (meine Kursivsetzung). So wie wir sagen würden, dass „die Art und Weise der Kirche zu folgen" sich nicht auf das aktuelle Verhalten der Kirchenhierarchie bezieht, sondern vielmehr auf die Anforderungen, die von der Kirche festgelegt wurden, so bedeutet sicherlich der Satz der Didache nicht, dass die Wanderpropheten Jesu früheres Verhalten nachahmen sollen, sondern sich in der Gegenwart so verhalten sollen, wie es „der Herr" *jetzt* von ihnen verlangt. Die Vorstellung von Jesu „Art und Weise" löst sich somit auf; in Didache 11 existiert keinerlei Bezug auf das Beispiel von Jesu Verhalten oder Lehren im Vergleich zu dem der Wanderpropheten.

Eine sorgfältige Untersuchung des ungefähr zwei Dutzend Mal benutzten Titels „Herr" in der Didache führt zu der Schlussfolgerung, dass dieser sich ausschließlich auf Gott und nicht auf Jesus bezieht. An einigen Stellen ist dies offenkundig, und da der Schreiber oder Redaktor es unterlässt, im Hinblick auf Jesus irgendwelche Unterscheidungen für einen gesonderten Gebrauch zu machen, müssen wir eine einheitliche Verwendung annehmen. Im Folgenden eine Passage aus der „Zwei-Wege-Lehre", welche die Schrift einleitet:

„Sprich niemals scharf (zu) Knechten, die auf den gleichen Gott hoffen wie deinen, am wenigsten hören sie auf, den Gott zu fürchten, der über euch beiden ist; denn er kommt nicht die Menschen nach ihrem

Rang zu rufen, sondern jene, die schon durch den Geist vorbereitet sind. Und ihr, Knechte, gehorcht euren Herren ... als den Vertretern Gottes ... Seht zu, dass ihr nicht die Gebote des Herrn vernachlässigt, sondern haltet sie wie ihr sie empfangen habt ..." (4:10-13)

Das sieht aus, als würde sich der Verfasser ununterbrochen auf Gott den Vater beziehen und dazu Andeutungen aus dem Alten Testament machen. Von Gott wird als „kommend" gesprochen; er handelt durch den Geist. Dies ist eine Gemeinde, die ihre Botschaft als Gottes Gabe empfangen hat, durch Offenbarung mitgeteilt. Sie weiß nichts von der Gestalt eines Jesus, weder in ihrer Vergangenheit noch als kommendem oder vermittelndem. Ihre Gebote, ihre Verhaltensregeln sind von Gott empfangen worden, nicht von Jesus. Kurz vorher heißt es im Text:

„Gib ihm (er, der das Wort Gottes spricht) die Ehre die du dem Herrn geben würdest; denn wo auch immer über des Herrn Merkmale (oder Natur, *kuriotes*) gesprochen wird, ist der Herr zugegen." (4.1)

Kuriotes ist ein Wort, das sich auf Gott (siehe Bauers Lexikon) bezieht; der Kontext bezieht sich nur auf Gott. Vor diesem Hintergrund müssen wir die Verse in Kapitel 11, die wir oben betrachteten, lesen und verstehen; auch hier können „empfange ihn als den Herrn" und „außer sie haben die Art und Weise des Herrn" nur auf Gott bezogen werden. Noch einmal, dies ist eine Gemeinde, die sich als Gesandte Gottes und Empfängerin seiner Weisung betrachtet. Die Person und Weisung Jesu ist nirgends ersichtlich.

Nicht nur werden die Apostel der Didache willkommen geheißen wie Gott, nicht wie Jesus, sie kommen und sprechen in seinem Namen, nicht in dem Jesu: „Jeder der im Namen des Herrn kommt ist willkommen zu heißen." Teile des eucharistischen Gebets binden die Vorstellung des „Namens" unzweifelhaft an den Vater, wiederum mit Andeutungen an das Alte Testament:

„Es sei dir gedankt, heiliger Vater, für deinen heiligen Namen, den du in unseren Herzen hast Wohnung nehmen lassen." (10.2)

„Du, allmächtiger Herrscher, hast das All geschaffen um deines Namens willen." (10:3)

Deshalb können wir eine klare Interpretation dieses frühen Teils des Gebetes machen:

„Doch niemand soll essen und trinken von euerer Eucharistie außer denen, die auf den Namen des Herrn getauft sind. Denn auch darüber hat der Herr gesagt: 'Gebt das Heilige nicht den Hunden!'" (9:5)

Nicht nur ist die Taufe erteilt in Gottes Namen, sondern ein Jesus zugeschriebener Spruch in den Evangelien (Mt 7:6) wird in der Didache Gott zugeschrieben. Diejenigen, die dem widersprechen, mögen sich einfach 14:3 ansehen, ein anderer „Spruch" des „Herrn". Dies ist kein Evangeliumsspruch, sondern ein Zitat aus dem Alten Testament, dem Buch Maleachi: Schrift ist das Wort Gottes, ihr Inhalt ist das, was er „sagt"; der Spruch in 9:5 stammt wahrscheinlich, bevor er von Matthäus (7:6) aufgenommen wurde, aus einer jetzt verlorengegangenen Schrift.

Darüber hinaus haben wir in der Didache zwei Anspielungen auf das „Evangelium" des „Herrn". Einer ist allgemein: „Sei geleitet durch das, was du hast (echete: 'hast', nicht 'liest' wie es Staniforth übersetzt) im Evangelium unseres Herrn" (15:4). Koester (*Ancient Christian Gospels,* S. 16-17) bestätigt, dass derartige Anspielungen sich wahrscheinlich nicht auf ein geschriebenes Evangelium beziehen, sondern vielmehr auf eine mündliche Botschaft und Anweisung, die die charismatischen Apostel der Gemeinde herausgegeben hatten. Das ist auch auf die andere Anspielung zu übertragen, ein Zitat aus dem Vaterunser (8:2), welches etwas anders lautet als die matthäische Version und als älter betrachtet wird. Diesem Zitat wird die Mahnung vorangestellt: „Betet wie der Herr es in seinem Evangelium geboten hat."

Im Hinblick auf den fortlaufenden und unspezifischen Gebrauch des Begriffs „Herr", wie er in dieser Schrift für Gott verwendet wird, und das Fehlen jeglicher allgemeinen Berufung auf die Lehren Jesu haben wir allen Grund, darin einen Bezug auf Gott zu sehen, auf die Botschaft und Anweisung, welche die Wanderprediger bringen und die als von ihm kommend betrachtet werden, ob durch Inspiration oder Schrift. (Siehe auch mein obiges Argument: Da „das Evangelium" in 11:3 nicht Jesus zugeschrieben wird, kann es keinen anderen Sinn als Gottes Evangelium haben.)

Somit legt die Didache Beweis dafür ab, dass man das „Vaterunser" tatsächlich als vom „Herrn", d.h. von Gott kommend betrachtete und dass es erst später, durch die Entwicklung, die sich innerhalb von Q vollzog, von Matthäus und Lukas Jesus in den Mund gelegt wurde. Ein Gebet wie dieses, wahrscheinlich irgendwann in der Vergangenheit der Didache-Gemeinde in den Überlieferungen, die sie ererbt hatte, formuliert, wurde jetzt Teil eines derartigen Evangeliums, ein „Gebot“ von Gott. (Beachten wir, dass 4:13 von „den Geboten des Herrn“ spricht, womit im Kontext nur Gott gemeint sein kann.)

Wie in Kapitel 19 diskutiert, zeigt die Existenz des „Knechtes/Kindes Jesus“ in den eucharistischen Gebeten sowie des Begriffs „der Sohn“ in der Taufformel, dass bestimmte Elemente der spirituellen Christus-Bewegung – freilich nicht der Todes- und Auferstehungsgedanke – in die Didache-Gemeinde eingedrungen sind. Es gibt dort auch einen beiläufigen Gebrauch des Begriffs „Christus“ in 12:5: „Wenn jemand [d. h., der Wanderprediger] nicht kooperieren möchte, ist er ein Christus-Hausierer“.

Wenn aber dieser „Christus“ zusammen mit dem „Knecht/Kind Jesus“ der eucharistischen Gebete mit einem historischen Jesus als einem vermeintlichen Gründer der Gemeinde gleichzusetzen ist, warum erscheint dieser Jesus dann nicht an allen anderen Stellen in der Didache? Warum werden ihm nicht die Lehren, nicht das „Evangelium“ zugeschrieben? Warum ist nicht er das Vorbild, an dem die Wanderpropheten gemessen werden? Und wenn behauptet wird, dass sich der Begriff „Herr“ auf einen historischen Jesus bezieht – wie kann dann dieser irdische Mensch erhöht werden und göttliche Titel erhalten, uns aber gleichwohl mit seinen Handlungen oder Überlieferungen nirgendwo im Denken der Gemeinde begegnen?

Deswegen, weil wir hier einen speziellen Ableger der weitverbreiteten Gottesreichsbewegung vor uns haben, wie sie sich auch in Q widerspiegelt. Die Didache-Gemeinde hatte, so wie die Frühstadien von Q, keinen speziellen menschlichen Gründer oder Ursprung ihrer Lehren. Aber anders als Q hat sie die (rein spirituell aufgefassten) Vorstellungen wie Messias und Sohn im Laufe ihrer Entwicklung absorbiert. Dies geschah wahrscheinlich in Syrien, wo die Vorstellung des Mittler-Sohnes besonders stark gewesen zu sein scheint.

Anmerkungen

Einführung (S. 5 - 14)

[1] **(S. 5)** Die Abkürzungen „u.Z." und „v.u.Z." stehen für „unserer Zeitrechnung" und „vor unserer Zeitrechnung". Sie sind moderne Begriffe, die AD (anno domini – im Jahre des Herrn) bzw. „nach Christus" und „vor Christus" ersetzen, welche in internationalen wissenschaftlichen Arbeiten als zu speziell christlich angesehen werden.

[2] **(S. 9)** Überlieferungen/Traditionen: in diesem Kontext alles, was mit Glauben, Sitten, Lehren, Erfahrungen, Erinnerungen zu tun hat, die durch eine Gruppe oder kulturelle Einheit bewahrt wurden, entweder mündlich oder schriftlich, und im Laufe der Zeit an andere weitergegeben wurden. Daher bezieht sich der Singular Überlieferung/Tradition auf die Gesamtheit solcher Dinge oder die kollektive Vorstellung einer Gruppe.

[3] **(S. 10)** Hellenistisch: Periode und Charakteristikum der antiken Zivilisation im östlichen Mittelmeer und im Nahen Osten nach den Eroberungen Alexanders des Großen im 4. Jahrhundert v.u.Z. bis zu den römischen Eroberungen in diesem Gebiet am Ende des 1. Jahrhunderts v.u.Z. Die Periode ist dadurch gekennzeichnet, dass die älteren Staaten des Nahen Ostens von der griechischen Kultur überlagert werden, insbesondere die größeren Städte wie Alexandria (in Ägypten), Antiochia (Syrien) und Ephesus (westliches Kleinasien, Türkei).

[4] **(S. 11)** Das christliche Neue Testament (der offizielle Kanon heiliger Schriften) besteht aus zwei Hauptgattungen von Schriften. Während die vier Evangelien Matthäus, Markus, Lukas und Johannes über Jesu Leben und Tod Zeugnis geben, beschreibt die Apostelgeschichte die Reaktion auf die Ereignisse und den Lauf der ersten Jahrzehnte der apostolischen Bewegung, wobei Paulus im Mittelpunkt steht. Obgleich die Evangelien sich in vielen Details widersprechen, werden sie und die Apostelgeschichte immer noch als historisch zuverlässig angesehen. Jedoch glauben moderne Wissenschaftler nicht länger, dass die Evangelien in der apostolischen Zeit geschrieben wurden; außerdem werden die ihnen gegebenen überlieferten Namen nicht als genaue Identifikation ihrer Autoren angesehen (s. Kapitel 14 und 24).

Der Begriff „Evangelium" ist die Übersetzung des griechischen *euangelion,* was „gute Botschaft" bedeutet. In der Literatur kann es sich auf die mündlich gepredigte Botschaft von Aposteln wie Paulus beziehen oder auf den schriftlichen Bericht über Jesu Leben und Tod, welcher die Botschaft verkörpert. Am Ende des 2. Jahrhunderts waren viel mehr Evangelien als die vier kanonischen bei verschiedenen christlichen Gruppen im gesamten Reich im Umlauf. Die meisten sind verloren gegangen oder nur in Fragmenten oder Zitaten bei den frühen christlichen Schreibern erhalten. Sie wurden als häretisch oder minderwertig im Vergleich zu den vier ausgewählten beurteilt und schließlich unterdrückt. Während Markus, Matthäus, Lukas und Johannes in erzählender Form geschrieben sind, umfassen viele nichtkanonische Evangelien Sprüchesammlungen oder Dialoge ohne einen erzählenden Rahmen.

Die zweite Kategorie im Neuen Testament ist eine gemischte Sammlung von Briefen oder Episteln. Diese waren gewöhnlich an eine Gemeinde gerichtet; sie wurden verfasst, um der Versammlung vorgelesen zu werden und beinhalteten oft Lehren oder polemisches Material. Über die Eigenart der Episteln bzw. Briefe wird in Kapitel 1 mehr gesagt werden. Die meisten der Episteln des Neuen Testaments werden Paulus zugeschrieben, als Verfasser der übrigen gelten Apostel, die in den Evangelien als Anhänger Jesu erscheinen oder angebliche Verwandte Jesu. Früher wurde der Brief an die Hebräer Paulus zugeschrieben, heute betrachten Wissenschaftler ihn als anonym. Seine letzten Verse (13:22f.) mit den paulinischen Anklängen werden von vielen als eine spätere Hinzufügung angesehen. Das Neue Testament endet mit der Apokalypse des Johannes, einer Prophezeiung der zukünftigen apokalyptischen Umwälzung der gegenwärtigen Ordnung der Welt.

[5] **(S. 11)** Synoptiker: Synopse, wörtlich „Zusammenschau", bezieht sich auf die drei Evangelien von Markus, Matthäus und Lukas, die wegen der großen Ähnlichkeit des Materials „zusammengeschaut" (synoptein), d. h. miteinander verglichen werden können. „Sie sind in Aufbau, Inhalt, Reihenfolge und Wortlaut ähnlich. Am beeindruckendsten sind die wortwörtlichen Übereinstimmungen, die bei einigen Textpassagen fast hundertprozentig sind" (*Harper's Bible Dictionary,* S. 1009). Siehe Anhang 7 für Argumente dafür, dass das Markusevangelium zuerst verfasst wurde.

[6] **(S. 13)** Siehe Charlotte Allen, „Confucius and the Scholars," *Atlantic Monthly,* April 1999, S. 79-83. Aus dem Artikel: „Die meisten Sinologen würden heute zustimmen, dass Konfuzius, wenn er tatsächlich gelebt hätte, sehr wenig konkrete Anhaltspunkte dafür hinterlassen hat, wie er war, und dass das traditionelle biographische Material, das zu ihm in Beziehung steht, größtenteils Legende ist. Es ist auch akzeptierte akademische Weisheit, dass die *Analekten* (... eine Sammlung von 497 Sprüchen und kurzen Dialogen, die von seinen Jüngern nach seinem Tode aufgeschrieben wurden ...) über mehrere Generationen zusammengefügt wurden ... Sollte es sich herausstellen, dass Konfuzius nie existiert hat oder dass die *Analekten* über mehrere Jahrhunderte verfasst wurden, so würde dies den Glauben vieler Neukonfuzianer zwar durcheinanderbringen, aber nicht zerstören." Allen fasst Professor Lionel M. Jensens Ansicht zusammen (*Manufacturing Confucianism: Chinese Traditions and Universal Civilization*), dass es die Jesuiten am Ende des 16. Jahrhunderts waren, welche die spirituellen und ethischen Traditionen der *ru,* Chinas elitärer Gelehrtenklasse ... (in) eine richtige Religion umwandelten, auf die Person ihres angenommenen Gründers, Konfuzius, ausgerichtet ... sie benutzten das Modell der christlichen Theologie, die sich an der Person Jesus Christus orientiert." Ein erfundener Gründer wurde benutzt, um die Überlieferungen eines andern erfundenen Gründers neu zu besetzen? Beim Lesen dieses Buches werden die Beziehungen zum Christentum offenkundig, ebenso die universelle menschliche Neigung, nationale und religiöse Überlieferungen, die aus unterschiedlichen Quellen stammen, einem einzelnen Erneuerer an einem bestimmten Zeitpunkt in der Geschichte zuzuschreiben.

Kapitel 1: Der himmlische Christus (S. 18 - 32)

[7] **(S. 20)** Vertreter radikalerer Ansichten über die Paulinische Sammlung betrachten sogar noch weniger Briefe als echt bzw. überhaupt keine. Eine solche Sicht geht auf F. C. Baur und die Niederländische Radikale Schule des 19. Jahrhunderts zurück, aber sie erlebt heute in einigen Kreisen eine Neubelebung. Obwohl auch die liberale Wissenschaft letztlich einräumen würde, dass sich sogar in den sog. echten

Paulusbriefen überarbeitete und interpolierte Passagen befinden, ist es zu früh, die grundlegende Zuverlässigkeit der sieben als paulinisch anerkannten Briefe über Bord zu werfen. Ich halte es für prinzipiell möglich, sie zu rechtfertigen und habe daher in diesem Buch ihre Echtheit im Kern akzeptiert.

[8] **(S. 28)** Der Begriff „mythologisch", wie er in den wissenschaftlichen Studien des Neuen Testaments angewendet wird, kann eine speziellere Bedeutung haben als die populäre Bedeutung, die sich auf Legenden oder mythische Geschichten bezieht. Er kann Eigenschaften von Gottheiten meinen, spirituelle Kräfte usw. und sich auf deren Funktion in einer himmlischen Welt beziehen oder in Beziehung zu anderen spirituellen Dingen stehen. Bereits die Vorstellung, dass Jesus „präexistent" bei Gott im Himmel lebte vor der Erschaffung der Welt oder dass er Macht über Geistkräfte in den Himmeln erlangte, kann als Ausdruck „mythologischen" Denkens betrachtet werden. Verschiedene Autoren mögen den Begriff unterschiedlich gebrauchen, in diesem Buch soll der Begriff in dem eben angedeuteten weiteren Sinne verwendet werden.

[9] **(S. 29)** Von einigen Aspekten des Buddha in der späteren Philosophie könnte man sagen, dass sie von Anfang an mit dem göttlichen Jesus wetteiferten. Aber sie brauchten nach Buddhas Tod mehr Zeit zu ihrer Entwicklung.

[10] **(S. 29)** Biblische Anthropomorphismen (menschliche, auf Gott angewandte Bilder) sind von Schreibern wie Philo von Alexandria und den Übersetzern der Targume (Version der Bibel in Aramäisch) beseitigt worden, weil es als ungehörig betrachtet wurde, Gott in menschlichen Attributen auszudrücken. James Dunn (*The Parting of the Ways*, S. 188f.) merkt an, dass Paulus nicht die geringsten Skrupel hat, auf Jesus Passagen aus den hebräischen Schriften anzuwenden, die sich ursprünglich auf Gott bezogen. Der Philipperhymnus 2:6-11 sei, so Dunn, ein klarer Widerhall von Jesaja 45:23, welches „eine der stärksten Bekräftigungen des jüdischen Monotheismus in den gesamten Schriften" ist. Er fügt hinzu: „Dass ein Jude einen solchen Text auf einen Mann bezieht, der erst kürzlich in Palästina lebte, ist wahrhaftig erstaunlich."

[11] **(S. 30)** *A Myth of Innocence*, S. 96-102; *Who Wrote the New Testa-*

ment?, S. 75f.

[12] **(S. 31)** In seinem *Who Wrote the New Testament?* beurteilt Burton Mack die Gruppe in Jerusalem um Petrus und Jakobus als „eine Gemeinde nicht von der Art des Christus-Kultes“ (S. 103). Die These, dass die Jerusalem-Apostel Jesus nicht als göttlich betrachteten, ist eine zunehmend sich verbreitende Ansicht, die allerdings durch die paulinischen Zeugnisse nicht bestätigt werden kann. In 1 Korinther 15:3-8 verbindet Paulus die Jerusalem-Gruppe mit seinem eigenen Evangelium, welches besagt, dass Jesus um der Sünde willen starb und auferstand (Elemente, die Teil des „kultischen“ Bildes waren); er gibt keinen Hinweis darauf, dass deren Interpretation von Jesus sich grundlegend von seiner eigenen unterschied. Ist es wirklich möglich, dass Petrus sich mit einem Mann verbündet hätte, der seine eigenen jüdischen Loyalitäten und Empfindsamkeiten verletzt hätte, wenn er nicht ebenfalls in Jesus eine göttliche Gestalt gesehen hätte? Die Frage in Gal 2, ob es Juden erlaubt sei, mit Heiden am gleichen Tisch zu essen, wäre neben dem Streit, ob ein galiläischer Prediger in einen Sohn des Gottes Abrahams verwandelt werden dürfe, gewiss in den Hintergrund getreten! (Siehe auch Anmerkung 41.)

[13] **(S. 32)** Die kultische Darstellung von Jesu Kreuzigung passt nicht zum Szenario des „edlen Todes“. Letzterer ist klassisch für den Soldaten oder Lehrer, der für sein Land stirbt. Diese Dinge konzentrieren sich auf ein Leben, eine Ursache; im Judentum geht es nur um den Tod um des Gesetzes willen. Genau dieser fehlt im Christuskult, der nichts mit Jesu Leben, Lehren oder Anhängern zu tun hat. Um der Sünde willen sterben gehört nicht in die gleiche Kategorie, zumal dann nicht, wenn dieses Sterben in ein spirituelles Reich verlegt wird; es handelt sich um eine mystische, spirituelle Vorstellung.

Kapitel 2: Die „Verschwörung des Schweigens“ (S. 33 - 42)

[14] **(S. 36)** Eine Passage, auf die man sich oft zur Erklärung dessen beruft, dass Paulus kein Interesse an Jesu irdischem Leben habe, ist 2. Korinther 5:16. Aber, wenn man die Passage untersucht, ist eine solche Interpretation nicht gerechtfertigt: „Darum kennen wir von nun an niemand nach dem Fleisch *(kata sarka);* und ob wir auch Christum ge-

kannt haben nach dem Fleisch, so kennen wir ihn doch jetzt nicht mehr."

Was Paulus auch immer mit diesem eher rätselhaften Satz meint, er enthält keinen Hinweis auf ein irdisches Leben Jesu. Unter anderen erkennt C. K. Barrett (*Second Epistle to the Corinthians,* S. 170-1), dass das zweite „nach dem Fleisch" kein Attribut Christi beschreibt, sondern den Inhalt des „Wissens" des Paulus, und daher „muss die Ansicht, basierend auf einer falschen Interpretation dieses Verses, dass Paulus kein Interesse an der Geschichte von Jesus habe, aufgegeben werden". Es ist die Haltung von Menschen gegenüber anderen Menschen und gegenüber Christus, die durch „das Fleisch" – ihr eigenes – vermittelt wurde; Christus als spirituelle Gestalt bleibt davon unberührt.

Stehen wir heute wieder da, wo Paulus stand, als er diese Zeilen schrieb? Muss unser Verständnis von Christus – das 1900 Jahre lang von der „weltlichen" Sicht bestimmt wurde und auf der durch die Evangelien geschaffenen Annahme eines historischen Jesus „gemäß dem Fleisch" basierte – beiseite gelegt werden? Paulus war ein größerer Prophet, als er selber wusste.

[15] **(S. 37)** Das Jesus-Seminar, geleitet von Robert Funk, ist eine Gesellschaft von Neutestamentlern in Kalifornien, gebildet in den 80er Jahren des letzten Jahrhunderts, um moderne historisch-kritische Methoden auf die frühchristlichen Schriften anzuwenden. Die Mitgliedschaft steht Gelehrten der ganzen Welt offen, obgleich die meisten Mitglieder Amerikaner sind. Das Seminar verwendete mehrere Jahre darauf, die Frage der Authentizität der Jesus von den Evangelien zugeschriebenen Handlungen zu klären, einschließlich der Auferstehung. Bei ihren Treffen wird von den Mitgliedern über jeden Diskussionspunkt abgestimmt. Die Abstimmung erfolgt mittels farbiger Kugeln, die in einen Abstimmungskasten geworfen werden. Rot bedeutet: Jesus sagte/tat dies ohne Zweifel. Rosa bedeutet: Jesus könnte dieses gesagt/getan haben oder etwas Ähnliches wie dieses. Grau bedeutet: Jesus hat dies vermutlich nicht gesagt/getan, obwohl ein geringer Grad an Wahrscheinlichkeit bestehen mag. Schwarz: Jesus sagte/tat nichts Derartiges. Die Ergebnisse der Abstimmung werden mit dem Prozentsatz der jeweiligen Farben dokumentiert. Das Seminar hat sich erst vor kurzem vor allem Paulus und seinen Briefen zugewandt.

[16] **(S. 41)** Siehe Burton Mack, *A Myth of Innocence,* S. 87, n.7; Werner Kelber, *The Oral und the Written Gospel,* S. 206: „Diese Sprüche hätten von Jesus kommen können, aber sie könnten genau so gut prophetisch wirkende Sprüche des auferstandenen Herrn sein." Rudolf Bultmann verweist in einer klassischen Erklärung der Idee (*Geschichte der synoptischen Tradition,* S. 135) auf verschiedene prophetische Sprüche in den Evangelien: „Einen Unterschied zwischen solchen Worten christlicher Propheten und den überlieferten Jesusworten empfand die Gemeinde nicht, da für sie ja auch die überlieferten Jesusworte nicht Aussagen einer Autorität der Vergangenheit waren, sondern Worte des Auferstandenen, der für die Gemeinde ein Gegenwärtiger war." Diese allgemeine Art der Rechtfertigung für die Tatsache, dass die frühe Kirche nicht zwischen den Worten des auferstandenen Herrn und den Lehren des irdischen Jesus unterschied, verschleiert die Tatsache, dass in den frühesten Schriften die Figur eines irdischen Jesus nirgends auftaucht.

Kaptel 4: Apostel und geistliche Ämter (S. 53 - 63)

[17] **(S. 54)** Der griechische Text enthält in diesem Satz das Personalpronomen „er", die meisten Übersetzungen setzen jedoch „Gott" ein, basierend auf dem Kontext und der paulinischen Praxis; andere lassen das „er" aus, jedoch ist mir kein Fall bekannt, in dem es als „Jesus" wiedergegeben wird.

[18] **(S. 55)** Manchmal spricht Paulus von einer Christusvision (wenn auch nie von einer Erfahrung, wie sie in der Apostelgeschichte berichtet wird, als sich Paulus auf dem Weg nach Damaskus befindet), aber in den meisten Fällen erklärt er, dass seine Berufung und sein Evangelium von Gott kommen (z.B. Gal 1:16, 1. Kor 1:1, 2. Kor 1:1, 3:6, 10:13; 1. Thess 2:4, Röm 1:1, Kol 1:25, Eph 1:1, Tit 1:3).

[19] **(S. 56)** Der einzige rivalisierende Apostel, der in den paulinischen Briefen genannt wird, ist Apollos aus Alexandria, der auch in Apg 18:24-28 erscheint. In 1. Kor 1 und 2 spricht Paulus von rivalisierenden „Cliquen", die sich in der Gemeinde in Korinth um ihn selbst und um Apollos und Kephas gebildet haben. Er fährt fort (1. Kor 1:18-24), seine Position gegen die zu verteidigen, die seine Theologie des

Kreuzes nicht anerkennen, die er „die Weisheit Gottes“ nennt, im Gegensatz zur „Weisheit der Welt“. Ich würde meinen, dass dieser Angriff auf andere christliche Apostel zielt, die nicht an einen Sohn als Opfer glauben, sondern vielmehr an einen Sohn, der ein Offenbarer der Weisheit ist, und dies schließt auch Apollos selber ein. Siehe meinen Website-Artikel „Apollos of Alexandria and the Early Christian Apostolate“, unter <www.magi.com/~oblio/jesus/supp01.htm>

[20] **(S. 57)** Wir sollten bemerken, dass dieses Gesehenwerden in 1. Kor 15:5 für alle Zwölf, die den Auferstandenen sahen, gilt. Wenn es sich hierbei um die Apostel des Evangeliums handelt und der Bericht korrekt ist – mit dem ausgeschiedenen Judas – wären es nur elf gewesen. Mehr als ein Kommentator hat sich über diese kleine „Ungenauigkeit“ ausgelassen (z.B. E. P. Sanders, *The Historical Figure of Jesus,* S. 277).

Sogar der Begriff in Apg 6:2, eingebettet in ein Stück aus der Überlieferung, dessen Zuverlässigkeit ungewiss ist, ist unklar. Wir könnten als gegeben voraussetzen, dass die Zwölf eine Gruppe innerhalb der Jerusalem-Sekte bezeichnen, die mit bestimmten Aufgaben beauftragt war und dass ihre Zahl zur symbolischen Darstellung der zwölf Stämme Israels gewählt wurde. Sie könnte auch eine symbolische Funktion in der Erwartung der kommenden Parusie haben, denn die Evangelien enthalten die apokalyptische Erwartung, dass die Apostel auf zwölf Thronen sitzen werden, um über die Welt zu richten, wenn Jesus als Menschensohn zurückkehrt (Mt 19:28; Luk 22:30).

Dasselbe Symbol der zwölf Stämme ist ohne Zweifel die Quelle der Vorstellung, die wir in Offenbarung 21:14 finden, die einzige klare Erwähnung „der Zwölf“ als Apostel am Ende des 1. Jahrhunderts. Gleichwohl weiß die Offenbarung nichts von einem historischen Jesus; außerdem müssen diese Apostel nicht mit einem irdischen Herrn verbunden werden. Dass „zwölf“ eine mystische Zahl ist und sich nicht auf geschichtliche Fakten bezieht, wird durch den Kontext aufgezeigt: Das himmlische Jerusalem besitzt zwölf Tore, welche die Namen der zwölf Stämme Israels tragen, und eine Stadtmauer mit zwölf Grundsteinen; in diese Steine sind „die Namen der zwölf Apostel des Lammes“ eingraviert. Es war wahrscheinlich ein solches symbolisches Denken, das die Überlieferung schuf, Jesus habe zwölf Apostel gehabt; die Gruppe wurde dann in der frühen Kirche als „Zwölf“ bezeichnet.

[21] **(S. 60)** Z. B. „der heutigen Frühausgabe der Zeitung zufolge, fuhr der Präsident nach Chicago". Der Präsident „erfüllte" nicht den Bericht der Zeitung, der Bericht informiert den Leser über die Handlungen des Präsidenten. Ebenso wie die paulinische Schrift uns über Christus und seine Handlungen informiert.

[22] **(S. 61)** Einige Gelehrte haben einen Ausweg aus dem Problem vorgeschlagen. Paulus, so behaupten sie, sage nicht, dass er es aus Jesu eigenem Munde gehört habe; aber er sage, dass er einen von anderen stammenden Bericht über Worte, die von Jesus stammten, erhielt. Anders ausgedrückt: „vom Herrn Jesus" *(apo tou kuriou)* verweist auf die „entfernte Quelle" der Tradition; der spätere Urheber der Information wird übergangen. So könnte die genauere Übersetzung der paulinischen Absicht sein: „Ich erhielt (Worte) des Herrn (durch andere) die ich an euch weitergebe ..." Viel hängt bei dieser Argumentation vom Gebrauch der Präposition *apo* („von") ab. Eine andere Präposition, *para* (auch „von"), wird im Allgemeinen gebraucht, wenn ein Schreiber oder Sprecher sich auf eine direkte Quelle der empfangenen Sache bezieht, wie jemand, der ihm etwas direkt erzählt hat; während *apo* öfter gebraucht wird, wenn man sich auf die ursprüngliche Quelle der Information bezieht, die durch einige dazwischen liegende Übertragungsstadien gelaufen ist.

Das einzige Problem bei dieser Lösung ist, dass davon kein konsequenter Gebrauch gemacht worden wäre; in den Evangelien können wir Fälle finden, wo *apo* benutzt wird, um sich auf eine unmittelbare Quelle zu beziehen, wie Matthäus 11:29, wo Jesus sagt: „Nehmet auf euch mein Joch und lernet von mir." In Kol 1:7 finden wir dasselbe: „wie ihr denn gelernt habt (Gottes Wahrheit) von Epaphras". Nichts hindert uns somit daran, *„apo tou kuriou"* (vom Herrn) als Hinweis auf einen direkten Empfang der Informationen von Christus durch Paulus aufzufassen – was nur bedeuten kann, im Sinne von Offenbarung.

Es gibt einen weiteren Gesichtspunkt. Wenn Paulus sich auf Jesus als die entfernte Quelle bezöge, den Urheber des Spruchs, enthielte die Passage eine ungeschickte Wiederholung. Paulus möchte seinen Lesern mitteilen, dass Jesus bestimmte Worte sprach. Ist es wahrscheinlich, dass er eine einleitende Erklärung vorangeschickt hätte, worin gesagt wird, dass Jesus diese Worte sprach? Nein, es ist viel plausibler anzunehmen, dass Paulus sagt, was die Worte schlicht und einfach ausdrücken: dass er diese Worte Jesu kennt, weil er sie direkt vom Herrn erhalten hat. Somit fällt die Passage in die gleiche Kategorie wie die anderen paulinischen „Worte des Herrn", die alle miteinander Produkte der Offenbarung sind.

Kapitel 5: Apokalyptische Erwartungen (S. 64 - 74)

[23] **(S. 66)** Das griechische Wort *„apokalupsis"* bedeutet „eine Offenbarung" mit der Nebenbedeutung, „etwas aufdecken, was Gott bis dahin vor menschlichem Wissen verborgen hat". In modernen wissenschaftlichen Arbeiten über diese Periode wird oft ein zweites Wort hinzugefügt, um die Redewendung „apokalyptische Eschatologie" zu bilden. Das letztere Wort kommt vom Griechischen *„to eschaton"* mit der Bedeutung „das Ende", da das, was enthüllt wird, im Allgemeinen etwas mit dem Ende der Welt zu tun hat. Dieses Ende wird als unmittelbar bevorstehende Katastrophe betrachtet. Tatsächlich hat das Wort „apokalyptisch" selbst alle diese Nebenbedeutungen angenommen und wird öfter allein benutzt. Als Substantiv umfasst es den Glauben, die Literatur, das Phänomen selber in jüdischen und christlichen Zeugnissen.

Letztlich geht die Art des Denkens, die dieses Wort zum Ausdruck bringt, auf den persischen Zoroastrismus zurück, der eine gewaltsame Konfrontation in der himmlischen Welt zwischen den Kräften des Guten und den Kräften des Bösen erwartete. Die Ansichten der Essener, besonders derjenigen von Qumran, deren Auffassung in einigen der Rollen vom Toten Meer reflektiert werden, sind stark von persischen apokalyptischen Vorläufern abhängig. Im 1. Jahrhundert u.Z. werden apokalyptische Erwartungen auch in jüdischen Dokumenten wie 1 Henoch und 4 Esra ausgedrückt. Im Christentum erreicht die Apokalyptik ihren Höhepunkt in den Evangelien und in der Offenbarung des Johannes.

[24] **(S. 68)** „LXX" ist eine Abkürzung für die Septuaginta, die griechische Übersetzung der hebräischen Bibel, entstanden in Ägypten im 3. und 2. Jahrhundert v.u.Z. Weil es in dieser Übersetzung bedeutende Abweichungen vom hebräischen Original gibt, konnten die Wissenschaftler feststellen, dass die Septuaginta praktisch in allen Fällen, in

denen frühchristliche Autoren die Schrift zitieren, anstelle der hebräischen Version benutzt wurde. Das bringt den seltsamen Umstand mit sich, dass Jesus die Worte der LXX im Munde führt, statt die der hebräischen Bibel – etwas, das sehr unwahrscheinlich wäre, hätte er einen rabbinischen Hintergrund gehabt und in aramäischer Sprache gepredigt, wie die meisten Gelehrten heute annehmen. Gewöhnlich nehmen sie auch an, dass Jesus kein Griechisch sprach.

[25] **(S. 69)** Manche Gelehrte behaupten, dass es eine Passage im Neuen Testament gibt, die einen klaren Bezug auf die endzeitliche Ankunft Jesu als eine zweite Ankunft enthält: Hebräer 9:27-28, freilich räumen sie ein, dass dies die einzige im gesamten Corpus wäre. Aber kann man darin wirklich einen derartigen Hinweis finden?

„[27]Und wie den Menschen bestimmt ist, einmal zu sterben, danach aber das Gericht: [28]so ist auch Christus einmal geopfert worden, die Sünden vieler wegzunehmen; zum zweiten Mal/danach *(ek deuterou)* wird er nicht der Sünde wegen erscheinen*), sondern denen, die auf ihn warten, zum Heil." *) Wörtlich: „er wird gesehen werden, oder er wird sich selbst offenbaren".

Wenn das *ek deuterou* in Vers 28 „zum zweiten Mal" statt „danach" bedeutet, wird die Parallele zu Vers 27 zerstört. Vers 27 sagt, dass „Menschen bestimmt ist, einmal zu sterben, danach aber das Gericht". „Ein zweites Mal" macht keinen Sinn; der Autor bietet uns lediglich eine Reihenfolge von Ereignissen an: Dem Tod folgt das Gericht.

Warum soll nicht auch in Vers 28 eine solche Reihenfolge impliziert sein? Also: „Christus wurde einmal geopfert (sein Kreuzestod), und danach (als nächstes) wird er erscheinen, um Erlösung zu bringen." Die Vorstellung „zum zweiten Mal" wäre hier unpassend. Da der Verfasser seinen Lesern eine Art Parallele zwischen den Versen 27 und 28 präsentiert (siehe auch das „einmal" in beiden Teilen), ist es unwahrscheinlich, dass er ein Element eingeführt hätte, das nicht zur Parallele passt, zumal eines, das er nicht benötigt. *Ek deuterou* kann die alternative Bedeutung von „das nächste in der Reihenfolge" haben, wie das ähnliche Wort *deuteron,* das in diesem Sinne in 1 Korinther 12:28 erscheint. So wie auf den Tod einer Person das Gericht folgt, so folgt auf Christi Kreuzesopfer sein Wiedererscheinen – ohne jede Angabe des Zeitraums, der zwischen beiden liegt. Somit scheint es auch in Hebräer 9:27-28 kein zweites Kommen Christi zu geben.

Kapitel 6: Vom Bethlehem nach Jerusalem (S. 75 - 87)

[26] **(S. 78)** Vergl. auch 1. Korinther 9:5. Hier ist eine wörtliche Übersetzung: „Haben wir nicht das Recht, eine Schwester *(adelphēn),* als eine (Ehe)Frau mitzunehmen, wie es die anderen Apostel und die Brüder *(adelphoi)* des Herrn und Kephas tun?" Beachten wir das Wort „Schwester". Niemand wird behaupten, dass Paulus sich auf seine eigene Schwester bezieht. Er meint eine Mitgläubige weiblichen Geschlechts, und er gebraucht den Begriff als Beifügung zu dem Wort „(Ehe)Frau". Tatsächlich geben einige Übersetzungen den Begriff mit „eine gläubige Frau" oder „eine christliche Frau" wieder.

Auch dies sollte Licht auf die Bedeutung von *adelphos* werfen, hier wie auch an anderer Stelle. Das Wort bezieht sich auf einen Mitgläubigen im Herrn. Die archaischere Ausdrucksweise „Brüder des Herrn" vermittelt eben diese Bedeutung: Eine Gemeinschaft gleichgesinnter Gläubiger ist hier gemeint, keine „Geschwister" im wörtlichen Sinne. Somit bedeutet „Bruder des Herrn", ob sich dieser Ausdruck auf Jakobus oder die 500 bezieht, einen Verehrer dieser göttlichen Gestalt, und in 1. Korinther 9:5 würde sich Paulus auf einige Mitglieder der Jerusalemer Sekte beziehen.

Letztlich ist es auch nicht auszuschließen, dass die Redewendung „der Bruder des Herrn" in Gal 1:19 als Fälschung oder Randnotiz entstand. Als die paulinische Briefsammlung im 2. Jahrhundert zusammengestellt wurde und nachdem die Geschwisterbeziehung des Jakobus zum historischen Jesus hergestellt worden war, könnte ein Anhänger den Wunsch gehabt haben, sicherzustellen, dass Paulus sich auf Jakobus den Gerechten und nicht auf Jakobus, den Apostel des Evangeliums, bezog.

[27] **(S. 79)** E. M. Sidebottom (*James, Jude and 2 Peter,* S. 79) behauptet, das Fehlen eines Bezugs auf Jesus bei Jakobus „würde bei seinem Bruder natürlich sein"; das wird jedoch durch keine Argumentation untermauert. Helmut Koester (*Introduction to the New Testament,* Bd. 2, S. 247) fragt sich, ob das Schweigen bei Judas aus „polemischen Gründen gewählt wurde". Welche Gründe dies gewesen sein könnten, wird nicht gesagt. J. N. D. Kelly (*The Epistles of Peter and Jude,* S. 233) legt nahe, dass das Schweigen desselben Autors auf „Bescheidenheit und Zurückhaltung" zurückzuführen sei. Leider zeigt der Briefinhalt keine

Anzeichen derartiger Charakterzüge. Er verdammt in verhängnisvoller Weise diejenigen, die einen rivalisierenden Glauben praktizieren und bezeichnet sie als „rohe Bestien". Hinzu kommt, dass wohl kaum jemand solche „Zurückhaltung" erwarten oder schätzen würde. Die „Verhinderung von Mutmaßungen", ein anderer von Kelly vorgeschlagener Grund, ist auch kein stark ausgeprägtes Charakteristikum früher christlicher Autoren.

[28] **(S. 82)** Nicht nur erwartete man von einem Prediger des Gottesreichs, dass er Wunder vollbringe, auch seine Ansichten über die kommende Endzeit waren sehr gefragt. Wunder und Apokalyptik waren untrennbar miteinander verbunden, bestimmt durch populäre Erwartung und universale Praxis bei jüdischen und christlichen Propheten. In jeder christlichen Schrift des 1. Jahrhunderts, von Q über die Didache bis zu den Briefen des Neuen Testaments, in der apokalyptische Vorstellungen vertreten werden, sind Wundertaten nicht weit entfernt.

Somit wird es zu einer höchst zweifelhaften Aufgabe für die moderne kritische Wissenschaft, einen „echten Jesus" zu konstruieren, der dieser grundlegenden Elemente entkleidet ist. Die Darstellung, die das Jesus-Seminar (von Q und dem Thomasevangelium ausgehend: s. Abschnitt 5) von Jesus entwirft: das eines weisen Lehrers, der zu fortschrittlich ist, um Wundertaten zu verrichten oder zu aufgeklärt, die apokalyptischen Erwartungen seiner Zeit zu teilen, spricht mehr für die Bedürfnisse und Vorlieben des modernen wissenschaftlichen Geistes als es für ein historisch genaues Bild eines Gottesreich-Predigers des 1. Jahrhunderts. Die selektive Interpretation bestimmter Züge in der Lehre wie in den Parabeln hat – unter Vernachlässigung der ausdrücklich apokalyptischen Elemente, die mit diesen einhergehen – dazu gedient, Jesus zum Prediger „des Gottesreichs in dir" zu machen; aber die Endzeiterwartung und Hoffnungen des damaligen Zeitalters gehören zu seinen Kennzeichen.

Wir werden sehen, dass die „prophetische" Schicht von Q (Q2) sowohl apokalyptische Predigten als auch Überlieferungen des Wunderwirkens, einschließlich der Auferstehung von den Toten (siehe Lk./Q 7:22) enthielt. Die moderne kritische Wissenschaft meint, dass diese Dinge – fälschlicherweise – Jesus schon in den 50er Jahren des 1. Jahrhunderts zugeschrieben worden sein sollen. (Wir werden sehen, dass meine Ansicht zu diesem Punkt eine andere ist.) All diese Beobachtungen zeigen, dass Überlieferungen über den Wundertäter Jesus, der das Ende der Zeit vorhersagte, schon früh in Umlauf gewesen und Autoren wie Paulus und dem Autor des Jakobusbriefes zugänglich gewesen sein sollten, wenn Jesus tatsächlich eine historische Gestalt gewesen wäre, die das Königreich Gottes predigte.

[29] **(S. 84)** Weil der Tempel ein belebter Platz war, in dessen direkter Nachbarschaft immer römische Soldaten stationiert waren (die bedeutende Jerusalemer Festung Antonia, mit ihrer römischen Garnison, überwachte den Tempel), treten einige Gelehrte, z.B. F. W. Beare in seinem *Commentary on Matthew,* S. 416, für die Unmöglichkeit eines derartigen Vorfalls ein.

[30] **(S. 86)** Eine sorgfältige Studie des Begriffs „Herr" in der Didache zeigt, dass er sich immer auf Gott bezieht. Für eine ausführliche Diskussion dieses Punktes und das allgemeine Fehlen eines historischen Jesus in der Didache, s. Anhang 8.

[31] **(S. 87)** Burton Mack (*Who Wrote the New Testament?,* S. 87) betrachtet das Abendmahl als Teil der späteren Jesus-Mythologie und nicht als wirkliches historisches Ereignis. Er nennt diese Szene „nicht historisch, sondern imaginär", eine Schöpfung des Christus-Kultes um die Mahlpraxis herum „in Übereinstimmung mit ihrer Mythologie".

Kapitel 7: Die Passionsgeschichte (S. 88 - 102)

[32] **(S. 93)** Die vom Evangelium erzählte Freilassung des Barabbas ist völlig unglaubhaft. Die Behauptung, dass Pilatus die Gewohnheit hatte, zur Festzeit einen von der Öffentlichkeit ausgewählten Gefangenen freizulassen, wird von vielen Gelehrten rundheraus verworfen. Unabhängig davon, dass es hier keinen Beweis gibt, stünde eine solche Gewohnheit im Gegensatz zu allen römischen Verfahrensweisen und zum römischen Charakter; es passt gewiss nicht zu dem, was wir über Pilatus aus anderen Quellen wissen.

[33] **(S. 96)** Siehe die Ausgabe von März/April 1995 von *The Fourth R,* dem Magazin des Westar Institute und des Jesus-Seminars.

[34] **(S. 96)** In einer umfassenden Studie der Bedeutung von *ōphthē,* einem passiven Aorist (Zeitform der „unbestimmten", abgeschlossenen

Vergangenheit) des Verbs *horaō*, „sehen“, weist das *Theological Dictionary of the New Testament* (Bd. V, S. 358), darauf hin, dass in dieser Art von Kontext ein solches Wort ein technischer Begriff für „die Gegenwart einer Offenbarung erfahren, ohne Bezug zu der Art ihrer Wahrnehmung“ ist. Mit anderen Worten, das „Sehen“ braucht sich nicht auf wirkliche empfindungsmäßige oder geistige Wahrnehmung beziehen. Vielmehr kann es einfach „eine Begegnung mit dem auferstandenen Herrn, der sich selbst offenbart, [sein] ... sie erfuhren seine Gegenwart“. Wenn das, was hier vorliegt, eher eine Erfahrung von Christi „Gegenwart“ ist als eine echte halluzinatorische Vision, würde das es leichter machen zu verstehen, warum so viele Menschen (wie die „mehr als 500 Brüder“ in 1 Korinther 15:6) meinen konnten, eine solche Erfahrung gemacht zu haben.

Deshalb ist keineswegs klar, dass Paulus mehr beschreibt als eine Reihe von Erfahrungen, wodurch sich viele innerhalb einer bestimmten religiösen Gruppe vom Glauben an einen spirituellen Christus durchdringen ließen. Derartige Erfahrungen lassen sich vielleicht ganz gut als Reaktion auf vorangegangene Erzählungen erklären. Wir konnten auch feststellen, dass „Sehen“ bei Paulus keinen Bericht seiner eigenen Bekehrungserfahrung meint. Wenn er sich auf seine Bekehrung oder seine „Berufung“ (gewöhnlich durch Gott) bezieht, beschreibt er sie nie in den dramatischen Begriffen einer Vision und sicherlich nicht auf die Art, wie Lukas das Ereignis in der Apostelgeschichte darstellt, als er Christus dem Paulus auf dem Weg nach Damaskus erscheinen lässt. Das „Sehen“ des Paulus im 1. Korintherbrief mag eine „bestätigende“ Erfahrung nach seiner Berufung sein, so wie es bei den anderen von ihm genannten Personen der Fall sein muss, da diese Apostel bereits Gläubige waren. Wenn selbsternannte Propheten, einschließlich moderner Evangelisten, behaupten, mit der Stimme Gottes zu sprechen, bestätigen und legitimieren sie ihre Behauptungen notwendig durch Berufung auf persönliche Erfahrungen mit diesem Gott, auf Wunder und übernatürliche Ereignisse, die sie gekannt haben oder an denen sie Teil hatten. Paulus und die anderen Propheten bedurften des hier erwähnten „Sehens“ – und sie bekamen es.

[35] **(S. 101)** Z.B. Robert Funk, *Honest to Jesus,* S. 237-8: John Dominic Crossan, *The Birth of Christianity,* S. 251; John Shelby Spong, *Liberating the Gospels,* S. 249; Burton Mack, *A Myth of Innocence,* Kap. 9.

Kapitel 8: Das Wort Gottes in der Heiligen Schrift (S. 103 - 114)

[36] **(S. 105)** Z.B. Henoch 62:5-7: „... und Schmerz wird sie ergreifen, wenn sie jenen Menschensohn auf dem Throne seiner Herrlichkeit sehen werden. Die Könige und die Mächtigen und alle, die die Erde besitzen, werden rühmen, preisen und erheben den, der über alles herrscht, der verborgen war. Denn der Menschensohn war vorher verborgen und der Höchste hat ihn vor seiner Macht aufbewahrt und ihn den Auserwählten geoffenbart." (Übersetzung ins Deutsche von E. Kautzsch, *Die Apokryphen des Alten Testaments,* Bd. 2, S. 271)

Einige Kommentatoren haben versucht, diesen Abschnitt aus dem Henochbuch, bekannt als das Henoch-Gleichnis (*Similitudes of Enoch* [Kap. 37-71]) als einen christlichen Text zu betrachten, weil sie den Menschensohn als ein christliches Element erkannten. Doch muss dieser ebensowenig wie die Vorstellung eines spirituellen Messias als exklusiv christlich angesehen werden, sondern kann jüdisch-sektiererischer Herkunft sein. Der Menschensohn gelangte in die Evangelien und zu Jesus nur durch die (jüdische) Q-Gemeinde, als diese eine Gründergestalt erfand und den Menschensohn darauf bezog; Markus erweiterte später die Q-Überlieferung in seinem Evangelium.

[37] **(S. 107)** Dieses Verb in Jesaja 53 für „übergeben/ausliefern" ist im Zusammenhang mit der Übergabe/Auslieferung durch Gott dasselbe, wie das 1. Korinther 11:23 in dem paulinischen Abendmahlsbericht gebrauchte: „in der Nacht, da er übergeben/ausgeliefert ward" (Anm. des Übersetzers: Das Verb *paradidonai* wird in den meisten deutschen Bibelübersetzungen mit „verraten" statt mit „übergeben/ausliefern" übersetzt). Wir werden in Kapitel 11 bei der Untersuchung des Abendmahlsberichts sehen, dass dort „übergeben/ausliefern" auch in Bezug auf Gott und nicht innerhalb der historischen Situation der Evangelien (d.h. auf den Verrat des Judas bezogen) verstanden werden muss. Die Verbindung mit Jesaja 53 bestätigt auch unsere Annahme, dass Paulus in 1. Korinther 11:23-26 über Dinge spricht, die ihm durch Offenbarung bekannt wurden.

[38] **(S. 112)** In Barrett's *Epistle to the Romans,* S. 20., lässt C. E. B. Cranfield (*International Critical Commentary,* S. 60) zu, dass *kata* in der Bedeutung „in der Sphäre von" eine Möglichkeit ist. Aber er bevorzugt es, *„kata sarka"* im Sinne der Vorstellung von „weiterbeste-

hender Natur“ zu lesen, etwas, das mehr ist als einfach die Vorstellung von „der Spanne des Lebens“. Cranfield weist somit versehentlich auf eine Vorstellung hin, die nicht historisch ist und zum zeitlosen Reich des Mythos passt.

Kapitel 9: Der Mittler-Sohn (S. 115 - 125)

[39] **(S. 117)** Philo von Alexandria ist das beste Beispiel für das Eindringen griechischer Ideen ins jüdische Denken, ein Phänomen, das einen wichtigen Typus von Philosophie und Kultur während dieser Periode erzeugte, genannt „hellenistisches Judentum“.

[40] **(S. 117)** Es gibt diejenigen, die behaupten, dass „Weisheit“ einfach eine poetische Art war, bestimmte Handlungen Gottes zum Ausdruck zu bringen. Aber die meisten Gelehrten müssen einräumen, dass die Darstellung der Weisheit in der biblischen und außerbiblischen Literatur sie zu einer ausgeprägten göttlichen Persönlichkeit oder Kraft macht. Siehe z.B. Helmer Ringgren, *Word and Wisdom,* S. 118, 132 etc.

[41] **(S. 121)** D. Moody Smith bemerkt, indem er auf die Rolle des Logos als Gottes Vertreter bei der Erschaffung der Welt hinweist (in *Harper's Bible Dictionary,* unter „Logos“), dass „es nicht sofort offensichtlich ist, warum ein Mensch, der von Gott gesandt wurde, selbst wenn es sich dabei um den Messias von Israel handelte, eine solche Rolle gespielt haben sollte“. Er hat vollkommen Recht. Ebenso ist es jenseits aller Vorstellung, dass Juden einem gekreuzigten Prediger die Schöpfung des Universums zuschreiben konnten. In der Tat haben sie Derartiges nicht getan. Sie schrieben diese Rolle dem spirituellen Sohn im Himmel zu, so wie Denker sie vor ihnen Gottes Weisheit zugeschrieben hatten und andere dem Mittler-Logos. Der historische Mensch trat erst auf, als man später den himmlischen Sohn zur Erde kommen und ein Leben führen ließ, wie es in den Evangelien erzählt wird. Kosmische Vorstellungen über einen vermeintlich historischen Menschen waren viel leichter zu akzeptieren, wenn sie lange Zeit nach dem „Ereignis“ übertragen wurden, und noch leichter, wenn sie im Geiste des Heidentums geschaffen worden waren.

Was die jüdische Reaktion auf einen Menschen Jesus betrifft: Allgemeine Beobachtungen über judenchristliche Gruppen des 2. und 3. Jahrhunderts zeigen, dass diese Jesus nicht als eine göttliche Gestalt betrachteten. Die Ebioniten zum Beispiel sahen Jesus als einen Propheten-Messias, aber nicht als Sohn Gottes. Aber diese Gruppen existierten erst nach dem 1. Jahrhundert; die Zeugnisse über einige Fragmente aus ihren Schriften (wie bei Epiphanius und Hippolyt) stammen aus dem 3. und 4. Jahrhundert. Es gibt große Schwierigkeiten, die ebionitischen Ansichten ins 1. Jahrhundert zurück zu verfolgen, besonders zu der Jerusalemer Gemeinde, die uns durch die Briefe von Paulus bekannt ist. Es ist auf gar keinen Fall möglich, Ansichten wie die von Burton Mack (siehe Anmerkung 12) zuzustimmen, dass die ursprüngliche Gruppe um Petrus und Jakobus Jesus nicht als göttliche Gestalt betrachtet habe. Tatsächlich findet man bei Paulus Beweise für das genaue Gegenteil.

Somit erhalten wir Anhaltspunkte dafür, dass die Judenchristen einen historischen Jesus als einen menschlichen Propheten betrachteten, erst aus der Zeit, nachdem die in den Evangelien enthaltene Gestalt im großen Umfang bekannt und als historisch akzeptiert worden war. Tatsächlich legen bestimmte erhalten gebliebene Fragmente nahe, dass frühe judenchristliche Sekten sich sehr wohl einen himmlischen Ursprung für Christus vorstellten, wenn auch nicht als einen Sohn Gottes. „Sie (die Ebioniten) sagen, er (Christus) sei nicht aus Gott, dem Vater erzeugt, sondern erschaffen wie einer der Engel ..., er herrsche aber über die Engel und alle Geschöpfe des Allmächtigen.“ (Epiphanius, *Haer* 30.16,4; E. Hennecke, *Neutestamentliche Apocryphen,* Bd. 1, S. 105)

Diese Beobachtungen stützen die Ansicht, dass Juden im Allgemeinen nicht in der Lage waren, einen Menschen mit Gott in Verbindung zu bringen. Nachdem Jesus zur Erde gekommen und ihm eine menschliche Identität gegeben worden war, konnten jüdische Gruppen, die sich zum Christentum bekannten (wegen der großen Anziehungskraft des Evangeliums), nicht lange die Göttlichkeit einer solchen Gestalt akzeptieren und mussten sie auf ein menschliches Maß reduzieren.

Eine derartige Haltung tritt schon bei Justin zutage, dessen Gestalt des Juden Tryphon (im Dialog mit Tryphon) dazu dient, die Ansicht und die Meinungen über das Christentum, die zu Justins Tagen gängig waren, zu artikulieren, zu einer Zeit als der historische Jesus anfing, in das Denken der Zeit einzudringen. In Kapitel 88 legt Justin Tryphon diese Worte in den Mund: „Denn du gibst viele Gotteslästerungen von dir, indem du versuchst uns zu überzeugen, dass dieser gekreuzigte Mann angebetet werden sollte." Im 2. und 3. Jahrhundert war diese Haltung – gleichgültig ob bei Juden oder Judenchristen – wahrscheinlich keine andere als im 1. Jahrhundert; somit muss das ganze Bild des Christentums, das mit einer „Reaktion" von jüdischen Anhängern auf den Menschen Jesus begonnen haben soll, die ihn in den Status einer präexistierenden Gottheit erhöhten und alle Gottestitel gaben, verworfen werden.

[42] **(S. 124)** Hugh Montefiore (*Hebrews,* S. 63) nimmt an, dass diese Praxis, Texte aus der Schrift Jesus in den Mund zu legen, „die Tradition der frühen Kirche war". Was er nicht erkennt, ist, dass diese Tradition auf der Tatsache basierte, dass es kein irdisches Wirken Jesu und keine Sammlung von Sprüchen gab, deren man sich hätte bedienen können. Graham Hughes (*Hebrews and Hermeneutics,* S. 62) nimmt an, dass derartige Evangeliumssprüche dem Autor gut bekannt waren, und dass er sich entschloss, sie dadurch „zum Ausdruck zu bringen", dass er „Formen" des Alten Testaments verwendete. Das ist ein Beispiel für eine nicht selten von Kommentatoren geübte Praxis, eine „Definition" anzubieten, die dazu dient, eine offenkundige Tatsache in ihr Gegenteil zu verkehren. Aus dem Fehlen der Sprüche wird bei Hughes das Zitieren von Sprüchen „in ihren alttestamentlichen Urbildern".

Kapitel 10: Wer kreuzigte Jesus? (S. 126 - 142)

[43] **(S. 128)** Wie in seinem *Birth and Rebirth, Myth and Reality, The Myth of the Eternal Return* usw.

[44] **(S. 131)** Wie Röm 1:3 (untersucht in Kapitel 8) ist Hebr 7:14 eine Passage, die von Christi Abstammung spricht und auf die Schrift als Quelle verweist:

„Denn es ist ja offenbar *(prodēlon),* dass unser Herr aus Juda hervorgegangen ist (das Verb *anatellein*), aus einem Stamm also, den Mose nicht mit dem Priesertum in Verbindung gebracht hat."

Diese Aussage wird inmitten einer theologischen Argumentation getroffen, nicht in einem Bericht historischer Fakten. Der Hebräerbrief präsentiert Christus als einen neuen Hohepriester, einen, der das alte Kultsystem verdrängt, das von einer Priesterklasse aus dem Stamme Aarons, den Leviten, geleitet wurde. Der Schreiber findet das „Urbild“ bei Melchisedek, der auch kein Levit war (zu welchem Stamm er gehört haben mag, wird nicht gesagt). Entscheidend ist, dass Christus einer neuen Richtung zugeordnet werden muss, um ein neues Priestersystem zu erschaffen.

Wo findet der Schreiber die Bestätigung dafür, dass der neue Hohepriester tatsächlich von anderer Abstammung ist als die Leviten? Wie untermauert er diese sehr notwendige Behauptung, dass Christus „aus Juda hervorgegangen ist“? Es gibt keine Berufung auf historische Fakten oder apostolische Überlieferungen bezüglich Jesus von Nazareth, keinen Bezug auf Maria oder Joseph, keine Erwähnung der Berichte über seine Abstammung, wie in den Evangelien von Matthäus und Lukas. Das Wort *„prodēlon“* bedeutet „klar, offenbar“ für die Sinne oder das Urteil (vergleiche 1 Timotheus 5:24,25); es bedeutet nicht „eine Sache historischer Aufzeichnung“. Es passt zu der Bedeutung von „für jemand klar, der die Schrift kennt“, was zu der Gedankenwelt des ganzen Briefes passt.

Das Verb *„anatellein“*, entspringen (von Geburt) ist Schriftsprache. Es wird in mehreren messianischen Passagen benutzt, wie bei Ezechiel 29:21 („ich will das Horn des Hauses Israel wachsen lassen“) und Sacharja 6:12. Der Verfasser des Hebräerbriefs sagt niemals, dass Jesus ein Nachkomme oder „Sohn“ Davids ist; an letzterer Gestalt zeigt der Brief kein Interesse. Der Autor braucht Schriftbelege für die Vorstellung eines Priesters, „der aus einem Stamm kommt, der noch nie etwas zu tun hatte mit“ dem alten Kult (7:13), eines Priester, der ein neues Gesetz etablieren kann und eine neue Hoffnung, um das kraftlose Alte zu ersetzen (7:18 und 19). Um Jesu Rolle als Hohepriester zu bekräftigen, wendet sich der Schreiber nicht der Geschichte zu, er zitiert keine Tat oder keinen Spruch aus der Lebensgeschichte Jesu, sondern taucht statt dessen (7:17) in die zeitlosen Aussagen der Schrift: „Du bist ein Priester ewiglich nach der Ordnung Melchisedeks.“ Diese Zeile aus dem ganz wichtigen Psalm 110 nimmt er als Gottes an Jesus gerichtetetes Wort. Buchanan gibt in seinem Anchor Bible Commentary (*Hebräer,* S. 253) zu, dass „der Autor die Information überhaupt nicht aus lokaler Überlieferung hat...(sondern) aus seinem Gebrauch der Schrift.“

[45] **(S. 132)** Das Konzept eines Paradigmas im Himmel, welches das Schicksal seines Gegenstücks auf der Erde bestimmt, kann durch jüdische apokalyptische Beispiele illustriert werden. Wie in Kapitel 5 angemerkt, führt Daniel 7:13-14 eine Vision von einem „wie ein Menschensohn" ein, eine himmlische Gestalt, die nach der Vernichtung des letzten großen Reiches der Erde vor den Thron Gottes gebracht wird. Diese Gestalt erhält Macht und Herrschaft von Gott – ein Vorgang, der symbolisch zum Ausdruck bringt (so ein Engel zu Daniel), dass die auserwählten Gerechten Israels, die „Heiligen des Höchsten", die Oberherrschaft über die Erde erhalten werden. Einige betrachten diesen „einen wie einen Menschensohn" als einen Engel, andere einfach als ein poetisches Bild der Heiligen, die er repräsentiert. Noch andere legen nahe, dass er eine übernatürliche Gestalt sei, die im Himmel die Heiligen auf der Erde vertritt. Hier braucht das Problem nicht gelöst zu werden. Was auch immer der Verfasser sich dabei dachte, Daniels Gestalt kann als Beispiel dafür dienen, dass ein bestimmtes Ereignis im Himmel im menschlichen Bereich auf der Erde stets eine Entsprechung hat.

In Henochs „Similitudines" (37-71) wird, wie wir oben gesehen haben (Anm. 36), offenbart, dass der Auserwählte oder der Gerechte – auch Menschensohn und Messias genannt – im Himmel wartet. Bald wird er auf der Erde erscheinen, um zu richten, er wird die Bedrückten aufrichten und die bösen Herrscher stürzen sowie diejenigen, die den Allerhöchsten (Gott) verwerfen. Er ist der Fürsprecher einer Gruppe auf der Erde, der leidende Gerechte und Auserwählte. Heiligkeit und Gerechtigkeit sind die Wesenseigenschaften der himmlischen Gestalt des Erwählten, und es sind auch die seiner irdischen Abbilder. Sie erwarten die Veränderungen, die er bringen wird, u.a. für sie selbst die Glorie und das ewige Leben. Jedoch ist dieser Gerechte (eine spirituelle Messias-Vorstellung bei den Juden!) keine Opfergestalt; die Henochgemeinde hatte sich nicht in diese Richtung entwickelt.

Wir werden (auf Seite 140) freilich sehen, dass, wer auch immer diese von Paulus in Philipper 2:6-11 zitierte christologische Hymne schrieb, genau diesen Wandel vollzogen hat. Hier haben wir ein göttliches Wesen, das „an Gottes eigener Natur teilhatte", das sich selbst erniedrigte und in Gehorsam den Tod akzeptierte. Als Konsequenz hat Gott es in den Himmel erhöht, wo es die Huldigung aller Mächte und

Wesen auf der Erde und im Himmel erhielt. Die Implikation ist, dass diese selbstaufopfernde Gottheit (die in den himmlischen Sphären, nicht auf der Erde wirkt) ein Paradigma für die Gläubigen auf der Erde ist, die ähnlich erhöht werden sollen – als Folge ihres eigenen Gehorsams und Todes. Wie es Morna Hooker ausdrückt („Philipper 2:6-11", in Jesus und Paulus, S. 151f.): „Christus wird, was wir sind (Ähnlichkeit von Fleisch, Leiden und Tod); er befähigt uns, so zu werden, was er ist (erhöht in den Himmel)."

[46] **(S. 133)** Als Hinweis auf Dämonengeister werden die „Herrscher dieses Zeitalters" (1. Kor 2:8) u.a. gesehen von: S. G. F. Brandon (*History, Time and Deity,* S. 167), C. K. Barrett (*First Epistle to the Corinthians,* S. 72), Jean Héring (*First Epistle of St. Paul to the Corinthians,* S.16-17), Paula Fredriksen (*From Jesus to Christ,* S. 569), S. D. F. Salmond (*Expositor's Greek Testament, Ephesians,* S. 284). Paul Ellingworth (*A Translator's Handbook for 1 Corinthians,* S. 46) sagt: „Eine Mehrheit der Gelehrten denkt, dass hier übernatürliche Mächte gemeint sind."

Das dachten auch die Alten. Origenes betrachtet die *archontōn* aus 1 Korinther 2:8 als böse Geister, ebenso der Gnostiker Marcion. Ignatius bezieht den Begriff auf Engelwesen in seinem Brief an die Smyrnaer, 6:1.

[47] **(S. 136)** *Theological Dictionary of the New World,* VII, S. 128. Die Engel „haben Fleisch oder sie scheinen es zumindest zu haben" (*op. cit.,* S. 143), obgleich die „Körperlichkeit" von Engeln sich von der von Menschen unterscheidet (s. Judas 7).

[48] **(S. 138)** Zu unserer Beobachtung, dass „Tod am Kreuz" ein paulinischer Zusatz ist, siehe zum Beispiel, Norman Perrin, Dennis C. Duling, *The New Testament: An Introduction,* (2nd Edition), S. 61.

Zwei weitere Beobachtungen über diese Hymne sind interessant. Diese Gottheit scheint den Namen „Jesus" (Erlöser, oder Jahwe erlöst) nur zum Zeitpunkt seiner Erhöhung, nach seinem Tode erhalten zu haben. Man wundert sich auch, warum der Verfasser dreimal erklärt, dass dieser Jesus nur „der Erscheinung" nach als ein Mensch erfunden wurde („nahm Knechtsgestalt an"/„ward den Menschen gleich"/„und der Erscheinung nach als Mensch erkannt").

Dies mag durch die poetische Struktur der Hymne notwendig geworden sein, deren Zeilen in zwei parallele Hälften aufgeteilt sind, eine

„chiastisch“ genannte Struktur. Aber, wenn der Autor des Hymnus Material zur Auffüllung einer oder zwei verfügbarer Zeilen benötigte, warum hat er für sie dann nicht einige Details aus dem Leben des Inkarnierten benutzt, auf das sich diese Verse beziehen sollen?

[49] **(S. 139)** In seinem letzten Buch, *The Jesus Myth,* macht Wells einen Schritt in die entgegengesetzte Richtung, indem er die Existenz eines „Q-Jesus“ zulässt, die Gründergestalt, von der die moderne Wissenschaft erklärt, dass sie an den Wurzeln von Q entdeckt werden kann. Ich stimme dieser Haltung nicht zu, und biete pointierte Argumente dagegen im letzten Abschnitt von Kapitel 19.

Kapitel 11: Die Mysterienkulte (S. 143 - 152)

[50] **(S. 143)** Z.B. Walter Burkert: *Ancient Mystery Cults,* S. 3.

[51] **(S. 144)** S. Justinus Märtyrer, *1. Apologie,* 54, 66; Der Dialog mit Tryphon 70, 78; Tertullian, *De corona* 15, *De praescriptione haereticorum* 40.

[52] **(S. 145)** S. David Ulansey, *The Origins of the Mithraic Mysteries,* S. 40-45.

Kapitel 12: Drei Blicke durchs Fenster der Schrift (S. 153 - 163)

[53] **(S. 155)** *Theological Dictionary of the New Testament* I, 198-209; IX, 592.

[54] **(S. 156)** J. D. Quinn hat es in den Anchor Bible Commentaries (*Titus,* S. 65) am klarsten ausgedrückt, wenn er sagt: „Der Satz *pro chronōn aioniōn* bezieht sich auf die zeitlose Ordnung, in der Gott selber lebt, im Gegensatz zu *chronoi aiōnioi* (wie in Röm 16:25), durch welche die Welt gegangen ist.“ James Barr (*Biblical Words For Time,* S. 138) hat wegen dieser Interpretation Bedenken, und merkt an, dass die Vorstellung von „Gottes Zeit“ als etwas von der üblichen Zeit Verschiedenes „kaum in der Bibel zu finden“ ist. In der Tat, wenn auch nur, weil die Masse des Alten Testaments kaum oder überhaupt nicht durch den Platonismus beeinflusst worden ist. Aber später lässt Barr gelten,

dass Gottes ewige Realitäten sich grundlegend von denen in der üblichen Zeit unterscheiden und dass gewöhnlich das Wort *aioniōs* benutzt wird, um sie zu beschreiben.

[55] **(S. 157)** Moffat in *International Critical Commentary,* Hebrews, S. xlii; Dods in *Expositor's Greek Testament,* Hebrews, S. 332.

[56] **(S. 158)** Moffat: „Der Schreiber atmete die philonische Atmosphäre (des Mittelplatonismus), in welcher das ewige Jetzt die Dinge von Raum und Zeit überschatteten, aber er wusste, dass dieses Opfer am Kreuz stattgefunden hatte, und sein Problem war eines, vor dem Philo niemals stand, das Problem, vor dem wir Modernen mit der Frage stehen: Wie kann eine einzige historische Tatsache eine zeitlose Bedeutung besitzen?" (*op. cit.,* S. xliii)

Aber der Schreiber von Hebräer gibt niemals einen Hinweis, dass er ein solches irdisches Opfer kannte, auch nicht, dass er vor einem Problem stand, vor dem Philo nicht stand. Der Hebräerbrief stellt oder spricht niemals Moffats Frage an, auch keine anderen ähnlichen „Probleme".

Ebenfalls findet G. A. Buchanans Versuch (Anchor Bible, *Hebrews,* S. XXV), das platonische Muster der Briefe zu ignorieren, im Hebräerbrief keine Bestätigung. Buchanan erklärt, dass die Beziehung zwischen himmlischen Prototypen und irdischen Antitypen „im Sinne historischer Sequenz und Glauben verstanden wird, was dem Platonismus fremd ist". Aber im Hebräerbrief kann ein derartiges Verständnis nicht gefunden werden. Es ist wohl wahr, dass in der üblichen jüdischen Bibelexegese Präfigurationen in der Schrift als Antizipation späterer Antitypen betrachtet werden können, „die auch historisch und irdisch waren". Aber das ist ganz klar nicht die von diesem Brief verfolgte Tendenz; der Verfasser des Briefes wendet seine ganze Aufmerksamkeit dem Werk Christi in der spirituellen Welt zu. Er weicht nirgendwo von seinen platonischen Prinzipien ab, um Historie oder ein irdisches Kreuzesopfer unterzubringen. Diese Dinge werden nie erwähnt.

[57] **(S. 158)** Héring (*Hebrews,* S. 86) übersetzt das Verb einfach in der Vergangenheitsform, ohne Kommentar. Montefiore (*Hebrews,* S. 166) schlägt vor, dass das In-die-Welt-Kommen sich auf Christi „menschliche Empfängis oder seine menschliche Geburt" bezieht, und dass der Verfasser den Psalm als Wiedergabe der Worte Jesu an den Vater be-

trachtet. Ellingworth (*Hebrews,* S. 499) nimmt an, dass der Verfasser Christus durch die Schrift sprechen hört zu einem Zeitpunkt vor seiner Inkarnation.

Das alles muss in die Briefe hineingelesen werden, tatsächlich haben sie nichts zu Geburt und Inkarnation in einem historischen Rahmen zu sagen.

[58] **(S. 159)** Röm 1:3; Eph 1:15; Kol 1:22; 1. Tim 3:16; Hebr 5:7; 1. Petr 3:18, 4:1.

[59] **(S. 159)** Es wird oft behauptet, dass Hebr 5:7 sich auf einen Vorfall in Jesu Leben bezieht, nämlich auf die Passionsszene im Garten von Gethsemane. Jedoch erkennen einige das Problematische einer solchen Interpretation.

In Gethsemane wird Jesu Bitte, dass der Leidenskelch an ihm vorübergehen möge, von Gott nicht erhört; das widerspricht dem, was der Verfasser des Briefes sagen will. Von 4:14 bemüht er sich zu zeigen, dass Jesus befähigt ist, ein Hohepriester für Menschen zu sein; Fürsprache für sie bei Gott gehört – wie auch beim irdischen Hohepriester– zu seinem Aufgabenbereich. 5:7 soll zeigen, dass er sich in Bezug auf diesen Punkt bereits bewährt hat. Denn „in den Tagen seines Fleisches“ wurden seine Gebete für sich selbst von Gott erhört.

Der Verfasser des Hebräerbriefes will damit keineswegs sagen, dass sein Jesus den Tod durch seine Gebete erfolgreich verhindert hätte. Vielmehr baten diese Gebete darum, dass Jesus vom Tode erlöst (das heißt, erhöht) und dass er durch Leiden und Gehorsam vervollkommnet werde, um als Quelle der Erlösung der Menschheit zu dienen. Und tatsächlich, sagt der Verfasser, wurde diese Bitte gewährt.

Jegliche Überlieferung über Jesus in Gethsemane, die dem Evangeliumsbericht ähnlich wäre, würde nicht zu der Vorstellung des Hebräerbriefs passen, denn der Jesus des Evangeliums hatte in einem Augenblick menschlicher Schwäche gebetet, dass der Kelch vorübergehen möge. Der Verfasser wollte damit keineswegs ausdrücken, dass ein solches Gebet erhört wurde, oder auch nur wertvoll war, noch viel weniger, dass es Jesus dazu qualifizierte, der ideale Hohepriester zu sein. Gelehrte, die vor dieser Diskrepanz stehen, spielen die Verbindung zu Gethsemane gewöhnlich herunter.

Wo kam dann die Vorstellung in 5:7 her? Im Falle dieses Briefes ist die Antwort klar: aus der Schrift. Buchanan (*op. cit.,* S. 98) schlägt vor, dass „Gebete (Bitten) darbringen“ aus Psalm 116:1 entnommen ist, der die gleichen Worte (in der Septuagintaversion) benutzt. Montefiore (*op. cit.,* S. 97) sieht, während er bemerkt, dass er nicht in den Evangelien auftaucht, den Satz „laute Schreie und Tränen“ als eine Erweiterung von Psalm 22:24: „da er zu ihm schrie, hörte er’s“ (wieder der Wortlaut der Septuaginta).

In einer allgemeinen Reflexion über wissenschaftliche Arbeit räumt Ellingworth (*op. cit.,* S. 285) ein, dass 5:7 „einen verallgemeinerten Gebrauch der Sprache und des Musters von Fürbitten des Alten Testaments“ repräsentiert. Er gibt zu, dass es sich nicht auf Gethsemane bezieht – erwägt freilich, dass es sich auf irgendein anderes historisches Ereignis beziehen könnte.

Kapitel 13: Chaotische Vielfalt (S. 164 - 182)

[60] **(S. 168)** Die NEB übersetzt das Herzstück der Passage so: „For this deliverance was first announced through the *lips* of the Lord *himself;* those who heard *him* confirmed it to us = Denn diese Erlösung wurde erst durch die *Lippen* des Herrn *selber* verkündet; diejenigen, die *ihn* hörten, bestätigten es uns ...“ Die Worte in Kursiv sind im Griechischen nicht vorhanden, was ein gutes Beispiel dafür abgibt, wie Übersetzungen das echte Verständnis der Briefe durch Vorurteile blockieren können.

[61] **(S. 169)** Es sollte darauf hingewiesen werden, das auch Hebräer 5:12 sich auf Lehren bezieht, die zur Zeit des Anfangs des Christentums aus der Überlieferung empfangen wurden; aber sie beziehen sich nicht auf Jesu Verkündigung, sondern auf „Gottes Orakel = logion“, eine Redewendung, die eindeutig auf Offenbarung hinweist. Auch sagen die „Anfangsgründe“ von Glauben und Ritual, die direkt danach aufgeführt sind, nichts über das geistliche Amt eines historischen Jesus.

[62] **(S. 172)** Für eine Diskussion der Frage der literarischen Einheit des 1. Johannesbriefs und seinem Vorrang vor den Evangelien siehe meinen Website-Artikel „A Solution to the First Epistle of John“ unter <www.magi.com/~oblio/jesus/supp02.htm>.

[63] **(S. 174)** Die Schrift wird (mit vielen Zitaten) umfangreich in meinem

Website-Artikel „The Odes of Solomon“ behandelt – unter www.magi.com/ ~oblio/jesus/ supp04.htm

[64] **(S. 176)** Das einzige Vorkommen von „Christus“ in einem Manuskript wird als Verbesserung von „Herr“ (Gott) angesehen, welches in anderen Handschriften erscheint.

[65] **(S. 178)** Philo's himmlischer Mensch: „Es gibt zwei Arten von Menschen. Die eine ist der himmlische Mensch, der andere der irdische. Der himmlische Mensch, ein Bild Gottes, hat keinen Teil an vergänglicher Substanz oder an irgendeiner wie auch immer gearteten irdischen Substanz; aber der irdische Mensch wurde aus Samen gemacht, welches der Verfasser (der Genesis) 'Staub' nennt. Aus diesem Grunde sagt er nicht, dass der himmlische Mensch erschaffen wurde, sondern dass er mit dem Bild Gottes geprägt wurde, während der irdische Mensch eine Kreatur ist und nicht der Nachkomme des Schöpfers.“ (Aus *Allegorische Interpretation des Gesetzes* 1,31)

[66] **(S. 178)** Siehe die umfassende Auflistung im *Theological Dictionary of the New Testament,* VIII, S. 412f.

[67] **(S. 181)** Man hat in diesem Zusammenhang recht naiv behauptet, dass all die Juden aus dem ganzen Reich, die in Jerusalem zu der Zeit des ersten Pfingstfestes lebten (Apostelgeschichte 2:5), in großen Zahlen bekehrt worden sein könnten und anschließend zurückgingen, um ihre Mitjuden zu Hause in genauso großer Anzahl zu bekehren.

[68] **(S. 181)** Zitat aus Francis Watson, *Paul, Judaism and the Gentiles,* S. 93. Ambrosiaster ist ein Name, der einem unbekannten Autor eines Kommentars zu den paulinischen Briefen gegeben wurde, geschrieben zu Rom im späten 4. Jahrhundert. Die Arbeit wurde später Ambrosius zugeschrieben.

Kapitel 14: Die Wurzeln von Q ausgraben (S. 186 - 195)

[69] **(S. 192)** Die Titel Q1, Q2, Q3 bezeichnen keine separaten Schriften, sondern unterschiedliche Materialschichten innerhalb des rekonstruierten, von Matthäus und Lukas benutzen Q-Dokuments. Solche Bezeichnungen beziehen sich auch auf den hypothetischen Zustand der Schrift in jedem dieser Entwicklungsstadien. Darin liegt eine gewisse Verein-

fachung, da Q zwischen den größeren Überarbeitungen zweifellos noch mit zahlreichen kleinen Zusätzen und sonstigen Veränderungen versehen wurde.

[70] **(S. 194)** Burton Mack (*The Lost Gospel: The Book of Q and Christian Origins,* S. 138-9) denkt, „sein Kreuz auf sich nehmen" bedeute „die Verurteilung (tapfer) ertragen"; das Logion soll bereits eine lange Geschichte als Sprichwort hinter sich gehabt haben (im Rahmen der Tradition der Kyniker). Das Kreuz „war zu einer Metapher für die ultimative Prüfung der Integrität eines Philosophen geworden". Robert Funk (*Honest to Jesus,* S. 235) betrachtet Q14:27, zusammen mit Nr. 55 des Thomasevangeliums, worin „wie ich" oder „wie ich es mache" zur Aussage vom Tragen des Kreuzes hinzugefügt wurde; er erkennt darin einen möglicherweise „verschleierten Bezug" auf Jesu Tod, gesteht freilich zugleich zu, dass beide in einem nichtbuchstäblichen Sinn verstanden werden könnten. David Seeley („Jesu Death in Q" NTS 38 [1992] S. 223f.) stellt den Spruch in den Zusammenhang zeitgenössischer kynisch-stoischer Philosophie über den Schüler, der gewillt sein sollte, seinem Meister in jeglicher Not zu folgen, sogar in den Tod. Er gibt zu, dass sich „14:27 nicht ausdrücklich auf Jesu Tod bezieht". Vorher sagt er, dass „nicht eine der Passagen, in der Propheten erwähnt werden, sich auf Jesu Tod bezieht. Eine derartige Beziehung muss angenommen werden." Wieder einmal bestimmen Vorurteile die Interpretation. Rudolf Bultmann (*Geschichte der Synoptischen Tradition,* S. 173f., Anm. 2) betrachtet den Spruch als Ausdruck des „Berufungsbewusstseins". Er nimmt auch an, „dass die Redewendung im Zelotismus entstanden ist, dessen Anhänger mit dem Kreuz rechnen mussten".

Kapitel 15: Das Thomasevangelium (S. 196 - 200)

[71] **(S. 196)** Übersetzung von Thomas O. Lambdin, in *The Nag Hammadi Library,* S. 124f.

[72] **(S. 197)** Helmut Koester bringt in *Trajectories Through Early Christianity* (S. 126-28) ein gutes Argument dafür vor, das Thomasevangelium, in seiner Endform, in der Region von Edessa im 2. Jahrhundert zu lokalisieren, weil wir nur dort den Namen Thomas mit dem Namen Judas und mit der Bezeichnung Zwilling („Judas Didymos Thomas" in

der Einleitung) verbunden sehen. Das allgemeine Auftreten derartiger Überlieferungen in der Region kann vernünftigerweise nicht ins 1. Jahrhundert datiert werden. Später (*Introduction to the New Testament,* Bd. 2, S. 152) versucht Koester, Thomas ins 1. Jahrhundert zu ziehen, wegen des offensichtlichen Fehlens von Beeinflussung durch die kanonischen Evangelien. Aber die kanonischen Evangelien zeigen wenig „Beeinflussung" in sämtlichen frühchristlichen Schriften des 2. Jahrhunderts (siehe Kapitel 24).

[73] **(S. 200)** Die Datierung des Thomasevangeliums ist in der modernen Wissenschaft noch im Fluss. Diejenigen, die in dessen Q-artiger Schicht eine Bestätigung für das von Q abgeleitete Bild eines historischen Jesus finden möchten, neigen dazu, diese Schicht als Teil einer „Allgemeinen Sprichwort-Tradition" („Common Sayings Tradition" = CST) zu betrachten und datieren sie als eine eigenständige Sammlung in die Mitte des 1. Jahrhunderts. Die verbleibenden mystisch/gnostischen Sprüche werden als später angesehen und sollen der CST zugefügt worden sein. Andere lehnen das ab, weil die letztere Gruppe von Sprüchen kaum als gnostisch betrachtet werden dürfe und genauso gut aus dem 1. Jahrhundert hervorgehen könne. Das mag richtig sein. Dennoch legt sich der Schluss nahe, dass beide Arten von Sprüchen im Thomasevangelium weder von demselben Verfasser noch zum gleichen Zeitpunkt entstanden sein können, zumal eine von beiden Arten mit einer anderswo gefundenen Sammlung von Sprüchen in Beziehung steht. Es kann nur ein Verhältnis des Nacheinanders zwischen den beiden Gruppen geben, und da das CST-Element bei Thomas mit Q1 abgeglichen werden kann, das in die Mitte des 1. Jahrhunderts zu datieren ist, scheint die Annahme gesichert, dass das früheste Thomasevangelium, d.h. die Parallele zu Q1, aus ungefähr derselben Zeit stammt.

Die wichtigere Frage ist: wann ist die letzte Bearbeitungsschicht des Thomasevangeliums entstanden? Die Tatsache, dass die Sammlung auf von Thomas aufgezeichnete Jesussprüche zurückgeführt wird, zeigt ebenso wie Nr. 13, ein Spruch, in dem Thomas über andere Apostel wie Petrus und Matthäus gestellt wird, dass sie aus einer Zeit stammen, in der christliche Gemeinden um die jesuanische Herkunft ihrer Tradition miteinander wetteiferten, mit anderen Worten, als die Vorstellung einer apostolischen Überlieferung aufkam, d.h. einer Kette, die über bestimmte Apostel und die von ihnen Berufenen auf Jesus selber zurückgeht. Für eine derartige Situation gibt es keinen Anhaltspunkt vor dem 2. Jahrhundert. Den Schriften des 1. Jahrhunderts wie den Briefen des Johannes und der Didache, sogar den Briefen des Ignatius im frühen 2. Jahrhundert fehlt deutlich ein derartiges Merkmal. (Die Behauptung, dass wir in 1. Kor 1-2 ein frühes Zeugnis haben für Gruppen, die apostolische Glaubwürdigkeit für ihre geheimen Weisheitslehren in Anspruch nehmen, ist unbegründet, denn der Brief selbst verbindet diese Weisheit niemals mit einem historischen Lehrer Jesus; tatsächlich ist Koester nicht der einzige, der seiner Überraschung Ausdruck verleiht, dass man sich in dem Streit, in den Paulus und Apollos in Korinth verwickelt sind, auf keine Lehren Jesu beruft (s. dazu auch Anm. 19). Da es außerdem wahrscheinlich ist, dass das Interesse daran, Überlieferungen über einen Apostel bis zurück auf Jesus zu verfolgen, gleichzeitig mit der Entwicklung eines historischen Jesusbildes aufkam, dürfte die Hinzufügung der „Jesus sagte"-Schicht gleichzeitig mit der Thomas-Zuschreibung erfolgt sein, nämlich in der ersten Hälfte des 2. Jahrhunderts, wahrscheinlich mehr zur Mitte hin.

Kapitel 16: Eine Gegenkulturbewegung in Galiläa (S. 201 - 218)

[74] **(S. 206)** Burton Mack ist wahrscheinlich der bekannteste Vertreter der Auffassung eines Jesus „nach Art eines kynischen Weisen" *(Who Wrote the New Testament,* S. 40; *A Myth of Innocence,* S. 67-69, 73-74). F. Gerald Downing schrieb einen einflussreichen Artikel „Cynics and Christians" (NTS 1984, S. 584-93). Seine Beobachtungen über Ähnlichkeiten zwischen den wandernden Kynikern und den Aktivitäten der frühen Christen erneuern einen Trend des frühen 20. Jahrhunderts. In dem Artikel führt er Einzelheiten einer Auswahl aus „einer Masse von Material" auf, von „oft ziemlich detaillierten Überschneidungen in der Botschaft, die durch einige Kyniker verkündet wurde, mit der von einigen frühen Christen". J. D. Crossan (*Birth of Christianity,* S. 333f.) weigert sich, Jesus als „Kyniker" zu betrachten und hält das Thema für nebensächlich.

Kapitel 17: Jesus wird in Q eingeführt (S. 219 - 225)

[75] **(S. 222)** Der Dialog zwischen Jesus und Johannes (Lukas/Q 7:18-35):

„[18]Und die Jünger des Johannes verkündeten ihm das alles. Und Johannes rief zwei seiner Jünger zu sich [19]und sandte sie zum Herrn und ließ ihn fragen: Bist du, der da kommen soll, oder sollen wir auf einen andern warten? [20]Als aber die Männer zu ihm kamen, sprachen sie: Johannes der Täufer hat uns zu dir gesandt und lässt dich fragen: Bist du, der da kommen soll, oder sollen wir auf einen andern warten? [21]Zu der Stunde machte Jesus viele gesund von Krankheiten und Plagen und bösen Geistern, und vielen Blinden schenkte er das Augenlicht. [22]Und Jesus antwortete und sprach zu ihnen: Geht und verkündet Johannes, was ihr gesehen und gehört habt: Blinde sehen, Lahme gehen, Aussätzige werden rein, Taube hören, Tote stehen auf, Armen wird das Evangelium gepredigt; [23]und selig ist, wer sich nicht ärgert an mir. [24]Als aber die Boten des Johannes fortgingen, fing Jesus an, zu dem Volk über Johannes zu reden: Was seid ihr hinausgegangen in die Wüste zu sehen? Wolltet ihr ein Rohr sehen, das vom Wind bewegt wird? [25]Oder was seid ihr hinausgegangen zu sehen? Wolltet ihr einen Menschen sehen in weichen Kleidern? Seht, die herrliche Kleider tragen und üppig leben, die sind an den königlichen Höfen. [26]Oder was seid ihr hinausgegangen zu sehen? Wolltet ihr einen Propheten sehen? Ja, ich sage euch: Er ist mehr als ein Prophet. [27]Er ist's, von dem geschrieben steht: „Siehe, ich sende meinen Boten vor dir her, der deinen Weg vor dir bereiten soll.“ [28]Ich sage euch, dass unter denen, die von einer Frau geboren sind, keiner größer ist als Johannes; der aber der Kleinste ist im Reich Gottes, der ist größer als er. [29]Und alles Volk, das ihn hörte, und die Zöllner lobten Gott und ließen sich taufen mit der Taufe des Johannes. [30]Aber die Pharisäer und Schriftgelehrten verachteten, was Gott ihnen zugedacht hatte, und ließen sich nicht von ihm taufen. [31]Mit wem soll ich die Menschen dieses Geschlechts vergleichen, und wem sind sie gleich? [32]Sie sind den Kindern gleich, die auf dem Markt sitzen und rufen einander zu: Wir haben euch aufgespielt, und ihr habt nicht getanzt; wir haben Klagelieder gesungen, und ihr habt nicht geweint. [33]Denn Johannes der Täufer ist gekommen und aß kein Brot und trank keinen Wein; so sagt ihr: Er ist besessen. [34]Der Menschensohn ist gekommen, isst und trinkt; so sagt ihr: Siehe, dieser Mensch ist ein Fresser und Weinsäufer, ein Freund der Zöllner und Sünder! [35]Und doch ist die Weisheit gerechtfertigt worden von allen ihren Kindern."

Kapitel 18: Sektiererische Entwicklungen in Q (S. 226 - 235)

[76] **(S. 226)** Siehe H. G. Meecham, *The Epistle to Diognetus,* S. 1.

[77] **(S. 228)** In vielen Büchern wird das Christentum als Ausdruck von Sektierertum beschrieben, so z.B. in:

Francis Watson: *Paul, Judaism and the Gentiles,* S. 38-48

Graham N. Stanton: *A Gospel For a New People: Studies in Matthew,* S. 89-107

J. A. Overman: *Matthew's Gospel and Formative Judaism,* passim

Philip E. Esler: *Community and Gospel in Luke-Acts,* S. 16-22, 46-70

Robin Scroggs: „The Earliest Christian Communities as Sectarian Communities" in *Christianity, Judaism, and other Graeco-Roman Cults,* II, Hrsg. J. Neusner (eine folgenreiche Schrift über dieses Thema, 1975)

Einige von obigen Gelehrten über die Soziologie von Sekten zitierte Bücher:

Bryan Wilson: *Religion and Social Perspective* (1982)

Lewis Coser: *The Functions of Social Conflict* (1956)

P. L. Berger and T. Luckmann: *The Social Construction of Reality* (1966)

Kapitel 19: Markus und Q: Der Ursprung der Evangelien (S. 236 - 256)

[78] **(S. 236)** John Dominic Crossan (durch eine „rote" [Zustimmungs-] Wahl von 26 Prozent bei dem Treffen des Jesus-Seminars im Oktober 1995 bestätigt) weist auf ein nichtkanonisches Evangelium hin, welches die älteste Passionsgeschichte enthalten haben soll, nämlich das kürzlich wiedergefundene Petrusevangelium. In diesem unvollständigen Text (der Teil vor der Händewaschung des Pilatus ist verloren, ebenso am Schluss eine Erscheinung Jesu nach der Auferstehung) soll

nach Meinung Crossans eine Vorform, die er „Kreuzevangelium" (Cross Gospel) nennt, eingebettet sein. Von dieser glaubt er, dass es sich dabei um die erste geschriebene Passionsgeschichte handele, auf die Markus für seine eigene Erzählung zurückgegriffen habe. Auch die anderen Evangelisten sollen darauf in Verbindung mit ihrer Benutzung von Markus zurückgegriffen haben. Crossan hat diese Theorie in zwei Büchern dargelegt, *The Cross That Spoke und Who Killed Jesus?*

Eine Mehrheit von Fachgelehrten glaubt, dass das ganze Petrusevangelium von den kanonischen Evangelien abhängig sei, obgleich es gute Argumente dafür gibt anzunehmen, dass es im Petrusevangelium frühe und späte Schichten gibt. Beide Standpunkte sind problematisch; aber selbst wenn Crossan Recht hätte, würde das nichts am grundlegenden Bild des Jesus-Puzzles ändern; gleichwohl scheint mir ein solcher komplizierender Faktor unnötig zu sein.

Es ist auch ausgesprochen schwer sich vorzustellen, dass die verschiedenen synoptischen Evangelien das „Kreuzevangelium" benutzten und dabei derart viel veränderten oder ausließen. Das Evangelium bietet eine Darstellung des Auferstehungsgeschehens, und trotzdem entschlossen sich alle vier kanonischen Evangelisten, keine eigene zu geben; es hat einen „guten" Übeltäter, der mit Jesus gekreuzigt wurde, trotzdem übernimmt nur Lukas diese Episode; es hat eine hervorstechende Szene: die „Wache am Grab", und trotzdem enthält nur das Matthäusevangelium eine solche Szene, dazu noch stark reduziert. Wie auch immer, solange man den frühen Teil des Petrusevangeliums mit seinem (hypothetischen) Bericht über Jesu Verkündigung und Wirken nicht hat, kann man keinen Bezug zur Q-Bewegung aufzeigen oder einen Gesamtvergleich mit Markus anstellen. (Für eine umfassendere Diskussion von Crossans Ansichten über das Petrusevangelium, siehe die Rezension seines letzten Buches *The Birth of Christianity* auf meiner Website, unter: www.magi.com/~oblio/jesus/ crossbr.htm.)

79 **(S. 241)** Es hat eine Anzahl von Theorien gegeben, die aufzuzeigen versuchen, dass in Q ein Kapitel (über das öffentliche Auftreten des Johannes und Jesu Taufe) dem jetzt allgemein als Textanfang angesehenen vorausgegangen sein soll (über das Erscheinen von Johannes und die Taufe von Jesus): David R. Catchpole, „The Beginning of Q: A Proposal" in NTS 38 (1992), S. 205-221; Dieter Lührmann, „The Gospel of Mark and the Sayings Collection" in JBL 108/1 (1989), S. 51-

71; J. Lambrecht, „John the Baptist and Jesus in Mark 1:1-15: Markan Redaction of Q“ in NTS 38 (1992), S. 357-384. Die meisten von ihnen postulieren, dass Markus eine solche ursprüngliche Einheit in Q gekürzt habe. Jedoch macht der Gedanke, dass Q auf dem markinischen Schreibpult gar nicht vorhanden war, mehr Sinn, freilich nur unter der Voraussetzung, dass Markus mit den Q-Überlieferungen vertraut war; der Eindruck von „Kürzung“ entsteht, weil er nicht mit Q selber arbeitete, sondern von der allgemeinen Vertrautheit seiner Gemeinde mit der Rolle des Johannes und seinen angeblichen Predigen ausgeht. Lambrecht (S. 381) zitiert Streeter: „Somit fällt uns von Anfang an die Tatsache ins Auge, dass die ersten dreizehn Verse von Markus, ganz gegen seine übliche Weitschweifigkeit, sich wie eine Zusammenfassung eines längeren und vollständigeren Berichts lesen.“

[80] **(S. 247)** Es ist wahr, dass das Markusevangelium Jesus nicht als in der erhöhten Weise des Christuskultes darstellt. Im Gegenteil, es wird manchmal darauf hingewiesen, dass der markinische Jesus kaum göttlich sei, jedenfalls nicht offenkundig. Er ist nicht der Logos oder die personifizierte Weisheit der Briefe, Emanation und Abbild Gottes im Schöpfungsprozess. Nichts davon ist im markinischen Evangelium vorhanden, und sogar die Soteriologie (Lehre von der Erlösung durch Christus) ist schlicht. Markus entwickelt kaum die Vorstellung vom Sühnopfer und stellvertretenden Leiden; er sagt einfach (10:45), dass Jesus gekommen ist, sein Leben hinzugeben „als Lösegeld für viele“. Dies unterscheidet sich nicht sehr von der in 4 Makkabäer entwickelten Vorstellung (frühes 1. Jahrhundert?), dass Leiden und Tod des gerechten Märtyrers von Gott berücksichtigt werden, um ganz Israel zu erlösen.

Im Hinblick auf die Auferstehung ist freilich der markinische Jesus einen erheblichen Schritt weiter; aber sogar dieses Element mag einiges der Vorstellung schulden, dass die erwählten Gerechten Israels zur Auferstehung bestimmt waren. Daher hat Markus, der aufgrund seiner Bekanntschaft mit dem Christuskult genötigt war, seinen leidenden und auferstehenden Jesus zu schaffen, diesem ein menschlicheres Fundament innerhalb des Q-Rahmens gegeben. Außerdem musste schon der äußere Rahmen des Evangeliums im irdisch-geographischen Bereich eine komplette Übertragung des paulinischen kosmischen Christus auf eine galiläische Szene ausschließen. Wenn der markinische Jesus sich dann auch noch dazu verpflichtet fühlte, seine Messianität geheim zu halten, hätte er wohl kaum über seine Präexistenz oder seine Rolle bei der Erschaffung des Universums sprechen wollen.

[81] **(S. 251)** Dieter Lührmann („Mark and Q" in JBL 108/1 [1989], S. 59): „Die endgültige Bearbeitung von Q muss ungefähr nach 60 AD gelegt werden, weil nichts im Q-Material eine Bekanntschaft zeigt mit den Verhältnissen, die dem Jüdischen Krieg unmittelbar vorausgingen oder ihn ausmachten." Er übersieht Lukas/Q 13:35 mit seinem Bezug auf Jerusalems „Haus" (gemeint ist der Tempel), das „(gott)verlassen ist", oder er interpretiert diese Stelle anders. Dies scheint sich nach Meinung einiger Wissenschaftler auf die Zerstörung des Tempels im Jahre 70 auf dem Höhepunkt des Jüdischen Krieges zu beziehen.

[82] **(S. 252)** Burton Mack räumt ein, dass das Lukasvangelium und die Apostelgeschichte ungefähr um 120 geschrieben wurden. (*Who Wrote the New Testament?,* S. 167)

Kapitel 20: Jesus zwischen Juden und Heiden (S. 257 - 264)

[83] **(S. 260)** Einige Wissenschaftler haben die Echtheit dieses Briefes von Plinius in Frage gestellt mit Hinweis auf seine Schlussbemerkungen darüber, dass vor der Regierungskampagne gegen die Christen so viele Menschen zum Christentum bekehrt worden waren, dass heidnische Riten zurückgegangen, Tieropfer eingestellt worden waren, und Fleischverkäufer für ihre Waren keinen Markt hatten. Dieses Bild christlichen Erfolges erscheint nicht nur übertrieben, die Passage erinnert überdies an die Szene in Apostelgeschichte 19, wo Demetrius, der Goldschmied, sich beklagt, dass die Predigten des Paulus so viele Menschen gewonnen hätten, dass sein Geschäft des Herstellens und Verkaufens von Bildnissen der Göttin Diana in Gefahr sei.

[84] **(S. 260)** Volkstümliche Ansichten über Christen waren zum Teil grotesk und umfassten Ritualmord von Kindern, Kannibalismus und ein ganzes Bündel weiterer bei ihren geheimen Riten begangener Scheußlichkeiten. Derartige maßlos übertriebene Dinge werden von uninformierten Leuten voller Vorurteile häufig solchen Gruppen angedichtet, denen sie misstrauen. Im Mittelalter – und auch in nicht-mittelalterlichen Zeiten – hatten Christen eine bis in Details gleiche Vorstellung

von den Praktiken der Juden.

Die offizielle Grundlage für solche Vorurteile war die Weigerung der Christen, den Staatsgöttern zu opfern und die Göttlichkeit des herrschenden Kaisers anzuerkennen. Eine derartige Verehrung wurde als eine der normalen und unentbehrlichen Pflichten angesehen, notwendig für Sicherheit und geistige Gesundheit der Gesellschaft. Nichtanerkennung der Pflichten war ein Verbrechen und machte strenge Bestrafung notwendig. Die Beschuldigung des „Atheismus" und der mangelnden Loyalität gegenüber Rom ergab sich daraus ganz selbstverständlich; Christen untergruben nach gängiger Meinung die Grundlagen der Gesellschaft und verdarben altüberlieferte Weisheit. (Den Juden wurde traditionell eine Ausnahme gewährt, indem ihnen gestattet wurde, den Treueeid gegenüber dem Kaiser in anderer Form abzulegen, um ihre religiösen Prinzipien nicht verletzen zu müssen; Christen wurde ein derartiger Ausweg dagegen nicht gewährt.)

[85] **(S. 264)** In der Gemara (Sanh. 107b) wird gesagt, dass Jesus vom Makkabäer-König Alexander Jannaeus (103-76 v.u.Z.) verfolgt worden sei. An anderer Stelle in der Gemara (Shab. 104b) wird der Gatte von Jesu Mutter als Pappos ben Jehudah bezeichnet, von dem im Talmud gesagt wird, er wäre ein Zeitgenosse von Rabbi Akkiba gewesen, der im frühen 2. Jahrhundert wirkte. (Siehe J. Klausner, *Jesus of Nazareth,* S. 22; und R. Travers Herford, *Christianity in the Talmud and the Mishnah,* S. 35-40.)

Kapitel 21: Flavius Josephus (S. 265 - 286)

[86] **(S. 268)** Zu einigen der obigen Punkte bemerkt Charles Guignebert (*Jesus,* S. 17) Folgendes: „Es kann zugegeben werden, dass der Stil des Josephus geschickt imitiert wurde, keine sehr schwierige Angelegenheit, aber die kurze Abschweifung, sogar mit den vorgeschlagenen Korrekturen [sich auf das Testimonium beziehend], unterbricht den Faden des Diskurses, in den sie eingefügt wurde." Guignebert urteilt, nach einer Untersuchung beider Jesus-Stellen bei Josephus, dass „es wahrscheinlich ist, dass Josephus Jesus nirgendwo genannt hat" (S. 18). Diese Bewertung wurde bis nach der Mitte des vorigen Jahrhunderts (Guigneberts Buch wurde 1956 verlegt) eher akzeptiert als

gegen dessen Ende. Heute scheinen Wissenschaftler entschlossen zu sein, am Jesus-Zeugnis des Josephus mit allen Kräften festzuhalten.

[87] **(S. 274)** Nach jüdischer Überlieferung versammelte sich nach dem Jüdischen Krieg (70) mit seiner Zerstörung von Stadt und Tempel eine Gruppe pharisäischer Gelehrter unter Jochanan Ben Sakkai in Jamnia (Jebne, heute die Stadt Yavne) einer palästinensischen Stadt nahe der Mittelmeerküste. Dort betrieben sie die Neugründung eines „Rates", eines Gremiums, welches nach Wegfall des Tempelkultes und dem Ausscheiden Jerusalems als Mittelpunkt die Führung in Sachen jüdischer Kultur und religiöser Observanz übernehmen sollte. Es war ein Wendepunkt in der Geschichte des Judentums, aus dem sich das rabbinische Judentum als normative Form herausbildete. Jamnia wird als die offizielle „Trennung der Wege" zwischen Judentum und Christentum als jüdischen Sekte angesehen.

Der Rat von Jamnia wird traditionell um 90 u.Z. datiert: einige Forscher freilich bezweifeln ein solches Treffen ganz. A. J. Saldarini („Johanan ben Zakkai's Escape from Jerusalem: Origin and Development of a Rabbinic Story," JCJ 6 [1975] S. 189-204) sieht darin eine Legende. Siehe J. A. Overman, *Matthew's Gospel and Formative Judaism,* S. 38-39.

[88] **(S. 275)** An einigen Stellen – fast alle in seinem früheren Werk, der Geschichte des Jüdischen Krieges – bringt Josephus die Meinung zum Ausdruck, dass die Aktionen der Zeloten in den Jahren, die zu dem Konflikt führten, ihre Morde, das angerichtete Chaos und besonders die Beschmutzung der Reinheit des Tempels, Gott dazu brachten, die Zerstörung von Tempel und Stadt durch die römischen Invasoren stillschweigend als ein Mittel der Reinigung hinzunehmen. Während Josephus hauptsächlich damit beschäftigt ist, Roms Handlungen zu rechtfertigen und darin eine Lektion für die Welt insgesamt zu sehen – mit der Moral: Rebellion gegen Rom ist vergeblich! –, hat er sein Auge weiterhin auf seine Landsleute und ihre Interessen gerichtet. So bietet er mitunter Kommentare und Erklärungen in der Form jüdischer Betrachtungen über Prophetie, rituelle Reinheit und göttliche Vorsehung – und diese Erklärungen passen nicht immer zu denen, die er an anderer Stelle zum Ausdruck bringt.

[89] **(S. 277)** In seinem Werk *Jüdische Altertümer* steht die Passage über Johannes den Täufer nach dem Tod des Bruders von Herodes Antipas,

Philip, der auf 33/4 datiert werden kann, und vor der Expedition von Vitellius, dem römischen Legaten von Syrien, gegen den Araber-König Aretas, im Jahre 37. Dieses letztere Ereignis war eine Reaktion auf den Angriff des Aretas auf Galiläa, der dadurch ausgelöst wurde, dass Herodes seine erste Frau, Aretas' Tochter, verstoßen hatte, um Herodias zu heiraten; diese war Ehefrau eines seiner Halbbrüder, von dem sie sich scheiden ließ. Den Evangelien zufolge wurde Johannes hingerichtet, weil er diese Heirat verurteilte; wenn diese Heirat nach dem Tod von Philip im Jahre 33/4 erfolgte, würde dies notwendig zeigen, dass Jesu Wirken nach diesem Jahr begonnen hätte, was gerade noch Zeit lassen würde – möglicherweise auch nicht – für die Kreuzigung vor der Abberufung des Pilatus nach Rom im Jahre 36.

Ein so spätes Datum für die Kreuzigung schafft Probleme in der frühen christlichen Chronologie, einschließlich der mit Paulus in Zusammenhang stehenden Fragen. E. P. Sanders (*The Historical Figure of Jesus,* S. 286f.) versucht, das Problem durch den Hinweis darauf zu lösen, dass Josephus in diesem Abschnitt der *Altertümer* die Ereignisse nicht immer in der richtigen Reihenfolge darstellt. Sanders bemerkt, dass die Ernennung des Pilatus, die durch andere zuverlässige Quellen auf 26 u.Z. datiert werden kann, der Erwähnung des Todes von Germanicus im Jahre 19 u.Z. vorausgeht (obwohl beides nur am Rande in Verbindung mit anderen Themen erwähnt wird). Von Widersprüchen wie diesen ausgehend, nimmt Sanders an, dass der Aufruhr im Zusammenhang mit dem Täufer und der Heirat des Herodes mit Herodias früher als in der Zeit zwischen den beiden datierbaren Ereignissen von Philips Tod und der Expedition des Vitellius stattgefunden haben könnte. Aber eine Lücke von fünf Jahren oder mehr zwischen dieser Expedition und dem Tod des Johannes, welcher angeblich eine Kette von Ereignissen auslöste, die zu dieser Expedition führte, scheint übertrieben.

Sanders begründet seine Argumentation mit der Anmerkung, dass das *Testimonium Flavianum* zwischen zwei Ereignisse fällt, die im Jahre 19 u.Z. datiert werden können, dem Tod des Germanicus (ein paar Kapitel vor dem Bezug auf Jesus), und den Skandalen um Isis und den jüdischen Skandalen in Rom (direkt hinter der Jesus-Stelle). Er weist darauf hin, dass eine strenge Chronologie es notwendig macht, Pilatus wie auch Jesus auf eine frühere Zeit zu datieren, um das Jahr 19 herum – was der sonderbare Gelehrte dann auch tut. Er entscheidet sich also dafür, anzunehmen, Josephus habe die Dinge nicht in der richtigen chronologischen Reihenfolge dargestellt.

Aber eine wahrscheinlichere Erklärung ist die, dass Josephus Jesus überhaupt nicht erwähnt hat und dass ein christlicher Interpolator Jesus an dieser chronologisch falschen Stelle einfügte. (Ähnlich wie Lukas, der es versäumte, die Geburt Jesu mit dem Tod von Herodes dem Großen im Jahre 4 v.u.Z. kompatibel zu machen sowie mit der lokalen Volkszählung von Quirinius 6 u.Z., die der Evangelist mit seiner fiktiven Volkszählung des Augustus gleichgesetzt zu haben scheint.) Der Fälscher des *Testimoniums* stand vor einem Problem, bei dem er sich zu entscheiden hatte: entweder Jesus mit den Aussagen über Pilatus zu verbinden – oder mit den späteren Aussagen über Johannes den Täufer, zwei Gestalten, die Josephus unglücklicherweise durch ein paar Kapitel voneinander getrennt hatte. Er entschied sich für Pilatus.

[90] **(S. 285)** Warum war der „verlorene Hinweis" verloren? Einige nehmen an, dass er wegen der Kritik des Origenes entfernt worden sein könnte, aber eine Änderung, um diese Kritik aufzunehmen, wäre dann doch ein wahrscheinlicheres Szenario. Das heißt, wir würden einen Hinweis darauf erwarten, dass Jerusalem wegen des Todes Jesu und nicht wegen des Todes des Jakobus fiel. Die bessere Erklärung wäre freilich die, dass der „verlorene Hinweis" nur in bestimmten Handschriften interpoliert wurde, wahrscheinlich in denen des *Jüdischen Krieges* und wahrscheinlich im Osten; später scheinen die interpolierten Zeilen in Vergessenheit geraten zu sein. Nachdem die Stelle in den Altertümern interpoliert wurde, hat sie ihr eigenes Schicksal gehabt, in diesem Fall überlebte sie und verbreitete sich westwärts in allen Abschriften des letzteren Werkes.

[91] **(S. 286)** J. D. Crossan (*The Birth of Christianity,* S. 9) weist ohne Kommentar darauf hin. Die relevante Passage in den *Historiae* ist freilich kurz, da das Werk als Ganzes sich mit einer späteren Periode befasst.

Es gibt Wissenschaftler, die die Echtheit der Passage in den *Annalen* des Tacitus, die sich auf Jesus bezieht, in Frage stellen. Obwohl sie sich feindselig und sogar verächtlich über Christen auslässt, wird die Passage in christlichen Quellen nicht aufgegriffen. Von einer Verfolgung durch Nero als Folge des großen Brandes ist in ihnen noch zwei Jahrhunderte lang nicht die Rede.

Kapitel 22: Die Evangelien als Midrasch und symbolische Erzählungen (S. 290 - 308)

[92] **(S. 291)** Siehe David R. Catchpole: „The Beginning of Q: A Proposal". NTS 38 (1992) S. 214-15, 220.

[93] **(S. 293)** Siehe John Kloppenborg, *The Formation of Q,* S. 250f.

[94] **(S. 298)** Mack (*A Myth of Innocence,* S. 159) zitiert eine Passage aus Seneca: „Worte sollten verstreut werden wie Samen; ganz gleich wie klein der Samen sein mag, wenn er einmal guten Boden gefunden hat, entfaltet er seine Stärke und aus einem unbedeutenden Ding breitet es sich zu seinem größten Wachstum aus" (*Epistel* 38:2). Ganz klar, die Parabeln des Gottesreichs, die Jesus zugeschrieben wurden, haben mit der umfassenderen Ausdrucksweise dieser Zeit viel gemein, einschließlich heidnischer Kreise. Die Verbindung von Q1 zu einem kynischen Vorläufer ist somit nicht unwahrscheinlich.

[95] **(S. 303)** Siehe zum Beispiel Mack, *A Myth of Innocence,* S. 209-11.

[96] **(S. 304)** Apollonius von Tyana war ein Neopythagoräer, der bis ungefähr zum Jahre 98 lebte. Es wurde gesagt, dass er von dem ägyptischen Gott Proteus abstammte, dass er den einen wahren Gott predigte, Wunder vollbrachte, Kranke heilte, Dämonen vertrieb, Tote auferstehen ließ. Nach seinem Tode wurde behauptet, dass er selbst von den Toten auferstanden sei, seinen Anhängern erschien, um die Unsterblichkeit mit ihnen zu erörtern, und körperlich in den Himmel aufstieg. Der Satiriker Lucian in der Mitte des 2. Jahrhunderts bezieht sich kurz auf ihn. Seine „Biographie" – in der es unmöglich ist, Fakt von Legende zu trennen – wurde um 220 von dem Sophisten Flavius Philostratus geschrieben. Siehe Philostratus: *Life of Apollonius,* übersetzt und herausgegeben von C. P. Jones, G. W. Bowerstock (1970); und *The Life and Times of Apollonius of Tyana,* von Charles P. Eels (1967).

[97] **(S. 305)** Ironischerweise weiß das Alte Testament nichts von bösen Dämonen, am wenigsten in Verbindung mit Krankheit, so dass Heilungen in der Schrift nicht in Form von Dämonenaustreibungen dargestellt werden. Aber die Mächte der Dunkelheit wurden im jüdischen, aber auch im hellenistischen Denken, während der zwischentestamentlichen Zeit (nach ungefähr 200 v.u.Z.) allmählich immer größer und bedrohlicher; ähnlich die Vorstellung von Satan als dem Hauptanführer dieser

Mächte. Der Oberteufel entwickelte sich, unter dem Einfluss persischer Dämonologie, aus weniger bösen Vorläufern in der jüdischen himmlischen Mythologie.

Dadurch waren bis zur Zeit des Christentums böse Geister für viele Menschen geradezu zu einer Art Obsession geworden. Eph 6:12 mit seiner bitteren Klage über den Kampf „mit den bösen Geistern unter dem Himmel", zeigt die quälende Wirkung, die solcher Aberglaube haben konnte. Der heilende Jesus des Markusevangeliums musste unter solchen Rahmenbedingungen konzipiert werden, wodurch das Christentum auf Dauer mit einem Jesus versehen wurde, der selber an solche bösen Mächte glaubt und sich sogar auf Gespräche mit ihnen einlässt. Vielleicht handelt es sich dabei sogar um einen der peinlichsten Züge in den Evangelien, die sich ohnehin nicht unbedingt gerade durch ein Übermaß an rationalem Denken auszeichnen.

[98] **(S. 306)** Siehe Helmut Koester, *Introduction to the New Testament,* Bd. 1, S. 134-5.

[99] **(S. 306)** Paul Achtemeier, „Toward the Isolation of Pre-Markan Miracle Catenae", JBL 89 (1970), S. 265-291.

[100] **(S. 306)** Im ersten Komplex: die Dämonenaustreibung des Geraseners (5:1-20), die Auferstehung der Tochter des Jairus, die Heilung der Blutflüssigen (5:25-34). Im zweiten Komplex: Heilung des Blinden von Bethsaida (8:22-26, nicht in der richtigen Reihenfolge), Austreibung des unreinen Geistes aus der Tochter der Syrophönizierin (7:24-30), Heilung des Taubstummen (7:32-37). Die Feststellung, dass es sich hier um zwei parallele Komplexe handelt, bringt uns ein gutes Stück weiter in der Frage, weshalb Markus zwei Speisungswunder hat, die sehr ähnlich sind (die Speisung der 5000 und die Speisung der 4000). Die Wissenschaftler fragten sich in der Vergangenheit oft, ob Markus etwa zwei leicht voneinander abweichende Überlieferungen des gleichen Vorfalls aus der Tradition übernommen habe und sich aus diesem Grunde genötigt fühlte, beide aufzunehmen. Jetzt können wir die Schlussfolgerung ziehen, dass Markus sich selbst ganz bewusst aufgrund seines Wunderschemas wiederholt, um die zwei Wunderkomplexe in sein Parallelitätsschema pressen zu können.

Kapitel 23: Der Leidende Gerechte und eine Geschichte aus der Schrift (S. 309 - 332)

[101] **(S. 309)** Hugh R. Schonfield argumentierte in *The Passover Plot,* seinem berühmten Bestseller von 1966, Jesus habe vielleicht an einer Verschwörung teilgenommen, bei der er vor der Kreuzigung unter Drogen gesetzt worden sei, um seinen Tod vorzutäuschen. Obschon Schonfield ein respektabler Wissenschaftler ist, war er allzu leicht dazu bereit, die meisten Details in den Evangelien als historisch zu akzeptieren.

[102] **(S. 311)** Was das betrifft, gibt es bei Matthäus und Lukas sowie in ihren Gemeinden wenig Hinweise darauf, dass sie einen entwickelten Komplex an Traditionen über Jesu Wirken und Verkündigung besessen hätten. Die Struktur ihrer Geschichte vor der Passion folgt dem allgemeinem Aufbau und Inhalt bei Markus, ergänzt durch Q-Material, das sie unterschiedlich in das markinische Muster eingefügt haben. Lukas hat mehrere Stücke, die bei ihm singulär sind, besonders Parabeln wie die vom Barmherzigen Samariter und vom Verlorenen Sohn. Hierbei handelt es sich sehr wahrscheinlich um seine eigenen Erfindungen, da wir annehmen müssen, dass diese kraft- und effektvollen Lehrstücke (wie das Jesus-Seminar sie einschätzt) den anderen Evangelisten bekannt gewesen wären, wenn sie von Jesus stammten.

[103] **(S. 314)** Z.B. John Dominic Crossan in *The Birth of Christianity;* John Shelby Spong in *Liberating the Gospels.*

[104] **(S. 315)** Crossan hat kürzlich gesagt: „Wenn es von Anfang an eine detaillierte Passions- und Auferstehungs-Geschichte gegeben hätte oder einfach nur eine Passionserzählung, würde ich mehr Anhaltspunkte dafür erwarten, als das was tatsächlich vorliegt. Sie fehlt völlig in den Überlieferungen über das Leben Jesu [meine „Galiläa-Tradition"]; in den Überlieferungen über seinen Tod [meine „Jerusalem-Tradition"] sieht es folgendermaßen aus: 1. Außerhalb der Evangelien gibt es keinerlei Bezugnahme auf die Details der Passionserzählung. Wenn alle Christen sie kannten, warum werden sie dann nicht erwähnt? 2. Innerhalb der Evangelien schreiben alle anderen Evangelisten direkt oder indirekt von Markus ab. Wenn eine auf historischer Erinnerung beruhende Geschichte früh verfasst wurde, warum schreiben sie nicht alle davon ab, statt sich auf Markus zu verlassen? Warum ist Johannes, trotz

seiner weitreichenden theologischen Neuerungen, so völlig von der synoptischen Information abhängig?“ (*The Birth of Christianity,* S. 521).

[105] **(S. 320)** Zwei Jahrtausende christlicher Tradition haben diese große Übereinstimmung zwischen dem Alten Testament und der Passionsgeschichte Jesu in den Evangelien im Verhältnis von Prophetie und Erfüllung betrachtet. Jedoch wird kaum ein heutiger Wissenschaftler, der diese Bezeichnung verdient, dafür eintreten, dass all diese Passagen in der Hebräischen Bibel tatsächlich wirkliche Prophezeiungen von speziellen Ereignissen aus der Passion Jesu seien.

[106] **(S. 325)** Ich bin John Dominic Crossan für diese Auslegung von Psalm 2:1-2 in seinem *The Cross That Spoke* zu Dank verpflichtet, ebenso wie für einige eher esoterisch klingende Aussagen in seiner Midraschstudie der markinischen Passionserzählung.

[107] **(S. 333)** Zitate aus Justins „Erinnerungen der Apostel“: 1. Apologie, 66:3, 67:3-4; *Dialog mit Tryphon,* 13 Mal, z.B., 100:4, 101:3 usw.

[108] **(S. 334)** Irenaeus, *Gegen die Häresien,* III, Kap. xi, 8. Die Evangelien sind vier an der Zahl, sagt er, weil „es vier Weltgegenden, in denen wir leben, gibt, und vier Hauptwinde ... und es ist passend, dass sie [die Kirche] vier Säulen haben sollte.“

[109] **(S. 334)** Zum Beispiel Helmut Koesters wegweisende Untersuchung der synoptischen Hinweise in den Schriften der apostolischen Väter, *Synoptische Überlieferung bei den apostolischen Vätern* (1957), kommt zu der Schlussfolgerung, dass fast alle derartigen Hinweise aus der Vorevangeliumsschicht der Überlieferung stammen.

[110] **(S. 337)** Siehe P. N. Harrison, *Polycarp's Two Epistles to the Philippians.*

[111] **(S. 338)** Die spätere Zuschreibung des Barnabasbriefes an den Apostel, der Paulus auf einigen seiner Reisen begleitete (Apg 4:36, 9:27, 11:22 etc.), wird heute als unmöglich betrachtet. Der Brief wird im Allgemeinen als das Erzeugnis eines gelehrten Juden aus Alexandria angesehen, da die frühesten Zeugen des Briefes, Clemens und Origenes, aus dieser Stadt stammen. Freilich scheint es sich beim Verfasser um einen Juden zu handeln, der die Religion seiner Vorfahren nicht anerkannte und die heiligen Schriften des jüdischen Erbes für das Christentum beanspruchte. Nach anderer Ansicht könnte es sich um einen Heiden handeln, der für andere Heiden schreibt, die dem Judentum na-

bestehen und die sich selbst als Erben eines neuen Bundes betrachten, den die Juden verwirkt haben. Diese Ansicht vermag sehr gut die grundsätzliche Natur des Christentums zu beschreiben, als dieses seine Bindungen zu den jüdischen Eltern abgebrochen hatte.

112 **(S. 339)** Seinem Zitat von Jesaja 53 folgend erzählt Barnabas, um zu zeigen, wie Jesus um der Vergebung der Sünden willen gestorben ist, seinen Lesern (5:3): „Wir müssen also dem Herrn innigsten Dank dafür sagen, dass er uns das Vergangene hat wissen lassen [d.h. durch die Schrift] und uns im Gegenwärtigen weise gemacht und uns eine gewissen Einsicht in das Zukünftige geschenkt hat." Mit anderen Worten, Barnabas schreibt, dass wir vom irdischem Leben Christi durch die Schriften wissen, aus Passagen wie Jesaja 53. Am Anfang des Briefes (1:7) hat er das gleiche Prinzip erklärt: „Der Herrscher (Gott) hat uns nämlich durch die Propheten das Vergangene und Gegenwärtige wissen lassen, vom Zukünftigen uns einen Vorgeschmack gewährt." Für Barnabas spielen Berichte über Christi Lebenslauf aus der unmittelbaren Vergangenheit keine Rolle. Sie scheint für ihn gar nicht zu existieren. Wissen über die Vergangenheit kommt aus der Schrift und nur aus der Schrift. (Staniforth's Übersetzung ins Englische von 5:3, *Early Christian Writings,* S. 198, dass die Schriften uns „eine *Einsicht* in die Vergangenheit geben", ist phantasievoll; das griechische Verb *gnōridzō* lässt sich jedoch nicht so flexibel auslegen.)

Diese Beschränkung auf die Schrift als Quelle von Barnabas' Wissen über Jesu Leben erklärt ein kurioses Phänomen in den Briefen. Der Schreiber scheint anzudeuten, dass die Schrift die Ereignisse in Christi Leben vorhergesagt hat, und trotzdem wird die zweite Hälfte der Gleichung niemals näher dargestellt. Obwohl er die Schrift als „Prophetie" betrachtet, werden wir niemals verwiesen auf ein konkretes Äquivalent in der Geschichte, das eine Erfüllung der Prophetie darstellt. Das, was der irdische Jesus tat oder erlebte, bleibt theoretisch. Das heißt, der Schreiber scheint die Existenz dieser Dinge aus der Schrift abzuleiten und die Schrift dann als deren Vorhersage zu bezeichnen, aber sie bekommen keine unabhängige Bestätigung und werden nicht eigens dargestellt, z.B. anhand eines Vergleichs mit einer schriftlichen oder mündlichen Überlieferung. An anderer Stelle hat der Verfasser Mühe zu zeigen, wie alte hebräische Institutionen ihr Pendant in christlichem Glauben und christlicher Praxis seiner Zeit präfigurieren. Das ist eines der Hauptziele seines Briefes, der Zweck seiner allegorischen Interpretation der Schrift: zu zeigen, dass die alttestamentliche „Vergangenheit" in seiner christlichen „Gegenwart" erfüllt ist. Wenn der Verfasser jedoch die Passion Christi in der Schrift abhandelt, bleibt deren entsprechende Erfüllung in Christi Leidenserlebnissen 'auf Erden' ohne Details, ohne Darstellung in einer spezifisch historischen Terminologie und kann mit keinem spezifischen historischen Ereignis identifiziert werden. (Das steht im Gegensatz zum späteren Justin, der alttestamentliche „Prophezeiungen" direkt mit den entsprechenden „Ereignissen" vergleicht, wie sie in den „Erinnerungen der Apostel" beschrieben werden)

[113] **(S. 339)** Siehe H. Koester, *Ancient Christian Gospels,* S. 18.

[114] **(S. 341)** Eine angemessene Diskussion müsste ausführlich sein; sie müsste ausgehen von dem anerkannten Mangel an Klarheit in der Beschreibung des Papias darüber, wie er Informationen von „Ältesten" erhielt, die wiederum ihr Wissen entweder von Jesu Aposteln oder deren Anhängern herleiteten. Die genaue Bedeutung von „Ältester", die Frage, ob Papias den Begriff in einem konstanten Sinn benutzte, die Anzahl der Stadien, die zwischen ihm und den „Jüngern des Herrn" liegen, dies und vieles andere wäre näher zu diskutieren. Ebenso die Identifikation des „Ältesten Johannes", auf den er sich bezieht: handelt es sich hier um dieselbe Person wie um den Apostel Johannes oder um den Ältesten, der Papias seine Information über „Markus" und „Matthäus" gab?

Die Behauptung des Irenaeus, Papias habe den Apostel Johannes der Evangelien gekannt, basiert zweifellos auf diesem zweifelhaften Hinweis auf eine Person, die von Papias vielleicht nicht einmal als Anhänger Jesu kenntlich gemacht wird. Ganze Beweisketten mit Schlussfolgerungen und Thesen über die frühe Zeit des Christentums wurden auf unsicheren Fundamenten wie diesen errichtet. Außerdem legen einige der Papias zugeschriebenen Bemerkungen nahe, dass er gegen Ende der ersten Hälfte des 2. Jahrhunderts schrieb; das macht die mögliche Anzahl der Stadien zwischen ihm und den Aposteln des irdischen Jesus zu groß, um anzunehmen, dass er irgendeinen von ihnen gekannt haben könnte.

[115] **(S. 343)** Zum Beispiel betont J. Kleist (*Ancient Christian Writers,* S. 111), dass die Klage über mangelnde „Ordnung" in dem von Papias

erwähnten „Markus" eine Kritik an der Kürze dieses Evangeliums sei. W. R. Schoedel (*Apostolic Fathers,* Bd. 5, S. 106) beschreibt frühere Meinungen über die unzureichende „Ordnung" des Markus: „dass der zusammenhanglose Anfang, das unvollständige Ende, die 'trivialen' Stellen" gemeint seien und so weiter. Das sind keine Definitionen von „Ordnung", zu denen man üblicherweise gelangen würde, wenn das Vorurteil es nicht nötig machte, sie auf den kanonischen Markus anwenden zu müssen.

116 **(S. 344)** Schoedel (*op.cit.* S. 106) weist darauf hin, dass der Stil des Zitats von Papias über Markus, in „der rhetorischen Ausgewogenheit der Zeilen" der gleiche ist wie im Prolog, den Eusebius weiter vorn zitiert. Schoedel merkt an: „Dies bedeutet, dass Papias das, was auch immer er von 'dem Ältesten' (Johannes?) erhalten haben mag, bearbeitet hat. Dann ist es unmöglich an diesem Punkt zwischen Papias und seiner Quelle zu unterscheiden." Papias gibt nicht nur den Bericht des Ältesten nach dem Gedächtnis wieder, er hat ihn neu in seine eigenen Worte gefasst. Letztlich bleibt es unmöglich Genaueres darüber zu sagen, wie solche Überlieferungen entstanden: über Markus als Dolmetscher des Petrus bezüglich seiner Sammlung von „Sprüchen und Taten" oder über Matthäus als Sammler bestimmter aramäischer Sprüche; ob der „Älteste", auf den sich Papias bezieht, irgendetwas mit der Entstehung dieser Vorstellungen zu tun hatte oder sie aus einer schon vor seiner Zeit bestehenden Überlieferung aufgegriffen hatte, muss ebenfalls ungewiss bleiben. Der höchst ungewisse Zustand der Fragmente des Papias erlaubt uns weiterhin zu behaupten, dass kein christlicher Schreiber vor Justin Zeugnis eines Wissens oder Gebrauchs von geschriebenen Evangelien gibt.

117 **(S. 345)** Was auch im Dunkeln bleibt, ist die genaue Beziehung der Gnosis zum orthodoxen Christentum und seinem auf den Evangelien basierenden Jesus von Nazareth. Forscher kommen zu der Erkenntnis, dass die ältere Vorstellung, die Gnosis habe sich aus der frühen christlichen Bewegung entwickelt, nicht länger haltbar ist. Einige gnostische Schriften haben eine Erlösergestalt, die in keiner Beziehung zum Jesus des Evangeliums steht; derartige Dokumente können von ihren Wurzeln her sogar vorchristlich sein (s. Kapitel 13). In einigen Gebieten, wie Ägypten und Nordsyrien, waren gnostische Formen des Christus/Sohn-Glaubens schon viel früher verbreitet als „orthodoxere" Ver-

sionen des Christentums (s. Walter Bauers *Orthodoxy and Heresy in Earliest Christianity*). Gewiss ist, dass beide Glaubenszweige im frühen 2. Jahrhundert miteinander in Beziehung standen, und dass einige gnostische Sekten begannen, ihre Erlösergestalt mit dem neu hervortretenden historischen Jesus gleichzusetzen. Sie neigten dazu, ihn zu einem doketischen Christus (der nur ein Mensch zu sein „schien") zu machen, und betrachteten ihn mehr als eine Offenbarungsgestalt als einen geopferten Erlöser im paulinischen Sinne, obwohl sie gewöhnlich Spielraum ließen für eine irgendwie geartete Bedeutsamkeit von Tod und Auferstehung.

[118] **(S. 345)** Die kirchliche Tradition, vertreten z.B. durch Häresiologen wie Tertullian, der schrieb, um Marcion zu diskreditieren, behauptet, dass Marcion das Lukasevangelium „ausgeschlachtet" und es von Passagen befreit habe, die ihm missfielen. Aber nach anderer Ansicht, vertreten von John Knox in *Marcion and the New Testament* (S. 77-106) soll der Text, den Marcion benutzte oder auf den er seinen eigenen basierte, eine frühe Version des Lukasevangeliums gewesen sein, eine, die später durch die römische Kirche überarbeitet und erweitert wurde. (Diese Erweiterung schloss die kompletten Kapitel 1 und 2 ein.) Wir können an den Inhalt der von Marcion benutzten Lukasevangelium nur über Tertullians detaillierte Widerlegung des Erzhäretikers gelangen.

[119] **(S. 346)** Marcions Sammlung von Paulusbriefen enthielt noch keine Pastoralbriefe (1 & 2 Timotheus und Titus). Moderne Wissenschaftler haben kürzlich die ältere Annahme in Frage gestellt, dass ein Corpus von Paulusbriefen – ohne Pastoralbriefe, die erst im 2. Jahrhundert in paulinischem Namen verfasst worden sein sollen – zum ersten Mal im späten 1. Jahrhundert zusammengestellt wurde. Statt dessen konzentrieren sie sich auf die marcionitische Sammlung als das erste Zeugnis für die Existenz einer Sammlung von Paulusbriefen. Siehe H. Gamble, „The Canon of the New Testament" in *The New Testament and its Modern Interpreters,* S. 205f. Freilich glaubt Gamble, dass Marcion irgendeine ältere nicht näher spezifizierte Sammlung überarbeitet haben könnte, die nur allmählich entstanden sein soll. Siehe auch Jonathan Z. Smith in *Drudgery Divine,* S. 110, n. 44, der wissenschaftliche Ansichten über diese Frage diskutiert und ebenfalls die Annahme der Entstehung einer Sammlung im 2. Jahrhundert als Reaktion auf Marcion vertritt. Schon 1934 betrachtete Walter Bauer (*op. cit.,* S. 221-2) nicht

nur die erste paulinische Sammlung als Produkt von Marcion, er glaubte auch, dass Marcion selbst möglicherweise viele der Paulus-Briefe aus verschiedenen christlichen Gemeinden auf seinen Reisen von Sinope nach Rom gesammelt haben könnte. Radikalere Theorien über die Briefe des Paulus schließen nicht aus, dass die Marcioniten alle Briefe gefälscht oder ältere Schriften, die auf Paulus zurückgehen, neu gestaltet haben könnten. Diese marcionitische Version fiel dann nach einer weiteren grundlegenden Bearbeitung durch die römische Kirche dem Christentum als Erbe zu.

[120] **(S. 349)** Siehe C. Moule, „The Christology of Acts“ in *Studies in Luke-Acts,* S. 171. Siehe auch „Re-Reading Talbert's Luke“ in Cadbury, Knox and Talbert: *American Contributions to the Study of Acts,* S. 221.

[121] **(S. 349)** Siehe Hans Conzelmann, „Luke's Place in the Development of Early Christianity“ in *Studies in Luke-Acts,* S. 308.

[122] **(S. 350)** E. R. Goodenough ist einer von vielen Wissenschaftlern, die einen oder beide Punkte als vollkommen fiktiv verwerfen. Siehe *Studies in Luke-Acts,* S. 56-7.

[123] **(S. 351)** Eines der traditionellen Rätsel in der Apostelgeschichte, das auf eine von Lukas benutzte Q-Schrift hinzudeuten schien, war das häufige Vorkommen eines bestimmten Erzählstils in gewissen Passagen (16:10-17; 20:5-15; 21:1-18; 27:1-28:16), in denen die erste Person Plural verwendet wird, den sogenannten „Wir“-Passagen. „Wir setzen Segel von Philippi nach dem Osterfest ...“ „Als wir von dort aufgebrochen waren und Segel gesetzt hatten, kamen wir geradewegs gen Kos ...“ Stammt das aus einem Tagebuch, vielleicht von einem eines paulinischen Weggefährten? Wenn das so war, wie überlebte es den Schiffbruch, der in späteren Kapiteln erzählt wird? Versuchte Lukas den Eindruck der Echtheit dadurch zu erhöhen, dass er die Dinge in die erste Person setzte? Wenn ja, warum nur uneinheitlich?

Das Rätsel wurde gelöst, als Vernon Robbins, früheren Hinweisen von Wissenschaftlern wie H. J. Cadbury folgend, eine ebenso einfache wie beeindruckende Beobachtung machte (siehe *Perspectives in Luke-Acts,* S. 215-229). Alle solche Passagen in der Apostelgeschichte beginnen mit und umfassen meistens Seereisen. Dies veranlasste Robbins zu einer Studie der Beschreibung von Seereisen in der antiken Literatur. Er entdeckte, dass „einer der charakteristischen Züge von Seereiseerzählungen (in griechischer und römischer Literatur) das Vorhandensein der Erzählung in der ersten Person *Plural* ist. Zweifellos ist der Impuls dazu soziologischer Art: Auf einer Seereise befindet sich ein Mensch mit anderen in einem gemeinsamen sozialen Rahmen, und die Zusammenarbeit aller ist für eine erfolgreiche Reise wesentlich. Deshalb geht die Erzählung an dem Punkt, wo die Reise beginnt, zur ersten Person Plural über." Lukas verwendet einen allgemeinen stilistischen Kunstgriff hellenistischer Literatur.

[124] **(S. 351)** E. R. Goodenough eröffnet seinen Artikel „The Perspektive of Acts" (*Studies in Luke-Acts,* S. 51) mit der Aussage: „Vor vielen Jahren sagte Kirsopp Lake, dass wir nichts von den Anfängen des Christentums wüssten, wenn die Apostelgeschichte kein solides historisches Dokument wäre." Moderne Untersuchungen der Apostelgeschichte sind von der Annahme, dass wir es bei der Apostelgeschichte mit einem zuverlässigen historischen Bericht zu tun haben, weiter entfernt denn je. Das gilt heute auch im Hinblick auf die Evangelien.

[125] **(S. 353)** Ironischerweise ruft eine der Quellen, die wir identifizieren können, kein Vertrauen in die historische Zuverlässigkeit der Apostelgeschichte hervor. Die berühmte Paulus-Rede an die Griechen auf dem Areopag in Athen (Apg 17:16ff.) ist eng an den hellenistisch/stoischen Redetypus über das wahre Wissen um Gott angelehnt; Lukas hat daran dann einen wichtigen christlichen Schluss angefügt. (Siehe Martin Dibelius, wie von Philipp Vielhauer zitiert, „On the Paulinism' of Acts" in *Studies on Luke-Acts,* S. 34.)

Kapitel 25: Jesus bei den christlichen Apologeten (S. 354 - 375)

[126] **(S. 360)** Siehe H. G. Meecham, *The Epistle to Diognetus,* S. 66.

Nachwort (S. 377 - 380)

[127] **(S. 378)** Fast 2000 Jahre haben die Christen angenommen, dass Jesu Opfertod auf Golgotha ein Akt der Versöhnung gewesen sei, der den Gläubigen die Erlösung verleihe. Kapitel 10 diskutiert das Prinzip pa-

radigmatischer Beziehungen zwischen göttlichen Gestalten und ihrem Wirken im himmlischen Reich und denen ihrer menschlichen Gegenstücke auf der Erde. Diese homologe Parallele garantierte durch ihr Ähnlichkeitsmuster den Gläubigen eine segensreiche Wirkung, gewöhnlich hatte die mit dem Leben nach dem Tode zu tun. Wie funktionierte jedoch das Opfer selber? Warum wurde das Verschütten von Jesu Blut – ob spirituell oder materiell – als wirksam angesehen? Warum ließ sich dadurch nach damaliger Auffassung Gott gewinnen und dazu bringen, Vergebung von Sünden und ewige Erlösung zu verleihen?

Die überraschende Tatsache ist, dass diese Frage nirgends in den ganzen biblischen Schriften angesprochen wird. Kein Autor der alttestamentlichen Schriften bemüht sich, dies zu erklären. Hebr 9:22 sagt: „Und es wird fast alles mit Blut gereinigt nach dem Gesetz, und ohne Blutvergießen geschieht keine Vergebung." Ein paar Verse vorher zieht der Autor die Schlussfolgerung (mittels eines etwas unzureichenden Arguments), dass zur Schließung eines Bundes mit Gott ein Opfertod mit Blutvergießen notwendig ist. Jedoch gibt es zu diesen Aussagen keine Erklärungen.

In der jüdischen Religion wurde die Gemeinschaft mit Gott, besonders bezüglich Fürbitte, Reinigung und Versöhnung, durch das Blutopfer von Tieren angestrebt. Andere antike Kulturen standen nicht zurück. Die Ursprünge dieser Praxis und das Denken, das dem zugrunde lag, verlieren sich in Anfängen, die älter sind als die dokumentierte Geschichte. Obwohl es andere weniger blutige Gaben gab, die den Göttern zur Beschwichtigung oder zum Zweck der Fürbitte angeboten werden konnten, stand das Blutopfer im Mittelpunkt der Beziehung zwischen dem Göttlichen und den Menschen. Bereits zu einer frühen Zeit scheint dann die Sitte des Tieropfers sich aus dem Menschenopfer entwickelt und es ersetzt zu haben. Die Legende von Abraham und Isaak, in der Gott zunächst das Opfer von Abrahams Sohn fordert, um ihn später anzuweisen, statt dessen ein Lamm zu opfern, wird als eine mythische Geschichte betrachtet, die diesen Wechsel vom Menschen- zum Tieropfer in dunkel erinnerter Vorzeit symbolisiert. Dass Menschenopfer zumindest in einzelnen Fällen weiterhin in der Geschichte Israels existierten, wird durch schriftliche Überlieferungen belegt, im Buch der Richter 11:30-40 und 2. Kön 16:3 und 21:6. Derartige Praktiken hatten ihre Wurzeln bei den Kanaanäern, von denen die israelitische

Bevölkerung nach Auffassung zahlreicher Wissenschaftler größtenteils abstammen soll. (Siehe Norman K. Gottwald, *The Hebrew Bible: A Socio-Literary Introduction,* S. 215-16.)

Biblische und andere Berichte zeigen, dass die an der Mittelmeerküste von Syrien in Städten wie Sidon und Tyrus lebenden Phönizier (verwandt mit den Kanaanäern) während der ersten Hälfte des 1. Jahrtausends v.u.Z. noch immer gelegentlich ihren Göttern Kinder opferten; die Karthager (von phönizischer Herkunft) praktizierten das noch bis in die Römerzeit.

Es wäre einem antiken Menschen nicht in den Sinn gekommen, etwas Verwerfliches an einem Gott zu finden, der ein Blutopfer von Tieren verlangte, um Reinigung zu bewirken oder Sünden wiedergutzumachen, da dies als ein Teil des natürlichen Wirkens des Universums angesehen worden wäre, das sich wahrscheinlich sogar der Macht Gottes entzog. Das könnte der Grund sein, warum weder das Alte Testament noch das Neue irgendeinen Versuch macht, zu erklären, wie das Opfer Jesu die Sühne der Sünden bewirke. Darin könnte man eines von Gottes Mysterien gesehen haben.

Die Praxis von Blutopfern, auch solcher von Tieren, ist eine primitive Vorstellung, die im 20. und 21. Jahrhundert niemand ohne Abscheu betrachten wird. Und doch ist dieses Prinzip noch immer im Herzen des Christentums verankert und wird hier heftig verteidigt. Dass man das Scheinwerferlicht auf die Liebe Jesu richtet und auf seine Bereitschaft, das äußerste Opfer für die Menschheit auf sich zu nehmen, ist keine Lösung des Problems.

Anmerkung: Sollte es einen weiteren Wechsel in der Adresse der Jesus-Puzzle-Website geben (wie sie vorstehend zitiert worden sind), kann der Leser <The Jesus Puzzle> in irgendeine Internet-Suchmaschine eingeben.

Ausgewählte Bibliographie

Dies ist weder eine komplette Bibliographie der in diesem Buch behandelten Themen noch eine vollständige Liste der zur Arbeit herangezogenen Werke. Sie enthält alle zitierten Werke, mit Ausnahme einiger sehr alter Veröffentlichungen. Abkürzungen von Zeitschrifen und Bibelkommentaren: **ABC** – Anchor Bible Commentary. **ANRW** – Aufstieg und Niedergang der römischen Welt. **HTR** – Harvard Theological Review. **JBL** – Journal of Biblical Literature. **NCB** – New Century Bible. **Nov.Test.** – Novum Testamentum. **NTS** – New Testament Studies. **(ET** = English Translation.)

Achtemeier, Paul. „The Origin and Function of the Pre-Markan Miracle Catenae." JBL 91 (1972) S. 471-491.

– „Toward the Isolation of Pre-Markan Miracle Catenae." JBL 89 (1970) S. 265-291.

Anderson, Hugh. *The Gospel of Mark: A Commentary.* NCB, Oliphants, London, 1976.

Angus, S. *The Mystery Religions and Christianity.* John Murray, London, 1928.

Ante-Nicene Fathers. 10 Bde. 1870-72. Reprinted Eerdsmans, Grand Rapids, 1951-78L

Barnard, L. W. *Justin Martyr, His Life and Thought.* Cambridge University Press, 1967.

– *Athenagoras,* Beauchesne, Paris, 1972.

Barr, James. *Biblical Words For Time.* SCM Press, London, 1969.

Barrett, C. K. *The Epistle to the Romans* (2nd ed.) A&C Black, London, 1991.

– *A Commentary on the First Epistle to the Corinthians.* Harper & Row, New York, 1968.

– *The Pastoral Epistles.* Clarendon, Oxford, 1963.

Bauer, Walter. *Orthodoxy and Heresy in Earliest Christianity* (Erstveröffentlichung 1934) ET: SCM, London, 1972.

– *A Greek-English Lexicon of the New Testament and Other Early Christian Literature.* (2. Aufl.) Chicago, 1979.

Baylis, H. J. *Minucius Felix.* Society for Promoting Christian Knowledge, London, 1928.

Beardslee, William A. *Literary Criticism of the New Testament.* Guides to Biblical Scholarship, Fortress Press, Philadelphia, 1970.
Beare, F. W. *The First Epistle of Peter.* Blackwell, Oxford, 1970.
– *The Gospel According to Matthew: Commentary.* Blackwell, Oxford, 1981.
Bellinzoni, A. F. *The Sayings of Jesus in the Writings of Justin Martyr.* Brill, Leiden, 1967.
Benko, Stephen. „Pagan Criticism of Christianity During the First Two Centuries A. D." ANRW II.23, S. 1055-1118.
Blackman, E. C. *Marcion and His Influence.* SPCK, London, 1948.
Boman, Thorlief. *Hebrew Thought Compared with Greek.* SMC Press, London, 1960.
Bornkamm, Gunther. *Paul.* Harper & Row, New York, 1970.
Brandon, S. G. F. *The Fall of Jerusalem and the Christian Church.* SPCK, London, 1957.
– *History, Time and Deity.* Manchester University Press, 1965.
– *The Trial of Jesus of Nazareth.* B. T. Batsford, London, 1968.
Brown, Raymond E. *The Epistles of John* (ABC vol.30). Doubleday, Garden City, NY, 1982.
– *The Death of the Messiah.* Doubleday, Garden City, New York, 1994.
Buchanan, G. *To the Hebrews* (ABC Bd. 36). Doubleday, Garden City, NY, 1972.
Bultmann, Rudolf. *The History of the Synoptic Tradition.* ET: Harper & Row, New York, 1963.
Burkert, Walter. *Ancient Mystery Cults.* Harvard University Press, 1987.
Cameron, Ron. *The Sayings Tradition in the Apocryphon of James.* Fortress Press, Philadelphia, 1984.
Campbell, Joseph. *The Masks of God: Occidental Mythology.* Penguin Books, 1976.
Carr, Wesley. „The Rulers of This Age: 1 Corinthians 2:6-8." NTS 23 (1977) S. 20-35.
Catchpole, David. „The Beginning of Q: A Proposal." NTS 38 (1992) S. 205-221.
Chadwick, Henry, ed. and trans. *Contra Celsum.* Cambridge Univ. Press, 1980.

Charlesworth, James H., ed. *The Old Testament Pseudepigrapha* (2 vols.) Doubleday, Garden City, NY, 1983-1985.

– *The Odes of Solomon,* the Syriac texts with translations and notes. Scholars Press, Calif., 1977.

Collins, John J. *Between Athens and Jerusalem: Jewish Identity in the Hellenistic Diaspora.* Crossroad, New York, 1983.

– *Daniel. With an Introduction to Apocalyptic Literature.* Eerdmans, Grand Rapids, 1984.

– *The Apocalyptic Imagination.* Crossroad, New York, 1982

Couchoud, Paul-Louis. *The Creation of Christ (Le Mystère de Jésus).* F. Rieder, Paris, 1924.

Cross, F. L. *The Early Christian Fathers.* Duckworth, London, 1961.

Crossan, John Dominic. *The Historical Jesus: The Life of a Mediterranean Jewish Peasant.* HarperSanFrancisco, 1991.

– *The Birth of Christianity. Discovering what happened in the years immediately after the execution of Jesus.* HarperSanFrancisco, 1998.

The Cross That Spoke: The Origins of the Passion Narrative. Harper & Row, San Francisco, 1988.

– *Who Killed Jesus? Exposing the Roots of Anti-Semitism in the Gospel Story of the Death of Jesus.* HarperSanFrancisco, 1995.

Cullmann, Oscar. *Christ and Time: The Primitive Christian Conception of Time and History* (überarb. Ausg.) Westminster Press, Philadelphia, 1964.

Dart, John. *The Jesus of Heresy and History: The Discovery and Meaning of the Nag Hammadi Gnostic Library.* Harper & Row, San Francisco, 1988.

Davies, Stevan L. *The Gospel of Thomas and Christian Wisdom.* Seabury Press, New York, 1983.

Dillon, John. *The Middle Platonists: 80 BC to AD 220.* Cornell University Press, Ithaca, NY, 1977.

Downing, F. G. „Cynics and Christians.“ NTS 30 (1984) S. 584-593.

Dunn, J. G. *The Parting of the Ways Between Christianity and Judaism.* Trinity Press, Philadelphia, 1991.

– *The Evidence for Jesus.* SCM Press, London, 1985.

Edwards, Richard A. *A Theology of Q: Eschatology, Prophecy and Wisdom.* Fortress Press, Philadelphia, 1976.

Ehrman, B. D. *The Orthodox Corruption of Scripture: The Effect of*

Early Christological Controversies on the Text of the New Testament. Oxford University Press, 1993.

Eisenman, Robert. *James, the Brother of Jesus.* Viking, New York, 1997.

Eliade, Mircea. *A History of Religious Ideas* (3 vols.) Univ. of Chicago Press, 1978.

– *Birth and Rebirth.* Harper, New York, 1958.

– *Myth and Reality.* G. Allen & Unwin, London, 1964

– *Myth of the Eternal Return (Cosmos and History).* Princeton University Press, 1978.

Ellingworth, Paul. *Epistle to the Hebrews.* Eerdmans, Grand Rapids, Mich., 1993.

Epp, E. J. / G. W. MacRae, Hrsg. *The New Testament and its Modern Interpreters.* Fortress Press, Philadelphia, 1989.

Esler, Philip F. *Community and Gospel in Luke-Acts.* Cambridge University Press, 1987.

Eusebius. *A History of the Church from Christ to Constantine.* Trans. G. A. Williamson, Augsberg, Minneapolis, 1965.

Filoramo, G. *A History of Gnosticism.* Blackwell, Oxford, 1990.

Frazer, Sir James George. *The Golden Bough. A Study in Magic and Religion* (gek. Ausg.) MacMillan, New York, 1951.

Fredriksen, Paula. *From Jesus to Christ: The Origins of the New Testament Images of Jesus.* Yale University Press, 1988

Freke, Timothy and Peter Gandy. *The Jesus Mysteries. Was the 'Original Jesus' a Pagan God?* Thorsons, London, 1999.

Friedman, R. E. *Who Wrote the Bible?* Summit Books, New York, 1987.

Funk, Robert. *Honest to Jesus.* Polebridge Press, Sonoma, Calif., 1996.

– and Roy Hoover. *The Five Gospels. The Search for the Authentic Words of Jesus.* HarperSanFrancisco, 1997.

– and the Jesus Seminar. *The Acts of Jesus. The Search for the Authentic Deeds of Jesus.* HarperSanFrancisco, 1998.

Furnish, V. P. *Jesus According to Paul.* Cambridge University Press, 1993.

Gager, John G. *Kingdom and Community: The Social World of Early Christianity.* Prentice-Hall, Englewood Cliffs, N.J., 1975.

Goodenough, E. R. *By Light, Light. The Mystic Gospel of Hellenistic Judaism.* Philo Press, Amsterdam, 1969 (Reprint der Ausg. v. 1935).

– *An Introduction to Philo Judaeus* (2. Aufl.) Blackwell, Oxford, 1962.

Gottwald, Norman K. *The Hebrew Bible: A Socio-Literary Introduction.* Fortress Press, Philadelphia, 1985.

Grant, Frederick C. *Hellenistic Religions: The Age of Syncretism.* Liberal Arts Press, New York, 1953.

Grant, R. M., Hrsg. *The Apostolic Fathers* (6 Bde.) T. Nelson, New York, 1964-68.

– *Theophilus of Antioch.* Clarendon Press, Oxford, 1970.

Grayston, Kenneth. *The Johannine Epistles.* Eerdmans, Grand Rapids, 1984.

Guignebert, Charles. *Jesus.* University Books, New York, 1956.

Haenchen, Ernst. *The Acts of the Apostles: A Commentary.* Westminster, Philadelphia, 1971.

Hamerton-Kelly, R. G. *Pre-Existence, Wisdom and the Son of Man: A Study of the Idea of Pre-Existence in the New Testament,* Cambridge, 1973.

Harrison, P. N. *Polycarp's Two Epistles,* Cambridge University Press, 1936.

Hedrick, Charles. *The Apocalypse of Adam.* Scholars Press, Chico, Calif., 1980.

Hennecke, E. / W. Schneemelcher, Hrsg. *New Testament Apocrypha* (2 Bde.) ET: Westminster Press, Philadelphia, 1963.

Herford, R. Travers. *Christianity in Talmud and Midrash.* Reference Book Publishers, Clifton, N.J., 1966 [Erstveröffentlichung London, 1903].

Héring, Jean. *Hebrews.* Epworth Press, London, 1970.

Hooker, Morna. „Philippians 2:6-11“ in *Jesus und Paulus,* Vandenhoeck & Ruprecht, 1975, S. 151-164.

Houlden, J. L. *The Pastoral Epistles,* Penguin Books, 1976.

– *A Commentary on the Johannine Epistles,* A&C Black, 1973.

Horsley, Richard A. *Sociology and the Jesus Movement.* Crossroad, New York, 1989.

Hughes, Graham. *Hebrews and Hermeneutics.* Cambridge University Press, 1979.

Jacobsen, Arland. *The First Gospel: An Introduction to Q.* Polebridge Press, Calif., 1992.

– „The History of the Composition of the Sayings Source Q.“ SBL Seminar Papers, 1987.

Jonas, Hans. *The Gnostic Religion* (3. Aufl.) Beacon Press, Boston, 1963.

Josephus. *Works.* Loeb Classical Library (10 Bde.) 1926-65.

– *Complete Works,* trans. W. Whiston, Kregel, Grand Rapids, 1973.

Julian (the „Apostate“). *Orations 4 and 5 in The Works of the Emperor Julian.* Loeb Classical Library (Greek & English), Harvard University Press, Cambridge, Mass., 1980.

Keck, Leander E., Hrsg. *Studies in Luke-Acts.* Abingdon Press, Nashville, 1968.

Kee, Howard C. *Community of the New Age. Studies in Mark's Gospel.* Westminster Press, Philadelphia, 1977.

– „The Function of Scriptural Allusions in Mark 11-16.“ in *Jesus und Paulus.* Vandenhoeck & Ruprecht, 1975, S. 165-188.

Kelber, W. H., Hrsg. *The Passion in Mark: Studies on Mark 14-16.* Fortress Press, Philadelphia, 1976.

– *The Oral and the Written Gospel.* Fortress Press, Philadelphia, 1983.

Kelly, J. N. D. A *Commentary on the Epistles of Peter and Jude.* A&C Black, London, 1969.

– *A Commentary on the Pastoral Epistles,* A&C Black, London, 1963.

Klausner, J. *Jesus of Nazareth.* George Allen & Unwin, London, 1947.

Kloppenborg, John S. *The Formation of Q: Trajectories in Ancient Wisdom Collections.* Fortress Press, Philadelphia, 1987.

– *Q-Parallels: Synopsis, Critical Notes, and Concordance.* Polebridge Press, Sonoma, Calif., 1988.

– „The Sayings Gospel Q and the Quest of the Historical Jesus.“ HTR 89 (1996) S. 307-344.

Knox, John. *Marcion and the New Testament.* Univ. of Chicago Press, 1942.

Koester, Helmut. *Introduction to the New Testament* (Bd. 1: *History, Culture and Religion of the Hellenistic Age.* Bd. 2: *History and Litera-*

ture of Early Christianity). Fortress Press, Philadelphia, 1982.
– *Ancient Christian Gospels: Their History and Development.* Trinity Press, Philadelphia, 1990.
– *Synoptische Überlieferung bei den Apostolischen Vätern.* Akademie, Berlin, 1957.
– „Apocryphal and Canonical Gospels." HTR 73 (1980), S. 105-130.
– „History and Development of Mark's Gospel" in *Colloquy on New Testament Studies: A Time for Reappraisal and Fresh Approaches,* Bruce Corley ed., 1983, S. 35-57.
Lake, Kirsopp, trans. *The Apostolic Fathers* (2 Bde.) Loeb Classical Library (Greek & English). 1912-13.
Lambrecht, J. „John the Baptist and Jesus in Mark 1:1-15: Marcan Redaction of Q." NTS 38 (1992) S. 357-384.
Laws, Sophie. *A Commentary on the Epistle of James.* Harper & Row, San Francisco, 1980.
Layton, Bentley. *The Gnostic Scriptures.* Doubleday, New York, 1987.
Lease, Gary. „Mithraism and Christianity." ANRW II.23.2, S. 1306-1332.
Lieu, Judith. *The Theology of the Johannine Epistles.* Cambridge University Press, 1991.
Long, A. A. *Hellenistic Philosophy.* Duckworth, London, 1977.
Lührmann, D. „The Gospel of Mark and the Sayings Collection Q." JBL 108/1 (1989) S. 51-71.
Maccoby, Hyam. *Paul and Hellenism.* Trinity Press Int'l, Philadelphia, 1991.
Mack, Burton. *A Myth of Innocence: Mark and Christian Origins.* Fortress Press, Philadelphia, 1988.
– *The Lost Gospel: Q and Christian Origins.* HarperSanFrancisco, 1993.
– *Who Wrote the New Testament? The Making of the Christian Myth.* HarperSanFrancisco, 1995.
McKnight, Edgar V. *What Is Form Criticism?* (Guides to Biblical Scholarship), Fortress Press, Philadelphia, 1969.
Meecham, H. G., *The Epistle to Diognetus.* Manchester Univ. Press, 1949.
Meeks, Wayne. *The First Urban Christians. The Social World of the*

Apostle Paul. Yale University Press, 1983.

– „The Man From Heaven in Johannine Sectarianism." JBL 91, S. 44-72.

Metzger, Bruce. *The Canon of the New Testament: Its Origin, Development and Significance.* Oxford University Press, 1987

Montefiore, Hugh. *A Commentary on the Epistle to the Hebrews.* Harper & Row, 1964.

Nickelsburg, George. *Jewish Literature Between the Bible and the Mishnah.* SCM, London, 1981.

– *Resurrection, Immortality and Eternal Life in Intertestamental Judaism.* Harvard University Press, 1972.

– „The Genre and Function of the Markan Passion Narrative." HTR 73 (1980), S. 153-184.

Nock, A. D., ed. and transl. *Concerning Gods and the Universe (Sallustius, Neoplatonist).* Cambridge University Press, 1926.

O'Neill, J. C. *The Puzzle of 1 John.* SPCK, London, 1966.

– *The Theology of Acts in its Historical Setting.* SPCK, London, 1970.

Orlinsky, H. M. „The So-Called Servant of the Lord in Second Isaiah" in *Studies in the Second Part of the Book of Isaiah,* Brill, Leiden, 1967.

Overman, J. A. *Matthew's Gospel and Formative Judaism.* Fortress Press, Philadelphia, 1970

Pagels, Elaine. *The Gnostic Gospels.* Random House, New York, 1979.

– *The Gnostic Paul: Gnostic Exegesis of the Pauline Letters.* Fortress Press, Philadelphia, 1976.

Patterson, Stephen J. *The Gospel of Thomas and Jesus.* Polebridge Press, Sonoma, Calif., 1993.

Pearson, B. A., Hrsg. *The Future of Early Christianity: Essays in Honor of Helmut Koester.* Fortress Press, Minneapolis, 1991.

– „1 Thessalonians 2:13-16: A Deutero-Pauline Interpolation." HTR 64 (1971), p. 79-94.

Perrin, Norman / Dennis C. Duling. *The New Testament: An Introduction* (2. Aufl.) Harcourt Brace Jovanovich, New York, 1982.

– *What is Redaction Criticism?* (Guides to Biblical Scholarship). Fortress Press, Philadelphia, 1969.

Petersen, Norman R. *Literary Criticism for New Testament Critics.* (Guides to Biblical Scholarship). Fortress Press, Philadelphia, 1978.

Plato. *Timaeus and Critias.* Penguin Classics, 1965.

Plutarch. *Isis and Osiris.* (Moralia, Bd. 5) Loeb Classical Library, 1993.

Randall, J. H. *Hellenistic Ways of Deliverance and the Making of the Christian Synthesis.* Columbia University Press, New York, 1970.

Ridderbos, Herman. *Paul and Jesus.* Presbyterian and Reformed Publishing Col, Philadelphia, 1957.

Ringgren, Helmer. *Word and Wisdom: Studies in the Hypostatization of Divine Qualities and Functions in the Ancient Near East,* 1949.

Robertson, Archibald. *Jesus: Myth or History?* (Thinker's Library No. 110). Watts, London, 1949.

Robinson, James M., Hrsg. *The Nag Hammadi Library in English.* HarperSanFrancisco, 1990.

– and Helmut Koester. *Trajectories Through Early Christianity.* Fortress Press, Philadelphia, 1968.

Rudolph, Kurt. Gnosis. *The Nature and History of Gnosticism.* Harper & Row, San Francisco, 1984

Sanders, E. P. *The Historical Figure of Jesus.* Allen Lane, London, 1993.Sanders, Jack. T. *The New Testament Christological Hymns.* Cambridge University Press, London, 1971.

Sandmel, Samuel. *Philo of Alexandria: An Introduction.* Oxford University Press, 1979.

Schoedel, William R. *Ignatius of Antioch.* Fortress Press, Philadelphia, 1985.

Schoeps, Hans-Joachim. *Paul: The Theology of the Apostle in the Light of Jewish Religious History.* Lutterworth, London, 1959.

– *Jewish Christianity.* Fortress Press, Philadelphia, 1964.

Scroggs, Robin. „The Earliest Christian Communities as Sectarian Movement" in *Christianity, Judaism, and other Graeco-Roman Cults,* II, Hrsg. J. Neusner, Brill, Leiden, 1975.

Seeley, David. „Jesu Death in Q." NTS 38 (1992) S. 222-234.

Smith, D. Moody. *Johannine Christianity.* University of South Carolina Press, Columbia, SC, 1984.

Smith, Jonathan Z. *Drudgery Divine. On the Comparison of Early Christianities and the Religions of Late Antiquity.* SOAS, London, 1990.

Staniforth, Maxwell, trans. *Early Christian Writings.* Penguin Classics, 1968.

Stanton, Graham N. *A Gospel for a New People. Studies in Matthew.* Westminster John Knox Press, Louisville, Ky, 1992.

– *Gospel Truth? New Light on Jesus and the Gospels.* Harper Collins, London, 1995.

– *The Gospels and Jesus.* Oxford University Press, 1989.

Stein, Robert H. *The Synoptic Problem: An Introduction.* Baker Book House, Grand Rapids, 1984.

Sweet, John. *Revelation.* SCM Press, London, 1979.

Suetonius. *Lives of the Caesars.* Loeb Classical Library (2 Bde.), 1924.

Tacitus. *Annals and History.* Loeb Classical Library (2 Bde.), 1932.

Talbert, C. H. *The Myth of a Descending-Ascending Redeemer in Antiquity.* NTS 22 (1976), S. 418-440.

– Hrsg. *Perspectives on Luke-Acts.* T & T Clark, Edinburgh, 1978.

– Hrsg. *New Perspectives on Luke-Acts.* Crossroad, New York, 1984.

The Septuagint with Apocrypha (Greek & English), trans. L. Brenton. Zondevan, Grand Rapids, Mich., Originalausgabe London 1851

The Theological Dictionary of the New Testament. G. Kittel / G. Friedrich, Hrsg. (10 Bde.) Eerdmans, Grand Rapids, 1964-1976.

Thompson, William Irwin. *The Time Falling Bodies Take to Light: Mythology, Sexuality, and the Origins of Culture.* St. Martin's Press, New York, 1981.

Ulansey David. *The Origins of the Methraic Mysteries.* Oxford University Press, 1989.

Vermez, Geza. *The Dead Sea Scrolls in English.* Penguin, London, 1987.

Wagner, Gunter. *Pauline Baptism and the Pagan Mysteries.* Loiver & Boyd, Edingburgh, 1967.

Watson, Francis. *Paul, Judaism and the Gentiles.* Cambridge University Press, 1986.

Wedderburn, A. J. M. „Philo's 'Heavenly Man'." Nov. Test., 1973.

Wells, G. A. *The Jesus of the Early Christians.* Pemberton, London, 1971.

– *The Historical Evidence for Jesus.* Prometheus Books, Buffalo, 1982.

– *Did Jesus Exist?* Pemberton, London, 1986.
– *Who Was Jesus? A Critique of the New Testament Record.* Open Court, La Salle, 1989.
– *The Jesus Legend.* Open Court, Chicago, 1996.
– *The Jesus Myth.* Open Court, Chicago, 1999.
Williamson, Ronald. *Jews in the Hellenistic World: Philo.* Cambridge Univ. Press, 1989.
Winston, David. *The Wisdom of Solomon.* Doubleday, Garden City, NY, 1979.
Wright, N. T. *The New Testament and the People of God.* SPCK, London, 1992.
– *Jesus and the Victory of God.* SPCK, London, 1996.
Young, Frances M. *Sacrifice and the Death of Christ.* SPCK, London, 1975.

[Bibliographien enthalten selten Romanliteratur, hier möchte ich jedoch ein einzigartiges Werk der Romanliteratur von dem verstorbenen amerikanischen Schriftsteller Vardis Fisher empfehlen, bekannt als das „Testament of Man". Diese Reihe von elf Novellen, veröffentlicht von 1943 bis 1958, erfasst einen Zeitraum von über 2 Millionen Jahren, von der Morgenröte des menschlichen Geistes bis in das christliche Mittelalter. Es folgt der Entwicklung der religiösen Vorstellungen/Ideen mit besonderem Schwerpunkt auf der Judäo-Christlichen Entwicklung, in den letzten Novellen,. Nr. 8, *Jesus Came Again: A Parable,* und Nr. 9 *A Goat For Azazel,* geht es um die Frage von Jesus und des christlichen Ursprungs. Fisher basierte mit seinem Werk auf der besten und modernsten Wissenschaft seiner Tage, und wurde von Kritikern und Kirche wegen seiner kompromisslosen Darstellung jüdischer und christlicher Ideen verdammt.]

Jan Bretschneider / Hans-Günter Eschke (Hrsg.)

Lexikon freien Denkens

Ein ganz besonderes Nachschlagewerk, mit dem die Autoren und Herausgeber in einen Dialog mit den Nutzern treten möchten, daher auch als Arbeitsbuch gedacht. Traditionelle Sichtweisen werden neben eigene, anders geartete Sichten der Stichworte gestellt. Erscheint in Fortsetzungen; Lieferung als Lose-Blatt-Sammlung in Sammelmappe; für den Bezug über Abonnement gedacht. Künftig eine Lieferung/Jahr à ca. 150 Seiten, je Lieferung ca. € 10,--, Sammelordner à € 6,60.

Originalausg. 2000, ISBN 3-933037-16-6, 180 S. + Ordner **€ 18,30**

1. Ergänzungslieferung 2001, ISBN 3-933037-32-8, 150 S., **€ 9,75**

2. Ergänzgs.lief. 2002, ISBN 3-933037-33-6, 150 S. + Ordn. **€ 16,35**

Rainer Schepper

Das ist Christentum
Informationen aus 2000 Jahren Geschichte
Das Kirchenjahr in 2471 historischen Daten
(30. März 315 – 30. Juni 1998)

Es handelt sich um ein Kalendarium des Martyriums, jedoch als grausige Kehrseite des Heiligenkalenders der katholischen Kirche. 1526 Opfer der Menschenverachtung und Menschenvernichtung des Christentums werden namentlich genannt und mit konkreten Daten und Ereignissen nachgewiesen: eine umfangreiche und dennoch übersichtliche Dokumentation der Verbrechen der angeblich irrtumslosen Kirche an vermeintlichen Zauberern und Hexen. Dem werden Lebensdaten und Werk fortschrittlicher Denker und Naturwissenschaftler gegenübergestellt.

614 S., kart., ISBN 3-933037-11-5 **€ 35,70**

Jürg Frick

Das Ende einer Illusion
Denkanstöße zu Ethik und Pädagogik der Bibel

Wie an vielen anschaulichen Beispielen dargelegt wird, verstößt die biblische Ethik und Pädagogik immer wieder gegen grundlegende Menschenrechtskriterien und hält mit ihren Forderungen und Auffassungen einer kritischen Analyse aus psychologischer Sicht nicht stand.

218 S., kart., ISBN 3-933037-09-3 **€ 13,70**

Paul Kurtz
Verbotene Früchte
Ethik des Humanismus

Auch und gerade ohne Religion ist es möglich, ein sinnvolles Leben zu führen und moralisch verantwortlich zu handeln. Die Geschichte hat gezeigt, dass der Glaube an einen Gott keine Garantie moralischer Tugenden ist. Wenn wir die Fesseln der theistischen Illusion zerreißen, können wir eine rationale Ethik entwickeln, die auf einer realistischen Bewertung der Natur und einem Bewußtsein moralischer Anständigkeit basiert, die allen Menschen zu eigen ist. Um uns im positiven Sinne weiterzuentwickeln, müssen wir von den „verbotenen Früchten" vom Baum der Erkenntnis essen und uns für Grundprinzipien der Vernunft einsetzen.

369 S., kart., ISBN 3-9804597-8-0 **€ 18,40**

Paul Kurtz
Leben ohne Religion
Eupraxophie

Paul Kurtz ist Amerikas führender Aufklärer in Sachen humanistische Philosophie. Er hat mit Eupraxophie ein neues Wort eingeführt, um den Humanismus zu beschreiben. Es ist eine Wortschöpfung, die sich aus den griechischen Wurzeln eu- (gut), praxis (Handlung, Führung) und sophie (Weisheit) zusammensetzt und wörtlich bedeutet: „gute Führung und Weisheit im Leben". Eupraxophie stützt sich auf die Fachgebiete der Wissenschaft, Philosophie und Ethik. Sie zeigt, wie der Mensch aus einer kosmischen Weltsicht heraus in Verantwortung und mit Hingabe leben kann. Kurtz weist nach, dass der Eupraxoph mithelfen kann, eine gerechte Gesellschaft zu schaffen.

162 S., kart., ISBN 3-9802799-4-4 **€ 11,30**

Kurt Kauter
Ein Grabmal für Zeus
In seinem neuen Buch geht der Autor doppelt vom Leben aus: Vom ergründend durchdachten widersprüchlichen Leben vergangener Völker, ihren menschlichen Entwicklungen und weltanschaulichen Denkweisen, und zugleich von seinem eigenen Leben, seiner eigenen Gläubigkeit, von seinen Zweifeln, seinen vielen Fragen, von unsicheren, aber immer sicherer werdenden Antworten, die die eigene geistige Entwicklung kennzeichnen. Und alle diese Erkenntnisse münden in neue Fragen an sich und den Leser.
Einem roten Faden gleich zieht sich durch das Buch der Gedanke, dass alle Götter Geschöpfe menschlichen Denkens sind, Spiegelbilder der jeweiligen gesellschaftlichen Verhältnisse.

199 S., kart., 4 Fotos, ISBN 3-9804597-5-6 **€ 12,20**

Jost Cimutta / Franz M. Wuketits (Hg.)

Lebt Darwins Erbe?
Fragen und Standpunkte zur Evolutionstheorie

Als 1859 die erste Ausgabe von Charles Darwins Hauptwerk erschien, das mit vollem Titel lautete: *Die Entstehung der Arten durch natürliche Zuchtwahl oder die Erhaltung der bevorzugten Rassen im Kampf ums Dasein*, war die erste Auflage noch am Erscheinungstag vergriffen. Das Buch ließ eine neue, nur auf Wissenschaft gegründete rationale Weltsicht erahnen, die auf die Preisgabe des alten, christlich motivierten Weltbildes drängte. Das von Darwin überkommene Erbe wird im Lichte des Humanismus und der Aufklärung der heutigen Zeit gewürdigt.

220 S., kart., ISBN 3-9802799-8-7 **€ 12,70**

Rudolf Kuhr

Wachstum an Menschlichkeit
Humanismus als Grundlage
Eine Sammlung kurzer Texte und Zitate

Anlass für diese Arbeit ist ein zunehmender Bedarf in der Gesellschaft an verbindlicher, ethischer Orientierung. Der Grund liegt in überholten Traditionen, einer zu großen Betonung von materiellen Werten und einem dadurch verursachten Verlust an innerer Sicherheit und Menschlichkeit. Es ist wohl an der Zeit, Abschied zu nehmen von angenehmen, aber kindhaften Vorstellungen von jenseitiger Hilfe, um dafür in ganzheitlicher Weise erwachsen zu werden und selbst Verantwortung für das Tun im Hier und Jetzt zu übernehmen. Mit über 500 weltanschaulichen Zitaten aus mehreren Jahrhunderten.

359 S., brosch., ISBN-3-933037-06-9 **€ 18,30**